企业内部控制培训用书

企业内部控制

主要风险点、关键控制点与案例解析 (2025年版)

企业内部控制编审委员会 ◎ 主编

立信会计出版社
LIXIN ACCOUNTING PUBLISHING HOUSE

图书在版编目（CIP）数据

企业内部控制主要风险点、关键控制点与案例解析：2025年版/企业内部控制编审委员会主编. — 上海：立信会计出版社, 2025.1. — ISBN 978-7-5429-7864-6

Ⅰ. F272.3

中国国家版本馆 CIP 数据核字第 2024AN2422 号

责任编辑　蔡伟莉

企业内部控制主要风险点、关键控制点与案例解析（2025年版）
QIYE NEIBU KONGZHI ZHUYAO FENGXIANDIAN GUANJIAN KONGZHIDIAN YU ANLI JIEXI

出版发行	立信会计出版社		
地　　址	上海市中山西路 2230 号	邮政编码	200235
电　　话	（021）64411389	传　　真	（021）64411325
网　　址	www.lixinaph.com	电子邮箱	lixinaph2019@126.com
网上书店	http://lixin.jd.com		http://lxkjcbs.tmall.com
经　　销	各地新华书店		

印　　刷	北京鑫海金澳胶印有限公司
开　　本	710 毫米 ×1000 毫米　1/16
印　　张	35.5
字　　数	545 千字
版　　次	2025 年 1 月第 1 版
印　　次	2025 年 1 月第 1 次
书　　号	ISBN 978-7-5429-7864-6 / F
定　　价	98.60 元

如有印订差错，请与本社联系调换

编审委员会名单

主　任

罗胜强　北京玖康玖利管理咨询有限公司　总裁/注册会计师/
　　　　国际特许会计师/北京国家会计学院校外硕士生导师

副主任

李　洪　中交第三公路工程局有限公司　总会计师
左　强　中国电科天地信息网络有限公司　财务总监

编　委

赵团结　中南民族大学　湖北产业教授/硕士生导师
李培辉　安徽古井集团有限责任公司　党委副书记/总裁
刘　兵　安徽恒信投资集团　副总经理兼财务总监/正高级会计师

前 言

"内部控制"一直是企业界,尤其是会计界关注的热门话题。国内外资本市场上知名大公司的一系列财务造假舞弊事件不仅严重打击了广大投资者的投资信心,而且充分暴露了上市公司在内部控制方面存在的严重问题。在此背景下,2002年,美国颁布实施了《萨班斯—奥克斯利法案》,该法案规定了企业管理层对内部控制应承担的责任和注册会计师对内部控制的审计要求,注册会计师必须就上市公司的内部控制系统和管理层评估过程出具审计意见,所有上市公司必须在年报中提供内部控制报告和内部控制评价报告。2004年,美国全国虚假财务报告委员会下属的发起人委员会(The Committee of Sponsoring Organizations of The National Commission of Fraudulent Financial Reporting,COSO)发布的《企业风险管理——整合框架》,为内部控制的研究与发展提供了重要的文献。2013年5月,COSO又适时更新了《内部控制——整合框架》,以使企业在外部环境不断变化中提升内部控制的有效性。同时,我国政府也一直致力于内部控制的建立和完善。2008年,我国财政部、证监会、审计署、银监会、保监会[①]联合发布了《企业内部控制基本规范》(以下简称《基

[①] 2018年3月,根据《第十三届全国人民代表大会第一次会议〈关于国务院机构改革方案的决定〉》,中国保监会和中国银监会撤销,设立中国银行保险监督管理委员会。2023年3月,中共中央、国务院印发了《党和国家机构改革方案》,决定在中国银行保险监督管理委员会基础上组建国家金融监督管理总局,不再保留中国银行保险监督管理委员会。正文不再注释。

本规范》）。2010年，我国财政部、证监会、审计署、银监会、保监会等五部委联合发布了《企业内部控制应用指引》《企业内部控制评价指引》和《企业内部控制审计指引》，作为实施《基本规范》的具体指南，并要求境内外同时上市的公司自2011年1月1日起施行，上海证券交易所、深圳证券交易所主板上市公司自2012年1月1日起施行，中小板和创业板上市公司择机施行，鼓励非上市大中型企业提前执行。因此，如何建立和完善内部控制体系是我国上市公司面临的重大现实问题。

全国会计领军（后备）人才培训项目是在中央贯彻人才强国战略的背景下于2005年由财政部提出的全国高级会计人才培养工程。该项目认真贯彻了人才强国战略和会计国际化战略，以能力建设为核心，遵循人才成长规律，立足国际前沿，创新培养机制，严格科学管理。该项目计划打造中国跨世纪财会行业领军人物，培养一批精通业务，善于管理，熟悉国际惯例，具有国际视野和战略思维的高素质、复合型会计领军人才，促进我国会计人才整体素质和会计服务水平的全面提升，为推动经济社会和会计事业发展提供充足的人才储备和强大的智力支持。在培养过程中，财政部一直鼓励学员就社会热点问题进行深入研究和探讨，并形成某种形式的科研成果，以此回馈社会。

在我国大力推进企业内部控制建设的背景下，作为全国会计领军（后备）人才（企业类）的学员，为了增进对《基本规范》及其配套指引的理解，便于《基本规范》的正确实施，特组织编写了本书。本书以《基本规范》及配套指引为基础，力求有所创新，具有以下特点：①强调以风险为导向的内部控制，并试图梳理公司层面和各业务层面的主要风险点和关键控制点；②以风险为导向的内部控制已从传统的财务报告目标扩展至经营目标和战略目标，本书在介绍以风险为导向的内部控制时融入企业管理的理论与方法；③内部控制与业务流程密不可分，本书也侧重对业务流程的分析与梳理；④本书对《基本规范》及其配套指引的每一项内容进行了深入而又详细的剖析，并引用了大量的相关案例分析。

　　本书的作者来自不同的大中型企业，具有丰富的理论知识和实践经验，在全国会计领军人才项目学习过程中互相学习，不断探讨，共同提高。本书总体框架设计、总纂及审定由罗胜强负责。具体分工如下：罗胜强负责第 1 章；李洪负责第 2 章并提供了大量的案例资料；左强负责第 3 章、第 5 章、第 7 章、第 8 章和第 10 章；赵团结负责第 4 章；刘兵负责第 6 章；李培辉负责第 9 章。黄鹤楼酒业有限公司的罗雨女士为本书承担了大量的复核和校对工作，对此表示感谢。

　　在本书编写过程中，我们参阅了大量其他学者的研究成果，在此对他们表示衷心的感谢！同时，向关心我们的老师和领导以及给予我们帮助的同学们致以诚挚的谢意。

　　本书可用作广大会计实务工作者学习、贯彻和执行《基本规范》及其配套指引的参考书，也可作为大专院校会计、审计、财务、资产评估和企业管理及相关专业学生、教师和科研工作者学习、研究内部控制的参考资料。

　　本书在结构设置、内容安排、写作体例和行文风格等方面进行了初步尝试并进行了多次审核，力求便于读者阅读，也试图使读者开卷有益。由于水平所限，本书难免存在不足之处，恳请读者不吝指正。如有相关意见或建议，请与我们联系，邮箱为：luoshengqiang@126.com。

编者

2024 年 12 月

目 录

第一章 企业内部控制概述 ... 001

第一节 企业内部控制框架的发展 ... 001
一、国外内部控制理论和实务的发展 ... 001
二、我国内部控制理论和实务的发展 ... 010
三、《企业内部控制基本规范》及其配套指引的颁布与实施 ... 011

第二节 企业内部控制与业务流程再造 ... 013
一、业务流程再造概述 ... 013
二、内部控制与业务流程再造之间的联系与整合 ... 020
三、案例分析 ... 027

第二章 企业层面的内部控制 ... 032

第一节 内部环境 ... 032
一、内部环境概述 ... 032
二、内部环境存在的主要风险 ... 033
三、职业道德和企业文化 ... 033

企业内部控制 | 主要风险点、关键控制点与案例解析

四、治理结构 …………………………………………………… 041
五、管理理念和管理风格 ……………………………………… 045
六、机构设置 …………………………………………………… 047
七、责权分配 …………………………………………………… 052
八、内部审计 …………………………………………………… 055
九、人力资源政策与措施 ……………………………………… 060
十、案例分析 …………………………………………………… 064

第二节 风险评估 …………………………………………………… 066
一、风险评估概述 ……………………………………………… 066
二、风险评估流程存在的主要风险 …………………………… 066
三、目标设定 …………………………………………………… 066
四、风险识别 …………………………………………………… 069
五、风险评估 …………………………………………………… 072
六、风险应对 …………………………………………………… 073
七、案例分析 …………………………………………………… 077

第三节 控制活动 …………………………………………………… 089
一、控制活动概述 ……………………………………………… 089
二、控制活动的类型 …………………………………………… 090
三、主要控制活动 ……………………………………………… 092
四、案例分析 …………………………………………………… 095

第四节 信息与沟通 ………………………………………………… 096
一、信息与沟通概述 …………………………………………… 096
二、信息与沟通流程存在的主要风险 ………………………… 097

三、内部和外部沟通 ·· 098

　　四、决策信息支持 ·· 099

　　五、反舞弊措施 ·· 100

第五节　内 部 监 督 ·· 101

　　一、内部监督概述 ·· 101

　　二、内部监督流程存在的主要风险 ·· 101

　　三、持续监控 ·· 101

　　四、缺陷报告 ·· 102

第六节　案例分析 ·· 104

第三章　采购与付款循环 ·· 127

第一节　采购与付款循环的内部控制 ·· 127

　　一、采购与付款循环概述 ·· 127

　　二、采购与付款的内部控制目标 ·· 131

　　三、采购与付款循环各环节的主要风险点 ·································· 132

　　四、采购与付款循环各环节的关键控制点 ·································· 134

　　五、案例分析 ·· 138

第二节　业务外包的内部控制 ·· 146

　　一、业务外包的概述 ·· 146

　　二、业务外包的内部控制目标 ·· 147

　　三、业务外包各环节的主要风险点 ·· 148

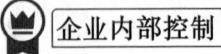

四、业务外包各环节的关键控制点 …………………………… 151

　　五、案例分析 ……………………………………………… 154

第三节　合同管理的内部控制 …………………………………… 163

　　一、合同管理概述 ………………………………………… 163

　　二、合同管理的内部控制目标 …………………………… 165

　　三、合同管理各环节的主要风险点 ……………………… 166

　　四、合同管理各环节的关键控制点 ……………………… 168

　　五、案例分析 ……………………………………………… 172

第四章　存货与生产循环 …………………………………… 181

第一节　存货与生产循环概述 ………………………………… 181

　　一、存货与生产循环概述 ………………………………… 181

　　二、存货与生产循环的主要业务活动 …………………… 183

第二节　存货与生产循环的内部控制目标 …………………… 184

第三节　存货与生产循环的主要风险点 ……………………… 186

　　一、取得存货环节的主要风险点 ………………………… 186

　　二、验收入库环节的主要风险点 ………………………… 186

　　三、仓储保管环节的主要风险点 ………………………… 187

　　四、领用发出环节的主要风险点 ………………………… 187

　　五、生产加工环节的主要风险点 ………………………… 187

　　六、盘点清查环节的主要风险点 ………………………… 187

　　七、存货处置环节的主要风险点 ………………………… 187

第四节　存货与生产循环的关键控制点 ……………………… 188

　　一、取得存货环节的关键控制点 ……………………………… 188

　　二、验收入库环节的关键控制点 ……………………………… 188

　　三、仓储保管环节的关键控制点 ……………………………… 189

　　四、领用发出环节的关键控制点 ……………………………… 189

　　五、生产加工环节的关键控制点 ……………………………… 189

　　六、盘点清查环节的关键控制点 ……………………………… 190

　　七、存货处置环节的关键控制点 ……………………………… 190

第五节　案例分析 …………………………………………………… 191

第五章　销售与收款循环 ……………………………………………… 210

第一节　销售与收款循环概述 …………………………………… 210

　　一、销售与收款循环的主要内容 ……………………………… 210

　　二、销售与收款循环业务的基本特点 ………………………… 214

　　三、销售与收款循环所涉及的主要凭证和会计记录 ………… 216

第二节　销售与收款循环的内部控制目标 ……………………… 219

　　一、确保合同订立的合理性和有效性 ………………………… 219

　　二、确保发货装运的准确性和时效性 ………………………… 220

　　三、确保销售收入的真实性和完整性 ………………………… 220

　　四、确保销售折扣与折让的适度性和适宜性 ………………… 221

　　五、确保货款回收的安全性和及时性 ………………………… 221

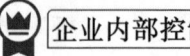

第三节　销售与收款循环的主要风险点 …… 222

一、销售计划制定不当带来的经营风险 …… 223

二、信用管理不足产生的信用风险 …… 223

三、销售定价风险 …… 223

四、订立合同产生的法律风险和利益受损风险 …… 224

五、发货环节产生的管理风险 …… 224

六、收款过程中的财务风险 …… 225

七、客户服务带来的市场风险 …… 225

八、会计控制系统所导致的会计核算风险 …… 226

第四节　销售与收款循环的关键控制点 …… 226

一、在组织机构上分设职责部门 …… 227

二、销售计划环节的关键控制点 …… 227

三、信用管理环节的关键控制点 …… 228

四、销售定价环节的关键控制点 …… 228

五、销售谈判与订立销售合同环节的关键控制点 …… 229

六、发货环节的关键控制点 …… 230

七、收款环节的关键控制点 …… 231

八、客户服务环节的关键控制点 …… 233

九、会计系统控制的关键控制点 …… 234

第五节　案例分析 …… 235

第六章 资产管理 ... 256

第一节 资产管理概述 ... 256
一、资产管理概述 ... 256
二、资产管理的总体要求 ... 257

第二节 固定资产管理的内部控制 ... 257
一、固定资产管理概述 ... 257
二、固定资产管理的内部控制目标 ... 259
三、固定资产管理的主要风险点 ... 260
四、固定资产管理的关键控制点 ... 268
五、案例分析 ... 272

第三节 无形资产管理的内部控制 ... 278
一、无形资产管理概述 ... 278
二、无形资产管理的内部控制目标 ... 280
三、无形资产管理的主要风险点 ... 281
四、无形资产管理的关键控制点 ... 285
五、案例分析 ... 289

第四节 在建工程管理的内部控制 ... 295
一、在建工程管理概述 ... 295
二、在建工程管理的内部控制目标 ... 297
三、在建工程管理的主要风险点 ... 298
四、在建工程管理的关键控制点 ... 303
五、案例分析 ... 309

第七章 资金活动管理 ………………………………………… 313

第一节 投资活动管理的内部控制 ………………………… 313
一、投资活动概述 ……………………………………… 313
二、投资活动管理的内部控制目标 …………………… 315
三、投资活动管理的主要风险点 ……………………… 316
四、投资活动管理的关键控制点 ……………………… 316
五、案例分析 …………………………………………… 318

第二节 筹资活动管理的内部控制 ………………………… 326
一、筹资活动概述 ……………………………………… 326
二、筹资活动管理的内部控制目标 …………………… 327
三、筹资活动管理的主要风险点 ……………………… 328
四、筹资活动管理的关键控制点 ……………………… 329
五、案例分析 …………………………………………… 330

第三节 衍生金融工具管理的内部控制 …………………… 341
一、衍生金融工具概述 ………………………………… 341
二、衍生金融工具的内部控制目标 …………………… 342
三、衍生金融工具的主要风险点 ……………………… 344
四、衍生金融工具的关键控制点 ……………………… 344
五、案例分析 …………………………………………… 345

第四节 资金管理的内部控制 ……………………………… 359
一、资金管理概述 ……………………………………… 359
二、资金管理的内部控制目标 ………………………… 360

三、资金管理的主要风险点 ………………………………… 361
　　四、资金管理的关键控制点 ………………………………… 361
　　五、案例分析 ……………………………………………… 364

第五节　担保管理的内部控制 …………………………………… 373
　　一、担保管理概述 ………………………………………… 373
　　二、担保管理的内部控制目标 ……………………………… 374
　　三、担保管理的主要风险点 ………………………………… 375
　　四、担保管理的关键控制点 ………………………………… 376
　　五、案例分析 ……………………………………………… 379

第八章　信息系统管理 …………………………………………… 390

第一节　信息系统概述 …………………………………………… 390
　　一、信息系统的含义及功能 ………………………………… 390
　　二、信息系统的主要业务流程 ……………………………… 391
　　三、信息系统的主要风险类别 ……………………………… 393

第二节　信息系统开发的内部控制 ……………………………… 395
　　一、信息系统开发的内部控制目标 ………………………… 395
　　二、信息系统开发的主要风险点 …………………………… 396
　　三、信息系统开发的关键控制点 …………………………… 397
　　四、案例分析 ……………………………………………… 407

第三节　信息系统运营维护的内部控制 ………………………… 416
　　一、信息系统运营维护的内部控制目标 …………………… 416

二、信息系统运营维护的主要风险点 ………………………………… 417
三、信息系统运营维护的关键控制点 ………………………………… 417
四、案例分析 ……………………………………………………………… 423

第四节 信息系统岗位职责的内部控制 …………………………………… 432
一、信息系统岗位职责的内部控制目标 ……………………………… 432
二、信息系统岗位职责的主要风险点 ………………………………… 432
三、信息系统岗位职责的关键控制点 ………………………………… 433

第五节 信息系统安全管理的内部控制 …………………………………… 437
一、信息系统安全管理的内部控制目标 ……………………………… 437
二、信息系统安全管理的主要风险点 ………………………………… 437
三、信息系统安全管理的关键控制点 ………………………………… 438

第九章 人力资源管理 …………………………………………………… 443

第一节 人力资源管理概述 ………………………………………………… 443
一、人力资源的定义及其对企业生存和发展的意义 ………………… 443
二、企业人力资源管理的内涵及企业人力资源管理过程 …………… 444
三、人力资源内部控制与企业人力资源管理的关系 ………………… 445
四、人力资源政策及其内部控制 ……………………………………… 445

第二节 人力资源规划的内部控制 ………………………………………… 446
一、人力资源规划的含义 ……………………………………………… 446
二、人力资源规划的工作流程与具体方法 …………………………… 447

三、人力资源规划的内部控制目标 …………………………………… 449
四、人力资源规划的主要风险点 …………………………………… 450
五、人力资源规划的关键控制点 …………………………………… 452
六、案例分析 …………………………………………………………… 454

第三节　员工招聘与离职的内部控制 …………………………………… 458
一、员工招聘的内部控制 …………………………………………… 458
二、员工离职的内部控制 …………………………………………… 462
三、案例分析 …………………………………………………………… 466

第四节　人才测评与绩效考核的内部控制 …………………………… 468
一、人才测评的内部控制 …………………………………………… 468
二、绩效考核的内部控制 …………………………………………… 471
三、案例分析 …………………………………………………………… 476

第五节　员工薪酬、员工激励及期权激励的内部控制 ……………… 478
一、员工薪酬的内部控制 …………………………………………… 478
二、员工激励的内部控制 …………………………………………… 482
三、期权激励的内部控制 …………………………………………… 486
四、案例分析 …………………………………………………………… 490

第六节　员工培训与劳动关系的内部控制 …………………………… 491
一、员工培训的内部控制 …………………………………………… 491
二、劳动关系的内部控制 …………………………………………… 494
三、案例分析 …………………………………………………………… 496

011

第十章 财务报告编制与披露 ······ 502

第一节 财务报告编制与披露的内部控制 ······ 502
一、财务报告编制与披露概述 ······ 502
二、一般会计处理及期末关账 ······ 504
三、财务关账与报告 ······ 510
四、特殊事项和交易的处理 ······ 511
五、财务报表编制和信息披露 ······ 515
六、会计档案管理 ······ 522

第二节 预算管理的内部控制 ······ 527
一、全面预算管理概述 ······ 527
二、预算管理的内部控制目标 ······ 528
三、预算管理的主要风险点 ······ 529
四、预算管理的关键控制点 ······ 529
五、案例分析 ······ 531

第三节 税务管理的内部控制 ······ 535
一、税务管理概述 ······ 535
二、税务管理的内部控制目标 ······ 537
三、税务管理的主要风险点 ······ 537
四、税务管理的关键控制点 ······ 538
五、案例分析 ······ 538

主要参考文献 ······ 545

第一章

企业内部控制概述

目前，人们对于企业内部控制的产生和发展历程的认识逐渐趋于一致，即认为内部控制的发展可以划分为五个阶段：内部牵制阶段、内部控制制度阶段、内部控制结构阶段、内部控制——整合框架和企业风险管理——整合框架。内部控制概念的演进说明了人们对内部控制这种动态性本质的深入认识。《萨班斯—奥克斯利法案》及之后的一系列内部控制规定也对内部控制的发展产生了重大的影响。本章将介绍企业内部控制框架的发展历程，从而揭示企业内部控制的发展趋势。另外，业务流程再造与企业内部控制既相互联系，又有所差异。因此，本章也会介绍业务流程再造与企业内部控制之间的联系与区别，从而加强对企业内部控制的理解和认识。

第一节 企业内部控制框架的发展

内部控制作为一个专用名词和完整概念，直到20世纪30年代才被人们提出、认识和接受。它的产生源于企业内部管理的需要。几十年来，随着内部控制理论以及大家对其认识的不断发展，其概念的内涵和外延都发生了较大的变化。

一、国外内部控制理论和实务的发展

从概念的角度来看，内部控制可能是不变的，但对它的理解是不断

企业内部控制 主要风险点、关键控制点与案例解析

发展的。内部控制思想的发展是一个历史渐进过程，它产生于18世纪工业革命以后。随着社会经济的不断发展，企业规模日益扩大，业务活动日趋频繁，企业财产所有权与经营权进一步分离，内部控制也处在不断发展之中，内部控制的概念逐步得到完善。在其漫长的产生和发展过程中，大体经历了内部牵制、内部控制制度、内部控制结构、内部控制——整合框架和企业风险管理——整合框架五个历史阶段。在每一个阶段，内部控制都被赋予了不同的内涵。

（一）内部牵制阶段

内部控制源于内部牵制。古代内部牵制的实践是我们现代意义上的内部控制的渊源。由于生产条件和科技水平的限制，在古代人类活动只是闪现了内部（会计）控制的思想火花，出现了简单的内部牵制实践，没有也不可能有现代意义上的内部控制思想。

一般认为，20世纪40年代以前是内部牵制阶段。15世纪末，随着资本主义经济的初步发展，复式记账法开始出现，内部牵制渐趋成熟。内部牵制是指提供有效的组织和经营，并防止错误和其他非法业务发生的业务流程设计。它以账目之间的相互核对为主要内容并实施一定程度的岗位分离，在当时一直被认为是保证账目正确无误的一种理想控制方法。基于以下两个假设：两个或两个以上的人或部门，无意识犯同样错误的可能性很小；两个或两个以上的人或部门，有意识地合伙舞弊的可能性大大低于一个人或部门舞弊的可能性。18世纪工业革命以后，美国的一些企业逐渐摸索出一些组织、调节、制约和检查企业生产经营活动的办法，逐步建立了内部牵制制度。它的主要特点是以任何个人或部门不能单独控制任何一项或一部分业务权力的方式进行组织上的责任分工，每项业务通过正常发挥其他个人或部门的功能进行交叉检查控制。

由上可见，内部牵制阶段基本是以查错防弊为目的，以职务分离和账目核对为手法，以钱、账、物等会计事项为主要控制对象。实践证明，内部牵制机制确实有效地减少了错误和舞弊的行为。因此，在现代内部控制理论中，内部牵制仍占有相当重要的地位，并成为现代内部控制理论中有关组织规划控制、职务分离控制的基础。

（二）内部控制制度阶段

20世纪40年代至70年代，在内部牵制的基础上，逐渐产生了内部控制制度的概念。这时，一方面，企业需要在企业管理上采用更为完善、有效的控制方法以改变传统的小生产方式及经验管理对企业的影响；另一方面，为了适应当时社会经济的关系，保护投资者和债权人的经济利益，西方各国纷纷以法律的形式要求通过内部控制强化对企业财务会计资料以及各种经济活动的内部管理。1949年，美国注册会计师协会将内部控制定义为：内部控制是企业为了保证财产的安全完整，检查会计资料的准确性和可靠性，提高企业的经营效率以及促进企业贯彻既定的经营方针，所设计的总体规划及所采用的与总体规划相适应的一切方法和措施。这一概念已突破了与财务会计部门直接有关的控制的局限，使内部控制扩大到企业内部各个领域。

1958年，美国注册会计师协会下属的审计程序委员会又对内部控制的定义作了进一步的说明，并将内部控制划分为内部会计控制和内部管理控制。前者是指与财产安全和会计记录的准确性、可靠性有直接联系的方法和程序，后者主要是与贯彻管理方针和提高经营效率有关的方法和程序。它将内部控制一分为二，使审计人员在研究和评价企业内部控制制度的基础上来确定实质性测试的范围和方式成为可能。

（三）内部控制结构阶段

20世纪70年代以后，内部控制的研究重点逐步从一般含义向具体内容深化。这时西方学者在对内部会计控制和管理控制进行研究时认为，区分会计控制和管理控制对审计师非常重要，而且认为这两者是不可分割的，是相互联系的。与此同时，控制环境逐步被纳入内部控制范畴。

1988年4月，美国注册会计师协会发布的《审计准则公告第55号》（SAS No.55），首次"以内部控制结构"一词取代原有的"内部控制"一词，指出"企业的内部控制结构包括为合理保证企业特定目标的实现而建立的各种政策和程序"，并且明确了内部控制结构的内容：①控制环境；②会计系统；③控制程序。该公告体现了两个基本特征：一是正式将内部控制环境纳入内部控制范畴；二是不再区分会计控制和管理控制。这些改变可以说反映了20世纪70年代后期以来内部控制实务操作和理论研究的一个新动向。

（四）内部控制——整合框架

20世纪70年代至80年代发生的一系列财务欺诈、可疑商业行为和金融机构破产等事件给投资者带来了巨大损失。1985年，由美国注册会计师协会（AICPA）、美国会计协会（AAA）、财务经理人协会（FEI）、内部审计师协会（IIA）、管理会计师协会（IMA）联合创建了反虚假财务报告委员会（通常称Treadway委员会），该委员会旨在探讨财务报告舞弊产生的原因，并寻找解决之道。

两年后，基于该委员会的建议，其赞助机构成立Committee of Sponsoring Organization（简称COSO），专门研究内部控制问题。1992年9月，COSO发布《内部控制——整合框架》，简称COSO报告，1994年对其进行了增补，2013年5月又进行了更新。

这些成果马上得到了美国审计署（GAO）的认可，美国注册会计师协会（AICPA）也全面接受其内容并于1995年发布了《审计准则公告第78号》。由于COSO报告提出的内部控制理论和体系集内部控制理论和实践发展之大成，成为现代内部控制最具有权威性的框架，因此在业内备受推崇，在美国和全球得到了广泛推广和应用。

在COSO内部控制——整合框架中，内部控制被定义为：由一个企业的董事会、管理层和其他人员实现的过程，旨在为下列目标提供合理保证：①财务报告的可靠性；②经营的效果和效率；③符合适用的法律和法规。COSO《内部控制——整合框架》把内部控制划分为5个相互关联的要素，分别是：①控制环境；②风险评估；③控制活动；④信息与沟通；⑤监控。每个要素均承载3个目标：①经营目标；②财务报告目标；③合规性目标。

1.控制环境

控制环境设定了一个组织的基调，影响其员工的控制意识。它是内部控制其他所有构成要素的基础，为其提供了秩序和结构。控制环境的要素包括：主体中人员的诚信、道德价值观和胜任能力；管理层的理念和管理风格；管理层分配权力和责任、组织和开发其员工的方式，以及董事会给予的关注和指导。控制环境可以归纳为两大方面：一是包括企业的管理哲学、控制文化、风险意识、人的素质与品德等在内的"软环境"，这些无形因素构成内部控制的氛围，其中人的因素至关重要，其观念、素质等都影响着内部控制的效率和效果；二是包括企业的所有权结构、法人治理结构、组织体系、权力分配等结构性因素在内的"硬环境"。

2. 风险评估

风险评估是发现和分析对达到目标有影响的风险的过程，是确定如何控制和防范风险的基础。风险评估可以帮助管理层识别和分析对经营效率、财务报告、合规性目标有影响的风险因素，并迅速采取行动。风险评估的前提是确立在不同层次上的相互衔接、内在一致的目标。风险评估就是识别和分析与实现目标相关风险，从而为确定如何管理风险奠定基础。由于经济、行业、监管和经营条件将会持续变化，因此需要有识别和应对与这些变化有关的特殊风险的机制。

3. 控制活动

控制活动是指那些在风险评估的基础上保证管理层的指令得到贯彻执行的政策和程序。控制活动发生在整个组织之中，遍及所有的层级和所有的职能，包括诸如审批、授权、验证、调节、经营业绩评价、资产保护以及职责分离等一系列活动。

4. 信息与沟通

信息必须以某种形式、在某个时段被相关人员识别、获得和沟通。沟通使企业内部成员了解自身的职责，明确自身在内部控制系统中所扮演的角色和应当承担的责任。

5. 监控

需要对内部控制体系进行监控——一个评估该体系在一定时期内的运行质量的过程。它可以通过持续监控活动、个别评价或两者的结合来实现。持续监控发生在经营的过程之中。它包括日常管理和监控活动，以及员工在履行其职责时采取的其他行动。个别评价的范围和频率主要取决于风险评估和持续监控程序的有效性。对内部控制的缺陷应该向上报告，其中，严重的问题应上报最高管理层和董事会。

（五）企业风险管理——整合框架

由于安然、世界通讯、美国在线、时代华纳、施乐和默克药厂等一连串知名企业的财务报告欺诈丑闻带来的冲击，世界范围内的企业掀起了加强企业风险管理的热潮。COSO 于 2001 年提出了进行企业风险管理研究的构想，并组织各方面的专家进行讨论，于 2003 年 7 月根据《萨班斯—奥克斯利法案》的相关要求，颁布了"企业风险管理整合框架"的讨论稿。该讨论稿是在《内部控制——整合框架》的基础上进行了扩展而得来的。2004 年 9 月 COSO 正式颁布了《企业风险管理——整合框架》，它是 COSO 最新的内部控制研究成果。

《企业风险管理——整合框架》将企业风险管理定义为：企业风险管理是一个过程，它由一个主体的董事会、管理当局和其他人员实施，应用于战略制定并贯穿于企业之中，旨在识别可能会影响主体的潜在事项，管理风险以使其在该主体的风险容量之内，并为主体目标的实现提供合理保证。它还指出，《内部控制——整合框架》的精髓已融入《企业风险管理——整合框架》，构成其不可分割的一部分。因此，《企业风险管理——整合框架》并没有取代或接替《内部控制——整合框架》。

《企业风险管理——整合框架》分为内部环境、目标设定、事项识别、风险评估、风险应对、控制活动、信息和沟通、监督等 8 个相互关联的要素，各要素贯穿在企业的管理过程之中。

1. 内部环境

企业的内部环境是其他所有风险管理要素的基础，并为其他要素提供规则和结构。企业的内部环境不仅能够影响企业战略和目标的制定、业务活动的组织和对风险的识别、评估和反应，还影响企业控制活动、信息和沟通系统以及监控活动的设计和执行。董事会是内部环境的重要组成部分，对其他内部环境要素有着重要的影响。企业的管理者也是内部环境的一部分，其职责是建立企业风险管理理念，确定企业的风险偏好，营造企业的风险文化，并将企业的风险管理和相关的初步行动结合起来。

2. 目标设定

根据企业确定的任务或预期，管理者制定企业的战略目标，选择战略并确定其他与之相关的目标使其在企业内层层分解和落实。其中，其他相关目标是指除了战略目标的其他3个目标，其制定应与企业的战略相联系。管理者必须首先确定企业的目标，才能够确定对目标的实现有潜在影响的事项。而企业风险管理就是提供给企业管理者一个适当的过程，既能够帮助制定企业的目标，又能够将目标与企业的任务或预期联系在一起，并且保证制定的目标与企业的风险偏好相一致。

3. 事项识别

不确定性的存在，使企业的管理者需要对这些事项进行识别。而潜在事项对企业可能有正面的影响、负面的影响或者两者同时存在。有负面影响的事项是企业的风险，要求企业的管理者对其进行评估和反应。因此，风险是指某一对企业目标的实现可能造成负面影响的事项发生的可能性。对企业有正面影响的事项，或者是企业的机遇，或者是可以抵消风险对企业的负面影响的事项。机遇可以在企业战略或目标制定的过程中加以考虑，以确定有关行动，抓住机遇。可能潜在地抵消风险的负面影响的事项则应在风险的评估和反应阶段予以考虑。

4. 风险评估

风险评估可以使管理者了解潜在事项如何影响企业目标的实现。管理者应从两个方面对风险进行评估，即风险发生的可能性和影响。风险发生的可能性是指某一特定事项发生的可能性，影响则是指事项的发生将会带来的影响。对于风险的评估应从企业战略和目标的角度进行。首先，应对企业的固有风险进行评估。确定对固有风险的风险反应模式就能够确定对固有风险的管理措施。其次，管理者应在对固有风险采取有关管理措施的基础上，对企业的残存风险进行评估。

5. 风险应对

风险应对可以分为规避风险、降低风险、共担风险和接受风险四类。规避风险是指采取措施退出会给企业带来风险的活动。降低风险是指降低风险发生的可能性、降低风险的影响程度或两者同时减少。共担风险是指通过转嫁风险或与他人共担风险，降低风险发生的可能性或降低风险对企业的影响。接受风险则是不采取任何行动而接受可能发生的风险及其影响。对于每一个重要的风险，企业都应考虑所有的风险反应方案。

有效的风险管理要求管理者选择可以使企业风险发生的可能性和影响都落在风险可容忍度之内的风险反应方案。选定某一风险反应方案后，管理者应在残存风险的基础上重新评估风险，即从企业总体的角度，或者组合风险的角度重新计量风险。各行政部门、职能部门或者业务部门的管理者应采取一定的措施对该部门的风险进行复合式评估并选择相应的风险反应方案。

6. 控制活动

控制活动是帮助保证风险反应方案得到正确执行的相关政策和程序。控制活动存在于企业的各部分、各个层面和各个部门，通常包括两个要素：确定应该做什么样的政策和影响该政策的一系列程序，包括一系列的活动批准、授权、查证、调解、审查经营业绩、保障资产和职务分离等。企业实施的控制活动可以分为不同种类，包括预防控制、侦查控制、人为控制、计算机控制和管理控制。

由于各个企业自身的具体情况不同，不同企业之间的目标、结构和相关的控制活动会存在差别。即使两个企业具有相同的目标和结构，它们的控制活动也很可能不同。因为每一个企业都由不同的人来管理，他们运用自己的判断去影响内部控制。而且，控制反映了企业经营所处的环境和行业，也反映了它的组织、历史和文化的复杂性。

7. 信息和沟通

来自企业内部和外部的相关信息必须以一定的格式和时间间隔进行确认、捕捉和传递，以保证企业的员工能够执行各自的职责。有效的沟通也是广义上的沟通，包括企业内自上而下、自下而上以及横向的沟通。有效的沟通还包括将相关的信息与企业外部相关方进行沟通和交换，如客户、供应商、行政管理部门和股东等。

为支持有效的企业风险管理，企业需要捕捉、使用历史的和当前的数据。历史数据可以使企业追踪当前业绩，并与目标、计划和期望进行比较。它可以洞察企业如何在变化的环境里经营，使管理者识别相关性和趋势并预测未来业绩。现在和当前的数据可以使企业及时地评估在某一特定时点的风险并维持在确定的风险容忍度之内。

信息是沟通的基础，必须满足团体和个体的期望以使他们有效地履行其职责。高层管理者与董事会之间的沟通是最重要的沟通。管理层必须保证董事会了解最新的业绩、发展、风险和企业风险管理的运作以及其他相关事项和问题。沟通越好，董事会越能有效地履行其监督职责，在关键问题上就越能提供合理的建议、忠告和指导。

8. 监督

对企业风险管理的监督是指评估风险管理要素的内容和运行以及一段时间的执行质量的一个过程。企业可以通过两种方式对风险管理进行监督——持续监督和个别评估。持续监督和个别评估都是用来保证企业的风险管理在企业内各管理层面和各部门持续得到执行。持续监督建立在企业正常的、重复发生的活动之上。持续监督在适时基础上运行，对环境的变化作出动态反应并在企业中根深蒂固。因此，它要比个别评估更有效。因为个别评估在事后进行，采用持续的监督程序能够更快地发现问题。许多有健全的持续监督活动的企业仍然采用对企业风险管理的个别评估。监督还包括对企业风险管理的记录。对企业风险管理进行记录的程度根据企业的规模、经营的复杂性和其他因素的影响而有所不同，适当的记录通常会使风险管理的监控更为有效果和有效率。

《企业风险管理——整合框架》与《内部控制——整合框架》的主要差异表现在以下几方面：

（1）《企业风险管理——整合框架》扩大了对风险管理的关注范围，包含了《内部控制——整合框架》的精髓，它是对内部控制框架的扩展，是一个主要针对风险的更为明确的概念。

（2）《企业风险管理——整合框架》把目标扩展至战略目标，即与企业的远景或使命相关的高层次目标，并扩大了报告目标的范畴，将内部报告也涵盖在内。

（3）《企业风险管理——整合框架》提出了"风险承受能力"和"风险容忍度"这两个概念。

（4）《企业风险管理——整合框架》将风险评估部分扩大成四个要素，即目标设定、事件识别、风险评估和风险应对，将风险评估上升到了风险管理的高度，体现了"始终将企业风险作为控制的核心"的理念。

企业内部控制 主要风险点、关键控制点与案例解析

在事件识别要素上，两者的区别主要体现为内部控制——整合框架针对事项没有划分机会和风险，而企业风险管理——整合框架将对战略执行或目标实现有着正面影响的称为机会，将有着负面影响的确定为风险。在风险评估要素上，两者的区别在于企业风险管理——整合框架透过一个更加敏锐的视角来观察风险评估，鼓励从固有风险和剩余风险的角度，采用与该风险相关的目标而构建的计量单位相同的单位来表述风险。在风险应对要素上，两者的区别则是企业风险管理——整合框架可以使管理层考虑潜在的风险应对策略，并测定剩余风险水平是否与主体的风险容忍度相协调。

从以上分析可以看出，国外对内部控制的研究已经非常成熟，内部控制理论与实务的发展，随着社会和经济的发展而不断发展，随着企业内部管理的需要而不断地完善。内部控制的最新理论是内部控制的全面风险管理，全面风险管理已经涵盖了内部控制的全部，其研究成果也从主要服务于审计的内部控制研究转变为以企业治理与企业管理以及企业风险管理为主的内部控制。

二 我国内部控制理论和实务的发展

20世纪50年代，我国实行的是苏联的高度集中的社会主义经济模式，所有的经济规划和控制都由国家进行，企业的内部控制近乎没有。党的十一届三中全会以后，我国开始实行改革开放，内部控制的研究也开始被重视，这个阶段的内部控制主要以管理控制和会计控制为主。

我国内部控制制度的发展源于20世纪90年代，主要由政府、证券监督管理机构和行业监管机构等制定的有关法律、法规、指引等推动。这些法律、法规、指引可分为三个层次：

（1）1996年颁布的《独立审计具体准则第9号——内部控制与审计风险》，2000年修订的《中华人民共和国会计法》和财政部在2001年以后陆续发布的有关规范文件如《内部会计控制规范——基本规范》《内部会计控制规范——货币资金》《内部会计控制规范——采购与付款》《内部会计控制规范——销售与收款》等，以及2007年发布的内部控制基本规范和17项具体规范的征求意见稿。

第一章　企业内部控制概述

（2）上市公司监管机构——中国证监会的有关规则。例如，《公开发行证券公司信息披露编报规则》第一条至第八条和第十八条要求公开发行证券的商业银行、保险公司和证券公司，建立健全内部控制制度，并在招股说明书正文或年报中专设一部分，对其内部控制制度的完整性、合理性和有效性作出说明。同时规定，这些公司还应委托所聘请的会计师事务所对其内部控制制度及风险管理系统的完整性、合理性和有效性进行评估，提出改进建议，并作出内部控制评价报告。作为证券公司、投资基金管理公司的监管机构，中国证监会亦于2001年和2002年分别颁布了《证券公司内部控制指引》《证券投资基金管理公司内部控制指导意见》，2003年又对《证券公司内部控制指引》进行了修订。

（3）各行业监管机构对本行业颁布的内部控制文件，如中国人民银行2002年颁布的《商业银行内部控制指引》。根据1996年《独立审计具体准则第9号——内部控制与审计风险》，内部控制被定义为："企业为了保证业务活动的有效进行，保护资产的安全和完整，防止、发现、纠正错误与舞弊，保证会计资料的真实、合法、完整而制定和实施的政策与程序。"根据2001—2003年由中国证监会和中国人民银行发布的《证券公司内部控制指引》和《商业银行内部控制指引》，内部控制的要素包括控制环境、风险识别与评估、控制活动与措施、信息沟通与反馈、监督与评价。其目标包括：保证经营的合法合规及内部规章制度的贯彻执行；防范经营风险和道德风险；保障公司资产的安全完整；保证公司业务记录、财务信息和其他信息的可靠、完整、及时；提高公司经营效率和效果。

三　《企业内部控制基本规范》及其配套指引的颁布与实施

2008年6月28日，我国财政部、证监会、审计署、银监会、保监会联合发布了《企业内部控制基本规范》（以下简称"基本规范"）。在基本规范中，内部控制被定义为：由企业董事会、监事会、经理层和全体员工实施的、旨在实现控制目标的过程；内部控制的目标确定为合理保证企业经营管理合法合规、资产安全、财务报告及相关信息真实完整、提高经营效率和效果，促进企业实现发展战略。基本规范共七章五十条，包括：总则、内部环境、风险评估、控制活动、信息与沟通、内部监督和附则。基本规范坚持立足我国国情、借鉴国际惯例，确立了我国企业建立和实施内部控制的基础框架，并取得了重大突破。

（1）科学界定了内部控制的内涵，强调内部控制是由企业董事会、监事会、经理层和全体员工实施的、旨在实现控制目标的过程，有利于树立全面、全员、全过程控制的理念。

（2）准确定位了内部控制的目标，要求企业在保证经营管理合法合规、资产安全、财务报告及相关信息真实完整、提高经营效率和效果的基础上，着力促进企业实现发展战略。

（3）合理确定了内部控制的原则，要求企业在建立和实施内部控制全过程中贯彻全面性原则、重要性原则、制衡性原则、适应性原则和成本效益原则。

（4）统筹构建了内部控制的要素，有机融合世界主要经济体加强内部控制的做法经验，构建了以内部环境为重要基础、以风险评估为重要环节、以控制活动为重要手段、以信息与沟通为重要条件、以内部监督为重要保证，相互联系、相互促进的五要素内部控制框架。

（5）开创性地建立了以企业为主体、以政府监管为促进、以中介机构审计为重要组成部分的内部控制实施机制，要求企业实行内部控制自我评价制度，并将各责任单位和全体员工实施内部控制的情况纳入绩效考评体系；国务院有关监管部门有权对企业建立并实施内部控制的情况进行监督检查；明确企业可以依法委托会计师事务所对本企业内部控制的有效性进行审计并出具审计报告。《企业内部控制基本规范》的印发，标志着我国企业内部控制规范体系建设取得重大突破。

2010年4月26日，财政部、证监会、审计署、银监会、保监会联合发布了《企业内部控制配套指引》，该配套指引连同《企业内部控制基本规范》，标志着适应我国企业实际情况、融合国际先进经验的中国企业内部控制规范体系基本建成。该配套指引包括《企业内部控制应用指引》《企业内部控制评价指引》和《企业内部控制审计指引》，自2011年1月1日起在境内外同时上市的公司执行，2012年1月1日起在上交所和深交所主板上市的公司执行。

第二节　企业内部控制与业务流程再造

现代企业面临着来自企业内外两方面的巨大挑战。企业外部的挑战主要来自三个方面，个性化的顾客需求、日益残酷的市场竞争和环境的频繁变化，而企业内部最大的挑战来自组织结构科层化带来的活力不足。科学技术，特别是信息技术的发展，动摇了传统组织结构的基础，使企业业务流程被各部门割裂的弊端暴露无遗，这些弊端反映在效率低下、成本较高、竞争力降低等诸多方面。为此，对企业进行重新审视和设计是企业发展的必然要求。业务流程再造思想适应了这种需求，并迅速得到了学术界和企业界的认同。

如何建立和完善内部控制体系是我国上市公司面临的重大现实问题。《企业内部控制基本规范》及其配套指引，要求境内外同时上市的公司自2011年1月1日起施行，上海证券交易所、深圳证券交易所主板上市公司自2012年1月1日起施行，中小板和创业板上市公司择机施行，鼓励非上市大中型企业提前执行。

但是，对于内部控制与业务流程再造之间的关系，无论是企业管理界，还是会计界，都缺乏系统的研究。基于上述背景，本节将试图梳理内部控制和业务流程再造的主要观点和成果，在分析两者之间关系的基础上分析和研究内部控制建设问题，并结合具体案例，对ERP环境的内部控制设计提出了一些看法，以期对我国企业内控制度的完善有所裨益。

一　业务流程再造概述

（一）业务流程再造产生的背景

亚当·斯密于1776年提出的《国富论》历经19世纪和20世纪，一直主导着传统企业的生产和管理方式。为提高生产效率，亚当·斯密提倡先进行组织分工，最后进行组装。但是，在20世纪即将结束的90年代，这套经典的劳动分工规则受到了巨大的挑战。大规模生产已经越来越多地被大量定制（mass customization）所替代。

之所以说工业革命以来的商业规则已经不再适用于今天企业的发展，首先是因为100多年来，企业所处的外部商业环境已经发生了根本性的变化。在现在的商业世界里，顾客需求、产品生命周期、市场增长、技术更新速度、竞争规律或性质……几乎没有一样是可以预料或保持不变的。并且现在有三股力量特别引起企业管理人员的关注，这三股力量分别是顾客（customer）、竞争（competition）和变化（change），简称为"3C"。一方面是这三股力量本身有了根本性的变化，另一方面就是这三股力量势头极为强劲，对企业的影响日益增大。

从顾客方面来看，买卖双方的关系发生了重大变化，工业化时代由制造商主宰的卖方市场现在已经完全转化为由顾客主宰的买方市场，顾客不再是企业产品被动的接受者。其主要表现是顾客消息非常灵通、选择的机会越来越多、越来越注重个性化、需求趋向饱和等。从竞争的角度来看，世界越来越小，信息沟通迅速、准确，竞争更加激烈，例如竞争对手越来越多、竞争内容名目繁多、竞争节奏加快、竞争规则变化频繁等。从变化的角度来看，在信息时代的今天，变化的节奏加快。例如，产品开发速度加快，新技术的应用越来越多、越来越快，企业要想在这种变化中生存，就需要有灵活和快速的适应能力，如果还按照传统的、按部就班的方式经营是难以存活的。

信息技术的发展与应用为业务流程再造理论的出现提供了强有力的支持。具体而言，信息技术对业务流程再造的生产与推广的意义可以概括为以下四点：

（1）柔性制造系统、精良生产、准时制造和全面质量管理等多种基于信息技术的先进的制造技术和现代管理系统日趋完善，为业务流程再造打造了坚实的实施基础。它们提倡的以顾客为中心、团队工作、自我负责、增值第一和质量第一的思想，也使高效率、高质量地提供产品与服务，快速响应市场变化，满足顾客多样化和个性化需求成为可能。

（2）用信息技术武装起来的员工的整体素质明显提高是保障业务流程再造实施成功的前提条件。企业员工是经营活动的直接担当者，其素质高低是业务流程再造能否取得成功的决定性因素。当今社会组织中的员工的工作积极性和主动性普遍高于以往，他们不再仅仅满足从事单调简单的工作以获得报酬，而是希望通过承担一定的责任，享有一定的权利，并在工作中能充分发挥自我，实现成就感的满足。在一定程度上，业务流程再造的出现与发展正是顺应这种企业组织成员心理需求变化的表现。

（3）很多企业运用信息技术却无法使其充分释放潜能或信息技术应用失败，也是企业重视业务流程再造的重要原因。

（4）信息技术能够有效地帮助企业实施业务流程再造。例如，计算机网络、数据库和多媒体等技术构建的 Intranet 和 Internet，可以实现信息的技术传递与共享，并支持并行工作方式；建模、仿真工具可以方便企业重新设计业务流程；信息技术同样使企业组织结构的扁平化和子系统间的协同工作成为可能。所有这些都要求企业在管理理论和方法上作出深刻的变革以适应新的市场环境。在这样的内外需求下，业务流程再造便应运而生。

（二）业务流程再造的内涵

1990 年，美国麻省理工学院（MIT）计算机系教授 Michael Hammer 在《哈佛商业评论》上发表了《再造不是自动化，而是重新开始》（*Reengineering Work：Don't Automate，Obliterate*）一文，该文首次提出了业务流程再造的概念。这篇文章给世人带来极大的震撼和启示：很多习以为常的做法（即流程）已经没有存在的价值，我们应该删除不必要的过程而进行流程的改进和优化。可以认为，这篇文章的发表标志着流程再造运动的展开。

1993 年，Michael Hammer 和担任 CSC Index 管理顾问公司董事长的 James Champy 合著了《再造企业》（*Reengineering the Corporation*）一书，随即掀起席卷欧美等国家的管理革命浪潮。而 Michael Hammer 和 James Champy 被誉为业务流程再造的先驱和权威。

业务流程再造就是以企业流程为改造对象和中心，以关心客户的需求和满意度为目标，利用先进的信息技术（IT），结合现代化的管理手段，对现有企业的业务流程进行基本的再思考和彻底性的再设计，从而实现经营在成本、质量、服务、速度和效益等方面的显著改善。

业务流程再造的定义包含五个关键特征：基本、彻底、显著、流程和信息技术。

"基本"是指在业务流程再造中企业关注最基本的有关企业经营的

问题,诸如,"我们为什么要做现在的工作?""我们为什么要用现在的方式做这份工作?""为什么必须是由我们而不是别人来做这份工作?"等等。通过对这些基本性的问题的仔细思考,企业可能发现自己赖以存在或运转的各种默认规则和假设是过时的甚至错误的。业务流程再造需要抛弃一切成见,还事物的本来面目,不再关心"原来我们是如何处理的",而是认真思考"这件事情我们应该如何处理",而这正是业务流程再造的思想灵魂。

"彻底"是指业务流程再造不是对现存经营过程进行一些肤浅的小修小补,或者渐进的改良,而是抛弃所有的陈规陋习以及忽视一切规定的结构与过程,创造发明全新的工作方法,从而实现经营过程的彻底再造。从这个意义上来讲,业务流程再造不是对企业进行改良、增强或调整,而是要推倒原来既定的思维模式和组织管理体制,彻底抛弃原来的东西,只按实际的需要来设计和实现新的业务流程。这充分说明了业务流程再造的革命性。

"显著"是指业务流程再造寻求的不是一般意义的业绩提升或略有改善、稍有好转等,而进行再造就要使企业业绩有显著的增长、极大的飞跃。这一点充分体现了业务流程再造的魅力所在。

"流程"是业务流程再造概念中最重要的一个要素。业务流程再造关注的是企业的业务流程,一切"再造"工作全部是围绕业务流程展开的。企业内部存在着多种过程,"业务流程"是指一组共同为顾客创造价值而又相互关联的活动。哈佛大学商学院教授 Michael Porter 将企业的业务流程描绘成一个价值链(value chain),竞争不是发生在企业与企业之间,而是发生在企业各自的价值链之间。只有对价值链的各个环节(业务流程)实行有效管理的企业,才有可能真正获得持续的竞争优势。传统过程是由细化的任务在各个模块或部门中完成并且最后综合在一起来实现的。传统的经营人员总是过于关注过程中的单项任务,把精力放在如何改进单项任务的完成情况上,而忽视了过程最后要完成的总目标。事实上,即使单项任务完成得完美无缺,如果不能使整个过程发挥其应有作用,这些任务对于顾客而言是没有任何价值的。不仅如此,由于过程不可避免地要跨越部门,设计多个模块,其改变会同时对组织内部各个部门产生重要影响。"过程"是业务流程再造的着眼点和核心。

"信息技术"是业务流程再造过程中不可或缺的要素。信息技术的飞跃发展，使传统过程的再造有了技术上的可能，催生了业务流程再造的诞生，同时也要求企业必须再造才能跟上时代的潮流。也只有信息技术，才能成为再造的支持工具，将业务流程再造的蓝图变成现实。因此，"信息技术"是业务流程再造的使能器。

（三）业务流程再造的基本目标

从上述业务流程再造的内涵出发，业务流程再造的基本目标应在于：大幅提升组织业绩；进行组织变革；重新设计组织的业务流程。

1. 大幅提升组织业绩

按照组织理论，组织有以下几个特点：①是社会实体；②有确定的目标；③有精心设计的结构和协调的活动性系统；④与外部环境相联系。营利性组织将利润最大化作为组织的主要目的，而非营利性组织则将质量、速度、效益等指标提升作为组织的目标。Michael Hammer 指出：业务流程再造的目的在于"使组织在成本、质量、服务和速度方面获得巨大的改善"，Lowenthal 认为：业务流程再造应"使组织业绩达到巨大的飞跃"。

2. 进行组织变革

业务流程再造的另一目标是关注业务流程的改变，进而变革组织，使其适应/支持组织业绩的提升。Davenport 认为，成功经过业务流程再造变革的组织应该是层级降低，权力下放，虚拟化，广域化等。但业务流程再造不仅仅是缩小组织规模、压缩组织层级，在一些情况下，业务流程再造会在组织中形成新的组织结构以支持组织业绩的提升。

3. 重新设计组织的业务流程

对组织业务流程的重新设计也是业务流程再造的目标之一。Davenport 和 Short 将业务流程定义为："提供产品或服务所需的一系列集成而协调的活动。"按照 Michael Porter 的价值链分析理论，"企业是通过比其竞争对手更廉价或更出色地开展这些重要战略活动来赢得竞争优势的"。不少学者认为，IT 技术的发展，使长距离的信息传递得以保持连续性和一致性。这一特性，使许多企业过程得以用一种更经济的方式实现，而不仅仅是加速一些过时的功能。因此，在企业的发展过程中，由于技术的变革，许多原有的增值过程的增值减少或产生负增值。

通过业务流程再造对过程的重新设计,将有效地提升企业的竞争优势,提高企业的运行效率与经营业绩。

（四）业务流程再造的基本原则

Michael Hammer 认为进行业务流程再造应按下述原则进行过程重组。

1. 围绕结果而不是任务进行生产组织

过去由多人流水式完成的工作可以组合成一个单一的工作/项目由一个或一组人完成,从而可以降低工作传递的效率损失,提高处理速度、生产效率和客户责任感。

2. 让那些需要过程结果的人来执行这个过程

这样使过程与人员的结合更为紧密,使工作通过企业的各种过程后真正产生出需要的结果。

3. 将信息处理过程与产生信息的过程合并

收集数据的人应同时处理它们,而不是让别人来处理或协调这些信息,这种做法将极大地简化信息处理过程并减少错误的出现。

4. 用集中处理的方式对待地理上分散的资源

IT 技术使集中式与分散式处理兼而有之的过程处理更合理,它使分散在企业各处的活动集中并行地处理,从而增强了企业对过程的总体控制。

5. 将并行的活动联系起来而不是汇总他们的结果

将并行的活动结果汇总,只会使工作重复、拖拉,与其如此,不如将他们联系起来,在工作的开展过程中不断地协调彼此。

6. 将决策加入工作处理的环节,并在处理过程中建立控制

决策应该在工作处理的过程中作出,选用教育程度更高的劳动力与辅助决策的技术,将有效地降低组织的层级,也会使组织能积极快速地作出响应。

7. 从源头获取信息/数据

信息/数据应在它产生的时候存入企业的信息系统之中,而且只应当保存一份,这种做法能避免在信息系统中产生大量的数据,从而降低信息系统的复杂度。

（五）业务流程再造的主要流程

业务流程再造就是重新设计和安排企业的整个生产、服务和经营过

程,使之合理化。通过对企业原来生产经营过程的各个方面、每个环节进行全面的调查研究和细致分析,对其中不合理、不必要的环节进行彻底的变革。在具体实施过程中,可以按以下流程进行。

1. 对原有流程进行全面的功能和效率分析,发现其存在的问题

根据企业现行的作业程序,绘制细致、明了的作业流程图。一般地说,原来的作业程序是与过去的市场需求、技术条件相适应的,并由一定的组织结构、作业规范作为其保证的。当市场需求、技术条件发生变化使现有作业程序难以适应时,作业效率或组织结构的效能就会降低。因此,必须从以下几方面分析现行业务流程存在的问题。

(1)功能障碍。随着技术的发展,技术上具有不可分性的团队工作,由个人可完成的工作额度发生变化,这就会使原来的作业流程或者支离破碎增加管理成本,或者核算单位太大造成权责利脱节,并会造成组织机构设计不合理,形成企业发展的瓶颈。

(2)重要性。不同的业务流程环节对企业的影响是不同的。随着市场的发展,顾客对产品、服务需求的变化,业务流程中的关键环节以及各环节的重要性也在变化。

(3)可行性。根据市场、技术变化的特点及企业的现实情况,分清问题的轻重缓急,找出流程再造的切入点。为了对上述问题的认识更具有针对性,还必须深入现场,具体观测、分析现存作业流程的功能、制约因素以及表现出的关键问题。

2. 设计新的业务流程改进方案,并进行评估

为了设计更加科学、合理的作业流程,必须群策群力、集思广益、鼓励创新。在设计新的流程改进方案时,可以考虑:①将现在的数项业务或工作组合,合并为一;②工作流程的各个步骤按其自然顺序进行;③给予职工参与决策的权力;④为同一种工作流程设置若干种进行方式;⑤工作应当超越组织的界限,在最适当的场所进行;⑥尽量减少检查、控制、调整等管理工作。对于提出的多个流程改进方案,还要从成本、效益、技术条件和风险程度等方面进行评估,选取可行性较强的方案。

3. 制定与流程改进方案相配套的组织结构、人力资源配置和业务规范等方面的改进规划，形成系统的业务流程再造方案

企业业务流程的实施，是以相应组织结构、人力资源配置方式、业务规范、沟通渠道甚至企业文化作为保证的。因此，只有以流程改进为核心形成系统的企业再造方案，才能达到预期的目的。

4. 组织实施与持续改善

实施业务流程再造方案，必然会触及原有的利益格局。因此，必须精心组织，谨慎推进。既要态度坚定，克服阻力，又要积极宣传，达成共识，以保证业务流程再造的顺利进行。

三 内部控制与业务流程再造之间的联系与整合

下面首先介绍内部控制与业务流程再造之间的联系与区别，然后分析从业务流程再造视角下加强内部控制机制建设的可行性，最后剖析从业务流程再造视角下加强内部控制机制建设的主要思路。

（一）内部控制与业务流程再造的联系

业务流程是企业运营的重要组成部分，关系到企业战略的制定与修订，并且企业管理层是通过业务流程运作来推动和实现企业战略的，企业战略和战略目标的调整需要业务流程再造的配合。业务流程再造一般会涉及分工、流程设计和信息技术三个方面，而内部控制始终贯穿这三个方面，使业务流程再造与内部控制紧密地联系起来。

1. 分工方面

业务流程再造实质上是基于信息技术的一次再分工。业务流程再造是基于信息技术对现有资源重新整合、再分工。它以信息技术为支撑，重新设定企业的业务流程，再以业务流程为基础，按照企业战略的实施要求把企业的人力、物力、财力等所有资源进行重新配置、重新分工，最后依据新的分工建立适合企业发展要求的组织框架。而内部控制对企业分工有明确规定，能实现分工的合理性，保证流程有效运作。例如，为使企业流程合理运作，一项业务流程的开始须有专人审批；为了维护企业资产的安全完整，须安排专人保管资产；为保证财务信息的可靠性，须安排专人对信息实施某种程度的控制。

2. 流程设计方面

业务流程再造是对各项作业先后顺序的重新安排。各项作业的不断

重复形成了一个业务循环,而内部控制措施一般根据业务循环进行设置,对各个业务循环节点之间的资源转移进行相应的控制,即各项作业要遵循相应的内部控制要求。而内部控制一般是通过业务流程来实现的,一项控制活动通过不同的方式来控制业务流程的运行方式,比如,对业务流程中的各种作业活动的运行、所涉及的业务文档、作业活动的执行者以及相应的授权行为进行要求。

3. 信息技术方面

IT技术的应用对企业内部控制机制和业务流程再造的影响都是革命性的。企业内部控制的组织方式转为扁平化,同时转变为以流程为导向,它与以职能为导向完全不同。COSO报告指出,内部控制的构成要素之一是信息和沟通。内部控制运用信息技术,将所涉及的各个业务循环以工作流的方式认定,使业务循环运作的效率大大提高,然后将整个业务循环以工作流的形式分解成各项活动,将工作流的各个子节点的活动以一定的形式记录下来,进行事后监督,保持企业运作的合法性,促使业务流程再造的合理运作。

综上所述,内部控制在分工、流程设计和信息技术等方面与业务流程再造工作的关系非常密切。企业在进行业务流程再造时,必须考虑内部控制制度,而内部控制制度的设计也要从业务流程出发,分析业务流程中的各种潜在风险,制定出相应的关键控制活动,从而实现共同防范企业风险的目的。

(二)内部控制与业务流程再造的差异

尽管在实务中内部控制与业务流程再造是密不可分的,但是两者还是存在以下差异。

1. 目标不同

如前所述,内部控制的目标包括战略目标、经营目标、财务报告目标和合规性目标,而业务流程再造的目标是大幅度提升企业业绩,从而实现企业业务目标。由此可见,内部控制的目标范围比业务流程再造要广泛得多,最主要的差异在于内部控制的主要目标为财务报告目标和合规性目标,而业务流程再造的主要目标为经营目标。

2. 基本方法和工具不同

在实施业务流程再造时,Michael Porter 的企业价值链模型是最基

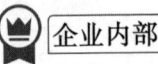

本的工具和方法。在企业价值链思想的指导下，在进行业务流程再造时，必须分析企业的哪些活动是"增值"的，哪些活动是"不增值"的，并进一步判断各项价值活动所创造的"利润"空间，主要是分析和回答两个相互关联的问题：哪一项活动是必需的或者浪费的，哪一项作业是增值的或者不增值的。

而风险评估是内部控制机制设计所采用的基本工具。所有内部控制活动都是针对风险来设计和实施的，某个环节所存在的风险越大，设计和实施的控制活动就越多、越严密。内部控制滞后或不及时就不能有效地防范风险，而内部控制制度超前或过度又使内部控制成本过高。因此，有必要在分析业务流程的同时进行风险评估，针对业务流程所面临的风险的不同，设计不同的内部控制活动。

3. 对组织结构的要求不同

业务流程再造的目标是减少不创造价值的环节，重新整合原来被分离得支离破碎的业务流程，以关键业务流程为核心重新构造企业的组织结构，改变原有职能部门各司其职互不相干的状况，对原有业务进行垂直式的压缩，即减少管理层次，实现组织结构的扁平化。其目的是将刚性组织变为柔性组织，从而使企业能够对环境变化作出迅速反应，提高企业运营的效率。

内部控制在组织结构方面的控制目标为：①组织结构设置与企业运行环境及企业战略目标保持一致，并为管理企业运作提供必要信息；②建立有效的汇报机制，能够保证管理人员获得与其责任和权限有关的信息；③保持对机构设置变化的适应性。由此可见，内部控制要求企业根据内外部环境的变化以及自身的需要来确定其组织结构设置，并不一定要求设置以流程为导向的扁平化组织结构。

4. 人力资源政策的侧重点不同

如前所述，业务流程再造的一个基本原则是将过去由多人流水式完成的工作组合成一个单一的工作/项目由一个或一组人完成，从而减少工作传递的效率损失。因此，其人力资源政策强调员工的多技能培训，把员工培养成多面手，必要时身兼数职。内部控制在人力资源政策方面的控制目标是为企业建立适当的人力资源政策，保证企业招聘并留住有能力的员工，引导员工达到企业期望的职业道德水平和胜任能力，在具体控制活动上注重不相容职责分离，并强调员工的专业化培养和合理分工，员工不得兼任不相容职务。

5. 授权方式不同

内部控制的一个基本原则就是相互牵制。一项完整的经济业务活动必须经过具有相互制约关系的两个或两个以上的控制环节方能完成，即在横向关系上，至少要由彼此独立的两个部门或人员办理，以使该部门或人员的工作接受另一个部门或人员的检查和制约；在纵向关系上，要经过互不隶属的两个或两个以上的岗位和环节，以使下级受上级监督，上级受下级牵制。而业务流程再造对原有业务流程进行水平式的压缩，即将所有的责任和不同的步骤整合起来，全部交由员工个人或员工小组来承担，并对他们予以充分放权。

（三）从业务流程再造的视角加强内部控制机制的可行性

如前所述，企业一方面出于面对市场的激烈竞争需要而进行业务流程再造，另一方面又要遵循外部监管机构对内部控制的基本要求。因此，企业必须从业务流程再造的视角来重新设计内部控制制度。从上述关于两者差异的分析来看，内部控制的要求与业务流程再造的要求看起来是截然相反的两个方面，但是，经过仔细分析，我们可以发现，从业务流程再造的视角来重新设计内部控制制度是可行的，并可以从以下几个方面入手。

1. 成本效益原则

不论是企业内部控制机制建设，还是企业业务流程的再造，都要考虑成本效益原则，只不过两者对成本效益原则的侧重有所不同。为了满足财务报告目标和合规性目标，任何一项控制政策和程序的增加，都会增加企业成本，因此，在设计内部控制制度时需要兼顾成本效益原则。而业务流程再造主要考虑的是企业的各业务流程如何能为顾客创造价值，使顾客满意，因此，在进行业务流程再造时必须充分考虑成本效益原则。尽管两者存在上述差异，但可以说成本效益原则是企业进行内部控制制度设计和企业业务流程再造的最大的相同点，它使从业务流程再造的视角对企业内部控制机制进行重新设计成为可能。

2. 内部控制目标的扩展

如前所述，企业风险管理——整合框架把内部控制的目标扩展至经营目标与战略目标，使内部控制目标与业务流程再造的目标出现了重合，由于两者有共同的目标，因而从业务流程再造的视角加强内部控制成为必然。内部控制有两种不同的起源和发展，使作为会计与审计方法的内部控制和作为管理方法的内部控制在目标与方法上有所区别。会计与审计角度的内部控制，更加强调资产的安全性和财务报告的真实可靠，并未完全把经营目标与战略目标作为内部控制的目标。而管理角度的内部控制与会计和审计角度的内部控制有所不同，它是一种更加符合现代企业价值发展的体系。随着股东价值最大化目标的确定，它更加强调通过有效地获取和利用资源来实现价值创造。企业风险管理——整合框架其实是在试图整合作为会计与审计方法的内部控制和作为管理方法的内部控制，并开始关注价值创造的目标要求，将战略目标纳入内部控制的目标体系，但其维护财务报告真实可靠的立场并未发生彻底的改变。

3. 以风险为导向的内部控制机制的建立

以风险为导向的内部控制机制使得从业务流程再造的视角加强内部控制成为可能。如前所述，企业风险管理——整合框架提升和强化了风险管理在内部控制机制中的地位，强调建立以风险为导向的内部控制机制。而以风险为导向的内部控制机制强调内部控制是用来应对风险的，该机制主要是由三个要素构成：目标制定、风险评估和控制活动。其中，制定控制目标是进行风险评估和实施控制活动的前提，进行风险识别与评估是实施控制活动的基础，实施控制活动是内部控制机制的关键所在。如前所述，业务流程再造就是以企业流程为改造对象和中心，利用先进的信息技术，对现有企业的业务流程进行基本的再思考和彻底性的再设计，因此，业务流程再造会从根本上改变企业的风险分布，使企业面临的重大和重要风险点发生了重大变化，针对重大和重点风险采取的内部控制活动也会发生重大改变。但是，值得注意的是，以风险为导向的内部控制机制本身不会发生变化，只是企业管理层需要重新评估企业的风险点，并针对评估后的重大和重要风险点重新设计与实施新的内部控制活动。因此，以风险为导向的内部控制机制的建立，使从业务流程再造的视角加强内部控制在技术上不存在任何障碍。

以业务流程再造的视角来强化内部控制机制具有多方面的优势。首先，从业务流程再造的视角对企业的内部控制活动进行重新设计，为企业在动态多变、竞争激烈的市场环境中获得竞争优势提供了新的思想、新的方法，从而给企业的管理者提供了新的机会；其次，从业务流程再造的视角对企业的内部控制活动进行重新设计，并不是简单地使工作简化或精简机构，其实质是以更少的人力和资源做更多的事；最后，从业务流程再造的视角重新设计企业内部控制活动，认为只有符合成本效益原则的情况下，才实行必要的监督控制，更加注重的是一种总体和必要的控制。

（四）从业务流程再造的视角加强内部控制机制的主要思路

由于业务流程再造从根本上改变了企业的风险分布图以及重大和重要风险点，因此，从业务流程再造的视角强化内部控制机制的主要思路是重新识别和评估企业所面临的风险点，针对重大和重要风险点设计与实施关键的内部控制活动。

1. 建立健全以风险为导向的内部控制机制

如前所述，建立以风险为导向的内部控制机制，才能使从业务流程再造的视角加强内部控制建设成为可能。因此，建立以风险为导向的内部控制机制是关键。目前，我国企业内部控制机制尚未明确界定风险管理在内部控制机制中的核心地位，使内部控制缺乏主导的方向，在风险日益增加的今天，没有以风险管理为核心的内部控制机制不会达到其应有的效果，建立以风险为导向的内部控制机制是提高内部控制的效率、提升企业市场竞争力和抵御风险能力的迫切需要。

2. 充分发挥"软控制"的作用

"硬控制"是指内部控制中那些要求无论何时何地，也无论是谁，都必须遵守的规定，如实物盘点制度、定期对账制度等。"软控制"主要是指那些属于精神层面的事物，如高级管理阶层的管理风格、管理哲学、企业文化及内部控制意识等，它主要是靠理念、习惯、员工的道德观、价值观等来维系，以发挥其作用。企业内部控制执行得有效与否，主要取决于企业人员及其他管理者的自身素质和道德水准的高低。因此，在业务流程再造所提倡的充分授权以及多面手员工的流程型组织中，强化软控制的作用，更能达到最佳控制效果。

3. 强化激励机制在内部控制中的作用

如前所述，业务流程再造强调把员工培养成多面手，必要时要身兼

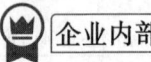

数职，并且予以充分授权。为了适应业务流程再造的上述要求，在进行内部控制活动设计时，要强化激励机制的作用。大量的研究表明，企业员工对自己参与制定的目标能够实现自我指挥和控制，在自我管理的情况下工作所产生的绩效最好。因此，在进行内部控制活动设计时，充分考虑相关的激励机制是十分必要的。不论是员工个人工作方式的设计，还是工作群体的工作方式设计，都要考虑工作方式的激励效应。

4. 将业务流程各个相关环节上的关键控制点集中到一个地方完成，从而降低内部控制的成本

在传统的内部控制制度设计中，由于一个业务流程经常要跨越多个部门，经过各个环节，因而需要人力、物力和时间才能把分割的各个控制环节"结合"起来，企业无疑要为此付出高昂的成本。而业务流程再造是将原来位于不同地区的不同部门的人集合在一起，打破部门界限建立一个项目小组负责某一个业务流程或循环的全部工作。这种集中资源的方式一方面会使该业务流程或循环的风险分布发生重大变化，另一方面需要评估该业务流程或循环的风险点，根据评估后的重大风险点确定关键控制点，针对关键控制点重新设计相关的内部控制活动，从而可以将业务流程或循环各个环节上的关键控制点集中到一个地方完成。

5. 在一些非重要的控制环节，让那些需要得到流程产出的人亲自执行相关业务流程

过去因专业精细分工，企业的各个专业化部门只做一项工作，同时又是其他部门的顾客。例如，财务部只做会计工作，如果该部门需要一些账本就只能求助于采购部门。于是采购部门需要寻找供货商，讨价还价，发出订单，验收货物后付款，最后财务部才能得到所需的账本。上述业务流程及相关控制点的确能够完成工作，并且对于采购贵重货物的确能显示出专业化采购优势。但是，对于账本这类廉价的非战略性物资，上述控制方式显得笨重且缓慢，既缺乏效率，又成本高昂。为此，财务部在这种情况下可以作出采购计划，并自己执行业务相关的采购流程。对于一些非重要的控制环节和事项，让那些需要得到流程产出的人亲自执行相关业务流程，可以大大消除原有各工作界面之间的摩擦，从而降低交易成本，也能提高运营的效率。

三 案例分析

【案例 1-1】

华天大酒店采购与付款流程再造与内部控制设计[①]

（一）公司背景

华天大酒店股份有限公司始建于1985年，1988年5月8日开业，1996年8月8日上市（股票名称：华天酒店，股票代码：000428）。公司位于湖南省长沙市解放东路300号，距机场仅30分钟车程，距火车站5分钟车程。酒店由A座、B座、裙楼、娱乐城、立体车库和综合楼组成，A座21层，B座30层，共有标准客房、豪华客房共700余套，拥有中餐厅、西餐厅、咖啡厅、酒吧、茶坊、多功能厅、国际商务会所、健身房、美容美发中心、保龄球中心、大剧场、游泳池、桑拿中心、桌球室、乒乓球室、网球场、商场、洗衣中心、商务中心、委托代办、外币兑换、票务中心、出租车队等综合服务设施。

2002年5月18日正式营业的华天B座，高百米，由3栋31层楼镶嵌而成，上大下小，成"V"字形，象征着胜利；从空中俯瞰恰似一个"水"字，寓意着在"三湘四水"的大地上，又升起了一颗璀璨的明珠，也意味着华天大酒店的生命如同水一样生生不息，华天大酒店的服务如同水一样至真至纯。B座凝聚世界超前设计理念，尽显时尚尊容与湘楚文化风情，具有强烈的时代气息，处处体现出智能化、环保化和人性化的特点。这幢现代化的大楼里不但配备了目前世界上最先进的高速电梯、监控系统、同声翻译系统等一大批现代化的设施，还充分考虑到环保的要求，经处理后的可直接饮用水与无氟无污染环保冰箱以及纯朴、自然的环保家具为客人提供健康保障，房间装饰精益求精，蕴含自然与文化风韵。华天大酒店是湖南省首家享有盛誉的超豪华五星级酒店，先后加入"国际金钥匙组织""中国名酒店组织"，获得"中国饭店业集团20强""全球饭店业300强"称号，荣获服务领域国际最高荣誉"五

[①] 夏桂香. 基于流程再造视角下的内部控制研究［D］. 昆明：云南财经大学，2008.

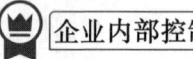

星钻石奖""中国饭店民族品牌先锋"。2004年经"世界一流酒店组织"考评,华天大酒店同意接受加入"世界一流酒店组织",曾荣获首届"中外酒店白金奖——中国最受欢迎的酒店""中国饭店业民族品牌先锋"等奖项。在省内,华天大酒店获得"湖南旅游饭店业特殊贡献奖",原湖南省旅游局旅游星级饭店"优秀品牌奖"和旅游培训教育工作先进单位。酒店董事长陈纪明先生屡获国际金钥匙组织"终身荣誉会员""世界最佳饭店经营者奖"等荣誉。

华天大酒店1995年即成立华天国际酒店管理公司,开始酒店集团化连锁发展,目前公司已拥有自营及托管酒店近40家,成为中南地区最早具备输出品牌管理的酒店。近几年来,其连锁发展更获得了突破性的跨越,已实现由省内城市向全国中心城市发展的战略转移,在北京、武汉等地均有托管酒店。

(二)现有流程和内部控制的问题

1. 管理层缺乏战略眼光,导致采购观念滞后

长期以来,我国大部分酒店一直把"采购"当作例行性的工作,并未将其融入企业整个商务活动中。采购的目标主要集中于压低供应商价格,缺乏从长远的角度培养与供应商的战略合作关系,缺乏双赢的视角。为了追求自身利益,许多酒店忽视了自身的信誉及与之有往来的伙伴企业,竭尽全力将利益收归己有,甚至出现拖欠供应商货款的现象。诸如此类过度利己的短视行为对酒店的长远发展是明显不利的。当今世界,随着全球经济一体化的发展,商业竞争已由企业之间的竞争转化为供应链之间的竞争,而这种采购观念上的误区在很大程度上影响了企业组织行为的合理性。

2. 职能式采购管理模式,使采购流程不畅

在传统的企业职能式组织分工中,采购部门作为一个单独的职能部门,相对独立地开展工作,与酒店内的其他部门很少进行直接沟通。采购部通常关心的是物料的制造和供应,在与外部供应商的关系上,选择供应商的时候更多的是关注价格因素,并且大多是临时性的合作关系。这种临时性的松散的合作关系增大了采购部对采购物料进行控制的难度,使采购流程不畅。

3. 采购周期长,延迟商务周转速度

在我国大部分酒店中,采购中的计划、审批等环节众多,互相牵制,使整个过程的完成要等候很长时间,我们知道,敏捷、快速、质量、成本

这四个维度是企业赖以生存的基石所在。酒店中的顾客对时间方面的要求越来越高，不但要求各种服务优质，而且要求服务迅速、准确、及时，如何有效地缩短采购周期，以满足顾客需要，将是酒店面临的一个重要课题。

酒店拥有中餐厅、西餐厅、咖啡厅、酒吧、茶坊、多功能厅、国际商务会所、健身房、美容美发中心、保龄球中心、大剧场、游泳池、桑拿中心、桌球室、乒乓球室、网球场、商场、洗衣中心、商务中心、委托代办、外币兑换、票务中心、出租车队等综合服务设施。如此多的服务项目，显然酒店采购与付款部门的工作是非常多的，那么如何有效地解决采购流程的工作就显得非常重要。

4. 库存管理矛盾突出

对于我国大多数酒店行业来讲，库存管理一直是采购环节的重头戏，库存环节的问题向来也是十分突出的。这些问题主要表现在库存量居高不下与流动资金周转要求之间的矛盾和出入库手续的繁杂与时间要求紧迫之间的矛盾。

5. 信息管理问题重重

首先，问题表现在电脑硬件不足，软件不够先进，受成本资金等限制，在信息化管理上的投入跟不上，导致信息化平台的建设无法满足企业发展的需要。其次，企业高层对信息化建设重视程度不够，由于受自身文化素质的限制，部分企业的高层对信息化管理缺乏足够的认识。再次，企业对信息系统的应用层次流于表面部分，虽然引入了计算机信息系统协助信息管理，但大多数只局限于对数据表单的简单处理，离网络化、系统化还有一定距离。最后，缺乏对信息化建设的战略规划，酒店虽然已提出进行信息化建设的口号，但只是出于盲目跟风，缺乏对信息化内涵的深入把握，没有信息化建设的长远发展规划。

（三）业务流程再造程序

进行采购流程再造，要依托信息技术，以内部控制流程及程序为基础，以数据库为中心，最大限度地实现信息共享，减少不必要的控制程序，使采购流程合理化，降低采购成本，满足顾客的需要。具体流程设计如下：

结合华天大酒店采购业务的现状与需求，新的采购总体流程增加了选择评价供应商和维护供应商信息的流程，突出了流程关键控制点的选择与控制，按照内部控制的程序对采购流程的各个环节进行了重新授权及明确。实现采购系统的信息化，需求计划、库存情况和计划价格等信息能够直接通过内部网络系统传递给相关人员。图 1-1 是华天大酒店原采购与付款流程，图 1-2 是华天大酒店流程再造后的采购与付款流程。

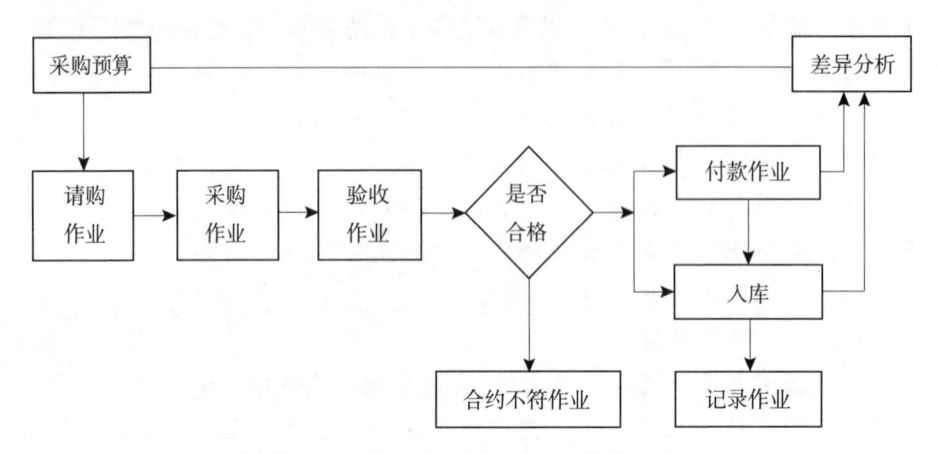

图 1-1　华天大酒店采购与付款流程

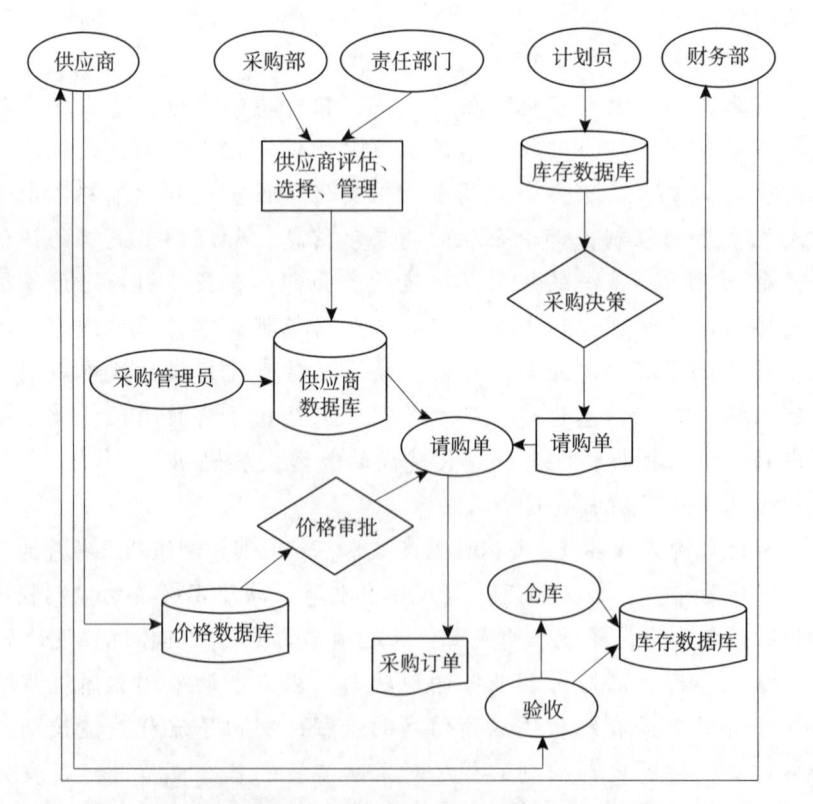

图 1-2　华天大酒店流程再造后的采购与付款流程

新的采购流程应重点加强供应商管理、库存及请购管理、采购计划管理、采购订单管理、验收管理、付款管理与财务控制等几个关键控制点。

1. 供应商管理

新的供应商评价和选择流程为：根据资源市场竞争环境和企业自身发展战略，建立供应商选择目标，成立评价小组，通过供应商调查和各种评价方法来选择评价供应商。

2. 库存及请购管理

加强存货的入库、出库、调拨和盘点等环节的流程建设，并进一步优化请购管理的关键控制点。

3. 采购计划管理

综合计划员根据采购系统数据库中的物资需求信息、生产计划信息、销售计划信息以及库存信息等相关操作，由数据库自动生成采购计划。

4. 采购订单管理

采购员根据审批的采购计划和自动生成的请购单，从合格供应商数据库中选择适当的供应商下达采购订单。在订单信息维护过程中，采购员可以根据系统授权对采购订单进行修改：修改交货日期、数量，取消采购文件，中止采购承诺。

5. 验收管理

物资到库后，采购人员应协助仓管人员根据采购订单和入库通知单核对送货单和实物数量，质检人员根据质检通知单对所有货物进行质量检查，验收合格的，在系统内办理入库手续，并转入库存管理程序。

6. 付款管理与财务控制

在采购流程中，财务部根据信息系统发出的结算指令，在通过系统自动核对入库单、订单、供应商电子发票等的基础上进行结算操作。同时，根据订单上的付款期限信息，经审批后按时付款。这是简单的程序操作层面上的内容。

第二章

企业层面的内部控制

财政部、证监会、审计署、银监会、保监会于2008年6月28日联合发布了《企业内部控制基本规范》，提出了我国内部控制的目标和理论框架。内部控制的目标是保证企业经营管理合法合规、资产安全、财务报告及相关信息真实完整，提高经营效率和效果，促进企业实现发展战略。内部控制理论框架由五要素构成，即内部环境、风险评估、控制活动、信息与沟通和内部监督。本章将分别介绍上述五要素的控制目标和关键控制点。

第一节 内部环境

一 内部环境概述

内部环境是指对建立、加强或削弱内部控制系统产生影响的各种因素的总称，它是企业实施内部控制的基础，是有效实施内部控制的保障，直接影响着企业内部控制的贯彻执行、企业经营目标及整体战略目标的实现。内部环境决定了企业的基调，直接影响企业员工的控制意识，提供了内部控制的基本规则和构架，是其他要素的基础。在此环境下，企业管理层评估实现特定目标的风险，并实施控制活动，以确保管理层有关应对风险的指令得以贯彻执行。

企业的内部环境是其他所有风险管理要素的基础，为其他要素提供规则和结构。企业的内部环境不仅影响企业战略目标的制定、业务活动的组织运行和对风险的识别、评估和反应，还影响企业控制活动、信息和沟通系统以及监控活动的设计与执行。

内部环境包括以下内容：①职业道德与企业文化；②治理结构；③管理理念与管理风格；④机构设置；⑤责权分配；⑥内部审计；⑦人力资源政策与措施等。

二 内部环境存在的主要风险

内部环境存在的主要风险包括以下几方面：

（1）管理层无法通过其态度和行动显示企业品质、诚信和道德观念。

（2）管理层的管理理念和风格无法倡导强有力的内部环境。

（3）企业的组织机构设置无法保证建立健全的内部环境。

（4）管理层无法保证组织具有承担责任的能力，没有通过适当的权责分配建立可追究责任的管理控制体系。

（5）企业的人力资源政策和程序无法对员工的道德行为以及工作能力进行规范和管理。

（6）管理层无法确保员工的胜任能力。

（7）董事会（治理层）或审计委员会没有积极参与企业对财务报告的内部控制并且不能对其产生重大影响。

（8）内部审计的范围、职责和审计计划对于企业而言是不恰当的，没有遵循专业准则。

（9）企业的生产经营情况未能得到持续的监控。

三 职业道德和企业文化

在现代所有权和经营权相分离的产权格局之下，企业目标、管理者目标和生产者的目标不尽相同。同时，由于信息不对称，企业高层管理者和员工都会存在"不道德"和逆向选择的风险。另外，企业在运营过程中，经常受到某种压力或诱惑而导致舞弊和贪污等，轻者使企业效率低下、声誉受损，重者给企业带来重大损失、埋下隐患。

（一）诚信、道德价值概述

内部控制的有效性不可能不受到人的诚信和道德价值观的影响，原因在于内部控制是由人建立、执行和监督的。因此，诚信和道德价值是控制环境的首要因素，影响其他内部控制构成要素的设计、执行和监督。

由于要考虑诸多因素，企业确立道德价值观通常是十分困难的。道德价值观需要平衡企业、员工、供应商、客户、竞争者和社会公众的利益，平衡这些利益是非常复杂的，因为他们的利益通常是相互冲突的。比如，企业向市场提供一种新产品，可能会对环境产生不利影响。

企业的诚信和道德价值观一般通过员工行为准则来体现，该准则告诉企业员工什么行为可接受、什么行为不可接受以及遇到不正当行为应该采取的行动，主要包括以下内容。

1. 利益冲突

每一个员工都有责任将企业利益放在第一位，避免私人利益与企业利益的冲突。

2. 合法性

企业承诺在开展业务时要抱着诚实和守信原则，并遵循所有适用的法律和规章制度。

3. 及时向指定人员报告或检举揭发违规事项

员工有义务对所发现的关于会计、内部控制或审计等违反法律、规章制度或行为准则的问题，向道德规范委员会报告，或向披露委员会或审计委员会汇报。员工发现任何高级管理人员违反法律、规章制度或行为准则，应迅速向道德规范委员会等相关机构报告。企业对检举人应当建立保密制度，包括匿名保护。

4. 遵守道德准则的责任

企业要明确员工必须遵守道德准则。企业对违反准则的人员建立惩罚机制，甚至解雇或免职。

5. 企业机遇

企业禁止员工利用企业财产、信息或职位为自己或其他人谋取商业机遇。

6. 保密

机密信息是企业最重要的资产之一。企业相应政策保护机密信息，包括：①属于企业商业性机密信息；②属于非披露协议下信息。每一个员工在入职后应执行保密协议和保护企业知识产权。员工即使在终止雇佣之后，仍然有义务保护企业的机密信息。

7. 公平交易

每一个员工都应该努力公平地对待顾客、供应商、竞争者、公众，并遵循商业道德规范。为了获得或维持业务而进行贿赂、回扣或其他诱惑等都是不允许的。与业务相关，偶尔赠送非政府雇员的价值较低的商业礼物的做法是可以接受的。但在未得到道德委员会事先批准的情况下，赠送礼物或款待政府雇员是不允许的。员工代表企业购买商品应遵循企业的采购政策。

8. 企业资产的保护及恰当使用

每一个员工必须保护企业资产，包括实物资源、资产、所有权、机密信息，排除损失、失窃或误用。任何怀疑的损失、误用或失窃都应该报告给经理或法律部门。企业资产必须用于企业业务，符合企业政策。

9. 全面、公正、正确、及时地理解财务报告及其披露事项

因为企业必须提供完整、公正、及时和可理解的披露报告及文件，并存档或呈交给证监会以及公共传媒，所以每一个员工都有责任保证会计记录的准确性。管理层必须建立和保持适当的内控，遵循企业已有的会计准则和流程，保证交易记录的完整和准确。禁止干扰或不正当行为影响企业财务报表审计。要求证实会计记录和报表受控，能够保证准确性，包括提供给审计和定期向证监会报告的义务。

对于企业来说，首要的工作是建立一套员工能够接受和理解的诚信和道德标准，如道德行为手册；其次是必须让员工知晓和理解这些规定（例如，要求所有员工定期签字确认），这是执行的前提条件；最后就是贯彻执行。在企业内传递道德标准的最有效方式是管理层以身作则，员工对于内控的态度通常会效仿他们的领导。另外，对违反准则的员工应予以相应的惩罚；建立鼓励员工揭发违规行为的机制，对未能汇报违

规行为员工的教育培训,这些都具有特别重要的意义。

员工个人可能由于下列因素而卷入不诚实、非法或不道德的行为。

(1)不切实际的业绩目标,特别是短期业绩的压力(例如,为了实现预先设定的利润指标而在财务报告中虚报收入)。

(2)将奖金分配与业绩挂钩(例如,错报与业绩考核指标相关的财务信息)。

(3)内控制度不存在或无效(例如,敏感业务区域未设立严格的职责分工,这为偷窃企业资产或隐藏不良行为提供了可能)。

(4)组织高度分散,可能导致高层管理人员不清楚基层的行为,缺少必要的监管,因此,减少了基层舞弊被发现的机会。

(5)内部审计职能薄弱,没有及时发现和报告不正确的行为。

(6)董事会缺少对高层管理人员的客观监管,可能导致管理人员凌驾于内控制度。

(7)管理层对不正确行为的惩罚力度不够或不公开,从而失去了应有的威慑力。

(二)企业文化概述

1. 企业文化的含义

企业文化是一个企业在其生存和发展过程中形成的用于指导和规范该企业自身及员工行为的独特的价值取向或文化观念,是企业内部普遍认可并自觉遵循的共同的价值观,是企业的精神支柱,企业文化要随着客观环境的变化适时地作出相应的调整。

2. 企业文化的内容

根据企业文化的定义,其内容应包括如下几点:

(1)经营哲学。经营哲学也称企业哲学,是一个企业特有的从事生产经营和管理活动的方法论原则。它是指导企业行为的基础。一个企业在激烈的市场竞争环境中,面临着各种矛盾和多种选择,要求企业有一个科学的方法论来指导,有一套逻辑思维的程序来决定自己的行为,这就是经营哲学。

(2)价值观念。所谓价值观念,是人们基于某种功利性或道义性的追求而对人们(个人、组织)本身的存在、行为和行为结果进行评价的基本观点。可以说，人生就是为了价值的追求，价值观念决定着人生追求行为。价值观不是人们在一时一事上的体现，而是在长期实践活动中形成的关于价值的观念体系。企业的价值观是指企业职工对企业存在的意义、经营目的、经营宗旨的价值评价和为之追求的整体化、个异化的群体意识，是企业全体职工共同的价值准则。只有在共同的价值准则基础上才能产生企业正确的价值目标。有了正确的价值目标才会有奋力追求价值目标的行为，企业才有希望。因此，企业价值观决定着职工行为的取向，关系企业的生死存亡。

（3）企业精神。企业精神是指企业基于自身特定的性质、任务、宗旨、时代要求和发展方向，并经过精心培养而形成的企业成员群体的精神风貌。

企业精神要通过企业全体职工有意识的实践活动体现出来。因此，它又是企业职工观念意识和进取心理的外化。

企业精神是企业文化的核心，在整个企业文化中起着支配的地位。企业精神以价值观念为基础，以价值目标为动力，对企业经营哲学、管理制度、道德风尚、团体意识和企业形象起着决定性的作用。可以说，企业精神是企业的灵魂。

企业精神通常用一些既富于哲理，又简洁明快的语言予以表达，便于职工铭记在心，时刻用于激励自己，也便于对外宣传，容易在人们脑海里形成印象，从而在社会上形成个性鲜明的企业形象。

（4）企业道德。企业道德是指调整本企业与其他企业之间、企业与顾客之间、企业内部职工之间关系的行为规范的总和。它是从伦理关系的角度，以善与恶、公与私、荣与辱、诚实与虚伪等道德范畴为标准来评价和规范企业。

企业道德与法律规范和制度规范不同，不具有那样的强制性和约束力，但具有积极的示范效应和强烈的感染力，在被人们认可和接受后具有自我约束的力量。因此，它具有更广泛的适应性，是约束企业和职工行为的重要手段。

（5）团体意识。团体即组织，团体意识是指组织成员的集体观念。团体意识是企业内部凝聚力形成的重要心理因素。企业团体意识的形成使企业的每个职工把自己的工作和行为都看成实现企业目标的一个组成部分，使他们对自己作为企业的成员而感到自豪，对企业的成就产生荣誉感，从而把企业看成自己利益的共同体和归属。因此，他们就会为实现企业的目标而努力奋斗，自觉地克服与实现企业目标不一致的行为。

（6）企业形象。企业形象是企业通过外部特征和经营实力表现出来的，被消费者和公众所认同的企业总体印象。由外部特征表现出来的企业形象称为表层形象，如招牌、门面、徽标、广告、商标、服饰、营业环境等，这些都给人以直观的感觉，容易形成印象；通过经营实力表现出来的形象称为深层形象，它是企业内部要素的集中体现，如人员素质、生产经营能力、管理水平、资本实力、产品质量等。表层形象是以深层形象为基础，没有深层形象这个基础，表层形象就是虚假的，也不能长久地保持。

（7）企业制度。企业制度是在生产经营实践活动中所形成的，对人的行为带有强制性，并能保障一定权利的各种规定。从企业文化的层次结构来看，企业制度属中间层次，它是精神文化的表现形式，是物质文化实现的保证。企业制度作为职工行为规范的模式，使个人的活动得以合理进行，内外人际关系得以协调，员工的共同利益受到保护，从而使企业有序地组织起来为实现企业目标而努力。

（三）职业道德和企业文化的控制目标

职业道德和企业文化的控制目标是企业通过适当的企业文化、行为准则和道德规范等引导员工确立并坚定正确的价值取向。

（四）职业道德和企业文化的关键控制点

1. 道德准则的制定

企业应分别制定对高级管理人员和企业员工的职业道德规范，并在关键的岗位人员的任职要求中，明确职业道德或职业操守方面的要求，具体包括：

（1）职业道德规范是全面的，它针对利益冲突、非法或其他不当付款、反不正当竞争准则、利益冲突处理、赠送或接收礼物处理、信息保密等方面提出明确的要求。

（2）企业员工知晓什么行为是可接受的，什么行为是不可接受的，以及当遇到不当行为时应该采取的行动。

（3）职业道德规范应与企业宗旨、企业核心经营管理理念一起成为企业对各层管理人员的道德准则和行为规范。

2. 职业道德规范的传达与推行

企业应对职业道德规范进行有效的宣传推广，在企业范围内传达管理层对职业道德规范的要求，使员工知晓和理解这些规定。管理层应该在言谈和行动中不折不扣地遵循职业道德规范。

其一，对员工职业道德规范的传达与推行。

（1）企业负责人通过文件、讲话等不同形式把员工职业道德规范介绍给全体员工并提出践行的希望和要求。企业每年的工作会议上均有宣讲职业道德的内容，并对员工提出遵守职业道德规范的要求。

（2）企业要将职业道德建设列入企业员工培训的内容，通过印发学习资料把职业道德建设列入员工培训的常规学习内容，同时利用网络及其他形式进行职业道德建设学习宣传。

（3）企业要对新员工开展关于职业道德规范方面的岗前教育培训，并在劳动合同中纳入遵守企业职业道德规范的内容。

其二，对企业高级管理人员职业道德规范的传达与推行。

（1）企业负责人是企业职业道德的倡导者和践行的表率，也是企业职业道德建设的第一责任人。总经理应在每年工作会上宣讲高级管理人员职业道德规范，同时对职业道德建设提出要求。

（2）企业要将职业道德建设列入高级管理人员培训的内容，通过印发学习资料把职业道德建设列入部分培训班的学习内容，利用网络或其他形式开设职业道德建设学习栏目，以多种形式开展培训。

（3）企业要新提升（聘任）的高级管理人员及时学习职业道德规范。

3. 建立与利益相关方的道德标准

管理层与员工、供应商、客户、投资者、债权人、保险公司、竞争对手和审计师等进行交往时，应采用较高的道德标准，并且要求其他人同样遵守道德标准。例如，与客户、供应商、员工和其他利益相关方的日常业务建立在诚实和公允的基础上。

（1）企业视诚信为立身之本、发展之基、信誉之源，在对外交往中应遵循，并建议在合同中约定"平等互利，诚实守信"等相应条款。

（2）企业高级管理人员应公平对待员工、客户和供应商，不得通过操纵、隐瞒、滥用专用信息或对重大事实进行不实陈述等做法，不公平地对待上述人员。

（3）企业要求员工不得接受可能影响商务决策和有损独立判断的有价馈赠；严禁为达到商务目的而以任何手段向政府官员提供、给予或承诺给予金钱和其他有价值的物品。

（4）企业应设立举报电话、网上举报中心和电子举报信箱，鼓励全体员工和合作方检举任何所获知或遇到的违规行为。

4. 定期检查对道德规范的遵守情况

其一，对员工遵守职业道德规范情况进行检查。

（1）在日常生产经营过程中，管理层应对企业员工遵守职业道德规范的情况进行监督。

（2）企业应在年度绩效考核中对员工职业道德规范的遵守情况进行检查。

（3）对员工违反职业道德规范的任何行为，除了依照国家法律、上市监管规则进行处理，企业可以根据有关文件规定对其进行处分直至解除劳动合同。

其二，企业管理层应定期对高级管理人员职业道德规范的充分性和有效性作出评价，根据评价情况对高级管理人员职业道德规范作出修改。

5. 针对违反道德规范的情况采取适当的措施

企业建立相应政策对违反道德规范的行为采取恰当的惩戒性行动，具体包括以下内容：

（1）企业应制定对违反道德规范行为的处罚措施和政策，让员工确信如果违规要承担相应后果。

（2）管理层对违反道德规范的行为进行回应并采取适当的措施。

（3）企业对员工违规的处理结果在相关范围内进行通报。对重大违规事件还应在企业范围内进行典型案例剖析，开展警示教育宣传。

6. 加强企业文化建设

企业应当采取切实有效的措施，积极培育具有自身特色的企业文化，引导和规范员工行为，形成整体团队的向心力，促进企业长远发展。具体措施包括以下几方面：

第二章 企业层面的内部控制

（1）企业应结合发展战略和经营实际情况，确定企业文化建设的目标和内容，制定企业文化规范，并与集团企业的文化宗旨保持一致，使其构成员工行为守则的重要组成部分。

（2）促进企业文化在企业内部各层级的有效沟通，加强企业文化的宣传贯彻，确保全体员工共同遵守。

（3）企业文化建设应当融入生产经营全过程，切实做到文化建设与发展战略的有机结合，通过宣传、组织员工活动、学习等形式，加强对员工的文化教育和熏陶，规范员工行为方式，使员工自身价值在企业发展中得到充分体现。

（4）企业应建立企业文化评估制度，明确评估的内容、程序和方法，落实评估责任制，避免企业文化建设流于形式；针对评估过程中发现的问题，研究影响企业文化建设的不利因素，分析深层次的原因，及时采取措施加以改进。

7. 建立有关社会责任履行的管理措施

企业建立相应管理措施以加强对社会责任和义务的履行，具体措施包括以下几方面：

（1）建立严格的安全生产管理体系、操作规范和应急预案，强化安全生产责任追究制度，切实做到安全生产。

（2）建立质量管理体系，规范产品质量控制、检验和售后服务的管理程序，明确质量控制的职责、工作程序、相关措施和责任。

（3）建立与环境保护相关的制度和流程，形成公司的环境保护管理体系，并定期开展监督检查，发现与环保相关的问题，采取措施予以纠正。

（4）保护职工的合法权益，依法与职工签订劳动合同，参加社会保险，加强劳动保护，实现安全生产。同时，企业应积极开展工会活动，维护职工合法权益。

四 治理结构

（一）治理结构概述

1. 治理结构的定义

治理结构是一种对企业进行管理和控制的体系。它不仅规定了企业的各个参与者，例如，董事会、经理层、股东和其他利害相关者的责任和权利分布，而且明确了决策企业事务时所应遵循的规则和程序。企业治理的核心是在所有权和经营权分离的条件下，由于所有者和经营者的利益不一致而产生的委托—代理关系。企业治理的目标是降低代理成本，使所有者不干预企业的日常经营，同时保证经理层能以股东的利益最大化为目标。

2. 治理结构的作用

治理结构要解决涉及企业成败的两个基本问题：

（1）如何保证投资者（股东）的投资回报，即协调股东与企业的利益关系。在所有权与经营权分离的情况下，由于股权分散，股东有可能失去控制权，企业被内部人（即管理者）所控制。这时控制了企业的内部人有可能作出违背股东利益的决策，侵犯股东的利益。这种情况引起投资者不愿投资或股东"用脚表决"的后果，会有损于企业的长期发展。企业治理结构正是要从制度上保证所有者（股东）的控制权与利益。

（2）企业内各利益集团的关系协调。这包括对经理层与其他员工的激励，以及对高层管理者的制约。这个问题的解决有助于处理企业内部各集团的利益关系，又可以避免因高管决策失误给企业造成的不利影响。

3. 治理结构的选择

西方企业的治理结构通常有英美模式和日本、欧洲大陆模式等。英美模式重视个人主义的不同思想，在企业中的组织以平等的个人契约为基础。股份有限公司制度制定了这样一套合乎逻辑的形态，即依据契约向作为剩余利益的要求权者并承担经营风险的股东赋予一定的企业支配权，使企业在股东的治理下运营，这种模式可称为"股东治理"模式。它的特点是企业的目标仅为股东利益服务，其财务目标是"单一"的，即股东利益最大化。

在"股东治理"结构模式下，股东作为物质资本的投入者，拥有着至高无上的权力。它可以通过建立对经营者行为进行激励和约束的机制，使其为实现股东利益最大化而努力工作。但是，由于经营者是有别于所有者的利益主体，在所有权与控制权分离的情况下，经营者有控制企业的权利。在这种情况下，若信息非对称，经营者会通过增加消费性支出来损害所有者利益。至于债权人、企业职工及其他利益相关者的利益会因不直接参与或控制企业经营和管理而必然受到一定的侵害,这就为经营者谋求个人利益最大化创造了条件。

日本和欧洲大陆模式尊重人和,在企业的经营中,提倡集体主义,注重劳资的协调,与英美模式形成鲜明的对比。在现代市场经济条件下,企业的目标并非仅追求股东利益的最大化。企业的本质是系列契约关系的总和,是由企业所有者、经营者、债权人、职工、消费者、供应商组成的契约网,契约本身所内含的各利益主体的平等化和独立化,要求企业治理结构的主体之间应该是平等、独立的关系,契约网触及的各方称为利益相关者,企业的效率就是建立在这些利益相关者基础之上的。为了实现企业整体效率,企业不仅要重视股东利益,而且要考虑其他利益主体的利益,建立对经营者的监控体系。具体来讲,就是在董事会、监事会当中,要有股东以外的利益相关者代表,旨在发挥利益相关者的作用。这种模式可称为共同治理模式。

4. 治理结构的一般原则

1999年5月,由29个发达国家组成的经济合作与发展组织(OECD)理事会正式通过了其制定的《公司治理结构原则》,它是第一个政府间为公司治理结构开发出的国际标准,并得到国际社会的积极响应。该原则旨在为各国政府部门制定有关公司治理结构的法律和监管制度框架提供参考,也为证券交易所、投资者、公司和参与者提供指导。它代表了OECD成员对于建立良好公司治理结构共同基础的考虑。其主要内容包括以下几方面:

(1)公司治理结构框架应当维护股东的权利。

(2)公司治理结构框架应当确保包括小股东和外国股东在内的全体股东受到平等的待遇;如果股东的权利受到损害,他们应有机会得到补偿。

(3)公司治理结构框架应当确认利益相关者的合法权利,并且鼓励公司和利益相关者为创造财富和工作机会以及为保持企业财务健全而积极地合作。

(4)公司治理结构框架应当保证及时准确地披露与公司有关的任

何重大问题，包括财务状况、经营状况、所有权状况和公司治理状况的信息。

（5）公司治理结构框架应确保董事会对公司的战略性指导和对管理人员的有效监督，并确保董事会对公司和股东负责。

（二）治理结构的控制目标

治理结构的控制目标为董事会及其下属委员会对公司治理与监控发挥积极作用。

（三）治理结构的关键控制点

1. 董事会及其下属委员会的规模、人员的组成、人员资历等与公司性质相符

（1）公司董事要求皆具有高等学历且为行业管理经验丰富的专家。

（2）公司董事会成员的构成保证了董事会独立于管理层，并对公司经营行为进行有效监督。

（3）公司确定候选高级管理人员或非执行董事时实施正式的选择程序，包括实施必要的背景调查。

（4）公司组织董事会成员接受培训以便可以持续接受知识的更新。

2. 董事会及下属委员会对公司管理实施有效监控

其一，董事会参与所有重大决策，包括章程中规定的重大事项、投资决策、高层人员变动等，并对决议执行情况进行监督。

（1）设立公司发展方向和目标，审批公司中长期战略和年度计划。

（2）召集股东大会并向股东汇报公司业绩，负责实施在股东大会上通过的决议。

（3）审批公司财务报告和年报。

（4）审批公司财务预算和投资计划。

（5）监督和改善公司的治理架构。

（6）制订高级管理人员的继任计划，并负责总裁、财务总监的遴选和任命工作。

（7）制定高级管理人员薪酬体系，评估高级管理人员业绩。

（8）监控公司现在或将来可能面临的风险。

其二，董事及下属委员会成员能够充分而适时地获知信息，以监控管理层的目标和战略、公司的财务状况和经营成果，以及重要协议的条款。

其三，董事及下属委员会成员能够充分而适时地获知敏感信息、调查报告和违规行为。

其四，董事会审计委员会同首席财务官、财务总监、内部审计负责人及外部审计师定期交流对内部控制体系和财务报告流程的监控情况。

五 管理理念和管理风格

（一）管理理念和管理风格概述

管理理念是企业发展一贯坚持的一种核心思想，是企业员工坚守的基本信条，也是企业制定战略目标和实施战术的前提条件和基本依据。管理风格是企业在管理过程中一贯坚持的原则、目标及方式等方面的总称。

一家企业不必追求"宏伟的"理念，而应建立一个切合自身实际的，并能贯彻渗透下去的理念体系。管理理念往往是管理风格形成的前提。一般而言，企业的管理理念和管理风格有稳健型和创新型两种。

稳健型企业的特点是在管理理念和管理风格上以稳健原则为核心，一般不会轻易地改变业已形成的管理和经营模式。因为成熟模式是企业内部经过各方面反复探索、学习、调整和适应才形成的，意味着企业的发展达到了较理想的状态。奉行稳健型原则的企业的发展一般较为平稳，大起大落的情况较少，但是由于不太愿意从事风险较高的经营活动，企业较难获得超额利润，跳跃式发展的可能性较小，而且有时由于过于稳健，会丧失快速发展的良机。其实，稳健并不排斥创新，由于企业面临的生存发展环境在不断变化，因此企业也需要在坚持稳健的原则下不断地调整自己的管理方式和经营策略以适应外部环境的变化。如果排斥创新的话，稳健型的企业也可能会失败。

创新型企业的特点是管理理念和管理风格上以创新为核心，这类企业在经营活动中的开拓能力较强。创新型的管理风格是此类企业获得持续竞争力的关键。管理创新是指管理人员借助于系统的观点，利用新思维、新技术、新方法，创造一种新的、更有效的资源整合方式，以促进企业管理系统综合效益的不断提高，达到尽可能少的投入获得尽可能多的综合效益，具有动态反馈机制的全过程管理目的。管理创新应贯穿于企业管理系统的各个环节,包括管理理念、战略决策、组织结构、业务流程、管理技术和人力资源开发等各方面,这些也是管理创新的主要内容。创新型企业依靠自己的开拓创造,有可能在行业中率先崛起,获得超常规的发展,但创新并不意味着企业的发展一定能够获得成功,有时实行的一些冒进式的发展战略也有可能迅速导致企业的失败。分析企业的管理风格可以跳过现有的财务指标来预测企业是否具有可持续发展的能力,而分析企业的管理理念则可以据以判断企业管理层制定何种企业发展战略。

（二）管理理念和管理风格的控制目标

管理理念和管理风格的控制目标是使管理层形成恰当的管理理念和管理风格。

（三）管理理念和管理风格的关键控制点

1. 管理层设置的经营目标切合实际

企业各级管理层都应有明确的业绩目标,业绩目标的设定应充分考虑其可实现性和可控性,事前应与相关管理层进行细致的沟通。业绩目标设置过程中应考虑:

（1）企业应建立明确的业绩目标（包括各级责任单位及责任人的业绩目标），在合理的基础上分解业绩目标,并与相关责任人进行充分的沟通。

（2）考核指标与考核权重设置应体现企业恰当的考核导向,引导企业战略目标的实现。业绩目标的选择和目标值的确定应注重短期与长期目标相结合,即与企业总体发展战略、生产经营目标一致,并结合实际,具体明确、重点突出、覆盖受约人的主要工作内容。

（3）企业不存在偏激的奖惩制度,以免影响员工对企业道德标准的遵守,员工的升职和工资不能仅基于短期绩效目标的实现程度。

2. 企业对待业务风险持较为保守、谨慎的态度

（1）企业对待业务风险持较为保守、谨慎的态度,在介入新业务前,在进行仔细的风险和收益分析后才采取行动。

（2）企业应制定《审批权限指引》，明确各项资金支出的审批权限和办理程序。

（3）企业应逐步实行债务集中管理,将所有长期、短期借款由企业

集中管理,统一办理借款和还款。

(4)企业重大决策应由总经理办公会听取相关部门或专家意见后,集体合议形成,交由董事会审批。金额较大、性质复杂的业务在受理前应进行论证和分析。

3. 确保关键岗位人员的稳定

企业关注关键部门人员(例如,经营、会计和数据处理等部门)的更换频率,具体内容包括以下几方面:

(1)企业确保管理层人员的稳定,对人员频繁更换情形予以关注,保持企业财务、信息等系统员工队伍的稳定。

(2)关注关键岗位员工是否存在突然辞职或辞职、提前通知期较短的现象,对于关键岗位员工的异常流动应建立报告渠道。

4. 管理层发挥财务职能的管控作用,并在财务报告方面体现谨慎性要求

企业应充分发挥财务管理在企业管理中的核心作用,对企业各项经济活动进行反映、监督与控制。管理层应充分关注财务报告和资产安全可靠性。具体内容包括以下几方面:

(1)管理层将财务职能作为企业各种活动的控制中心,而不仅仅是企业的"计数中心"。

(2)企业应在财务报告方面体现谨慎性要求,所选用的会计准则不是追求财务报告利润最高。

(3)企业总部应对所属单位财务管理实施有效监控,包括建立专业线之间的汇报关系,下属单位上报的财务报告需要经其负责人签字确认等。

(4)企业对重大资产,包括知识资产和信息,应严格地保护,防止未经授权的接触。

六 机构设置

(一)组织结构概述

企业在描述其组织时,通常会画出一张组织结构图,并试图以此解释其结构。形成一个能有效支持企业战略的组织结构是相当困难的,特别是在当前全球经济快速发展和动态竞争所带来的巨大不确定性的市场

环境中。当一种组织结构能与其他要素紧密结合时，这种组织结构就能推动企业的业务目标和战略目标的实现。因此，组织结构是有效实现战略目标的重要因素。

1. 组织结构的分类

（1）简单结构。在简单结构中，所有者兼经营者直接作出所有主要决定，并监控企业的所有活动，而员工只是为经理监控权力的延伸而服务。这种结构的主要特征包括非正式的关系、很少的规划、有限的工作专业化和并不复杂的信息系统。经理与员工频繁的非正式沟通与协调使工作任务相对更容易完成。

这种结构的主要问题是，组织只在一定规模内才能有效运转，一旦超过一定规模，一个人就难当重任。

（2）职能型组织结构。职能型组织结构是由首席执行官和有限的企业员工组成的，在重点的职能领域，如生产、财务、销售、研发、工程和人力资源等配备职能层次的经理。职能型组织结构允许职能分工，从而方便各个职能部门内部的知识分享，知识分享有助于职业前景的推进，也有利于专业人员的业务发展。职能型组织结构适合多元化水平较低的业务层战略和一些企业战略（如单一或主导业务）。图2-1勾画了一个典型的职能型组织结构。

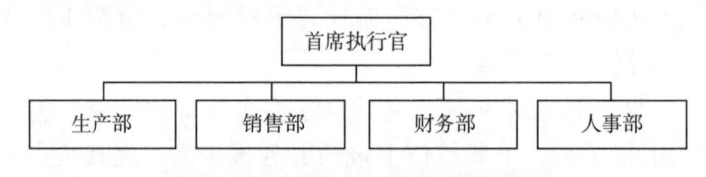

图 2-1 典型的职能型组织结构

职能型组织结构的优点包括：①首席执行官掌握各运营部门；②简化控制机制；③明确的职责划分；④在中高层管理者中有某种职能的专家。

职能型组织结构的缺点包括：①高层管理者为事务性工作所困扰；②高层管理者容易忽视战略性问题；③较难应对组织内的多样性；④各职能部门之间的协调比较困难；⑤适应能力差。

（3）多分部结构。多分部结构是由基于产品、服务或地理区域而划分的各分支机构构成的组合，如图2-2所示。设立多分部结构的主要目的是弥补职能型组织结构在处理差异性方面的不足。在实践中，分部的设立与战略业务单元完全吻合是十分困难的，原因在于如果部门机构与战略业务单元完全吻合，将产生太多的分部。因此，一个分部结构在现实中通常会包含多个战略业务单元。

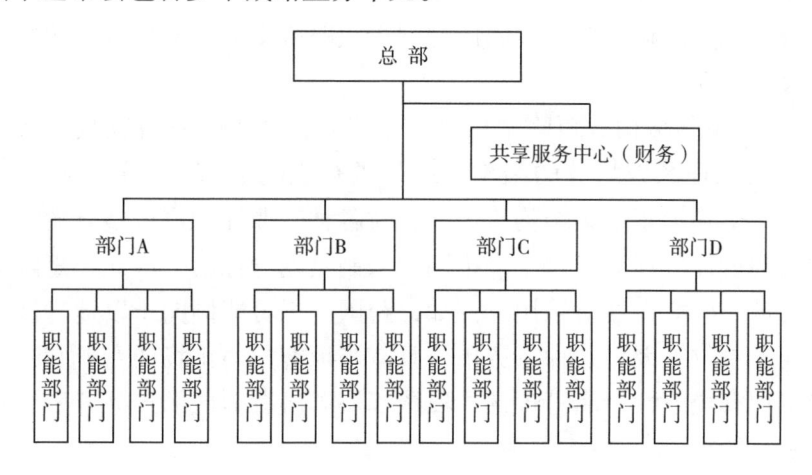

图 2-2 典型的多分部组织结构

在划分分部时通常有两个基本问题。首先是划分的标准问题，即是按产品、市场划分还是按技术划分的问题，如果处理不好，就会产生一个非常复杂的结构。其次是哪些业务活动应当列入分部之中，哪些职能部门应包含在每一层分支机构中，哪些职能应当放在企业总部而不是放在分支机构中。

多分部结构的优点包括：①集中精力于业务领域（如产品、市场）；②有利于对各部门业绩的考核；③增减业务单位十分便利；④有利于高级管理者将注意力放在战略问题上；⑤鼓励综合管理层的发展。

多分部结构的缺点包括：①职责不清（集权与分权的界限不清）；②各分部之间易发生冲突；③管理成本高昂；④部门之间的交易使管理变得复杂；⑤分部成长得过于庞大；⑥分部过多会使协调变得更为复杂化。

（4）控股公司结构。控股公司实际上是一家投资公司，它拥有若干家独立公司——这些公司是母公司的一部分，但它们通常独立经营并保留原有公司名称。控股公司结构的建立基于以下理论：在动荡不安的商业环境下，各成员公司在不受干预的情况下，会尽其所能地采取最佳的产品和市场战略；各成员公司在不担负母公司间接费用的同时，可以充分享受其成员资格所带来的利益；控股公司本身也可以获益，比如可以通过所拥有的成员公司分散市场风险，通过剥离个别成员公司而获利。控股公司最大的缺点在于集团内部缺少战略凝聚力，各成员公司的业务可能会有重叠。

（5）矩阵结构。矩阵结构是一个组合性结构，它可以是既按产品划分又按地理区域划分的结构，或是既有职能结构又有部门结构的结构，图2-3列示了这种结构。由于在对各种专业知识进行整合的同时，组织结构设计过程需要基于多个因素来制定划分标准，因此，矩阵结构通常会被一些大企业所采用。例如，跨国公司可能倾向于以地理区域来划分业务单位（因为这种业务单位具有当地客户与市场的专业知识），同时也拥有全球性产品管理部，以统筹协调所有地区的产品开发、制造和分销。

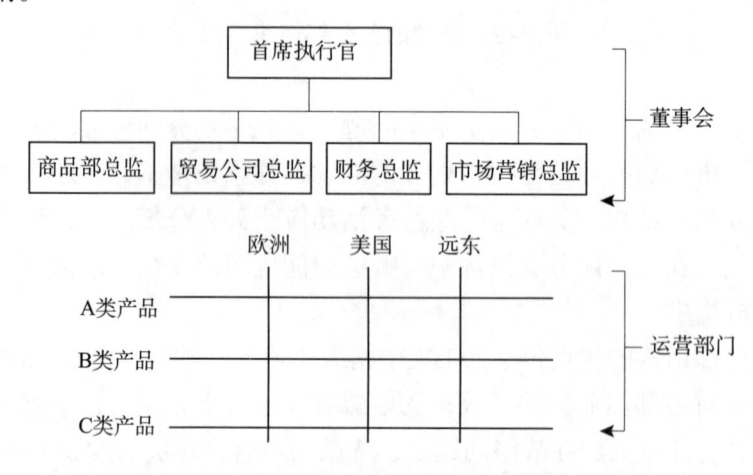

图2-3 典型的矩阵组织结构

矩阵结构的优点包括：①当有利益冲突时可以作出明智的选择；②直接交流取代了官僚主义；③管理层有更强的主动性；④参与决策使管理者有更大的发展空间。

矩阵结构的缺点包括：①决策时间延长；②工作和任务职责不清晰；③成本与利润责任不明确；④冲突的可能性增强；⑤容易忽略主要矛盾。

第二章 企业层面的内部控制

2. 组织结构与企业战略

组织结构与企业战略存在交互作用的关系。一般来说，组织结构随着企业战略的变化而改变。当企业改变战略时，企业应同时考虑支持新战略所需的组织结构问题，战略与组织结构的有效匹配能为企业带来竞争优势。例如，如果实施成本领先战略的企业采用职能型组织结构，则其组织结构的基本特征是简单的报告关系机制、较少的决策层及权力结构、集中化的企业员工，以及强调生产过程优化而不是新产品研发。这种类型的职能结构鼓励一种所有企业员工力图降低成本完成工作的企业文化。如果实施差异化战略的企业采用职能型组织结构，则其组织结构的基本特征是，相对复杂而灵活的报告关系相制，经常性使用交叉职能的产品开发团队，更加关注产品研发和营销职能而非制造和研发流程。这种类型的职能结构鼓励一种所有企业员工力图使当前产品更具有差异化和开发新的高度差异化产品的企业文化。在某些情况下，组织结构能影响当前的战略行为，以及对未来战略的选择。

（二）组织结构的控制目标

机构设置的控制目标为企业建立合适的组织架构，保证机构设置必须既能够满足对企业经营进行适当监控，又能够保障信息流转畅通。具体内容包括以下几方面：

（1）机构设置与企业运行环境及企业战略目标保持一致，并为管理企业运作提供必要信息。

（2）建立有效的汇报机制，能够保证管理人员获得与其责任和权限有关的信息。

（3）保持对机构设置变化的适应性。

（三）组织结构的关键控制点

1. 机构设置与企业运行环境和企业战略目标保持一致，并为管理企业运作提供必要信息

企业关注机构设置的适当性，以及其提供管理活动必要信息的能力。具体内容包括以下几方面：

（1）考虑企业经营业务的性质，企业机构设置按照适当集中或分散的管理方式设置。

（2）机构设置是否与企业运行环境和企业战略目标保持一致，包括对分支机构的监管和部门职责是否划分清晰。

（3）机构设置有利于信息的上传、下达和各业务活动之间的传递。

2.建立有效的汇报机制，能够保证管理人员获得与其责任和权限有关的信息

企业应建立有效的汇报机制，能够保证管理人员获得与其责任和权限有关的信息。经营活动的管理人员有与相关的高级管理人员进行沟通和交流的通畅渠道。企业的汇报关系强调地域化管理和各级高层管理人员的责任。即：

（1）企业内部各级部门人员向本级高层管理人员汇报。

（2）各级高层管理人员向上一级高层管理人员汇报。

（3）对于重要信息，各级企业内部信息正式上报要经过本级高层管理人员审批签字。

（4）对于非重要信息，建立非正式渠道（如电话、网络）向上一级企业内部部门进行汇报。

3.保持对机构设置变化的适应性

企业能够掌握影响企业的各方面情况变化，并分析其对现有机构设置适当性的影响，从而及时提出机构设置变化的方案，包括管理人员应定期根据变化的业务或行业环境来评价企业的机构设置。

七 责权分配

（一）责权分配概述

1.职责分工

职责的分工可以分为纵向分工和横向分工。纵向分工（也称层级或等级制度）是指权力上的分工，即谁作出决定和向谁负责的安排；而横向分工则是工作范围的划分，一般可通过功能、地区、客户等类别进行划分。纵向分工的优点是较有经验和见识的人员专注于决策，而经验较浅的员工则专注于执行，从而可以提高决策的速度和质量。横向分工的主要好处在于收窄工作范围，让员工较容易掌握工作，能产生熟能生巧的效果，从而提高效率。

纵向分工影响组织阶层的数量，一般来说，阶层的数量越多，高层

与前线的距离越远,沟通的关卡就越多。因此,决策和执行的速度相对缓慢。由于管理人员相对于直接参与生产运营的员工比例增大,故此,固定成本较高。由于较低层级员工的决策权较少,理论上可以减少出现重大决策失误的概率。一般来说,纵向分工受管理幅度和员工人数的影响,也与工作的复杂程度紧密相关。至于横向分工方面,理论上分工越细,熟能生巧的效果则越强,但同时又需要更多的协调,因此,横向分工的方式和程度主要是平衡这两个方面的结果。

至于采用哪一种分工方式,与企业的权力分配有关。在一些企业,决策权集中在少数人的手中,这种企业称为集权式组织;在另一些企业,决策权分散在不同人的手中,这种企业称为分权式组织。

2. 集权的弊端

在组织管理中,集权和分权是相对的,绝对的集权或绝对的分权都是不可能的。过分集权带来了种种弊端,具体如下:

(1)降低决策的质量。在高度集权的组织中,随着组织规模的扩大,组织的最高管理者远离基层,基层发生的问题经过层层请示汇报后再作决策,不仅影响决策的正确性,而且影响决策的及时性。

(2)降低组织的适应能力。处在动态环境中的组织必须根据环境中各种因素的变化不断进行调整。过度集权的组织可能使各个部门失去自我适应和自我调整的能力,从而削弱组织整体的应变能力。

(3)不利于调动下属的积极性。由于实行高度集权,几乎所有的决策权都集中在最高管理层,中下层管理者变成了纯粹的执行者,没有任何的决策权、发言权和自主权。长此以往,他们的积极性、创造性和主动性会被磨灭,工作热情消失,对组织关心的程度减弱。

(4)阻碍信息交流。在高度集权的组织中,由于决策层即最高管理层与中下层的执行单位之间存在多级管理层次,信息传输路线长,经过环节多,因而信息的交流比较困难,使下情难以上达。

3. 确定集权程度需要考虑的因素

集权与分权的程度,是随条件的变化而变化的。对一个组织来说,其集权或分权的程度,应综合考虑各种因素,具体如下:

(1)决策的代价。一般来说,决策失误的代价越高,越不适宜交给下级人员处理。

（2）政策的一致性。如果高层管理者希望保持政策的一致性，则趋向于集权化。如果高层管理者希望政策不一致，则会放松对职权的控制程度。

（3）组织的规模。组织规模较小时，一般倾向于集权；组织规模扩大后，组织的层次和部门会因管理幅度的限制而不断增加，从而造成信息延误和失真。因此，为了加快决策速度、减少失误，最高管理者就要考虑适当的分权。

（4）组织的成长。组织成立初期绝大多数都采取和维持高度集权的管理方式。随着组织逐渐成长，规模日益扩大，集权的管理方式逐渐转向分权的管理方式。

（5）管理哲学。有些组织采用高度集权制，有些组织推行高度分权制，原因往往是高层管理者的个性和管理哲学不同。

（6）管理人员的数量与素质。管理人员不足或素质不高可能会限制组织实行分权。即使高层管理者有意分权，但没有下属可以胜任，也不能成事。相反，如果管理人员数量充足、经验丰富、训练有素、管理能力强，则可有较多的分权。

（7）控制的可能性。分权不可失去有效的控制。高层管理者在将决策权下授时，必须同时保持对下属的工作和绩效的控制。一般来说，控制技术与手段比较完善，管理者对下属的工作和绩效控制能力较强的，可较多地分权。

（8）职能领域。组织的分权程度也因职能领域而异，有些职能领域需要更高的分权程度，有些则相反。

（9）组织的动态特性。如果一个组织正处于迅速的成长过程中，并面临着复杂的扩充问题，组织的高层管理者可能不得不作出为数众多的决策，高层管理者在无法应付的情况下会被迫向下分权。

（二）责权分配的控制目标

责权分配的控制目标是分配企业的职权与职责。职责的分配、职权的下放和相关政策的制定为确立权利和义务、内部控制责任以及明确个人的角色分工奠定了基础。责权分配包括对企业经营活动的权限和职责分配、建立上下级报告关系和授权协议。

（三）责权分配的关键控制点

1.适当分配职责并赋予职权，以实现企业目标并完成经营职能

根据企业的目标、经营职能和监管要求分配责任和授权，具体包括对机构和部门的职权分配和对员工的职权分配，并强调两者的统一。

（1）机构和部门的职责和职权。企业在进行机构和部门设置时，应针对其在企业目标实现过程中扮演的角色，本着责、权、利统一的原则，对机构和部门的责任和权限进行界定。企业应建立对分支机构的授权体系，并检查和监督分支机构对其职责的履行情况，对分支机构越权的行为应按照规定进行惩罚。

（2）员工的职责和职权。岗位设置应明确不同岗位的职责、权利和任职资格。

另外，企业应每年对企业授权批准政策进行复核与更新。

2.职责分配体系清晰，且不相容岗位分离

企业应注重授权和所分配的责任相吻合。具体内容包括以下两方面：

（1）完成工作所需要的权力与高级管理人员参与的程度应保持适当的平衡。

（2）应授予合适级别的员工纠正问题或实施改进的权力，此授权也应明确所需的能力水平和权力界限。

八 内部审计

（一）内部审计概述

1.内部审计的概念

内部审计师协会对内部审计的定义如下："内部审计是一种独立、客观的确认和咨询活动，它通过运用系统的、规范的方法，审查和评价组织的业务活动、内部控制和风险管理的适当性与有效性，以促进组织完善治理、增加价值和实现目标。"

在我国，内部审计是指由被审计单位内部机构或人员，对其内部控制的有效性、财务信息的真实性和完整性以及经营活动的效率和效果等开展的一种评价活动。内部审计是和政府审计、注册会计师审计并列的

三种审计类型之一。

2. 内部审计与注册会计师审计的区别

（1）独立性不同。内部审计强调内部审计机构和审计人员与被审计部门之间的独立性，不强调审计机构和审计人员与企业管理层之间的独立性。因此，内部审计本质上是单向独立的。

（2）两者的审计目标不同。注册会计师审计目标是对财务报表的合法性、公允性作出评价，而内部审计的目标是审查和评价风险管理、内部控制以及企业治理流程的有效性，帮助企业实现其经营目标。

（3）两者关注的重点领域不同。注册会计师审计的主要侧重点是会计信息的质量和合规性，也就是对财务报表的合法性、公允性作出评价，而内部审计主要侧重有效性、经济性和合规性。

（4）审计标准不同。内部审计的标准是公认的方针和程序，注册会计师审计的标准是会计准则和相关法律法规。

（5）专业胜任能力要求不同。内部审计要求具备一定的管理知识水平，由于内部审计的目标是帮助企业实现其目的，改善机构运作并增加价值，故要求内部审计人员具备一定的管理知识与水平。

3. 以风险为导向的内部审计

对于内部审计来说，所谓风险导向审计是指内部审计人员在对风险及其内部控制系统进行充分了解和评价的基础上，分析、判断风险发生的可能性及其影响程度，建立审计风险模型和风险评级标准，制定与之相适应的内部审计策略、审计计划和审计程序，将审计资源重点配置于高风险领域，将内部风险降低至可接受的水平的一种审计模式。风险导向审计关注企业高风险领域对审计目标的影响，将对风险的辨识、分析和评价贯穿于审计工作始终；风险导向审计既可以应用于审计项目实践，也可以应用于审计业务规划，建立与企业全面风险管理体系相匹配的审计策略体系。因此，风险导向审计不仅仅是一种审计技术，也是因审计理念的转变而产生的审计模式、审计方法的革新。

与传统的审计方法相比较，风险导向审计带来的是审计理念和审计方法的重大转变。风险导向审计不仅仅依赖于对企业内部控制制度设计和执行情况的测试评价，更将审计视野扩展到对企业内外部环境、企业管治、战略管理等层面的全面风险评估。内部审计人员在审计时始终秉持合理的职业审慎，并将风险评估技术和分析性复核程序应用于审计项目全过程。

（1）强化了审计风险意识，扩展了审计范围，将审计重心从内部控制测试前移至企业层面的风险评估，将连续、动态的风险评估贯穿于整个审计过程。风险导向审计不再简单地直接实施内部控制测评，而是通过对企业经营环境、发展战略、企业治理、风险策略等方面的评估，发现潜在的经营管理风险，并将其逐级分解细化到具体的业务流程及其内部控制活动中，由此确定审计范围和审计重点。

（2）更加注重分析性程序的运用。在风险评估过程中，多层级、多线条、多维度的分析性复核程序将应用得更为频繁，对于任何审计对象，都将首先采用分析性复核措施发现风险环节。分析范围更加广泛，从对财务报表等事后数据的分析，延伸至对企业战略、风险管理体系、经营业绩、全面预算等风险管理起点的数据分析；分析工具更加科学，通过引入计算机审计技术，强化了对文本、数据的加工分析能力，也使审计抽样结果更加合理；分析对象更加多样，对所有财务和非财务数据都能运用分析性程序。通过分析性程序，可以多角度发现同一风险事件在不同经营领域、不同流程环节的各种表象，使风险评估结果更为可靠。

（3）增强了审计程序的针对性，提高了审计资源的使用效益。风险评估过程使内部审计人员对重要经营风险具有了更加直观和更加全面的认识，对风险的量化标准以及应予采取的控制措施在风险评估过程中也逐渐清晰，便于针对不同类别的风险制定、实施个性化的审计程序。将风险评估手段与审计程序进行有机结合，使审计资源有的放矢地集中到重要风险领域，促进其有效分配和利用，提高审计效率。

（二）内部审计的控制目标

内部审计的控制目标是保证内部审计机构设置、人员配备和工作的独立性。内部审计机构结合内部审计监督，对内部控制的有效性进行监督检查，内部审计机构对监督检查中发现的内部控制缺陷，按照企业内部审计工作程序进行报告；对监督检查中发现的内部控制重大缺陷，直接向董事会及其审计委员会、监事会报告。

（三）内部审计的关键控制点

1. 内部审计的独立性和专业胜任能力

企业应对审计部门的审计人员、数量、专业结构等方面进行合理配置，保证审计部门能够全面有效地开展工作。

企业内部审计人员应该具有规定的资质和执业能力，并结合企业实际制定内部审计职业道德规范，要求审计人员在办理审计事项时必须遵守。

企业确保内部审计功能有足够资源运作，且有适当地位。

企业制定内部审计章程，明确内部审计机构的工作范围及不受限制的信息、资产及人员的接触权限。

审计部门根据授权可以参加企业有关经营和财务管理决策会议；可以通过向管理层汇报得到管理层关注的审计问题，包括管理薄弱领域或环节、企业新的重大的经营管理活动，从而编制内部审计计划。

2. 内部审计的工作范围与程序

企业根据审计机构风险评估结果和管理需求，确定年度审计计划和安排审计资源，报企业管理层、审计委员会批准。同时，在执行年度审计计划的过程中，若涉及年度审计计划重大审计项目的调整，也须报企业管理层、审计委员会批准。

企业审计工作程序分为审计准备、审计实施、审计报告和后续审计四个阶段。审计准备阶段考虑项目性质与人员分派；审计实施阶段考虑获得充分、适当的审计证据，并编制审计工作底稿；审计报告阶段考虑审计结论的复核与被审计单位的沟通；后续审计阶段考虑检查审计建议及改进计划的落实情况。

审计部门执行的审计类型包括内部控制审计、效益审计、任期经济责任审计、工程项目审计、经营审计、专项调查、法律遵循性审计等。

审计机构在实际执行审计过程中遵循内部审计准则和内部审计实务标准。

企业应建立内部审计的工作报告渠道，通过审计意见书、审计要情等报告方式向审计机构负责人报告审计工作情况。

企业执行质量保证制度并实施检查程序，保证审计工作的质量，包括工作底稿编制审核、审计报告审核、内部检查及客户调查等方式。

第二章 企业层面的内部控制

（四）案例分析

某企业的审计计划制订、实施与汇报内部控制[①]如表 2-1、表 2-2 所示。

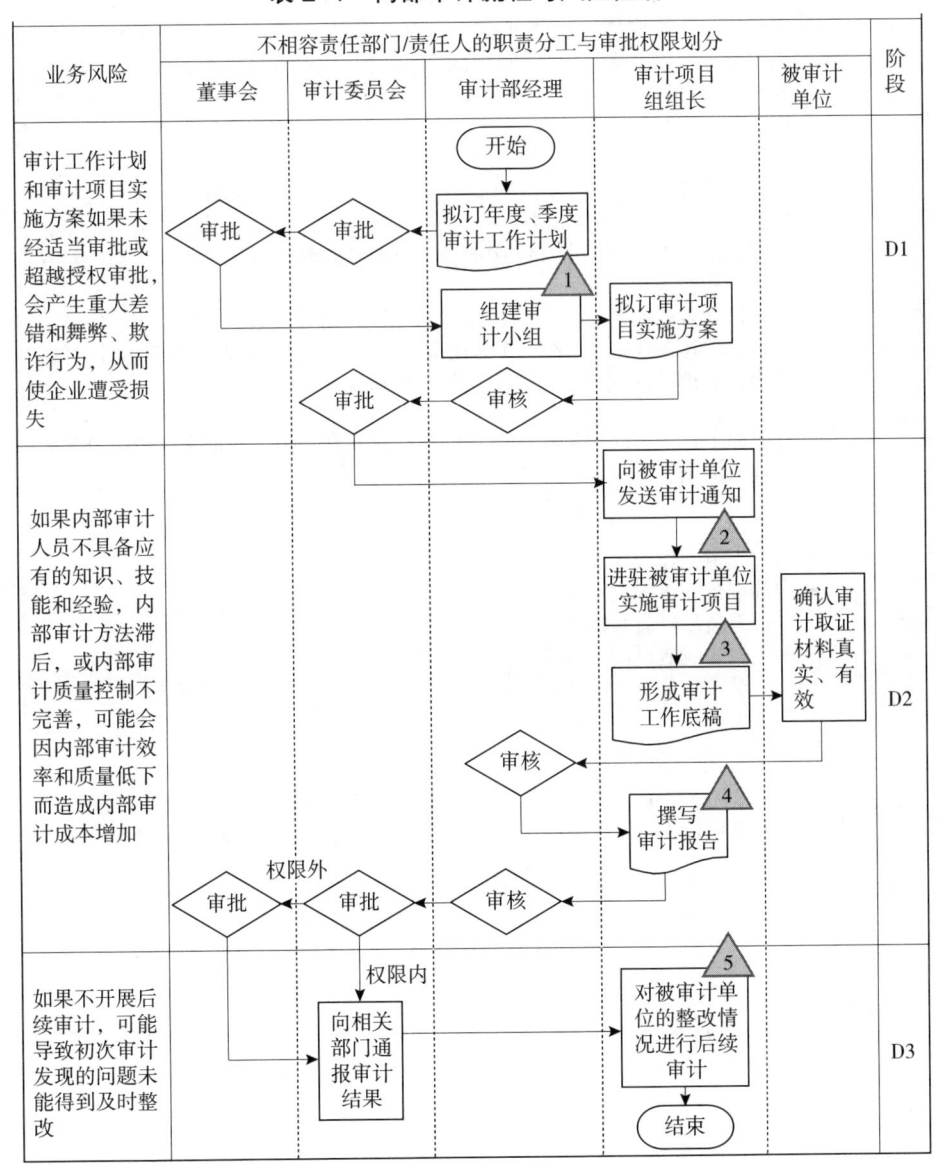

表 2-1　内部审计流程与风险控制

业务风险	不相容责任部门/责任人的职责分工与审批权限划分					阶段
	董事会	审计委员会	审计部经理	审计项目组组长	被审计单位	
审计工作计划和审计项目实施方案如果未经适当审批或超越授权审批，会产生重大差错和舞弊、欺诈行为，从而使企业遭受损失	审批	审批	开始→拟订年度、季度审计工作计划→组建审计小组→审批	拟订审计项目实施方案→审核		D1
如果内部审计人员不具备应有的知识、技能和经验，内部审计方法滞后，或内部审计质量控制不完善，可能会因内部审计效率和质量低下而造成内部审计成本增加	审批（权限外）	审批	审核	向被审计单位发送审计通知→进驻被审计单位实施审计项目→形成审计工作底稿→撰写审计报告	确认审计取证材料真实、有效	D2
如果不开展后续审计，可能导致初次审计发现的问题未能得到及时整改			权限内→向相关部门通报审计结果	对被审计单位的整改情况进行后续审计→结束		D3

注：△1～△5 的说明分别见表 2-2 中的 1～5。

---

① 许国才. 企业内部控制流程手册 [M]. 北京：人民邮电出版社，2010.

059

表 2-2　内部审计流程控制表

控制事项		详细描述及说明
内部审计流程控制		
阶段控制	D1	1. 审计小组的组成人员应由具备相应资格和业务能力的审计人员担任，并需要明确小组成员的职责和权限。审计小组的审计事项包括遵循性审计、风险审计、绩效审计、任期经济责任审计、建设项目审计、物资采购审计等专门审计以及法律法规规定和本单位主要负责人或者权力机构要求办理的其他审计事项
	D2	2. 内部审计人员可以运用审核、观察、监盘、询问、函证、计算和分析性复核等方法，获取充分、相关、可靠的审计证据，以支持审计结论和建议； 3. 内部审计人员应将审计程序的执行过程及收集和评价的审计证据记录在审计工作底稿中； 4. 审计报告的编制应当以经过核实的审计证据为依据，做到客观、完整、清晰、及时、具有建设性，并体现重要性原则；审计报告应说明审计目的、范围，提出结论和建议，并应当包括被审计单位的反馈意见
	D3	5. 内部审计人员应根据后续审计的执行过程和结果，向被审计单位及有关管理部门提交后续审计报告
相关规范	应建规范	内部审计工作制度 审计人员工作纪律要求 内部审计质量控制制度 审计人员后续教育制度 审计报告编制说明
	参照规范	《中华人民共和国审计法》 《中华人民共和国审计法实施条例》
文件资料		《年度/季度审计工作计划》《审计项目实施方案》《审计通知书》《内部审计手册》《审计工作底稿》《审计报告》《后续审计报告》
责任部门及责任人		董事会、审计委员会、审计部、其他被审计单位 审计部人员、审计项目组组长、审计项目组其他成员

九 人力资源政策与措施

（一）人力资源政策与措施概述

1. 人力资源管理与企业战略管理之间的关系

人力资源管理与企业战略管理之间的关系是相互影响的。企业在制定发展战略的过程中，除了考虑企业的使命和目标，还要根据企业外部的机会与威胁、内部的优势和劣势来选择适当的企业战略。一般认为人力资源管理属于"战略制定"之后的"战略执行"阶段的工作，包括预测人力资源的需求，通过招聘、培训、绩效管理、薪酬管理、职位设计、组织设计、劳资关系和员工沟通等的实践，以确保企业获得所需的人力资源的技能、行为和文化，产生理想的人力资源行为结果，从而达到期望的企业绩效。最后，通过反馈和控制环节，调整战略制定和战略执行。如果在选择和制定企业战略时同时考虑人力资源战略，则负责人力资源管理的高层会在选择企业战略时作出贡献。

企业战略是一组企业活动的决策，其目标的实现有赖于一系列功能性战略，而在这一系列功能性战略中，人力资源战略最为重要。协调人力资源战略与企业战略，可以帮助企业利用市场机会，提升企业的内部组织优势，帮助企业达成战略目标。制定和执行适当的人力资源战略，可为企业带来一些正面的影响，具体如下：

（1）创造价值。由于优秀的人才群体可以创造更高的价值，因此，人力资源直接影响了企业的绩效；有效的企业管理活动和项目可以开发人力资源的潜在价值。

（2）优势源泉。当竞争对手不能获得具有同等或同样技术、知识、能力的人才时，或竞争对手不能模仿员工的能力、贡献时，或当员工的聪明才智与企业的发展方案得到整合时，企业就获得了竞争优势。

（3）战略资源。人力资源具有战略性，而其中的人才资源则永远是战略资源；人力资源与企业的其他管理资源、人力资源管理系统与企业整体战略之间具有战略性的契合与协同作用。

（4）人力资源及其有效管理决定着企业生命的长短。

2. 人力资源战略与企业战略的匹配

人力资源战略的基本思想，是把企业战略与人力资源管理的战略互相结合，通过组织结构的再设计、企业文化的构建、员工资源化发展，实行战略性人力资源管理。人力资源战略的基础是企业总战略中对长期目标与使命的清晰表述，以及各主要子战略的明确定义。

何永福和杨国安（1995）在《人力资源战略管理》一书中，引用美国康奈尔大学的一份研究报告，提出人力资源管理与企业战略对应的三种战略，如表2-3所示。

表 2-3　人力资源战略与企业战略的匹配

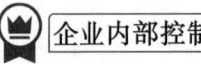

企业战略 人力资源战略	廉价战略 吸引战略	优质战略 参与战略	创新战略 投资战略
特点	（1）中央集权； （2）高度分工； （3）严格控制； （4）依靠工资与资金维持员工积极性	（1）企业决策权下放； （2）员工参与管理，从而增强员工认同感和归属感； （3）注重发挥绝大多数员工的积极性、创造性和主动性	（1）重视人才储备和人才资本投资； （2）增强与员工建立长期工作关系； （3）注重发挥管理人员和技术人员的作用

企业无论采取哪一种人力资源战略，其目的都是相同的——通过有效的人力资源管理方法来影响员工的信念和行为，使员工与企业的关系协调。这就是说，一方面巩固员工适应企业内在环境和要求的能力，另一方面使人力资源成为实现企业竞争战略的强而有力的内在动力。

现代社会的竞争环境变化迅速，促使企业的人力资源管理者必须正视人力资源管理领域的变革，并积极地进行职能转变与角色的重新定位，建立自身人力资源上的竞争优势。在影响企业目标实现的诸多因素中，人力资源已成为一个重要的前提条件。企业在招聘员工时，要寻觅人才，并把他们放在企业合适的工作岗位，使这些企业的稀缺人才在竞争中获胜，从而令企业在市场竞争中占有优势。

（二）人力资源政策与措施的控制目标

人力资源政策与措施的控制目标是建立适当的人力资源政策和实践，保证企业招聘并留住有能力的员工，引导员工达到企业期望的职业道德水平和胜任能力，以确保企业计划正确执行并达到既定目标。

（三）人力资源政策与措施的关键控制点

1. 建立完善的人力资源政策、标准和程序，并向企业员工传达

企业应制定雇用、培训、晋升和员工薪酬的政策及程序，具体内容包括以下几方面：

（1）企业制定人力资源管理的相关政策与程序，包括招聘、培训、薪酬、晋升、考核、罢免、解聘、离职等，并采用文件下发、传真电报、邮件等方式充分向分支机构传达。

（2）针对信息安全相关敏感岗位的人事政策和程序，企业对涉及

第二章 企业层面的内部控制

信息安全的员工在入职教育时进行信息安全的培训。

（3）针对上市公司要求，企业对管理层在企业治理、风险防范及内部控制方面担任的角色和承担责任（如《萨班斯—奥克斯利法案》或《企业内部控制基本规范》）进行培训。

（4）企业应对人力资源政策、标准和程序定期更新。

2. 用书面职责描述定义某一职位所需要的知识和技能

企业管理层应当以正式或非正式的岗位描述，或其他方式分析并定义各岗位的具体工作任务，用书面职责描述定义某一职位所需要的知识和技能。

（1）企业要求各级责任单位和部门对每个岗位开展工作所需的知识和技能进行系统、科学的分析，并体现在岗位说明书或其他相关文件中，明确企业各岗位主要责任、工作职责、岗位权限、业绩指标及任职资格（如学历、专业技术职务任职资格、专业背景、工作经验、工作经历和操作水平等）。企业通过岗位职责描述和权限指引的方式对各级管理人员的职责和权限情况进行详细规定，敦促员工按程序办事。

（2）管理层应分析并确定员工胜任工作所需要的基本知识和技能，并有证据表明员工具备工作所需要的基本知识和技能。

（3）企业应定期评估岗位说明书，确保岗位职责描述与管理需求及经营环境要求一致。

3. 通过招聘、培训、考核等方式提高员工的能力和水平

（1）企业招聘合适的员工，使其具备企业岗位所必要的知识与能力及专业背景。

（2）企业应对财务、法律监管、企业信息化等专业度较高方面的管理人员的专业胜任能力充分关注，通过培训等方式不断提升其知识与技能。

（3）企业应定期对员工实施考核和评价，找出员工在素质与任职岗位上的差距，并有针对性地进行业务、技能培训等，及时提高员工的能力和水平。

4. 对管理层和关键岗位员工经过仔细甄选，并进行必要的背景调查

企业明确对管理层和关键岗位（如管理层、财务岗位、审计岗位、信息操作岗位）招聘与提升程序，任职要求要明确提出道德或职业操守方

面的要求,并进行必要的背景调查。

5. 对于管理层和关键岗位员工的离职保持适当关注

企业对管理层和关键岗位员工的离职保持适当关注,包括人力资源部对员工变动和员工压力的关注,建立对异常变动员工的报告渠道等。

案例分析

【案例 2-1】

三星公司的人力资源管理[①]

三星电子(Samsung Electronics)继获得美国《商业周刊》"2002 年度信息技术企业"百强之首后,又在美国《财富杂志》"2008 年度全球百强企业"选举中榜上有名,同时位列"全球名牌榜"前 25 名。《亚洲金融》更是把三星电子评为"韩国最好的公司"。

过去多年,三星电子在人才和技术方面的投入确确实实得到了财务回报和市场认同。三星电子竞争力迅速提升的背后其实归功于其独特的管理方式,尤其是三星电子的人力资源管理。

三星电子企业文化的一个重要理念,就是坚持"人才第一"的观点。三星电子的人力资源管理从人才的吸纳、培训到激励,都充分体现和实践了这种"人才第一"的理念。这一点正是三星电子成功的关键。通过以下几个方面,我们可以窥见三星电子人力资源管理的独特之处。

(一) 不拘一格揽人才

三星电子上上下下都流传着这样的思想:"优秀人才一人就能够养活十万人""十个一级围棋选手联合起来也不能战胜一个围棋一段选手"。这种"人才第一"的理念非常深入人心,成为三星电子一个重要的企业文化。

一位新聘请的职员,必须先接受非常系统的教育才能成为三星电子内部的专家、中层干部或最高领导层。三星电子对每一个职员都有非常系统的教育计划,员工在担任相应的职务期间,三星电子的高层会把所

[①] 范卫华. 三星角力索尼,人力资源管理助劲 [N]. 中国经营报,2002-09-16.

有工作的管理权限大胆地下放到每一个人的手中。这种非常大胆的做法是三星电子成功的重要因素。

公司给予优秀人才最高待遇，是因为三星电子认为技术能够左右一个企业的竞争力。为了确保人才库，三星电子运营着多种会员俱乐部，从黑客、职业游戏人到新春文艺当选者，他们都是三星电子人事部门感兴趣的对象。据悉，这是因为他们的创造力和想象力达到了正规教育课程培训下的"千篇一律的人"无法追赶的水平。

（二）能力主义的考核与分配系统

三星电子的人力资源管理的最大特色，是坚持以"能力主义"为导向，按照员工的能力和工作业绩来分配员工的报酬、待遇、升迁发展和工作机会。例如，三星集团子公司首席执行官的年薪中基本工资所占的比重只有25%，其余75%是按照股价上升率和效益性指标EVA（经济增加值），对照目标的成果率等每年作出不同的调整。

至于研发和营销等影响企业的长期竞争力的领域，也被纳入考核指标体系之中，这些领域亦会对员工的薪酬产生影响。一般职员年薪中基本工资的比重便被限制在60%左右，剩下的根据实际的考核结果来发放。

（三）入职教育培养员工忠诚

三星电子的员工对三星电子充满了感情，他们有很高的忠诚度的重要原因，源自入职1个月后的入职教育。所有新入职的员工都要接受为期四周的入职教育。入职教育比新兵教育训练还要严格，从早上5点50分开始到晚上9点为止，都被排满了日程。除了星期天的宗教活动时间，职员都必须接受教育。

第一周的教育重点是提升职员作为社会人的素质。内容包括合适的衬衫长度、系领带的方法、喝酒的方法等最基本的职业礼节。此外，培养整体配合的挑战者路线课程也是入职教育的必修课。课程会把20名职员分为一个组，然后进行攀岩、游击训练等，在互相鼓励、声援落伍者的过程中，员工之间自然地形成团队意识和同志爱。第二周及第三周分别进行有关三星式经营观教育及以自愿服务和挑战为主题的活动，最后一周则进行总结及评价。为期四周的日程结束后，新职员有了很大的改变，脱胎换骨成为"三星人"。

案例解析 从该案中，我们不难看出三星电子采用了创新战略作为企业的发展方向。人力资源管理方面，它具有参与战略与投资战略两者的特点。人力资源管理发展可分阶段性，当时的三星电子正处于走向投资战略的阶段。

第二节　风险评估

一　风险评估概述

每家企业都面临来自内外部的不同风险，这些风险需加以评估。风险评估是企业及时识别、系统分析经营活动与实现内部控制目标相关的风险，从而合理确定风险应对策略。风险评估是确定如何管理和控制风险的基础。

风险评估流程包括目标设定、风险识别、风险评估、风险应对四个子要素。

二　风险评估流程存在的主要风险

风险评估流程存在的主要风险包括以下几方面：

（1）企业没有建立战略目标、战略规划与业务计划，无法通过管理与控制措施，保证目标的实现。

（2）企业没有建立风险识别机制对内部与外部风险因素进行预期与识别，无法对识别的风险因素采取适当的应对措施。

（3）企业在法律事务的管理方面没有体现出风险防范的意识，无法保证法律和法规的遵循。

（4）企业缺乏一套程序，无法保证采用恰当的会计准则和会计制度，避免会计报告方面的风险。

三　目标设定

设定战略层次的目标，为经营目标、财务报告目标和合规性目标的实现奠定基础。每个企业都面临着来自外部和内部的一系列风险，设定目标是有效进行事项识别、风险评估和风险应对的前提。目标设定应与企业的风险偏好相协调，后者决定了企业的风险承受度。

(一)目标设定概述

1. 战略目标

战略目标是企业高层次的目标,它与企业的使命、愿景相协调,并支持使命和愿景。战略目标反映了企业管理层就企业如何努力为其利益相关者创造价值所作出的选择,管理层要识别与此选择相关的风险点,并考虑它们对企业可能产生的影响。

2. 其他目标

在战略目标的基础上考虑其他目标。尽管不同企业的其他相关目标有所不同,但大致上可以分为经营目标、报告目标和合规性目标。

(1)经营目标。经营目标与企业经营的效率和效果有关,包括业绩和盈利目标以及保护资产不受损失等。经营目标需要反映企业所处的特定的市场、行业和外部环境,例如,经营目标需要与质量竞争的压力、缩短新产品投放市场的周期或者生产技术的变革相关。

(2)报告目标。报告目标与报告的可靠性有关,包括内部报告和外部报告,并且可能涉及财务信息与非财务信息。

(3)合规性目标。合规性目标与符合相关法律法规有关,取决于外部因素,在一些情况下对所有企业而言都很类似,而在另一些情况下则在一个行业内有共性。

一项行动计划有助于实现多个控制目标。一般来说,报告目标和合规性目标相对比较容易实现,在企业的控制范围之内;而经营目标比较难以实现,取决于外部因素:①外部竞争对手的状况;②环境因素;③政治因素;④法律因素。内部控制有助于减轻外部因素的影响。

3. 风险偏好与风险承受度

与目标设定相关的两个概念非常重要:风险偏好与风险承受度。

(1)风险偏好。从广义上看,风险偏好是指企业在实现其目标的过程中愿意接受的风险的数量。风险偏好的概念是建立在风险承受度概念的基础上的。

企业的风险偏好与企业的战略直接相关。企业在制定战略时,应考虑将该战略的既定收益与企业的风险偏好结合起来,目的是要帮助企业的管理者在不同战略间选择与企业的风险偏好相一致的战略。企业在战略制定过程中运用风险管理方法,有助于管理层选择一个符合自身风险偏好的企业战略。

（2）风险承受度。风险承受度是相对于目标的实现而言所能接受的偏离程度。风险承受度与企业的目标相关，是相对于实现一项具体目标而言可接受的偏离程度。风险承受度有两重含义：作为风险偏好的边界和企业采取行动的指标。在风险偏好以外，企业可以设置若干承受度指标，以显示不同的警示级别。

值得注意的是，风险偏好和风险承受度是针对企业的重大风险制定的，对企业的非重大风险的风险偏好和风险承受度不一定十分明确，甚至可以先不提出，企业的风险偏好依赖于企业的风险评估的结果。由于企业的风险不断变化，企业需要持续地进行风险评估，并调整自己的风险偏好。

（二）目标设定的控制目标

目标设定的控制目标是为企业设定恰当目标并进行沟通。

风险评估的前提条件是设立目标，只有确立了目标，管理层才能针对目标确定风险并采取必要的行动来管理风险。企业的目标可以分为企业层面目标和业务活动层面目标，企业层面目标是指企业的总目标和相关战略计划，与高层次资源的分配和优先利用相关。业务活动层面的目标是总目标的子目标，是针对企业业务活动的更加专门化的目标。

（三）目标设定的关键控制点

1. 建立企业战略目标、战略规划与业务计划，并在企业范围内进行充分沟通

管理层建立了企业层面战略目标（包括经营目标、财务报告目标和遵循性目标）、战略规划（包括IT战略规划）及相应的业务计划。

企业目标在确定过程中，得到充分的沟通，比如，通过"两上两下"预算目标编制程序方式确定年度预算目标；通过预算质询会方式，获得管理层及企业员工对企业目标的反馈信息。

企业经营目标在企业内部进行充分的沟通，比如，企业总部与各下属单位之间签订任务书，明确各单位的经营计划与任务、预算目标并以业绩合同等形式下发。

2. 保持企业战略目标、战略规划及业务计划的一致性

企业通过编制 3~5 年的规划和按年滚动调整方式，保持企业战略计划与战略目标的一致性。通过预算调整程序，保持业务计划、预算目标与企业战略及经营环境的一致性,如预算调整程序。成立内部控制和风险管理机构,进行风险管理和评估。

3.定期评估企业目标与业务计划,更新的企业目标与业务计划要获得管理层的复核与批准

管理层定期召开会议对企业战略和年度发展规划的执行情况进行评估,关注企业经营环境和增长模式的变化,并根据评估的情况对战略规划进行更新,更新的企业目标与业务计划要获得管理层的复核与审批。

管理层通过年度预算质询会方式评估年度预算,重新调整后的预算目标经过审批后下发各责任单位。

管理层通过定期生产经营分析会形式对企业目标与业务计划进行讨论,对企业经营计划和预算的执行情况进行评估与更新,为各级管理层决策提供支持。

四 风险识别

(一)风险识别概述

风险识别是指在风险事件发生之前,综观企业各项管理活动的发展过程、企业管理的各个环节,运用各种方法系统地、连续地发现风险和不确定性的过程。其任务是认识和了解企业存在的各种风险因素及其可能带来的严重后果。风险识别需要研究和回答的问题包括五个方面:①现在的和潜在的风险有哪些;②哪些风险应予以研究;③引起风险事件的主要原因是什么;④这些风险所引起的后果如何;⑤识别风险的各种管理措施是否到位。

在识别风险时,企业应当考虑在整个企业范围内的各种可能产生风险和机会的内部因素和外部因素。

1.事项

事项是源于外部或内部的、影响企业实现目标的事故或事件。企业要识别影响战略执行或目标实现的潜在事项。这些事项可能具有正面或负面的影响,或者两者兼而有之。对于实现重要目标影响很大的事项,即使发生的可能性很小,也应当予以考虑。

2.风险识别方法

(1)用感知、判断或归类的方式对现实的和潜在的风险性质进行鉴别。

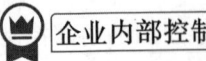

（2）存在于人们周围的风险是多样的，既有当前的也有潜在的未来的，既有内部的也有外部的，既有静态的也有动态的。风险识别的任务就是要从错综复杂的环境中找出经济主体所面临的主要风险。

（3）风险识别，一方面可以通过感性认识和历史经验来判断，另一方面可以通过对各种客观的资料和风险事故的记录来分析、归纳和整理，以及必要的专家访问，从而找出各种明显的和潜在的风险及其损失规律。因为风险具有可变性，因而风险的识别是一项持续性和系统性的工作，要求风险管理者密切注意原有风险的变化，并随时发现新的风险。

3. 事项相互依赖性

事项通常不是孤立发生的。一个事项可能会引发另一个事项，事项也可能同时发生。在识别风险的过程中，管理层应当了解事项彼此之间的关系，通过评估这种关系，可以确定采取最佳风险应对的方法。

4. 区分风险与机会

事项如果发生，可能具有负面影响，也可能具有正面影响，或者两者兼而有之。具有负面影响的事项代表风险，需要企业进行评估与应对。具有正面影响或抵消负面影响的事项代表机会。机会是一个事项将发生并对实现目标和创造价值产生正面影响的可能性。企业应当把代表机会的事项引入其战略或目标制定的过程中，通过明确的行动计划抓住这些机会。

5. 风险识别的分析框架

在风险识别时，企业需要有一个框架来优化并集结这些信息。这个框架必须能广泛地涵盖风险的所有来源与分类，它必须撒一个大网，使它成为一个有用的、发现并优先化风险的工具。

阿瑟·安德森公司就为我们提供了一个很好的范例。它的这个框架从企业经营的环境风险、过程风险和信息决策风险三个角度将风险的不确定性来源分为三大类，详见图2-4。

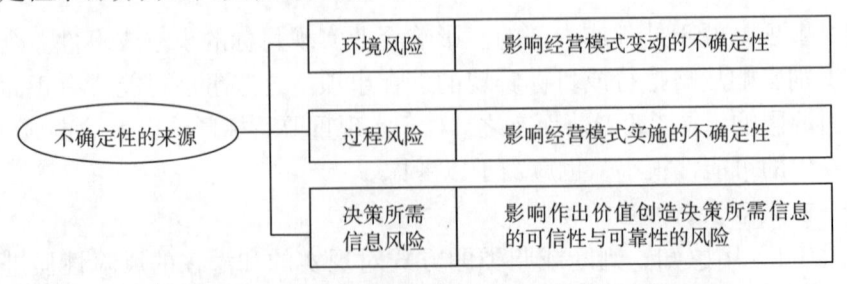

不确定性的来源	环境风险	影响经营模式变动的不确定性
	过程风险	影响经营模式实施的不确定性
	决策所需信息风险	影响作出价值创造决策所需信息的可信性与可靠性的风险

图2-4 阿瑟·安德森公司的商务风险模型

第二章　企业层面的内部控制

（1）环境风险。当外部力量影响企业的业绩，或者影响企业在战略、运营、客户和供应商关系、组织结构以及融资方面的选择时，就出现了环境风险。这些外部力量包括竞争对手和监管部门的行为、市场价格的变动、技术创新、产业基础的变化、市场资金供应状况等。

（2）过程风险。当业务过程未能实现企业经营模式所规定的预计目标时，就产生了过程风险。例如，各种降低过程绩效的因素，包括：①业务过程与企业层面的经营目标和战略没有很好地结合起来；②未能有效地满足客户要求；③运营效率低下；④减少了企业价值（没有实现保值增值）；⑤未能使企业的金融、实物、客户、雇员/供应商、知识与信息资产免受意外损失及风险，或免遭误用和滥用。

（3）决策所需信息风险。当企业据以制定决策的信息不充分、不及时、不正确或者与决策制定过程不相关时，就出现了这种信息风险。

（二）风险识别的控制目标

风险识别的控制目标是建立风险识别机制，对企业经营目标产生重大影响的风险因素进行预期与识别。

风险识别需要考虑所有可能发生的风险，并且需要考虑企业和相关外界之间的所有重大相互影响。风险识别需要关注的主要问题有：存在哪些风险，哪些风险应予以考虑，引起风险的原因是什么，这些风险引起的后果和严重程度，风险识别的方法有哪些等。风险的识别应当以一种系统方法来进行，以确保组织的所有主要活动及其风险都被囊括进来，并进行有效的分类。风险识别也是一个重复的过程，需要针对环境的变化持续地进行。

有效的风险识别应当形成一个风险清单或风险库，列明企业面临的各种主要风险。

（三）风险识别的关键控制点

存在风险识别机制对企业内部与外部风险因素进行预期与识别。

企业应定期或不定期查找和发现各业务单元、各项重要经营活动及业务流程中的风险，收集与企业战略发展、市场环境、生产运营、财务管理、法律法规等相关的各类风险信息，以及历史数据和未来预测。建立风险评估机制对企业面临的风险因素重要性程序及发生的可能性进行分析。

企业应明确风险管理职能,根据管理活动和经营特点,对风险发生的可能性和影响程度进行评价。

企业在识别内部风险时应当关注下列因素:

(1)董事、监事、高级管理人员的职业操守、员工专业胜任能力等人力资源因素。

(2)组织机构、经营方式、资产管理、业务流程等管理因素。

(3)研究开发、技术投入、信息技术运用等自主创新因素。

(4)财务状况、经营成果、现金流量等财务因素。

(5)营运安全、员工健康、环境保护等安全环保因素。

(6)其他有关内部风险因素。

企业在识别外部风险时应当关注下列因素:

(1)经济形势、产业政策、融资环境、市场竞争、资源供给等经济因素。

(2)法律、法规、监管要求等法律因素。

(3)安全稳定、文化传统、社会信用、教育水平、消费者行为等社会因素。

(4)技术进步、工艺改进等科学技术因素。

(5)自然灾害、环境状况等自然环境因素。

(6)其他有关外部风险因素。

五 风险评估

(一)风险评估概述

每一个企业都面对各种不同的内部和外部的风险,必须对这些风险进行评估。风险评估就是确定和分析企业实现其目标过程中的相关风险。风险评估的一个前提条件就是企业已确立目标,这些目标在各个层次上相互关联并且在企业内部是一致的。

1. 风险评估的背景

企业在评估风险时会考虑预期事项和非预期事项,大部分事项具有常规性和重复性,并且已经在企业的经营计划中体现,但有些事项是非预期的。企业应当评估可能对企业有重大影响的非预期的潜在事项及风险。

2. 固有风险和剩余风险

企业既要在固有风险的基础上对风险进行评估，又要在剩余风险的基础上对风险进行评估。固有风险是管理层在没有采取任何措施改变风险的可能性或影响程度的情况下一个企业所面临的风险。剩余风险是在企业管理层应对风险之后企业仍然存在的风险。一旦风险应对已经就绪，企业管理层就应当考虑剩余风险了。

3. 发生可能性和影响程度

从发生的可能性和影响程度两个维度对企业的风险进行评估。"影响程度"维度又可细分为四个方面，分别是对企业"目标与运营"的影响、对"财务"的影响、对"企业声誉"的影响以及对"安全健康环保"的影响。需要注意的是，评估风险所采用的时间范围应当与企业战略和目标的时间范围保持一致。

4. 风险评估技术

对风险进行评估的方法包括定性技术和定量技术的结合。在不要求进行量化的地方，或者在定量评估所需要的充分可靠数据实际上无法取得，或获取和分析数据不具有成本效益原则时，企业可以采用定性评估技术。定量技术能带来更高的精确度，通常应用在更加复杂的活动中，以便对定性技术加以补充。

（二）风险评估的控制目标

风险评估的控制目标是从发生的可能性和影响程度两个方面对识别出的风险进行评估。

识别风险后，需要采用定量或定性的方法对风险进行评估，评估的内容主要有：①估计风险的重要性程度及其产生的影响；②评估风险发生的可能性（或频率、概率）。

（三）风险评估的关键控制点

（1）风险评估过程得到完整记录，并被恰当地反馈给相关责任人。

（2）管理层对风险评估过程建立风险评估的反馈及信息沟通机制。

六 风险应对

（一）风险应对概述

风险应对是指在确定了决策的主体经营活动中存在的风险，并分析

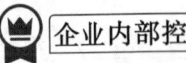

出风险概率及其风险影响程度的基础上，根据风险性质和决策主体对风险的承受能力而制订的回避、承受、降低或者分担风险等相应防范计划。制定风险应对策略主要考虑四个方面的因素：可规避性、可转移性、可缓解性和可接受性。企业应当根据企业风险偏好、潜在风险应对措施的成本效益原则来评价各种风险应对措施，以及各种风险应对措施可以在多大程度上降低风险影响程度和／或发生可能性。

风险应对主要策略包括以下几种方式。

1. 风险规避

风险规避是改变项目计划来消除特定风险事件的威胁。凡是风险所造成的损失不能由该项目可能获得的利润予以抵销时，规避风险是最可行的简单方法。规避方法包括根本不从事可能产生某种特定风险的经营活动或者中途放弃可能产生某种特定风险的经营活动等，通常情况下可以采用多种方法来规避风险。

规避风险的实例包括：①退出某一市场以避免激烈的竞争；②拒绝与信用不好的交易对手进行交易；③外包某项对工人健康安全风险较高的工作；④停止生产可能有潜在客户安全隐患的产品；⑤回避政治动荡的地区；⑥禁止各业务单位在金融市场进行投机，只准套期保值；⑦不准员工访问某些网站或下载某些内容。

规避风险策略的局限性在于：①只有在风险可以规避的情况下，规避风险才有效果；②有些风险无法规避；③有些风险可以规避但成本过大；④消极地规避风险，只能使企业安于现状，不求进取。

2. 风险转移

风险转移是指企业通过合同将风险转移到第三方，企业对转移后的风险不再拥有所有权。对于风险大、单方不可控、损失成本过高以及后果影响大的风险采取风险转移策略。

转移风险的实例包括：①保险。保险合同规定保险机构为预定的损失支付补偿，作为交换，在合同开始时，投保人要向保险机构支付保险费。②非保险型的风险转移。将风险可能导致的财务损失负担转移给非保险机构，如保证合同等。③风险证券化。通过证券化保险风险构造保险连接型证券（ILS），这种债券的利息支付和本金偿还取决于某个风险事件的发生或严重程度。

3. 风险控制

风险控制是指控制风险事件发生的动因、环境、条件等，来达到减小风险事件发生时的损失或降低风险事件发生的概率的目的。风险控制的基本方法包括建立内控系统、内部审计，建立作业流程等多种控制活动。控制风险的实例包括：①全面预算管理；②大额采购的招标制度；③固定资产的定期盘点；④关键绩效定期报告。

4. 风险接受

风险接受是指企业对所面临的风险采取被动接受的态度，从而承担风险带来的后果。对未能辨识出的风险，企业只能采用风险承担。对辨识出的风险企业也可能缺乏能力进行主动管理，对这部分风险只能采用风险承担。例如，对于不可预见的风险、不可抗力，或者风险规避、风险转移、风险减轻不可行，或者上述活动执行成本超过接受风险时，只能采用风险接受策略。对企业的重大风险，即影响企业目标实现的风险，企业一般不应采用风险承担。

企业在评估可能的风险应对策略时，应当考虑这些风险应对策略对风险发生可能性和影响程度的效果，使剩余风险水平与企业的风险承受度相协调，如图2-5所示。

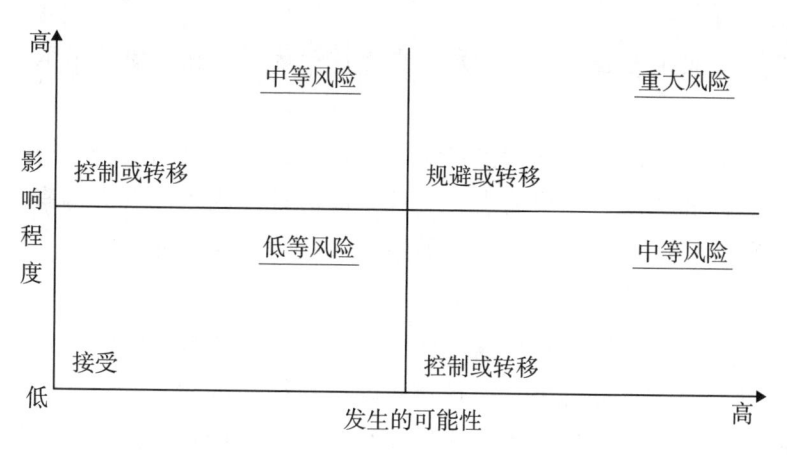

影响程度		
高	中等风险 控制或转移	重大风险 规避或转移
低	低等风险 接受	中等风险 控制或转移
	低　　　　发生的可能性　　　　高	

图 2-5　风险应对策略与风险坐标图

在评估了各种备选风险应对策略的效果之后，企业应当决定如何管理这些风险应对组合，旨在使风险发生的可能性和影响程度处于风险承受度之内。

（二）风险应对的控制目标

风险应对的控制目标是企业对所识别的风险采取有效的应对措施。

在评估了相关风险之后，管理层需要确定如何应对风险，制定风险应对方案。

在考虑作出风险应对的过程中，管理层评估风险应对实施后风险可能性和影响的效应以及成本与收益，并选择一种可以使剩余风险维持在预期风险容忍度范围内的风险应对方案。管理层要识别任何可以利用的机遇，评估企业总体的风险组合，确定总体剩余风险是否保持在企业的风险偏好范围内。

（三）风险应对的关键控制点

1. 建立政策与程序，对在日常经营活动中识别的风险因素采取适当的应对措施

管理层通过生产经营分析会形式，对经营过程中识别的风险及生产经营存在的问题和困难提出生产经营改进措施。每次生产经营分析会议议定的事项，承办单位或部门必须在要求的时限内落实，并由企业相关部门负责督办。

2. 建立政策与程序，对识别的重大风险因素及例外事项采取适当的应对措施

建立对重大例外事项的报告和处理程序，如：针对经济环境、竞争环境、法律和法规、客户需求、资源供应等外部因素和舞弊因素、信息系统、财务（融资风险）、员工关系（包括薪酬在行业竞争性）等内部风险因素建立了适当的管理程序。

3. 管理层对风险应对措施进行检查和监控，并建立报告渠道

管理层通过督办等方式实现对风险应对措施的检查和监控，如对市场风险应对等；企业法律部门或法律顾问出席讨论重大的法律诉讼、违反道德规范的行为及其调查结果；董事会及审核委员会对重大关联交易进行监控等。

对企业有重大影响的变化及重大风险应对措施应向董事会及其委员会汇报。

七 案例分析

【案例 2-2】

某公司风险预警指标体系

表 2-4 列示了某公司的风险预警指标体系。

表 2-4　某公司风险预警指标体系

第一层次指标	第二层次指标	第三层次指标	指标定义或描述	指标性质	指标值或区间 （是/否/数值/区间）	应对方案建议
外部风险指标	资本市场	沪深300指数下跌幅度	沪深300指数是由上海证券交易所和深圳证券交易所联合编制的指数，从上海和深圳证券市场中选取300只A股作为样本，其中沪市有179只，深市121只	定量	下跌幅度单日超过1%或当期超过3%	表明股票市场近期下跌压力较大，应与受托人沟通市场风险，相机决策
		中债综合指数（全价指数—总值）	中债综合指数是由中央国债登记结算公司发布的债券指数。样本债券范围除美元债、资产支持债和部分在交易所发行上市的债券以外，其他所有债券，包括固定债和浮动债，含权债和不含权债均纳入计算。中债综合指数可以作为最具一般性的业绩比较基准。全价指数：是以债券全价计算的指数值，债券付息后利息不再计入指数之中	定量	变动幅度单月超过1%	表明债券市场近期波动较大，应与受托人沟通市场风险，相机决策
		中债总指数（全价指数—总值）	中债总指数是由中央国债登记结算公司发布的债券指数。全价指数：是以债券全价计算的指数值，债券付息后利息不再计入指数之中	定量	变动幅度单月超过1%	表明债券市场近期波动较大，应与受托人沟通市场风险，相机决策
	政策风险	产业政策变化	由于国家或地方政府有关不动产投资的产业政策、金融政策、财政政策、土地政策、税收政策等发生变化而给投资者带来的损失	定性	是/否	可作定性分析，但较难作出定量的判断

077

(续表)

第一层次指标	第二层次指标	第三层次指标	指标定义或描述	指标性质	指标值或区间（是/否/数值/区间）	应对方案建议
外部风险指标	政策风险	金融政策变化	由于国家或地方政府有关不动产投资的产业政策、金融政策、财政政策、土地政策、税收政策等发生变化而给投资者带来的损失	定性	是/否	可作定性分析，但较难作出定量的判断
		财政政策变化		定性	是/否	
		土地政策变化		定性	是/否	
		税收政策变化		定性	是/否	
	规划风险	城市规划布局调整	由于城市规划调整，包括规划指标、用途、容积率、建筑覆盖率、建筑限高等的调整，以及城市规划布局调整、城区功能调整、交通的变化等给房地产投资者带来的损失和影响	定性	是/否	可作定性分析，但较难作出定量的判断
		城区功能调整		定性	是/否	
		城市交通变化		定性	是/否	
	宏观经济指标	项目所在城市3年内地区生产总值总量和增速	将目标城市3年内地区生产总值总量和增速、人均地区生产总值和增速、人均可支配收入和增速等经济指标进行纵向比较，衡量该城市短期经济发展水平和增长速率；再取上一年度的数据与邻近省会城市、重点城市、直辖市或计划单列市的相关数据进行横向比较，衡量该城市在周边城市中或产业经济区域内的经济发展水平及增长潜力	定量	无	
		人均地区生产总值水平				
		人均可支配收入水平				

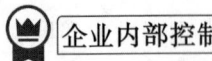

第二章 企业层面的内部控制

（续表）

第一层次指标	第二层次指标	第三层次指标	指标定义或描述	指标性质	指标值或区间（是/否/数值/区间）	应对方案建议
外部风险指标	市场风险	供求情况	商品房销售面积÷竣工面积	定量	比值越大说明当年销售情况越好，需求越旺盛	
			商品房施工面积÷竣工面积比值	定量	3.5±0.5倍	若比值小于3.0倍，会出现供应短缺；大于4.0倍，未来供应量将会放大
		价格情况	房价收入比＝总房价÷居民家庭年收入	定量	6～10	房价收入比低于6，则说明这个城市的房价还有较大的上涨空间；高于10，则说明了一定的价格压力，高于15则说明这个城市的房价远远超出当地居民的购买力
			商业地产的租售比＝房屋售价÷月租赁价格	定量	1∶300～1∶200	如果租售比低于1∶300，就意味着房产投资价值相对变小，房产泡沫已经显现；如果高于1∶200，表明这一区域房产投资的潜力相对较大
		投资结构	房地产开发投资额÷全社会固定资产投资额	定量	15%～30%	随着我国产业结构的调整和房地产市场的繁荣，该指标逐年上升，但是总体应控制在30%的合理范围内
			房地产投资占地区生产总值的比重	定量	10%～15%	本指标反映了房地产投资与国民经济整体发展的协调程度，也可以作为房地产泡沫的指示指标
		增长速度	房地产开发投资额增长率/地区生产总值增长率	定量	1.5～2	大于2说明这个城市的房地产投资出现了过热的倾向

(续表)

第一层次指标	第二层次指标	第三层次指标	指标定义或描述	指标性质	指标值或区间（是/否/数值/区间）	应对方案建议
外部风险指标	市场风险	增长速度	房价增长率÷地区生产总值增长率	定量	小于等于2	本指标主要反映了房地产价格增长是否与经济发展速度相适应。该指标的警戒线定为2，超过2时说明房地产业存在泡沫现象
		供需匹配情况	空置率	定量	写字楼的空置率一般保持在5%～15%为宜，成熟商业物业的空置率一般保持在10%以内，新建商品住宅一般应保持在10%～15%为宜	空置率过高或过低表示市场的过冷或过热，未来将引发房地产市场的价格波动
		货币供给情况	货币供给量增长率	定量	应等于经济增长率加上预期（或计划）物价上涨率	货币供给增长过快，会推高房价，引发泡沫
	房地产金融风险	房地产贷款情况	房地产贷款余额÷商业银行全部贷款余额	定量	应保持在适当比例	该指标用来衡量房地产业对银行资金的依赖程度。如果依赖度过高，应提高警惕，严防由此引发的金融危机
			房地产贷款增长率÷贷款总额增长率	定量	应保持在适当比例	在房地产市场快速发展时，银行资金会大量投入房地产，其贷款的增长速度会高于贷款总额的增长速度
			房地产信贷政策	定性		
公司治理、内控和合规性风险指标	公司治理	公司治理架构	严格按照《中华人民共和国公司法》（以下简称《公司法》）和《公司章程》的规定组织设立公司股东（大）会、董事会、监事会、监事和公司经营管理层	定性	是/否	可借鉴原保监会对保险公司分类监管监测指标

第二章 企业层面的内部控制

（续表）

第一层次指标	第二层次指标	第三层次指标	指标定义或描述	指标性质	指标值或区间（是/否/数值/区间）	应对方案建议
公司治理、内控和合规性风险指标	公司治理	董事会运作	董事会严格遵守《公司法》《公司章程》和《董事会议事规则》等有关规定，依法规范运作并履行职责；董事会会议的召开、议事和表决均符合法定程序和法律、法规要求	定性	是/否	
		监事会/监事作用	公司监事严格按照《公司法》和《公司章程》的规定，遵守诚信原则，认真履行监督职责，有效维护股东、本公司及员工的利益	定性	是/否	
	内部控制	监督与纠正	内部监督检查，通过纪检监察、内部审计、合规检查等发现违纪违规问题	定性	根据金额大小和性质严重程度	
			违法违规指数＝监测期内公司被依法追究刑事责任次数×0.25＋监测期内公司受到行政处罚次数×0.25＋监测期内公司受到10万元以上罚款处罚次数×0.175＋监测期内公司受到10万元以下罚款处罚次数×0.125＋监测期内公司受到警告次数×0.075＋监测期内公司受到没收违法所得、没收非法财物、责令改正、责令转回财产处罚次数×0.05＋监测期内受到通报批评次数×0.05＋监测期内受到监管意见书或监管谈话次数×0.025	定量	定量分三个层次： 0～0.2 0.2～0.4 0.4以上	
	合规性指标	存续资产经营管理依法合规	由于存续资产权属情况复杂，派出机构不具备经营主体资格等原因，存续资产经营管理过程中存在主体、程序等方面的合规风险	定性	是否依法签订法律文件、是否履行法律规定的程序、是否依法纳税	

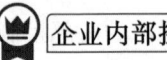

（续表）

第一层次指标	第二层次指标	第三层次指标	指标定义或描述	指标性质	指标值或区间（是/否/数值/区间）	应对方案建议
资金运用风险指标	总体性指标	债券信用评级	由市场公认的评级机构作出下调信用等级的评级报告	定性	是否被降级	当债券信用评级被降级时，应该重视该债券的信用风险
		资金运用集中度	已委托的资金÷（账面的现金及现金等价物+已委托的资金）	定量	95%	
		违反监管部门规定	违反原保监会等监管部门关于保险资金投资的有关规定	定性	是否违反监管部门的规定	当投资违反监管部门规定时，应该重视该投资的监管风险
		资金运用收益率	反映了一定期间内公司委托资金投资的收益情况	定量	下跌幅度累计超过0.5%	当资金运用收益率下跌幅度累计超过0.5%时，应重视资金运用的风险
		现金流预测准确率	大额委托资金（委托资金的5%）的增加或减少能够提前预知并通知的天数	定量	5天	
		资金运用岗位充实率	实际岗位人数占监管要求并满足公司业务要求的岗位人员数量占比重	定量	小于50%	当比重小于50%时，应该重视人员充实率
		资金运用制度完善程度	是否满足公司内控需求并能够起很好的收益促进作用和风险防范作用	定量	是/否	

第二章 企业层面的内部控制

（续表）

第一层次指标	第二层次指标	第三层次指标	指标定义或描述	指标性质	指标值或区间（是/否/数值/区间）	应对方案建议
资金运用风险指标	固定收益投资	专业人员配备	从事固定收益投资的人员	定量	从事固定收益投资的人员不少于5人，其中具有5年以上债券投资经验和相关专业资质的中级以上管理人员不少于1人，具有3年以上债券投资经验的人员不少于2人，并指定专门人员负责债权投资计划的投资管理[《关于保险资金投资基础设施债权投资计划的通知》（保监发〔2009〕43号）]	
		债权计划投资	同一集团的保险公司，投资具有关联关系专业管理机构发行的单一债权投资计划的份额	定量	合计不超过该投资计划发行额的60%[《关于保险资金投资基础设施债权投资计划的通知》（保监发〔2009〕43号）]	
	股票投资	股票投资额度	保险机构投资者股票投资的余额	定量	传统保险产品按成本价格计算，不得超过本公司上年年末总资产扣除投资联结保险产品资产和万能保险产品资产后的5%[《关于保险机构投资者股票投资有关问题的通知》（保监发〔2005〕14号）]	
		投资流通股额度	保险机构投资者投资流通股本低于1亿股上市公司的成本余额	定量	不得超过本公司可投资股票资产（含投资连接、万能寿险产品，下同）的20%[《关于保险机构投资者股票投资有关问题的通知》（保监发〔2005〕14号）]	

083

（续表）

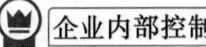

第一层次指标	第二层次指标	第三层次指标	指标定义或描述	指标性质	指标值或区间（是/否/数值/区间）	应对方案建议
资金运用风险指标	股票投资	投资流通股额度	保险机构投资者投资同一家上市公司流通股的成本余额	定量	不得超过本公司投资股票资产的5%［《关于保险机构投资者股票投资有关问题的通知》（保监发〔2005〕14号）］	
		投资流通股数量	保险机构投资者投资同一上市公司流通股的数量	定量	不得超过该上市公司流通股本的10%，并不得超过上市公司总股本的5%［《关于保险机构投资者股票投资有关问题的通知》（保监发〔2005〕14号）］	
	不动产投资	不动产投资额度	直接、间接投资不动产的余额	定量	不得超过该公司总资产的一定比例。具体比例参照《保险资金投资不动产暂行管理办法》的有关规定	
			投资单一不动产项目的余额	定量	不得超过该公司可直接投资不动产额度的一定比例。具体比例参照《保险资金投资不动产暂行管理办法》的有关规定	
			投资单一不动产金融产品的余额	定量	不得超过该公司可投资不动产金融产品额度的一定比例。具体比例参照《保险资金投资不动产暂行管理办法》的有关规定	
		产权风险	因不动产产权不清晰、不完备、法律手续不全等给投资者带来的风险和影响	定性	保险资金可投资已批准开发设立的项目、已取得预售许可证可转让的项目以及取得产权证或者其他项权证的项目。保险资金投资的不动产，应当权属清晰、无权属争议，相应权证齐全合法有效（《保险资金投资不动产暂行管理办法》）	应当对标的物和产权进行尽职调查，就其产权的完整性、限制性、产权证取得的及时性等形成调查报告和法律意见书

第二章　企业层面的内部控制

（续表）

第一层次指标	第二层次指标	第三层次指标	指标定义或描述	指标性质	指标值或区间（是/否/数值/区间）	应对方案建议
资金运用风险指标	不动产投资	流动性风险	投资者在需要卖出所投资的不动产时，面临的变现困难和不能在适当或期望的价格上变现的风险	定性	保险公司投资不动产，应满足偿付能力充足率达标，资金来源稳定，资产负债率相匹配。保险公司不得以借贷等方式筹措资金投资不动产（《保险资金投资不动产暂行管理办法》）	保险资金投资债权类不动产金融产品的，应当对债务人的财务能力、偿债能力、担保的充分性和可靠性进行全面评估，确保债务人无重大违规违法行为和不良信用记录，应当确保债权担保真实、充分、有效
		信用风险	投资人因借款人未能及时、足额偿还债务而违约带来的损失	定性	保险资金投资不动产金融产品，其中属于固定收益类产品的，应当具有不低于AA级的国内信用评级、合法有效的信用保证、资产抵押等信用增级安排（《保险资金投资不动产暂行管理办法》）	
财务风险指标	流动性	流动比率	流动资产÷流动负债	定量	74%	
		现金到期债务比率指标	经营现金流量净额与到期债务之比	定量	0	
	资产负债	资产负债率	负债总额÷资产总额	定量	60%	
		资产负债持有期缺口		定量	无	
	预算指标	预算完成率		定量		
		预算偏差率		定量		

085

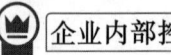

（续表）

第一层次指标	第二层次指标	第三层次指标	指标定义或描述	指标性质	指标值或区间（是/否/数值/区间）	应对方案建议
资产管理风险指标	不动产投资	投资净利率（ROI）	项目建成后正常年份的净利润与项目总投资的比率	定量	一般开发类项目要求ROI不低于15%，对于经营性物业一般不考察该指标，而侧重考察EBITDA率	
		内部收益率（IRR）	项目在整个计算期内各年净现金流量现值累计等于零时的折现率	定量	经营性项目IRR不低于7%	反映项目所占用资金的盈利率，体现项目对初始投资的偿还能力或项目最大能承担的资金成本
		利息保障倍数	项目息税前利润与当期应付利息的比率	定量	应大于等于2	利息保障倍数越高，说明利息偿付的保证度越大，偿债风险越小
		偿债覆盖率	贷款期内项目还款现金流量与贷款本息总额的比率	定量	应大于1，且越高越好	当这一比率小于1时，表示项目可用于还本付息的资金不足以偿付贷款本息，偿债风险大
		毛租金收益率	项目年毛租金收入与总投资额的比率	定量	一线城市不低于6%，二线城市不低于7%	一般计算的是物业进入稳定经营期后的毛租金回报率
		息税折旧摊销前利率（EBITDA率）	项目净利润、所得税、利息、折旧、摊销等费用总额与项目总投资的比率	定量	不低于6%	EBITDA率剔除了退出方式不同、各项目财务杠杆水平不同以及折旧摊销政策和各地税收政策不同对项目评价的影响，因此能更客观地评价各项目的水平。一般计算的是物业进入稳定经营期后的EBITDA率

第二章 企业层面的内部控制

（续表）

第一层次指标	第二层次指标	第三层次指标	指标定义或描述	指标性质	指标值或区间（是/否/数值/区间）	应对方案建议
资产管理风险指标	存续资产处置与经营管理权限和程序	包括实物、债权、股权等各类资产经营与处置权限和相关资产经营与处置程序	权限方面：按专员办、总部和集团三个级次设定经营与处置权限；程序方面：事前、事中、事后分三个阶段全面关注和控制资产经营与处置程序	定性	《人保投资控股有限公司 2010 年业务工作指导意见》（2010 年 3 月 30 日印发）的相关要求；《人保投资控股有限公司专员办绩效考核办法》（2008 年 2 月 26 日印发）的相关要求；《人保投资控股有限公司资产处置管理办法》（2008 年 2 月 27 日印发）的相关要求及相应规定	目前，各项制度在各基层单位均得到良好的执行，加强制度执行程序的监督与检查，确保各项制度有效发挥作用，将是未来管理部门的主要工作
		经营管理、财务管理、人事管理和终止、解散和清算	就管理范围以及经济实体的经营、财务、人事和终止、解散和清算等事项提出具体的管理要求	定性	《人保投资控股有限公司 2010 年业务工作指导意见》（2010 年 3 月 30 日印发）的相关要求；《人保投资控股有限公司资产处置管理办法》（2008 年 2 月 27 日印发）的相关要求；《人保投资控股有限公司所属控股企业管理办法(暂行)》（2010 年 4 月 21 日印发）的相关要求	

（续表）

第一层次指标	第二层次指标	第三层次指标	指标定义或描述	指标性质	指标值或区间（是/否/数值/区间）	应对方案建议
法律风险指标	法律审核率	公司规章制度的法律审核率	公司规章制度、重大决策出台以及法律性文件签署之前，应当经过必要的法律审核	定量	100%	
		法律性文件的法律审核率		定量	100%	
		重大决策的法律审核率		定量	100%	
	法律诉讼	诉讼等法律类案件的专业化处理率	公司存续资产诉讼案件大都案情复杂、历时较长，处理难度较大，有必要聘请律师等专业人员进行专业化处置	定量	100%	一旦该类风险对应的诉讼程序有相应进展，或者相关当事人采取了措施，或者胜诉案件对方当事人主体、财务等情况发生了变化，即需重点关注
		对存续资产历史遗留问题引起的诉讼风险（尤其是可能涉及集团公司的诉讼风险）	由于存续资产隶属关系的变化，部分案件有可能涉及集团公司，尤其是债务类案件有可能导致集团公司承担相应责任	定量	案件是否涉及集团公司，经采取诉讼主体变更等措施是否能够使集团公司避免直接承担相应责任	
		胜诉案件执行困难	由于被执行人财务状况恶化或变更、终止等原因，我方胜诉案件无法得到清偿	定性	被执行人是否不具备偿债能力，或者是否不再有偿债可能	

（续表）

第一层次指标	第二层次指标	第三层次指标	指标定义或描述	指标性质	指标值或区间（是/否/数值/区间）	应对方案建议
法律风险指标	法律诉讼	已知败诉案件的赔偿风险	法人应以其财产对外承担责任，如果存续资产案件的我方当事人具有独立法人资格，且没有上级单位应承担责任的情形，则应以其财产承担责任	定性	败诉案件是否有被强制执行的风险，赔偿风险是否有传导到人保投控或者集团公司的可能	一旦该类风险对应的诉讼程序有相应进展，或者相关当事人采取了措施，或者胜诉案件对方当事人主体、财务等情况发生了变化，即需重点关注
		未知账外债务案件的赔偿风险	未知账外债务难以采取主动措施，只能待其显现后根据具体情况应对	定性	未知账外债务是否显现，对方有无主张权利或采取诉讼措施	
	其他法律风险	经营类合同的违约赔偿风险（包括合同双方）	经营类合同主要为存续资产经营过程中对外签订的合同，合同条款应充分保护我方权益，同时监督合同履行，出现违约倾向时及时应对	定性定量	合同条款设定是否经过专业人员参与，是否有利于维护我方权益；合同履行过程中是否出现有可能导致违约的事件发生	

第三节 控制活动

一 控制活动概述

控制活动是有助于确保管理层的风险反应被执行的一些方针政策和程序。它有助于确保采取必要的行动进行风险管理和保证企业总体目标的实现，贯穿于企业的所有级别和职能部门。控制活动一般包括不相容职务分离控制、授权审批控制、会计系统控制、财产保护控制、预算控制、运营分析控制和绩效考评控制等。控制活动中的政策主要是指企业进行风险控制的制度文档，而程序主要是指人们直接或通过技术的应用来执行政策的行动,是一个动态的执行过程。

企业选定了风险应对策略之后,就要开始确定这些风险应对得以恰当和及时实施所需的控制活动。在选择控制活动的过程中,企业要考虑控制活动是如何彼此关联的。在一些情况下,一项单独的控制活动可以实现多项风险应对。而在另一些情况下,一项风险应对需要多项控制活动。此外,企业可能会发现现有的控制活动足以确保新的风险应对得以有效执行。

二 控制活动的类型

控制活动按照不同的分类标准可以划分为不同的类型。

（一）按照控制活动的目标进行分类

控制活动可分为战略目标控制活动、经营控制活动、财务报告控制活动和合规性控制活动。

（1）战略目标控制活动是指能够促进战略目标实现的控制活动。

（2）经营控制活动是指能够促进经营活动效率与效果目标实现的控制活动。

（3）财务报告控制活动是指能够促进财务报告目标的控制活动。

（4）合规性控制活动是指能够促进合规性目标实现的控制活动。

（二）按控制内容划分

控制活动可分为企业层面控制和业务活动层面控制。

（1）企业层面控制。企业层面的控制是管理层为确保在整个机构范围包括各业务单位内存在恰当的内部控制而设置的控制。其主要内容有:内部环境范围内的控制,包括高层管理者的态度、权限和职责分工、统一的政策和程序以及企业范围内的程序,如行为准则和舞弊行为防范;管理层的风险评估流程;集中化的处理和内部控制;监控其他内部控制的控制,包括内部审计职能、审核委员会及自我评估程序;经济活动分析;财务会计报告流程。

（2）业务活动层面控制。业务活动层面的控制是指直接作用于企业生产经营业务活动的具体控制,亦称业务控制。如业务处理程序中的批准与授权、审核与复核以及为保证资产安全而采用的限制接近等控制。

（三）按控制活动的作用划分

控制活动可以分为预防性控制、检查性控制、纠正性控制和补偿性控制。

（1）预防性控制。预防性控制可以用来防止问题的发生，是一种事前和事中的控制措施，相对其他控制措施而言其对风险控制的有效性最强，但基于成本效益原则的考量，预防性控制的控制成本相对而言也最高。因此，一般提倡在对重要风险进行控制的基础上，考虑成本效益的原则，选择适合企业风险和控制目标的预防性控制活动。

（2）检查性控制。在设计控制活动时须加入适当的检查性控制，以便在问题发生时，能够迅速地察觉风险所造成的潜在损失，并通知相关人员采取行动。检查性控制是一种事中和事后的控制概念。其成本相对于预防性控制较低。

（3）纠正性控制。纠正性控制措施的作用在于改正被侦测到的问题，以利于企业顺利地运作，从而能够达成既定的目标。纠正性控制程序主要包括：找出造成问题的原因；改正已经发生的错误或障碍；修改现有的控制制度或程序，以消除或降低未来发生类似问题的可能性。纠正性控制的成本相对比较少。

（4）补偿性控制。补偿性控制主要是针对某些环节的不足或缺陷而采取的补充性质的内部控制。当某项控制措施无法完全满足控制目标时，企业可以考虑采用附加性的控制活动，结合原先的控制措施，共同满足既定的控制目标的要求。

如果风险能在事前予以预防，则能保障组织的顺利运作与目标的达成。因此，在满足成本效益原则的前提下，企业应优先采用预防性控制。但是，企业必须认识到预防性控制等事前和事中的控制并非万能的，它们基于成本效益原则的考虑以及业务人员在实际操作中的故意规避而变得失效。因此，企业应该倡导各种类型的控制，包括检查性控制、纠正性控制和补偿性控制等综合发挥控制作用，以帮助企业整体控制目标的达成。

（四）按照控制手段划分

控制活动可分为手工控制和自动控制。

（1）手工控制。手工控制以手工方式执行，而不是以计算机系统进行的控制。

（2）自动控制。自动控制由计算机执行的控制。

三 主要控制活动

控制活动主要包括不相容职责分离、授权审批控制、会计系统控制、财产保护控制、预算控制、运营分析控制和绩效考评控制等。

（一）不相容职责分离

不相容职责分离要求企业全面系统地分析、梳理业务流程中所涉及的相容职务，实施相应的分离措施，形成各司其职、各负其责、相互制约的工作机制。不相容职责通常有六大类，如图2-6所示。

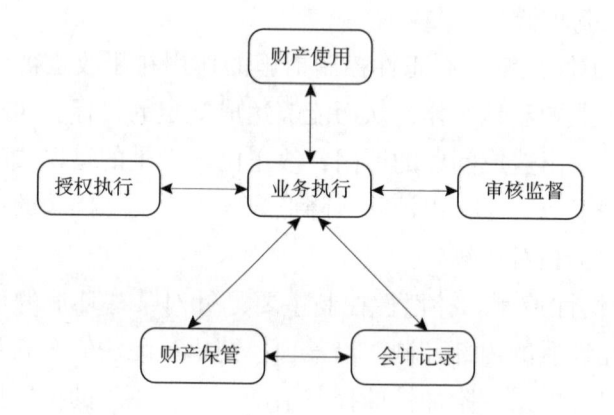

图2-6 常见的不相容职责分离的情形

第一，批准进行某项经济业务的职责与执行该项业务的职责要分离。
第二，执行某项经济业务的职责与财产保管业务的职责要分离。
第三，执行某项经济业务的职责与记录该项业务的职责要分离。
第四，执行某项经济业务的职责与审核监督该项业务的职责要分离。
第五，执行某项经济业务的职责与财务物资使用主体的职责要分离。
第六，记录该项业务的职责与财产保管业务的职责要分离。

（二）授权审批控制

授权审批控制要求企业根据常规授权和特殊授权的规定，明确各岗位办理业务和事项的权限范围、审批程序和相应责任。企业应当编制常规授权的权限指引，规范特别授权的范围、权限、程序和责任，严格控制特别授权。常规授权是指企业在日常经营管理活动中按照既定的职责和程序进行的授权。特别授权是指企业在特殊情况、特定条件下进行的授权。企业各级管理人员应当在授权范围内行使职权和承担责任。企业对于重大的业务和事项，应当实行集体决策审批或者联签制度，任何个人不得单独进行决策或者擅自改变集体决策。

（三）会计系统控制

会计系统是指企业为了汇总、分析、分类、记录、报告企业交易，并保持相对资产和负债的受托责任得以承担而建立的方法和记录的工作系统。会计系统控制要求企业严格执行国家统一的会计准则和会计制度，加强会计基础工作，明确会计凭证、会计账簿和财务会计报告的处理程序，保证会计资料真实完整。

会计系统从原始凭证到记账凭证、从明细账到总账、从会计账簿到会计报表，其实都是为确认、汇总、分析、分类、记录和报告企业发生的经济业务，并保持相关资产和负债的受托责任而建立的各种会计记录手段、会计政策、会计核算程序、会计报告制度和会计档案管理制度等的总称。

（四）财产保护控制

企业建立财产日常管理制度和定期清查制度，采取财产记录、实物保管、定期盘点、账实核对等措施，确保财产的安全完整；严格限制未经授权的人员接触和处置财产。这里所述的财产主要包括企业的现金、存货以及固定资产等，它们在企业资产总额中的比重较大，是企业进行经营活动的基础，因此，企业应加强实物资产的保管控制，保证实物资产的安全、完整。

（五）预算控制

预算控制要求企业实施全面预算管理制度，明确各责任单位在预算管理中的职责权限，规范预算的编制、审定、下达和执行程序，强化预算约束。企业通过预算控制，使经营目标转化为各部门、各岗位乃至个人的具体行为目标。它作为各责任单位的约束条件，能够从根本上保证企业经营目标的实现。

预算编制是企业实施预算管理的起点，也是预算管理的关键环节。企业采用何种方法、何种编制流程来编制预算，对预算目标的实现有着至关重要的影响，从而直接影响预算管理的效果。预算编制完成后，便开始进行执行阶段，企业各部门在生产经营和相关的各项活动中，需要按照预算办事。同时，还应明确各项业务的授权审批权限和审批流程，对于无预算或者超预算的项目进行严格控制。企业应定期检查预算执行情况，必要时可进行调整。通过相关数据的对比分析，找出差异的原因和应采取的措施。最后，企业还应该制定相关的考核指标，并定期对预算执行情况进行严格的考核。

（六）运营分析控制

开展经营活动分析的目的在于把握企业经营是否向预算规定的目标发展，一旦发生偏差和问题就能找出问题所在，并根据新的情况解决问题或修正预算。一家企业的成功不仅依靠安全生产、扩大销售等手段，还依靠对运营成果进行总结分析。因此，运营分析控制要求企业建立运营情况分析控制，管理层应当综合运用生产、购销、投资、筹资、财务等方面的信息，通过因素分析、对比分析、趋势分析等方法，定期开展运营情况分析，发现存在的问题，及时查明原因并加以改进。

（七）绩效考评控制

绩效考评控制要求企业建立和实施绩效考评制度，科学设置考核指标体系，对企业内部各责任单位和全体员工的业绩进行定期考核与客观评价，将考评结果作为确定员工薪酬和职务晋升、评优、降级、调岗、辞退等的依据。绩效考评是一个过程，即首先明确企业要做什么（目标和计划），然后找到衡量工作做得好坏的标准进行监测，发现做得好的，进行奖励，使其继续保持或者做得更好，能够完成更高的目标。另外，对发现不好的地方，企业通过分析找到问题所在，进行改正，使工作做得更好。该过程就是绩效考评过程。

第二章 企业层面的内部控制

四 案例分析

【案例 2-3】

某公司以战略目标和经营目标为导向的内部控制机制

某公司以战略目标和经营目标为导向的内部控制机制如表 2-5 所示。

表 2-5 某公司以战略目标和经营目标为导向的内部控制机制

目标	重大风险	风险应对策略	关键流程/因素	关键控制点
（1）短期目标：20××年度实现利润总额增长 10%，其中：①销售收入增长 20%；②经营成本降低 15% （2）长期目标：在未来 5 年实现利润总额每年增长 10%	因不可靠的和不切实际的销售预测而造成大量囤货和存货报废	降低和承担	预算编制流程	有效地编制和控制经营计划与财务预算
				采取措施增强销售预测的准确性，并只承担在容忍范围内的风险。比如，获取可靠的市场信息，将实际情况与预算进行比较，将可能发生的风险与自身的风险容忍度进行比较等
	因履行不平等的或不利的合同条款而造成严重损失（如赔偿损失和名誉损害等）	降低	合同签订流程	在主要的经营领域建立制度和程序，如销售、采购、财务与投资等
				对销售合同进行审阅和批准，并咨询法律专业人士
	因未被授权的或者给予过多的折扣销售而造成毛利降低或直接亏损	降低	销售定价流程	折扣须经过授权和审批
	严重的坏账损失	降低	应收账款管理流程	强化信用控制
				加强收款控制

095

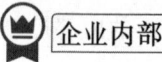

（续表）

目标	重大风险	风险应对策略	关键流程/因素	关键控制点
（1）短期目标：20××年度实现利润总额增长10%，其中：①销售收入增长20%；②经营成本降低15% （2）长期目标：在未来5年实现利润总额每年增长10%	由于买进不需要、质量不合格或价格没有竞争力的产品而造成库存积压/存货作废/资源浪费/质量不良而带来的损失	降低	采购流程	采购与付款的权限分配表
				采购的申请（合理性）、审阅、批准（整个过程需要书面化）
				核对三个文件：采购订单、入库单和发票
	不正当的付款	降低	付款流程	在业务部门采取防止不正当付款或舞弊事件的措施，营造一个杜绝不正当付款行为的环境。比如，制定控制程序（预防性的侦察性的控制）、职业道德规范、签署利益冲突和保证文件等

第四节　信息与沟通

信息与沟通是企业经营管理所需的信息被识别、获得并以一定形式及时地传递，以便员工履行职责。畅通的沟通渠道和机制能够使企业员工及时取得他们在执行、管理和控制企业经营过程中所需的信息，并交换这些信息。

一　信息与沟通概述

信息与沟通是企业及时、准确地收集、传递与内部控制相关的信息，确保信息在企业内部、企业与外部之间进行有效沟通。每个企业都必须获取相关的信息——财务的和非财务的，与外部及内部事件和行为相关的信息。信息必须经过管理层确认与企业的经营相关。这些信息也必须以一种能使人们行使各自的控制职能和其他职能的形式在一定的时限内传递给需要的人。

（一）信息收集

企业在进行信息收集时应明确收集的内容和方式等。企业应当对收集的各种内部信息和外部信息进行合理筛选、核对、整合，增强信息的有用性。企业可以通过财务会计资料、经营管理资料、调研报告、专项信息、内部刊物、办公网络等渠道获取内部信息。企业可以通过行业协会组织、社会中介机构、业务往来单位、市场调查、来信来访、网络媒体以及有关监管部门等渠道获取外部信息。由于不同企业需求的信息存在差异，各企业对每类信息的侧重点也存在差异，因此，企业应当结合自身特点和成本效益原则，选择使用适合的方式收集有价值的信息。

（二）信息传递

企业应当将内部控制相关信息在企业内部各管理级次、责任企业、业务环节之间与外部投资者、债权人、客户、供应商、中介机构和监督部门等有关方面之间进行沟通和反馈。信息沟通过程中发现的问题，应当及时报告并加以解决。但是，企业管理者对信息传递的认识不够或传递方式的问题通常会使信息传递存在一些问题。常见的问题包括准确性问题、完整性问题、及时性问题和安全性问题等。

信息与沟通包括内部和外部沟通、决策信息支持和反舞弊措施等三个要素。

二 信息与沟通流程存在的主要风险

信息与沟通流程存在的主要风险包括以下几方面：

（1）管理层无法获取适当和必需的信息。

（2）无法及时地向相关人士收集或发送信息。

（3）信息披露委员会无法有效地履行工作职责。

（4）企业没有建立有效的期末报告程序。

（5）财务报告和相关的应用和信息系统是不可靠的。

（6）企业未建立预防、识别舞弊风险的内部控制措施与程序，无法预防可能存在的舞弊行为。

三 内部和外部沟通

（一）内部和外部沟通的控制目标

内部和外部沟通的控制目标是管理层建立有效的内部和外部关系方的信息沟通渠道。

管理层应建立有效的内部信息沟通渠道，使财务信息、经营信息、规章制度信息及其他重要综合信息等内部信息通过企业规章制度和文件、企业职能部门调研报告、财务会计报告、员工直接向上级沟通的信息、内部刊物、资料、企业局域网、各种会议提案、记录、纪要等渠道在企业内部各层次、各部门及企业与下属单位之间传递。

管理层应建立有效的与外部关系方的信息沟通渠道。企业可以通过国家部委和外部监管方的文件、期刊、中介机构、互联网、广播、电视、企业采购及销售部门收集的市场和价格信息、外部来信来访、参加行业会议、座谈交流等渠道获取外部信息，并使这些信息在企业与客户、供应商、监管者等外部环境之间有效地传递。

（二）内部和外部沟通的关键控制点

1. 建立预算、利润及其他财务和经营方面的目标执行情况沟通渠道

企业制定全面预算管理制度，在企业内部上下级之间、同一级的各职能部门之间建立顺畅的沟通协调机制。

企业建立生产经营综合分析制度，并召开月度和季度的生产经营分析会，对企业经营计划和预算的执行情况进行评估，并对目标实际执行中出现的偏差采取应对措施。

2. 建立与分散办公信息沟通的政策和程序

企业制定了公文处理办法，并通过领导层签发后下发给各业务部门和下属单位。

企业通过传真电报、通知、邮件等形式下发，或通过办公系统，将企业相关的政策和程序传达至各个业务分部和各职能部门。

3. 建立开放的和有效的双向外部沟通渠道

企业明确规定客户投诉处理程序，建立与客户开放、有效沟通的渠

道和投诉处理机制。

企业明确规定供应商投诉处理程序，建立与供应商开放、有效沟通的渠道和投诉处理机制。

企业在对外网站建立相应栏目宣传企业的企业文化、管理理念及道德准则等信息，规范企业业务宣传，统一企业和业务品牌形象，达到向外部宣传企业文化和道德准则的目的。

4. 从外部关系方收到的信息能得到及时和恰当的总结和反馈

企业规定客户投诉处理办法，对客户投诉处理结果进行归档，对客户投诉进行回访。

企业建立定期收集和汇报供应商信息的制度，并有专人对审阅的信息进行核实。

企业建立定期收集和汇报政府部门、监管者等外部信息的制度，并有专人对审阅的信息进行核实。

四 决策信息支持

（一）决策信息支持的控制目标

决策信息支持的控制目标是管理层获得必要信息和报告，为管理层决策提供支持。

（二）决策信息支持的关键控制点

1. 定期收集和报告影响企业目标的重要内部与外部信息

企业建立生产经营分析会制度，对企业目标完成情况进行分析和报告。企业建立收集和报告影响企业目标的重要外部信息的制度，并有专人对审阅的信息进行核实。

2. 信息系统可以根据管理层的需求提供信息

企业成立企业信息化小组或专业部门作为企业信息化工作的领导机构，负责企业信息化工作的统筹安排、协调及重大决策，领导层参与研究和审批信息规划，使信息化工作满足管理层的需求。

企业建立信息化系统，涵盖协同办公（内部邮件、信息发布）、内部论坛、经营报表统计、分析等功能。

3. 信息能被及时传递

企业建立信息报告传递制度，要求在规定时限内上报和传递信息，不允许发生任何隐报、瞒报、迟报、漏报的行为，对未按时上报或隐瞒不报的，追究有关领导和直接责任人的责任。

4. 管理层鼓励员工提出合理化建议

企业建立奖励制度，鼓励员工提出合理化建议，并建立收集员工合理化建议的途径，包括书信、电话、走访、邮件等形式。

五 反舞弊措施

（一）反舞弊措施的控制目标

反舞弊措施的控制目标是管理层建立预防、识别企业舞弊风险的内部控制措施与程序，对舞弊或违法行为采取必要的措施。

企业反舞弊措施是对企业内部的舞弊现象或缺陷通过相关渠道向企业管理层进行传达的过程，确保对企业内部控制实施有效的监控。

（二）反舞弊措施的关键内部控制点

1. 管理层建立预防、识别企业舞弊风险的内部控制措施与程序

企业建立与外部关系方（包括供应商、客户）的信息沟通渠道，对企业可能的舞弊行为进行投诉及举报。

企业建立员工的投诉、举报热线等沟通渠道（如员工可以通过信访途径反映问题及意见，各级单位都有信访机构；企业设有纪检专线，员工可以通过电话方式反映问题及意见；企业设立匿名举报热线，员工守则明确员工的举报权利和企业的保密义务等）。

2. 管理层对舞弊或违法行为采取必要的措施，并建立报告渠道

企业对发现的问题建立处理和报告机制（如通过纪检监察和内部审计部门，对上报的可能的不当行为进行复核、调查，并根据企业相关规定进行处理，对处理结果保留存档记录）。

企业组织内部审计和专项调查对可能的舞弊行为进行调查，舞弊调查人员由法律、内部审计及外部专家等组成。

建立对可能舞弊行为的报告渠道，将发现的内部控制中的重大缺陷或者实质性漏洞汇报给审计委员会和高层管理人员。

第五节　内部监督

一 内部监督概述

内部监督是对其存在的要素和功能进行的持续性或定期性评估，是通过一系列的监管活动，单独评估或者两者结合的手段实施的。监督活动体现在正常的管理活动中。单独评估的范围和频率主要取决于风险的评估和持续监督活动的有效性。

监督活动是内部控制体系中不可或缺的一部分，是内部控制得到有效实施的有力保障，可以发现内部控制缺陷，改善内部控制体系，促进企业内部控制的健全性和合适性，提高企业内部控制执行的有效性，是外部监督的有力支撑。

内部监督的要素包括持续监控和缺陷报告。

二 内部监督流程存在的主要风险

内部监督流程存在的主要风险包括以下两方面：
（1）自我评估无法提升对控制的认知和责任。
（2）对发现的重大内部控制缺陷缺少报告与改正措施。

三 持续监控

（一）持续监控的控制目标

持续监控的控制目标是管理层对日常经营过程中的内部控制进行持续评估，以确保控制活动按照既定方式进行，包括日常监督和专项监督。日常监督是指企业对建立与实施内部控制的情况进行常规、持续的监督检查；专项监督是指在企业发展战略、组织结构、经营活动、业务流程、关键岗位员工等发生较大调整或变化的情况下，对内部控制的某一或者某些方面进行有针对性的监督检查。

（二）持续监控的关键控制点

1. 员工在执行日常工作中所获得的数据与信息系统中产生的数据进行核对

企业通过生产经营分析会的形式对生产经营活动进行综合分析，分析生产经营中出现的问题，下发经营分析通报。

各业务部门将生产经营数据与财务数据及外部关系方数据进行核对。

企业财务部在编制财务会计报告前，核对账证、账账、账表是否一致，对差异情况进行调整，对账表不符属非正常原因的进行警告或通报。

2. 定期核对账面记录与实物资产，保证资产的安全性

企业制定书面的实物资产管理制度，对资产、记录及文档的接触进行限制。

企业通过下发年度、半年度财务会计报告的编报制度，要求各部门进行全面资产清查和债权债务核实。

企业制定有关实物盘点的流程和政策。相关部门负责对实物资产的记录、保护和定期核对。如：采购与物流中心对存货、账销案存等实物资产建立备查簿，定期盘点；财务部对银行存款、现金日清月结，定期对账。

3. 通过培训、计划会议或其他方式向管理层提供内部控制是否有效的反馈

企业通过召开总经理办公会议和企业领导专题办公会议制定内部管理体制、听取下级单位的汇报、讨论决策重要事项。

企业通过组织内部流程质量审核，评价流程体系的适宜性、充分性和有效性，并对不适宜的部分进行调整。

企业通过效能监察工作，检查各部门落实企业内部制度和实施管理活动的情况，发现问题，提出整改意见或建议，纠正违规违纪行为。

四 缺陷报告

（一）缺陷报告的控制目标

缺陷报告的控制目标是管理层对发现的内部控制缺陷采取必要的行

动,并建立报告渠道。

(二)缺陷报告的关键内部控制点

1. 对于发现的重大内部控制缺陷,建立及时向管理层和董事会的报告渠道

企业应建立对重要事项的报告制度,明确各级机构的报告渠道和报告方式。

对审计中发现的问题,企业应通过审计建议书、审计要情的形式向管理层和审计部门反映情况。

对权益纠纷或重大诉讼事件,归口管理部门向监事部门汇报,每年上报案件情况统计。

2. 管理层对持续监控中发现的内部控制缺陷要及时改正

企业应设立专职部门负责跟踪检查内外部审计提出的管理建议和内部控制检查整改建议的落实情况。监控、指导控制/整改方案的实施,根据对方案实施过程和结果的监控,对控制措施的有效性、适宜性进行验证,提出改进建议,并组织有关部门对控制/整改方案进行必要的调整,以确保风险控制目标的实现。

企业应设立专职部门在对企业内部控制体系进行评价的基础上,编制企业内部控制评价报告,报企业管理层审核确认后报董事会审议。

3. 管理层对内部审计和第三方独立评估中发现的内部控制缺陷要及时改正

被审计单位对审计报告征求意见书中提出的问题进行确认,执行整改要求。离任审计要进行后续审计,对重大关键敏感项目进行后续审计。

对第三方独立评估提出的改进意见,企业应实施相应的整改。财务部门对外部审计师提出的管理建议,落实后续整改,并对需要集团层面解决的问题上报集团公司。

第六节 案例分析

【案例 2-4】

基于全面风险管理的内部控制体系建立健全研究
——ZH公司案例分析[1]

一、公司概况

（一）公司背景

2005年12月18日，原ZG（集团）总公司和ZL（集团）总公司合并重组，成立ZH集团，集团注册资本45亿元，拥有46家全资、控股子公司，17家参股公司，2家上市公司，40余家海外机构。2006年10月8日，ZH集团以全部主营业务和绝大部分资产作为投入，独家发起设立了ZH股份有限公司。ZH股份有限公司注册资本108亿元，拥有全资、控股子公司37家、参股公司19家。ZH股份有限公司拥有工程建设、设计咨询、疏浚吹填、港机制造、铁路和投资等六大核心业务板块，是目前中国最大的港口建设和设计企业，是中国领先的公路、桥梁建设和设计企业，是中国最大、世界第三的疏浚企业，也是全球最大的集装箱起重机制造商。

2006年12月，ZH公司在中国香港成功上市，募集资金约23.8亿美元，是全球基建行业迄今为止规模最大的一次股票首发上市。2007年3月12日，ZH公司被纳入中国香港恒生指数成分股。目前公司市值已接近1 500亿港元。在中国香港成功上市，对ZH公司而言既是机遇也是挑战，未来5年公司也将朝着跻身世界工业企业500强的目标前进。

（二）公司组织结构

ZH公司的组织结构如图2-7所示。

---

[1] 习刚峰. 基于全面风险管理的内部控制体系建立健全研究：ZH公司案例分析 [D]. 北京：北京交通大学，2008.

第二章 企业层面的内部控制

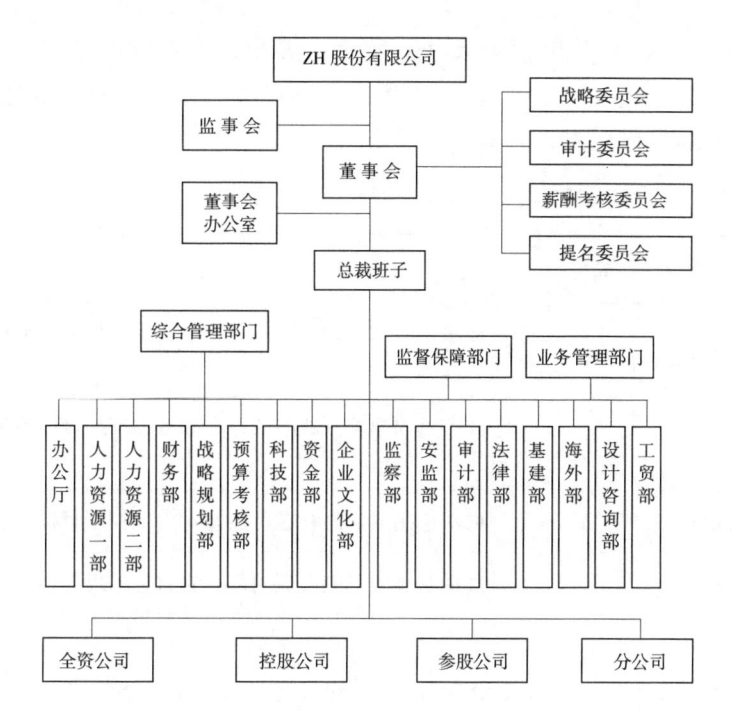

图 2-7 ZH 公司的组织结构图

二、公司内部控制系统的现状及诊断

（一）评估与诊断思路

COSO 于 2004 年度发布的 COSO 报告确立全面风险管理八要素为：内部环境、目标设定、事项识别、风险评估、风险应对、控制活动、信息与沟通、监控。各个要素之间并非孑然独立，而是彼此相关。其中，目标设定、事项识别、风险评估、风险应对可归属于狭义风险控制要素。该八要素理论也是我国政府各个监管部门在考察企业内部控制有效性时的重要评价框架。因而，本报告采用此八大要素框架对 ZH 公司的全面风险管理的有效性进行基本评价与诊断。

（二）内部控制系统评估与诊断标准

公司要区分内部控制的重要控制流程，梳理本公司的关键内部控制环节，对所察觉的各种内部控制缺失影响内部控制目标实现的严重程度进行评价，按其严重程度区别为内部控制的重大漏洞（简记为"S"）、显著缺陷（简记为"H"）、一般缺失（简记为"M"）和普通缺失（简

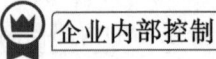

记为"L")四个层次,如表2-6所示。其中,本报告所指称的内部控制目标,是指达至企业风险管理中所指称的四大目标,即战略目标、经营目标、报告目标和遵循目标。

表2-6 内控缺失严重程度评价标准表

内部控制缺失	简称	基 本 特 征
重大漏洞	S	单一或多重内部控制缺陷的存在导致内部控制的目标很可能无法实现
显著缺陷	H	单一或多重内部控制缺陷的存在导致内部控制的目标可能难以实现
一般缺失	M	某项内部控制缺陷的存在可能影响内部控制目标的实现
普通缺失	L	暂未发现明显的不能实现内部控制目标的可能性

为了得到综合性的评价结论,该诊断主要依据两个要点:内控缺失发生频率和内控缺失的严重程度。

以此对内部控制组成要素,即内部环境、风险控制、控制程序、信息与沟通、监控制度的实际设计和执行的有效性进行总体评价。本报告所采用的具体标准如表2-7所示。

表2-7 内部控制有效性水平综合评价标准表

有效性水平		已确认内控缺失频数(满足条件之一)		
		S	H	M
Ⅰ	极低	≥2	≥6	≥12
Ⅱ	低	≥1	≥3, ≤6	≥6, ≤12
Ⅲ	一般	0	≥1, ≤3	≥3, ≤6
Ⅳ	完善	0	0	<3

按照上述思路,对公司内部控制有效性进行评价与诊断的路线如图2-8所示。

第二章　企业层面的内部控制

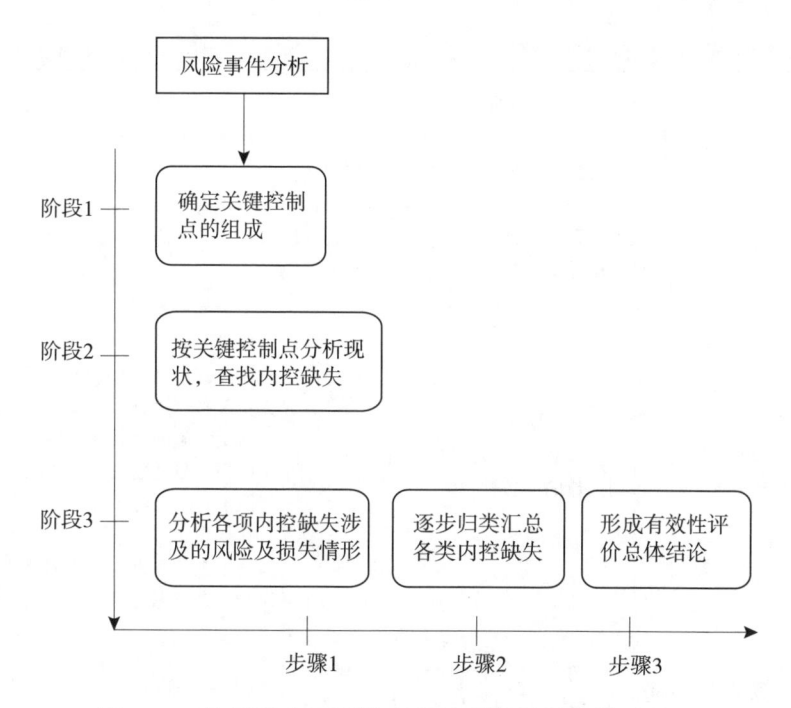

```
                    ┌──────────┐
                    │ 风险事件分析 │
                    └─────┬────┘
                          ↓
              ┌──────────────────┐
   阶段1      │ 确定关键控制      │
              │ 点的组成          │
              └──────────────────┘
                          ↓
              ┌──────────────────┐
   阶段2      │ 按关键控制点分析现│
              │ 状，查找内控缺失  │
              └──────────────────┘
                          ↓
        ┌────────────┐ ┌────────────┐ ┌────────────┐
  阶段3 │ 分析各项内控缺失│→│ 逐步归类汇总 │→│ 形成有效性评│
        │ 及的风险及损失│  │ 各类内控缺失 │  │ 价总体结论  │
        │ 情形         │  │             │  │             │
        └────────────┘ └────────────┘ └────────────┘
             步骤1          步骤2          步骤3
```

图2-8　基于风险识别的内部控制有效性评价路线图

（三）内部环境

内部环境是一家组织的基调，是公司内控体系其他构成要素的基础。下面从内部环境涉及的关键控制要素对公司的相关情况进行评述。

1. 管理理念和管理风格

管理层的管理理念和管理风格，决定了公司选择处理其活动和风险的方式。它可能通过制度的制定、口头或书面的沟通以及管理层的实际决策而体现。表2-8列示了在评估公司管理层的风险管理理念和管理风格时参考的目标、文件或信息。

表2-8　管理理念与管理风格考量目标及文件或信息

编号	评估内容	考量主要目标	主要文件或信息
1	公司对战略层面风险的考量	战略期望收益与风险偏好相协调；建立与公司管理理论和管理风险相适应的企业文化	《发展战略与规划管理办法》《股份有限公司发展规划（2007—2010）》《股份有限公司企业文化发展规划（2007—2010）》

107

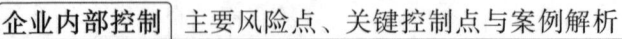

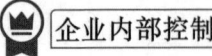

（续表）

编号	评估内容	考量主要目标	主要文件或信息
2	业务风险的接受程度	介入新业务时，需经仔细的风险与收益分析；管理层是否经常选择高风险的投资项目，或者极度谨慎地对待风险的承受	《股份有限公司发展规划（2007—2010）》《企业文化手册》
3	关键职位人员的变动	确保关键部门人员的稳定；关键部门人员的储备	《股份有限公司企业人才队伍建设规划（2007—2010）》《后备领导人员配备管理办法》《民主评议领导人员实施办法》《坚持本公司员工队伍总量适度增长的原则意见》《股份有限公司部门职能及处（室）工作职责》《本公司员工岗位职责》《施工企业关键岗位培训及持证上岗管理办法》等
4	管理层对财务部门、信息处理、财务报告的态度	财务职能是否是经营管理控制的中心；所选用的会计政策是否稳健；上下级财务部门的汇报关系；管理层应避免对短期报告结果过度关注	《财务管理办法》《内部审计工作规定》《任期经济责任审计实施办法》
5	管理层沟通频率	高层与分支机构管理层的沟通应保持适当频率	高层访谈信息

（1）公司对战略层面风险的考量。明确企业发展的总体思路为"以主营业务为基础、以资本经营为支撑、以技术为先导、以人才为关键，积极拓展市场领域，协调持续发展"。该思路体现了本公司管理层积极稳健的管理风格。

（2）业务风险的接受程度。公司应建立与管理层管理理念和风险偏好相协调的风险文化。但目前尚未发现这样的传播机制。在《股份有限公司企业文化发展规划（2007—2010）》和《企业文化手册》中，未见到鼓励员工形成与管理层相协调的风险文化。

（3）关键职位人员的变动。在确保关键岗位队伍稳定方面，目前公司制定了部分制度，但相关的措施尚需进一步的系统化、程序化、日常化。例如，①尚未全面分析各种管理和业务工作中的关键岗位任职，以及岗位轮换要求，如财务、审计、项目经理等工作中的关键岗位；②尚无针对性的稳定关键人员的措施；③尚无对员工岗位变动原因的分析等。

（4）管理层对财务部门、信息处理、财务报告的态度。在管理层对财务部门、信息处理、财务报告的态度方面，在访谈中，管理层显示了对财务信息的高度关注，并强调了财务职能在公司各种经营管理活动中的中心地位。但存在的问题包括：①尚无明确的制度规定什么样的财务信息在多长时间内需汇报哪一级管理层的要求；②尚无明确的制度规定上级财务部门应当如何对下级单位财务会计信息的合法性和公允性进行审核；③对财务信息分析的内容尚无基础性的规定等。

（5）管理层沟通频率。在访谈中获知，高层管理人员与各级管理人员保持了适当的相互交流的频率，例如，工作例会，走访调研下属单位，组织区域性、行业性的管理层会议等。在实地调查中，确认总部各部门之间、各下属单位内部的工作例会定期进行，并以制度的形式予以规定，而其他形式的管理层沟通也经常进行。

2.董事会、监事会与审计委员会

公司的《公司章程》《股东大会议事规则》《董事会议事规则》《监事会议事规则》《审计委员会议事规则》等制度，对董事会、监事会及审计委员会的独立性、参与重大决策的权利等进行了保障。《薪酬和考核委员会议事规则》《总裁工作规则》则确保了董事会聘、退高管以及对高管工资奖金的监控权利。

但是，由于存在以下事项，董事会、监事会及审计委员会的实际作用可能未能发挥。例如：

（1）无内外部会计、无审计信息及时充分沟通的证据。

（2）审计委员会的职责可能尚未充分发挥，尤其是在独立判断和调查问题的权力、指导企业内部审计的工作、处理敏感信息等方面，审计委员会还可以进一步发挥作用。

（3）无董事会对内部检查中发现问题跟进措施的证据。

（4）无董事会、监事会为全公司的员工树立公正廉明的行为榜样的证据。

（5）高级管理人员的任职标准尚需具体化。目前未有相关的标准

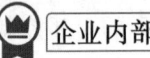

或建议。而对下属单位高级管理人员的评聘标准,尚无明确的规定。

3. 诚实与道德观念

管理层必须传递一种信息,即在正直守德的价值取向上是不能妥协的,员工也必须收到并理解这种信息。

有些公司制定了《企业文化手册》,并采取了一些宣传诚信和道德观点的措施。但存在的问题包括以下两方面:

(1) 公司对员工道德与行为规范无具体的要求或措施。

(2) 公司对诚信和道德的宣传尚未形成一个制度化、标准化的工作流程,而只是零散地见于各个制度当中。例如,对于人员道德的考量,道德的培养均无具体的措施;对于因为企业内外部人员的道德风险,致使企业遭受损失或业务控制系统失灵的情形,尚无相应的惩罚机制;对于保守公司秘密没有具体条款加以规定。

4. 组织结构

本公司目前构建了股东大会、董事会、监事会的法人制衡管理机制。根据《股份有限公司机构设置方案》的规定,在本公司总部,管理层设立了17个职能部门和1个总承包经营分公司。

在经营管理上,公司实行公司、下属单位的多级管理体制。除了行政管理,公司根据自身的业务板块设立了归口管理的业务管理部门负责本公司下属单位相应业务的指导、协调、监控和服务工作。

考察本公司组织结构后发现,虽然公司构建了必要的治理结构、组织结构,进行了权责分配,由此具备防范风险的基础能力,存在改进之处在于:

(1) 公司未确定内部审计机构对"公司负责人"负责,而只是协助审计委员会的工作。其他管理部门与审计委员会的信息沟通可能尚未达到有效的程度。

(2) 总部对所属单位的控制结构可能尚无有效性。目前,在公司的二级所属单位中,董事会成员一般是经营层兼董事,母公司没有对其外派董事,由此可能使得母公司与子公司之间信息不对称,母公司尚无话语权。同时,三级所属单位尽管是股份公司主要的业务单位和利润来源,却只有执行董事,没有成立董事会,其最高决策层力量薄弱,无法实现集体决策,以确保重大决策的合理恰当。

（3）当内部或外部环境发生变化时，尚未发现本公司的某个部门或岗位承担职责，对相应的组织结构是否存在变化的需要进行评估，以及提出相关的建议和审批程序安排。

（4）尚未发现公司有根据部门设置、人员编制和岗位设置安排中的内容对人力资源的充足性进行全面的考察和估计。

5. 权力和职责的分配

在权力和职责分配问题上，具体而言，其内控缺失包括以下三方面：

（1）公司总部尚未对完成各个工作岗位所需的技术和经验要求进行全面的、系统的考察。而在下属单位中，岗位职责文件也存在更新、完善的必要。建议尽早为各个岗位制定标准化、具体化的岗位职责规定，以确保员工全面、有效地履行职责，从而便于进行有效的业绩考评，以及确保企业经营的效率和资产的安全性。

（2）公司尚无系统的授权体系或权限指引。未能以经济事项的性质和重要性为基础，确立总部和所属单位各级管理层的审批额度。尚无系统的授权体系，可能导致管理效率低下，或者越权审批。

（3）在现有的各部门责任定位中，存在改进之处。例如，尚未对对外投资实施集中归口管理。目前，股份公司对对外投资的管理比较分散。对于项目的投资，公司的投资部只是对一定金额以下的项目进行直接的监控，一定金额以上的项目由二级所属单位投资公司负责管理；对于对外股权投资，则由战略规划部进行日常管理；对于金融投资，由投资部进行日常管理。在分散管理的模式下，不同部门的职能之间可能存在交叉或者缺失的问题，导致公司的对外投资不能统筹规划，或者事项不能及时处理，从而影响经营的效率和资产的安全性。

6. 人力政策和实务

在人力政策方面，总部制定了一些制度体系，如《员工管理办法》（可能适用于股份公司总部）、《企业教育培训管理办法》、《子公司负责人薪酬管理办法》、《子公司负责人绩效考核办法》等，这些确定了关于招聘、培训、升迁和薪酬调整的基本程序。然而，在人力政策和实务方面，公司存在的内控缺失包括以下三方面：

（1）没有对各个工作岗位所需员工经验和技术能力的分析。

（2）人员激励制度存在进一步完善之处。公司目前尚未建立高级管理人员的绩效考核与薪酬制度，可能存在不能恰当地衡量高级管理人员的业绩、不能进行有效的激励的问题，从而影响公司的经营效率和效益。

对于子公司，除了对其负责人存在业绩考核的标准和方法，对其他个人业绩考核的标准和方法也尚无原则性的规定。除此之外，公司尚无对员工工作进行检查、评估的具体办法和制度，可能会无法及时和准确衡量员工绩效，并予以激励或处罚，进而影响企业经营的效率和资产的安全性。

人力政策设计中尚无补救措施和处罚手段。现有的管理制度，无论是股份公司总部，还是所属单位，普遍没有明确背离既有政策和程序应采取的补救措施和处罚手段，也基本没有规定违规的处罚方式和程序，由此可能导致员工违反企业内部、外部制度的行为不能被及时、有效地处理。

（3）现有的人力资源政策的规定尚未考虑是否符合道德标准。公司应当定期对相关人力资源政策进行全面的检查，评价相关政策是否与公司诚信与道德价值观相符，并据此对人力资源政策进行修订完善。

7. 内部环境评述

综上所述，在考查本公司内部控制环境时，确认的重要内控缺失描述与评级如表2-9所示。

表2-9　内部环境有效性评估表

编号	关键控制点	内控缺失描述	内控缺失评级
1	风险管理理念和管理风格	未能见到鼓励员工形成与管理层相协调的风险管理意识	M（一般缺失）
		未能全面分析各种管理和业务工作中的关键岗位任职，以及岗位轮换要求	H（显著缺失）
		未见有针对性地稳定关键人员的措施	M（一般缺失）
		缺少对员工岗位离职原因的分析	M（一般缺失）

（续表）

编号	关键控制点	内控缺失描述	内控缺失评级
1	风险管理理念和管理风格	没有明确的制度规定什么样的财务信息在多长时间内需汇报哪一级管理层的要求	M（一般缺失）
		没有明确的制度规定上级财务部应当如何对下级单位财务会计信息的合法性、公允性进行审核	M（一般缺失）
		对财务信息分析的内容尚无基础性的规定	M（一般缺失）
2	董事会、监事会和审计委员会	缺少内外部会计、审计信息及时充分沟通的证据	M（一般缺失）
		审计委员会的职责可能尚未充分发挥	H（显著缺失）
		缺少董事会对内部检查中发现问题跟进措施的证据	M（一般缺失）
		缺少董事会、监事会为全公司的员工树立公正廉明的行为榜样的证据	L（普通缺失）
		高级管理人员的选择标准需具体化	M（一般缺失）
3	诚信和道德观念	对诚信和道德的宣传并未形成一个制度化、标准化的工作流程	M（一般缺失）
		对员工道德与行为缺少具体的要求或措施	M（一般缺失）
		对管理层可能经受的短期工作压力尚无明确的考虑	M（一般缺失）
4	组织结构	审计委员会与内部审计部门的关系尚未理顺	M（一般缺失）
		总部对所属单位的控制结构可能尚无有效性	H（显著缺失）
		不能及时对内部或外部环境的变化作出适当调整	H（显著缺失）
		未发现本公司有根据部门设置、人员编制和岗位设置安排中的内容对人力资源的充足性进行全面的考查和估计	M（一般缺失）

（续表）

编号	关键控制点	内控缺失描述	内控缺失评级
5	权力和职责分配	未能对完成各个工作岗位所需的技术和经验要求进行全面的、系统的考查	M（一般缺失）
		尚无系统的授权体系或权限指引	M（一般缺失）
		在现有的各部门责任定位中，存在改进之处	M（一般缺失）
6	人力资源与实务	对与员工相关信息的收集和整理不充分	M（一般缺失）
		尚无对各个工作职位所需员工经验和技术能力的分析	H（显著缺失）
		人员激励制度存在进一步完善之处	M（一般缺失）
		人力政策设计中缺少补救措施、处罚手段	M（一般缺失）
		现有的人力资源政策的规定没有考虑是否符合道德标准	M（一般缺失）
内部环境有效性的综合评价			第I级（极低）

（四）风险控制

风险控制是实施全面风险管理的重要环节。它是指及时识别、科学分析和评价影响企业各项目标实现的各种不确定因素并采取应对策略的过程。考查了公司上述各风险控制要素的构建情况，对其现状及存在的问题描述如下。

1. 风险控制目标

风险控制的目标至少包括以下两项内容：①确保将风险控制在与总体目标相适应并可承受的范围内，②确保建立和实施针对各项重大风险发生后危机处理计划，保护不因灾害性风险或人为失误而遭受重大损失。

目前公司存在的问题包括：尚未建立风险管理体系，在战略发展规划中也未设定风险管理目标。但公司高级管理层以及部分中级管理层已开始关注风险管理，并予以重视，因此，需要从形式上进行明确。

2. 风险管理流程

风险管理基本流程应直接融合于企业的日常经营管理活动当中。公司风险管理流程的建立和实施现状如下：

（1）风险管理初始信息的收集。风险管理信息的收集过程，应为一个持续不断的工作。目前，此项工作并未全面开展。只有在制定战略规划过程中，提出了此方面的要求，而并未成为一项相关部门的日常工作内容。建议公司明确风险管理信息收集的要求，并将风险管理信息收集的职责分工到具体的职能部门和业务单位。

（2）风险评估。对所收集的信息及管理和业务流程的评估工作，既可由公司组织有关职能部门和业务单位进行，也可聘请外部单位来协助。目前对所收集信息进行的评估，由于尚未形成日常的风险信息收集机制，因而仅在制定战略规划的过程中，由本公司战略规划部会同外部单位进行了评估工作；对管理和业务流程的评估，本项目应视为该项工作的一部分；对风险的评估应为一个动态过程，即定期、不定期地根据新获取的信息进行分析、评价，对原评估结果进行更新。此项工作一方面取决于信息收集工作的日常化，另一方面取决于风险评估工作的职责安排。

（3）风险管理策略的制定。公司基本尚未根据已确认的风险，制定相应的风险管理策略，而仅可能存在零星的考虑。

（4）风险管理解决方案的提出和实施。针对各类风险或每一项重大风险制定风险管理解决方案，其内容一般应包括风险解决的具体目标，所需的组织领导，所涉及的管理及业务流程，所需的条件、手段等资源，风险事件发生前、中、后所采取的具体应对措施以及风险管理工具。

目前，公司在事实上存在一些针对各类风险的控制措施，只是尚未将它们按照风险类别进行整理。总部在管理流程方面作出了一些基础的规定。但其尚未与公司其他的组织结构、部门设置、人员配置等制度完全融合，也未提出在设计和记录工作流程时对风险点的分析和防范措施。

（5）尚无风险预警体系。目前，公司在生产经营方面的应急制度相对完善，但管理制度中普遍尚无预警制度。预警制度在防范战略、财务、法律方面风险时，能及时地获得相关信息，并进行处理，由此将损失降至可被接受的程度。

（6）风险管理的监督与改进。此项工作的进行涉及四个方面的参与者：有关部门和业务单位的定期自查和检验；风险管理职能部门的检查和检验；内部审计部门至少每年一次的监督评价；可聘请外部单位进行监督评价及提出建议。鉴于公司风险管理的工作组织现状，此项工作有待于风险管理组织体系、风险管理职责分工确定后开始开展。

3. 风险管理组织体系

公司需要通过确定一定的组织结构和组织关系，使各部门、各单位成员协调工作，从组织上保证全面风险管理目标的实现。

国务院国有资产监督管理委员会制定的《中央企业全面风险管理指引》要求公司建立全面风险管理的三道防线。而从公司风险管理的现状来看，并未形成一个专业化的风险管理组织体系。具体内容如下：

（1）尚未设置综合风险管理控制部门。从目前了解的情况，公司的战略规划部仅在目标设定方面承担职责；公司的审计委员会不仅没有直接与公司财务部、审计部就公司会计制度、内部审计活动等方面进行沟通和指导，而且未能在风险控制方面发挥任何实际有效作用，这会使董事会不能及时、独立地进行风险监控。审计委员会日常事务办理机构是董事会秘书处，目前董事会秘书处并不具备风险管理的职能，由此不利于审计委员会有效地开展包括财务监控在内的有关风险管理工作。

（2）公司各部门、各下属单位尚未建立风险管理的工作组织体系。具体体现在现有的部门职能、岗位职责以及其他管理制度中尚未体现风险管理的内容，无法确保公司及时、全面、有效地收集风险信息并进行有效的处理，以识别风险、评估风险和应对风险。

4. 风险管理系统

风险管理相关的信息是风险管理的基础。不论是来自内部的信息，还是来自外部的信息，不能仅仅依靠某一个部门或少数几个部门去收集，而是需要各个部门的共同参与。它是一个需要企业广泛地、持续不断地收集与企业风险和风险管理相关的信息，并及时进行适当的处理的过程。风险管理者需要通过建立一套信息系统基础结构来处理和提炼各种相关数据，以形成可供行动或决策的信息库。而目前，公司尚无这样的风险信息收集、处理机制。

5. 风险控制评估

综上所述，考查公司风险控制时，确认的重要内控缺失描述与评级如表 2-10 所示。

表 2-10　内部环境有效性评估表

编号	关键控制点	内控缺失描述	内控缺失评级
1	风险控制目标	尚未确立明确的风险控制目标	M
2	风险管理流程	风险管理初始信息的收集工作并未全面开展	S
		基本尚未根据已确认的风险，制定相应的风险管理策略，而仅可能存在零散的考虑	H
		未能将针对各类风险的控制措施按照风险类别进行梳理	M
		尚无风险预警体系	H
		风险管理的监督与改进工作尚未开展	H
3	风险管理组织系统	尚未设置综合风险管理控制部门	S
		公司各部门、各下属单位尚未建立风险管理的工作组织体系	S
4	风险管理信息系统	尚未形成风险信息收集、处理机制	S
	风险控制有效性的综合评价		第 I 级（极低）

案例解析　该案例设计了一套对公司层面内部控制进行评价的体系，并用该体系对 ZH 公司的内部控制进行了评估，找出其内部控制的缺陷，并提出相关的整改建议。

【案例 2-5】

从内部控制角度看贾府的衰败[①]
——《红楼梦》所反映的内控思想探析

据李德生先生回忆录记载,在其与毛泽东谈及《红楼梦》一书时,毛泽东说:"要读《红楼梦》,要把它当历史读。我是读了五遍才能开讲的。"可见,《红楼梦》作为中国"四大名著"之一,其所蕴含的内容十分丰富。"横看成岭侧成峰",从不同的角度去看,研究者便可得出不同的意见。王国维先生从美学和伦理学角度论证《红楼梦》的主旨在于宣传"人生之苦痛与其解脱之道";蔡元培先生则认为《红楼梦》是清康熙朝政治小说,认为其主旨在于"吊明之亡,揭清之失";周汝昌先生则倾其一生从多视角深入研究《红楼梦》,为世人理解该书提供了大量较为翔实的资料。借用该书《好了歌》注中一句"你方唱罢我登场",作为企业管理者,在广泛提倡内控控制的背景下,我们能够从该书中吸取哪些经验和教训呢?为此,在广泛阅读《红楼梦》不同版本及相关资料的基础上,我们试图结合现代企业内部控制理念,来分析贾府衰败的主要原因,从而给现代企业管理者以启示。

一、现代内部控制简要概述

既然要谈《红楼梦》所体现的现代内部控制的思想,我们不妨简要提示下内部控制的发展,以便读者能全面地理解。

总体而言,内部控制作为一个专业术语在20世纪30年代被大家所认可。随着理论研究的深入及其在企业实践中的应用反馈,内部控制也在不断发展和完善。在其发展历程中,大致经历了5个阶段,即内部牵制阶段、内部控制制度阶段、内部控制结构阶段、内部控制——整合框架阶段和企业风险管理——整合框架阶段。而内部控制理论臻于成熟的标志则是美国COSO于1992年9月发布的《内部控制——整合框架》。它将内部控制的目标界定为实现下述三个目标而提供合理的保证:实现运营的效益和

[①] 赵团结,等.从内部控制角度看贾府的衰败:《红楼梦》所反映的内控思想探析[J].新会计,2012(5).

效率，财务报告的可靠性和法律、法规的遵守。并且将其划分为：控制环境、风险评估、控制活动、信息与沟通、监控等五个要素。2004年9月，COSO发布的《企业风险管理——整合框架》将企业内部控制拓展到全面风险管理，为实现组织的目标提供合理保证，并将内部控制的上述"五要素"发展为风险管理的"八要素"，即内部环境、目标设定、事项识别、风险评估、风险应对、控制活动、信息与沟通、监控。

就我国对内部控制的研究而言，虽然自古就有内控思想的体现，然而它们就像一颗颗璀璨的珍珠，并未被串成价值更高的珍珠项链。直到改革开放后，内部控制才被高度重视，也开展了广泛的研究。《企业内部控制基本规范》直到2008年6月28日才由财政部、证监会、审计署、原银监会、原保监会五部门联合发布，确立了我国企业建立和实施内部控制的基础框架。2010年4月26日，财政部、证监会、审计署、原银监会、原保监会五部门又联合发布了《企业内部控制配套指引》，这标志着我国企业内部控制规范体系的基本建成。该体系将内部控制的要素具体区分为内部环境、风险评估、控制活动、信息与沟通、内部监督等五个要素。

二、《红楼梦》中贾府衰败的原因分析

《尚书·尧典》中有"诗言志，歌永言，声依永，律和声"。也即文章总是蕴含着作者的诸多感情。故此，考察作者的背景也成为研究中国古代文化的有效途径。从专业研究的角度而言，如果仅仅从《红楼梦》去看贾府的衰败未尝不可。但是，如果我们结合作者的人生经历和写作背景等角度去看待这个问题，也许能理解得更为全面。综合李玄伯先生和周汝昌先生对曹雪芹家世的考证，结合人民文学出版社2008年7月第3版前言中所述，曹雪芹生于清雍正二年（甲辰，公元1724年），卒于乾隆二十八年除夕（癸未，公元1764年）。由于其祖上与康熙皇帝关系密切，曹氏家族历任江宁织造一职，可谓"诗礼簪缨之族"，直至雍正六年曹家被抄没。此后，曹雪芹颠沛流离至北京，其晚年生活穷困潦倒。《红楼梦》便问世于曹雪芹去世前10年左右。作者丰富的人生阅历以及对人生深刻的反思造就了《红楼梦》高度的思想性和艺术性。曹雪芹在第一回中有自题一绝："满纸荒唐言，一把辛酸泪。都云作者痴，谁解其中味！"故此，才有较多的学者，如胡适先生和俞平伯先生等将《红楼梦》评价为曹雪芹自传体小说。如果读者了解更多曹雪芹的家世和世事，无疑将有助于对《红楼梦》的理解。即便是仅仅针对《红楼梦》中所描述的贾府的没落，我们在分析时，也试图从多个角度去分析，以期多层次、多视野来看待贾府的变迁。

（一）社会政治腐败是其没落的外因

贾府所处的社会风气在当时可谓政治腐败、世风日下。卖官鬻爵、官官相护、生活奢靡、铺张浪费等现象充斥了整个社会，身处其中的贾府当然不能幸免。在第四回贾雨村胡乱判案时提到的"护官符"便是经典的一例。门子告诉贾雨村："这四家皆联络有亲，一损俱损，一荣皆荣，扶持遮饰，具有照应的。"正因为有此一说，贾雨村徇私枉法，胡乱了断此案。其实，贾雨村本是一个善于钻营的官场人士，他复职以后的升迁便得益于贾府的照顾。当然，他也为贾府做了许多违法的勾当。譬如在第四十八回中，贾雨村为了满足贾赦的需求，讹诈石呆子拖欠官银从而将其持有的带有写画真迹的扇子予以冲官，然后转送给贾赦。当然，在贾府抄家过程中，贾雨村这种投机客为了保全自己，落井下石于贾府也反映了官场的唯利是图。

另外，卷入王爷之间的斗争也是陷贾府于被动的原因之一。第三十三回曾提到忠顺亲王府因听说贾宝玉有琪官（即蒋玉菡）红汗巾子到贾府索要琪官时，贾宝玉说蒋玉菡已在东郊离城二十里的紫檀堡置办田亩。这实际上是指蒋玉菡为北静王所赞助，贾宝玉与蒋玉菡关系密切从赠送红汗巾子便可见端倪。其实，贾府受北静王府眷顾从第十四回便有着墨。在秦可卿去世时，北静王不仅探丧，而且设置路奠，甚为关照。就是在贾府遭遇抄家时，北静王府也处处帮着打点照应。总之，由于卷入了政治斗争，贾府的命运变得不能自持，而深受政治集团的影响。

（二）贾府骄奢淫逸导致家风的堕落

贾府的骄奢淫逸和混乱在全书中体现得淋漓尽致。略举几例：第一，贾赦、贾琏、贾珍等爱好美色。贾赦曾试图逼迫鸳鸯为妾；贾琏和鲍二家的私通；贾珍和儿媳秦可卿乱伦并和尤二姐保持不正当关系等。故第七回焦大借酒骂人时说："每日家偷狗戏鸡，爬灰的爬灰，养小叔子的养小叔子，我什么不知道？"第二，荣府大观园中众丫鬟婆子吃酒赌博成风。第三，正室与偏房之间明争暗斗。如贾政偏房赵姨娘及其儿子贾环为了私利处处陷害贾宝玉及与贾宝玉关系密切的王熙凤。第四，秦可卿死后，众人问起贾珍如何料理时，贾珍拍手道："如何料理，不过尽我所有罢了！"即便是棺材也用了原义忠亲王的，其丧事办得极尽铺张。第五，大观园建设作为省亲别墅奢华过度。即便贾元春大加赞赏，仍劝说："以后不可太奢，此皆过分之极。"《资治通鉴·训俭示康》中有"由俭入奢易，由奢入俭难"，贾府骄奢淫逸的家风催生了内部的各种腐败，成为滋生衰败的温床。

（三）贾府内部治家机构设置不合理

贾府本是书香门第之家，自宁国公和荣国公开创家族的辉煌之后，到书中所描述的时段，已是"一代不如一代了"！宁国公府因贾敬一心喜好道教的炼制仙药而不问家事，由贾珍负责自不必说。而荣国公府则由贾政夫妇负责，贾政由于爱好读书且以公务为重，并不理家。王夫人则交由其侄儿贾琏及琏妻王熙凤（系王夫人娘家侄女）料理。由于王熙凤泼辣能干，有"金紫万千谁治国，裙钗一二可齐家"之称，贾琏便渐渐地不予过问了。从这个意义上讲，王熙凤治理荣国公府是受托管理，王夫人则相当于托管人。王熙凤上有贾母、贾赦夫妇、贾政夫妇等，又要遵守其指令，而这些人又不会将日常开支的预算告知王熙凤，时常有越权现象发生，从而在一定程度上使得家族内规矩并不严明统一。当荣国公府所有事项都压在一个没有充分授权且无监管（下面再予以详细阐述）的女性身上时，可以想见荣国公府的治理机构是多么不健全。

（四）贾府无明确家规引发管理混乱

《孟子·离娄上》有"不以规矩，不能成方圆"。作为家族治理，理应有明确的规章制度。然而，在中国传统治家观念中，却以家训为主。贾府在治家过程中，以"旧例"为主，即沿袭以前的做法作为家族治理的主要途径，缺乏明确的内部规章制度。故此，在治家过程中，很容易受到直接管理者的个人影响，从而造成内部的管理混乱。其他人暂且不说，仅以善于治家的王熙凤为例，便可管中窥豹。

在第十五回，王熙凤曾在铁槛寺借老尼为张姓财主之女金哥退婚之际索要了三千两银子，并扬言道："凭是什么事，我说要行就行。"可见其在行事过程中，为了炫耀权力，见利忘义。在第三十九回中，当袭人（贾宝玉的婢女）向平儿（王熙凤的陪房丫头）问起当月月钱为何还未发放时，平儿才说出王熙凤其实早已支取，只是已放给别人使用以收取利钱，待别处的利钱收来，凑齐了才发放，并说："这几年拿着这一项银子，翻出有几百来了……只他这梯己利钱，一年不到，上千的银子呢。"王熙凤私放利钱可谓中饱私囊，相当于现在的私设"小金库"，作为荣国公府管家之人，实在是坏了风气。

王熙凤不但凭借当家理财的身份牟取私利，还通过玩弄权术害死贾瑞和尤二姐。在她的心目中，谁危害到她在贾府的地位以及声誉，必将置对方于死地。贾瑞虽然对她抱有非分之想，本可以惩戒即可，亦不至于要其性命，然而王熙凤为了显示个人权威，执意设毒局陷害贾瑞，直至贾瑞病逝。至于尤二姐一事，更能显示其为一己之私利而不择手段。其实，在她所处的年代，作为贾府这样的家族，娶个三妻四妾也属平常。但在王熙凤看来，贾琏偷娶的尤二姐将会危及她在贾琏心目中的地位。为此，不惜耍弄聪明借刀杀人，逼迫尤二姐吞金自杀。王熙凤大耍小聪明，终究害了自己，也拖累了贾府。正应了第五回警幻仙姑制作的《红楼梦》词曲之一《聪明累》所唱："机关算尽太聪明，反算了卿卿性命。"

（五）缺乏内外监督管理加速其衰败

通览《红楼梦》，在治家过程中，无论是宁国公府还是荣国公府，在日常活动中缺乏必要的监管。前已述及，宁国公府完全由贾珍掌管，而荣国公府则由贾琏和王熙凤夫妇受托管理。撇开宁国公府不谈，荣国公府中王夫人授权其侄女王熙凤管家之后，也只是偶尔过问一下，并没有加强监管。而王熙凤也随时利用自己能博得贾母和王夫人的欢心牟取私利。授权不明确、监管不到位导致王熙凤等人假公谋私。即便是第七十四回中的抄检大观园，其目的也主要在于王夫人保护自己的儿子贾宝玉不受丫头们的蛊惑和挑唆，而非全面检查贾府的家规是否得到严格遵守。待王熙凤带人查到探春院内时，探春愤慨道："可知这样大族人家，若从外头杀来，一时是杀不死的，这是古人曾说的'百足之虫，死而不僵'，必须先从家里自杀自灭起来，才能一败涂地！"不想，这正成了贾府事后命运的谶语。另外，如果说贾府被抄家是外部监管的话，对于贾府而言已经是无力回天了，因为内部管理的失控已经引致了无法扭转的局面。

（六）利益关联方失势造成贾府孤立

在当时官官相护的背景下，一个家族很容易受到重要利益关联方的影响。贾府的没落在一定程度上受到了诸如元春去世、王家丢官、史家被抄、薛家败落等的影响。

贾元春作为贾府的政治护身符，对贾府在官场中的地位有着无形的重要影响。早在第五回《红楼梦》词曲之《恨无常》中便有"儿命已入黄泉，天伦呵，须要退步抽身早"！借此曲预示贾府因元春的去世而即将大祸临头的状况。作为身处宫廷中的娘娘，元春深知政治斗争的残酷，第八十三回和第九十五回谈到贾妃染病直至薨逝，随后贾府的命运便出现重大转折。而王夫人之兄王子腾因功绩卓越提为内阁大学士，却在赴任途中因感染风寒误服药物而死。王子腾在全书中虽然出现的次数较少，却为贾府协调了重要案子，如鲍二家的受辱上吊后，贾琏在许了二百两银子之后，唯恐生变，又委托王子腾势力将该事件予以平息。可见，王府的失势使贾府少了一个重要的支柱。相对而言，史家和薛家则早于贾府没落。史家因史湘云之父忠靖侯史鼎去世较早，在朝中无官而早有颓废之势。薛家虽是皇商，但由于薛蟠不务正业，家败财亡，不但不能鼎力支持贾府，反而因投奔贾府平添出许多事端。总之，四大家族荣辱与共、唇亡齿寒。

正是上述各种因素的综合作用，最终导致贾府的抄家下狱，出现了"花落水流红"式家散人亡的结局。这种结局，也正应了本书第一回中甄士隐对《好了歌》的解注："金满箱，银满箱，转眼乞丐人皆谤。正叹他人命不长，哪知自己归来丧！"如果贾府在出现危机时对家庭治理有所改善，即便大环境依然如故，也许能够苟延残喘，延续一段钟鸣鼎食、翰墨诗书的生活。

三、《红楼梦》所表现的内部控制理念

其实，在贾府治家过程中，还是不同程度地体现了现代内部控制的理念。而这些内控理念的发挥，在某种程度上延缓了贾府的衰败。由于该部分并非本文的主旨，依据现代内控体系，简要归纳如下。

（一）风险提示，预示结局

《左传·襄公十一年》中有"居安思危，思则有备，有备无患，敢以此规"。居安思危也是中国式治家的常见原则之一。《红楼梦》关于风险预警最为典型的是第十三回中秦可卿托梦王熙凤一段。秦可卿警示

王熙凤虽然贾府煊赫已近百年，但应防止乐极生悲。在她看来，否极泰来，荣辱周而复始，故此劝王熙凤筹划将来衰败时的世业。具体办法为在祖茔附近多置田亩并设置家塾。临别时还赠言王熙凤："三春去后诸芳尽，各自需寻各自门。"这也就暗含了随着迎春、探春和惜春的出嫁或离家出走，贾府也将家散人亡。虽然是以托梦的形式提示风险，看起来有些迷信，但风险管理的功能并未丧失。

（二）分级授权，提高效率

虽然在贾府内部没有明确的治家规范，但为了提高治家效率，授权的理念还是有所应用的。例如，王夫人对王熙凤这个娘家侄女几乎进行了充分的授权，只是偶尔过问一下，以显示权威或对其他人的关照。在第三回林黛玉进贾府时，王夫人便问王熙凤月钱是否放过，同时吩咐王熙凤该随手拿出缎子给林黛玉去裁剪衣裳。另外，在第七十四回中，当王夫人发现大观园里有什锦春意香袋时便找王熙凤问责。王夫人说："我天天坐在井里，拿你当个细心人，所以我才偷个空儿。"可见，王夫人对王熙凤的充分信任。同样，作为荣国公府的受托管理者，王熙凤也将日常事项的管理分级授权给赖大夫妇和林之孝夫妇以及吴新登夫妇等。虽然分级授权导致了很多风险，但不可否认的是，其在某种程度上提高了贾府办事的效率，明确了相关人员的职责。

（三）分工明确，互相牵制

最为典型的是第十三回和第十四回，在秦可卿死后，宁国公府请王熙凤协助办理秦氏的丧事一段。王熙凤素日最喜欢揽事以卖弄才干，在贾珍的恳请下，王熙凤欣然应允并果敢行事。当天王熙凤就分析了宁国公府现存的五大弊端。针对宁国公府的现状，她通过宁国公府总管来升的媳妇提供花名册，以分班的方式让宁国公府婆娘媳妇等各行其是。分班的结果立竿见影，改变了宁国公府秦可卿丧事中头绪繁杂和偷窃舞弊的现象。虽然看起来是王熙凤的威重令行取得的成效，但分工明确、职责清晰也正是宁国公府管家人员所希望的。后来王熙凤又通过严惩迟到的负责迎送亲客的一人，暂时改变了宁国公府作风散漫的现状，从而使宁国公府众人兢兢业业，齐心治家。

（四）持续改进，不断完善

在王熙凤因流产暂需休息而不能理家时，王夫人除了亲自定夺大事,也请李纨和探春暂时共同裁处家中琐碎之事。李纨过于厚道不够严厉,而探春性格看起来和顺却考虑精细,正好弥补李纨的不足。上任伊始,李纨和探春便遇到吴新登的媳妇报告赵姨娘的弟弟赵国基去世一事。吴新登家的倚老卖老试探李纨和探春的管家风格,当问及赏银是四十两还是二十两时,吴新登家的借故说忘了,被探春要求取旧账查看,定下给二十两银子。听闻赏银过少,赵姨娘赶来闹事,说探春不念舅舅之情多给二三十两银子。即便随后平儿赶到现场传王熙凤的话来给赵姨娘说情,探春也依旧例给了二十两银子。其实,探春作为赵姨娘的亲生女儿,自己的舅舅去世多给几两银子本无可厚非,但探春坚持原则的本性一览无遗。通过此事,众媳妇们对探春敬畏三分。在随后的第五十六回中,探春借鉴赖大家的园子因承包而创收一事,便在大观园中推广竹林、稻地、花圃等的承包,得到了众婆子的倾力支持,既调动了大家的积极性,也为贾府增收开创了新的渠道。以此可以看出,探春等人的兴利除弊无疑正符合内部控制理念中持续改进的原则。

（五）监督检查,合法合规

《老子·五十八章》:"祸兮福之所倚,福兮祸之所伏。"这种福祸转化的两面性在贾府中亦有体现。前已述及,在第七十四回中,王夫人受王善保家的蛊惑查抄大观园主要是为了给贾宝玉创造良好的生活环境。内部查抄的结果是贾宝玉的丫鬟晴雯被迫离开贾府并因病致死。同时,其他丫鬟也陆续被赶出大观园,导致大观园中诸丫鬟人人自危。但客观上也通过检查发现了贾府在治家过程中的各种漏洞。如惜春的丫鬟入画违规私自传递银两,迎春的丫鬟司棋私藏其表弟潘又安的衣物等。但这种"运动式"的检查并不能改变贾府内部治理的混乱状况,此后的贾府悲音频发,再也无法延续昔日的辉煌。

虽然作者曹雪芹并非内部控制专家,我们在写作时也许有牵强附会的嫌疑,但上述内控理念却闪现着我国先辈们的聪明才智,它们像一颗颗闪耀在夜空中的明星一般,为我们拓展内部控制体系提供了丰富的素材。

四、《红楼梦》所体现的内控思想对现代企业的启示

《旧唐书·魏徵传》中唐太宗曾言:"夫以铜为镜,可以正衣冠;

以史为镜，可以知兴替；以人为镜，可以明得失。"我们阅读并分析《红楼梦》所蕴含的内部控制思想，除了品味该书的博大精深，还在于启迪大家如何从中汲取现代企业管理所需的营养。我们认为，可以试着从以下角度考虑：

第一，规范公司治理结构是基础。公司治理结构是控制环境中最重要的一个因素，它定下了企业管理的基调，影响着企业的管理风格和文化理念。贾府如果在治家机制上增强机构的透明性并加强监管，防止授权过度，改变骄奢淫逸的作风，虽然不能长富久安，也不至于短期内灾祸接二连三地发生，直至家散人亡。其实，作为企业亦然，只有搭建良好的治理结构，才能为规范运营提供良好的基础。

第二，建立健全的内控制度是保障。内部控制制度是企业健康运营的制度保障，"有法可依"是提高执行力的基础。只有制度完善、不断创新才能适应企业的发展。贾府治家失败的重要原因之一是缺乏一套科学的治家制度，贾府的治家制度主要依赖旧例和管理者的个人喜好。对于现代企业，尤其是家族企业而言，这种教训更应该吸取。

第三，防范整治企业风险是完善。外部环境千变万化，给企业的运营带来诸多不确定性。企业只有建立一套风险预警机制，提早发现、及时治理、事后总结，才能不断地提高防范风险的能力。贾府自恃位高权重，忽略了种种风险，从而酿成无法挽回的大错，实在令人扼腕叹息。

第四，加强内部沟通机制是工具。作为企业的管理者，需要多种信息作为决策的依据，尤其是在企业信息化日益发达的今天。因此，加强企业内部的沟通从而保障信息畅通至关重要。反观贾府，在个人私利的驱动下，贾府的公共利益被忽略。内部的主流信息并非如何管理好家族，多是坊间传闻。遗憾的是，贾府的管理者并未及时纠正这种歪风邪气。

第五，强化内外监督机制是补充。企业内部及外部的及时监督可以促使管理者发现失误和漏洞，从而及时纠正和完善。这也是企业中普遍设置内部审计机构的主要原因所在。当然，外部社会化的监督可以促使企业保持良好的职业道德和社会形象。贾府的衰败，致命的原因是内部缺乏监管，而外部监管也并不及时。如果能及早发现贾府内部的各种弊端，谁能说贾府不会再兴旺数十年呢？

第三章

采购与付款循环

采购是企业生产经营的起点，既是企业的"实物流"的重要组成部分，又与"资金流"密切关联。采购是企业组织生产和销售产品的前提，直接影响了企业的产品成本，对销售定价有着重要的影响。同时，采购也直接影响了企业的现金流量。因此，采购与付款这一业务循环历来为企业所重视。本章拟就采购与付款循环的业务特点、主要控制目标、主要风险和关键控制要点等进行介绍，并就与采购与付款循环密切相关的外包业务和合同管理一并进行讨论。

第一节 采购与付款循环的内部控制

一 采购与付款循环概述

众所周知，采购物资的质量和价格、供应商的选择、采购合同的订立、物资的运输、验收等供应链状况，在很大程度上决定了企业的生存与可持续发展。采购流程的环节虽不是很复杂，但蕴藏着较大的风险。一般而言，采购业务流程主要涉及编制需求计划和采购计划、请购、选择供应商、确定采购价格、订立框架协议或采购合同、管理供应过程、验收、付款、会计控制等环节，如图3-1所示。

（一）请购商品和劳务

仓库负责对需要购买的已列入存货清单的项目填写请购单，其他部门

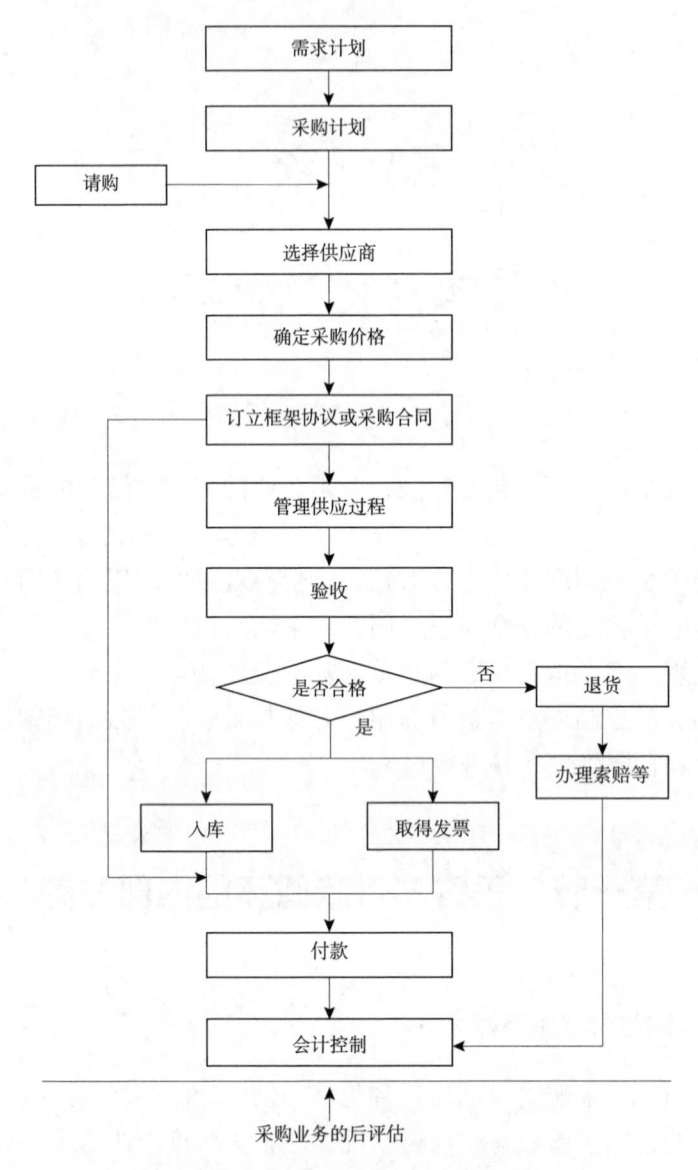

图 3-1　采购业务整体流程图[①]

也可以对需要购买的未列入存货清单的项目编制请购单。大多数企业对正常经营所需的物资的购买均作一般授权，例如，仓库在现有库存达到再

---

① 资料来源：财政部 2010 年度对企业内部控制应用指引的系列解释。本章图如不作特别说明，均同此注。

订购点时就可直接提出采购申请,其他部门也可为正常的维修工作和类似工作直接申请采购有关物品。但对资本支出和租赁合同,企业内控制度则通常要求作特别授权,只允许指定人员提出请购。请购单可由手工或计算机编制。由于企业内不少部门都可以填列请购单,不便事先编号,为加强控制,每张请购单必须经过对这类支出预算负责的主管人员签字批准。

(二)编制订购单

采购部门在收到请购单后,只能对经过批准的请购单发出订购单。对每张订购单,采购部门应确定最佳的供应来源。对一些大额的、重要的采购项目,应采取竞价方式来确定供应商,以保证供货的质量、及时性和成本的低廉。

订购单应正确填写所需要的商品品名、数量、价格、厂商名称和地址等,预先予以编号并经过被授权的采购人员签名。其正联应送交供应商,副联则送至企业内部的验收部门、应付凭单部门和编制请购单的部门。

(三)验收商品

有效的订购单代表企业已授权验收部门接受供应商发运来的商品。验收部门首先应比较所收商品与订购单上的要求是否相符,如商品的品名、说明、数量、到货时间等,然后再盘点商品并检查商品有无损坏。

验收后,验收部门应对已收货的每张订购单编制一式多联、预先编号的验收单,作为验收和检验商品的依据。验收人员将商品送交仓库或其他请购部门时,应取得经过签字的收据,或要求其在验收单的副联上签收,以确立他们所采购的资产应负的保管责任。验收人员还应将其中的一联验收单送交应付凭单部门。

(四)储存已验收的商品存货

企业将已验收商品的保管与采购的其他职责相分离,可减少未经授权的采购和盗用商品的风险。存放商品的仓储区应相对独立,限制无关人员的接近。

(五)编制付款凭单

记录采购交易之前,应付凭单部门应编制付款凭单。这项功能的控制包括以下内容:

（1）确定供应商发票的内容与相关的验收单、订购单的一致性。

（2）确定供应商发票计算的正确性。

（3）编制有预先编号的付款凭单，并附上支持性凭证（如订购单、验收单和供应商发票等）。这些支持性凭证的种类，因交易对象的不同而不同。

（4）独立检查付款凭单计算的正确性。

（5）在付款凭单上填入应借记的资产或费用账户名称。

（6）由被授权人员在凭单上签字，以示批准照此凭单要求付款。所有未付凭单的副联应保存在未付凭单档案中，以待日后付款。

（六）确认与记录负债

正确确认已验收货物和已接受劳务的债务，要求准确、及时地记录负债。该记录对企业财务报表所反映和企业实际现金支出有重大影响。因此，必须特别注意，按正确的数额记载企业确实已发生的购货和接受的劳务事项。

应付账款确认与记录相关部门一般有责任核查购置的财产并在应付凭单登记簿或应付账款明细账中加以记录。在收到供应商发票时，应付账款部门应将发票上所记载的品名、规格、价格、数量、条件及运费与订货单上的有关资料核对，如有可能，还应与验收单上的资料进行比较。

应付账款确认与记录的一项重要控制是要求记录现金支出的人员不得经手现金、有价证券和其他资产。恰当的凭证、记录与恰当的记账手续，对业绩的独立考核和应付账款职能而言是必不可少的控制。

在手工系统下，企业应将已批准的未付款凭单送达会计部门，据以编制有关记账凭证和登记有关账簿。会计主管应监督为采购交易而编制的记账凭证中账户分类的适当性；通过定期核对编制记账凭证的日期与凭单副联的日期，监督入账的及时性。而独立检查会计人员则应核对所记录的凭单总数与应付凭单部门送来的每日凭单汇总表是否一致，并定期独立检查应付账款总账余额与应付凭单部门未付款凭单档案中的总金额是否一致。

（七）付款

通常是由应付凭单部门负责确定未付凭单在到期日付款。企业有多种款项结算方式，以支票结算方式为例，编制和签署支票的有关控制包括以下内容：

（1）企业应独立检查已签发支票的总额与所处理的付款凭单的总额的一致性。

（2）应由被授权的财务部门的人员负责签署支票。

（3）被授权签署支票的人员应确定每张支票都附有一张已经适当批准的未付款凭单，并确定支票收款人姓名和金额与凭单内容相一致。

（4）支票一经签署就应在其凭单和支持性凭证上用加盖印戳或打洞等方式将其注销，以免重复付款。

（5）支票签署人不应签发无记名甚至空白的支票。

（6）支票应预先连续编号，保证支出支票存根的完整性和作废支票处理的恰当性。

（7）企业应确保只有被授权的人员才能接近未经使用的空白支票。

（八）记录现金、银行存款支出

仍以支票结算方式为例，在手工系统下，会计部门应根据已签发的支票编制付款记账凭证，据以登记银行存款日记账及其他相关账簿。以记录银行存款支出为例，有关控制包括以下内容：

（1）会计主管应独立检查记入银行存款日记账和应付账款明细账的金额的一致性，以及与支票汇总记录的一致性。

（2）通过定期比较银行存款日记账记录的日期与支票副本的日期，检查入账的及时性。

（3）独立编制银行存款余额调节表。

二 采购与付款的内部控制目标

一般而言，企业采购与付款环节的主要控制目标如下：

（1）需求计划和采购计划是按照规定的权限和程序获得审批的。

（2）请购是经过适当授权或审批的，符合企业实际需求。

（3）供应商的选择及其评价有利于企业获取"质优价廉"的货物或劳务。

（4）每次的采购价格应当是"性价比"最优的。

（5）同供应商订立框架协议或采购合同符合法律、法规的要求。

（6）采购的过程应当是可控的。

（7）所记录的购货都已收到货物或已接收劳务，并符合企业的需求。

（8）已发生的购货业务均已记录。

（9）所记录的购货业务估价正确。

（10）购货业务的分类正确。

（11）购货业务按正确的日期记录。

（12）采购的付款是经过授权审批和企业规定办理的。

（13）购货业务被正确记入应付账款和存货等明细账中，并被准确汇总。

三 采购与付款循环各环节的主要风险点

（一）编制需求计划和采购计划环节的主要风险点

采购业务从计划（或预算）开始，包括需求计划和采购计划。在企业实务中，需求部门一般根据生产经营需要向采购部门提出物资需求计划，采购部门根据该需求计划、归类、汇总、平衡现有库存物资后，统筹安排采购计划，并按规定的权限和程序审批、执行。该环节的主要风险包括以下两方面：

（1）需求或采购计划不合理、不按实际需求安排采购或随意超计划采购，甚至与企业生产经营计划不协调等，造成企业资源短缺或者库存成本上升，从而影响企业正常生产经营。

（2）不按规定维护安全库存、未按照要求及时调整采购计划，影响企业正常运行。

（二）请购环节的主要风险点

请购是指企业生产经营部门根据采购计划和实际需要，提出的采购申请。该环节的主要风险包括以下两方面：

（1）缺乏采购申请制度，造成企业管理混乱。

（2）请购未经适当审批或超越授权审批，可能导致采购物资过量或短缺，影响企业正常生产经营。

（三）选择供应商环节的主要风险点

选择供应商，也就是确定采购渠道。它是企业采购业务流程中非常重要的环节。该环节的主要风险包括以下两方面：

（1）缺乏完善的供应商管理办法，无法及时考核供应商，导致供应商选择不当,影响企业利润。

(2)大额采购未实行招投标制度,可能导致采购物资质次价高,甚至出现舞弊行为。

(四)确定采购价格环节的主要风险点

如何以最优"性价比"采购到符合需求的物资,是采购部门的永恒主题。该环节的主要风险包括以下两方面:

(1)采购定价机制不科学,采购定价方式选择不当,缺乏对重要物资品种价格的跟踪监控,导致采购价格不合理,可能造成企业资金损失。

(2)内部稽核制度不完善,导致因回扣现象等造成企业损失。

(五)订立框架协议或采购合同环节的主要风险点

框架协议是企业与供应商之间为建立长期物资购销关系而作出的一种约定。采购合同是指企业根据采购需要、确定的供应商、采购方式、采购价格等情况与供应商签订的具有法律约束力的协议。该环节的主要风险包括以下两方面:

(1)框架协议签订不当,可能导致物资采购不顺畅。

(2)未经授权对外订立采购合同,合同对方主体资格、履约能力等未达要求、合同内容存在重大疏漏和欺诈,可能导致企业的合法权益受到侵害。

(3)未能及时根据市场状况调整合同内容,造成企业采购行为脱离市场供需状况。

(六)管理供应过程环节的主要风险点

管理供应过程,主要是指企业建立严格的采购合同跟踪制度,科学评价供应商的供货情况,并根据合理选择的运输工具和运输方式,办理运输、投保等事宜,实时掌握物资采购供应过程的情况。该环节的主要风险包括以下两方面:

(1)缺乏对采购合同履行情况的有效跟踪,运输方式选择不合理,忽视运输过程的保险风险,可能导致采购物资损失或无法保证供应。

(2)无法对供应商的供应过程做好记录,导致供应商过程评价缺少原始资料。

(七)验收环节的主要风险点

验收是指企业对采购物资或劳务的检验接收,以确保其符合合同规定或产品质量要求。该环节的主要风险包括以下两方面：

（1）验收标准不明确、验收程序不规范，导致不合格品流入企业。

（2）对验收中存在的异常情况不作及时处理，可能造成账实不符、采购物资损失。

（八）付款环节的主要风险点

付款是指企业在对采购预算、合同、相关单据凭证、审批程序等内容审核无误后，按照采购合同规定及时向供应商办理支付款项的过程。该环节的主要风险包括以下两方面：

（1）付款审核不严格、付款方式不恰当、付款金额控制不严，可能导致企业资金损失或信用受损。

（2）退货管理不规范，导致企业产生财务损失。

（九）会计控制环节的主要风险点

会计控制主要是指采购业务会计系统控制。该环节的主要风险包括：

（1）缺乏有效的采购会计系统控制，未能全面真实地记录和反映企业采购各环节的资金流和实物流情况。相关会计记录与相关采购记录、仓储记录不一致，可能导致企业采购业务未能如实反映，以及采购物资和资金受损。

（2）对退货和待检物料处理不当，导致账实不一致，影响企业财务状况的真实性。

四 采购与付款循环各环节的关键控制点

（一）编制需求计划和采购计划环节的关键控制点

（1）生产、经营、项目建设等部门，应当根据实际需求准确、及时地编制需求计划。需求部门提出需求计划时，不能指定或变相指定供应商。对独家代理、专有、专利等特殊产品应提供相应的独家、专有资料，经专业技术部门研讨后，经具备相应审批权限的部门或人员审批。

（2）采购计划是企业年度生产经营计划的一部分，在制定年度生产经营计划过程中，企业应当根据发展目标实际需要，结合库存和在途情况，科学安排采购计划，防止采购过高或过低。

（3）采购计划应纳入采购预算管理，经相关负责人审批后，作为企业刚性指令严格执行。

（二）请购环节的关键控制要点

（1）建立采购申请制度，依据购买物资或接受劳务的类型，确定归口管理部门，授予相应的请购权，明确相关部门或人员的职责权限及相应的请购程序。企业可以根据实际需要设置专门的请购部门，对需求部门提出的采购需求进行审核，并进行归类汇总，统筹安排企业的采购计划。

（2）具有请购权的部门对于预算内采购项目，应当严格按照预算执行进度办理请购手续，并根据市场变化提出合理采购申请。对于超预算和预算外采购项目，应先履行预算调整程序，由具备相应审批权限的部门或人员审批后，再行办理请购手续。

（3）具备相应审批权限的部门或人员审批采购申请时，应重点关注采购申请内容是否准确、完整，是否符合生产经营需要，是否符合采购计划，是否在采购预算范围内等。对不符合规定的采购申请，应要求请购部门调整请购内容或拒绝批准。

（三）选择供应商环节的关键控制要点

（1）建立科学的供应商评估和准入制度，对供应商资质信誉情况的真实性和合法性进行审查，确定合格的供应商清单，健全企业统一的供应商网络。企业新增供应商的市场准入、供应商新增服务关系以及调整供应商物资目录，都要由采购部门根据需要提出申请，并按规定的权限和程序审核批准后，纳入供应商网络。必要时，企业可以委托具有相应资质的中介机构对供应商进行资信调查。

（2）采购部门应当按照公平、公正和竞争的原则，择优确定供应商，在切实防范舞弊风险的基础上，与供应商签订质量保证协议。

（3）建立供应商管理信息系统和供应商淘汰制度，对供应商提供物资或劳务的质量、价格、交货及时性、供货条件及其资信、经营状况等进行实时管理和考核评价，根据考核评价结果，提出供应商淘汰和更换名单，经审批后对供应商进行合理选择和调整，并在供应商管理系统中作出相应记录。

（四）确定采购价格环节的关键控制要点

（1）健全采购定价机制，采取协议采购、招标采购、比价采购、动态竞价采购等多种方式，科学合理地确定采购价格。对标准化程度高、需求计划性强、价格相对稳定的物资，通过招标、联合谈判等公开、竞争方式签订框架协议。

（2）采购部门应当定期研究大宗通用重要物资的成本构成与市场价格变动趋势，确定重要物资品种的采购执行价格或参考价格。建立采购价格数据库，定期开展重要物资的市场供求形势和价格走势的商情分析并合理利用。

（五）订立框架协议或采购合同环节的关键控制要点

（1）对拟签订框架协议的供应商的主体资格、信用状况等进行风险评估；框架协议的签订应引入竞争制度，确保供应商具备履约能力。

（2）根据确定的供应商、采购方式、采购价格等情况，拟订采购合同，准确描述合同条款，明确双方权利、义务和违约责任，按照规定权限签署采购合同。对于影响重大、涉及较高专业技术或法律关系复杂的合同，应当组织法律、技术、财会等专业人员参与谈判，必要时可聘请外部专家参与相关工作。

（3）对重要物资验收量与合同量之间允许的差异，应当作出统一规定。

（六）管理供应过程环节的关键控制要点

（1）依据采购合同中确定的主要条款跟踪合同履行情况，对有可能影响生产或工程进度的异常情况，应出具书面报告并及时提出解决方案，采取必要措施，保证需求物资的及时供应。

（2）对重要物资建立并执行合同履约过程中的巡视、点检和监造制度。对需要监造的物资，择优确定监造单位，签订监造合同，落实监造责任人，审核确认监造大纲，审定监造报告，并及时向技术等部门通报。

（3）根据生产建设进度和采购物资特性等因素，选择合理的运输工具和运输方式，办理运输、投保等事宜。

（4）实行全过程的采购登记制度或信息化管理，确保采购过程的可追溯性。

（七）验收环节的关键控制要点

（1）制定明确的采购验收标准，结合物资特性确定必检物资目录，规定此类物资出具质量检验报告后方可入库。

（2）验收机构或人员应当根据采购合同及质量检验部门出具的质

量检验证明，重点关注采购合同、发票等原始单据与采购物资的数量、质量、规格型号等核对一致。对验收合格的物资，填制入库凭证，加盖物资"收讫"章，登记实物账，及时将入库凭证传递给财会部门。物资入库前，采购部门须检查质量保证书、商检证书或合格证等证明文件。验收时涉及技术性强的、大宗的和新特物资，还应进行专业测试，必要时可委托具有检验资质的机构或聘请外部专家协助验收。

（3）对于验收过程中发现的异常情况，比如，无采购合同或大额超采购合同的物资、超采购预算采购的物资、毁损的物资等，验收机构或人员应当立即向企业有权管理的相关机构报告，相关机构应当查明原因并及时处理。对于不合格的物资，采购部门应依据检验结果办理让步接收、退货、索赔等事宜。对延迟交货造成生产建设损失的，采购部门要按照合同约定索赔。

（八）付款环节的关键控制要点

（1）严格审查采购发票等票据的真实性、合法性和有效性，判断采购款项是否确实应予以支付。如审查发票填制的内容是否与发票种类相符合、发票加盖的印章是否与票据的种类相符合等。企业应当重视采购付款的过程控制和跟踪管理，如果发现有异常情况，应当拒绝向供应商付款，避免出现资金损失和信用受损。

（2）根据国家有关支付结算的相关规定和企业生产经营的实际，合理选择付款方式，并严格遵循合同规定，防范付款方式不当带来的法律风险，保证资金安全。除了不足转账起点金额的采购可以支付现金，采购价款应通过银行办理转账。

（3）加强预付账款和定金的管理，涉及大额或长期的预付款项，应当定期进行追踪核查，综合分析预付账款的期限、占用款项的合理性、不可回收风险等情况，发现有疑问的预付款项，应当及时采取措施，尽快收回款项。

（九）会计控制环节的关键控制要点

（1）应当加强对购买、验收、付款业务的会计系统控制，详细记录供应商情况、采购申请、采购合同、采购通知、验收证明、入库凭证、退货情况、商业票据、款项支付等情况，做好采购业务各环节的记录，确保会计记录、采购记录与仓储记录核对一致。

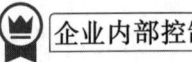

（2）应指定专人通过函证等方式，定期向供应商寄发对账函，核对应付账款、应付票据、预付账款等往来款项，对供应商提出的异议应及时查明原因，报有权管理的部门或人员批准后，作出相应调整。

另外，采购业务对企业生存与发展具有重要影响，因此企业应当建立采购业务后的评估制度，即企业应当定期对物资需求计划、采购计划、采购渠道、采购价格、采购质量、采购成本、协调或合同签约与履行情况等物资采购供应活动进行专项评估和综合分析，及时发现采购业务薄弱环节，优化采购流程。同时，将物资需求计划管理、供应商管理、储备管理等方面的关键指标纳入业绩考核体系，促进物资采购与生产、销售等环节的有效衔接，不断防范采购风险，全面提升采购效能。

五 案例分析

【案例3-1】

某公司经营性支出物资采购业务流程

某公司经营性支出物资采购业务流程如表3-1所示。

表3-1 某公司经营性支出物资采购业务流程

控制点	监督检查方法
1 编制下年度成本费用预算	
2 申请采购	
2.1 物资需求申请单须经申请部门负责人审核后，交主管部门负责人或其授权人会同财务部门相关人员审批	2.1 检查物资需求申请单是否有申请部门负责人、主管部门负责人或其授权人会同财务部门相关人员审核意见
2.2 材料管理人员编制的物资采购清单，交主管部门负责人或其授权人会同财务部门相关人员审批	2.2 检查材料管理人员编制的物资采购清单，是否交主管部门负责人或其授权人会同财务部门相关人员审批。是否达到采购点
3 选择供应商，签订采购合同	

（续表）

控制点	监督检查方法
3.1 按规定需要采用招标方式确定供应商的，应采用招标方式。不需要采用招标方式的，由采购部门或者其指定的单位或者部门确定意向供应商，按照采购物资性质和金额的不同，由相应的权限机构对选定的意向供应商进行审批	3.1 询问相关工作人员确定供应商的过程，判断是否符合规定
3.2 采购合同的控制点详见合同部分	
3.3 下级公司办理采购业务时，要遵循上级公司集中采购的有关规定，在框架协议规定的范围内签订采购合同	3.3 检查下级公司采购合同条款是否符合上级公司签订的框架协议的有关规定
3.4 由需求部门人员进行的一定金额以下的零星采购，要有需求部门负责人的审批	3.4 抽取一定金额以下的零星采购，查看是否有需求部门负责人的审批意见
3.5 办理采购时，如果需要预借采购款的，经办人员应填制借款申请单，经其所在部门负责人审核、相关部门和财务部门授权人员审批后，方可向财务部门办理借款	3.5 检查借款申请单，是否经其所在部门负责人审核、相关部门和财务部门授权人员审批
3.6 采购部门会同相关部门建立供应商审查制度，定期对供应商进行资格审查，建立并及时更新供应商信息库	3.6 检查是否有供应商审查制度，是否建立并及时更新供应商信息库
4 验收入库及相关账务处理	
4.1 使用部门、采购部门和仓库管理人员对材料物资进行验收，并由验收人员出具验收单	4.1 从存货账中抽取部分物资采购，检查其是否有验收单，验收单是否有验收人员的验收意见和签字；检查验收单填列物资与相应的采购合同的条款是否一致
4.2 仓库管理人员填制连续编号的入库单，并根据入库单登记库存实物账	4.2 检查入库单是否连续编号及库存实物账是否与入库单相符
4.3 财务人员按照入库单、相关合同及发票作相关账务处理	4.3 检查财务人员对物资采购入库的账务处理是否正确

(续表)

控制点	监督检查方法
4.4 申请部门经办人员对在一定金额以下的零星采购,且经批准由申请部门直接采购和领用的物资进行验收,并在相关的发票等凭证上签字	4.4 检查一定金额以下的零星采购,且经批准由申请部门直接采购和领用的物资是否有经办人员在相关发票等凭证上的签字以示验收合格
4.5 如果签订包工包料类型的维修合同,则不需要对维修过程进行监督,而只需要对维修结果进行验收。验收工作由运行维护部门组织完成,出具验收报告并由相关人员签字确认	4.5 检查包工包料类型的维修合同的验收报告是否有相关人员签字确认
5 付款	
5.1 采购经办人员在填制付款通知书时应确定相关合同、订货单、入库单、验收单、发票中的数量、规格和金额一致	5.1 检查付款通知书与相关合同、订货单、入库单、验收单、合同、发票中的数量、规格和金额是否一致
5.2 由本部门及相关管理部门负责人或其授权人审批付款通知书	5.2 检查付款通知单是否有相关部门的主管的审批意见及签字确认
5.3 财务部门负责人或授权人员审核付款通知书,原始凭证金额无误、手续齐全	5.3 检查付款通知单是否有财务部门负责人或授权人员的审核意见及签字确认
5.4 付款后的原始凭证上加盖"付讫"章以避免重复付款	5.4 检查付款后的原始凭证上是否加盖"付讫"章
6 对账	
6.1 财务部门在期末与有频繁往来交易或者有较大应付款余额的供应商进行书面对账,并将书面对账证据妥善保存	6.1 检查是否有书面对账单,是否有双方盖章确认
6.2 对账如存在差异,应由财务部门会同相关部门起草差异分析报告,上交部门负责人审批	6.2 对于对账差异,检查是否有差异分析报告,是否有相关部门负责人的审批
6.3 审批通过后,财务部门按审批意见进行会计处理,并将经审批的差异分析报告留档备查	6.3 检查财务部门进行会计处理的依据,经审批的差异分析报告是否留档备查

案例解析 通过阅读该公司的经营性支出物资采购业务流程，我们可以发现：

（1）该流程所涉及的业务范围主要有：供应商的选择；合同签订及其执行；经营性物资的采购；入库物资的检验及付款的记录；在货到发票未到的情况下，对已验收入库的存货进行暂估；在发票已到而货物未到的情况下，对货物的在途处理；与供应商对账；向供应商支付货款等。业务范围规定明确，便于执行。

（2）该业务流程的主要目标是：第一，保证经营性支出物资采购所涉及的相关资产、预付账款、应付账款和成本费用的记录符合有关会计准则的要求，做到及时、真实、准确和完整；第二，经营性物资采购及相关招标行为规范、过程公开、竞争公平、裁决公正，符合公司管理制度、国家法律、法规和有关国际惯例的要求。该业务流程如果被严格执行，这两项目标是可以实现的。

（3）该业务流程主要分为：编制下年度成本费用预算、申请采购、选择供应商并签订合同、验收入库及相关业务处理、付款、对账等六个环节。从全面预算着手进行管控，目标明确、思路清晰，根据每个控制点也设定了检查方法，不但便于操作，而且便于内控的监督。

美中不足的是，流程表过于简单，在实际操作过程中，阅读文字工作量较大而且经常有争议，如果该流程表再予以细化，做到一目了然，将更有利于日常工作的改善。

【案例 3-2】

三泰公司任期经营责任审计案例及分析[1]

2011 年年初，三泰集团审计部组织对其全资子公司三泰公司法定代表人任职期间供应活动的经营责任审计。

一、审计内容

审计主要内容有物资供应与管理内部控制制度、物资供应计划及执

---

[1] 李三喜，任金萍. 三泰公司任期经营责任审计案例及分析[J]. 中国内部审计，2011（4）.

行情况、物资订货和采购业务、物资库存量控制和仓库管理等。

二、审计过程

（1）编制供应业务内部控制调查表（表3-2），调查内部控制健全性、有效性。

表3-2 供应业务内部控制调查表

被审计单位：三泰公司		签名	日期	其他	
项目：供应业务内部控制	编制人	秦某	2011年1月10日	索引号	7-6
截止日：2010年12月31日	复核人	王某	2011年1月21日	页次	1
调查内容		是	否	备注	
物资采购是否有计划		是			
物资采购计划是否经过授权审批			否		
物资入库是否有专人验收			否		
物资储备是否有计划			否		
库存物资是否有专人管理		是			
物资领出是否经过授权批准			否		
物资调拨手续是否健全			否		
是否有定期盘点制度		是			
供应业务制度是否认真执行			否		
审计小结：该公司制定了比较详细的物资管理制度，但执行不力，物资的采购领拨手续不健全，物资账实严重不符					

（2）编制物资供应计划及执行情况审定表（表3-3），审查物资供应计划及执行情况。

表 3-3　物资供应计划及执行情况审定表

被审计单位：三泰公司		签名	日期	其他	
项目：供应业务内部控制	编制人	秦某	2011年1月10日	索引号	7-7
截止日：2010年12月31日	复核人	王某	2011年1月21日	页次	1

项目内容	2007年		2008年		2009年		2010年		备注
	计划情况	执行情况	计划情况	执行情况	计划情况	执行情况	计划情况	执行情况	

审计小结：该公司没有物资供应计划，执行情况无法确认

（3）编制采购方式审计调查表（表3-4），审查采购业务方式的合理性、有效性。

表 3-4　采购业务方式审计调查表

被审计单位：三泰公司		签名	日期	其他	
项目：供应业务内部控制	编制人	秦某	2011年1月10日	索引号	7-8
截止日：2010年12月31日	复核人	王某	2011年1月21日	页次	1
调查内容		是	否	备注	
是否采用合同订购方式		是			
是否采用市场购买方式			否		
是否采用计划分配物资的订货方式			否		
是否采用函电邮购方式			否		
审计小结：该公司物资采购主要方式为合同订购，对大宗设备采用政府采购					

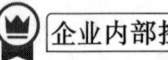

(4)编制储存业务调查表(表3-5),审查储存业务的合理性、有效性。

表 3-5 储存业务调查表

被审计单位:三泰公司		签名	日期	其他	
项目:供应业务内部控制	编制人	秦某	2011年1月10日	索引号	7-9
截止日:2010年12月31日	复核人	王某	2011年1月21日	页次	1
调查内容		是	否	备注	
储存业务是否有控制的标准		是			
储存定额是否合理			否		
储存是否有计划			否		
储存场地的利用是否有效			否		
仓库管理制度是否健全			否		
库存物资是否实行有效的分类管理			否		
储存物资是否能够满足生产的需要			否		
库存物资是否有长期积压的情况		是			
审计小结:该公司储存业务虽然有控制标准,但储存物资无计划,物资管理混乱,库存物资长期积压情况比较严重					

(三)审计结果

审计结束后发现的主要问题:供产销严重脱节,库存产品积压严重;物资采购无计划,盲目采购物资;物资采购未经过授权批准,存在吃回扣等问题;物资采购领拨手续不健全,物资账实严重不符;物资采购的经济批量不合理;库存物资未实行科学有效的分类管理;物流系统内部控制制度不健全等。

（四）审计分析

1. 审计内容分析

审计内容重点突出，主要围绕供应业务活动。

2. 审计过程分析

（1）调查供应业务内部控制制度，还可以审查与企业有关的内部控制制度的完整性、科学性、严密性和可行性等情况。

（2）物资供应计划及执行情况缺失，没有反映出应审查内容。物资供应计划及执行情况审查应包括：一是采购计划所列品种、规格、质量是否符合生产的需要，能否反映计划期内调整产品结构、改进产品设计、生产新产品、更新工艺和操作等对物资供应的需求变化。二是计划采购数量是否正确合理，是否充分考虑了生产计划规定的材料需用量和合理储备量以及回收利用率等。三是计算物资需用量的方法是否得当，使用直接计算法还是间接计算法，间接计算法用的是动态分析、类比分析还是经验估算法，所用的方法是否符合本单位的实际情况，计算误差是否在可控范围之内。四是计划所规定的期初、期末储备和其他保险储备是否合理，能否保证生产应急需要，能否保证生产正常连续地进行。五是采购计划所定的价格、采购费用是否合理，材料计划成本与产品成本计划是否平衡等。六是审查采购计划的完成情况。

审查时，应将采购计划与反映采购业务的实际会计等经济活动资料进行比较，审查计划的完成程度，如有较大差距，应分析其形成的原因。由于企业所需采购的材料物资品种较多，所以，应选择那些数量多、单价高、金额大的材料物资作为审查的对象。审查计划的完成程度，可运用计划完成百分比作为审查的依据。计划完成百分比是根据完成采购计划的项目总金额除以计划应完成的采购总金额计算的。审计人员还应审查实际采购物资的时间、质量、数量、品种与计划和实际生产所需要的是否相符。

（3）审查采购业务方式，例如，将各种可能的采购方式与使用的采购方式进行比较，分析差额成本和效益，以进一步优化采购方式；审查采购人员有无舍近求远、舍廉求贵、舍优求劣等情况；审查是否详细了解和比较了供货单位的经济实力、销售信用、供货价格、产品质量和供应的稳定性等;审查物资运输方式和线路有无不当或迂回往返等情况;审查经济采购批量的合理性、有效性。

(4)储存业务的调查内容较为全面。

3. 审计结果分析

审计报告揭示的问题在物资供应业务活动中具有共性,尤其是物资采购未经过授权批准,吃回扣等问题值得关注。

案例解析 该案例从审计的角度对三泰公司的采购业务进行了分析。通过测试和查询,对三泰公司的物资供应与管理内部控制制度、物资供应计划及执行情况、物资订货和采购业务和物资库存量控制和仓库管理等进行了审计,发现了该公司在采购业务中存在的不足,并结合内控的要求提出了在审计中应重点关注的内容。换个角度考虑,作为企业也可以从该案例中吸取相应的教训。

第二节 业务外包的内部控制

业务外包是指企业利用专业化分工优势,将日常经营中的部分业务委托给本企业以外的专业服务机构或经济组织(以下简称"承包方")完成的经营行为,通常包括研发、资信调查、可行性研究、委托加工、物业管理、客户服务、IT服务等。随着社会主义市场发展和国际产业分工呈细化趋势,我国业务外包市场必将有较大发展。

一 业务外包的概述

业务外包流程主要包括:制定业务外包实施方案、审核批准、选择承包方、签订业务外包合同、组织实施业务外包活动、业务外包过程管理、验收、会计控制等环节。图3-2列示的业务外包流程适用于各类企业的一般业务外包,具有通用性。企业在实际开展业务外包时,可以参照此流程,并结合自身情况予以扩充和具体化。

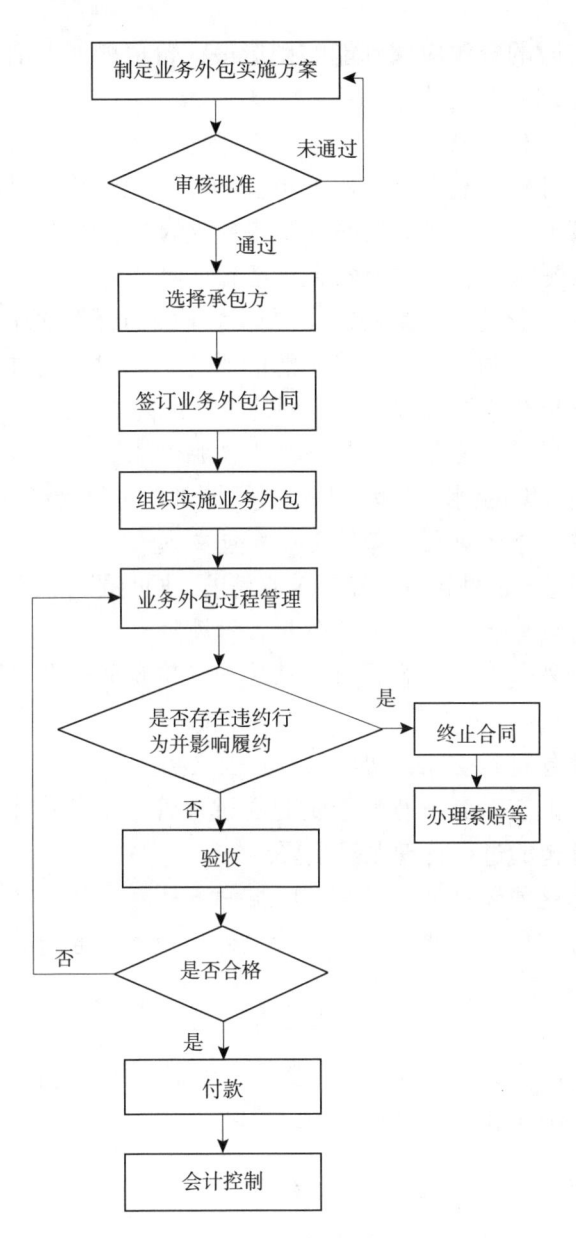

图 3-2 业务外包整体流程图

二 业务外包的内部控制目标

1. 整合企业有效资源，实现企业战略目标

企业的资源是有限的，为了达成企业战略目标，企业需要分析其现

147

实状况，将有限的资源应用到能够创造最大价值的业务活动中。对于一些非核心业务，可以通过外包来实现。

2. 降低企业生产成本，提高企业经济效益

通过业务外包，利用外包服务单位的专业化优势，可以在一定程度上降低企业成本，同时提高效率，保持企业的竞争优势。

3. 选择合适服务伙伴，分担企业经营风险

外包作为企业的一项策略，需要选择正确的合作伙伴，通过坦诚合作实现共同发展，为顾客提供最满意的服务。同时，通过选择适合的外包商，可以分担企业发展过程中遇到的企业风险。

4. 实行分级授权管理，规范企业外包业务

业务外包方案的制定和审批是经过不同部门进行且经过适当授权的。

5. 合理选择承包单位，降低企业外包成本

通过选择适当的外包方，满足企业需求，同时能降低企业外包成本。

6. 签订有效外包合同，防范企业法律风险

通过明确外包合同内容，可以从法律角度预防企业风险，提高双方合作的满意度。

7. 做好外包过程管理，切实履行企业义务

外包业务的有效履行有赖于企业的过程管理，尤其外包环境发生较大变化时，外包的过程管理尤显重要。

8. 适时验收外包成果，归档整理相关资料

外包业务完成时，要及时组织验收外包业务，通过总结，积累经验和教训。

9. 及时记录外包业务，规范进行会计核算

外包业务需要保证及时准确完整地得以记录并支付相关费用。同时，将其在当期明细账和会计报告中予以反映。

三 业务外包各环节的主要风险点

（一）制定业务外包实施方案环节的主要风险点

制定业务外包实施方案是指企业根据年度生产经营计划和业务外包管理制度，结合确定的业务外包范围，制定实施方案。该环节的风险主要如下：

（1）企业缺乏业务外包管理制度，导致制定实施方案时无据可依。

（2）业务外包管理制度未明确业务外包范围，可能导致有关部门在制定实施方案时，将不宜外包的核心业务进行外包。

（3）实施方案不合理，不符合企业经营特点或内容不完整，可能导致业务外包失败。

（二）审核批准环节的主要风险点

审核批准是指企业应当按照规定的权限和程序审核批准业务外包实施方案。该环节的主要风险如下：

（1）审批制度不健全，导致对业务外包的审批不规范。

（2）审批不严格或者越权审批，导致业务外包决策出现重大疏漏，可能引发严重后果。

（3）未能对业务外包实施方案是否符合成本效益原则进行合理审核以及作出恰当判断，导致业务外包不经济。

（三）选择承包方环节的主要风险点

选择承包方是指企业应当按照批准的业务外包实施方案选择承包方。该环节的主要风险如下：

（1）承包方不是合法设立的法人主体，缺乏应有的专业资质，从业人员也不具备应有的专业技术资格，缺乏从事相关项目的经验，导致企业遭受损失甚至陷入法律纠纷。

（2）外包价格不合理，业务外包成本过高导致难以发挥业务外包的优势。

（3）存在接受商业贿赂的舞弊行为，导致相关人员涉案。

（四）签订业务外包合同环节的主要风险点

确定承包方后，企业应当及时与选定的承包方签订业务外包合同，约定业务外包的内容和范围，双方权利和义务，服务和质量标准，保密事项，费用结算标准和违约责任等事项。该环节的主要风险如下：

（1）合同条款未能针对业务外包风险作出明确的约定，对承包方的违约责任界定不够清晰，导致企业陷入合同纠纷和诉讼。

（2）合同约定的业务外包价格不合理或成本费用过高，导致企业遭受损失。

（五）组织实施业务外包环节的主要风险点

组织实施业务外包是指企业严格按照业务外包制度、工作流程和相关要求，组织业务外包过程中人、财、物等方面的资源分配，建立与承包方的合作机制，为下一环节的业务外包过程管理做好准备，确保承包方严格履行业务外包合同。企业在组织实施业务外包时，应当根据业务外包合同条款，落实双方应投入的人力资源、资金、硬件及专有资产等，明确承包方提供服务或产品的工作流程、模式、职能架构、项目实施计划等内容。该环节的主要风险如下：

（1）组织实施业务外包的工作不充分或未落实到位，影响下一环节业务外包过程管理的有效实施，导致难以实现业务外包的目标。

（2）外部环境变化时，未及时调整业务外包管理模式，导致企业出现失误甚至失败。

（六）业务外包过程管理环节的主要风险点

根据业务外包合同的约定，承包方会采取在特定时点向企业一次性交付产品或在一定期间内持续提供服务的方式交付业务外包成果。承包方交付成果的方式不同，业务外包过程也有所不同，前者的业务外包过程是指承包方对产品的设计制造过程，后者的业务外包过程是指承包方持续提供服务的整个过程。该环节的主要风险如下：

（1）承包方在合同期内因市场变化等因素不能保持履约能力，无法继续按照合同约定履行义务，导致业务外包失败和本企业生产经营活动中断。

（2）承包方出现未按照业务外包合同约定的质量要求持续提供合格的产品或服务等违约行为，导致企业难以发挥业务外包优势，甚至遭受重大损失；管控不力，导致商业秘密泄露。

（七）验收环节的主要风险点

在业务外包合同执行完成后需要验收的，企业应当组织相关部门或人员对完成的业务外包合同进行验收。该环节的主要风险如下：

（1）验收方式与业务外包成果交付方式不匹配，验收标准不明确，验收程序不规范，使验收工作流于形式，不能及时发现业务外包质量低劣等情况，可能导致企业遭受损失。

（2）验收资料归档不完备，导致后续的法律风险。

（八）会计控制环节的主要风险点

会计控制是指企业应当根据国家统一的会计准则制度，加强对外包业务的核算与监督，并做好外包费用结算工作。该环节的主要风险如下：

（1）缺乏有效的业务外包会计系统控制，未能全面真实地记录和反映企业业务外包各环节的资金流和实物流情况，可能导致企业资产流失或贬损。

（2）业务外包相关会计处理不当，可能导致财务报告信息失真。

（3）结算审核不严格、支付方式不恰当、金额控制不严，可能导致企业资金损失或信用受损。

四 业务外包各环节的关键控制点

（一）制定业务外包实施方案环节的关键控制点

（1）建立和完善业务外包管理制度，根据各类业务与核心主业的关联度、对外包业务的控制程度以及外部市场成熟度等标准，合理确定业务外包的范围，并根据是否对企业生产经营有重大影响对外包业务实施分类管理，以突出管控重点，同时明确规定业务外包的方式、条件、程序和实施等相关内容。

（2）严格按照业务外包管理制度规定的业务外包范围、方式、条件、程序和实施等内容制定实施方案，避免将核心业务外包，同时确保方案的完整性。

（3）根据企业年度预算和生产经营计划，对实施方案的重要方面进行深入评估和复核，包括承包方的选择方案、外包业务的成本效益及风险、外包合同期限、外包方式、员工培训计划等，确保方案的可行性。

（4）认真听取外部专业人员对业务外包的意见，并根据其合理化建议完善实施方案。

（二）审核批准环节的关键控制点

（1）建立和完善业务外包的审核批准制度。明确授权批准的方式、权限、程序、责任和相关控制措施，规定各层级人员应当在授权范围内进行审批，不得超越权限审批。

（2）在对业务外包实施方案进行审查和评价时，应当着重对比分析该业务项目在自营与外包情况下的风险和收益，确定外包的合理性和可行性。

（3）财务负责人或企业分管会计工作的负责人应当参与重大业务

外包的决策，对业务外包的经济效益作出合理评价。

（4）对于重大业务外包方案，应当提交董事会或类似权力机构审批。

（三）选择承包方环节的关键控制点

（1）充分调查候选承包方的合法性，即是否为依法成立、合法经营的专业服务机构或经济组织，是否具有相应的经营范围和固定的办公场所。

（2）调查候选承包方的专业资质、技术实力及其从业人员的履历和专业技能。

（3）考查候选承包方从事类似项目的成功案例、业界评价和口碑。

（4）综合考虑企业内外部因素，对业务外包的人工成本、营销成本、业务收入、人力资源等指标进行测算分析，合理确定外包价格，严格控制业务外包成本。

（5）引入竞争机制，按照有关法律、法规，遵循公开、公平、公正的原则，采用招标等适当方式，择优选择承包方。

（6）按照规定的程序和权限从候选承包方中作出选择，并建立严格的回避制度和监督处罚制度，避免相关人员在选择承包方过程中出现受贿和舞弊行为。

（四）签订业务外包合同环节的关键控制点

（1）在订立外包合同前，充分考虑业务外包方案中识别出的重要风险因素，并通过合同条款予以有效规避或降低。

（2）在合同的内容和范围方面，明确承包方提供的服务类型、数量、成本，以及明确界定服务的环节、作业方式、作业时间、服务费用等细节。

（3）在合同的权利和义务方面，明确企业有权督促承包方改进服务流程和方法，承包方有责任按照合同协议规定，将外包实施的现状告知企业，并对存在的问题进行有效沟通。

（4）在合同的服务和质量标准方面，应当规定外包商最低的服务水平要求以及如果未能满足标准实施的补救措施。

（5）在合同的保密事项方面，应具体约定对于涉及本企业机密的业务和事项，承包方有责任履行保密义务。

（6）在费用结算标准方面，综合考虑内外部因素，合理确定外包价格，严格控制业务外包成本。

（7）在违约责任方面，制定既具有原则性又体现一定灵活性的合同条款，以适应环境、技术和企业自身业务的变化。

（五）组织实施业务外包环节的关键控制点

（1）按照业务外包制度、工作流程和相关要求，制定业务外包实施全过程的管控措施，具体措施包括落实与承包方之间的资产管理、信息资料管理、人力资源管理、安全保密管理等机制，确保承包方在履行外包业务合同时有章可循。

（2）做好与承包方的对接工作，通过培训等方式确保承包方充分了解企业的工作流程和质量要求，从价值链的起点开始控制业务质量。

（3）与承包方建立并保持畅通的沟通协调机制，以便及时发现并有效解决业务外包过程存在的问题。

（4）梳理有关工作流程，提出每个环节上的岗位职责分工、运营模式、管理机制、质量水平等方面的要求，并建立对应的即时监控机制，及时检查、收集和反馈业务外包实施过程的相关信息。

（六）业务外包过程管理环节的关键控制点

（1）在承包方提供服务或制造产品的过程中，密切关注重大业务外包承包方的履约能力，采取承包方动态管理方式，对承包方开展日常绩效评价和定期考核。

（2）对承包方的履约能力进行持续评估，包括承包方对该项目的投入是否能够支持其产品或服务质量达到企业预期目标，承包方自身的财务状况、生产能力、技术创新能力等综合能力是否满足该项目的要求。

（3）建立即时监控机制，一旦发现偏离合同目标等情况，应及时要求承包方调整改进。

（4）对重大业务外包的各种意外情况作出充分预计，建立相应的应急机制，制定临时替代方案，避免业务外包失败造成企业生产经营活动中断。

（5）有确凿证据表明承包方存在重大违约行为，并导致业务外包合同无法履行的，应当及时终止合同，并指定有关部门按照法律程序向承包方索赔。

（6）切实加强对业务外包过程中形成的商业信息资料的管理。

（七）验收环节的关键控制点

（1）根据承包方业务外包成果交付方式的特点，制定不同的验收方式。一般而言，可以对最终产品或服务进行一次性验收，也可以在整个外包过程中分阶段验收。

（2）根据业务外包合同的约定，结合在日常绩效评价基础上对外包业务质量是否达到预期目标的基本评价，确定验收标准。

（3）组织有关职能部门相关人员，严格按照验收标准对承包方交付的产品或服务进行审查和全面测试，确保产品或服务符合需求，并出具验收证明。

（4）验收过程中发现异常情况的，应当立即报告，查明原因，视问题的严重性与承包方协商采取恰当的补救措施，并依法索赔。

（5）根据验收结果对业务外包是否达到预期目标作出总体评价，据此对业务外包管理制度和流程进行改进和优化。

（八）会计控制环节的关键控制点

（1）企业财会部门应当根据国家统一的会计准则制度，对业务外包过程中交由承包方使用的资产、涉及资产负债变动的事项以及外包合同诉讼等加强核算与监督。

（2）根据企业会计准则制度的规定，结合外包业务特点和企业管理机制，建立完善外包成本的会计核算方法，进行有关会计处理，并在财务报告中进行必要、充分的披露。

（3）在向承包方结算费用时，应当依据验收证明，严格按照合同约定的结算条件、方式和标准办理支付。

五 案例分析

【案例 3-3】

业务外包管理在钢铁企业的创新与实践[①]

业务外包是经济一体化进程中，国际上通用的一种利用外部资源的形式。钢铁企业生产任务重，技术创新工作艰巨，要实现有成本竞争力的目标，业务外包是一种有效手段，目的是使钢铁企业把主要精力放在核心主业上，更好地实现企业战略，而非核心业务由合作企业完成。业务外包实质上是企业人力资源的采购，是供应链中降低成本的主要环节。

---

① 毛倩.业务外包管理在钢铁企业的创新与实践［J］.冶金经济与管理，2011（1）.

以下根据 2010 年 5 月颁布的《企业内部控制应用指引第 13 号——业务外包》的规定，结合笔者的工作，谈一谈对钢铁企业业务外包管理与创新的认识和实践。

一、业务外包对钢铁企业发展的意义

（1）业务外包是提高企业竞争力的有效途径。业务外包行业的迅猛崛起应该归功于"企业核心竞争力"概念的普及和供应链理念的具体运用。美国管理学家詹姆斯·奎因指出："在过去，资源外取被认为是企业的一种劣势，但是现在，资源外取却可能是智慧型企业运作的关键。"钢铁企业要建立竞争优势，应将有限的资源和人才用于钢铁核心业务，如钢铁产品开发、钢铁核心制造技术和销售等领域；而钢铁行业的辅助业务，如辅助工序、车辆驾驶和产品包装等，应委托社会专业公司承担，利用社会优势或低成本的人力资源来提升公司的竞争力。正如企业经营管理中的"木桶原理"一样，企业竞争力的大小往往取决于薄弱环节，将薄弱环节外包给在此领域有专长的企业，可以提高公司响应速度，增强核心竞争力。

（2）业务外包是钢铁主业做大做强的重要手段。美国纽柯钢铁公司每年的钢产量约为 1 800 万吨，其公司管理人员不到百人，财务核算、审计报告、设备管理、人力资源等均外包给专业服务机构。相比之下，国内很多大型钢企管理人员动辄上千人，组织机构繁冗，管理成本高，制约了企业发展。为更合理有效地降低成本，目前业务外包已成为钢铁企业重要的战略工具，而且今后还将有较大的发展空间。

（3）业务外包是提高生产效率和规避风险的必要措施。钢铁企业在业务外包应用实践中重点考虑的是效率与风险因素，如目前很多钢铁企业厂区内的产品包装作业、行车作业、工业垃圾处置作业及危险剧毒品废弃物处置作业等，均整体外包给专业公司或有处置资质的公司，目的就是要更好地腾出手来干主业，这样既提高了生产效率，又规避了环保风险。

二、宝钢公司业务外包管理的创新与实践

随着钢铁市场竞争愈发激烈，宝钢公司也意识到大而全的生产承担了大量社会责任业务和各类辅助生产任务，使得组织体系庞大、反应速度较慢、生产效率低和成本升高。通过采用供应链分析和系统再造理论分析业务流程，宝钢公司制定了新的发展战略，明确了核心业务、非核心业务和薄弱业务环节。通过选择合适的业务承包商，宝钢公司将钢铁主辅业分离，将非核心业务外包，充分利用企业外部资源来提高经营效率、降低经营成本,提高了宝钢公司的核心竞争力。

(1)选择合适的非核心业务外包项目。宝钢公司的钢铁制造工艺、产品研发、销售等环节在行业中具有很强的竞争优势,是企业核心能力的重要组成部分。对于现阶段不具备竞争优势的辅助岗位和非核心业务,宝钢公司选择了具有低成本或具有相对竞争优势的社会专业公司来承担。业务外包已涉及宝钢公司钢铁产品制造的各个环节,具体分为:社会通用岗位(餐饮服务、保安、运输车辆驾驶和文秘等)、简单劳动业务(工业垃圾回收处置、废旧物资回收、厂房和办公楼清扫等)、钢铁冶炼辅助业务(铁矿石破碎、废钢供应入炉业务和产品检验化验送样等)和非钢铁冶炼专业业务(设备检修业务、产品包装业务和特种工程机械业务)等。前两类业务外包的目的是利用社会低成本的人力资源,降低企业成本;后两类业务外包的目的是将低成本的人工和高效率的作业相结合,提高企业的敏捷性和反应速度。目前,宝钢公司业务外包项目的从业人员总数已和自身员工总数基本相当,业务外包金额占宝钢公司销售成本的比例也逐年增加。

(2)选择有资质、讲信用的合作伙伴。选择合作伙伴至关重要,一般要选择企业文化、价值观相同或相近的,正所谓"道不同不相与谋"。如果双方没有互相理解的战略理念,很难顺利合作,即使合作,也会因管理成本过高而失败。如果企业选择合作伙伴不当,不仅会给企业的正常生产带来影响,也会影响自身的竞争能力。合作伙伴必须拥有各自的核心竞争力。例如,宝钢炼钢厂钢包内耐火材料的砌筑,宝钢厂区范围的翻斗车、吊车、铲车司机,全部委托专业化的协作单位整体承包。这些企业拥有各自的核心竞争力,提高了整条供应链的运作效率,从而为宝钢公司贡献了可观的效益、快速高效的物流、及时准确的市场信息、快速的新产品研制和细心周到的服务等。企业在选择合作伙伴的时候,要确定合作伙伴是否能够履行承诺,其财务状况是否稳定。转换合作伙伴是一项费时费力的事情,如果合作伙伴陷入了财务困境,可能还会阻碍业务移交。

(3)加强内部业务外包及费用管理。宝钢公司的业务外包管理理念是:公平公正、合作共赢、共同发展。目前,宝钢公司业务外包项目分布广泛、项目数量众多,涉及采购、科研、生产、销售和后勤服务等各个环节。业务外包在宝钢公司发挥了重要作用,每年宝钢公司通过非核心业务外包降低的成本达上亿元。在内部业务外包管理上，宝钢公司实行"业务外包管理重心下移"，即各个生产厂单元是最了解生产线上业务外包需求量的单位，由各个生产厂单元进行业务外包的日常和预算管理，这样有利于剖析业务外包合理性，改善公司成本，促进现场管理的业务整合和模式优化，且更能契合现场的需要。在业务外包费用管理上，宝钢公司实行"合作双赢、风险共担"的市场化原则，业务外包队伍的稳定性和成长性是保证生产稳定顺行的基础。在保证生产的同时，也保证了业务外包人工费率标准具有一定的市场竞争力，这就赢得了协作单位的信任和高度自愿的合作。对于总包型项目，宝钢公司采用了与作业量挂钩计价，并按弹性联动机制实施浮动费率的模式；对于纯劳务项目，确定人工单价标准，以各个生产厂部确定的业务外包需求量为基数测算总额，按总额进行费用控制管理，这样更好地促使协作单位通过效率减员等成本改善措施来确保其收益。此外，宝钢公司从合同条款上规范对业务外包流动率、群体性事件的考核，并在生产厂单元的合同月度结算中直接反映；对年度业绩好的项目，实施评价奖励；对不符合要求的业务外包项目实施项目淘汰，由管理好的协作单位承接，业务外包人员划转；对于部分替代性强的辅助业务，在避免劳动法规风险的前提下，研究直接引入社会劳务机构的管理机制，减少中间环节成本；对部分市场资源相对稀缺、替代性差的关键性通用工种，在合理成本基础上，设定一定比例的技能培训储备费用，实施储备激励约束制度。

三、需注意的问题

业务外包可能会为企业带来很大的财务优势，提高企业核心竞争力，但是仅仅基于节省成本而进行的外包往往会失败。因此，外包前要对所涉及的风险进行充分的评估。在外包过程中一般要注意以下几个问题。

（1）关注职工对业务外包的看法。有的企业可能希望获得较低的人工成本，将越来越多的业务用低成本劳务替代高成本人工，以降低成本。但随着业务外包的不断增加，企业员工会担心失去工作。如果他们知道自己的工作被业务外包替代只是时间问题，他们的职业道德和业绩水平就可能会有所下降，对企业失去信心，失去努力工作的动力。因此，在作业务外包决策之前要做好与企业员工的沟通、协调。

（2）对业务外包项目和单位要严格筛选，加强控制。在进行外包决策时，一定要考虑企业的未来发展战略，切不可因外包影响了企业未

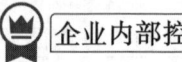

来发展的方向。核心技术要掌握在自己手中，不能外包。若稍不谨慎，将关键业务或核心技术业务外包出去，或由于对外包单位不熟悉，把业务外包给不讲诚信的单位，都将影响企业自身的发展。所以，对外包单位要严格筛选，加强控制。此外，对承包方的履约能力要进行持续评估和验收，实行奖惩，优胜劣汰。

（3）增强法律意识，严格依法办事。对业务外包协作单位的选择要遵循公开、公平、公正的原则，严格法纪，防止违规；应组织专人分析评估，内部监察要参与监督，最终由集体研究决定。对价格的制订要紧贴市场、公开竞标、货比三家，还要实行重大事项审批制度和集体联签机制。

案例解析 本文以宝钢公司为例对钢铁行业的业务外包进行了阐述，就业务外包的积极意义作了简要说明之后，通过对宝钢公司现有业务的区分，针对其非核心业务进行外包，以提高效率和效益，并提出在选择良好的合作伙伴的同时，企业自身也应加强业务外包流程的管理，从而才有可能实现双赢。笔者曾于2011年6月份参观宝钢公司，并了解到宝钢公司的部分维修保养由中国冶金科工股份有限公司下属的宝冶公司提供服务。通过业务外包，宝钢公司集中精力努力做好主业以提高经济效益，而宝冶公司也相应实现了专业化分工的优势，实现了和宝钢公司的长期战略合作关系。本文提到的业务外包虽然属于冶金行业，但其理念也可以应用到其他行业中。

【案例 3-4】

企业物流业务外包的可行性分析与外包实施方案设计
——以淮钢为例[①]

一、企业物流外包概述

随着全球经济一体化进程的加快、信息技术在物流领域的应用和发展，以及一体化多渠道市场需求的增长和物流服务供应商服务能力

---

① 张江霞.企业物流业务外包的可行性分析与外包实施方案：以淮钢为例［J］.内蒙古科技与经济，2010（23）.

的扩充与完善，物流业务外包服务逐步被社会认识、了解、认可和进一步采用。

所谓物流业务外包，即制造企业或销售企业等为集中资源、节省管理费用、增强核心竞争能力，将其物流业务以合同的方式委托给专业的物流公司（第三方物流，3PL）运作。外包是一种长期的、战略的、相互渗透的、互利互惠的业务委托和合约执行方式。

二、物流业务外包的优势

（1）企业得到更加专业化的服务，从而降低营运成本。当企业的核心业务迅猛发展时，也需要企业的物流系统跟上核心业务发展的步伐，但这时企业原来的自理物流系统往往因为技术和信息系统的局限而相对滞后。与企业自理物流相比，3PL可以集成小批量送货的要求来获得规模经济效应，在组织企业的物流活动方面更有经验、更专业化，从而降低企业的营运成本，改进服务，提高企业运作的灵活性。

（2）解决本企业资源有限的问题，更专注于核心业务的发展。企业的主要资源，包括资金、技术、人力资本、生产设备、销售网络、配套设施等要素。资源的有限性往往是企业发展的主要"瓶颈"，特别是在当今时代，技术和需求的变化十分复杂，一个企业的资源配置不可能局限于本组织的范围之内。利用物流外包策略，委托公司可以集中资源，建立自己的核心能力，并使其不断提升，从而确保委托公司能够长期获得高额利润，并引导行业朝着有利于企业自身的方向发展。通过物流业务外包不仅可以减少物流基础设施的新投资，而且可以腾出自有仓库与车队所占用的资金，并把资金用在更有效率的地方。

（3）可以提高企业的运作柔性。委托企业选择物流业务外包的重要原因之一是提高企业柔性。企业可以更好地控制其经营活动，并在经营活动和物流活动中找到一种平衡。保持两者之间的连续性，提高其柔性，使实行物流外包的委托企业由于业务的精简而具有更大的应变空间。

（4）可以减少监督成本，提高效率。委托公司可以利用物流外包策略缩小公司的规模，精简公司的组织，从而减轻由于规模膨胀而造成的组织反应迟钝、缺乏创新精神的问题。规模偏小的公司，管理事务比较简单，更易于公司专注于自己核心能力的培养。公司要想在激烈竞争的环境里成长，就必须尽量控制公司的规模，以确保公司的灵活反应能力，物流外包策略在这方面具有非常重要的意义。

（5）降低风险，也可以同合作伙伴分担风险。首先，在迅速变化的市场和技术环境下，通过物流业务外包，委托公司可以与合作公司建立起战略联盟，利用其战略伙伴们的优势资源，缩短产品从开发、设计、生产到销售的时间，减轻由于技术和市场需求的变化造成的产品风险。其次，战略联盟的各方都发挥了各自的优势，这有利于提高新产品和服务的质量，提高新产品开拓市场的成功率。最后，采用物流外包策略的委托公司在与其战略伙伴共同开发新产品时风险共担，从而降低了由于新产品开发失败而给公司造成巨大损失的可能性。

三、企业物流业务外包的可行性分析

江苏沙钢集团淮钢特钢有限公司位于淮安市西南工业区，占地235万平方米，横跨京杭大运河（京杭大运河将其分为南、北两个部分），紧邻京沪、宁连、淮盐、宿淮高速公路和新长铁路，交通运输十分便捷。公司建厂于1970年10月，50多年来，坚持依靠科技创新、机制创新和管理创新，企业不断发展，成为年产优特钢320万吨的现代化钢铁联合企业。公司现有总资产130多亿元，职工人数5 000余人。

2005年，淮钢公司在全国冶金50强企业中排名第46位；2007年，在中国制造业500强中排名第291位。2009年公司产钢287.43万吨，钢材267万吨，铁275.4万吨，物流总量1 000万吨。根据经验估算，淮钢公司达到300万吨钢材的年生产规模后，主要原辅料的年进货量将达到900万吨，主要产品年出货量为380万吨，物流总量将达到近1 300万吨。

淮钢公司物流业务外包的可行性分析如下。

（1）淮钢公司物流业务外包的必要性。淮钢公司拥有丰富的运输、仓储资源，但其现行的运输、仓储系统和配送体系极其分散、各自为政，特别是运输和配送体系的管理手段还比较落后。将物流业务交由第三方物流公司承担，可以减少管理的环节，有利于淮钢和其下属各子公司管理的改善。同时，利用第三方物流公司的专业化、规模化优势，降低物流成本，提高运输配送效率；利用第三方物流公司发达的物流系统，加快信息的传递，对市场作出快速反应，从而使决策具有时效性、正确性，为客户提供更满意的物流服务。

（2）淮钢公司物流业务外包的可行性。从上文分析中，淮钢公司的物流业务外包后，企业主要可以从减少资本积压、减少库存、降低运营成本、提高效率等方面获得利润。引入第三方物流后，淮钢公司原有的物流渠道的一些便利就享受不到了，第三方物流公司和淮钢公司原有的物流配送模式比较有一些劣势：①和第三方物流企业相比，淮钢公司原有的物流配送渠道的整体运作可以完全置于总部的控制管理之下；②信息技术方面易于控制，这些是物流外包后所面临的威胁。但就整体来说，淮钢公司物流外包后，优势会大于劣势，面临的机会也大于面临的威胁。而且经过物流企业和政府等各方面的共同努力，我国目前已初步具备了发展第三方物流和配送技术的经济环境、先进技术和市场条件。现代信息技术和物流技术的进步为我国企业物流外包的发展准备了充分的技术基础。目前已有相当多的物流技术在物流企业中得到越来越广泛的应用，例如，条形码技术、计算机支持的信息管理技术、数据库技术、电子数据交换等。这使得许多先进的技术设备得以运用于物流领域，促进第三方物流的大力发展。

四、淮钢公司物流外包实施方案设计

（1）实施部分物流业务外包。淮钢公司拥有丰富的运输、仓储资源，现有船舶15万载重吨近300艘，运输车辆（含内部运输）1 500载重吨近70辆，码头岸线1 400米，固定吊机19台，500吨/时卸货能力的卸船机2台，堆场2处。如果将所有物流业务都外包出去，这些物流设备与设施将失去价值，造成浪费，所以对于现有设备与设施还是要充分利用起来，对部分物流业务实施外包。

（2）与第三方物流企业建立战略合作伙伴关系。淮钢集团物流管理战略要紧紧围绕产、销、物紧密结合而开展，其战略主要有即时物流战略、协同和一体化物流战略等。未来企业的竞争不是企业与企业的竞争，而是企业所在的供应链与供应链的竞争，哪条供应链的整体运作效率高，哪条供应链上的企业竞争力就强。淮钢公司要进一步提高物流管

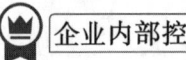

理水平,加强与上、下游企业的合作,努力与第三方物流企业建立战略合作伙伴关系,在降低物流成本的同时,提高企业抵抗风险的能力。

(3)建立第三方物流服务绩效评价指标体系。只有对第三方物流企业进行绩效评价与分析,才能够正确判断第三方物流企业的实际经营水平,提高企业的经营能力,进而提高企业的整体效益。淮钢公司在选择物流业务战略合作伙伴时,要建立一套服务绩效评价指标体系,选择可以直接量化或者容易给出定性评价的因素作为评价指标,并且分别赋予一定的权重。用这套服务绩效评价指标体系对第三方物流企业进行绩效评价,从而选择适合自己的合作伙伴。

(4)充分利用信息技术。物流系统的高效运作,很大程度上依赖于较完善的物流信息系统,因此淮钢公司要加快建设物流信息系统。目前,淮钢公司有ERP系统并使用多年,这是非常好的物流信息系统的建设基础,淮钢要充分利用好ERP系统,提高物流业务外包的效率。

五、结束语

将物流业务外包给物流服务商运作已成为一种企业构建核心竞争力的趋势。企业的物流外包既有优势,也存在着风险。企业在进行物流外包决策时,必须充分考虑物流外包所带来的各种优势和风险,选择合作对象时应对其进行多方面的考察,依据科学的决策方法和决策标准来进行决策。此外,在同第三方物流服务商进行合作时,要与自身资源的充分整合有机结合起来,从而使资源得到最有效的利用,使效益最大化。

案例解析 本案例作者重点就企业的物流外包业务进行了理论阐述,在此基础上结合江苏沙钢集团淮钢特钢有限公司的物流外包业务进行了分析。

该作者认为,物流业务外包具有以下几个优势:第一,企业得到更加专业化的服务,从而降低营运成本;第二,解决本企业资源有限的问题,使本企业更专注于核心业务的发展;第三,可以提高企业的运作柔性;第四,可以减少监督成本,提高效率;第五,降低风险,同时也可以同合作伙伴分担风险。

整体而言,该作者基本上把物流业务外包给企业带来的优势进行了描述。但是,该作者并未从公司战略的高度阐述物流外包对于企业的重要意义。同时,对于物流外包业务的弊端,该作者也未作风险提示。

随后，该作者以淮钢公司为例说明了其物流外包的必要性、可行性及其实施方案，介绍淮钢公司在拥有相关资源的前提下，实施了部分外包业务。该作者提示需要建立一套服务绩效评价指标体系，选择一些可以直接量化或者容易给出定性评价的因素作为评价指标，并且分别赋予一定的权重，以便用这套服务绩效评价指标体系对第三方物流企业进行绩效评价，从而促进企业自身经济效益的整体提升。另外，该作者建议在进行物流业务外包时，实施ERP系统将有助于提高管理效率。

第三节　合同管理的内部控制

合同是企业与自然人、法人及其他组织等平等主体之间设立、变更、终止民事权利和义务关系的协议。加强合同管理，有利于规范、约束市场主体交易行为，优化资源配置，维护市场秩序。有效的合同管理，可以帮助企业规范当事人双方的经营行为，维护自身合法权益、防控法律风险，促进实现内部控制目标。

一　合同管理概述

合同管理从大的方面可以划分为合同订立阶段和合同履行阶段。合同订立阶段包括合同调查、合同谈判、合同文本拟定、合同审核、合同签署等环节；合同履行阶段涉及合同履行、合同补充和变更、合同解除、合同评估、合同归档等环节。图3-3列示的合同管理流程具有一定通用性。

为了促进合同管理的作用得到有效发挥，企业需要建立一系列制度体系和机制保障。

1. 建立分级授权管理制度

企业应当根据经济业务性质、组织机构设置和管理层级安排，建立合同分级管理制度。属于上级管理权限的合同，下级单位不得签署。对于重大投资类、融资类、担保类、知识产权类、不动产类合同，上级部门应加强管理。下级单位认为确有需要签署涉及上级管理权限的合同时，应当提出申请，并经上级合同管理机构批准后办理。上级单位应当加强对下级单位合同订立、履行情况的监督检查。

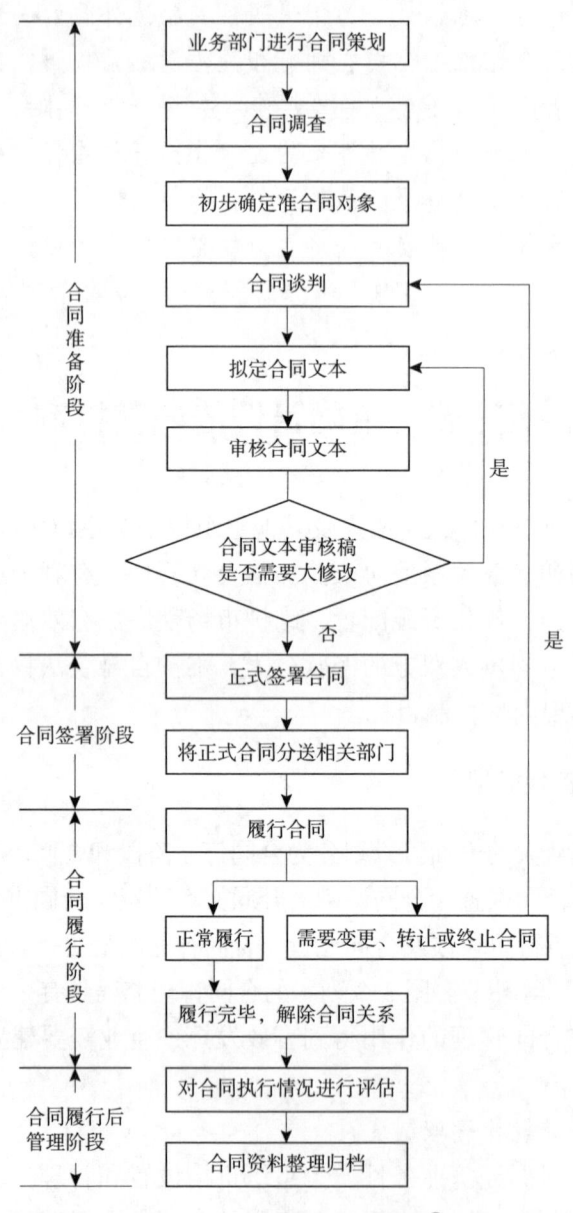

```
合同准备阶段:
  业务部门进行合同策划
      ↓
  合同调查
      ↓
  初步确定准合同对象
      ↓
  合同谈判 ←──────────┐
      ↓              │
  拟定合同文本 ←──┐   │
      ↓          │   │
  审核合同文本   │   │
      ↓          │   │
  <合同文本审核稿是否需要大修改>
      │是 ────────┘   │
      │是 ────────────┘
      │否
      ↓
合同签署阶段:
  正式签署合同
      ↓
  将正式合同分送相关部门
      ↓
合同履行阶段:
  履行合同
      ↓
  正常履行  /  需要变更、转让或终止合同
      ↓
  履行完毕，解除合同关系
      ↓
合同履行后管理阶段:
  对合同执行情况进行评估
      ↓
  合同资料整理归档
```

图 3-3　合同管理流程图[①]

2. 实行统一归口管理

企业可以视实际情况指定诸如法律部门等作为合同归口管理部门，

[①] 朱锦余. 合同管理流程及其主要风险分析与控制研究 [J]. 会计之友，2009（5）.

对合同实施统一规范管理，如制定合同管理制度，审核合同条款，管理合同标准文本，管理合同专用章，定期检查和评价合同管理中的薄弱环节，采取相应控制措施，促进合同的有效履行等。

3. 明确职责分工

企业各业务部门作为合同的承办部门负责在职责范围内承办相关合同，并履行合同调查、谈判、订立、履行和终结责任。企业财务部门侧重于履行对合同的财务监督职责。

4. 健全考核与责任追究制度

企业应当健全合同管理的考核与责任追究制度，并开展合同评估，对合同在订立、履行过程中出现的违法违规行为，应当追究有关机构或人员的责任。

二 合同管理的内部控制目标

1. 优化合同管理流程

因业务需要，企业从合同策划到合同履行后的档案归档一般需要较长的周期。如果中间环节管理不善，很容易导致合同执行混乱甚至出现合同纠纷。通过合同管理流程的梳理，可以优化其流程。

2. 降低合同管理风险

风险无处不在，合同管理的风险主要集中显现在履行阶段，但也隐含在整个合同管理流程中，尤其以合同准备阶段为甚，且是各种因素综合影响的结果。合同管理的目标是做到"事前预防"，企业通过合同条文的明确，可以有效保障企业利益，降低其风险水平。

3. 提高合同管理效率

通过有效甄别合同潜在风险、规范合同条款和管理流程，企业可以减少合同管理过程中的"盲点"，提高合同管理的效率。

4. 规范合同过程管理

企业通过合同签订前的需求调查、合同签订、合同执行以及归档管理等环节，促进合同的规范管理。确保不同职责互相分离以及分级授权的实现等，既能提高效率又能降低风险。

5. 推动企业规范管理

合同管理是企业日常管理的重要内容。合同管理的规范有效无疑可以促进和推动企业相关管理水平的持续提高，为企业的规范运营提供良好的保障。

三 合同管理各环节的主要风险点

1. 合同调查环节的主要风险点

合同订立前，企业应当进行合同调查，充分了解合同对方的主体资格、信用状况等有关情况，确保对方当事人具备履约能力。该环节的主要风险如下：

（1）忽视被调查对象的主体资格审查，准合同对象不具有相应民事权利能力和民事行为能力或不具备特定资质，与不具备代理权或越权代理的主体签订合同，导致合同无效，或引发潜在风险。

（2）在合同签订前错误判断被调查对象的信用状况，或在合同履行过程中没有持续关注对方的资信变化，致使企业蒙受损失；对被调查对象的履约能力给出不当评价，将不具备履约能力的对象确定为准合同对象，或将具有履约能力的对象排除在准合同对象之外。

2. 合同谈判环节的主要风险点

初步确定准合同对象后，企业内部的合同承办部门将在授权范围内与对方进行合同谈判，按照自愿、公平原则，磋商合同内容和条款，明确双方的权利、义务和违约责任。该环节的主要风险如下：

（1）忽略合同重大问题或在重大问题上作出不当让步。

（2）谈判经验不足，缺乏技术、法律和财务知识的支撑，导致企业利益损失。

（3）泄露本企业谈判策略，导致企业在谈判中处于不利地位。

3. 合同文本拟定环节的主要风险点

企业在合同谈判后，根据协商谈判结果，拟定合同文本。该环节的主要风险如下：

（1）选择不恰当的合同形式。

（2）合同与国家法律、法规、行业产业政策、企业总体战略目标或特定业务经营目标发生冲突。

（3）合同内容和条款不完整、表述不严谨准确，或存在重大疏漏和欺诈，导致企业合法利益受损。

（4）有意拆分合同、规避合同管理规定等。

（5）对于合同文本须报经国家有关主管部门审查或备案的，未履行相应程序。

4. 合同审核环节的主要风险点

合同文本拟定完成后，企业应进行严格的审核。该环节的主要风险如下：

（1）合同审核人员因专业素质或工作态度原因未能发现合同文本中的不当内容和条款；审核人员虽然通过审核发现问题但未提出恰当的修订意见。

（2）合同起草人员没有根据审核人员的改进意见修改合同，导致合同中的不当内容和条款未被纠正。

5. 合同签署环节的主要风险点

企业经审核同意签订的合同，应当与对方当事人正式签署并加盖企业合同专用章。该环节的主要风险如下：

（1）合同正式签署风险。超越权限签订合同，合同印章管理不当，签署后的合同被篡改，因手续不全导致合同无效等。

（2）合同分送相关部门的风险。合同被送到了不相关的部门；收到合同的相关部门没有采取妥善措施处理合同；因保管不当导致合同泄密。

6. 合同履行环节的主要风险点

在合同订立后，企业应当与合同对方当事人一起遵循诚实信用原则，根据合同的性质、目的和交易习惯履行通知、协助、保密等义务。该环节的主要风险如下：

（1）本企业或合同对方当事人没有恰当地履行合同中约定的义务。

（2）合同生效后，对合同条款未明确约定的事项没有及时协议补充，导致合同无法正常履行。

（3）在合同履行过程中，未能及时发现已经或可能导致企业利益受损的情况，或未能采取有效措施。

（4）合同纠纷处理不当，导致企业遭受外部处罚、诉讼失败，损害企业利益、信誉和形象等。

7. 合同评估环节的主要风险点

合同评估是合同执行的重要环节，既是对合同签订的审查，也是对合同执行的监督，一般由财会部门负责办理。该环节的主要风险是：

（1）违反合同条款，未按合同规定期限、金额或方式付款。

（2）疏于管理，未能及时催收到期合同款项。

（3）在没有合同依据的情况下盲目付款等。

8. 合同归档环节的主要风险点

合同登记管理制度体现合同的全过程封闭管理，合同的签署、履行、结算、补充或变更、解除等都需要进行合同归档。该环节的主要风险是：合同档案不全、合同泄密、合同滥用等。

四 合同管理各环节的关键控制点

1. 合同调查环节的关键控制点

（1）审查被调查对象的身份证件、法人登记证书、资质证明、授权委托书等证明原件。必要时，可通过发证机关查询证书的真实性和合法性，关注授权代理人的行为是否在其被授权范围内，在充分收集相关证据的基础上评价主体资格是否恰当。

（2）获取调查对象经审计的财务报告、以往交易记录等财务和非财务信息，分析其获利能力、偿债能力和营运能力，评估其财务风险和信用状况，并在合同履行过程中持续关注其资信变化，建立和及时更新被调查方的商业信用档案。

（3）对被调查对象进行现场调查，实地了解和全面评估其生产能力、技术水平、产品类别和质量等生产经营情况，分析其合同履约能力。

（4）与被调查对象的主要供应商、客户、开户银行、主管税务机关和工商管理部门等沟通，了解其生产经营、商业信誉、履约能力等情况。

2. 合同谈判环节的关键控制点

（1）收集谈判对手资料，充分熟悉谈判对手情况，做到知己知彼；研究国家相关法律、法规、行业监管、产业政策、同类产品或服务价格等与谈判内容相关的信息，正确制定本企业谈判策略。

（2）关注合同核心内容、条款和关键细节，具体包括合同标的的数量、质量或技术标准，合同价格的确定方式与支付方式，履约期限和方式，违约责任和争议的解决方法、合同变更或解除条件等。

（3）对于影响重大、涉及较高专业技术或法律关系复杂的合同，应组织法律、技术、财会等专业人员参与谈判，充分发挥团队智慧，及时总结谈判过程中的得失，研究确定下一步谈判策略。

（4）必要时可聘请外部专家参与相关工作，并充分了解外部专家的专业资质、胜任能力和职业道德情况。

（5）加强保密工作，严格责任追究制度。

（6）对谈判过程中的重要事项和参与谈判人员的主要意见，予以记录并妥善保存，作为避免合同舞弊的重要手段和责任追究的依据。

3. 合同文本拟定环节的关键控制点

（1）企业对外发生经济行为，除即时结清方式外，还应当订立书面合同。

（2）严格审核合同需求与国家法律、法规、产业政策、企业战略目标的关系，保证其协调一致；考察合同是否以生产经营计划、项目立项书等为依据，确保完成具体业务经营目标。

（3）合同文本一般由业务承办部门起草，法律部门审核；重大合同或法律关系复杂的特殊合同应当由法律部门参与起草。国家或行业有合同示范文本的，可以优先选用，但对涉及权利和义务关系的条款应当进行认真审查，并根据实际情况进行适当修改。

（4）通过统一归口管理和授权审批制度，严格合同管理，防止通过化整为零等方式故意规避招标的做法和越权行为。

（5）由签约对方起草的合同，企业应当认真审查，确保合同内容准确反映企业诉求和谈判达成的一致意见，特别留意"其他约定事项"等需要补充填写的栏目。如不存在其他约定事项时注明"此处空白"或

"无其他约定",防止合同后续被篡改。

(6)合同文本须报经国家有关主管部门审查或备案的,应当履行相应程序。

4. 合同审核环节的关键控制点

(1)审核人员应当对合同文本的合法性、经济性、可行性和严密性进行重点审核,关注合同的主体、内容和形式是否合法,合同内容是否符合企业的经济利益,对方当事人是否具有履约能力,合同权利和义务、违约责任和争议解决条款是否明确等。

(2)建立会审制度,对影响重大或法律关系复杂的合同文本,组织财会部门、内部审计部、法律部、业务关联的相关部门进行审核,内部相关部门应当认真履行职责。

(3)慎重对待审核意见,认真分析研究,慎重对待,对审核意见准确无误地加以记录,必要时对合同条款作出修改并再次提交审核。

5. 合同签署环节的关键控制点

(1)按照规定的权限和程序与对方当事人签署合同。对外正式订立的合同应当由企业法定代表人或由其授权人签名或加盖有关印章。授权签署合同的,应当签署授权委托书。

(2)严格合同专用章的保管制度,合同经编号、审批及企业法定代表人或由其授权人签署后,方可加盖合同专用章。用章后,保管人应当把章立即收回,并按要求妥善保管,以防止他人滥用。保管人应当记录合同专用章使用情况以备查,如果发生合同专用章遗失或被盗现象,应当立即报告企业负责人并采取妥善措施,如向公安机关报案、登报声明作废等,以最大限度地消除可能带来的负面影响。

(3)采取恰当措施,防止已签署的合同被篡改,如在合同各页码之间加盖骑缝章、使用防伪印记、使用不可编辑的电子文档格式等。

(4)按照国家有关法律法规规定,需办理批准、登记等手续之后方可生效的合同,企业应当及时按规定办理相关手续。

6. 合同履行环节的关键控制点

(1)强化对合同履行情况及效果的检查、分析和验收,全面适当地执行本企业义务,敦促对方积极执行合同,确保合同全面有效履行。

（2）实时、有效地监控对方的合同履行情况，一旦发现有违约可能或违约行为，应当及时提示风险，并立即采取相应措施将合同损失降到最低。

（3）根据需要及时补充、变更甚至解除合同。一是对于合同没有约定或约定不明确的内容，通过双方协商一致对原有合同进行补充；无法达成补充协议的，按照国家相关法律、法规、合同有关条款或者交易习惯确定。二是对于显失公平、条款有误或存在欺诈行为的合同，以及因政策调整、市场变化等客观因素已经或可能导致企业利益受损的合同，按规定程序及时报告，并经双方协商一致，按照规定权限和程序办理合同变更或解除事宜。三是对方当事人提出中止、转让、解除合同的，造成企业经济损失的，应向对方当事人书面提出索赔。

（4）加强合同纠纷管理，在履行合同过程中发生纠纷的，应当依据国家相关法律法规，在规定时效内与对方当事人协商并按规定权限和程序及时报告。合同纠纷经协商一致的，双方应当签订书面协议；合同纠纷经协商无法解决的，根据合同约定选择仲裁或诉讼方式解决。企业内部授权处理合同纠纷，应当签署授权委托书。

7. 合同评估环节的关键控制点

（1）财会部门应当在审核合同条款后办理结算业务，按照合同规定收、付款。

（2）未按合同条款履约或应签订书面合同而未签订的，财会部门有权拒绝付款，并及时向企业有关负责人报告。

8. 合同归档环节的关键控制点

（1）合同管理部门应当加强合同登记管理，充分利用信息化手段，定期对合同进行统计、分类和归档，详细登记合同的订立、履行和变更、终结等情况，合同终结应及时办理销号和归档手续，以实行合同的全过程封闭管理。

（2）建立合同文本统一分类和连续编号制度，以防止或及早发现合同文本的遗失。

（3）加强合同信息安全保密工作，未经批准，任何人不得以任何形式泄露合同订立与履行过程中涉及的国家或商业秘密。

（4）规范合同管理人员职责，明确合同流转、借阅和归还的职责权限和审批程序等有关要求。

另外，合同管理的后评估对于企业而言也非常重要。因为合同作为企业承担独立民事责任、履行权利和义务的重要依据，是企业管理活动的重要痕迹，也是企业风险管理的主要载体。为此，企业应当建立合同履行情况评估制度，定期对合同履行的总体情况和重大合同履行的具体情况进行分析评估，对分析评估中发现合同履行中存在的不足，应当及时加以改进。

五 案例分析

【案例 3-5】

我国出口合同内部控制案例研究[①]

合同是企业经营中经常涉及的、复杂的、蕴涵风险的要素，企业对有效的合同内部控制建设需求，特别是对制度层面的合同协议内部控制操作指引的需求日趋紧迫。财政部制定的《企业内部控制应用指引第16号——合同管理》，旨在研究合同协议内部控制设计和运行中的一般性规律，指导企业建立健全合同协议内部控制制度，回答理论研究和实务发展中有待解决的相关问题。实务中需要典型案例对已有的合同协议内部控制规范进行检验、修订，特别是对合同的内部控制制度建设和运行进行评价。本文通过对某外贸公司合同内部控制情况的实地调研，对合同内部控制制度、流程、方法及自我审核、评价体系进行评价，力求为外贸行业的出口合同内部控制提供借鉴。

一、目前外贸业务出口合同控制面临的难题

（一）法规、政策的不完善、不统一使外贸合同操作面临法律风险

一般外贸公司目前的业务基本为代理和自营两类。国家为鼓励出口业务，对其实行增值税退税优惠。而在实际操作中，外贸公司的代理业

---

① 常茂松.我国出口合同内部控制案例研究［J］.商业会计，2011（1）.

务与法律法规冲突很多。例如，代理人的责任一般由委托人承担，但根据有关文件规定，退税要有购销合同，而这导致代理人一旦签订购销合同，性质就变为了购销关系。又如，代理业务一般是结汇后付款，2003年以前汇到后再进行对内代理结算，这种运作的风险较小。但由于政策的变化，要求出运90天内就要办理退税，由于收汇时间和退税时限存在差别，在实践中使得外贸合同操作面临很大的风险。例如，合同上虽是90天内汇到付款的业务，但有时外贸公司为办理退税，在尚未收汇时，就会要求先收取国内委托代理企业的增值税发票，而当无法正常结汇甚至无法收汇时，外贸公司的代理合同按法律规定会认定为自营，在没有收汇的情况下需要支付委托出口企业的货款；如果不要求收取发票，按规定，企业出口不退税还要交税，如果最后没有收汇，企业出口收汇核销的问题也难以解决。即使在合同中加上"如果受托方外贸公司没有收汇，委托方放弃追溯受托方的权利"，外贸公司也没有胜诉的把握。

（二）外贸业务合同不规范引发的违约风险

目前，在实际工作中，外贸业务合同使用规范文本的较少，即使使用，也都是偏向保护各自的利益。实际工作存在着不规范合同的认可执行，如有的无出运期、签章等，以行业执行惯例或者说是以商业信用弥补合同条款的不足，这种在行业内被视为灵活操作，极易引发违约风险。外贸业务合同的不规范也揭示了另一个现象：在买方市场下，出口方一直处于劣势，以规范合同条款作为避免违约的保证似乎有着很大的挑战。所以，合同所强调的平等性就不能仅仅关注条款的内容，而应是合同的全过程控制。

二、某外贸公司合同管理内部控制实证研究

某公司的外贸业务分为自营和代理两大类，目前以代理业务为主。该公司有着较好的企业文化，进而渗透其内部控制理念之中；公司借助ERP系统，使得内部控制的流程得以优化，风险控制点得以有效实施。为防范风险，该公司建立了合同评审管理制度，规定不同贸易类型、结算方式、垫付资金比例和金额等业务的合同评审流程和权限；所有的经

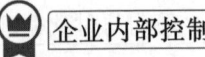

营业务必须签订正规合同或取得客户订单，并按合同条款严格履行，如有变化应及时修改、补充或撤销。业务员对外签订的业务合同、协议原则上应采用公司制定的标准文本，如采用其他文本，应符合合同的基本要素要求，并确保合同的真实、有效。该公司规定业务部门对外签订合同前必须先编制预算。经公司规定的分类分级的预算评审权限经过审核后方能对外签订合同、接受订单。信息部负责预算、合同的评审，同时有选择地对国内供应商进行实地考察评审。财务部和信息管理部负责对合同执行过程的分析、跟踪和预警。

（一）外贸出口业务合同内部控制制度安排

该公司的出口业务管理细则对出口业务合同内部控制进行了制度安排，规定了出口业务中的合同评审管理、备货管理、信用管理的管理原则。

（1）出口业务合同的分工授权与岗位职权。该公司根据业务性质、机构设置和管理层级，建立合同分级授权管理制度，明确企业内部相关单位、部门和岗位的授权范围、授权期间、授权条件、授权流程等。公司指出属于上级合同管理单位权限的合同，下级单位不得签订。如下级单位认为确有需要签订超越权限的合同，应当提出申请，经上级合同管理单位批准后，依授权或委托签订。上级合同管理单位应当对下级单位合同的订立、执行等情况进行监督检查并明确授权流程的风险控制点。例如，在合同评审阶段中，进出口部是签订出口合同的第一责任部门，部门经理对本部门签订的合同负有组织实施、规范操作、检查落实、安全善后的全部责任。财务部负责对国外客户的资信状况进行调查，调查后公司根据《客户信用管理制度》核定客户信用额度。各进出口部按公司核定的客户信用额度，在其额度范围内进行业务操作。财务部、贸管负责人员对于投保信用保险、财产抵押和采用信用证收款方式的三大类垫付资金的付款业务必须严格审核。

（2）出口业务合同准备的控制阶段。该公司规定在签订出口合同前必须做好充分的准备，包括产品出口许可状况、客户的详细资料、我国及相关国家的技术、法律、法规条文等都要认真分析。涉及海关、商检的事宜必须事先与办公室相关人员取得联系，确认后再操作。在进行出口业务时，部门对出口商品要加强了解，尤其是对不熟悉的商品更应加强风险控制。在进行具体操作时，首先将国外客户的有关资料提交财务部进行信用状况查询。在与外商签订正式合同时，必须进行预算合同审核，在按管理原则审核后才能与外商签订正式合同。凡购买信用保险的新客户，在合同签订前，必须先交于办公室法律专管员进行合同（订单）文本的评审，不符合条件的，预算不得通过。预算评审通过后，应提交合同（订单）正本给贸管负责人员，方能通过合同评审。垫付资金合同要严格按预算顺序进行操作，不允许先执行业务再进行预算编制的不规范操作。

（3）出口业务合同的订立阶段控制。该公司规定签订合同时必须使用公司统一制订的合同文本（包括代理协议），严格预算合同审核顺序。其中合同签约人应该是法定代表人或其授权人，签约地也应明确为公司的指定地。

（4）出口业务合同的执行阶段控制。该公司将备货管理视为合同执行的重要过程。公司要求每一单出口业务，在与外商签订出口合同后必须在第一时间认真做好备货业务，要按时、按质为客户提供满意的商品和服务以维护公司形象与利益。部门经理、外销员必须以自己的职业道德维护好每一笔出口业务。

（二）基于ERP系统的贸易出口合同内部控制

该公司充分利用ERP系统进行合同的内部控制，有效地进行合同内部控制的流程和风险控制，特别是在岗位分工和职责授权上尤为突出。这部分内部控制主要包括在ERP系统中设置的付款控制与合同内容相一致；相应的评审条件设置；合同的预算管理；垫付资金执行办法；控制点的管理和考核；主模块的推进管理和考核；信用证管理和考核等。

（三）合同主体的信用管理制度

该公司认为合同主体的信用管理是避免各种合同风险的基础，为了加强公司内部控制与管理，保证客户质量，防范并降低信用风险，特制定了客户信用管理制度。其中要求销售人员和财务人员应严格执行制度的规定，对客户实施有效的信用管理，加大货款回收力度，防范信用风险，减少呆坏账。根据公司以出口外销为主的经营特点和现有条件，首先对出口外销垫付资金业务严格实行信用额度管理，以后逐步推广到所有贸易种类和结算方式，即：凡垫付资金业务，必须先获得相应的信用额度方能签订合同或接受订单；对每一客户的垫付资金总额不得超过公司评定的该客户信用额度。

公司要求销售人员和财务人员在开展业务时，应遵循以下流程：客户资信调查；客户信用额度的评定；客户信用额度的调整、撤销和维护；客户信用档案的建立和补充。

公司要求凡与客户首次发生业务关系或者现有信用额度无法满足业务量需求时，业务人员应提出申请，填写投保限额申请表报财务部，填表人应对投保限额申请表内容的真实性负全部责任。财务部相关人员负责对报送来的客户资信资料和信用限额申请表进行审核，并及时向中国出口信用保险公司递交申请。网上申请得到批复并收到客户信用报告后，由财务部负责客户信用档案的维护。客户档案管理要有严格的保密性，对于客户的详细资料、资信情况，财务部门有义务和责任为与其发生业务关系的进出口部门保密。客户档案应由专人负责管理，并确定严格的查阅和利用的管理办法。

案例解析 该案例以出口合同的内部控制为例，在分析了出口合同面临的风险（法律风险和违约风险）之后，通过实际案例的形式对合同管理的内部控制制度、流程、方法及自我审核、评价体系进行了评价。

该案例重点通过内控理念中分工授权与岗位职权的分配，根据该公司的业务性质、机构设置和管理层级特点，建立了基于 ERP 项目的合同分级授权管理制度，明确企业内部相关单位、部门和岗位的授权范围、授权期间、授权条件、授权流程等，从制度上规范了合同管理。随后，案例作者就合同管理的阶段提出了管理的重点。另外，案例作者从信用管理的角度阐述了合同签订前期应重点关注客户的信用状况，以预防企业风险。这些内容，对于外贸企业有着直接的参考意义。

【案例 3-6】

某工程合同索赔案例分析[①]

一、背景介绍

某企业 1 号主厂房钢结构工程属于高科技产品制造项目（工程），具有全生命周期、生产周期短等特点，故对项目的建设周期提出了较高的要求，因此业主采用了"快速跟进"的项目管理模式，该模式又称平行发包模式。配合平行发包模式，合同包含了支付预付款占合同总价 40%～60% 的条款，初始施工进展神速，达到了预期设想。但随着合同价格问题等风险在实施过程中的逐步出现，整体工程出现了执行难、索赔多的局面。

与此同时，由于国内宏观经济层面出现钢材价格猛烈上涨（根据国家统计数据，半年时间就上涨了 40%），工程行业招投标全面推行新的、与国际接轨的《工程量清单计价》方法等因素，该工程合同索赔矛盾更加突出。该工程合同索赔案例产生的大致情况是：经邀请招标、价格谈判，该工程合同于 2003 年 9 月 15 日签订，单价包死合同，工程量依实计算，工程总量暂定 2 500 吨，并有下列条款：施工期间政策性调整包死（无论定额和取费标准及材料价格如何变化，工程单项造价均不增减）。当期钢板材料（主材）市场销售价为 3 700 元 / 吨，此后伴随着工程的进度，钢板材料价格出现了大幅上涨：至 2003 年 12 月底，完成工程量 2 500 吨，钢板材料（主材）市场价平均上涨至 4 200 元 / 吨；2004 年 1 月 1 日至提出索赔之日，期间完成工程量 2 000 吨，钢板材料（主材）市价平均上涨至 4 700 元 / 吨。2004 年 3 月底，施工承包商以"市场原材料价格猛涨（即通货膨胀），施工方严重亏损，无力履约"为由，向业主提出了书面合同变更及索赔，要求变更"工程单项造价均不增减"条款，同时要求 2004 年 1 月 1 日至正式提起索赔期间，工程单项造价补偿价差应为 1 000 元 / 吨（4 700 − 3 700）。与此同时，施工现场全面停工。

[①] 张辉. 某工程合同索赔案例分析 [J]. 中国招标, 2011 (14).

二、各方观点

作为业主方的高层决策者，该如何解决这个严重的问题呢？为此，业主方的高层决策者听取了相关方的意见。

（一）施工方意见

作为具有国际工程承包经验的施工方认为，此次签订的该国内工程合同，虽然在很多方面与国际接轨，但存在着以下情况：

（1）即使与国内工程标准合同相比，本合同的约定条文亦过于简单，省略了较多有关工程经济方面的详细约定，特别是关于经济变更、纠纷方面。

（2）单价包死合同本身就是风险最大的合同，按照国际惯例和工程惯例，一般都需要事先约定风险程度，如工程总价的 $\pm 3\% \sim 5\%$（国际工程承包行业平均利润率在 $3\% \sim 5\%$），超出部分双方另行约定。在国内，该风险程度被称为包干系数。

（3）在本合同执行过程中，施工方已经为业主承担了部分风险，但业主想把所有的风险完全转嫁给施工方，形成类似的"生死"合同，这样既不合理，更不合法，也违背了合同双方权利对等、风险共担的原则。

（4）合同是依据国家相关的法律、法规签订的，违背了国家相关的法律、法规的，即使双方签字、盖章，合同同样不具有法律效力。根据国家相关的法规，价差是需要调整的。

（二）业主方工程合同主管部门意见

（1）宏观经济层面出现钢材价格猛烈上涨，合同虽对这种情况有所考虑，但上涨幅度过猛，超出了合同双方的预期，是极特殊情况，客观上造成了合同双方共同违约。

（2）以往工程工期均较短，大多在一年之内即可完成，并且以往材料价格波动幅度也较小，再加上本合同延续了以往工程的合同文本，而以往工程的合同实施过程中并没有出现过这样的问题，因此，以往不是问题的问题在当前特定的情况下成了大问题。这说明，与时俱进是非常必要的。

（3）实行通用、标准合同是非常必要的。

（4）大多数业主均有"把所有风险完全转嫁给施工方"的倾向，实践证明，这样做只会引起施工方的敌意，破坏双方合作的诚意，得到的将会是两败俱伤的局面：施工方严重亏损，无力履约；项目全面停工，项目整体失败，业主血本无归，业主将承担100%的风险。两相比较，业主损失更大。

（三）业主方工程合同审计部门意见

（1）工程合同管理与国际接轨是必然趋势，根据国际经验，业主是合同双方中的弱者，施工方是合同双方中的强者，合同保护弱者，但绝不是偏袒弱者。对于业主来说，签订一份严谨、规范的合同是非常重要的，这才是真正的"做甲方，不做上帝"的心态。

（2）对于业主方工程合同主管部门来说，由于既要负责合同的签订，又要负责合同的执行，因此在这个过程中与其他相关部门密切合作、充分听取其他部门的意见是非常重要的。合同管理应该是"预防为主、群策群力"，应尽量避免"事后验尸"。业主方工程合同审计部门作为施工过程审计而没有参与合同谈判、合同起草等事宜，事后弥补往往力所难及。

（3）根据该合同的实际情况，对于合同中甲、乙双方均未明确事宜，甲、乙双方可以经过友好协商签订补充协议。

三、受理及决策

业主方的高层决策者在听取了相关几方的意见后，最终同意受理施工方的索赔。正所谓"索赔事出有因，源于合同，终于合同"。以合同为中心，以工程施工文件、市场价格数据等为证据，双方经过艰苦的价格谈判，最后握手言和，达成一致意见，并签订了补充协议，将工程单项造价补偿价差定格为600元/吨。

四、案例反思

虽然该合同变更、索赔最终尘埃落定，但它给项目的高级管理者留下了深深的思考：离开了合同，项目就寸步难行，因此合同管理是工程项目管理的核心。提高工程项目管理的水平，其中非常重要的一个关键点就是提高合同管理的水平。如何提高合同管理的水平呢？笔者提出以下三点设想：

（1）合同管理是一个从招投标、签订合同到执行合同、监理、决算、

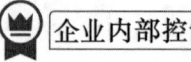

审计等的全过程管理，严格的全过程管理应以全面的质量管理思想来管理合同。从本项目的具体管理来看，前后脱节现象比较严重。因此，在合同管理中引入全面质量管理思想应是企业在未来管理工作中的一个重点：管理者注重"细节"管理，更要注重"关节"管理，不换思想就换人。

（2）合同执行难，难就难在索赔及执行。因此，应将索赔管理看作合同管理的重要内容。索赔往往是一个非常复杂的解决问题的过程。索赔需要运用风险管理、冲突管理、谈判沟通管理等多种管理工具，对项目经理的综合管理能力提出了较高的要求。项目经理如何做好索赔管理的理论学习与实践，将成为其不得不钻研的一大课题。

（3）万事开头难。索赔管理如何入手呢？应该抓住"成本分析"这一管理工具，因为市场经济下任何价格总是在成本的基础上产生的。不管是企业中的管理，还是项目中的管理，做好成本管理这一基础管理工作都是至关重要的，即：一切都要用"数字"来说话，一切都要用"数字"来管理。

案例解析 该案例反映了工程项目建设中普遍存在的问题。其实，合同管理是项目管理的核心和基础。在项目施工过程中，原始合同和后续的变更协议或者备忘录等都构成了合同的组成部分，也是合同执行的准绳。在实际工作中，也许合同签订看似很完美，但是，在某种程度上，工程项目的执行过程亦很重要。

从项目建设方的角度而言，引入项目管理是有必要的。因为很多企业很难配备充分的项目专业管理人员，通过中介机构的项目管理和跟踪审计可以有效保证项目的工期和预算得到适度控制。否则，很可能造成"边干工程边追加预算"的状况，从而造成决算严重超支。从施工方的角度而言，以前有"低价中标、高价索赔"的惯例。但是，合同管理的招投标阶段概预算的编制就几乎决定了项目的盈亏状况，毕竟这是合同签订的基础。在项目实施过程中，做好各项变更资料的完善和归档，有利于索赔工作的进行。合同执行中建设方和承包方产生争议不可怕，只要双方基于合同，通过友好磋商应该是可以解决的。

第四章

存货与生产循环

存货是指企业在日常活动中持有以备出售的产成品或商品、处在生产过程中的在产品、在生产过程或提供劳务过程中使用的材料、物料等。企业购入的原材料经过生产环节形成企业的在产品或产成品，仍然形成企业的存货。由于两者之间关系密切，故产品循环同其他业务循环的关系也较为密切。原材料经过采购与付款循环之后进入本循环，而它又随着销售与收款循环中产成品的销售环节而结束。存货与生产循环主要涉及存货的管理和生产成本的管理等。本章将分析介绍存货与生产循环各个环节的主要控制目标、主要风险点以及关键控制点，并配有相关的案例分析。

第一节 存货与生产循环概述

一 存货与生产循环概述

存货是企业资产中流动性较强的部分，存货状况将直接影响资产质量。而资产作为企业重要的经济资源，是企业从事生产经营活动并实现发展战略的物质基础。资产管理贯穿于企业生产经营全过程，也就是通常所说的"实物流"管控。在现代企业制度下，资产业务内部控制已从如何防范资金挪用、非法占用和实物资产被盗拓展到重点关注资产效能，充分发挥资产资源的物质基础作用。就存货而言，要求企业加强各项存货管控，全面梳理存货管理流程，及时发现存货管理中的薄弱环节，采取有效措施及时加以改进，确保存货的安全，提高其资产效能。存货主要包括原材料、在产品、产成品、半成品、商品及周转材料等；企业代销、代管、代修、受托加工的存货，虽不归企业所有，也应纳入企业存货管理范畴。不同类型的企业有不同的存货业务特征和管理模式；即使同一企业，不同类型存货的业务流程和管控方法也可能不尽相同。企业建立和完善存货内部控制制度，必须结合本企业的生产经营特点，针对业务流程中的主要风险点和关键环节，制定有效的控制措施；同时，充分利用计算机信息管理系统，强化会计、出入库等相关记录，确保存货管理全过程的风险得到有效控制。图4-1列示了生产企业存货流转的程序。

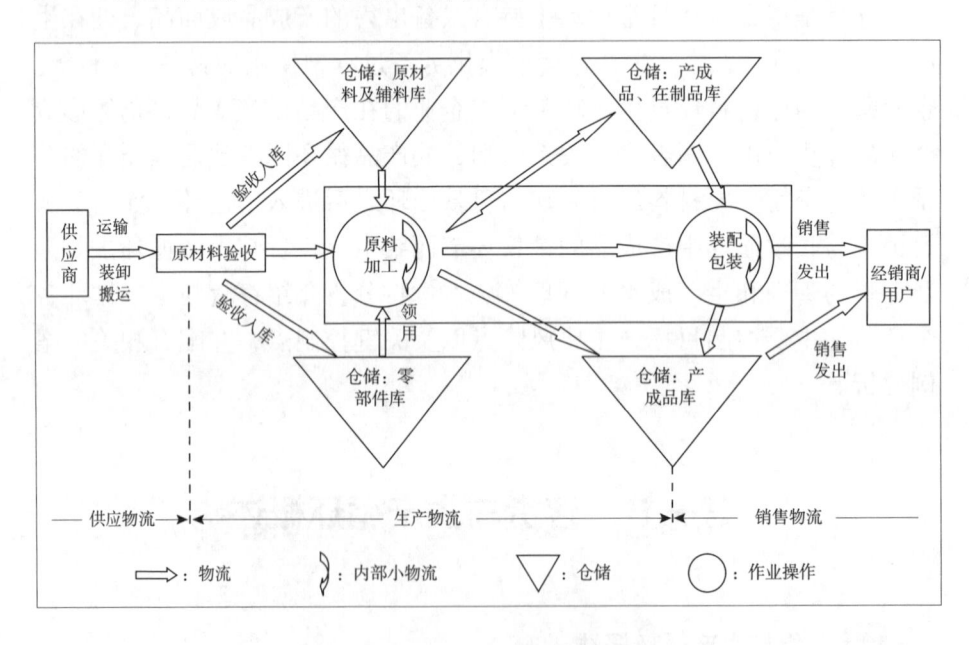

图 4-1　生产企业物流流程图

一般生产企业的存货业务流程可分为取得、验收、仓储保管、生产加工、盘点处置等五个阶段，历经取得存货、验收入库、仓储保管、领用发出、生产加工、盘点清查、存货处置等主要环节。具体到某个特定生产企业，存货业务流程可能较为复杂，不仅涉及上述所有环节，甚至有更多、更细的流程，而且存货在企业内部要经历多次循环。比如，原材料要经历验收入库、领用加工，形成半成品后又入库保存或现场保管、领用半成品继续加工，加工完成为产成品后再入库保存，直至发出销售等过程。也有部分生产企业的生产经营活动较为简单，其存货业务流程可能只涉及上述阶段中的某几个环节。

而对于生产循环而言，成本管理是其中重要的一环。随着会计实务的发展和新的经济环境与技术水平的变化，成本管理不断被赋予新的内容。在传统的标准成本计算方法的基础上，作业成本法（ABC）或者目标成本法的出现，都在试图寻找资源消耗和产品成本之间的关系。现在，战略成本管理已经成为趋势。战略成本管理的基本要求在于通过企业价值链的分析，找出影响企业成本关键的作业活动并针对其采取适当的措施，从而适当地对企业的整个成本链条进行控制，建立一套现代成本管理系统。

二 存货与生产循环的主要业务活动

以工业制造业为例，存货与生产循环所涉及的主要业务活动包括计划和安排生产、发出原材料、生产产品、核算产品成本、储存产成品、发出产成品、存货管理等。上述业务活动通常会涉及以下几个部门：生产计划部门、仓库部门、生产部门、人力资源部门、财务部门、销售部门等。

1. 计划和安排生产

生产管理部门的职责主要是在根据客户订单综合考虑销售预测以及存货需求分析的基础上制订生产计划。如决定授权生产时，即签发预先编号的生产通知单。该生产通知单一般由生产管理部门预先按照既定规则编号并加以记录和控制。同时，在签发经批准的生产计划时，还同时编制一份材料需求报告，列示其所需的材料清单，以供采购部门决定其当期原材料的采购数量和品种。

2. 发出原材料

仓库部门的职责主要是根据生产部门签发的领料通知单发出原材料。领料单上一般列示领料部门的名称以及所需原材料的数量、规格、型号及其用途，以便归集成本核算对象。领料单一般一式三联，其中一联返还给领料部门，另一联送财务部门进行会计核算，最后一联留存仓库部门备查。

3. 生产产品

生产部门在收到生产通知单和领取原材料后，及时组织生产并分解

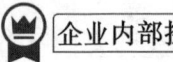

具体的生产任务到工序以及生产工人。生产工人接受任务后具体执行生产的工序，将在产品移交下一步工序或将产成品转交质控部门验收并办理入库手续。

4. 核算产品成本

为了正确核算并有效控制产品成本，必须建立健全成本管理办法，以便将成本核算和成本管理有机结合。一方面，生产成本中的各项记录，如生产通知单、领料单、计工单、入库单等需要及时汇总到财务部门，由其对生产过程进行监督和核算；另一方面，财务部门无论采用标准成本制度还是实际成本办法，需要根据企业实际情况设置相应的会计科目进行核算，以准确反映实物的流转，据以编制成本分析报告，为持续改进成本做好会计核算基础。

5. 储存产成品

产成品入库，应由仓库部门进行点验和检查，然后才能予以签收，并予以分类整理并摆放。同时，仓库部门将签收单返回生产部门并通知财务部门。

6. 发出产成品

仓库部门根据销售部门签发的经授权的发货通知单填制出库单，根据出库单安排货物的发出，同时提交给质控部门进行出厂检验。出库单一般不少于四联：一联仓库部门留存备查；一联交销售部门；一联送交财务部门；一联随货送交给客户。

7. 存货管理

仓库部门应当采取适当的措施保证库存物资的安全、完整及其质量。同时，根据企业管理需要，定期或不定期会同财务部门及其他相关部门进行存货盘点。如果出现差异，应当提交存货盘点报告。经审批后，进行差异调整，最终保持账实一致。

第二节　存货与生产循环的内部控制目标

无论是工业企业还是商业企业，其存货与生产循环的内部控制目标如下：

（1）各项存货和生产业务符合国家相关法律、法规有关的规定。

（2）存货的采购经过适当授权审批。

（3）存货采购的请购依据充分，采购渠道合适。

（4）存货验收手续完备、程序规范。

（5）生产业务是根据管理层一般规定或特别规定的授权进行的。

（6）记录的采购和生产成本为实际发生的而非虚构的。

（7）所有的耗费或物化劳动均已反映在合适期间的成本中。

（8）成本以正确的金额，在恰当的会计期间记录在适当的会计账户中。

（9）各项存货的成本核算及时、准确、完整。

（10）对存货实施保护措施，保管人员与记录、批准人相互独立。

（11）账面存货与实际存货定期核对相符。

存货与生产主要控制目标及其控制活动如表 4-1 所示。

表 4-1 存货与生产主要控制目标及其控制活动

序号	主要业务活动	主要控制目标	常用控制活动
1	计划和安排生产	管理层授权进行生产	生产指令应经适当管理层批准
2	发出原材料	（1）发出材料均已准确记录 （2）发出材料均记录于适当期间	（1）管理层定期复核以确保记录的正确性 （2）定期由不负责日常存货保管或存货记录的人员盘点实地存货，发现差异应予以调整
3	生产产品	（1）记录的生产信息与实际一致 （2）存货流转均已准确地记录于适当期间	由具体生产人员之外的监管人员复核生产订单的准确性
4	核算产品成本	（1）已记录的生产成本均真实发生且与实际成本一致 （2）已发生的生产成本均已记录 （3）已发生的生产成本均记录于适当的期间	管理层定期复核以确保生产成本与其支持性文件一致
5	储存产成品	完工产品均已准确记录于适当的期间	验收单均预先连续编号并已记录入账

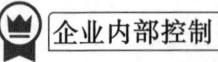

（续表）

序号	主要业务活动	主要控制目标	常用控制活动
6	发出产成品	（1）产成品发运均已记录 （2）产成品发运均已准确记录 （3）已发运产成品均附有有效销售订单 （4）产成品发运均已记录于适当期间	（1）出库单均事先连续编号并已记录入账 （2）管理层定期复核以确保记录的正确性 （3）货物发运之前应由独立人员核对销售订单和发运货物 （4）定期由不负责日常存货保管或存货记录的人员来盘点实地存货，发现差异应予以调整
7	存货管理	（1）适当保管存货 （2）准确记录存货价值 （3）存货价值调整已于适当期间记录 （4）存货价值调整是真实发生的 （5）存货价值调整均已记录	（1）适当保管存货并限制无关人员接近 （2）对存货库龄进行分析 （3）管理层复核并批准存货价值调整

第三节　存货与生产循环的主要风险点

一　取得存货环节的主要风险点

存货的取得有诸如外购、委托加工或自行生产等多种方式，企业应根据行业特点、生产经营计划和市场因素等综合考虑，本着成本效益原则，确定不同类型的存货取得方式。

该环节的主要风险点是：存货预算编制不科学、采购计划不合理，可能导致存货积压或短缺。

二　验收入库环节的主要风险点

不论是外购原材料或商品，还是本企业生产的产品，都必须经过验收（质检）环节，以保证存货的数量和质量符合合同等有关规定或产品质量要求。

该环节的主要风险点是：验收程序不规范、标准不明确，可能导致数量克扣、以次充好、账实不符。

三 仓储保管环节的主要风险点

一般而言，生产企业为保证生产过程的连续性，需要对存货进行仓储保管。

该环节的主要风险点是：存货仓储保管方法不适当、监管不严密，可能导致损坏变质、价值贬损、资源浪费。

四 领用发出环节的主要风险点

生产企业、生产部门领用原材料、辅料、燃料和零部件等用于生产加工；仓储部门根据销售部门开出的发货单向经销商或用户发出产成品。

该环节的主要风险点是：存货领用发出审核不严格、手续不完备，可能导致货物流失。

五 生产加工环节的主要风险点

生产加工环节是将原材料转化为企业产成品的重要环节。生产加工环节的内容包括生产计划的签发、产品成本的核算、在产品和产成品的入库等。

该环节的主要风险点是：生产计划未得到授权批准或随意变更，成本归集不完整、反映不及时、不真实，从而造成成本错误，可能导致企业产品定价、盈利核算不准确，遭受监管部门的处罚等。

六 盘点清查环节的主要风险点

存货盘点清查，一方面要核对实物的数量，看其是否账账相符、账实相符；另一方面要关注实物的质量，看其是否有明显的损坏。

该环节的主要风险点是：存货盘点清查制度不完善、计划不可行，可能导致工作流于形式、无法查清存货的真实状况。

七 存货处置环节的主要风险点

存货销售处置是存货退出企业生产经营活动的环节，包括产成品的正常对外销售以及存货因变质、毁损等进行的处置。

该环节的主要风险点是：存货报废处置责任不明确、审批不到位，可能导致企业利益受损。

第四节　存货与生产循环的关键控制点

针对以上环节可能存在的风险，除了表4-1所示的常用控制活动，还存在以下关键控制点。

一 取得存货环节的关键控制点

企业在存货管理实务中，应当根据各种存货采购间隔期和当前库存，综合考虑企业生产经营计划、市场供求等因素，充分利用信息系统，合理确定存货采购日期和数量，确保存货处于最佳库存状态。关键控制点如下：

（1）企业的生产计划作为采购的源头，其合理与否直接影响后续的采购与存货。因此，生产计划需要经过适当的审批。

（2）采购是向合适的供应商询价并确认。

（3）请购单、订货单、验收单和供应商发票核对一致。

二 验收入库环节的关键控制点

企业应当重视存货验收工作，规范存货验收程序和方法，着力做好以下工作：

（1）外购存货的验收，应当重点关注合同、发票等原始单据与存货的数量、质量、规格型号等核对一致。涉及技术含量较高的货物，必要时可委托具有检验资质的机构或聘请外部专家协助验收。

（2）自制存货的验收，应当重点关注产品质量，通过检验合格的半成品、产成品才能办理入库手续，不合格品应及时查明原因、落实责任、报告处理。

（3）其他方式取得存货的验收，应当重点关注存货来源、质量状况、实际价值是否符合有关合同或协议的约定。

经验收合格的存货进入入库环节。仓储部门对于入库的存货，应根据入库单的内容对存货的数量、质量、品种规格等进行检查，符合要求的予以入库；不符合要求的，应当及时办理退换货等相关事宜。入库记录要真实、完整，定期与财务等相关部门核对，不得擅自修改。

三 仓储保管环节的关键控制点

（1）存货在不同仓库之间流动时，应当办理出入库手续。

（2）存货仓储期间要按照仓储物资所要求的储存条件妥善储存，做好防火、防洪、防盗、防潮、防病虫害、防变质等保管工作，不同批次、型号和用途的产品要分类存放。生产现场的在加工原料、周转材料、半成品等要按照有助于提高生产效率的方式摆放，同时防止浪费、被盗和流失。

（3）对代管、代销、暂存、受托加工的存货，应单独存放和记录，避免与本单位的存货混淆。

（4）加强存货的保险投保，保证存货安全，合理降低存货意外损失风险。

（5）仓储部门应对库存物料和产品进行每日巡查和定期抽检，详细记录库存情况；发现毁损、存在跌价迹象的，应及时与生产、采购、财务等相关部门沟通。对于进入仓库的人员应办理进出登记手续，未经授权的人员不得接触存货。

四 领用发出环节的关键控制点

企业应当根据自身的业务特点，确定适用的存货发出管理模式，制定严格的存货准出制度，明确存货发出和领用的审批权限，健全存货出库手续，加强存货领用记录。

通常情况下，对于一般的生产企业，仓储部门应核对经过审核的领料单或发货通知单的内容，做到单据齐全，名称、规格、计量单位准确；符合条件的准予领用或发出，并与领用人当面核对、点清交付。对于大批存货、贵重商品或危险品的发出，均应当实行特别授权；仓储部门应当根据经审批的销售（出库）通知单发出货物。

五 生产加工环节的关键控制点

生产加工环节的关键控制点如下：

（1）生产指令、领料单、工时或工作量的分配等得到适当的授权审批。

（2）成本核算的方法是以经过审批的生产通知单、领发料凭证、产量和工时记录、人工费用分配表、制造费用分配表等为依据。标准成本应定期根据市场价格进行调整。

（3）生产通知单、领发料凭证、产量和工时记录、人工费用分配表、制造费用分配表等均经过连续编号并已经登记入账。

（4）标准成本的核算方法经过内部审查，成本差异经过合理的分摊。

（5）采用适当的成本计算方法，无论是实际成本法还是标准成本法，前后各期应当一致。如有变更，应取得适当的授权。应当建立成本核算流程和账务处理流程。

六 盘点清查环节的关键控制点

企业应当建立存货盘点清查工作规程，确定盘点周期、盘点流程、盘点方法等相关内容，将定期盘点和不定期抽查相结合。

盘点清查时，应拟定详细的盘点计划，合理安排相关人员，使用科学的盘点方法，保持盘点记录的完整，以保证盘点的真实性、有效性。盘点清查结果要及时编制盘点表，形成书面报告，包括盘点人员、时间、地点、实际所盘点存货名称、品种、数量、存放情况以及盘点过程中发现的账实不符情况等内容。

对盘点清查中发现的问题，应及时查明原因，落实责任，按照规定权限报经批准后处理。多部门人员共同盘点，应当充分体现相互制衡，严格按照盘点计划，认真记录盘点情况。此外，企业至少应当于每年年度终了开展全面的存货盘点清查，及时发现存货减值迹象，将盘点清查结果形成书面报告。

七 存货处置环节的关键控制点

对于存货变质、毁损、报废或流失的处理要分清责任、分析原因、及时处理。

第五节 案 例 分 析

【案例 4-1】

某公司人工成本业务流程

某公司人工成本业务流程如表 4-2 所示。

表 4-2 某公司人工成本业务流程

控制点	监督检查方法	业务流程
（一）雇佣员工		
1. 提出用人申请		1. 提出用人申请
2. 批复用人申请并进行员工招聘		2. 批复用人申请并进行员工招聘
2.1 股份公司和省市子公司的用人计划分别报各自的总经理（分管副总经理）签字确认	2.1 检查股份公司和省市子公司的用人计划是否有总经理（分管副总经理）签字确认	
2.2 各个地市分公司提出用人计划申请，由省市子公司人力资源部门进行审核汇总后，报省市子公司总经理（分管副总经理或总经理办公会议）批准	2.2 检查各个地市级分公司是否有用人计划申请，是否有省市子公司人力资源部门审批后报省市子公司总经理（分管副总经理或总经理办公会议）批准	3. 录用员工、签署劳动合同和更新员工数据库
3. 录用员工、签署劳动合同和更新员工数据库		
3.1 员工的录用经总经理／分管副总经理／人力资源部门经理审批	3.1 检查员工的录用是否经总经理／分管副总经理／人力资源部门经理审批	
3.2 与招聘录用员工签署劳动合同及相关协议	3.2 检查劳动合同是否规范、询问并抽查是否存在未签合同而录用的员工	

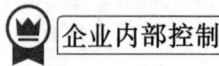

（续表）

控制点	监督检查方法	业务流程
3.3 人力资源部门及时更新员工信息数据库	3.3 抽查员工信息数据库与员工档案是否一致	
（二）员工在职期间的管理和相关的工资、福利费		
1. 制订工资总额计划		
1.1 股份公司工资总额的分解方案由分管副总经理批准或总经理办公会批准	1.1 检查分解的工资总额是否下达，分解方案是否经过股份公司分管副总经理审批或总经理办公会批准	
1.2 省市子公司人力资源部门根据股份公司下达的工资总额计划，制订本公司及下属分公司的工资总额计划，报省市子公司总经理审批	1.2 检查子公司及下属分公司的工资总额计划是否经子公司的总经理审批	
1.3 地市公司人力资源部门根据股份公司下达的工资总额计划，制订本公司及下属分公司的工资总额计划，报公司总经理审批	1.3 检查地市公司及下属分公司的工资总额计划是否经公司的总经理审批	
2. 制定工资、福利、保险以及其他人工成本政策		
2.1 省市子公司制定相应的工资、福利、保险和离退休人员费用开支标准等实施细则，经分管副总经理和/或职工代表大会批准后按股份公司要求报送备案	2.1 检查是否存在工资、福利、保险和离退休人员费用开支标准等制度，是否经分管副总经理和/或职工代表大会批准后并按股份公司要求报送备案	1. 制定工资总额计划 ↓ 2. 制定工资、福利、保险以及其他人工成本政策 ↓ 3. 实施人工成本控制和核算 ↓ 4. 进行人工成本分析
2.2 地市分公司制定相应的工资、福利、保险和离退休人员费用开支标准等实施细则，经分管副总经理和/或职工代表大会批准后按省市子公司要求报送备案	2.2 检查是否存在工资、福利、保险和离退休人员费用开支标准等细则，是否经分管副总经理和/或职工代表大会批准后并按省市子公司要求报送备案	
3. 实施人工成本控制和核算		
3.1 控制和核算工资		

(续表)

控制点	监督检查方法	业务流程
3.1.1 公司建立考勤制度,各部门负责人对其审核并签字,送交人力资源部门	3.1.1 检查是否有员工的考勤记录表,是否有部门负责人的签字	
3.1.2 工资处理系统中数据的增加和删改必须经过人力资源部门负责人批准	3.1.2 工资处理系统中的数据修改是否经过人力资源部门负责人批准	
3.1.3 员工工资的计算表和个人所得税代扣代缴计算表由专人复核后,交部门负责人签字确认	3.1.3 检查每月员工工资的计算表和个人所得税代扣代缴计算表由专人复核后,是否交部门负责人签字确认	
3.1.4 银行自动付款通知由人力资源部门专人审核后,送交银行	3.1.4 检查银行自动付款通知是否经人力资源部门专人审核	
3.2 控制和核算绩效工资		
3.2.1 考核及绩效工资的计算和分配符合股份公司各公司的相关管理办法	3.2.1 检查绩效的考核及绩效工资的计算和分配是否符合规定	
3.3 控制和核算各种福利费		
3.3.1 财务部门根据人力资源部门送交的各项报表登记入账并及时上缴"五险一金"	3.3.1 检查财务部门是否根据人力资源部门送交的各项报表准确计提并及时上缴"五险一金"	
3.3.1 财务部门在相关职能部门负责人审批后,发放其他福利费	3.3.1 检查其他福利费的发放是否符合国家相关文件和股份公司的规定并经相关职能部门负责人审批	
4. 进行人工成本分析		
4.1 人力资源部门定期统计汇总人工成本相关的基础资料并会同财务部门定期进行人工成本分析,编写分析报告	4.1 检查是否有人工成本分析报告	

（续表）

控制点	监督检查方法	业务流程
（三）员工的辞职、解聘和退休		
1.1 员工所在部门负责人和人力资源部门负责人在员工的辞职申请书上签署意见；人力资源部征求用人单位意见后进行审批	1.1 检查员工辞职是否有辞职申请书，是否有部门负责人和人力资源部门负责人的签字；人力资源部是否征求用人单位意见后进行审批	1. 提出辞职/解聘/退休 ↓ 2. 财务办理相关事项 ↓ 3. 更新员工记录
1.2 人力资源部门负责计算因解除或终止劳动合同产生的违约金和补偿金	1.2 检查是否有因解除或终止劳动合同产生的违约金和补偿金	
1.3 人力资源部的员工及时更新所有员工的个人信息记录	1.3 检查员工的个人信息记录是否及时更改	

案例解析 该公司对于人工成本业务的内部控制流程所涉及的业务范围主要有：控制、记录人力资源相关成本，计算并代扣代缴个人所得税。这主要适用于劳动合同制的员工。其主要目标在于：第一，规范控制人工成本，建立有效的激励机制；第二，完整、准确、及时地核算人工成本；第三，各项人工成本符合国家法律法规以及公司的有关规定和要求。

在人工成本业务中，该公司可能面临如下风险：第一，管理不到位，人工成本失控，人工成本使用不合理，影响员工积极性和企业稳定；第二，对人工成本概念、范围理解有误导致核算错误；第三，人工成本核算未按权责发生制导致财务信息失真；第四，违反工资、保险、福利等法规或合同约定，引起劳动争议和法律诉讼，或受到惩罚。

针对可能发生的风险，人工成本业务流程主要分为三个部分：人员的雇用，员工任职期间的管理和相关的工资、福利费，员工的辞职、解聘和退休。这涵盖了人力资源管理的全过程，实现了过程管理。在具体实施过程中，通过集团公司总部及其分、子公司的分级授权以及业绩考核，实现了全面预算控制。另外，通过考勤制度和信息化的应用，保证了人工成本核算的准确性和及时性。更为重要的是，通过员工的绩效考核，可以保证公司战略目标的逐级传达和实现。

该公司用文字对人工成本的业务进行了简要描述，但缺乏必要的、明细的流程图和工作表单支持，可执行性相对较差。如果要在实务中应用，需要增加更为明细的业务流程图方可满足企业的需要。

【案例 4-2】

某企业一般成本费用支出业务流程

某企业的一般成本费用支出业务流程如表 4-3 所示。

表 4-3　某企业一般成本费用支出业务流程

控制点	监督检查方法	业务流程
1. 进行费用预算		
1.1 相关控制点参照内控手册中关于预算管理和财务分析流程		
2. 实施费用控制		
2.1 广告及业务宣传费用		
2.1.1 通过招标方式确定的广告项目有开标记录、评标报告、中标通知书等文件记录	2.1.1 通过招标方式确定的广告项目，检查是否有开标记录、评标报告、中标通知书等文件记录	
2.1.2 招标合同的签订经过法律事务部门和财务部门会签，并按权限大小由部门负责人或公司管理层审批	2.1.2 询问招标合同的签订是否经过法律事务部门和财务部门会签	
2.1.3 超预算广告宣传项目需重新申请审批	2.1.3 检查广告宣传费用是否超预算，超过预算的部分是否经过重新审批	
2.2 研究开发费用		

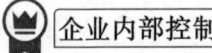

（续表）

控制点	监督检查方法	业务流程
2.2.1 由项目提出部门负责人签署申报意见报研发项目管理部门	2.2.1 检查项目提出部门负责人是否签署申报意见报研发项目管理部门	1. 进行费用预算 ↓ 2. 实施费用控制 ↓ 3. 归集一般成本费用 ↓ 4. 分析一般成本费用 ↓ 5. 进行费用考核
2.2.2 项目管理部门将研究开发项目汇总后组织专家审核，并编制研究开发项目费用计划。	2.2.2 检查专家是否对研究开发项目出具审核意见，项目管理部门是否编制研究开发项目费用计划	
2.2.3 研究开发项目费用计划，经财务部门会签，报股份公司研发预算管理委员会审批	2.2.3 检查研究开发项目费用计划，是否经财务部门会签，是否报股份公司预算管理委员会审批	
2.2.4 预算内的项目，项目提出部门对实施过程进行监管	2.2.4 询问预算内的项目，项目提出部门是否对实施过程进行监管	
2.2.5 未列入年度计划的研发项目，项目提出部门应编写申请报告，经研发项目管理部门和财务部门会签后报股份公司总经理或分管副总经理审批	2.2.5 检查未列入年度计划的研发项目，项目提出部门编写的申请报告，是否经研发项目管理部门和财务部门会签，是否报股份公司总经理或分管副总经理审批	
2.2.6 项目提出部门对项目的完成情况进行初审，初审合格后报研发项目管理部门，研发项目管理部门组织专家进行成果验收并提交鉴定意见书	2.2.6 检查研究开发项目的鉴定意见书	
2.3 一般成本费用		
2.3.1 预算内发生的一般费用按照权限由各级负责人审核签字后到财务部门报销	2.3.1 检查费用的发生是否在预算范围内；是否在权限内由各级负责人审核签字	
2.3.2 对预算外费用支出，由部门提出费用申请，经预算管理委员会、总经理办公会或公司分管副总经理签字审批	2.3.2 检查对预算外费用支出，是否有经预算管理委员会、总经理办公会或公司分管副总经理签字审批的费用申请	
2.3.3 部门负责人签字确认员工借款申请单	2.3.3 检查借款申请单是否有部门负责人的签字确认	

第四章 存货与生产循环

（续表）

控制点	监督检查方法	业务流程
2.3.4 财务部门采取措施敦促员工及时报销或归还借款	2.3.4 询问财务部门是否采取措施敦促员工及时报销	
3. 归集一般成本费用		
3.1 财务部门相关人员审核原始单据的合法性，费用支出的合理性及签字的有效性，符合规定后给予报销	3.1 检查费用支出是否合理，原始单据是否合法，报销手续是否齐备	
3.2 预提和待摊费用有计算明细表并经主管会计审核	3.2 检查是否有预提和待摊费用计算明细表并经主管会计审核	
3.3 财务部门设置费用预警制度，在各部门费用支出达到预算一定比例时，及时通知相关部门负责人	3.3 询问财务部门是否设置费用预警制度；询问各部门在费用支出达到预算一定比例时，是否得到财务部门通知	
4. 分析一般成本费用		
4.1 由财务部门会同其他相关部门编写分析报告并报送本公司管理层审阅	4.1 检查财务部门是否会同其他相关部门编写分析报告并报送本公司管理层审阅	
5. 进行费用考核		
5.1 由公司管理层考核各个部门的费用支出	5.1. 检查费用支出的考核记录	

案例解析 本案例是某公司仅就一般成本费用支出所作出的业务流程。此处的一般费用不包括人工成本、折旧及修理费、低值易耗品摊销、大额租赁费用、代办费和财务费用等项目。其目的主要在于保证费用支出的合理性，同时确保费用支出核算的真实性、完整性、准确性和及时性。另外，也要求费用支出合法合规。

对于一般成本费用，该公司从财务预算做起，以控制费用支出的总额。然后在费用控制环节，就广告及业务宣传费用、研究开发费用及其他一般费用项目的控制点进行说明。当然，及时归集一般成本费用并对其进行有效分析，可以使管理层对于企业的费用状况进行了解。在此基

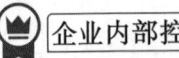

础上进行考核并采取相应措施改善费用管理，从而可以在增加营业收入的同时，通过降低成本费用适度提高经济效益。

该业务流程基本搭建了一个管理框架，但不够细致，尤其是业务流程描绘得并不够深入和详细。在企业具体操作过程中可能会引发争议，这也是该业务流程需要改进的地方。

【案例4-3】

汽车4S店内部控制要点探析[①]

一、案例背景

据《楚天都市报》2009年5月19日报道，武汉一家进口汽车销售公司的汽车销售经理李琳（化名），侵占公司资金600余万元，大肆挥霍。武汉检察机关以涉嫌职务侵占罪，对李琳提起诉讼。该事件起源于2008年8月22日，公司高层主管去李琳所在的4S销售展厅进行盘库时，发现价值128.5万元的越野宝马车不见了，通过调看保安门岗监控记录，发现失踪的宝马是销售经理李琳于8月6日开走的，未在财务部门办理任何手续。经继续盘库，该主管发现一辆客户已付133.6万元预定款的宝马X5越野车也不见了，款项被李琳挪到其他客户的应交车款，再次调看监控录像，发现该车也是李琳开走的。盘库进一步深入，该主管发现李琳一共开走了8辆宝马！该公司立即向武汉市江岸公安分局报案。

李琳从2007年5月9日开始作案，第一次作案是将公司一辆价值36万余元的宝马320L轿车出售，客户付款时，她说公司POS机坏了，请客户将车款打入她的账户，然后她用后面卖出的汽车款垫付挪用的前一辆车的车款。她用"拆东墙补西墙"的办法，开始挪用公司资金。检察机关侦查发现，从2007年5月至2008年8月，李琳共用两种手段侵占公司车款：一是将客户购车款不入公司账户，直接打入她的指定账户；二是利用公司销售款到账时间差，用后面的售车款"填补"前面的售车款。1年6个月，李琳共侵占公司车款600余万元。

---

① 奚清卉，赵团结. 汽车4S店内部控制要点探析[J]. 决策与信息，2009（7）.

这是一起职务侵占的经济犯罪，犯罪分子正是利用公司内控管理漏洞，一次又一次地作案成功，直至案发，已给该公司造成重大经济损失。

这不禁令人深省：目前内控制度的理论和实践已经相对成熟，为何能发生这样的欺诈案例，且愈演愈烈？本文通过此案例对汽车4S店的内部控制现状展开分析，提出可以采取的措施。

二、对汽车4S店内部控制现状分析

内部控制的概念是在实践中逐步产生、发展和完善起来的。COSO《内部控制——整合框架》给出了目前内部控制的权威概念。该报告认为内部控制是由企业董事会、经理阶层和其他员工制定和实施的，为达到经营的效果和效率、财务报告的可靠性以及相关法律法规的遵循性等三个目标而提供合理保证的过程。它认为主要由控制环境、风险评估、控制活动、信息与沟通、监控五大要素构成内部控制整体框架。汽车4S店作为一个较新的企业形式，其内部控制现状如下。

1. 构建了内部控制环境，制定了内部控制制度

汽车4S店企业普遍构建了内部控制环境，具体包括对员工的诚信和道德价值观培养、对员工的胜任能力作出了明确的规定、设立了董事会和审计委员会、管理层的管理理念和管理风格清晰、清楚的组织结构、各项职能经管理层授权和职责分工，最后，通过考核、薪酬、提升等人力资源政策和措施激励、约束员工。

汽车4S店在内部控制制度方面有一整套的内控管理制度，如存货、销售和应收账款、采购和应付账款、现金和银行存款、固定资产等方面，对各类经济业务建立了执行特定职能（包括交易授权）的授权机制。

本案例中汽车销售公司的组织结构和职责分工是清晰明确的。通过了解，该公司在内控制度方面制定了《财务制度汇编》的系统制度体系。

2. 内部控制制度不规范

虽然4S店建立了内部控制体系，但其操作规范流程都较为粗放，缺乏统一的、详尽的、具有很强操作性的岗位操作流程。出现问题后常常是互相推卸责任，致使无法追究责任。即使有内部控制制度，不落实、

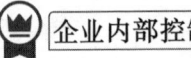

不执行制度，不按制度考核，使其形同虚设，不能发挥其制约、监督作用。健全的规章制度和完善的操作流程，是内控体系的重要组成部分，可以有效地防范风险。遗憾的是汽车4S店企业是较新的企业形式，因此重于发展、轻于管理，存在着收入跑冒滴漏、成本控制力度不够、资产严重浪费和损失等问题，加之人员变动频繁，内部控制制度或极不完善，或流于形式。

本案例中，公司在销售和应收账款环节，操作流程规定不细致。销售与结算是不相融职务，销售人员不可以代客户收款。

3. 内部控制制度执行不力

目前导致内部控制失效的重要原因是执行不力。虽然汽车4S店设计了如存货、销售、采购等控制环节，但由于执行不力，制度形同虚设，部门利益、个人利益交叉在一起，很难对企业的经济业务、资产事项进行有效的监控。本文中的案例，就是内部控制在销售环节执行不力，如定期进行库存盘点、往来清理，应当能及时发现这起职务侵占，而涉案的销售经理从2007年5月开始作案，历时1年零6个月才被发现，说明内部控制制度执行严重不到位。

4. 内部控制缺乏监督

目前汽车4S店对内部控制相对重视，由企业的财务会计部门把关。但由于企业会计部门对企业的经济业务事项和资产进行监督管理具有滞后性，在相关的业务经营环节，比如采购环节、销售环节、存货环节等采取的内部控制措施较弱，单纯依靠财务把关，就会造成事后控制的情况发生，不能在业务或管理环节进行有效的控制，缺少了在事前、事中实行分析、管理和控制的措施。

内部控制最直接的监督应当来源于内部审计机构。重视内部审计工作能有效杜绝职责不清、内控制度执行不力局面的出现。而汽车4S店对于内部审计重视不够，虽设立了审计机构，但审计人员少、审计力量薄弱。在本案例中，如果有内审人员定期检查，也能及早发现问题。

三、完善公司内部控制对策

根据对汽车4S店内部控制的上述分析，为加强内部控制管理，笔者提出以下解决对策。

1. 内部控制建设应把握关键点

（1）内部控制设计必须与日常管理紧密结合。内部控制设计与日常管理紧密结合，才能做到有效。汽车4S店应当制定严密而科学的内部控制制度，制定控制目标、授权和责任的规定，内容详见表4-4。

表4-4　内部控制设计框架

项　目	内　容	目　的
业务授权和审批程序	各部门所要承担的职能；被授权人的权限和具体责任；分清各执行环节的责任；为内部各部门的活动提供指南	保证经营业务的有效处理
不相容职务分离	组织机构之间分离；组织机构内部有关人员之间分离；职务分离的内部控制制度	保证企业资产安全完整
企业风险评估	对企业风险进行评估；针对实际情况设计内控制度	防范风险、规范运营

汽车4S店在设计内部控制制度时既要遵照国内外相关法律法规的要求，又要体现4S店的管理理念和特色，做到合法合规、全面系统，具有针对性和可操作性。在具体实施时，汽车4S店可以采用国际通行的COSO内部控制框架结构，以公司章程和现行管理制度为基础，以业务流程为控制重点并通过矩阵图的形式明确每一控制点的业务目标、业务风险、适用单位、不相容岗位分离等。

建立以《业务权限体系》为重点的授权管理体系，内容详见表4-5。

表4-5　业务权限体系

授权类别	具体内容
人事	招聘、任免、晋升、调配等职能主要是隔离审批
	绩效管理强调逐级考评确认、隔级负责申诉处理
	薪酬、奖酬等职能强调主要责任人的权利

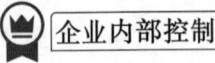

授权类别	具体内容
财务	高度集权，统一财务人员管理、投融资、资金管理、收益分配、成本费用控制、财务稽查等
	依据资金、费用审批权限表对不同级别人员授权，完善资金费用控制
业务	根据管控需要，拥有关键业务环节的审批权
其他重要事项	对战略、全面预算、品牌管理、法务管理、合同管理以及信息管理等重大方面的决策集权

制定《内部控制手册》，并逐年进行修订、完善。结合本单位的具体情况，出台《内部控制手册》，每6个月或1年更新一次。同时，在《内部控制手册》的体系框架内按照"更严、更细、更具体"的原则，制定《具体业务操作流程》，对《业务权限体系》进行合理、有度的延伸，通过流程、细则和制度办法的三结合，从点和线两维进一步明确内部控制的要求。

内部控制制度的实施必须与日常管理工作紧密结合，将内部控制工作全面融入企业的日常经营管理工作中，使之成为一种管理习惯、自主行动和自觉行为，从而避免形成内部控制与日常管理"两张皮"的现象。

（2）必须做好培训和宣传工作。所有制度都需要依靠人的执行，对人员的宣传和培训必不可少。内部控制涉及企业的每个人、每个岗位，应分不同层次、不同岗位进行培训、学习，建立日常培训体系和长效培训机制，从内部控制的理念、基本理论到具体的操作流程、控制方法、审批程序、责权分工、评价考核等都要进行培训，使所有员工都具备本岗位必需的知识、技术和技能，对重要岗位要实现定期考试制度。要充分利用视频会议、专题例会、集中培训、协同办公系统等各种渠道，抓住一切机会进行培训、宣传。

（3）明确责任、加强检查、落实考核。制度建设固然重要，但执行更重要，因此，强调汽车4S店内部控制制度的执行是关键。

第一，明确责任。明确各个层次、每一个业务流程和关键控制点的责任部门、责任人。企业经营者对单位所有业务流程承担领导责任,各业务流程和关键控制点的执行部门承担直接责任。

第二,加强检查。判断制度和流程执行的好坏,是检查内部控制制度得以有效执行的关键工作。汽车4S店应明确内部审计机构的地位,授予审计机构相对独立性和权威性,把内部审计部门作为执行内部控制制度的重要监督机构,作为推进内部控制制度可靠实行的重要组织,授权内部审计机构监督各部门控制制度的执行效果并对其考核评价。

第三,落实考核。将内部控制执行情况融入绩效考核。将检查和评价结果与相关业务部门、岗位的绩效考核对应起来,作为确定员工薪酬以及职务晋升、评优、降级、调岗、辞退等的依据。在制定了完善的内部控制制度后,关键的是汽车4S店内部各执行部门或个人严格执行的问题,所有制度都需要依靠人的执行,因此落实考核,防止缺乏工作考核或激励机制,导致执行相关内部控制制度机构的工作人员,为了完成工作而流于形式,没有工作热情和责任心的现象发生。

(4)信息化水平。科学使用信息技术,提高内部控制的信息化水平。汽车4S店在内部控制建设过程中,打造以管理会计为核心的信息管理系统,需要涉及会计核算、财务管理、库存管理、维修服务管理、客户系统管理、人力资源管理、资产管理、内部控制管理等方面。这样才能形成内部控制系统和信息管理系统的高度集成、有机统一、互为控制,可以将业务流程关键控制点和相关权限控制嵌入信息管理流程,增强制度执行的"刚性",提升管理的效果。

2. 以风险管理为核心,持续有效地推进公司内部控制制度

(1)定期风险评估,完善内控制度。汽车4S店的经营范围在不断地增多,需要定期对风险进行评估,才能不断完善内控制度。

汽车4S店根据管理的层次在各个层面开展风险评估和研究,主要包括:一是开展公司层面风险评估及对策研究,根据风险偏好和风险承受度制定公司层面的风险政策与应对策略,指导业务层面开展工作。二是开展业务层面的风险评估,对主要业务流程要由流程责任部门开展风险评估,包括经营风险、财务报告风险和合规性风险的评估。三是加强风险管理理论的学习与研究,支持、鼓励各部门和相关人员加强对风

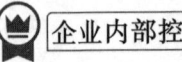

险管理理论、管理办法的学习、交流与研究，创新观念、创新管理，探索推进全面风险管理的新思路、新方法。

（2）强化风险管理理念，培育风险管理文化。汽车4S店企业应强化风险管理理念，注重建立具有风险意识的企业文化。促进企业风险管理水平、员工风险管理素质的提升。需要加强员工法律素质教育，制定员工道德诚信准则，形成人人讲道德诚信、合法合规经营的风险管理文化。

四、结语

汽车4S店企业处于发展阶段，可能因为自身内部控制不完善而出现风险、蒙受损失。亡羊而补牢，未为迟也，把握内部控制建设的关键点，树立风险管理为核心的内控理念，必然会引导企业健康发展。

案例解析 本案例所述的宝马车失窃案经媒体曝光后，一度成为当地民众茶前饭后热议的话题。当然，大部分民众关注的是宝马车，而非宝马车背后所蕴含的企业管理。如今，该涉案企业经过整改和完善后，已经成功登陆资本市场。然而，在当时情况下，该汽车销售企业下属一家4S店就暴露出对汽车存货及其销售的失控，引起了管理层的高度重视。随后，管理层对企业集团下属公司的内部控制进行了全面的梳理，此文就是基于当时特定情况进行的思考。

从严格意义上，此文中的内控制度失控表现在销售环节。毕竟，当事人女汽车销售经理李琳主要采取了挪用汽车销售款的行为。也就是说，李琳共采用了两种手段侵占公司车款，一是将客户购车款不入公司账户，直接打入她的指定账户，二是利用公司销售款到账的时间差，用后面的售车款"填补"前面的售车款，从而在1年6个月时间内，侵占公司车款600余万元。

但是，从存货管理的角度而言，如果该汽车4S店能够根据公司的内控制度严格进行盘存并核实客户信息，应该是可以发现一些端倪的。另外，如果该公司内审力量加强，也许会增强威慑力并在日常管理中堵塞这些漏洞。亡羊而补牢，未为迟也。通过这个案例，不仅汽车销售行业，其他企业也应该能够受到不同程度的启发。

【案例 4-4】

ERP 环境下存货的内部控制要点[①]

2010 年 4 月,财政部等五部委联合下发了《企业内部控制应用指引》。其中,《企业内部控制应用指引第 8 号——资产管理》中关于存货的内部控制作了比较明确的规定。文中提到存货应重点关注的风险是:"存货积压或短缺,可能导致流动资金占用过量、存货价值贬损或生产中断。"那么,在企业实际运作过程中,尤其是在 ERP 环境下,企业应该如何管控存货呢?为此,我们首先需要了解 ERP 环境下存货内部控制的特点。

一、ERP 环境下内部控制的特点

为了深入挖掘实施 ERP 项目的企业内部控制的特点,下面结合 COSO 内部控制框架的五个要素进行分析。

(一)控制环境

内控环境是企业风险管理的其他要素的基础,它直接影响着企业目标的制定、经营活动的组织、风险评估以及应对措施、信息与沟通以及监控措施等方面。虽然它涵盖了企业文化、管理层管理风格以及公司的治理等,但在 ERP 项目实施后,信息传递的方式较传统方式而言,已经悄悄地发生了重大变化。信息传递的速度和数量变得更快和更多,这对于企业进行管理决策提供了更多的便利。

(二)风险评估

风险评估的作用在于识别企业实际运行中的各类风险并制定有效的解决方案,以此降低和预防企业经营风险的发生,确保企业健康运行。在 ERP 环境下,通过分析现有企业价值链和业务流程,在专业顾问的协助下,比较容易判断企业的风险控制关键点。在此基础上,企业可以在系统中预设风险预警模型并结合企业内外环境的变化等实际情况定期进行修正。

(三)控制活动

控制活动有助于保证管理层的各项决策得到执行,控制活动主要包

[①] 赵团结.ERP 环境下存货的内部控制要点[J].国际商务财会,2011(2).

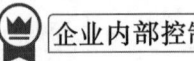

括对组织的控制、职责划分、批准和授权、人力资源、会计、监督等。ERP项目的实施从根本上改变了原来"人制"的方式，它通过成本费用中心的设置解决了组织机构的设定；另外，它通过权限的划分和业务流程图的制定保证了批准和授权的合规性；会计核算和财务报告系统变得更为及时和准确。虽然ERP系统为控制活动提供了很多便利，但一个企业完整的信息化系统还应包括专业的人力资源系统。目前，较多的ERP系统中的人力资源管理模块还仅仅局限于基本的与绩效考核相关的功能，更多的人力资源管理有待借助于更为专业的软件来实现。如果一个ERP系统还能够涵盖人力资源、日常办公和生产制造等，那么，其功能之强大可想而知。

（四）信息与沟通

信息的有效传递和管理对于企业的高效运转发挥着重要作用。ERP项目的实施使得信息的传递更为高效，并且其信息量更为丰富，企业管理层需要关注的各类业务数据和管理信息可以随时提交。这也促使企业加强信息的有效性和及时性。众所周知，信息加工的基础是企业日常经济业务，在信息加工过程中，如果出现的错误并未被发现，可能导致管理决策的失误。故此，信息安全和完整是ERP项目实施后应予重点关注的部分。

（五）监察

监察作为持续评估内控系统的充分性和完整性的重要手段，应当受到重视。通过ERP系统的支持，企业可以确定内部控制的评估点、评估方法以及对应责任部门和责任人，以此明晰协助评价的业务部门具体职责。另外，在评估过程中，需要归集评价档案记录，以此保证内控评价过程的规范化和全面性。

从上述简要分析可以看出，ERP项目的实施改变了传统的内部控制体系。ERP系统在很大程度上提高了内部控制的有效性和及时性。但是，其安全性在互联网发达的今天也受到了一定的质疑。总体而言，只要企业做好信息化规划并配备合适的信息管理人员，应该能够充分发挥ERP系统的优势，从而促进内部控制体系的健全和完善。

二、ERP环境下存货内部控制的要点

针对内控在ERP项目实施后所呈现出的特点，笔者认为，至少应关注以下几点。

（一）完善组织架构，明确职责

内部控制的环境决定了企业的管理基调，也是企业内部控制活动的基础。在企业建立了规范有效的治理结构的前提下，针对存货的内控，企业需要建立合适的组织架构，至少需要设置和完善采购、质检、仓库、生产管理、销售和财务等职能独立的部门。同时，以岗位说明书或者操作手册的方式明确各相关部门的职责，既互相独立又能相互监督。这样，从公司整体层面可以为存货的内部控制提供一个有效的制度基础。在实施ERP项目的背景下，企业应将上述管理思想融入ERP系统中的成本费用中心、权责分配以及业务流程中。

（二）采取预警机制，防范风险

针对存货采购和售价价格变动频繁以及存货流通、保管过程中的风险，企业可以通过运用ERP系统中的合同管理来防范采购和销售的价格风险。另外，对于仓储部门而言，其根据存货的类别进行分类管理以及保证安全库存量显得比较重要，ERP系统通过基础设置一般能够得到实现。最后，为了保证存货的安全，定期和不定期地盘点是必需的，不管是采取全盘还是抽样的方式。不可否认的是，ERP项目的实施为盘点带来了很多便利，诸如存货的数量和库位及库龄等信息在ERP系统中随时可以调阅。当然，企业可以利用ERP系统建立存货的风险模型，结合其报表分析系统实现存货风险的自动警示。

（三）健全业务流程，规范管理

业务流程的建立，为日常工作的开展提供了一张"线路图"。这张"线路图"是否是最佳关键在于业务流程的设计是否规范有效。ERP项目正式上线前，实施顾问一般会进行反复的调研并结合企业需求，拟定出企业的业务流程。在企业核准后，再将其融入ERP系统中。故此，企业应当充分重视业务流程图的制定和完善。关键的一个出发点是看业务流程是否在提高工作效率的同时保证了内控管理要求。

1. 编制采购计划，货比三家，降低采购成本

对于一般制造型企业而言，大多实行的是以销定产并结合公司对市场的判断而制订的生产计划。采购部门在获得生产计划后，在参考安全库存的基础上制订采购计划。故此，采购计划编制得合理与否直接影响

存货的流转。目前，很多 ERP 系统都有采购计划编制功能。企业需要做的是针对不同的原材料同供应商谈判，以期获得具有竞争力的采购价格。当然，企业在长期经营过程中，已经培养了自己的核心供应商并维持了一个较为合理的采购价格。不过，这并不意味着忽视对长期供应商采购价格的定期调整，毕竟市场是变化的。在日常运作中，企业可以结合 ERP 系统提供的大量历史数据对供应商相同产品的价格进行考评，以最大限度地降低采购成本。

2. 加强存货保管，强化质检，保证存货品质

对于存货的质量控制，应当从整个物流环节着手。无论是原材料、在产品、半成品、产成品还是周转材料以及低值易耗品等，企业的质控部门一定要合理分配人力资源，保证品质监管涉及物流的各个环节。防止因疏忽导致不合格品或者次品流入客户中，从而造成负面影响。"质量是企业的生命"这个口号不管企业是否实施 ERP 项目永远不过时的。

3. 严格收发存货，加强监管，提高流转速度

对于仓储部门而言，各类存货的进出一定要根据公司的规章制度进行收发，避免出现"制度上墙，执行不力"的局面出现。ERP 系统一般要求企业编制所有存货项目的编码，实际操作中仓储部门可以采用条形码的方式对每一种（个）存货进行管理。这样，不但可以随时了解存货状况，而且规避了随意收发的状况。

4. 定期盘点存货，严格要求，保障存货安全

定期对存货进行盘点是保证其安全和完整的重要手段。通过严格的盘点，企业可以发现各类存货的实际状况。ERP 项目的实施为存货及时盘点提供了便利条件，同时由 ERP 系统提供的库龄状况表可以为企业处理呆滞物料提供基础的参考资料。对于不同企业而言，定期或不定期地采用全盘或抽样的方式进行盘点，可以有效降低货物丢失、账实不一致等情况的出现。

（四）统一信息平台，便于沟通

ERP 项目的实施对企业内部信息的传递与沟通起了积极的作用。ERP 系统使原来分散在各部门、各岗位的信息有效整合。用户虽然得到的是同一张报表，但由于其站的角度不同，得到的信息也不尽相同。用

户可以根据自己的需要随时加工,以将其作为决策参考的第一手资料。这样便解决了信息孤岛问题。

另外,ERP项目的实施会将使用者的操作记录予以客观记载,拥有相关权限的管理人员可以随时查看。这样,就防止了篡改业务数据、扭曲经济业务真相以及违反内部控制等不良现象的发生。

(五)加强内外监察,持续改进

没有制约的制度不是良好的制度。即使在ERP项目实施后,通过不同途径对企业的内控运行进行评估和改善也是必需的一项工作。企业可以借助内部审计人员的力量发现现有内控制度的缺陷并进一步完善。同时,企业在进行财务报表审计以及接受税务局等相关部门检查时也会遇到内部控制运行是否完善的质疑。为此,通过社会中介以及国家相关机关的专业力量,也可以发现内控需要改进的地方。无疑这也为企业持续改进内部控制制度提供了有效的帮助。总之,通过企业内外的监察,可以进一步提高内控制度的完善程度及其有效性。

简言之,企业实施内部控制时,应结合其自身发展阶段和公司战略,并结合其管理基础,制定出适合企业需要的内控体系。同时,根据企业内外环境的变化,及时调整和修正公司的内控体系,使其充分发挥规范管理的作用,为企业的持续健康发展提供有力的保障。

案例解析　　在企业普遍倾向于实施ERP项目的背景下,讨论基于ERP项目的存货的内部控制有其现实意义。该案例首先结合COSO内部控制框架结构的五个要素分析了ERP环境下内部控制的特点;其次就存货如何做好内控进行了详细的说明,不但强调公司业务流程的规范和完善,更加强调公司组织架构的完善以及存货预警机制,因为在实际运作过程中,对于存货的管理,很多企业职责并不明确,风险意识淡薄,这才是导致存货管理混乱的根本原因;最后,案例作者也提示内部审计部门和外部相关机构的检查可以促使企业持续改进存货管理。

作为理论探讨文章,该案例有一定的参考作用。但是,从实际操作角度而言,该案例定性描述较多,企业需要结合实际情况进行内部控制设计。

第五章

销售与收款循环

企业以价值创造为目标,而销售管理是保证企业生产的商品、劳务的内在价值实现的重要活动,关系到企业资金的回收和持续再生产。企业运营管理者都非常清楚,没有销售就没有生产经营,销售是企业运营的龙头。因此,所有企业无不对销售和市场开发给予极大的关注。销售业务也成为企业管理中非常复杂且较难控制的领域,其发生风险的概率在不断增加。本章结合销售与收款循环业务流程的主要内容,分析其业务特点、内部控制目标和主要风险点以及关键控制点,并配以适当的案例分析,旨在全面梳理以风险为导向的销售与收款循环的控制活动,明确各个环节的职责与管控措施,有效防范和化解销售与收款循环所面临的各类风险。

第一节　销售与收款循环概述

销售与收款业务是指企业出售商品(或提供劳务)及收取款项等相关活动。本节分别从企业战略层面与具体运营层面介绍销售与收款循环业务的具体内容、业务特点以及具体业务流程。

一　销售与收款循环的主要内容

(一)营销管理与销售管理

科特勒的《营销管理》一书对营销管理的定义如下:营销管理是为

了实现各种组织目标，创造、建立和保持与目标市场之间的有益交换和联系而设计的方案的分析、计划、执行和控制。

根据上述定义，营销管理是企业管理中非常重要的一个工作环节。市场营销工作必须与企业的产品开发、生产、销售、财务等工作环节协调。只有这样，企业的整体经营目标才能够得以达成，企业的总体经营策略才能够得以有效的贯彻落实。而且营销管理工作是在企业的经营目标、战略经营计划的总体战略之下，根据对经营环境的分析结果，对市场进行细分，选定希望进入的目标市场。然后据此制订市场营销计划和营销组合，并且推动计划的落实执行和对执行计划的过程进行监督控制、评估、检讨和修订。

对于销售管理，美国印第安纳大学的达林普教授定义如下：销售管理是计划、执行及控制企业的销售活动，以达到企业的销售目标。由此可见，销售管理是从市场营销计划的制订开始，销售管理工作是市场营销战略计划中的一个组成部分，其目的是执行企业的市场营销战略计划，其工作的重点是制定和执行企业的销售策略，对销售活动进行管理。

从内部控制的角度来看，销售与收款循环是由同客户交换商品或劳务，以及收到现金收入等有关业务活动组成的，与上述营销管理和销售管理的主要内容密不可分。

（二）销售与收款循环的主要内容

一般来说，销售与收款循环主要由销售计划管理与销售合同订立、组织发货与装运、收款三大部分构成，进一步细化则依次如下：

（1）从制订销售计划开始，企业在计划指引下有针对性地实施客户开发与信用管理（在市场形势有利于卖方的情况下，往往可以从接受客户订单开始）。

（2）企业根据销售定价和取得的赊销授权进行销售谈判并订立销售合同，在此基础上组织发货（有些情况下需要安排生产），并开具销售账单（发票）。

（3）企业根据内外部凭据完成会计系统核算（包括记录销售收入、应收账款或现金、银行存款日记账、计提坏账准备等），在赊销的情况下跟踪收款并完成会计处理或核销坏账；特殊情况下可能发生销售退回业务，则需增加办理退货和验收入库程序。

在ERP环境下的销售业务流程原理基本相同，从取得客户订单开始，

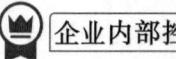

经主管部门审批赊销,然后按照 ERP 系统设定的销售价格录入订单,依据订单流转至仓储物流部门首先请求供货,在获得合理匹配的货物供应安排后,流转至库管岗位由其开具出库单,向客户发出货物。完成发货程序后,系统就自动对发货过账,记录销售收入或者分期收款并生成系统虚拟销售发票,在财务核算模块中予以分类汇总,销售业务主管会计对虚拟发票过账,并催收货款、回款销账。图 5-1 是综合不同类型企业的业务特征后形成的销售与收款循环的整体业务流程,具有通用性。

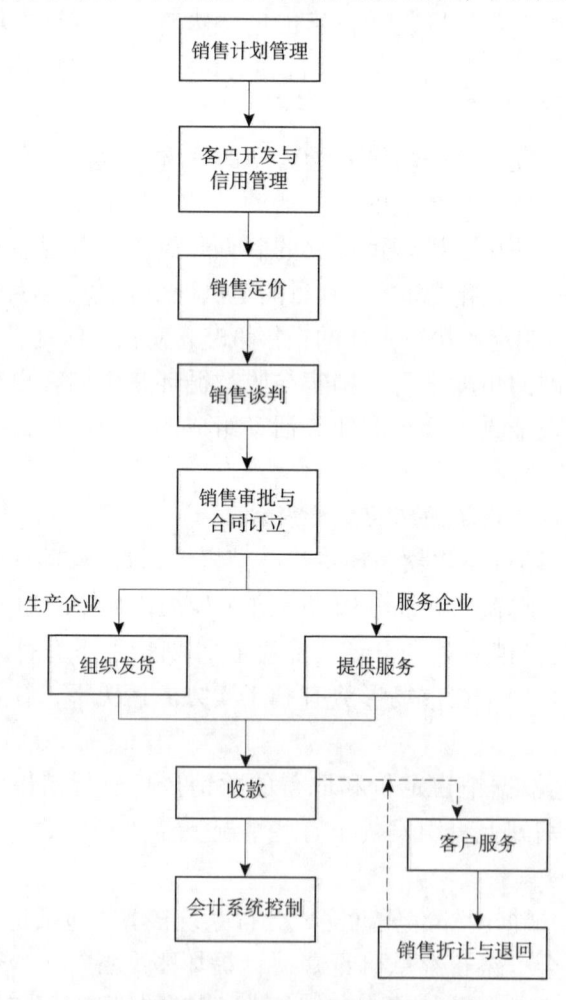

```
销售计划管理
    ↓
客户开发与信用管理
    ↓
销售定价
    ↓
销售谈判
    ↓
销售审批与合同订立
    ↓
生产企业 ─ 组织发货    服务企业 ─ 提供服务
                ↓
              收款 ┄┄┄→ 客户服务
                ↓          ↓
           会计系统控制 ←┄ 销售折让与退回
```

图 5-1 销售与收款循环的整体业务流程图[①]

---

① 参见财政部会计司解读《企业内部控制应用指引第 9 号——销售业务》(2010 年)。

(三)销售与收款循环的主要流程

1. 制订销售业务计划

企业要结合自身生产能力和市场形势进行销售预测,在此基础上设定总体销售目标和分产品类型的分项销售目标额,进而为能实现该目标而设定具体营销方案和实施计划,以支持未来一定期间内销售额的实现。这可以被看作整个销售与收款循环的起点。

2. 开拓市场与开展信用管理

在制订销售计划后,首要任务就是加强维护现有客户和加大力度开发潜在新客户,以开拓市场份额确保实现销售目标。同时,对有销售意向的客户进行资信评估,根据企业自身风险接受程度确定具体的信用等级,这是以战略为导向的销售管理的基本要求。

3. 接受客户订单

接受客户订单流程是指由客户提出订货要求,企业销售部门在符合授权批准的情况下接受客户订单。这实际上可以看作严格意义上的销售业务开始。

4. 销售定价

销售定价是指商品价格的确定、调整及相应审批。企业必须根据客户订单需求、市场状况和自身产品成本等要素,确定销售定价并作出审批授权。

5. 销售谈判与订立销售合同

依据销售定价以及赊销政策,企业在销售合同订立前,应当指定专门人员就销售价格、信用政策、发货及收款方式等具体事项与客户进行谈判。在谈判达成一致基础上且在正式签署销售合同前,由有权审批人员对销售价格、信用政策、发货及收款方式等执行审批程序,由企业授权人员与客户遵循《中华人民共和国民法典》合同编的相关规定签订销售合同,明确双方的权利和义务,以此作为开展销售活动的基本依据。

6. 组织发货

企业一旦成功订立销售合同,立即进入根据销售合同的约定向客户提供商品的环节,即由销售部门按照经批准的销售合同编制销售计划,向发货部门下达销售通知单,发货部门则对销售发货单据进行审核,严格按照销售通知单所列的发货品种和规格、发货数量、发货时间、发货方式组织发货。

7. 向客户开具销售发票（账单）

开具账单是为客户填写、寄送销售发票的过程，销售发票应连续编号。在完成发货后，根据销售部门开具的销售发票通知单向客户开具销售发票。在 ERP 系统里，销售发票由系统根据已发运的装运凭据、已标注的发运销售单自动生成。

8. 会计系统控制

会计系统控制是指利用记账、核对、岗位职责落实和相互分离、档案管理、工作交接程序等会计控制方法。完成发货和开具销售发票以后，企业财会部门依据收到的销售合同、销售通知单、发货凭据、运输单据等内外部证据进行会计核算，包括记录主营业务收入明细账、现金、银行存款日记账或应收账款明细账、销售折让与折扣、计提坏账准备等。如果发生销售退回情况，则进行相应冲销主营业务收入、主营业务成本、应收账款的会计处理；发生无法收回货款的情况，则履行内部审批程序后进行坏账核销的会计处理。

9. 收款

收款是企业销售成果的兑现。销售业务按照发货时是否收到货款区分为现销和赊销两种形式。现销（现金销售）业务是发货即收款或者收到预收款后发货，这种形式的销售业务的收款简单，按程序认真办理相关收款入账手续即可。赊销业务是发出商品后给予客户一定的付款信用期，到期后才与客户结算收款，其收款是一个动态跟踪和管理的过程，在货款到期前要定期对账，一旦到期要及时催收，谨防形成坏账的风险。

10. 客户服务

客户服务是在企业与客户之间建立信息沟通机制，对客户提出的问题，企业应予以及时解答或反馈、处理，不断提高商品质量和服务水平，以提升客户满意度和忠诚度。客户服务包括产品维修、销售退回、维护升级等。

二 销售与收款循环业务的基本特点

（一）销售业务是企业价值链的核心环节

销售业务是企业赚取利润的手段，是企业价值创造的实现途径。一一般而言，企业的价值增长最终是依靠销售方式将产品（服务）与外部市场进行交换而获得的。在整个企业价值链上，研发、采购、生产、销售和售后服务等各主要环节互为呼应、有机协作。销售业务处于这个价值链上相对主导的地位。离开市场搞生产会形成大量产品滞压难以销售；研发的新产品如果无法销售，也终归是实验室里的成果而不能带来经济价值。销售环节一旦出现问题就是与企业利益攸关的大问题。例如，销售定价和信用政策的恰当与否会直接影响创造利润的能力，销售业务的回款出现问题甚至会导致企业迫于资金断流而停产歇业。

（二）销售业务具有市场的变化性和灵活性

这一特点是由销售活动必须在市场里实现所决定的。离开了市场，企业的产品自产自用，就没有了真实的销售业务发生。同样，没有销售活动也就没有了市场赖以存在的基本元素。所以，销售活动与市场是互为依存关系的，市场天生所具有的灵活性与不断发展变化的特性，自然成为销售业务的一个鲜明特点。

企业的销售活动要认真分析市场环境和竞争对手情况，密切关注市场动向，适时地改变价格水平、产品结构、生产与供货能力、回款政策。相应地，与此相关的内部控制也需要遵循规律，动态地适应销售业务的变化性，防止墨守成规而束缚了业务的发展变化，或者疏忽了变化所产生的新的关键控制点。

（三）销售业务是企业利益与外部对接的通道

正是由于企业的销售业务与外部的市场密不可分，它成为创造企业利润的必然活动。从价值创造角度来看，企业利益与外部对接最为频繁和密切的活动应该是销售业务。投资业务也具有与此相似的特点，但它在日常持续经营中的影响范围和程度都远远小于销售业务。

销售业务与外部高度相关性的特点，决定了其内部控制要充分考虑所涉及企业外部的环节。例如，对外谈判确定销售条件和销售价格的环节、发货与开具销售发票环节、回款与对账环节等。这项业务循环在最重要的利益环节与企业外部密切关联，为企业内外串通舞弊行为提供了条件。所以，其内部控制内容尤为复杂，难度因此也增大。

（四）销售业务过程较为复杂

概括而言，销售业务是卖出商品并收回货款。实际上，它是一项多步骤的、过程较为复杂的系统工程。从收到客户订单开始（有些企业是从制订销售计划开始），经过与对方洽谈业务，安排生产和发货，与客户之间交接货物，到进行相应的会计处理，再到结算和收取货款，还有销售折让与折扣的处理，甚至发生销售退回并办理入库。这样一个长链条、多环节的过程，反映出销售业务的复杂性，因而其内部控制环节相应复杂多样，要格外注意其发生风险的可能性大大增强。例如，发货控制不当可能带来企业财产流失，会计处理不当可能造成企业收入确认不实或者债权反映不完整。

三 销售与收款循环所涉及的主要凭证和会计记录

销售与收款循环所涉及的主要凭证和会计记录包括客户订货单、销售通知单、销售通知单、发运凭证、销售发票、商品价目表、贷项通知单、主营业务收入明细账、折扣与折让明细账、现金日记账和银行存款日记账、应收账款明细账、客户对账单、汇款通知书、销售台账和应收账款明细表、坏账损失报告书、坏账审批表、转账凭证、收款凭证等。

在ERP系统中，部分凭证和记录根据信息技术特点会被重新设计，通过采用适合ERP系统特点的形式，简洁、高效地达成各种凭证和记录存在目的。例如，手工会计系统中对部分内部凭证的联次编号设计，在ERP中则可利用信息系统的实时性，通过不同权限的人员联签同一个文件记录的形式实现。这样，既能避免凭证多联次传递造成的流程烦琐、冗长和效率低下问题，又能堵塞凭证多联次造成的舞弊漏洞。又如，手工系统的凭证连续编号控制，在ERP系统中则被相应设计成编号授权使用范围和短号管理两项控制内容。

无论是手工系统控制还是ERP系统管理，在销售业务流程的控制原理上是一致的，只不过ERP系统会整合简化部分凭证和记录，手工控制系统的主要凭证和会计记录则相对更全面。为了便于读者全面、直观地了解销售业务流程控制中的主要凭证和会计记录，这里以手工控制系统的流程为依托，阐述销售业务所涉及的主要凭证和会计记录。在实务应用中，ERP系统的设计可以在此基础上适当整合。

1. 客户订货单

客户订货单即客户提出的书面购货要求。企业可以通过销售人员或其他途径，如采用电话、信函和向现有的及潜在的客户发送订货单等方式接受订货，取得客户订货单。

2. 销售通知单

销售通知单是列示客户所订商品的名称、规格、数量以及其他与客户订货单有关信息的凭证，作为销售方内部处理客户订货单的依据。很多企业在批准了客户订单之后，下一步就应编制一式多联的销售单，它是企业内部某项销售的交易轨迹的起点。

3. 发运凭证

发运凭证即在发运货物时编制的，用于反映发出货物的规格、数量和其他有关内容的凭据。发运凭证的一联寄送给客户，其余联（一联或数联）由企业保留。这种凭证可用作向客户开具账单的依据。

4. 销售发票

销售发票是一种用来表明已经销售商品的规格、数量、价格、销售金额、运费和保险费、开票日期、付款条件等内容的凭证。销售发票的一联寄送给客户，其余各联由企业保留。销售发票也是在会计账簿中登记销售交易的基本凭证。

5. 商品价目表

商品价目表是列示已经授权批准的、可供销售的各种商品的价格清单。

6. 贷项通知单

贷项通知单是一种用来表示由于销售退回或经批准的折让而引起的应收销货款减少的凭证。这种凭证的格式通常与销售发票的格式相同，只不过它不是用来证明应收账款的增加，而是用来证明应收账款的减少。

7. 主营业务收入明细账

主营业务收入明细账是一种用来记录销售交易的明细账。它通常记载和反映不同类别产品或劳务的销售总额。

8. 折扣与折让明细账

折扣与折让明细账是一种用来核算企业销售商品时，按销售合同规定为了及早收回货款而给予客户的销售折扣和因商品品种、质量等原因而给予客户的销售折让情况的明细账。当然，企业也可以不设置折扣与折让明细账，而将该类业务记录于主营业务收入明细账。

9. 现金日记账和银行存款日记账

现金日记账和银行存款日记账是用来记录应收账款的收回或现销收入以及其他各种现金、银行存款收入和支出的日记账。

10. 应收账款明细账

应收账款明细账是用来记录每个客户各项赊销、还款、销售退回及折让的明细账。各应收账款明细账的余额合计数应与应收账款总账的余额相等。

11. 客户对账单

客户对账单即应收账款对账单，一般是按月定期寄送给客户的用于购销双方定期核对账目的凭证。对账单上应注明应收账款的月初余额、本月各项销售交易的金额、本月已收到的货款、各贷项通知单的数额以及月末余额等内容。

12. 汇款通知书

汇款通知书是一种与销售发票一起寄给客户，由客户在付款时再寄回销售单位的凭证。这种凭证注明客户的姓名、销售发票号码、销售单位开户银行账号以及金额等内容。如果客户没有将汇款通知书随同货款一并寄回，一般应由收受邮件的人员在开拆邮件时再代编一份汇款通知书。采用汇款通知书能使现金立即存入银行，可以改善资产保管的控制。

13. 销售台账和应收账款明细表

这两个凭证一般由企业销售部门建立。销售台账是为了掌握和控制销售进度，依据销售通知单和发运凭证核对无误后，由销售部门记录的销售业务登记表。应收账款明细表是销售部门记录的每个客户每笔赊销业务的明细表，用来定期检查赊销款项收回、销售折让、销售退回等内容的登记表。应收账款明细表应定期对内与财务部门核对一致，对外与客户作为对账的复查依据。

14. 坏账损失报告书

坏账损失报告书是一种用来批准将某些无法回收的应收款项注销为坏账且仅在企业内部使用的凭证。在坏账损失报告书中，要注明申请坏账的原因（或理由），企业应对此严加控制。

15. 坏账审批表

坏账审批表是一种用来批准将某些应收款项注销为坏账且仅在企业内部使用的凭证。

16. 转账凭证

转账凭证是指记录转账业务的记账凭证，它是根据有关转账业务（即不涉及现金、银行存款收付的各项业务）的原始凭证编制的。

17. 收款凭证

收款凭证是指用来记录现金和银行存款收入业务的记账凭证。

第二节 销售与收款循环的内部控制目标

销售与收款循环业务控制的总体目标就是规范销售与收款行为，防范销售活动与收款过程中的差错和舞弊情况发生。本节从合同订立、发货装运、销售收入确认、销售折扣与折让、货款收回等主要方面，全面分析销售与收款循环所涉及的主要内部控制目标。通过了解这些控制目标，有助于理解做好销售与收款循环内部控制对企业价值创造的贡献，明确该业务循环的控制方向和重点。

一 确保合同订立的合理性和有效性

销售合同是企业销售业务的实施基础。企业组织采购和生产活动，甚至包括为某项合同专门组织的研发活动，如果具有相应的合同支撑，就会最大限度地降低无效资源投入。一个内部控制相对健全的企业应当建立制度，要求销售业务必须签订合同，这是防范业务风险的最低保障措施。

1. 合理性目标

合同内容要公允、合理、有效，特别是在合理性方面的考虑，既要体现合同条款本身符合市场规则，又要符合企业的战略发展要求。例如，为了打开某个区域市场或者建立客户关系，签订具有一定程度优惠条件的合同是必要的、合理的。确定销售合同的合理性目标，要求合同订立程序合理，是经过双方的平等协商与谈判确定的；合同内容合理遵循商业规范和惯例；合同条件合理切合企业实际经营状况等。

2. 有效性目标

有效性目标要求签订合同的形式要件完整、内容合法，而且履行了完备的内部审批程序。例如，合同中约定的赊销条件或者提供的销售折让与折扣是获得内部授权批准的。合同有效性是保护合同双方合法权益和商业利益的根本要求。以销售方为例，只有有效合同才会受到法律保护，才能确保企业投入的各项资源是为真实的商业交易而发生的；一旦发生法律纠纷，因为合同的合法有效性，才会将损失降到最低。

二 确保发货装运的准确性和时效性

组织发货和装运是销售业务中一个承上启下的环节，确切地讲，就是连接企业产品与外部市场的直接环节。若发货与装运的内部控制缺失，对内则可能导致企业资产失窃遭损，对外则可能因为发货品种、规格或数量不符，导致对客户的违约损失，某些重要的或特殊的销售业务甚至让企业蒙受信用损失和客户流失。

准确性和时效性目标的内容主要包括：①要确保经过审批的发货指令内容与客户订单和销售合同一致；②装运时严格执行发货指令要求，不重不漏，出库时要作独立验证；③坚决保证到货时间符合合同约定，货物发给指定地点的指定接收人。既要做到向客户如实、如期履约，又要防止在装运环节篡改发货指令内容以侵吞资产的行为。

三 确保销售收入的真实性和完整性

收入的真实性和完整性目标，不仅仅是会计信息控制系统的一个核算要求，更是能够正确衡量企业销售业务所带来的真实经济利益流入的根本保证。这是企业确定产业战略、选择产品方向和制订经营计划的重要依据。

具体而言，实现销售收入真实性和完整性的控制目标体现在以下几个方面：①登记入账的销售交易，确系已经发货给真实且正确的客户；②所有销售交易都已及时、完整地登记入账；③登记入账的销售数量与实际发货数量一致，已经正确开具销售发票（账单）并登记入账；④所有销售交易已经正确地记入主营业务收入明细账，并被完整正确地予以汇总。

总之，确保销售收入的真实性和完整性，就是要将所有真实的销售业务都及时、准确地加以记录，完整地反映企业每一项销售业务的全过程，防止少记、漏记或有意不记所实现的销售收入或者虚增销售收入，防范因此导致的销售货款被挪用或贪污的风险。

四 确保销售折扣与折让的适度性和适宜性

销售折扣与折让是销售业务中，无论是主观还是客观上都可能随时发生的行为。这是企业在销售业务中扩大促销、加速回款，或者修复客户关系、树立良好市场形象的必要营销手段。

1. 销售折扣的适度性和适宜性目标

销售折扣是企业根据买方的购货数量、付款时间以及商品的实际情况，放弃一部分销售收入让利于购买方的一种价格优惠，它是信用经济条件下的必然产物。对销售折扣的内部控制主要是确定销售折扣的度，使销售折扣政策达到既促进销售又及时收回货款的目的。同时，要有选择性地向适宜的销售对象提供适度的销售折扣，要防止利用销售折扣以权谋私行为的发生。

2. 销售折让的适度性和适宜性目标

销售折让是企业由于售出货物的质量等原因给予购货方的一种价格减让（即少付货款）。销售过程中可能发生货物因运输损坏、变质，或者装运数量与规格错误等情况，相应给予客户一定的折让予以补偿是必要的。销售折让直接导致企业经济利益减少，是销售业务内部控制的重点环节，要严格审查销售折让原因的真实性、合理性，通过内部控制确保给予销售折让的适度性和金额计算的正确性，既要维护良好的企业形象和客户关系，又要防止恶意欺诈和内外串谋行为。

五 确保货款回收的安全性和及时性

销售业务的完成不单只是售出商品，收回全部货款才是销售业务的目标实现和结束。因此，销售货款回收的内部控制是销售业务控制的最后一道关节，是企业售出商品实现价值的最终保障。尽量缩短回款周期以减少货币时间价值损失和形成坏账的风险，确保及时、安全地收回全部货款,是销售业务控制的核心目标。

1. 安全性目标

确保销售货款的安全收回是收款环节内部控制的首要目标,只有确保货款完整、安全地收回,才能确认一项产品销售业务的真实实现。有了销售货款的安全收回,企业才能开始下一个经营循环,不断实现价值创造。所以,销售货款回收的安全性是企业可持续发展并不断实现价值增长的必然要求。确保货款回收安全性的目标,涉及企业销售与收款循环整个业务流程的各环节,包括客户的审慎选择、客户信用恰当评定和合理的赊销政策、及时有效地组织发货等,均会直接影响此项目标的顺利实现。

2. 及时性目标

销售货款回收的及时性目标,要求企业要重视货币时间管理,赊销是企业让渡一定利益给客户。这种利益让渡不同于销售折扣或者销售赠送,它是将企业的销售货款无偿提供给客户使用一段时间(即信用期)。显而易见,资金既是有成本的也是有时间价值的。销售货款实际上就是企业资金的转化形式,及时收回就意味着降低企业资金成本和提高资金周转效率。

企业只有加强对货款回收环节的控制,及时办理结算手续,而且充分地做好事前客户信用调查与评定和事后对应收账款的催收工作,才能保证货款及时足额地收回。

第三节 销售与收款循环的主要风险点

销售业务包含实物流和资金流两条主线,是企业经营活动中最容易出现徇私舞弊的环节,所以其业务风险程度也相对比较多。概括而言,销售业务风险主要涉及市场风险、经营风险、管理风险和信用风险。从销售业务流程内容来看,这些风险分别对应在不同环节。例如,在销售计划环节决策不当致使市场定位错误和市场策略失败,从而带来市场风险和经营风险,或者由于客户信用管理不到位所带来的信用风险,等等。本节以销售与收款循环为主线,梳理了整个业务流程的主要风险点。

一 销售计划制定不当带来的经营风险

销售计划制定不当所带来的经营风险，会对企业的持续发展产生深远影响，在后果严重情况下甚至会导致企业经营失败。这个环节的风险主要体现在两个方面。

（一）销售计划管理不当

首先，企业可能存在没有销售计划的风险。其次，由于缺乏对市场现状和未来趋势、竞争对手状况的正确认识，以及对自身能力的客观评估不足，企业制订的销售计划不切合环境或者与接受的客户订单偏离较大，未经管理层审批即付诸实施，实施过程中缺乏动态管理，导致产品结构和生产安排不合理，难以实现企业生产经营的良性循环。

（二）客户开发

在客户开发上，企业既要维护现有优质客户又要积极寻求新的潜在客户。企业可能因为对市场预测不准确而制定了不适当的市场策略，造成市场定位和方向的选择错误，进而对销售渠道产生破坏性影响，致使现有优质客户丢失而新客户又开发不利或者收效甚微，紧跟着带来的直接不良后果就是销售不畅、库存积压、经营难以为继。

二 信用管理不足产生的信用风险

在正式签订销售合同和办理销售发货业务之前，企业必须履行一个非常重要的控制环节即客户信用评估，这必须建立在日常有效的客户信用管理基础之上。企业未建立客户档案或者主要客户档案不健全，缺乏日常的信用积累记录和合理的资信评估，加之往往为了占领市场而盲目扩大客户源，就有可能导致客户选择不当或者赊销政策的受益对象选择错误、未经信用审批给予赊销；更有甚者，一些销售人员趁机利用信用管理的漏洞，冒险向某些"特殊利益客户"大量赊销发货。这些都会导致销售货款不能收回或者遭受欺诈形成坏账损失，从而影响企业的资金流转与正常经营。

三 销售定价风险

企业的销售定价合理与否是影响其产品市场竞争力的一个重要因

素。在销售定价方面存在的风险主要表现为以下几种情形。

（一）销售定价与企业市场战略不符

现有产品调价或者新产品定价，既未经过价格决策机构审批又不遵守企业的价格政策，由此可能导致产品定价不符合企业市场战略，从而在市场竞争和以后长期经营中处于劣势地位，带来企业利益损失。

（二）利用销售定价获取企业利益

产品价格高低意味着企业所赚取销售利润的多与少。纵使企业审定的销售价格合理，如果在执行具体销售业务过程中对单项业务的定价调整没有履行严格的内部审批程序，也可能给销售人员利用一定的价格浮动权，给内外串通舞弊以可乘之机，不仅会造成企业经济利益的直接损失，甚至会扰乱市场给企业形象带来极大的负面影响。

四 订立合同产生的法律风险和利益受损风险

现代市场经济环境下，契约经济是一个鲜明特征，签订合同是契约关系中明确双方权利和义务的必要手段。在销售业务中，销售方是物质资源的组织者和提供者，特别是在以赊销为主的销售业务中，销售方要依据合同先期投入大量资源，一旦发生商业纠纷则销售合同是其借助法律武器保护自身合法利益的最有力证据。因此，订立销售合同的过程中也就相应隐藏着法律风险和利益风险。

法律风险具体表现为：销售方拓展市场卖出商品以增加收入是首要任务，所以接到客户订货单或者收到市场信息以后，为了节约时间促成交易，往往疏于对所签订销售合同条款的审查以及业务背景的调查，或者未经授权批准擅自签署合同，对合同中的欺诈陷阱或重大遗漏未能发现，在签订合同阶段产生巨大法律风险，进而带来企业直接或间接的利益损失。

五 发货环节产生的管理风险

对外发货由独立于销售部门的发货部门组织，发货环节的内部控制不严就会带来企业内部管理风险。

（一）未按时按规定发货的风险

经过内部审批的销售通知单，是销售业务的发货指令，载明需发出货物的品名、规格、数量、装运时间、发运地点等。如果发货部门未根据经过批准的销售通知单发货，可能出现装运错误、与销售合同预定不符、私自发货等情形，既缺少了对销售审批环节的复核，又增加了不能按时按规定内容和对象发货的风险，进而损坏企业的商业信誉和发生销售争端、损害企业商业利益、造成货款损失等。

（二）发生商品被盗风险

企业对发货与开票、记账等职责不独立分设，缺乏对发货后的监督管理（例如定期或不定期的盘点），则存在发货人员利用职务之便监守自盗、发货给虚假客户、重复发货等风险，都会造成企业财产损失。

六 收款过程中的财务风险

收款环节之前各环节的内部控制缺陷，会不同程度地传递到此环节来承接，例如信用管理不善致使赊销失误、发货错误带来客户纠纷，其直接后果就是形成坏账；收款环节自身也存在内部控制不严而形成坏账的情形，例如，长期不对账、逾期应收账款不及时催收、现金收款私设"小金库"等。经常性的坏账损失严重威胁企业的经营活动现金流，最终体现为企业资金"断流"的高度财务风险。

与收款相关的内部控制活动引起的具体风险主要表现为：一是企业信用管理不到位而盲目赊销；二是结算方式选择不当形成回款困难；三是未按销售发票通知开具发票、丢失发票或者重复开票而增加税务风险；四是票据管理不善形成逾期无法兑现或遭受欺诈；五是私设账户截留回款的舞弊行为等。

七 客户服务带来的市场风险

提供客户服务是提升产品附加值的重要手段，尤其是同质化竞争激烈的产品对客户服务的要求更高。相应地，如果企业在销售业务内部控制中忽视客户服务环节，则会带来难以估量的市场风险。这些风险主要表现为：①对客户需求响应不及时或者因为缺乏了解而没有响应，从而错失市场良机；②因产品售后质量问题处理不当对企业的市场形象造成负面影响；③削弱客户对企业的信赖度和依存度，令客户满意度急剧下降，继而带来客户流失的严重后果。

八 会计控制系统所导致的会计核算风险

正确计量销售收入、提供的销售折让与折扣、应收账款（含应收票据）、收到的销售回款、计提的坏账准备、销售退回、形成的坏账损失等销售业务价值内容，是企业销售与收款循环相关的重要会计控制系统。它是企业调整产品战略、市场定位和营销策略、分析销售业务价值创造能力等重大决策行为的基础且唯一的依据。

若企业缺乏有效的销售与循环会计控制系统，则会产生下列主要会计核算风险。

（一）会计信息失真

企业因为会计核算中错、漏、少、虚计销售业务收入，无法正确提供真实的市场变化情况和企业自身市场地位信息，难以作出正确的销售决策。

（二）造成企业财产损失

由于缺乏正确的会计核算记录，企业的会计资料可能发生账实不符、账证不符、账账不符、账表不符等基础性会计核算问题，所带来的后果则是给舞弊带来可乘之机，造成企业财产损失，主要反映为应收账款核算与管理混乱从而可能形成账外资金或者发生坏账损失、虚计收入造成虚假发货、少计收入设立账外账截留资金。

第四节 销售与收款循环的关键控制点

销售与收款循环的关键控制点可以概括为适当的不相容职务分离、正确的授权审批、充分的凭证和记录且凭证预先编号、内部复核程序等。从战略管理层面来看，销售与收款循环在内部控制上需注重销售计划管理、信用管理与赊销、授权与批准；从操作层面来看，销售前的谈判与订立合同、组织发货、会计核算、开票与收款、销售退回等环节是销售与收款循环的控制重点。

本节主要按照销售业务流程的内容梳理各环节的关键控制点，这些控制点不同程度地体现或涵盖销售与收款循环关键环节的基本控制活动。

第五章 销售与收款循环

一 在组织机构上分设职责部门

销售与收款循环按照内容可划分为组织销售（即"销售"）、组织发货（即"发货"）、售后与收款（即"收款"）三个阶段。组织销售阶段的主要活动包括制订销售计划、接受客户订单、信用调查与批准赊销、销售谈判和签订销售合同等；组织发货阶段是指从签订完成销售合同开始，根据销售通知单组织发出货物、完成销售业务会计核算等活动；收款阶段的主要活动包括催收回款、售后管理与服务、办理销售退回等。企业应对销售、发货、收款三大环节分设不同部门共同完成，各部门专司执行、职责分离。这是有效实施销售业务内部控制的组织基础，是首要的关键控制点。

销售与收款循环涉及销售部门、信用管理部门、发货部门（仓储部门）、财务部门。一般而言，销售部门主要负责处理客户订单、执行销售政策、签订销售合同、催收货款；信用管理部门主要负责客户信用档案管理、信用调查和评定、信用审核和批准赊销；发货部门主要负责审核发货单据是否齐全并据以办理具体的发货事宜；财务部门主要负责销售业务实现的结算和会计处理、监督收款等。

二 销售计划环节的关键控制点

企业的销售业务控制活动中，对销售计划的有效控制是明确销售业务方向、确保符合企业发展战略的保障。它对促进企业持续经营发展具有基础性重要意义。关键控制点就是计划的制订与调整。

（一）制订销售计划并经过审批

企业应根据发展战略和年度生产经营计划，结合自身产能情况和资金供应能力、市场需求预测、竞争对手情况等内外部因素，制订年度销售计划。在此基础上，进一步结合客户订单情况，分解制订月度销售计划，并按规定的权限和程序审批后下达执行。

（二）销售计划应适时适宜地作出调整

企业应由专门部门定期对各产品（商品）的区域销售额、进销差价、销售计划与实际销售情况等进行分析，结合生产现状，及时调整销售计划，调整后的销售计划需履行相应的审批程序。

三 信用管理环节的关键控制点

赊销是企业在现代信用社会中实现销售的最主要方式。健全有效的信用管理是企业赊销恰当与否的关键所在，它决定了销售最终能否顺利完成。所以，信用管理是销售业务内部控制活动不可或缺的内容。企业应当在进行充分市场调查的基础上，合理细分市场并确定目标市场，根据不同目标群体的具体需求，确定定价机制和信用方式，灵活运用销售折扣、销售折让、信用销售、代销和广告宣传等多种策略和营销方式，促进销售目标实现，不断提高市场占有率。

信用管理环节的关键控制点主要包括以下几点：

（1）企业应设立独立于销售部门的信用管理部门，由其负责收集主要客户信息，建立客户档案并实施动态更新管理，企业以此确定客户信用等级、赊销限额和采用的销售方式，并经销售部门和财务部门具有相关权限的人员审批。

（2）对于境外客户和新开发客户，企业应当建立严格的信用保证制度。

（3）企业订立销售合同前，事先经过信用管理部门的调查和风险评估。

（4）销售部门在与客户洽谈中提出的赊销额，必须获得信用管理部门的审核并经主管人员批准。

（5）在发货环节之前，销售部门向信用管理部门申请核查，以确保相应客户的发货额度控制在已经批准的赊销额度之内。

四 销售定价环节的关键控制点

销售定价环节的关键控制点主要是指价格确定与调整均应设置内部控制权限，不能由销售人员直接擅自实施。关键控制点主要包括以下几点：

（1）根据市场营销策略、财务目标、产品成本和竞争对手情况等多方面因素，由企业管理层最终审批确定产品的基准定价，并定期评价产品基准价格的合理性，在每次定价或调价时均需具有相应权限的人员审批核准。

（2）对于特殊情形，企业可以授权销售部门以基准定价为基础，结合产品市场特点实施一定限度的价格浮动，对经批准的价格浮动权可向下逐级递减分配，不得擅自突破。

（3）在销售业务中，从价格上给予客户销售折扣与折让应由具有相应权限的人员审批，且授予的实际金额、数量、原因及对象应予以记录，并归档备案。

五 销售谈判与订立销售合同环节的关键控制点

销售谈判与订立销售合同环节直接决定每项单笔销售业务的收益水平，因此其内部控制活动显得尤为重要。这个环节的关键控制点主要包括不相容职务分离、处理订单、授权与批准、销售谈判、订立合同。

（一）不相容职务分离

不相容职务分离是企业内部控制活动的核心控制思想，会不同程度地应用在各主要业务环节。销售谈判与订立合同环节的关键控制点主要体现为以下几点：

（1）合同谈判人员与签订合同的人员相分离。

（2）企业在正式签订合同之前，由经过授权的专门人员就销售价格、信用政策、发货及收款方式等具体事项与客户进行谈判。

（3）销售审批与赊销政策审批由不同部门的不同人员来执行。

（4）编制销售发票通知单、开具销售发票、复核发票应分设三个岗位相互分离。

（二）处理订单

健康的企业应该建立客户订单的内部控制程序。接受客户订单是企业销售实现的开始，没有订单的企业将无以为继，但并非所有订单都一概接受，因为处理客户订单不慎甚至会拖垮一个企业。因此，处理订单要把握好以下三个关键控制点：

（1）企业收到订单后结合自身生产能力、销售政策、存货情况以及客户的财务状况等因素，审核是否可以接受该订单。

（2）确定客户是否在已批准的客户清单上。

（3）每次销售都应有已批准的销售单。

（三）授权与批准

企业应当对销售与收款业务建立严格的授权批准制度，明确审批人员对销售与收款业务的授权批准方式、权限、程序、责任和相关控制措施，规定经办人的职责范围和工作要求。

订立销售合同环节的授权与批准涉及以下四个关键控制点：

（1）合同对方是企业信用部门批准赊销的客户，合同签署的赊销额是经过信用管理部门在授权范围内批准的。

（2）合同确定的销售价格、付款条件、运费和销售折扣的确定已经销售部门之外的有权部门和人员进行了适当的授权批准。

（3）审批人应当根据销售与收款授权批准制度的规定，在授权范围内对正式签订前的合同进行审批，不得超越审批权限。对于审批人超越审批权限的审批行为，经办人有权拒绝办理并及时向审批人的上级授权部门报告。

（4）因特殊情形需要超出企业既定销售政策和信用政策规定范围的销售业务，企业应当进行集体决策。

（四）销售谈判

销售谈判过程中的关键控制点主要是参与谈判的人员应至少两人，并与订立合同人员分离，对销售谈判的全过程应有完整的书面记录和重大事项报告制度。

（五）订立合同

确保订立的合同能够合理保障企业的合法权益和商业利益，必须做好以下三个关键控制点：

（1）企业所订立的合同首先必须严格遵守《中华人民共和国合同法》的规定，金额重大的合同应该征求外部法律顾问或者专家的意见。

（2）企业应当建立健全销售合同订立和审批管理制度，明确必须签订合同的范围，规范合同订立程序，确定具体的审核、审批程序和所涉及的部门人员及相应权责。审核、审批应当重点关注销售合同草案中提出的销售价格、信用政策、发货及收款方式等。

（3）销售合同草案经审批同意后，企业应授权有关人员与客户签订正式销售合同。

六 发货环节的关键控制点

发货环节是实物资产流出企业的直接环节，也是销售业务的中心环节。只有实现正确的发货，才具备收取货款的基础。其关键控制点如下。

（一）开出销售通知单和销售发票通知单

销售部门依据审核后的销售合同和销售订单，开具载明与合同内容相一致的发货品种、规格、数量、客户、发货时间和方式、接受地点等信息的销售通知单，交仓储部门和财务部门；同时，开具销售发票通知单给财务部门。

（二）仓储部门按销售通知单备货

仓储部门应当建立出库、计量、运输等环节的岗位责任制，分别对销售通知单进行审核。在此基础上，严格按照销售通知单所列的需要发运货物的内容，在规定的时间内备货并与运输部门办理手续，组织发货。

（三）装运与交接确认

运输部门对照销售通知单装运货物并填写装车凭据，按照合同规定的时间、地点和对象履行运输任务，与客户在货物交接环节办好装卸和检验工作，确保货物安全地交给客户并得到验收确认，取得收货确认凭据和收到发票的确认凭据，交由销售部门整理和保存。

（四）充分的凭证和记录

在货物组织发运离开企业环节，仓储部门在货物装运完成后，应形成相应的发货凭据并连续编号，做好库房的出库记录；销售部门在发货完成后设置销售台账，反映各次商品销售的开单、发货、收款等情况，并将客户订单、销售合同、客户确认证据等作为台账附件归档，形成全过程的销售登记制度。

七 收款环节的关键控制点

收款环节是体现销售业务成果之所在。如果收款环节的内部控制薄弱或者缺失，则可能令销售业务功亏一篑。其主要的关键控制点如下。

（一）建立客户访问制度

企业可建立管理层分管领导针对主要客户的定期或不定期访问制度，内部控制人员和内审人员在条件许可情况下也要建立对客户的访问机制，掌握背景信息分析客户付款风险。

（二）实施严格的销售回款政策

（1）企业必须明确规定禁止销售业务人员收取现金货款，同时尽可能要求客户与企业实行货款的票据或转账结算。

（2）若客户只能提供现金付款或者承兑汇票方式结算货款，企业应制定内部控制程序，明确要求业务人员提前报告具体的付款时间、金额、方式以及携带现金的安全措施，不能坐支现金。

（3）企业财务部门和销售部门应当密切配合，共同对销售回款情况进行定期检查，抽查核对企业与客户的往来账务真实性。

（三）及时开具销售发票

（1）在开具每张销售发票之前，开票人员应独立检查是否存在装运凭证和相应的经批准的销售通知单。

（2）企业应依据已授权的、批准的商品价目表编制销售发票。

（3）企业应独立检查销售发票计价和计算的正确性。

（4）将装运凭证上的商品总数与相应的销售发票上的商品总数进行核对。

（5）开具发票必须严格执行发票管理规定，严禁开具虚假发票。

（四）每月对账

在完成销售并取得客户确认证据后，企业在内控安排上应指定不负责现金出纳和销货及应收账款记录的人员，每月寄送客户对账单，将任何例外情况直接向指定的未涉及执行或记录销货交易循环的会计主管报告，对发现的差异要及时查明原因。

（五）建立应收票据管理制度

（1）企业应明确规定票据的取得、贴现、背书、保管等环节的审批流程和职责要求。

（2）企业应严格审查票据的真实性和合法性，防止票据欺诈。

（3）企业应由专人负责应收票据保管，严格限制其他人员对票据的接触。

（4）企业应动态管理应收票据信息，定期核对盘点，及时办理即将到期的应收票据托收业务。

（六）加强代销业务回款管理，及时与代理商结算销售款项

代销是企业在销售活动中借助市场力量扩大货物销售的一种积极行为。它是指企业将商品委托他人进行销售，但商品所有权仍归本企业的销售方式，委托代销商品销售后，受托方与企业进行结算并开具正式销售发票。代销业务的控制活动主要是代销商的选择与管理和代销货款的

回收管理。企业应与受托方订立代销合同，规定受托方于代销商品后及时、定期或至少按月报送已销商品清单。清单中应载明售出商品的名称、数量、销售单价和销售金额，应扣的代交税金和代销手续费等，并将代销货款净额及时汇交委托方。

（七）催收到期款项

（1）销售部门按照客户设置应收账款台账，及时维护每个客户的应收账款信息及其信用额度使用情况，负责应收款项的催收工作。

（2）企业财务部门应定期分析应收账款账龄，建立风险预警程序，向货款清收部门预警接近诉讼时效的应收账款。

（3）企业财务部门对催收无效的逾期应收账款通过法律程序解决，最大限度降低应收账款形成坏账的风险。

（八）核销坏账与管理

（1）对于确信无法收回的应收账款，获取货款无法收回的确凿证据，及时按照企业内部坏账核销程序履行审批，核销已形成损失的坏账。

（2）已作财务核销的应收账款应当建立备查登记簿，做到账销案存，仍定期寄送客户对账单和询证函。若发生回款的情况时，应当及时入账，防止形成账外资金。

八 客户服务环节的关键控制点

为了防范或降低客户服务可能带来的风险，从内部控制角度应把握好以下几个关键控制点。

（一）建立售后客户服务制度

在充分市场调查的基础上，企业要结合竞争对手客户服务水平，建立和完善企业客户服务制度，明确规范客户服务内容、标准、方式等。

（二）设置专门部门

企业应设立专职部门或人员进行客户服务和跟踪。有条件的企业可以按产品线或地理区域建立客户服务中心。企业应加强售前、售中和售后技术服务，实行客户服务人员的薪酬与客户的满意度挂钩。

（三）做好客户回访和投诉制度

为了及时掌握客户需求和信息反馈，企业应做好客户回访工作，定期或不定期开展客户满意度调查；建立客户投诉制度，记录所有的客户投诉，并分析产生原因及解决措施。

（四）实施销售退回制度

销售退回属于售后客户服务的范畴，也与应收账款管理密切关联。其关键控制点如下。

1. 鉴定

企业内部专门机构或部门（一般是质量部门或售后服务部门）对发生退回的货物进行严格鉴定和验收，这是实施销售退回的必要条件。属于退赔范围则报经销售业务主管审批后及时予以执行，谨防销售业务人员利用产品三包政策从事舞弊活动。

2. 验收

仓储部门应当在清点货物、注明退回货物的品种和数量后，填制退货接受报告，取得审批以后才能办理入库。

3. 会计处理

财务部门应当对检验证明、退货接受报告和退货方出具的退货凭证等进行审核无误后，方可办理相应的退款事宜和进行会计处理事宜。

企业发展到一定规模后，必须建立严密的控制体系，依靠各部门或岗位之间相互牵制、监督，依靠固化的流程去控制运行，减少主观臆断，这样才能保证企业总体风险最小，整体运营质量最高。企业销售业务流程的主要内容是固化的，但是针对流程的控制活动和关键控制点因不同环境、不同阶段、不同的执行者，相应的重点会有所区别。因此，在销售业务控制活动中，如何保障销售业务健康实现的关键在于建立控制制度后要分析性地认真贯彻执行，防止生搬硬套和流于形式。

九 会计系统控制的关键控制点

（一）完整正确的会计记录

企业应加强对销售业务的会计系统控制，详细记录销售客户、销售合同、销售通知、发运凭证、商业票据、款项收回等情况，确保会计记录、销售记录与仓储记录核对一致。特别是财务部门对销售报表等原始凭证审核销售价格、数量等，并根据国家统一的会计准则制度确认销售收入并登记入账。

(二）跟踪应收账款，促进及时回收

会计控制系统应及时收集应收账款相关凭证资料并妥善保管；对未按时还款的客户，采取申请支付令、申请诉前保全和起诉等方式及时清收欠款。对收回的非货币性资产应经评估和恰当审批。

第五节 案例分析

【案例 5-1】

安盛公司销售与收款业务的内部控制全流程[①]

本案例通过分析安盛公司在销售与收款业务中所设计执行的内部控制流程，勾勒出一个从客户调查开始到完成发货并确认应收账款的业务操作流程。在此基础上，分析其销售与收款业务内部控制的有效之处和缺陷，从两个视角去看销售与收款业务的内部控制，有现实的操作指导意义。

一、基本情况

安盛公司销售与收款业务涉及的部门分别是销售部、商务部、运营管理部、财务部、综合部。商务部和运营管理部由一名副总经理分管，财务部和综合部由总经理直接管理，销售部由另一名副总经理分管。销售部下设销售一处和销售二处，商务部下设信用管理处、合同管理处、采购处、物资处、综合处，财务部下设会计处、财务管理处，综合部下设办公室、运输处、物业处。公司销售与收款业务的主要流程和内容如下：

（1）销售部由销售一处专门人员负责了解客户的基本情况后，确定交易的初步意向，填写客户资料表，并将填好的客户资料表交给商务部的信用管理处。

（2）商务部信用管理处负责对销售部提交的客户资料进行经营能力、资信状况等评核，出具授信建议并由商务部负责人审批后，返回给销售部。

---

① 刘芬芳. 销售与收款循环内部控制制度设计探究：基于安盛公司的案例分析 [J]. 财政监督，2013（8）.

（3）销售部负责人依据商务部授信文件，核准与客户的交易方式及给予客户的信用额度后，由销售二处负责谈判并签订销售合同。同时，销售部的业务助理将客户资料输入计算机系统存档。

（4）区别不同的销售方式，对客户订单的处理略有不同。如果采用现金销售方式，当收到客户订货单及缴款时，由销售二处依据客户之缴款填写缴款单并送交财务部会计处出纳员。出纳员在收款后，将缴款单的一联交财务部会计处负责收款的会计人员进行计算机系统缴款确认。

如果采用赊销方式，由销售部销售一处先将已获核准的授信单送交财务部负责应收账款核算的会计进行计算机系统的授信额度确认。

（5）完成合同的系统确认以后，财务部将客户订货单的一联及相应的销售合同一份还给销售部，由其转交商务部合同管理处，由该处业务人员将计算机系统中制作的销货通知单送交物资处（合同管理处和物资处同属商务部负责人领导）。

（6）物资处收到销货通知单后，依据销货通知单标明的品种、数量进行备货和向综合部运输处交接装运货物，并生成一式四联的送货单送交财务部会计处。

（7）财务部会计处设有专门岗位负责核对价格、收款金额无误后签字，并在计算机系统确认生成销货清单，据此填制销货发票并予以记账。然后，将销货发票及三联送货单送交商务部物资处。

（8）商务部物资处留存一联，其余两联送货单和销货发票连同货物由运输处送交客户。

（9）客户签收后将送货单留存一联，另一联送货单由商务部物资处返回财务部作为记录销售收入或应收账款之依据。

二、案例解析

1. 安盛公司内部控制之有效性

从案例内容来分析，安盛公司销售与收款业务内部控制具有可借鉴之处。公司采用了多个部门相互牵制和监督的内部控制措施，可在一定程度上防止贪污舞弊行为的发生，可减少销售与收款业务中可能出现的低效率和侵吞企业利益的行为。其可借鉴之处归纳为如下几点：

（1）较好地运用了不相容职务分离的内部控制。公司将销售与收款业务中对客户甄选、客户信用调查、接受客户订单、核准付款条件、填制销货通知单、发出商品、开具发票及会计记录等不相容岗位所涉及的相关职务实施了分离设置。

（2）建立了信用管理机制。公司建立信用管理机制是对应收账款的事前控制，对有效保护销售成果具有积极作用，从源头上减小形成坏账损失的风险。

（3）采用了计算机系统授信额度确认的权限控制。计算机系统授信额度的确认，提高了销售与收款业务的工作效率，保证了营业收入的真实性、合理性、完整有效性，也提高了信息的及时性、准确性、查阅的方便性。

2.安盛公司内部控制凸显的问题

通过剖析安盛公司销售与收款业务流程控制活动的关键控制点，我们发现存在如下若干问题：

（1）商务部是信用管理部门却仅有信用额度的建议权，而由负责签订合同的销售部确定信用额。首先，没有切实达到信用管理的作用，应该由独立的信用管理部门负责信用额度的确认。其次，信用额度的给予应该由公司主管领导审批授权。

（2）销售前期活动中的谈判活动和签订合同，安盛公司将此两项职责放在销售二处，应该由两个不同的岗位分别执行。

（3）实施销售的业务人员与现金收款由销售二处独自完成，存在利用现金收款业务舞弊的风险。

（4）合同管理处和物资处同属商务部负责人领导，且在本案例中由合同管理处负责开出销售通知单，发货由物资处组织实施。这两项流程均由同一个部门负责人审批，与不相容职务分离原则相违背，不按销售通知单发货的风险很大。

（5）合同管理处负责制作销售通知单，实际与销售合同事项相分离，职责分配混乱。应该由销售部负责。

（6）销售清单应该由货物发运部门即本案例中的物资处负责制作，交财务部复核并据以开具销售发票和记录相关会计核算内容。本例中，由财务部开具销售清单，脱离了实际的发货业务。

（7）应收账款的管理上，还应加强事后管理，建立询证制度及时准确地与客户对账，以免给个别业务人员提供可乘之机，保证应收账款的真实、准确和可收回性。

三、案例启示

从本案例中所表现的内部控制存在的问题来看，企业设计内部控制流程，不能仅从形式上追求其完整性和连贯性，更要认真分析各关键控制点的适配性。如果找准了关键控制点，但是没有将它设置在合适的节点上就无法有效地发挥功效，往往增加了控制风险，甚至给舞弊提供了机会。例如，本案例中，安盛公司建立了信用管理部门，对赊销实施审批制度，但是由于职责分工上没有真正实现不相容职务的分离，授信额度的确定仍由销售部门最终确定，信用管理部门只有建议权。

【案例 5-2】

华康公司信用管理与发货控制

一、基本情况

华康公司是一家拟上市的综合性药品生产企业，公司想借筹备上市的机会，加强业务环节的内部控制以增加管理内功，提升公司的综合竞争力。公司聘请勤信会计师事务所进行内部审计，会计师李一在底稿中记录了销售与收款业务内部控制环节测试的如下内容：

天意公司是华康公司20××年8月开发的新客户，根据公司客户信用管理委员会的审批，公司商务部记录对天意公司的赊销信用额度为60万元。9月10日，华康公司收到天意公司15万元预付款，并根据合同约定组织发货，以每件117元的价格（含增值税）分别于9月15日和22日向天意公司发出5 000件和3 000件产品，并于10月30日收到60万元，其余款项到年底尚未收到。会计师李一检查了以上两次发货的销售单和发货单，销售单的信用审核记录显示，上述两批产品均经商务部职员D（负责信用管理的岗位）批准即予发货。业务相关的银行收款单据中没有发现异常情况。

上述两次发货都执行了如下程序：仓库均开具了预先连续编号的发货单，并在销售的产品装运后，将凭证的相关副联分送财务部、物流部（负责运输业务）和天意公司。财务部负责开票的F在审核了发货单和销售通知单后开具销售发票,将发票副本留存并将相关单据送交财务部G审核签字,并由G核对无误后负责登记主营业务收入明细账和应收账款明细账。

有两笔销售业务的单据反映:先发生的销售业务相关单据编号晚于后发生的业务单据编号。华康公司主营业务收入明细账中,9月30日最后一笔交易的发货单和销售发票填制日期均为9月30日,发货单编号为5785号;10月5日第一笔交易的发货单和销售发票的填制日期均为10月5日,发货单编号为5784号。财务人员解释,由于天意公司运输安排原因,上述两笔交易的相关产品均在10月5日发出,但由于9月30日最后一笔交易的客户要求的发货时间是9月30日,故将5785号发货单和相关销售发票日期填制为9月30日。

二、案例解析

根据会计师李一上述测试记录来分析,华康公司在销售与收款业务内部控制环节上存在以下几个缺陷。

1. 信用管理中未严格遵守赊销额度

华康公司于9月22日向天意公司发出3 000件产品前,对天意公司授权的剩余赊销信用额度仅为16.5万元(60-117×0.5-15)。因此,在华康公司于9月22日以赊销方式向天意公司发出价值为35.1万元的3 000件产品时,对天意公司的授权赊销额度已经不足。所以,实施此笔销售发货前,除了经过职员D的批准,还需获得经授权的信用管理部门(商务部)负责人E的批准。华康公司在此项赊销业务中,年末形成了18.6万元应收账款,债权人是当年新发展客户且无相应的赊销额度,形成坏账损失的风险很大。

2. 会计信息系统控制中的不相容岗位未分离

财务部门职员G一人同时负责记录主营业务收入明细账和应收账款明细账。这是两个应该相互分离的岗位,两个不同的会计人员负责记录主营业务收入明细账和应收账款明细账,目的是构成内部控制中的一项自动交互牵制。

销售与收款业务的会计信息系统控制中,类似的不相容岗位相互分离的情形还有:记录应收账款明细账的岗位与负责应收账款催款的岗位分离、记录应收票据的岗位与负责应收票据保管的岗位分离、取得和贴

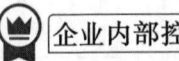

现应收票据均由保管应收票据以外的主管人员书面批准、记录应收账款明细账的岗位与记录已核销应收账款备查簿的岗位分离、应收款项收款岗位与记录已核销应收账款备查簿的岗位分离等。

3. 发货凭证未如实记录

华康公司人为更改提前了发货单日期，并提前确认了相关的主营业务收入。首先，华康公司对内部凭证的随意更改，让相关内部控制效力大打折扣；其次，在发货前确认收入和开具发票，说明在发票管理和会计核算方面存在控制缺陷。应该对所有发货单按照实际发货时间填写日期。

4. 开具发票前未将销售通知单、发货单、商品价目表三者复核

负责开具发票的岗位在正式开具销售发票前，仅对销售部门出具的销售通知单和仓库（发货部门）出具的发货单进行了核对，疏漏了一个关键复核单据即商品价目表。这个关键控制点的缺失，可能给销售人员违反公司销售政策操纵价格以可乘之机。

三、案例启示

在本案例中，华康公司在销售与收款业务循环的内部控制活动反映的缺陷，重点揭示了以下关于信用管理、发货和会计信息处理相关的内部控制要点。

1. 必须履行信用管理

在销售与收款业务中，信用管理是风险控制的第一道防火墙。销售部门在与客户洽谈中提出的赊销额，必须获得信用管理部门的审核并经管理层主管人员批准。在发货环节之前，销售部门向信用管理部门申请核查，以确保相应客户的发货额度控制在已经批准的赊销额度之内。信用管理部门应该密切关注市场变化和客户履约情况，动态评定客户信用等级和给予的赊销额度。

2. 完整充分的凭证和记录

每个公司的交易、处理和会计记录等内部控制制度都有自身的特点，很难评价哪个环节的内部控制设计作用最大。但是，只有具备完整、充分的凭证和记录，才可能实现其他各项控制目标。

3. 凭证的预先编号

对凭证预先编号，旨在防止发出货物后忘记向客户开出发票或登记入账，也防止重复开票或重复记账。当然，如果对凭证的编号不作及时

的清点，预先编号就可能失去意义。

4. 开具发票是一个综合复核过程

在开具销售发票环节，开票人员必须在充分掌握销售合同的基础上，复核载有信用审核记录的销售通知单、发货单、商品价目表，确保三者在价格、品名、规格、数量等与售出货物价值计量有关的所有信息一致，才能开具正式发票。

5. 借助内部审计实施内部核查程序

由内部审计人员或其他独立人员核查销货交易业务的处理和记录，是实现内部控制目标所不可缺少的一项控制措施。

【案例 5-3】

天达公司应收账款的内部控制

一、基本情况

天达公司资产总额为 3 亿元，其中应收账款为 1.44 亿元，占总资产的 48%、超过流动资产的 67%。近年来，公司应收账款连续高企，营运指数不断下降、营运资金几乎接近枯竭，正常的生产经营已经严重被干扰，公司举步维艰。在天达公司的一份内部审计报告中，关于应收账款反映出如下问题：

（1）甲公司是一家非法经营的"皮包"公司，半年前已经被当地工商机关查封，当事人已移交公安机关。天达公司直到收到公安机关的通知时，才知道对其 800 万元应收账款确信无法收回，但是这笔被骗损失尚未核销相应的应收账款。

（2）乙公司是在异地的一家客户，天达公司对其应收账款余额为 780 万元。天达公司已经超过 4 年与乙公司没有业务往来，但因账龄较长且原经办人已经离职，离职时未办理相关移交手续，前期催账资料均已丢失，目前基本可以判定无法收回对乙公司的应收账款。

（3）对丙公司的应收账款余额 1 040 万元是两年半前发生的两笔销售业务形成的。虽未发生重大异常，但当初为了争取新的客户而给予其赊销，现在因账龄较长且企业又长期未与客户沟通，后续能否收回这笔应收账款,存在很大不确定性。

(4)账龄在1年以上的应收账款比重超过60%,公司尚没有对所有逾期的应收账款进行全面的催收工作。

二、案例解析

本案例材料反映的是天达公司应收账款存在大量坏账损失的风险问题,暴露出的是天达公司在应收账款管理方面的内部控制缺失,主要表现如下。

1. 信用管理不到位

天达公司的应收账款占总资产的比重接近50%、占流动资产高达67%,表明在销售业务中大量采用了赊销方式,而且长账龄或者发生坏账损失的应收账款较多。这表明天达公司在客户信用管理上存在很大不足,未制定出详细的信用政策,未根据调查核实的客户信用情况,明确规定具体的信用额度、信用期间、信用标准并经授权后执行赊销,而是盲目扩大赊销范围,从源头上造成大量的坏账隐患。

2. 应收账款的质量被忽视

天达公司大量长账龄应收账款的存在,表明公司没有正确树立应收账款不等于现金的观念,片面追求利润最大化而严重忽略了现金流是确保企业正常运营的血液,忽视了企业财富最大化的正确目标,没有重视应收账款回款质量。

3. 应收账款相关的基础证据管理缺失

天达公司仅仅由于人员离职就使重要的应收账款催款证据缺乏,无法继续催收追回。这表明天达公司没有建立明确的应收账款管理制度,没有明确责任部门,致使售出商品的赊销业务没有建立起必要、系统的销售合同、发运凭证等原始凭据管理体系,导致应收账款损失,吃了"哑巴亏",而且无从追究责任。

4. 应收账款的会计信息系统控制薄弱

对上千万元的应收账款,天达公司长期不与客户对账;因为缺少日常对账机制,应收账款的债务人已被查封却还不知情。这反映出天达公司对应收账款的会计监督相当薄弱。

(1)公司未建立有效的应收账款对账制度,财务部门对长账龄应收账款不及时发出催告预警,丢掉了最后一道防线。

（2）对于外部证据已确认无法收回的应收账款，公司仍未及时进行坏账核销处理，虚列资产。

三、案例启示

应收账款是为了促进销售和维护良好的客户关系，在严格的信用审核基础上，对客户提供赊销而形成的。对应收账款的管理是销售与收款业务循环中的收款环节最重要的活动，对其内部控制的有效性与否，直接决定了公司销售业务能否真实实现即完成收款。本案例中的天达公司对应收账款管理松懈，造成公司销售业务质量下降、经营现金流捉襟见肘，由此带来以下几点启示。

1. 加强对赊销业务管理

企业应制定切实可行的销售政策和信用管理制度，严格批准赊销业务，只有符合赊销条件的客户才能按规定程序办理赊销，并建立完整的赊销备查登记。

2. 加强对客户的信息管理

企业应充分了解客户的资信能力和财务状况，对长期、大宗的客户应建立包括信用额度使用情况在内的客户信息资料，并实施动态管理、及时更新。

3. 加强销售队伍建设与管理

企业应当配备合格的人员办理销售与收款业务，办理此业务的人员应该具备良好的业务素质和道德品质。对销售队伍的建设与管理，还包括对销售与收款业务的授权审批制度、销售与收款业务的责任连接和考核奖惩制度、销售人员定期轮岗和经手的客户债务交接制度。

4. 加强对应收账款的会计监督管理

销售与收款循环业务中，对应收账款的内部控制主要通过会计监督管理来完成。

（1）企业应建立应收账款账龄分析制度和逾期应收账款预警与催收制度，定期以函证方式与客户对账，对账工作可由不负责现金出纳和销货及应收账款记账的人员负责，每月向客户寄发对账单，能促使客户在发现余额不正确后及时作出说明，因而是一项有用的控制制度；企业内部对账人员发现异常情况时，要及时反馈给销售部门并向决策机构报告。

（2）无论赊销部门的工作如何主动，客户因宣告破产、死亡等原因而发生货款无法支付的情形也时有发生。销货企业如果通过努力后确认某项货款确实无法收回，就必须注销这笔货款。对这些坏账，正确的处理方法应该是获取货款无法收回的确凿证据，履行内部审批程序后及时作出会计处理。

【案例 5-4】

天方公司内部控制缺失造成的贪污案例[①]

一、基本情况

A市检察机关接到举报，天方生物制品公司总经理盛某将大量的销售货款截留在代理出口单位甚至转移。接到举报后，A市检察机关即开展了调查，证实盛某通过少开发票手段截留贪污销售款800多万元，并通过代理出口单位将贪污的货款转移到其私人企业。

A市检察机关聘请的会计师事务所在调查中同时发现：该公司财务管理混乱，总经理盛某直接插手或负责与销售和收款有关的业务，这为盛某的贪污行为大开了方便之门。具体表现如下：

（1）公司的对外销售业务由盛某负责洽谈，销售部只负责根据盛某的指令编制销售计划。

（2）仓储部门根据盛某的指令给客户发运货物。

（3）仓库里没有库存明细账和货物进出库记录，销售成本按估算的毛利率计算。

（4）财务科根据盛某的指令开具销售发票，他说多少就开多少。

（5）财务科根据销售发票确认应收账款。

（6）自盛某担任总经理以来，销售合同、销售计划、销售通知单、发货凭证、运货凭证以及销售发票等文件和凭证从未进行过核对。

二、案例解析

在本案例中，业务洽谈、发货、开具发票、收入与应收账款确认、内部稽核等环节的内部控制缺失，给盛某的贪污舞弊行为以可乘之机。

[①] 李敏. 天方公司内部控制缺失造成的贪污案例［J］. 上海注册会计师，2010（6）.

1. 销售业务洽谈由独立业务人员完成

天方公司的销售业务由盛某负责洽谈而非销售部门执行，也没有独立于销售部门的其他部门对销售价格、赊销政策、发货安排、收款条件等核心内容进行审核，在销售业务洽谈环节毫无不相容职务相互分离的内部控制，这是盛某实施舞弊的铺垫。

2. 发货环节无内部控制

仓储部门的发货以盛某个人的指令为准，表明天方公司对发货的内部控制缺失，不是按照销售部门经过审批后的销售通知单执行发货，而是以洽谈销售业务的盛某之意志为准；仓库发出货物后不记录库存商品台账，发货的安全性和追溯性都无从保障。从中可以看出，天方公司的销售业务是由盛某一人所操控，发货的合理性和风险控制均是空白，这不仅给盛某也给仓储环节其他人员的舞弊大行方便。

3. 开具发票的随意性直接促成了贪污

销售发票是销货方向客户索要货款的重要凭据，也是销售方确认销售收入和应收账款的直接依据。天方公司在开具销售发票过程中，不是以审核一致的销售合同、销货通知单、发货通知单等为依据，而是以销售指令发布者的授意为准，"多发货、少开票"轻而易举。开票之后，发票金额和其他内容也没有经过主管人员复核，这本来是对开票环节的一道"防火墙"，但在天方公司也是缺失的。虚假的发票必然造成在会计记录上据以确认的虚假销售收入和应收账款，转移收入、截留回款因此就"水到渠成"。

4. 内部复核在内部控制中的缺失

本案例中，仓储部门不是根据加盖现金收讫章、银行收讫章的发货凭证或经授权批准的赊销销售通知书发货；发货时无法对商品的品种、规格、数量等进行认真复核。另外，财务部门未能根据发货凭证逐笔登记存货明细账，并定期与销售部门的销售业务登记簿核对；未能与仓储部门的存货明细账、存货收发存日报表或月报表核对。如果公司销售与收款业务相关各部门明确了内部控制职责，能在业务发生过程中实施上述的主要内部复核工作，发出货物与收到货款不符的问题就会及时暴露出来。

三、案例启示

建立健全的内部控制制度，不能确保就一定不会发生贪污、舞弊行为，这与执行的有效性密切相关。但是，如果发生贪污与舞弊行为就必然意味着企业的内部控制存在问题或者缺失。天方公司发生盛某贪污的情况就是一个典型的缺乏内控制度的案例。按照企业销售与收款循环的内部控制要点，天方公司只要对各个环节稍加控制，盛某也不至于如此胆大妄为。

本案例带来的另一个启示是，内部控制发挥作用首先要确保企业管理者的有效执行和必要的约束机制。内部控制是企业的全员参与活动，从经营管理者到普通员工都应在内部控制制度面前一律平等，或者从某种意义上来说，内部控制首先要约束的对象就是拥有权力者。因此，建立一个科学严密的内控机制和控制环境，是内部控制制度得以有效实施的前提，否则企业管理者的权力得不到制约，表面上完美的内部控制制度也会在"老板"的例外处理下失去功能。

【案例5-5】

浅论应收票据内部控制的要点[1]

2010年4月15日，财政部等五部委联合下发了《企业内部控制应用指引》。随后，财政部会计司也陆续对其进行了解读。其中，《企业内部控制应用指引第6号——资金活动》和《企业内部控制应用指引第9号——销售业务》对应收票据作了相关规定。应收票据作为商业票据，主要包括银行承兑汇票和商业承兑汇票。两者中，银行承兑汇票具有准货币资金的性质；而商业承兑汇票因出票人的信用不同可能存在到期不能收回的风险。不过在一般情况下，商业承兑汇票由于能够背书，其流动性也显得相对较强。故此，应收票据应重点关注的风险是管控不严，可能导致被挪用、侵占或者欺诈等。下文通过案例的分析，探讨在实务中如何从内部控制的角度管理应收票据。

---

[1] 赵团结.浅论应收票据内部控制的要点［J］.中国总会计师，2011（2）.

一、案例摘要

2010年7月，A集团公司对其下属公司进行突击财务检查时发现B公司有一张仿冒的银行承兑汇票，票面金额为100万元。检查人员询问出纳得知，该张银行承兑汇票系主管财务的副总经理兼财务部经理李某从客户C处收取，该客户最早开出的银行承兑汇票为2009年9月30日开具，金额为30万元。后来，随着双方交易额的增加，到2010年3月，已经达到了100多万元。李某告知财务部，客户称由于资金紧张，希望将到期的20万元以及未支付的其他款项共计100万元重新开具银行承兑汇票。2010年3月，李某将100万元银行承兑汇票带回交给出纳，出纳并未检查就将其锁入保险柜保存。在此过程中，经办人全部为李某一人。

经了解，李某除了分管财务部门，还分管销售业务。检查人员要求B公司向C客户询证应收账款余额和应收票据，得到的反馈结果是双方交易余额记载一致，C客户开具的银行承兑汇票经询问对方票据经办银行也是真实的。同时，对方电话核实，银行承兑汇票是B公司李某亲自上门收取的，而且开具了B公司的收据。那么，是不是该张银行承兑汇票被李某调包了呢？正在检查人员加大检查力度，以查清事实真相时，李某突然消失，不再上班且手机处于关机状态。至此，事实真相变得明朗起来，正是李某盗窃了该张银行承兑汇票。为了掩饰，李某制作了一张假的银行承兑汇票。遗憾的是，出纳由于信任自己的顶头上司并未核对。

二、案例分析

该案例是内部控制失控的典型代表。内部控制作为公司规范管理的制度保障，如果存在违规现象或者执行不到位，则会使公司内部相关工作人员有机可乘，趁机窃取公司财产。从上述案例可以看出，该公司针对应收票据的内部控制至少出现了以下几个问题。

1. 公司组织机构错位

作为公司治理结构的重要组成部分，公司组织机构的设置原则上既要保证公司的高效运转，又要能够实现互相监督制约。一般而言，公司的一项销售行为至少涉及销售部门、物流部门和财务部门等。其中，销售部门负责公司产品的营销和款项的收取；物流部门负责客户所需

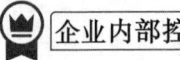

产品的发货；财务部门则主要负责经济业务的会计核算和对业务部门的监管。通过财务部门对业务部门经营行为的全过程核算和合规性复核，可以保证在满足客户需求的同时，将应收款项及时入账。而李某同时负责营销和财务两个部门，实际上是将本应该分离的两个职能部门予以集中，李某一人可以掩盖业务运作中的瑕疵。笔者无意否认李某较强的业务能力和财务管理水平，但这一点正是造成银行承兑汇票被盗取的最重要的原因。

2. 财务监督机制虚设

在公司的组织机构中，财务部门往往被看作管家，主要发挥着理财的功能。一般而言，一个公司最为重要的两个业务循环是采购与付款、销售与收款。财务部门定期或不定期与客户进行对账可以反映出公司的资产确认是否完整和准确。同时，出纳在收取应收票据时核对其真实性和有效性。B公司的财务部门工作人员在收取应收票据时并没有认真核对，想当然地认为其主管领导李某收取的银行承兑汇票是真实的。而且在长达数月的时间里是否盘点以及盘点时是否认真核对应收票据也无从可知。不管如何，如果当初出纳恪尽职守，认真核对，发现伪造的银行承兑汇票后及时向领导报告，也不至于发生后面的故事。

3. 会计信息不够透明

在现代企业管理理念中，财务部门不单是会计核算部门，更多的时候充当了企业管理层的"军师"。财务部门通过向管理层发布财务信息，提炼与公司经营决策相关的数据，从而参与到公司经营管理过程中。针对本案，如果企业定期将客户及其收款状况以财务分析报告的形式向公司管理层报告，管理层应该会关注该客户和应收票据的金额。毕竟，作为一个中小型企业，单张100万元的票面金额还是比较大的。

4. 公司内外监管不力

一个企业持续地健康运转离不开监督机制，这是因为企业经营管理者不同程度地存在职业道德风险和偷懒思想。A集团公司虽然设置了审计部，但是审计部日常工作重点在于审计大型项目和较大规模的公司，B公司由于规模较小，近几年来尚未被正式审计过。同时，B公司内部也未设置诸如审计部类似的监察部门，导致公司业务出现了只有财务部门一个部门把关的现状。另外，如果参与年报审计的会计师事务所认真审核并与客户进行询证,也许能发现应收票据被"置换"的蛛丝马迹。总之,在一个缺乏监管的公司里,一些图谋不轨的人员总能找到作案的机会。正如,苍蝇不叮无缝的蛋一样。只有企业建立健全内外管理和监管机制,才能保证公司正常和有序地运转。

三、案例启示

通过上述案例的简要分析,为了深入探讨如何对应收票据进行有效管理,下文试图从 COSO 内部控制框架的 5 个要素的角度进行分析。

1. 完善公司治理结构

内部控制环境是企业各项内部控制活动的基础。企业良性运转的前提是建立规范的治理结构,在此基础上搭建组织架构。对于一般企业而言,应当设置独立的营销部门、物流部门和财务部门以及审计部门,以做到各司其职并互相监控。如果企业再以详细的工作说明书予以界定并辅以清晰的业务流程图以供操作,制度对于业务活动的指导和支持作用将彰显无遗。

2. 建立风险评估机制

应收票据的风险主要是安全性和真伪以及到期能否承兑。基于此,为了防止企业内部人收款不入账或者延迟入账甚至直接盗取款项,企业应当评估自身销售与收款业务循环中的关键风险控制点,以采取针对性的措施。比如,为了防范客户经理收款后不及时交至公司财务部门,财务部门通过定期的应收账款账龄分析发现收款周期较长的客户并向对方函证,一方面可以保证应收账款的时效性,另一方面可以发现是否有客户经理已经收款未及时交款的情况。《企业内部控制应用指引第9号——销售业务》第十二条也提出:"企业应当指定专人通过函证等方式,定期与客户核对应收账款、应收票据、预收账款等往来款项。"其实,这样规定的主要目的还是在于防范应收账款不能及时收回的风险。另外,如果企业实施了 ERP 项目,则可以利用 ERP 系统提供的风险管理模型开发应收账款的预警体系,以减轻因人为因素而出现的判断偏差。

3. 规范业务管理流程

前已述及,业务流程的建立和完善可以成为企业日常工作的向导。

同时，业务流程也和企业内控制度相得益彰。企业内控制度以文字的形式显得更为严谨和有序，而业务流程图则显得更为直观和明晰。其实，梳理企业业务流程图的过程也是规范管理各项业务的过程，这对于应收票据也不例外。在描述关于应收票据的业务流程时，企业至少关注应收票据的收取、保管和贴现以及到期承兑等活动，并以文字注释的方式简要注明在每个环节应重点关注的要点。比如，在收取应收票据时，至少应检查票据的真实性、背书是否连续、印章是否清晰等。

4. 做好信息沟通工作

各种信息充斥在企业经营的各个环节，但实际上只有经过加工和整理的信息才是对企业管理有用的信息。这些信息当中，财务报告便集中体现了企业的资源分布状况和盈利状况以及现金流量情况。财务部门可以定期向管理层报告企业当期的财务信息，应收账款的收取以及货币资金的存量（在实务中，部分企业常常将应收票据看作准货币资金存量），对于保证企业的流动性发挥着重要作用，理应受到管理层的重视。通过定期或者不定期的财务信息的发布，企业运营的场景便展现在公司管理层面前。在大家都重视的情况下，那些心机不良的人员因担心伸出黑手被发现也会望而却步。

5. 加强内外监督管理

监察可以使一个坏人向好，可以使一个好人变得更好，这就是制度导向的重要作用。一家公司不管是否建立独立的审计部门，行使审计职能的部门（人员）一定要存在。内部审计不但在于威慑，更在于发现企业内控运行的不足，以便公司在今后工作中改进和提高。另外，企业外部力量对公司进步的促进作用也不容忽视。外部力量，不管是上级主管单位、会计师事务所、财政部门或者税务部门等，通过各种形式的工作监察，企业可以发现目前存在的问题并设法改进和完善。

总之，我们通过和客户定期或不定期地对账可以保证应收款项余额的准确性。同时，通过公司内部控制体系的建立和完善，可以明确职责，做到互相监督，从而确保应收票据的安全和完整及其周转效率。其实，这也是内部控制对资产管理的基本要求。

【案例 5-6】

海成公司销售与收款业务内部控制流程[①]

本案例以海成公司销售与收款循环的主要控制流程为模拟，描述了一个相对完整的内部控制过程，可以作为企业实务操作中对销售与收款业务循环内部控制流程设计的参考。

海成公司的产品主要为电子感应器、光感器、集成电路块，通用性较强。所有产品按订单生产，其中约 95% 的产品销售给国外中间商，全部采用海运方式，以货物离岸作为风险、报酬转移的时点。通常情况下，这些客户于每年年初与公司签订一份包含全年预计所需商品数量、基本单价等条款的"一揽子"采购意向。客户采购意向的重要条款由董事会审批，并授权总经理签署。海成公司根据客户采购意向总体安排采购原材料和生产计划。在实际销售业务发生时，公司还需要与客户签订出口销售合同。对于向国内销售的部分，海成公司根据订单金额和估算毛利情况，分别授权不同级别人员确定是否承接。公司使用 Y 系统处理销售与收款交易，自动生成记账凭证和客户清单，并登记营业收入和应收账款明细账和总账。

海成公司现行的销售政策和程序已经董事会批准，如果需对该项政策和程序作出任何修改，均应经董事会批准后方能执行。

一、有关职责分工的政策和程序

海成公司建立了下列职责分工政策和程序：

（1）不相容职务相分离。这部分内容主要包括：订单的接受与赊销的批准、销售合同的订立与审批、销售与运货、实物资产保管与会计记录、收款审批与执行等职务相分离。

（2）各相关部门之间相互控制并在其授权范围内履行职责，同一部门或个人不得处理销售与收款业务的全过程。

二、主要业务活动及其内部控制

1. 确定客户并签订销售合同

每一项销售业务都有一个客户甄选过程，区分新客户和现有客户相

[①] 中国注册会计师协会.2011 年度注册会计师全国统一考试辅导教材：审计［M］.北京：经济科学出版社，2011.

应确定接受订单的程序和内容。

（1）新客户的确定及其订单处理程序。公司开发一个新客户，在正式确定业务关系之前，新客户需要先填写客户申请表，交由销售经理负责客户背景调查，获取包括信用评审机构对客户信用等级的评定报告等，填写新客户基本情况表并附相关资料，交至信用管理经理审批。

信用管理经理在履行外部调查和背景分析基础上，在新客户基本情况表上签字注明是否同意赊销。通常情况下，给予新客户的信用额度不超过人民币 120 万元；若高于该标准，应经总经理办公会审批。根据经恰当审批的新客户基本情况表，信息管理员将有关信息输入 Y 系统，系统将自动建立新客户档案。

完成上述流程后，新客户即可与公司开展正式的业务往来，海成公司允许销售部门接受并处理采购订单。对于新客户的初次订单，不允许超过经审批的信用额度。如新客户信用良好，能够连续 3 次及时支付货款且交易金额超过 500 万元，则可视同"现有客户"进行交易。

（2）现有客户的订单处理程序。收到现有客户的采购订单后，销售部业务员将订单金额与该客户已被授权的信用额度以及至今尚欠的账款余额进行检查，经销售经理审批后，交至信用管理经理复核。如果是超过信用额度的采购订单，应由总经理办公会审批。

（3）签订合同。经信用管理部门、财务部、商务部审核，报主管副总经理审批后，授权销售经理与客户正式签订销售合同。

（4）销售合同的管理与执行。销售部门完成合同签订后，信息管理员负责将客户采购订单和销售合同信息输入 Y 系统，由系统自动生成连续编号的销售订单（此时系统显示为"待处理"状态）。信息管理员每周核对本周内生成的销售订单，对任何不连续编号的情况将进行检查。

商务部合同管理员每周汇总本周内所有签订的销售合同，并与销售订单核对，编制销售信息报告。如有不符，合同管理员将通知信息管理员并与其共同调查该事项。

2. 组织发货

（1）确定发货来源。销售业务员根据系统显示的"待处理"销售订单信息，与物流经理、技术经理、生产经理、财务经理分别确认库存、技术、生产和质量标准以及收款结汇方式。如果库存不满足发货需求，则由生产计划经理制定生产通知单。

（2）安排生产。如果客户以信用证方式付款，则在收到信用证后开始投入生产；如果采用预收货款方式，则在收到30%的货款后投入生产。开始生产后，系统内的销售订单状态即由"待处理"自动更改为"在产"。产品生产完工入库后，系统内的销售订单状态由"在产"自动更改为"已完工"。

（3）报关和通知发货。信息管理员根据系统显示的"已完工"销售订单信息和销售合同约定的交货日期，开具连续编号的销售发票（出口发票一式六联发票），交销售经理审核，发票存根联由销售部留存，其他联次分别用于报关、税务核销、外汇核销以及财务记账等。

报关部单证员收到销售发票后办理报关手续，办妥后通知业务员在系统内填写出运通知单，确定装船时间。出运通知单的编号在业务员×××输入销售订单编号后自动生成。根据系统的设置，如输入错误的销售订单编号，则无法生成相对应的出运通知单。

运输经理根据系统显示的出运通知信息，安排组织发运。仓储经理安排组织成品出库。

船运公司在货船离岸后，开出货运提单，通知海成公司货物离岸时间。信息管理员将商品离岸信息输入系统，系统内的销售订单状态由"已完工"自动更改为"已离岸"。

3. 会计处理

（1）确认主营业务收入和应收账款。应收账款主管会计根据系统显示的"已离岸"销售订单信息，将销售发票所载信息和报关单、货运提单等进行核对。如所有单证核对一致，应收账款主管会计编制销售确认会计凭证，后附有关单证，交会计主管复核。若核对无误，会计主管在发票上加盖"相符"印戳，应收账款主管会计据此确认销售收入实现，并将有关信息输入系统。此时系统内的采购订单状态即由"已离岸"自动更改为"已处理"。

如果期末商品已经发出但尚未离岸，则应收账款主管会计根据出库单等单证记录应收账款，并于下月月初冲回，当系统显示"已离岸"销售订单信息时，记录销售收入实现。

国内销售除无须办理出口报关手续外，其他与出口销售流程基本一致。以下控制流程将不再涉及国内销售。

（2）销售退回。海成公司销售业务系以出口销售为主，与客户签订的销售合同中规定不允许退货，若发生质量纠纷，应采取索赔方式，根据双方确定的金额调整应收账款。销售业务员接到客户的索赔传真件等资料后，编制连续编号的客户索赔处理表，交至生产部门和技术部门，由生产经理和技术经理确定是否确属产品质量问题，并签字确认。如确属海成公司的责任，应收账款主管会计在客户索赔处理表注明货款结算情况。对于索赔金额不超过人民币50万元的，由销售经理批准，如超过该标准，应经总经理办公会审批。

应收账款主管会计编制应收账款调整分录，后附经适当审批的客户索赔处理表，交会计主管复核后进行账务处理。

（3）对账及差异处理。每月月末，应收账款主管（主管会计的上级）编制应收账款账龄报告，其内容还应包括应收账款总额与应收账款明细账合计数以及应收账款明细账与客户对账单的核对情况。如有差异，应收账款主管将立即进行调查。如调查结果表明需调整账务记录，应收账款主管将编制应收账款调节表和调整建议，连同应收账款账龄分析报告一并交至会计主管复核，经财务经理批准后方可进行账务处理。

（4）计提坏账准备和核销坏账。海成公司董事会制订并批准了应收账款坏账准备计提方法和计提比例的会计估计。每年年末，销售经理根据以往的经验、债务单位的实际财务状况和现金流量情况，以及其他相关信息，编写应收账款可收回性分析报告，交财务部复核。

会计主管审核应收账款可收回性分析报告，分析坏账准备的计提比例是否较原先的估计发生较大变化。如发生较大变化，会计主管编写会计估计变更建议，经财务经理复核后报董事会批准。

海成公司坏账准备由系统自动计算生成，对于需要计提特别坏账准备以及拟核销的坏账，由销售业务员填写连续编号的坏账变更申请表，并附客户破产等相关资料，经销售经理审批后，金额在50万元以下的，由财务经理审批，金额在50万元以上的，由总经理办公会审批。

应收账款主管会计根据经适当批准的更改申请表进行账务处理。

（5）记录税金。报关部单证员负责收集出口销售的相关单据，每月月末汇总交由财务部办税员复核，办理出口退税手续，每月将增值税纳税申报表和由税务部门盖章确认的出口退税汇算清缴明细表交由财务经理审核，无误后签字确认。如发现任何异常情况，将进一步调查处理。

实际收到税务部门的退税款时，由会计主管将实际收到的退税款与退税申报表数字进行核对，并由财务经理复核，无误后在凭证上签字作为复核证据。

4. 收款

信用证到期或收到客户已付款通知，由出纳员前往银行办理托收。款项收妥后，应收账款主管会计编制收款凭证，并附相关单证如银行结汇水单、银行到款通知单等，交会计主管复核。在完成对收款凭证及相关单证的复核后，会计主管在收款凭证上签字，作为复核证据，并在所有单证上加盖"核销"印戳。出纳员根据经复核无误的收款凭证及时登记银行存款日记账。

5. 维护客户档案

海成公司每经过半年，由销售经理负责复核客户档案。如需对 Y 系统内的客户信息作出修改，销售业务员填写客户更改申请表，经销售经理审批后交信息管理员负责对客户更改申请表预先连续编配号码，并在系统内进行更改。

信息管理员每月复核客户档案。对 2 年内未与海成公司发生业务往来的客户，通知销售业务员并由其填写客户更改申请表，经销售经理审批后交信息管理部删除该客户档案。

每月月末，信息管理员编制《月度客户信息更改报告》，附同客户更改申请表的编号记录交由财务经理复核。财务经理核对《月度客户更改信息报告》、检查实际更改情况与客户更改申请表是否一致、所有变更是否得到适当审批以及编号记录表是否正确，在《月度客户信息更改报告》和编号记录表上签字作为复核的证据。如发现任何异常情况，将进一步调查处理。

第六章

资产管理

资产一般认为是企业拥有和控制的能够用货币计量，并能够给企业带来经济利益的经济资源，强调资产能够为企业创造价值。企业一般可以通过两条途径获取竞争优势：一是能够以比竞争对手更低的成本向顾客提供同样的产品或服务，二是能够为顾客提供竞争对手无法提供的产品或服务。但是，这些都需要一系列的有形资产和无形资产来支持。因此，内部控制的主要目标之一就是要保持这些资产的安全与完整。本章所指的资产主要是指固定资产、无形资产和在建工程等。本章将主要介绍固定资产、无形资产和在建工程的业务流程、控制目标、主要风险点以及关键控制点，并配以适当的案例分析。

第一节 资产管理概述

一 资产管理概述

资产作为企业重要的经济资源，是企业从事生产经营活动并实现发展战略的物质基础和重要保障，资产管理贯穿于企业生产经营全过程，对企业具有重大意义。在企业早期的资产管理实践中，如何保障资产的安全是内部控制的重点。在现代企业制度下，资产业务内部控制已从如何防范资金挪用、非法占用和实物资产被盗拓展到重点关注资产效能，充分发挥资产资源的物质基础作用,促进战略目标的实现。

二 资产管理的总体要求

为促进实现资产管理目标,企业应当加强各项资产管理,全面梳理资产管理流程,及时发现资产管理中的薄弱环节,切实采取有效措施加以改进,并关注资产减值迹象,合理确认资产减值损失,不断提高企业资产管理水平。

（一）全面梳理资产管理流程

固定资产、无形资产和在建工程在资产总额中的比重最大。无论是新企业还是存续企业,为组织生产经营活动,都需要或已经制定了相关资产管理制度,按照严格的制度管理各项资产。为了保障资产安全、提升资产管理效能,企业应当全面梳理资产管理流程。

（二）查找资产管理薄弱环节

企业强化资产管理的关键步骤,就是通过全面梳理资产管理流程,查找资产管理薄弱环节。这些薄弱环节若不引起重视并及时加以改进,通常可能引发资产流失或运行风险,或者企业资产不能发挥应有的效能。

（三）健全和落实资产管控措施

在全面梳理资产管理流程、查找资产管理薄弱环节之后,企业应当对发现的薄弱环节和问题进行归类整理,深入分析,查找原因,健全和落实相关措施。企业应当按照内部控制规范提出的对固定资产、无形资产和在建工程管理的要求,结合所在行业和企业的实际情况,建立健全各项资产管理措施。

第二节 固定资产管理的内部控制

一 固定资产管理概述

（一）固定资产的含义

固定资产是指为生产商品、提供劳务、出租或经营管理而持有的,使用寿命超过一个会计年度的有形资产。固定资产主要包括房屋建筑物、

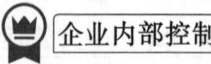

机械设备、运输设备以及其他与生产经营活动有关的设备。固定资产是企业资产的重要组成部分，是企业开展业务活动必不可少的物质基础，是企业赖以生存和发展的重要资源，在企业生产经营过程中起着举足轻重的作用。其价值一般随着企业生产经营活动逐渐转移到产品成本中。

固定资产管理是指通过对固定资产的管理活动以提高资产利用率，减少资产的无谓损失，最终使固定资产的效用达到最大化的一种活动。固定资产管理不仅是企业管理的重要组成部分，也是企业提高经济效益的关键。固定资产的安全、完整直接影响企业生产经营的可持续发展能力。

（二）固定资产管理的特点

固定资产在企业资产总额中一般都占有较大比例，循环时间很长，为确保企业资产安全、完整，固定资产管理责任重大。固定资产管理是一项复杂的组织工作，涉及基建部门、财务部门、后勤部门等。同时，固定资产管理是一项较强的技术性工作，固定资产管理一旦失控，其造成的损失将远远超过一般的流动资产。

（三）固定资产管理业务流程

固定资产的取得方式一般有外购、自行建造和非货币性资产交换换入等。自行建造固定资产管理将在本章第 4 节 "在建工程管理的内部控制" 中进行讨论，本节主要讨论外购固定资产的管理。固定资产管理的业务流程可划分为预算、采购和验收、使用与维护、盘点、处置 5 个主要环节，每个环节具有更细化的业务活动。固定资产管理基本业务流程如图 6-1 所示。

（四）加强固定资产内部控制的意义

固定资产内部控制是企业内部控制的重要环节。通过一系列方法和程序所形成的具有相互监督和制约、内部自我调节功能的控制系统，促使企业实现经营目标、保护资产安全与完整、保证财务收支合法以及会计信息真实可靠。固定资产内部控制影响着企业的生产经营。固定资产会计核算是否正确、管理是否到位，不仅直接影响资产负债表和利润表的质量，还进而影响会计信息使用者作出的经济决策是否恰当。固定资产内部控制有利于企业健康发展。加强固定资产内部控制，保证固定资产的完整、实现固定资产的合理利用，对企业良好而持续的发展十分重要。

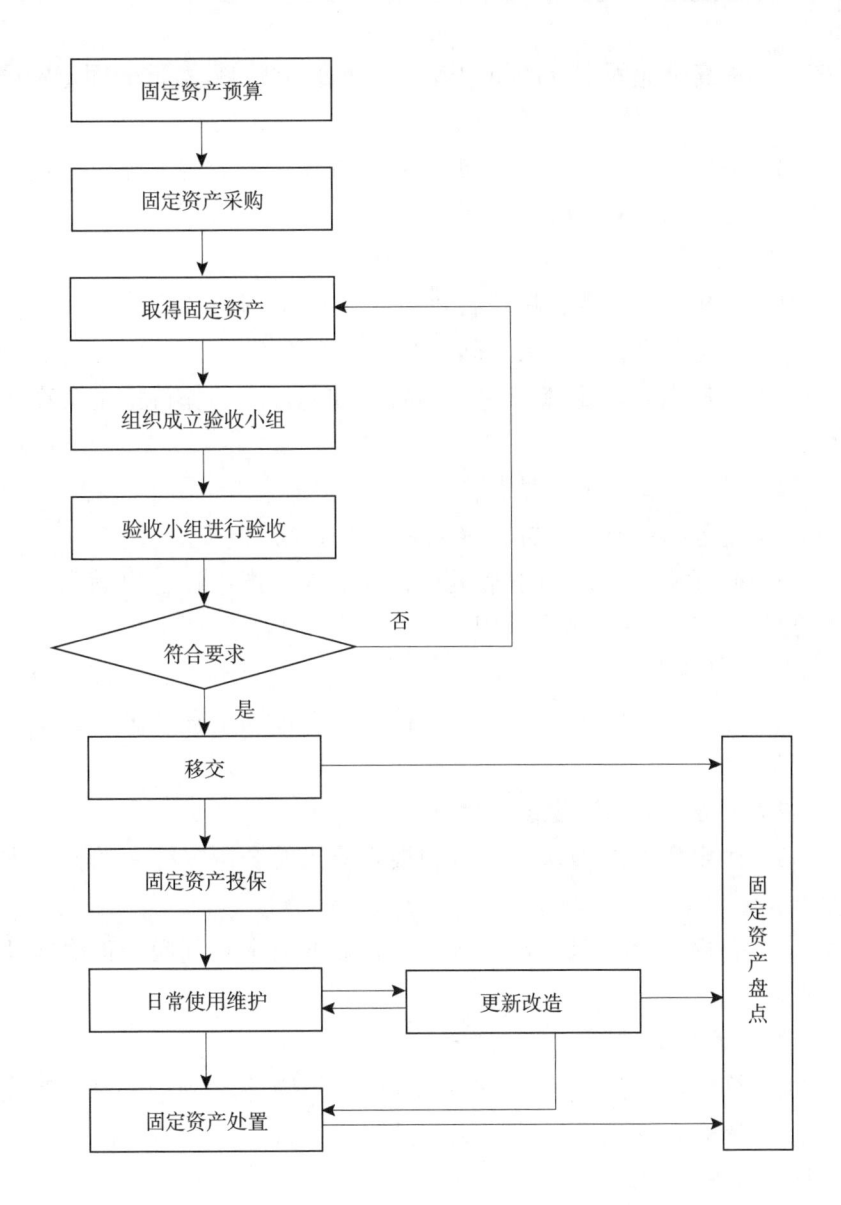

```
┌─────────────┐
│ 固定资产预算 │
└──────┬──────┘
       ↓
┌─────────────┐
│ 固定资产采购 │
└──────┬──────┘
       ↓
┌─────────────┐
│ 取得固定资产 │←──────────┐
└──────┬──────┘           │
       ↓                   │
┌───────────────┐          │
│ 组织成立验收小组 │         │
└──────┬────────┘          │
       ↓                   │
┌───────────────┐          │
│ 验收小组进行验收 │        │
└──────┬────────┘          │
       ↓                   │
    ◇符合要求◇──否─────────┘
       │是
       ↓
```

图 6-1　固定资产管理基本业务流程图

二 固定资产管理的内部控制目标

（一）战略目标

（1）加强企业各类固定资产的管理，防止固定资产流失，维护企业资产的安全和完整，确保各项工作顺利进行。

（2）提高企业固定资产使用效能，处置闲置、效益低的固定资产，产生其应有的社会效益和经济效益。

（3）固定资产对外投资，扩大企业规模，形成规模经营，提高社会影响，树立良好的公众形象。

（二）经营目标

（1）优化人员配置，执行有效职责分工和权限范围。

（2）固定资产投资决策正确，产生经济效益。

（3）定期考核固定资产的利用效果和完好率，保持稳定资产运营能力。

（4）科学保管，定期盘点。

（5）规范固定资产处置，避免造成企业资产流失。

（6）确保固定资产的正常运行，高效地生产出让客户满意、市场需要的产品，并发挥其最大效用。

（三）财务目标

（1）建立健全固定资产台账、档案，保证固定资产账目真实、准确、完整。

（2）财务账表与实物核对相符。

（3）固定资产的确认、计量和报告应当符合国家统一的会计准则制度。

（4）合理计提折旧，真实地反映企业的成本和利润，正确地评价经营成果。

（四）合规性目标

（1）符合国家有关安全、消防、环保等规定和企业内部规章制度。

（2）遵守合同法等法律、法规的规定，维护企业的合法权益，避免企业承担法律风险。

（3）遵守企业内部规章制度，避免产生内部舞弊行为。

三 固定资产管理的主要风险点

固定资产管理的主要风险是企业在经营管理过程中，因固定资产取得和验收不当、更新改造不够、使用效能低下、维护不当、产能过剩，可能导致企业缺乏竞争力、资产价值贬损、安全事故频发或资源浪费的风险。根据固定资产的基本业务流程，固定资产管理的主要风险点包括以下几个方面。

（一）固定资产预算环节的主要风险点

1. 固定资产预算的业务流程

固定资产预算的业务流程如图6-2所示。

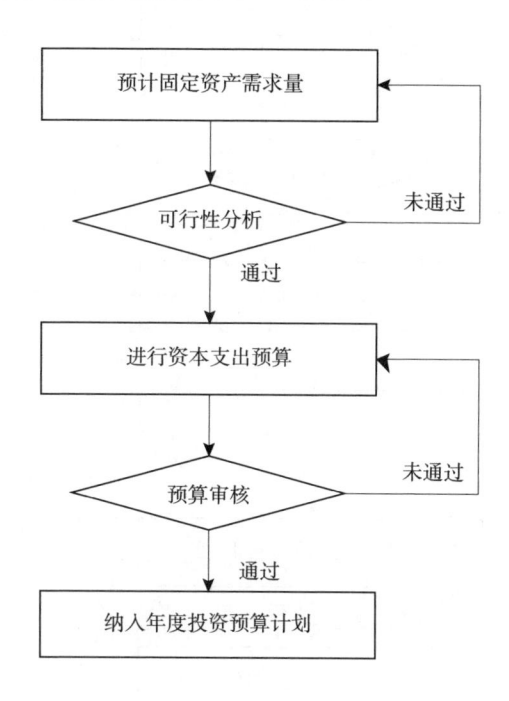

图6-2 固定资产预算业务流程图

2. 固定资产预算的主要风险点

固定资产预算控制是企业生产部门根据实际情况编制固定资产需求报告，采购、财务等管理部门以及高层管理者对其进行复核，提出修改意见后由生产部门协同财务部门编制正式预算方案。该环节的主要风险点包括以下几点：

（1）固定资产预算不当，不符合企业发展战略，投资规模超出企业生产经营实际需要和筹资能力，盲目上项目，造成半拉子工程，使投资无法发挥经济效益。

（2）一些项目投资可行性分析不到位，项目一建成就开始亏损，造成较大的投资损失的风险。

(二) 固定资产采购与验收环节的主要风险点

1. 固定资产采购与验收的业务流程

固定资产采购与验收的业务流程如图6-3所示。

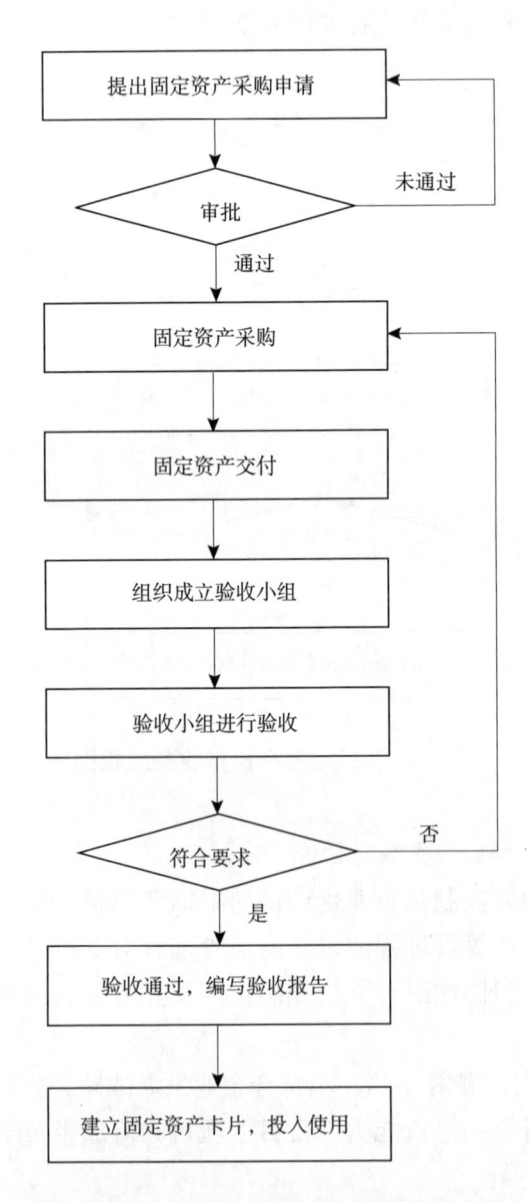

```
提出固定资产采购申请
         ↓
       审批 ──未通过──→ (返回)
         ↓ 通过
    固定资产采购 ←────
         ↓
    固定资产交付
         ↓
    组织成立验收小组
         ↓
    验收小组进行验收
         ↓
      符合要求 ──否──→
         ↓ 是
   验收通过, 编写验收报告
         ↓
   建立固定资产卡片, 投入使用
```

图6-3 固定资产采购与验收业务流程图

2. 固定资产采购与验收的主要风险点

固定资产的采购是极易出现问题的一个环节，不容忽视。不同类型的固定资产有不同的验收程序和技术要求，同一类固定资产也会因其标准化程度、技术难度不同而对验收工作提出不同的要求。该环节的主要风险点包括以下几点：

（1）固定资产授权审批制度不健全、岗位分工不合理而产生舞弊行为的风险。

（2）固定资产采购申请不符合实际生产经营需要，采购申请不当，固定资产采购决策失误，可能造成资产损失或资源浪费。

（3）供应商选择的风险。定期对一般供应商和定点供应商（即有经常性往来的供应商）进行评定，可能未明确参与评价的部门，从而对供应商的评价不够全面；对于供应商的评价结果及采取的措施没有在一定范围内进行公示，因而缺乏有效的监督，造成评价工作没有起到应有的效果。

（4）价款支付的风险。对固定资产采购支付预付款，可能没有指定固定资产采购资金中预付款的使用范围和跟踪核查的规定，造成预付款资金占用时间长，使用不合理的状况出现，缺乏跟踪核查制度会产生项目完成时没有取得相应凭据及时进行财务方面的账务处理等问题。

（5）验收小组成员选择不当，验收过程不规范，可能使不合格资产进入企业，导致资产损失或资源浪费。

（6）固定资产的记录不及时、不准确、不完整可能导致资产流失、信息失真、账实不符。

（三）固定资产使用与维护环节的主要风险点

1. 固定资产使用与维护的业务流程

固定资产使用与维护环节包括固定资产操作与维护、更新改造、投保三个子流程。

（1）固定资产操作与维护的业务流程如图 6-4 所示。

（2）固定资产更新改造的业务流程如图 6-5 所示。

（3）固定资产投保的业务流程如图 6-6 所示。

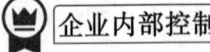

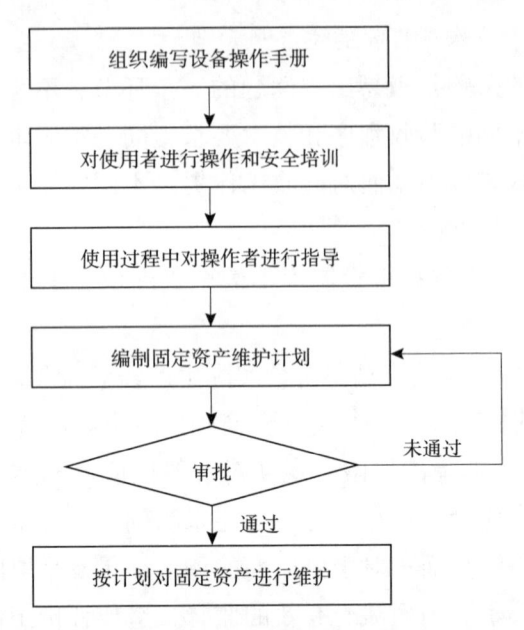

```
组织编写设备操作手册
         ↓
对使用者进行操作和安全培训
         ↓
使用过程中对操作者进行指导
         ↓
编制固定资产维护计划 ←──┐
         ↓              │
       审批 ──未通过─────┘
         ↓通过
按计划对固定资产进行维护
```

图 6-4　固定资产操作与维护业务流程图

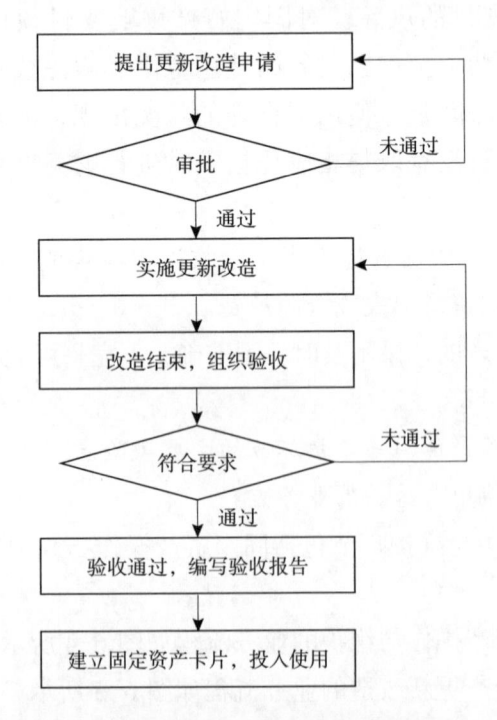

```
提出更新改造申请 ←──────┐
         ↓              │
       审批 ──未通过─────┘
         ↓通过
    实施更新改造 ←────────┐
         ↓                │
改造结束，组织验收        │
         ↓                │
    符合要求 ──未通过─────┘
         ↓通过
验收通过，编写验收报告
         ↓
建立固定资产卡片，投入使用
```

图 6-5　固定资产更新改造业务流程图

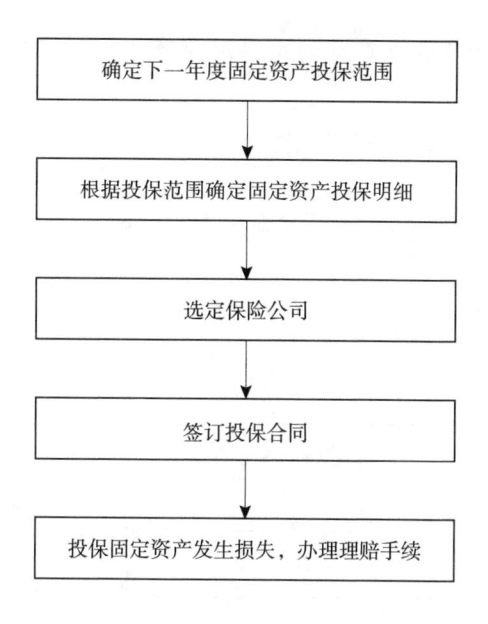

```
┌─────────────────────────────┐
│ 确定下一年度固定资产投保范围 │
└──────────────┬──────────────┘
               ↓
┌─────────────────────────────┐
│ 根据投保范围确定固定资产投保明细 │
└──────────────┬──────────────┘
               ↓
┌─────────────────────────────┐
│        选定保险公司          │
└──────────────┬──────────────┘
               ↓
┌─────────────────────────────┐
│        签订投保合同          │
└──────────────┬──────────────┘
               ↓
┌─────────────────────────────┐
│ 投保固定资产发生损失，办理理赔手续 │
└─────────────────────────────┘
```

图 6-6　固定资产投保业务流程图

2. 固定资产使用与维护的主要风险点

该环节的主要风险点包括以下几点：

（1）因保管不善、操作不当引起固定资产被盗、毁损、事故等。

（2）固定资产因失修或维护过剩，造成使用效率降低、生产产品残次率增高、资源浪费，甚至发生生产事故。

（3）固定资产维护计划编制不合理、审批过程不规范、维护过程不当，可能导致企业固定资产维护费用滥用，造成资金、资产浪费和损失。

（4）因长期闲置造成资产毁损，失去使用价值。

（5）固定资产更新改造申请不符合企业实际发展需要，可能导致重复建设或资源浪费。

（6）固定资产更新改造不够，可能造成企业产品线老化，缺乏市场竞争力。

（7）未及时完整办理保险或投保制度不健全，可能导致应投保资产未投保、索赔不力，从而不能有效防范资产损失风险，给企业带来巨大经济损失。

(四)固定资产盘点环节的主要风险点

1. 固定资产盘点的业务流程

固定资产盘点的业务流程如图 6-7 所示。

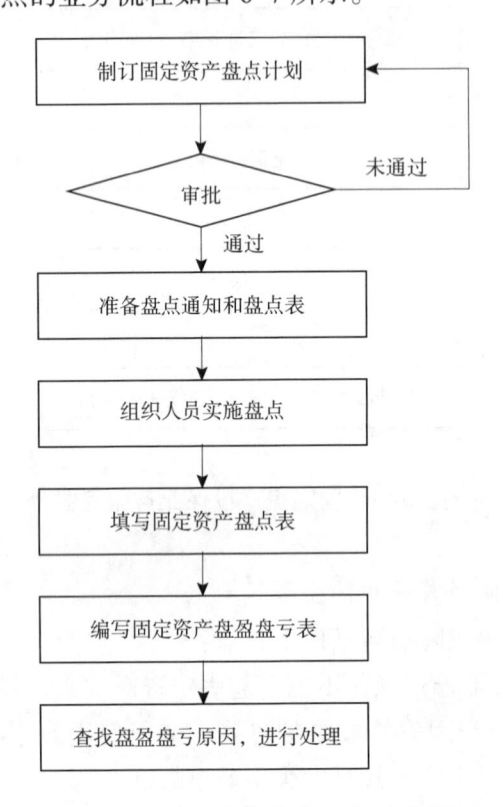

```
制订固定资产盘点计划 ←──┐
         ↓              │
        审批 ──未通过────┘
         ↓
        通过
         ↓
   准备盘点通知和盘点表
         ↓
     组织人员实施盘点
         ↓
     填写固定资产盘点表
         ↓
   编写固定资产盘盈盘亏表
         ↓
  查找盘盈盘亏原因,进行处理
```

图 6-7　固定资产盘点业务流程图

2. 固定资产盘点的主要风险点

固定资产盘点是指固定资产使用部门和管理部门进行固定资产清查,并编制盘点表,财务部门派人员进行监盘或抽盘,复核盘点结果的正确性,在查明盘盈盘亏原因的基础上,编制盘盈盘亏报告,经批准后调整有关账簿记录的环节。该环节的主要风险点包括以下几点:

(1)未按规定组织固定资产盘点,固定资产盘点不及时、不准确、不完整,可能造成固定资产流失。

(2)固定资产的盘点差异报批与处理不及时或不规范,可能造成资产损失或固定资产账实不符。

（五）固定资产处置的主要风险点

1. 固定资产处置的业务流程

固定资产处置的业务流程如图 6-8 所示。

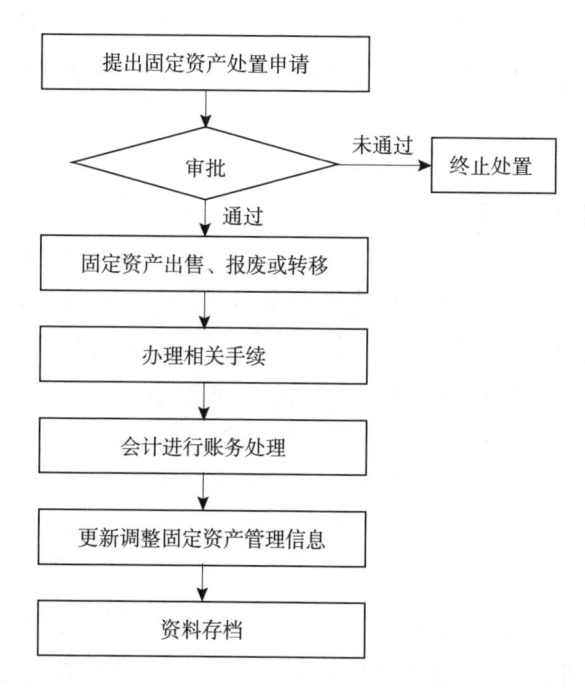

```
提出固定资产处置申请
         ↓
        审批 ——未通过——→ 终止处置
         ↓ 通过
固定资产出售、报废或转移
         ↓
    办理相关手续
         ↓
   会计进行账务处理
         ↓
 更新调整固定资产管理信息
         ↓
      资料存档
```

图 6-8　固定资产处置业务流程图

2. 固定资产处置的主要风险点

固定资产的处置控制首先要由固定资产使用部门或管理部门提出申请，并将申请材料上交相关负责人复核审批，按照审批意见开展固定资产清理业务。该环节的主要风险点包括以下几点：

（1）固定资产处置业务管理混乱，职责分工不明确、流程不清晰，对处置业务没有引起足够重视而任意处置固定资产，易于产生资产流失。

（2）企业员工为牟取私利，未履行岗位职责，未经过适当的申请、审批、鉴定等程序，擅自确定固定资产评估机构或超越授权范围审批评估结果，出售过程收受回扣，可能导致出售价格过低、资产损失。

（3）企业内部固定资产调配未按规定处理，造成管理信息失真。

（4）固定资产处置的相关凭证未提交给财务部门，导致账实不符。

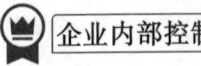

四 固定资产管理的关键控制点

企业应当加强房屋建筑物、机器设备等各类固定资产的管理,重视固定资产维护和更新改造,不断提升固定资产的使用效能,积极促进固定资产处于良好运行状态。固定资产管理的关键控制点主要包括以下几个方面。

（一）岗位分工与授权批准控制点

（1）企业应当建立固定资产业务的岗位责任制,明确相关部门和岗位的职责、权限,确保办理固定资产业务的不相容岗位相互分离、制约和监督。企业不得由同一部门或个人办理固定资产的全过程业务。

（2）企业应当配备合格的人员办理固定资产业务。办理固定资产业务的人员应当具备良好的职业道德和业务素质。

（3）企业应当建立固定资产业务的授权批准制度,明确授权批准的方式、程序和相关控制措施,规定审批人的权限、责任以及经办人的职责范围和工作要求。严禁未经授权的机构或人员办理固定资产业务。

（4）审批人应当根据固定资产业务授权批准制度的规定,在授权范围内进行审批,不得超越审批权限。经办人应当在职责范围内,按照审批人的批准意见办理固定资产业务。对于审批人超越授权范围审批的固定资产业务,经办人有权拒绝办理,并及时向审批人的上级授权部门报告。

（5）企业应当制定固定资产业务流程,明确固定资产的预算、采购与验收、使用与维护、盘点、处置等环节的控制要求,并设置相应的记录或凭证,如实记载各环节业务的开展情况,确保固定资产业务全过程得到有效控制。

（二）固定资产预算环节的关键控制点

企业编制的固定资产预算,应当符合企业发展战略和生产经营实际需要,综合考虑固定资产投资方向、规模、资金成本、预计现金净流入等因素;对投资项目的可行性应该进行周密系统的分析和研究,实行集体决策,对决策所依据的信息应该做到全面和真实,对风险应该有充分的认识。关键控制点包括以下几点:

（1）企业应建立固定资产预算管理制度。编制固定资产支出预算，应由工程技术、计划、财务、采购、生产等各部门人员共同参加，并要考虑投资预算额、机会成本、资本成本、预计现金净流入等因素。

（2）为了便于日后对实际投资额的控制，编制投资额较大的固定资产支出预算时，应有各分项投资预算额。

（3）重大的固定资产投资项目应该考虑聘请独立的中介机构或者专业人士进行可行性研究评价，并实行集体决策和审批，防止出现决策失误。

（三）固定资产采购与验收环节的关键控制点

（1）预算内固定资产投资项目应按照预算执行进度办理相关手续；超预算或预算外固定资产投资项目应由相关责任部门提出申请，经审批后再办理相关手续。

（2）企业应建立固定资产采购管理办法，明确请购、审批部门的部门和人员的职责权限及相应的请购与审批程序。采购过程应当规范、透明。一般固定资产采购应由采购部门采取比质比价的方法确定供应商；重大固定资产采购，应采取招标方式进行，由工程部、审计部、财务部、投资部、专家及使用企业成立专门工作小组，共同参与项目论证、公开招标等环节的工作。

（3）加强现有供应商评价制度及其管理工作，对于首次进入备选清单的供应商应核查其资信状况，承揽项目的能力。

（4）建立预付款支付、批准制度；建立预付款跟踪管理制度。

（5）企业应建立固定资产验收管理办法，资产管理部会同采购部按照产品说明书、采购发票、合格证等详细检查固定资产实物，必要时财务部也应参与重大固定资产的验收工作；验收合格的固定资产，应当填制固定资产交接单，由财务部、资产管理部、资产使用部门登记固定资产实物台账。

（6）企业应当制定固定资产目录，对验收合格后的每项固定资产进行编号，按照单项资产建立固定资产卡片，详细记录各项固定资产的来源、验收、使用地点、责任单位和责任人、运转、维修、改造、折旧、盘点等相关内容。据此进行账务处理，保证资产管理部、资产使用部、财

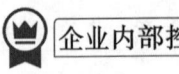

务部账、卡、物一致。

（四）固定资产使用与维护环节的关键控制点

企业应当加强固定资产日常使用维护管理，保证固定资产正常运行，控制固定资产维修保养费用，提高固定资产效率。此环节的关键控制点包括以下几点：

（1）固定资产使用部门和管理部门应建立固定资产运行管理档案，并据以制订合理的日常维修和大修理计划，并经主管领导审批。

（2）企业应建立固定资产维修保养管理办法，定期对固定资产进行检查、维修和保养，及时消除安全隐患，降低固定资产故障率和使用风险。同时，应根据固定资产类别和特性制订年度、季度和月度维修保养计划，并严格予以实施。

（3）对于企业生产线等直接影响企业安全生产和产品质量的关键设备，必须由专业技术人员操作，做好岗前培训，特殊设备操作应持证上岗；日常维修保养，特别是大修理应选择生产单位或其授权的专业单位和人员实施。同时，应严格按照资产使用流程和操作流程实时监控资产运转。

（4）企业应建立固定资产更新改造管理办法，定期对固定资产技术先进性进行评估，结合盈利能力和企业发展可持续性，由资产使用部门根据需要提出更新改造方案，与财务部门一起进行预算可行性分析，并且经过管理部门的审核批准。

（5）管理部门需对更新改造方案实施过程实时监控、加强管理，有条件的企业应建立更新改造专项资金并定期或不定期审计。

（6）企业应建立固定资产投保管理办法，通盘考虑固定资产状况，根据其性质和特点确定并严格执行固定资产的投保范围和政策。投保金额与投保项目力求适当，对应投保的固定资产项目按规定程序进行审批，办理投保手续。对于重大固定资产项目的投保，应当考虑采取招标方式确定保险人。已投保的固定资产发生损失的，及时调查原因和受损金额，向保险公司办理相关的索赔手续。

（五）固定资产盘点环节的关键控制点

（1）企业应建立固定资产盘点管理办法，明确盘点范围、时间、形式、人员、组织程序、异常情况处理等事项。盘点小组一般由资产管理部、资产使用部、财务部及相关技术部组成，财务部需要对盘点的全过程进行监督，以确保盘点过程的真实性。

（2）盘点小组成员应对资产进行实地盘点，根据盘点结果填写固定资产盘点报告表，并与固定资产台账和登记卡核对。对盘点过程中发现的固定资产盘盈、盘亏、毁损、丢失、被盗等情况，盘点人员应当及时查明原因，由全体盘点人员签字确认盘点报告，报企业领导批准后追究相关部门和人员的责任，妥善处理盘点差异。资产管理部及财务部需要及时更新资产的卡片信息，并进行账务处理，确保账实相符。固定资产盘盈或盘亏处置方案经过批准后和盘点表与盘点报告报财务部备案。

（六）固定资产处置环节的关键控制点

（1）企业应建立固定资产处置管理办法，确定固定资产处置的范围、标准、程序和审批权限。对拟出售或投资转出及非货币交换的固定资产，必须在出售或转让前对固定资产价值进行评估。企业应特别关注固定资产处置中的关联交易和处置定价，处置过程应由独立于固定资产使用部门或管理部门的相关授权人员办理，固定资产处置价格应报经企业授权部门或人员审批后确定。对于重大固定资产处置，应从外部聘请具有资质的独立的中介机构进行资产评估，采取集体审议或联签制度。涉及产权变更的，应及时办理产权变更手续。

（2）对于出租出借的固定资产，应由管理部门提出出租或出借的申请，并须经相关授权部门和人员审核，审核通过后应签订出租或出借合同。

（3）对使用期满正常报废的固定资产，应由固定资产使用部门或管理部门填制固定资产报废单，经企业授权部门或人员批准后予以报废清理。对使用期限未满非正常报废的固定资产，应由固定资产使用部门提出报废申请，注明报废理由，估计清理费用和可收回残值、预计处置价格等。企业应组织有关部门进行技术鉴定，按规定程序审批后进行报废清理。

（4）企业应建立内部固定资产调配管理办法，内部固定资产调配应按规定程序及时办理相关手续，确保企业内部各独立核算单位账实相符。

（七）固定资产核算环节的关键控制点

（1）在企业内部统一固定资产的会计政策和会计科目，明确固定资产相关会计凭证、会计账簿和财务报告的处理程序与方法，遵循会计制度规定的各条核算原则。

（2）财务部门会计人员审核固定资产增减变动的有关手续（包括权属变更手续），并根据审核无误的有关单据，及时对固定资产增减变动情况进行账务处理。

（3）财务部门应按照企业确定的固定资产分类、使用年限计提固定资产折旧，财务部门负责人负责审核折旧计提是否正确。

（4）财务部门根据资产使用部门、技术部门和相关业务部门提供的有关资料，至少每半年对固定资产进行减值分析，需计提减值准备的应及时进行账务处理。减值准备数额需上报主管部门审批，按规定权限审批后，财务部门按批复数对固定资产价值进行调整。

五 案例分析

【案例6-1】

化整为零，逃避审批[①]

宝山某公司规定：建造材料一次性采购超过30万元的应由上级领导审批，低于30万元的由供销科科长张某审批。2014年，张某收受贿赂2万元，通过多次采购逃避30万元的尺度限制购买450万元材料，致使固定资产建造项目的材料价格高于市场价格。

案例解析 本案例中，供应材料几乎由供销科科长张某一手操办，采购的申请和批准没有分离。虽然该公司以30万元为限实行分级审批，但未设独立第三者对审批进行审核，实质上并未受到分级审批的控制。

---

① 刘永泽，池国华.企业内部控制制度设计操作指南［M］.大连：大连出版社，2011.

【案例 6-2】

登记造册，与众不同[①]

X 公司在全国不同地方需要管理的资产总数达 2 万余件，远期需要管理的资产达 5 万余件。公司的资产统一由总部资产处管理，资产处有专职管理人员 3 人，各地分支机构有 1 名或 2 名兼职人员管理，业务上归总部资产处。该公司每年都需要定期对资产清查盘点，在近期的一次清查盘点中发现资产的实际情况和 ERP 系统财务模块中的记录出入较大，针对这种情况，公司借助条码标签对资产进行标识，避免人为差错和清查工作中弄虚作假行为，减少账实不符现象，避免资产流失。

案例解析 这是一个资产登记造册的成功案例，在过去手工卡片的基础上升级为条码管理。通过条码技术和移动计算技术的应用，实现了固定资产生命周期和使用状态的全程跟踪，方便、快捷、准确，大大提高了清查工作的效率，同时保证了信息流和实物资产流的对应。

【案例 6-3】

一手包办，缺少审批[②]

某公司规定，固定资产报废由资产使用部门填写固定资产报废申请单，经小组鉴定后，由财务部部长和总经理批准后处置。对报废固定资产仍有市场价值而拟出售的，废旧物资销售人员应进行市场估计并形成比价报告，提请审批。但在实际过程中对报废汽车进行出售时，废旧物资销售部门未参与其中，未进行市场估价，对几个报废汽车回收站回收价格未进行询价比价工作，同时对报废汽车回收企业是否经过国家验证等未进行调查。在未形成书面报告并提请审批的情况下，固定资产管理部门就进行了处置，全部出售给同一家报废汽车回收企业。

[①][②] 刘永泽，池国华. 企业内部控制制度设计操作指南 [M]. 大连：大连出版社，2011.

案例解析 本案例中，该企业报废固定资产处置业务中，废旧物资销售部门未参与其中，仅由资产管理部一个部门完成，没有遵守岗位分工控制制度。同时，未经适当的审批手续，相应的竞价机制没有发挥作用，可能在报废汽车处置过程中相关人员收受回扣，导致处置价格偏低风险，损害了公司利益。

【案例 6-4】

处置审批，名存实亡[①]

某公司规定：企业固定资产报废、处置必须报经总公司资产管理部门、财务部门审核审批，对需要对外出售、处置或变卖处理的固定资产必须经总公司认可的资产评估机构评估后才能进行处理。2017年年底，该公司在组织固定资产盘点抽查时发现，下属某市分公司在2016年年初，因当地市政府修建立交桥需要拆除该分公司的一幢办公楼。该分公司在电话请示总公司工程建设部之后，即与市政府指定的拆迁公司进行房屋拆迁及安置的协商谈判。但直至2017年6月底才将拆迁合同上报总公司审批。财务部门审核时发现该房屋的拆迁处理未按规定上报总公司审批。在向总公司补办审批手续时，总公司认为补偿价过低且评估机构不符合总公司的相关规定，不同意该拆迁安置方案，并要求重新委托公司资产评估机构备选库中的评估机构进行评估后，再按评估价值重新与对方协商谈判拆迁补偿及安置方案，造成该分公司与当地政府的关系非常被动，严重影响了该分公司今后在当地的工作开展。而且此类情况，在该分公司并不是个别现象。

案例解析 本案例中，企业已建立了完整的固定资产处置制度，而下属市公司并未按照规定行事。在实际操作中，该分公司主要存在两大问题：一是没有按总公司规定履行报批手续，对该固定资产的处置存在较大随意性，造成后续工作很被动。二是没有按总公司规定选择评估机

[①] 傅胜，池国华. 企业内部控制规范指引操作案例点评［M］. 北京：北京大学出版社，2011.

构，导致拆迁价格过低。

【案例 6-5】

管控无道，隐患丛生[①]

某外资企业，实力雄厚。历经十多年经营，现拥有先进的生产设备、现代化模式的 GMP 厂房以及遍及沪苏浙的巨大连锁营销网络。该公司固定资产管理现状如下：

（1）管理部门行使资产管理职能。该公司拥有固定资产（单件价值大于 2 000 元）超过 3 500 件，所有的资产购置、验收、建档、管理、调拨、维护、报废、清查等作业活动都由兼职人员管理。设备种类繁多，移动频繁，闲置资产的再利用存在问题。固定资产管理由管理部负责，除下属某工厂有专职资产管理员外，整个公司的资产管理员都由仓库管理员兼职。

（2）建立了固定资产管理制度。公司通过 ISO 9000 质量体系认证，也建立了一些固定资产管理制度，但未达到预期的效果或执行流于形式。例如，虽建立了固定资产卡片制度，但企业信息流严重滞后，导致账卡与实物之间存在严重差异（固定资产调拨存在随意性）。

（3）加强资产管理的信息化建设。公司购入了国内某 ERP 系统软件，但没有完全发挥作用。第一，软件中的固定资产管理模块未包含"调拨"功能，但该公司资产流动性强，调拨频繁，资产调拨频率达到了 1 天 1 台。对于已调拨的资产，资产表仅通过手工记录进行信息追踪。第二，该软件的部门接口存在问题。涉及的"财务部"（负责输入资产金额及折旧）、"工程设备部"（负责输入维修记录）及"资产管理部"（负责输入资产编号、名称、所属部门及存放地点）三个部门各自为政，从账套中调出的信息各不相同，极大地阻碍了资产信息化平台建设。

案例解析 本案例中，该公司固定资产管理存在的问题主要如下：

[①] 傅胜，池国华. 企业内部控制规范指引操作案例点评 [M]. 北京：北京大学出版社，2011.

（1）该公司固定资产数量较大，但固定资产管理却由管理部代管，没有独立的资产管理部，日常工作仅由两个仓库管理员兼管，不仅给经营带来不便，还存在管理漏洞。该企业应建立独立的资产管理部门，明确部门职责，做到责、权、利相统一。

（2）该公司虽建立了相关固定资产管理制度，但仅停留在固定资产卡片管理的层次上，有些制度没有真正地贯彻实施。因此，企业应健全固定资产管理制度，加大制度的执行力度。合理设计业务流程，查找薄弱环节，建立科学、周密、可行的固定资产监督制约机制，保证制度的执行。

（3）该公司虽引进了 ERP 软件，但是该软件并没有很好地与企业实际相结合，导致软件在实际应用中的作用没有发挥出来。企业应该根据内部控制要求定制 REP 软件。

【案例 6-6】

内控缺失，引发犯罪

身为国有企业工作人员，利用职务上的便利，骗取国有财产 64 余万元，面对法院的终审判决，被告人归某不得不低下头，吞下自己"精心隐藏"7 年的苦果，等待他的将是 15 年的牢狱生活。50 岁的归某是原上海某技术工程公司轻纺工程部经理。2000 年 11 月，山东某公司向公司求购精梳机一套，但当时公司没有购买此类机械的配额。头脑活络的归某想出一个好办法，利用其他公司的配额到上海纺机总厂订购。随后，归某将本公司的 45 万余元划入纺机总厂。接着在 2001 年年初，他代表公司到纺机总厂核账时发现，纺机总厂财务出错：把已提走的设备，当作其他公司购买，而他划入的 45 万余元却变为公司的预付款。于是，一场偷梁换柱的把戏开始上演。2001 年 3 月至 4 月，归某派人到纺机总厂以公司的名义购买混条机等价值 60 余万元的设备。因为有了 45 万余元的"预付款"，归某仅向纺机总厂支付了 15 万元。随后，他找到了亲戚经营的大发纺织器材公司，开出了公司以 67 万元的价格购得这批设备的发票。而公司不知内情，向大发公司支付了全部购货款，归某从中得利 52 万元。同年 7 月至 10 月，归某又以相同手段骗得公司 11 万余元,占为己有。2001年年底,归某终于梦想成真,开办了自己的公司——中岛纺织机械成套设备公司,并担任法定代理人。2008年上半年,纺机总厂发现45万元被骗,向公安机关报案,归某随后被捕。法院认定归某贪污公款64万余元,构成贪污罪,判处归某有期徒刑15年。

案例解析 一个普通的轻纺工程部经理,利用手中的职权和相关内部控制的漏洞,竟采用相同的伎俩两次贪污公款共64万多元,这个给企业造成沉痛教训的案例不能不引起我们的反思:其内部控制究竟出了什么问题,会给犯罪分子以可乘之机?

(1)从公司角度来看,其采购业务的相关职务未分离。一般而言,健全的采购业务中,采购员、审批人和执行人、记录人应分离。如果其中关键的职务没有分离,那就极有可能发生舞弊,上海某技术工程公司就是这样的案例。工程部经理归某,利用手中的职权,未经审批程序就私下决定向纺机总厂购买价值60万元的设备,这已经暴露出了授权审批控制的弱点。本来应该由第三方执行付款,并与纺机总厂核账,但令人惊讶的是,核账竟然也是归某一人亲手所为。所以,采购、审批、执行和记录的职务分离漏洞给了归某可乘之机,使其掩盖了同纺机总厂的交易问题,进而上演了后来"偷梁换柱"的把戏。另外,公司的验收和付款也存在漏洞。付款员明明将67万元款项划给了大发公司,这纯粹是归某利用其亲戚的关系虚构的交易,如果验收员按照同大发公司签订的购货合同上写明的条款以及发货发票来仔细验货,是不难发现归某冒用大发公司的名义购进了纺机总厂价值仅60万元的设备的"偷梁换柱"的把戏。一般而言,会计部门应该在按购货协议划出款项之后将购货单和购货发票转到验收部门,而验收部门应该收到会计部门转来的购货单和购货发票副联仔细查验其发货单位、收到货物的数量和质量后签收。但是公司验收部门根本就没有仔细查验发货单位,以至于归某的把戏得以蒙混过关,使公司支付了67万元买进了价值60万元的设备,白白损失7万元落入了归某的腰包。

(2)从轻纺总厂角度来看,其内控存在的问题也不容忽视。从发货通知单的编制和证实制度来看,轻纺总厂在这方面也存在漏洞。发货通知单的作用首先是将各种不同的客户订单内容,如货物的货号、数量、价格等以完整和规范化的格式反映出来,同时,还能使销售过程中所需的各种授权和批准在发货通知单上得到证明。发货通知单的另一个作用是使与销售环节有关的各部门在执行发运业务或记录有关账册时有书面依据,并通过各环节的签字来监督每一环节中的业务处理工作。如果轻纺总厂建立了健全的发货通知单的编制和证实制度,并得以真正有效执行,就不可能发生"把已提走的设备,当作其他公司购买,而归某划入的45万余元却变为公司的预付款"这样的事故。如果有完善健全的内控制度并得到执行,轻纺总厂损失的45万元,是完全可以避免的。这个案例再一次告诉我们,每一个环节的内部控制对于企业而言都是至关重要的,丝毫忽视不得。

第三节 无形资产管理的内部控制

一 无形资产管理概述

(一)无形资产的含义

无形资产是企业拥有或控制的没有实物形态的可辨认非货币性资产,通常包括专利权、非专利技术、商标权、著作权、特许权、土地使用权等。企业应当加强对无形资产的管理,建立健全无形资产分类管理制度,保护无形资产的安全,提高无形资产的使用效率,充分发挥无形资产对提升企业创新能力和核心竞争力的作用,源源不断地创造企业价值。

(二)无形资产管理的特点

无形资产具有价值属性,其价值的反映具有不同形式。应该加强对无形资产价值的监督检查,以有效防止企业无形资产的转移和流失。同时,无形资产的管理还具有如下特点:

(1)基于无形资产的特殊性,为了保证无形资产的完整性、持续性和有效性,企业应承担各项与无形资产有关的维护费用。同时,应建立有效的约束和监督机制,加强对无形资产维护费用的内部审计监督和控制,保证无形资产维护费用性质和数量的合法性、合理性,防止无形资产维护费用成为企业的"隐形费用"。

(2)基于无形资产的风险来源于创新过程的风险。由于研发投入、员工培训和组织资产等是企业创新过程中的主要投入要素，并大多集中在创新早期的探索阶段，对应的风险水平也高，因此，在创新管理中分散和减少无形资产投资的风险，是管理和防范无形资产内在风险的重点。

（三）无形资产管理的业务流程

无形资产管理的业务流程包括无形资产的预算、取得与验收、使用与保全、处置四个主要环节，每个环节具有更细化的业务活动。无形资产管理基本业务流程如图6-9所示。

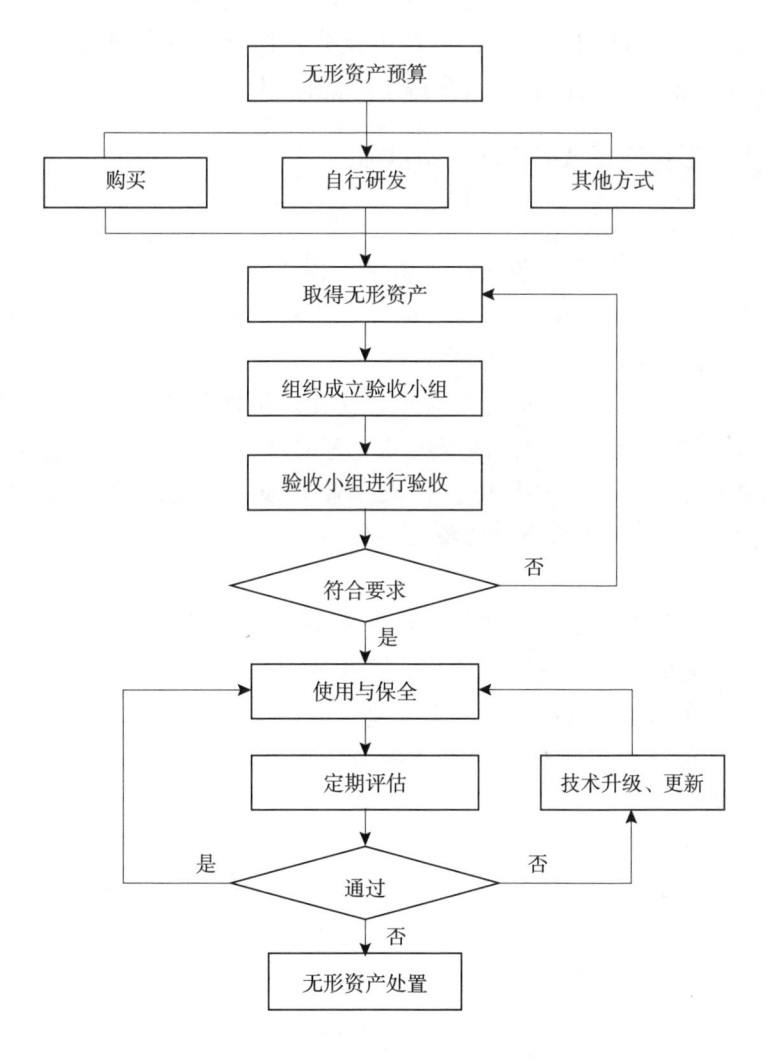

图6-9　无形资产管理基本业务流程

（四）加强无形资产内部控制的意义

无形资产是企业 21 世纪生存发展的必备资源，如何对无形资产的价值进行正确的核算和评估，对无形资产的投资进行严密的管理与评价，是现代企业应该关注的问题。建立健全一套完整、有效的无形资产管理制度，是企业有效管理无形资产的前提，既能促进无形资产作用的充分发挥，也有利于保护无形资产的安全。同时，也是企业进行无形资产审计的前提和基础。由此可见，企业加强对无形资产的内部控制，关键在于建立健全无形资产管理制度。其意义不仅体现在保护无形资产的安全、提高无形资产的使用效率上，更在于充分发挥无形资产对提升企业创新能力和核心竞争力的作用，以获得丰厚的回报。

二 无形资产管理的内部控制目标

（一）战略目标

（1）为企业经营、投资、筹资活动提供支持。

（2）保护企业的根本权益，防止无形资产流失和被盗用，保护企业无形资产的垄断性、共享性和高效性。

（3）加强无形资产的有序管理，使无形资产与其他资源合理搭配和组合，促使企业无形资产价值产生其应有的社会效益和经济效益。

（4）无形资产对外投资，扩大企业规模，形成规模经营，提高社会影响力，树立良好的公众形象。

（二）经营目标

（1）优化人员配置，执行有效职责分工和权限范围。

（2）无形资产投资决策正确，产生经济效益。

（3）规范无形资产处置，避免造成企业资产流失。

（4）充分利用现有无形资产服务于生产经营活动，保证无形资产的有效利用。

（三）财务目标

（1）正确反映无形资产的价值，合理摊销，保证无形资产账目真实、准确和完整。

（2）财务账表与实物核对相符。

（3）无形资产的确认、计量和报告应当符合国家统一的会计准则制度。

（4）处置闲置、效益低的无形资产，降低管理成本，提高经营成果。正确反映处置损益，保证报告真实。

（四）合规性目标

（1）遵守无形资产有关的国家法律法规和企业内部规章制度。

（2）遵守商标法、专利法、合同法等法律法规的规定，维护企业的合法权益，避免企业承担法律风险。

三 无形资产管理的主要风险点

无形资产管理的风险主要来源于因无形资产缺乏核心技术、权属不清、技术落后、存在重大技术安全隐患而可能导致企业发生法律纠纷、可持续发展能力不强。根据无形资产的基本业务流程，无形资产管理的主要风险点包括以下几个方面。

（一）无形资产预算环节的主要风险点

1. 无形资产预算的业务流程

无形资产预算的业务流程如图 6-10 所示。

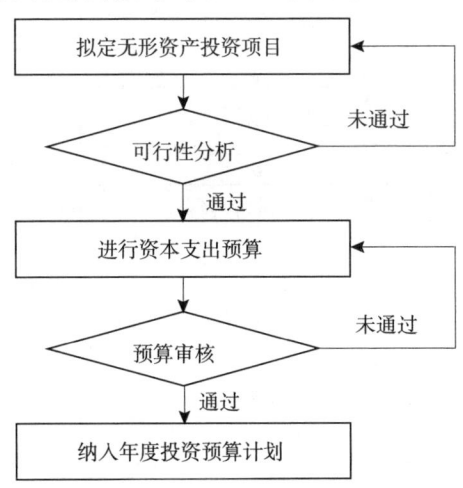

图 6-10 无形资产预算业务流程图

2. 无形资产预算的主要风险点

（1）投资预算未经规范而全面的可行性分析和集体审议，可能导致预算编制缺乏全面、有效的数据和信息支持的风险。

（2）投资预算未经适当审批或超越授权审批，可能由此产生重大差错、舞弊及欺诈行为而导致损失或因未进行资料的及时、规范的存档而导致资料丢失、遗漏等的风险。

（二）无形资产取得与验收环节的主要风险点

1. 无形资产取得与验收的业务流程

无形资产取得与验收的业务流程如图6-11所示。

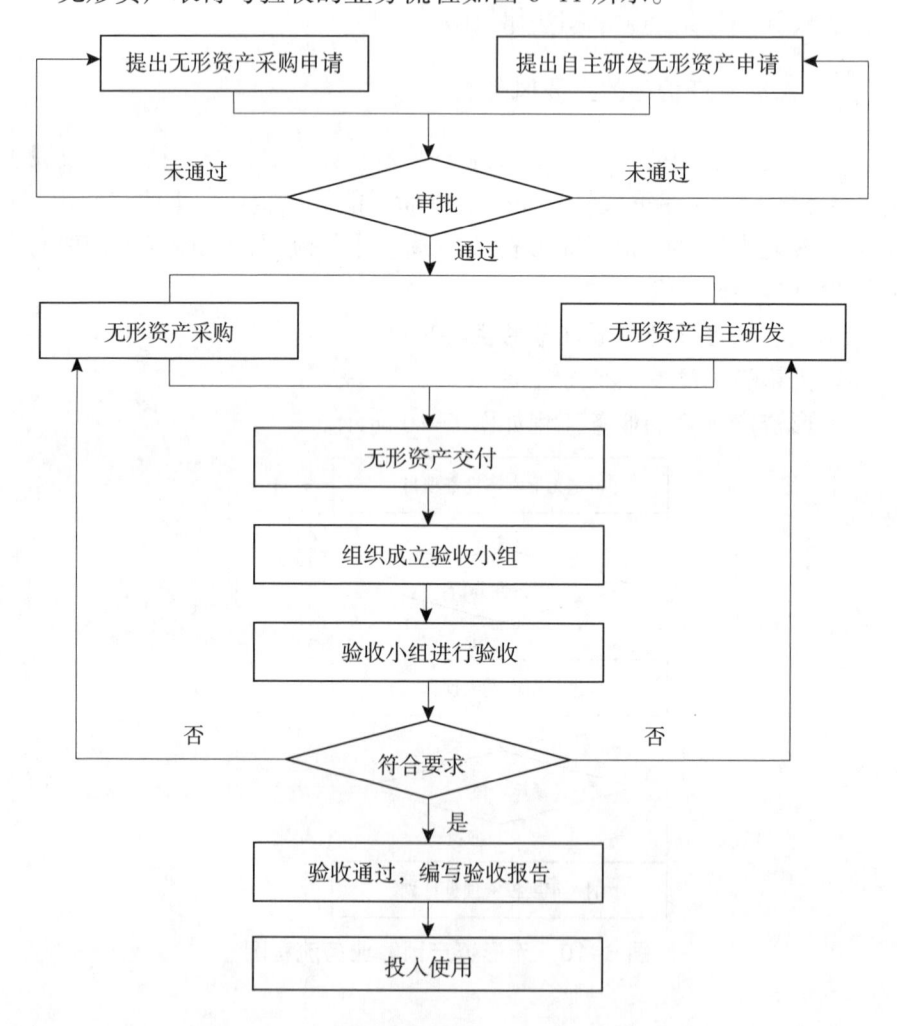

图6-11 无形资产取得与验收业务流程图

2. 无形资产取得与验收的主要风险点

（1）无形资产采购申请不符合实际生产经营需要，采购申请不当，无形资产采购决策失误，可能造成资产损失或资源浪费。

（2）无形资产自主研发项目未经适当审批或超越权限审批，可能导致研发失败，造成投资损失和资源浪费。

（3）取得的无形资产不具有先进性、缺乏技术自主权、估价过高，可能导致企业资源浪费。

（4）取得的无形资产权属不清，可能产生法律纠纷和经济损失。

（5）无形资产验收小组成员选择不当，验收过程不规范，可能导致验收结果不准确，进而导致使用风险加大，并可能带来损失。

（6）无形资产的记录不及时、不准确、不完整，可能导致资产流失、信息失真、账实不符。

（三）无形资产使用与保全环节的主要风险点

1. 无形资产使用与保全的业务流程

无形资产使用与保全的业务流程如图 6-12 所示。

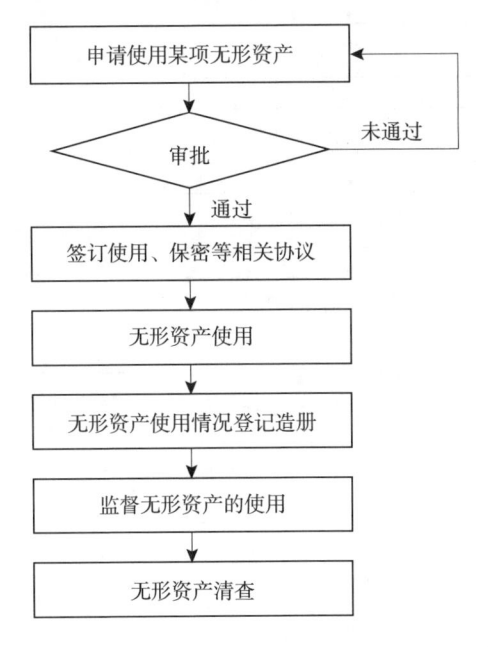

图 6-12 无形资产使用与保全业务流程图

2. 无形资产使用与保全的主要风险点

（1）缺乏严格的保密制度，保密工作不到位，可能造成无形资产被盗用、无形资产中的商业机密泄露，企业经济利益受到损失的风险。

（2）无形资产长期闲置或低效使用，失去其原来使用价值的风险。

（3）不能有效使用、保护无形资产，造成无形资产使用效益低下，效能发挥不到位，影响企业目标实现的风险。

（4）未及时对无形资产的使用情况进行检查、评估，可能导致无形资产内含的技术未能及时升级换代，进一步导致企业技术落后或存在重大技术安全隐患。

（5）商标等无形资产疏于管理，导致其他企业侵权，严重损害企业利益。

（四）无形资产处置环节的主要风险点

1. 无形资产处置的业务流程

无形资产处置的业务流程如图 6-13 所示。

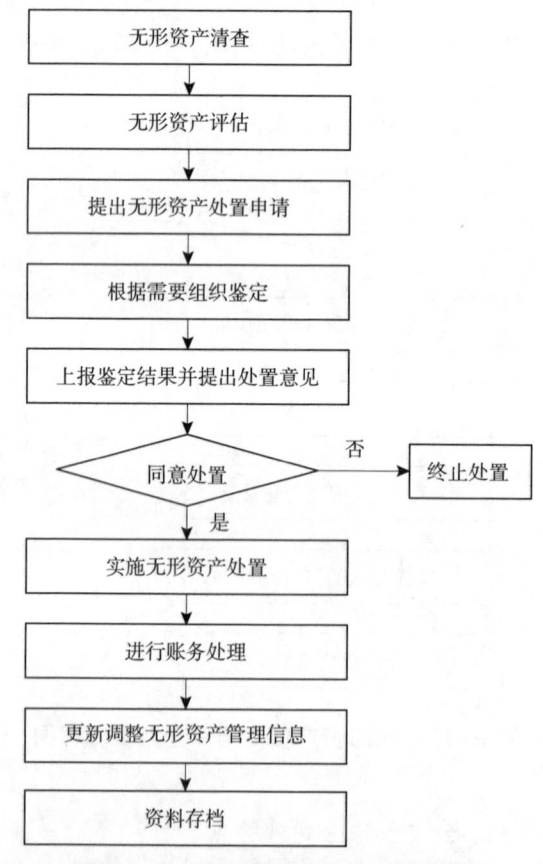

```
       ┌──────────────────┐
       │   无形资产清查    │
       └────────┬─────────┘
                │
       ┌────────▼─────────┐
       │   无形资产评估    │
       └────────┬─────────┘
                │
       ┌────────▼─────────┐
       │  提出无形资产处置申请 │
       └────────┬─────────┘
                │
       ┌────────▼─────────┐
       │   根据需要组织鉴定  │
       └────────┬─────────┘
                │
       ┌────────▼─────────┐
       │ 上报鉴定结果并提出处置意见 │
       └────────┬─────────┘
                │
            ╱───▼───╲      否    ┌──────────┐
           ╱ 同意处置 ╲─────────▶│  终止处置  │
           ╲         ╱           └──────────┘
            ╲───┬───╱
                │ 是
       ┌────────▼─────────┐
       │  实施无形资产处置  │
       └────────┬─────────┘
                │
       ┌────────▼─────────┐
       │    进行账务处理    │
       └────────┬─────────┘
                │
       ┌────────▼─────────┐
       │ 更新调整无形资产管理信息 │
       └────────┬─────────┘
                │
       ┌────────▼─────────┐
       │     资料存档      │
       └──────────────────┘
```

图 6-13　无形资产处置业务流程图

2.无形资产处置的主要风险点

（1）无形资产处置不规范，职责分工不明确、流程不清晰，对处置业务没有引起足够重视而任意处置无形资产，可能增加处置成本，降低处置效率，造成企业资产损失。

（2）转让合同不符合合同法等国家法律法规和企业内部规章制度的要求，可能引起法律诉讼。

（3）无形资产处置的相关凭证未提交给财务部门，可能导致账实不符。

四 无形资产管理的关键控制点

企业应当加强对品牌、商标、专利、专有技术、土地使用权等无形资产的管理，分类制定无形资产管理办法，落实无形资产管理责任制，促进无形资产有效利用，充分发挥无形资产对提升企业核心竞争力的作用。无形资产管理的关键控制点主要包括以下几个方面。

（一）岗位分工与授权批准控制点

（1）企业应当建立无形资产业务的岗位责任制，明确相关部门和岗位的职责、权限，确保办理无形资产业务的不相容岗位相互分离、制约和监督。企业不得由同一部门或个人办理无形资产的全过程业务。

（2）企业应当配备合格的人员办理无形资产业务。办理无形资产业务的人员应当具备良好的职业道德和业务素质。

（3）企业应当建立无形资产业务的授权批准制度，明确授权批准的方式、程序和相关控制措施，规定审批人的权限、责任以及经办人的职责范围和工作要求。严禁未经授权的机构或人员办理无形资产业务。

（4）审批人应当根据无形资产业务授权批准制度的规定，在授权范围内进行审批，不得超越审批权限。经办人应当在职责范围内，按照审批人的批准意见办理无形资产业务。对于审批人超越授权范围审批的无形资产业务，经办人有权拒绝办理，并及时向审批人的上级授权部门报告。

（5）企业应当制定无形资产业务流程，明确无形资产的预算、取得与验收、使用与保全、处置等环节的控制要求，并设置相应的记录或凭证，如实记载各环节业务的开展情况，确保无形资产业务全过程得到有效控制。

（二）无形资产预算环节的关键控制点

企业编制的无形资产预算，应当符合企业发展战略。该环节的关键控制点包括以下几点：

（1）企业应根据无形资产的使用效果、生产经营发展目标等因素拟订无形资产投资项目，综合考虑无形资产投资方向、规模、资金成本、预计现金净流入等因素；对投资项目的可行性应该进行周密系统的分析和研究，编制无形资产投资预算，并按规定程序审批。

（2）对于投资额较大的专案，资本支出预算应有各分项投资预算额，以便日后对投资实际额的控制。

（3）重大的无形资产投资项目应该考虑聘请独立的中介机构或者专业人士进行可行性研究评价，并实行集体决策和审批，防止出现决策失误。

（三）无形资产取得与验收环节的关键控制点

无形资产的采购过程应当规范、透明。此环节的关键控制点包括以下几点：

（1）预算内无形资产投资项目应按照预算执行进度办理相关手续；超预算或预算外无形资产投资项目应由相关责任部门提出申请，经审批后再办理相关手续。

（2）企业对于外购的无形资产应当建立请购与审批制度，明确请购部门（或人员）和审批部门（或人员）的职责权限及相应的请购与审批程序。一般无形资产采购，应由采购部门充分了解和掌握产品及供应商情况，采取比质比价的办法确定供应商；对于重大的无形资产采购，应采取招标方式进行；对于非专有技术等具有非公开性的无形资产，还应注意采购过程中的保密保全措施。

（3）企业应当建立严格的无形资产交付使用验收制度，确保无形资产符合使用要求。无形资产交付验收应成立验收小组并由验收小组进行验收，验收小组一般由无形资产管理部门、使用部门、财务部门、法务部门、相关部门和技术专家组成。对外采购的无形资产，验收重点是应确保转让人具有无形资产的所有权，并按国家和行业规定及时办理相关权证的过户手续。验收时要查看有效证明文件，同时仔细审核合同协议等法律文件。全过程应有专业技术人员和法律顾问参加。自行开发的无形资产，应由研发部门、无形资产管理部门、使用部门共同验收，验收完毕后，应及时办理移交使用手续。企业购入或者以支付土地出让金方式取得的土地使用权，必须取得土地使用权的有效证明文件。企业对投资者投入、接受捐赠、债务重组、政府补助、企业合并、非货币性资产交换、外企业无偿划拨转入以及其他方式取得的无形资产均应办理相应的验收手续。

（4）对验收合格的无形资产应及时办理编号、建卡、调配等手续。对需要办理产权登记手续的无形资产，企业应及时到相关部门办理。

（四）无形资产使用与保全环节的关键控制点

企业应当加强无形资产日常管理工作，授权具体部门或人员负责无形资产的日常使用与保全管理，保证无形资产的安全与完整。此环节关键控制点包括以下几点：

（1）企业应根据国家有关无形资产方面的管理制度，结合本企业的实际情况，制定本企业的《无形资产保密管理规定》，采取严格保密措施，严防泄露商业秘密。

（2）应对无形资产各种文件资料（尤其是资产、财务、会计等资料）妥善保管，避免记录受损、被盗、被毁的可能。重要资料不仅要留有纸质备份，还应有电子备份，以便在遭受意外损失或毁损时能得以恢复。

（3）企业应建立无形资产使用管理办法，应当在根据生产经营状况需要使用企业无形资产时，申请部门填写无形资产使用审批单，由资产管理部门、技术部门对申请提出审核建议，经分管领导审核签字后，上报总经理审批签字。申请部门获批可使用无形资产后，确定使用范围、指定责任人、规定保密措施，在使用期间内严格执行《无形资产保密管理规定》，特殊情况相关责任人在保密协议上签字确认。

（4）企业应根据无形资产性质确定无形资产保全范围和政策。保全范围和政策应当足以应对无形资产因各种原因发生损失的风险。企业应当限制未经授权人员直接接触技术资料等无形资产；对技术资料等无形资产的保管和接触应保有记录；对重要的无形资产应及时申请法律保护。

（5）建立健全无形资产清查制度。无形资产管理部门与技术部门、财务部门每年年末进行无形资产资料、使用状况的全面清查，对专利、专有技术等无形资产的先进性进行评估,淘汰落后技术,加大研发投入,促进技术更新换代,不断提升自主创新能力,努力做到核心技术处于同行业领先水平。

(6)企业应当重视品牌建设,加强商誉管理,通过提供高质量产品和优质服务等多种方式,不断地调整与创新,适应消费者的需要,使企业生产经营与市场和消费者的需要保持同步,切实维护和提升企业品牌的社会认可度。

(7)企业应加强无形资产权益保护,防范侵权行为和法律风险,通过法律手段确立无形资产的合法地位,主动配合执法部门整顿市场秩序,依法打假治劣,及时利用媒体揭露侵权行为。

(五)无形资产处置环节的关键控制点

(1)企业应当建立无形资产处置的相关管理制度,明确无形资产处置的范围、标准、程序和审批权限等要求。无形资产的处置应由独立于无形资产管理部门和使用部门的其他部门或人员按照规定的权限和程序办理;应当选择合理的方式确定处置价格,并报经企业授权部门或人员审批;重大的无形资产处置,应当委托具有资质的中介机构进行资产评估,并采取集体审批制度。无形资产变更涉及产权变更的,应及时办理产权变更手续。

(2)对出租、出借的无形资产应由无形资产管理部门会同财务部门按规定报经批准后予以办理,并签订合同协议,特别应就出租、出借期间的维护保全、税负责任、租金、归还期限、保护商业秘密等内容进行约定。

(3)对使用期满、正常报废的无形资产,应经企业授权部门或人员批准后,方可对该无形资产进行报废清理。使用期限未满、非正常报废的无形资产,在报废前除应经企业授权部门或人员批准外,还应在批准之前组织有关部门进行技术鉴定,同时审核使用部门提出的报废理由、估计清理费用和可回收残值、预计出售价值等。

(4)对拟出售或投资转出的无形资产,应由有关部门或人员提出处置申请,列明该项无形资产的原价、已提摊销、预计使用年限、已使用年限、预计出售价格或转让价格等,报经企业授权部门或人员批准后予以出售或转让。

（六）无形资产核算的关键控制点

（1）在企业内部统一无形资产的会计政策和会计科目，明确无形资产相关会计凭证、会计账簿和财务报告的处理程序与方法，遵循会计制度规定的各条核算原则。

（2）引进、外购取得的无形资产，所发生的费用应按规定列入无形资产成本。属于自行开发并依法申请取得的无形资产，其入账价值应按开发阶段符合资本化条件的支出发生的注册费、聘请律师费等确定；研究阶段支出和不符合资本化条件的开发阶段支出，应于发生时确认为当期费用。各级财务部门会计人员建立无形资产账表，登记无形资产变动情况。

（3）无形资产的摊销按照企业内部会计制度和有关规定办理，并计入当期损益。财务部门负责人负责审核摊销数额是否正确。

（4）财务部门至少每半年对无形资产进行减值分析，需计提减值准备的，及时进行账务处理，减值准备数额上报财务部会同有关部门审核，按规定权限审批后，财务部门按批复数对无形资产价值进行调整。

五　案例分析

【案例 6-7】

谷歌侵权，法商应对[①]

2010年3月31日，法国著名的加利马尔出版社称将联合法国其他出版商状告谷歌侵权。据介绍，在过去6年时间里，谷歌在未经全球各出版社及有关作者许可情况下，扫描收录了1 200万册作品，已经构成侵权。其中，法国近100万册作品被侵权。数月前，谷歌向加利马尔出版社等出版机构保证停止这一做法，但时至今日仍未见行动。加利马尔出版社法律事务负责人表示，另外两家出版社将与其共同状告谷歌。法国出版商协会主席表示支持加利马尔出版社对谷歌采取的法律行动。

---

①　傅胜，池国华. 企业内部控制规范指引操作案例点评［M］. 北京：北京大学出版社，2011.

案例解析 本案例中，著作权是出版社最重要的无形资产。法国出版商通过法律手段，积极维护其合法权益，打击谷歌的侵权行为，保护其无形资产，这对企业可持续发展至关重要。从出版商无形资产管理的角度来看，一是企业内部要建立健全无形资产保密制度，严格限制未经授权人员直接接触，对保管和接触进行记录，并实行问责制，保证无形资产的安全与完整；二是发现侵权行为要及时取证并形成书面调查记录，运用各种手段维权和打击侵权行为，切实维护企业的权益。

【案例6-8】

产权之争，迷局再现[①]

2007年，娃哈哈集团在与法国达能公司合作的过程中，由于合同条款存在问题，双方围绕"娃哈哈"商标所有权归属问题争执不下，目前已分别向国内外相关机构提起仲裁。这场商标争夺战、企业并购战一时陷入迷局。1996年，娃哈哈集团与法国达能公司、中国香港百富勤公司共同成立合资企业，其中娃哈哈集团占49%的股份，另外两家共同拥有51%的股份。然而，不久达能公司收购了百富勤的股份，成为娃哈哈集团控股股东。当时，达能公司就提出将"娃哈哈"商标转让给其所控制的公司，但遭到原国家工商行政管理总局商标局的拒绝。后来，双方签订商标使用权合同，规定"不应许可除娃哈哈与达能建立的合资公司以外的任何其他方使用商标"，也就是说，法国达能公司通过合资的方式，控制了"娃哈哈"商标，以此为筹码，要求强行收购娃哈哈集团其他非合资公司。对于此案，原国家工商总局的态度是未经批准的商标转让协议无效。而中国商务部新闻发言人的态度耐人寻味，"严格按照规定行事"，而非无条件地向娃哈哈集团表示支持。因为按规章办事才是市场经济的最高准则。娃哈哈虽然与达能签订了协议，但明显违反了商标法

[①] 傅胜，池国华. 企业内部控制规范指引操作案例点评 [M]. 北京：北京大学出版社，2011.

的有关规定。协议的法律效力受到质疑，因此就不宜强制生效、废除或中止，用政府和法律的信誉为企业家的失误买单。

案例解析　本案例中，商标权是企业无形资产的重要组成部分，甚至是企业战胜对手、争夺市场的强大武器。娃哈哈对商标权的处置不当，造成品牌权属不清，从而引发法律诉讼，使得民族品牌有流失的风险。因此，企业必须建立健全无形资产处置的相关管理制度，明确无形资产处置的范围、标准、程序、保密措施和审批权限等。当无形资产权属关系发生变动时，应及时办理权属转移手续，防止权属不清。

【案例 6-9】

商场冠名权随意转让引致商场倒闭

YXY 商场于 1989 年 5 月开业，之后仅用 7 个月时间就实现销售额 9 000 万元，1990 年达 1.86 亿元，实现税利 1 315 万元，1 年就跨入全国 50 家大型商场行列。到 1995 年，其销售额一直呈增长趋势，1995 年达 4.8 亿元。该商场当年以其在经营和管理上的创新创造了一个平凡而奇特的现象。来自全国 30 多个省市的近 200 个大中城市的党政领导、商界要员去参观学习。然而，1998 年 8 月 15 日，YXY 商场悄然关门，面对这残酷的事实，人们众说纷纭。导致商场倒闭的原因是多方面的，而内部控制的极端薄弱是促成其倒闭的主要原因之一。下面仅就其无形资产内部控制方面进行分析。该商场的冠名权属于无形资产，其转让都由总经理一个人说了算，只要总经理签字同意，别人就可以建一个 YXY 商场。在经营管理上，YXY 商场有派驻人员，但由于并不掌控管理，所起的作用不大。这种冠名权的转让能迅速带来规模的扩张，可也给 YXY 的管理控制带来了风险。在对这些企业的管理上，YXY 并不严格，导致了某些企业在管理、服务质量或者产品质量等诸多方面给客户们留下了不好的印象，在社会上造成了不良影响，对 YXY 这个品牌的影响起了负面作用。

案例解析　YXY商场没有进行职责分工，权限范围和审批程序不明确不规范，机构设置和人员配备不科学不合理。关于无形资产的转让，照理应该经董事会讨论通过，但实际上由总经理一个人说了算，只要他签字同意，别人就可建一个"YXY"，这样就不可避免地会导致一人多权，导致舞弊现象的发生。

建议商场应该设置专门的无形资产管理部门，配备专门的无形资产管理人员对商场的无形资产进行综合、全面、系统管理。无形资产管理部门的主要职能包括：对企业所有无形资产的开发、引进、投资进行总的控制；就无形资产在企业生产经营管理中的实施应用的客观要求，协调企业内部其他各有关的职能部门的关系；协调与企业外部国家有关专业管理机构的关系；协调企业与其他企业的关系；维护企业无形资产资源安全完整；考核无形资产的投入产出状况和经济效益情况。

企业应当建立无形资产业务的岗位责任制，明确相关部门和岗位的职责、权限，确保办理无形资产业务的不相容岗位相互分离、制约和监督。同一部门或个人不得办理无形资产业务的全过程。有效的内部控制制度应该保证对同一项业务的审批、执行、记录和复核人员的职务分离，以减少因一人多权而导致的舞弊现象发生。

在授权审批方面要明确授权批准的范围。通常无形资产研究与开发、购置和转让计划都应纳入其范围。授权批准的层次，应根据无形资产的重要性和金额大小确定不同的授权批准层次，从而保证各管理层有权亦有责。明确被授权者在履行权力时应对哪些方面负责，应避免责任不清，一旦出现问题又难究其责的情况发生。应规定每一类无形资产业务的审批程序，以便按程序办理审批，同时避免越级审批、违规审批的情况发生。单位内部的各级管理层必须在授权范围内行使相应职权，经办人员也必须在授权范围内办理经济业务。审批人应当根据无形资产业务授权批准制度的规定，在授权范围内进行审批，不得超越审批权限。经办人在职责范围内，按照审批人的批准意见办理无形资产业务。对于审批人超越授权范围审批的无形资产业务，经办人员有权拒绝办理，并及时向上级部门报告。

对于重大的无形资产投资转让等项目，应当考虑聘请独立的中介机构或专业人士进行可行性研究与评价,并由企业实行集体决策和审批,防止出现决策失误而造成严重损失。

【案例6-10】

动态管理,取胜之道[①]

道化学工业公司(Dow Chemical Industry Company)是一家在世界化工领域具有领头地位的环球企业,员工总数达4.3万人,2004年总销售收入达400亿美元,利润28亿美元,居世界化工企业第一位。道化学工业公司成功的秘诀是围绕化学工业实行谨慎而开放的多样化经营战略,同时,公司也极为重视经营无形资产,通过引入"知识产权动态管理"模式,对无形资产的核心知识产权进行管理。

"知识产权动态管理"模式是以企业经营战略为核心,通过有组织的、动态的知识产权管理,最大限度地实现知识产权资产的价值。道化学工业公司从专利管理入手,将知识产权资产管理分为计划、竞争力测评、分类、价值评估、投资和组合6个阶段。

(1)计划是以公司整体发展战略为核心,制订专利利用与业务部门经营目标实施计划。

(2)竞争力测评是利用"知识树图"把本企业和竞争对手的知识产权资产情况同时放到综合机会图上,对各自的竞争优势、知识产权资产覆盖范围和发展机会等指标进行综合竞争力对比评估。

(3)分类是指以公司发展战略为核心,将所有的专利经过评估划分为三种:①对公司将来发展有关键作用的专利以及在新市场建立滩头堡的专利予以保留并投入资金进行新技术的开发研究,为核心技术申请专利;②对其他公司有益但对本公司意义不大的专利进行合资开发,将其作为知识产权投资或者出售;③对没有销售价值的专利予以削减或放弃,将一部分专利捐赠给大学和非营利组织,一部分专利被许可使用,一部

[①] 傅胜,池国华.企业内部控制规范指引操作案例点评[M].北京:北京大学出版社,2011.

分专利通过经纪人处理，或同其他化学公司进行交换，或任其自己终止。

（4）价值评估是指确定知识产权资产的市场价值。道化学工业公司与一家咨询机构合作开发一套名为"技术因子法"的综合性知识产权资产评估方法，能够方便、快速地进行知识产权资产的财务评估，计算知识产权在企业资产总值中所占的百分比。

（5）投资是指根据对企业知识产权状况的分析作出战略决策：加大研究开发投资，开发企业发展所需的专利，通过专利交易建立合资企业，从外部获取技术等。

（6）组合是指公司通过加强专利的动态管理和有针对性的投资，不断减少专利数量和增强专利质量，最终提高企业竞争力。促进企业长期发展的专利组合更具针对性，可以为企业创造最佳的经济效益。

道化学工业公司对无形资产管理的这一策略是在1993年启动的，1994年道化学工业公司的专利总量即从29 000项降到16 000项，节省了800万美元的更新手续费和大约4 000万美元的税款。而专利许可使用费却从1994年的2 500万美元开始以60%的速度增长，到2000年该收入的数额达到1.25亿美元。对无形资产的有效管理，增加了公司的收入。

案例解析 道化学工业公司所创造的知识产权动态管理模式实际上就是《企业内部控制规范》所倡导的无形资产管理理念的具体体现。具体来说，我们至少可以得到以下启示：

（1）在无形资产取得方面，无形资产的取得方式有多种，比如外购、自行开发、非货币性资产交换等。道化学工业公司根据对企业知识产权状况的分析作出取得专利的战略决策：加大研究开发投资，开发企业发展所需的专利或者从外部获取技术等。

（2）在无形资产使用方面，道化工业学公司以公司整体发展战略为核心，制订专利利用与业务部门经营目标实施计划，提高专利使用效率，充分发挥无形资产对提高企业产品质量和市场影响力的重要作用。

（3）在无形资产的技术升级与更新换代方面，道化学工业公司利用与咨询公司合作开发的评估方法，定期对专利、专有技术等无形资产的先进性进行评估，确定其市场价值，并结合考虑公司发展战略，将所有的专利划分为三类。其分类的实质就是对不同类型的无形资产施以不同的管理方式。第一类核心技术申请专利,应予以保留并投入资金进行新技术的开发研究,确保企业无形资产的技术升级与更新换代符合企业发展的需要。

(4)放在无形资产的处置方面,道化学工业公司建立了完善的无形资产处理管理制度,明确了无形资产处置的范围、标准、程序和审批权限等要求。道化学工业公司明确规定将评估后的第二、第三类专利作为知识产权投资、出售或者以其他方式处置。

第四节 在建工程管理的内部控制

一、在建工程管理概述

(一)在建工程的含义

在建工程是指企业自行或者委托其他企业所进行的建造、安装活动。在建工程包括企业自行建造房屋、建筑物、各种设施以及进行大型机器设备的安装在建工程、固定资产建筑在建工程、技术改造在建工程、大修理在建工程等。

(二)在建工程管理的特点

在建工程管理是企业管理的重要内容之一,它与可循环、可重复的企业日常经营管理有着显著的区别。这是由在建工程项目的特点决定的。在建工程项目一般规模大、耗资多、周期长、牵涉广、质量要求高、技术和工艺复杂,而且容易受到内、外部环境影响,属于典型的一次性事业,不确定性强、风险大。项目一旦失败,不仅给企业甚至给社会都将造成巨大损失。这就要求企业对在建工程管理既要有很强的能力,也要有很高明的手段。

(三)在建工程管理的业务流程

在建工程管理的业务流程可划分为立项、设计与概预算、招标、建设与竣工验收5个主要环节,每个环节具有更细化的业务活动。在建工程管理基本业务流程如图6-14所示。

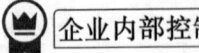

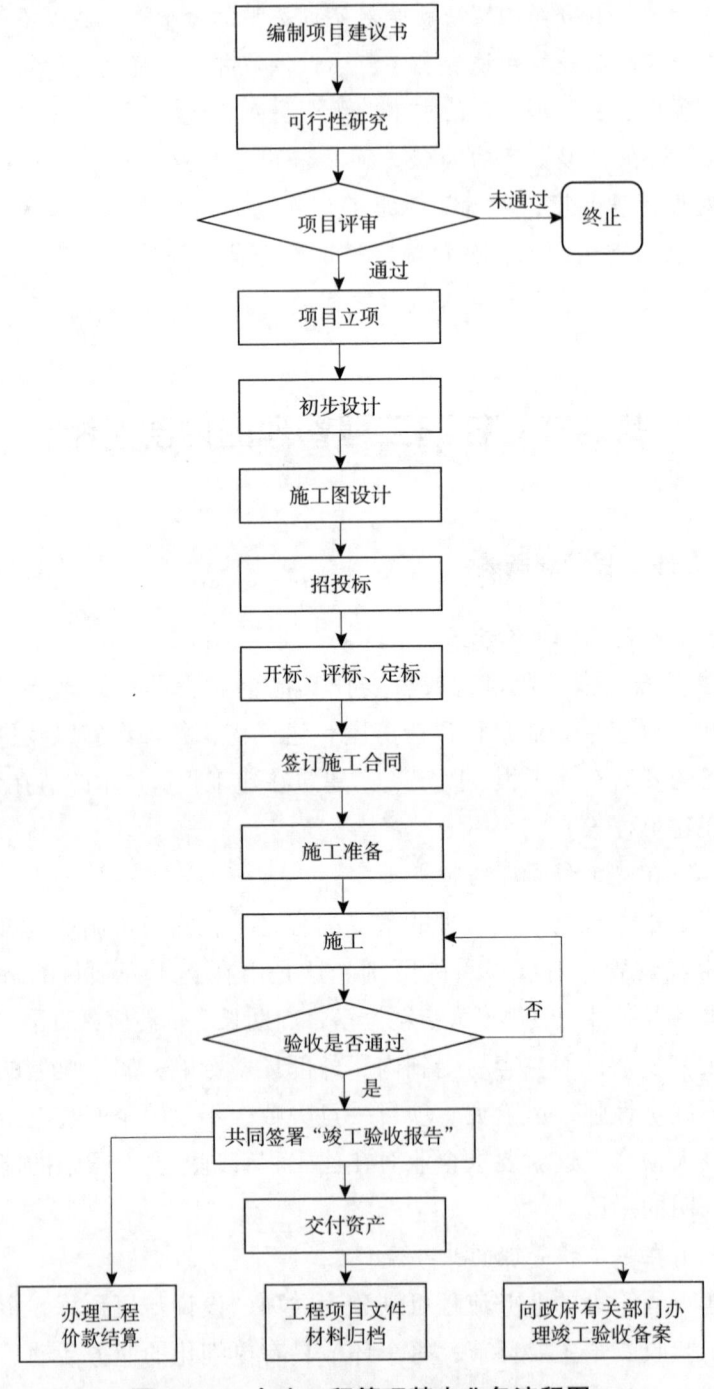

```
                    ┌──────────────┐
                    │ 编制项目建议书 │
                    └──────┬───────┘
                           ↓
                    ┌──────────────┐
                    │  可行性研究   │
                    └──────┬───────┘
                           ↓
                    ╱──────────────╲    未通过   ┌──────┐
                    ╲   项目评审    ╱ ─────────→ │ 终止 │
                    ╱──────────────╲            └──────┘
                           ↓ 通过
                    ┌──────────────┐
                    │   项目立项    │
                    └──────┬───────┘
                           ↓
                    ┌──────────────┐
                    │   初步设计    │
                    └──────┬───────┘
                           ↓
                    ┌──────────────┐
                    │  施工图设计   │
                    └──────┬───────┘
                           ↓
                    ┌──────────────┐
                    │    招投标     │
                    └──────┬───────┘
                           ↓
                    ┌──────────────┐
                    │开标、评标、定标│
                    └──────┬───────┘
                           ↓
                    ┌──────────────┐
                    │  签订施工合同 │
                    └──────┬───────┘
                           ↓
                    ┌──────────────┐
                    │   施工准备    │
                    └──────┬───────┘
                           ↓
                    ┌──────────────┐ ←────┐
                    │     施工      │     │
                    └──────┬───────┘     │
                           ↓             │ 否
                    ╱──────────────╲     │
                    ╲  验收是否通过 ╱ ────┘
                    ╱──────────────╲
                           ↓ 是
                ┌───────────────────────┐
                │共同签署"竣工验收报告"  │
                └──────┬────────────────┘
                       ↓
                ┌──────────────┐
                │   交付资产    │
                └──────┬───────┘
        ┌──────────────┼──────────────┐
        ↓              ↓              ↓
  ┌──────────┐  ┌──────────┐  ┌──────────────┐
  │办理工程  │  │工程项目文件│  │向政府有关部门办│
  │价款结算  │  │材料归档   │  │理竣工验收备案 │
  └──────────┘  └──────────┘  └──────────────┘
```

图 6-14 在建工程管理基本业务流程图

第六章 资产管理

（四）加强在建工程内部控制的意义

（1）加强在建工程内部控制是由在建工程的特殊性决定的。在建工程项目往往投入资金多、开发周期长，技术要求高，而且工艺烦琐，影响因素多，环境复杂，存在一次性、无法逆转等特点，因此要确保在建工程项目的顺利实施和建设，就必须加强在建工程的内部控制。

（2）加强在建工程内部控制是实现在建工程项目建设目标的重要保障。企业通过建立和实施完善的在建工程内部控制体系，可以提高在建工程项目决策的科学性；确保在建工程项目遵循国家法律法规及相关政策，保证在建工程项目的安全性和合法性；确保在建工程项目建设单位工程管理活动有序进行，提高资金使用效率和在建工程项目的经济效益。

二、在建工程管理的内部控制目标

（一）战略目标

（1）加强在建工程项目建设管理，规范在建工程投资行为，确保在建工程质量与安全，有效地使用好建设资金，提高投资效益。

（2）严格执行在建工程建设审批程序，对在建工程项目各个环节进行管理，保证投资计划的完成。

（二）经营目标

（1）优化人员配置，执行有效职责分工和权限范围。

（2）在建工程项目投资决策正确，产生经济效益。

（3）在建工程建设满足企业扩大再生产的需要，生产技术达标、产品质量合格，安全、高效地生产出让客户满意、市场需要的产品。

（4）施工管理有序，安全质量受控。

（5）技术入手，经济决策。企业通过优化方案减少投入，降低成本，保证项目效益。

（6）防止并及时发现、纠正错误及舞弊行为，保护在建工程资产的安全。

（7）降低在建工程项目建设的风险。在建工程项目的内部控制应当对风险采取必要的预防和控制措施，确保在建工程项目的健康运行。

（三）财务目标

（1）建立健全在建工程台账、档案，保证在建工程核算真实、准确、完整。

（2）财务账表与实物核对相符。

（3）在建工程项目的确认、计量和报告应当符合国家统一的会计准则制度。

（四）合规性目标

（1）符合国家有关安全、消防、环保等有关基本建设规定和企业内部规章制度。

（2）遵守合同法等法律法规的规定，维护企业的合法权益，避免企业承担法律风险。

（3）遵守企业内部规章制度，避免产生内部舞弊行为。

三 在建工程管理的主要风险点

在建工程管理的风险是指所有对工程项目目标的实现和生产运营产生消极后果的潜在可能性，或可能导致项目受到损失或损害的潜在可能性。根据在建工程的基本业务流程，在建工程管理的主要风险点包括以下几个方面。

（一）在建工程立项环节的主要风险点

1. 在建工程立项的业务流程

在建工程立项的业务流程如图6-15所示。

2. 在建工程立项的主要风险点

在建工程立项是整个在建工程项目开展的第一环节，也是防范风险的最重要阶段。该环节的主要风险点包括以下几点：

（1）在建工程项目建议书内容不合规、不完整，项目性质、用途模糊，拟建规模、标准不明确，项目投资估算和进度安排不协调。

（2）在建工程项目缺乏可行性研究、可行性研究流于形式或可行性研究的深度达不到质量标准和实际要求，可能导致无法为项目决策提供充分、可靠的依据，决策不当、盲目上马、预期效益难以实现，甚至项目失败。

（3）在建工程项目评审流于形式，误导项目决策；权限配置不合理，

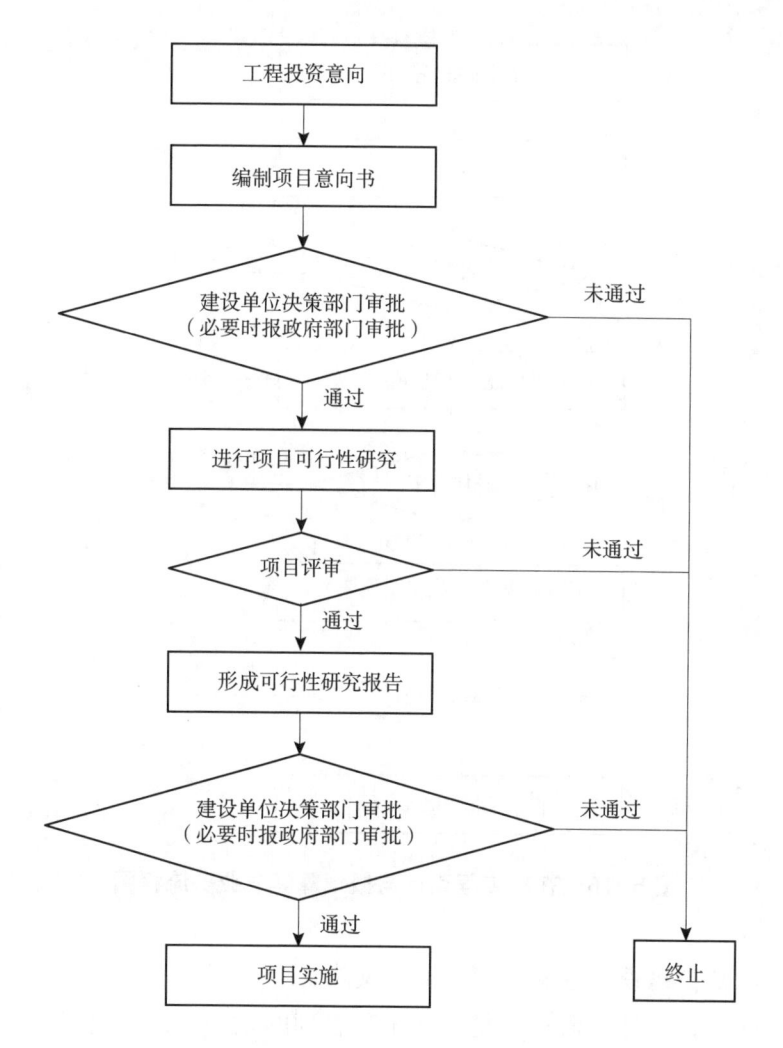

图 6-15 在建工程立项环节业务流程图

决策程序不规范导致决策失误，给企业带来巨大损失。

（4）在建工程项目决策失误，可能造成企业资产损失或资源浪费；项目未经适当审批或超越授权审批，可能产生重大差错或舞弊、欺诈行为，从而使企业遭受资产损失。

（二）在建工程设计与概预算环节的主要风险点

1. 在建工程设计与概预算的业务流程

在建工程设计与概预算的业务流程如图6-16所示。

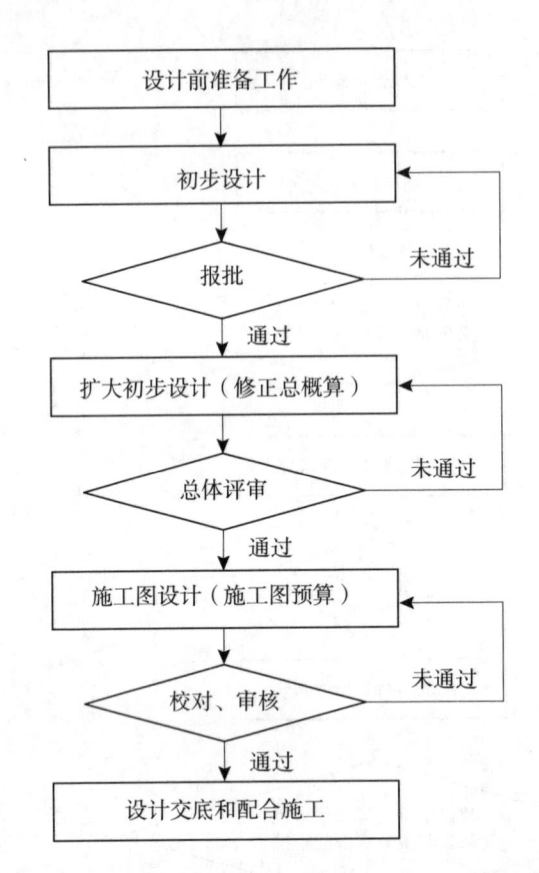

```
┌─────────────────┐
│  设计前准备工作  │
└────────┬────────┘
         ↓
┌─────────────────┐
│    初步设计     │←─────┐
└────────┬────────┘      │
         ↓               │
      ◇报批◇ ── 未通过 ──┘
         │通过
         ↓
┌──────────────────────────┐
│扩大初步设计（修正总概算）│←─────┐
└────────┬─────────────────┘      │
         ↓                        │
      ◇总体评审◇ ── 未通过 ──────┘
         │通过
         ↓
┌──────────────────────────┐
│施工图设计（施工图预算）  │←─────┐
└────────┬─────────────────┘      │
         ↓                        │
      ◇校对、审核◇ ── 未通过 ───┘
         │通过
         ↓
┌─────────────────┐
│设计交底和配合施工│
└─────────────────┘
```

图 6-16　在建工程设计与概预算环节业务流程图

2.在建工程设计与概预算的主要风险点

在建工程设计与概预算是在建工程管理的龙头，是在建工程质量的基础，是施工的依据，对在建工程质量、功能、造价有着重大影响。该环节的主要风险点包括以下几点：

（1）在初步设计阶段表现为设计企业未达到相关资质要求，初步设计未进行多方案比较选择，初步设计出现较大疏漏，设计方案不合理，设计深度不足，导致在建工程质量存在隐患、投资失控以及投产后运行成本过高等。

（2）在施工图设计阶段表现为工程造价信息不对称，概预算脱离实际，技术方案未能有效落实，设计标准引用不当，设计错误或存在缺陷，设计变更频繁等，扩大在建工程项目的质量风险和投资风险。

（三）在建工程招标环节的主要风险点

1. 在建工程招标的业务流程

在建工程招标的业务流程如图 6-17 所示。

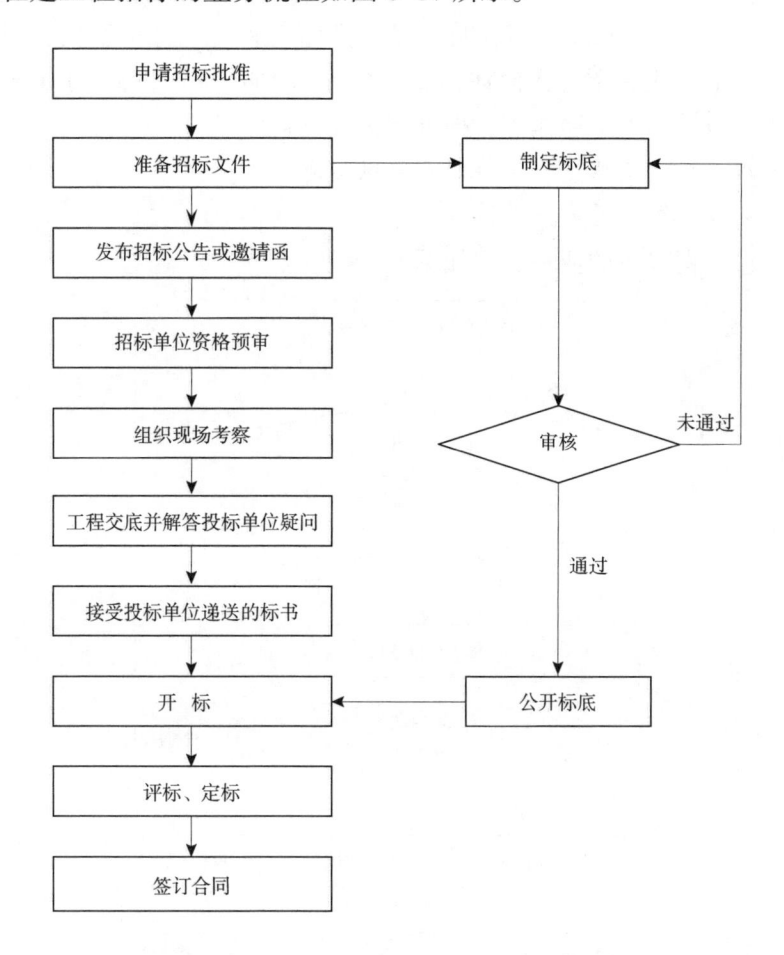

```
申请招标批准
    ↓
准备招标文件 ←──────→ 制定标底 ←──┐
    ↓                    ↓        │
发布招标公告或邀请函        审核 ──未通过──┘
    ↓                    ↓
招标单位资格预审          通过
    ↓                    ↓
组织现场考察              │
    ↓                    │
工程交底并解答投标单位疑问  │
    ↓                    │
接受投标单位递送的标书      │
    ↓                    ↓
开 标 ←────────── 公开标底
    ↓
评标、定标
    ↓
签订合同
```

图 6-17　在建工程招标环节业务流程图

2. 在建工程招标的主要风险点

在建工程招标直接影响着在建工程的造价，对在建工程项目建设目标的实现具有深远影响。该环节的主要风险点包括以下几点：

（1）招标人未做到公平、合理，如任意分解工程项目致使招标项目不完整，或逃避公开招标；招标人为指定单位设置资格条件、评标规则等，从而可能导致中标价格失实，中标人实质上难以承担工程项目。

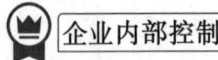

（2）投标人与招标人串通，存在暗箱操作或商业贿赂等舞弊行为；投标人与投标人私下合作围标，以抬高价格或确保中标；投标人资质条件不符合要求或挂靠、冒用他人名义投标等，导致工程质量难以保证。

（3）开标不公开、不透明，损害投标人利益；评标委员会成员缺乏专业水平，或者招标人向评标委员会施加影响，使评标流于形式；评标委员会与投标人串通作弊，损害招标人利益。

（四）在建工程建设环节的主要风险点

1. 在建工程建设的业务流程

在建工程建设的业务流程如图6-18所示。

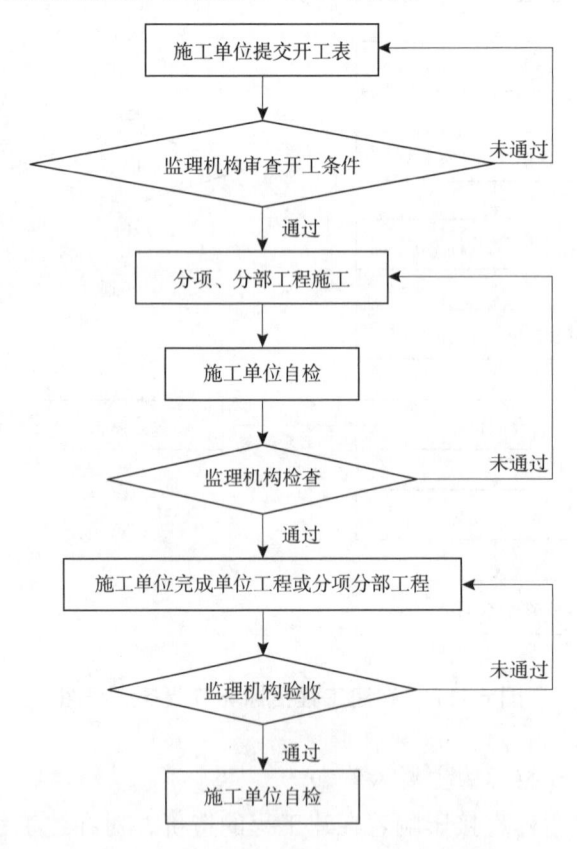

```
施工单位提交开工表
    ↓
监理机构审查开工条件 —未通过→
    ↓通过
分项、分部工程施工
    ↓
施工单位自检
    ↓
监理机构检查 —未通过→
    ↓通过
施工单位完成单位工程或分项分部工程
    ↓
监理机构验收 —未通过→
    ↓通过
施工单位自检
```

图6-18 在建工程建设环节业务流程图

2. 在建工程建设的主要风险点

在建工程建设是工程实体的形成阶段，是人力、物力、财力消耗的主要阶段,是在建工程管理中最为复杂也是最为关键的阶段。企业在此阶段应着力控制好工程造价和工程质量。该环节的主要风险点包括以下几点:

(1)任意压缩工期、盲目赶进度,可能导致工程质量低劣、费用增加。

(2)质量、安全监管不到位带来的质量隐患,现场控制不当、项目变更审核不严格、工程变更频繁导致的费用超支、工期延误等风险。

(3)工程物资采购、收发、保管、记录不完整,材料质次价高引起的成本风险。

(4)监理人员不具备职业道德,素质低,工程监理不到位。

(5)在建工程价款结算管理不严格,价款结算不及时,项目资金不落实、使用管理混乱可能导致工程质量低劣、进度延迟或中断的风险。

(五)在建工程竣工验收环节的主要风险点

1. 在建工程竣工验收的业务流程

在建工程竣工验收的业务流程如图6-19所示。

2. 在建工程竣工验收的主要风险点

(1)竣工验收不规范,最终质量检验把关不严,可能导致工程交付使用后存在重大隐患。

(2)虚报项目投资完成额、虚列建设成本或者隐匿结余资金,竣工决算失真。

(3)竣工验收权责不明,验收资料不合格,验收资料不齐全,验收资料未按规定审批,验收不及时。

(4)在建工程达到预定可使用状态后,未及时进行评估、结转的风险。

四 **在建工程管理的关键控制点**

企业应当建立和完善在建工程项目各项管理制度,全面梳理各个环节可能存在的风险点,规范各环节的工作流程,明确相关部门和岗位的职责权限,做到可行性研究与决策、概预算编制与审核、项目实施与价款支付、竣工决算与审计等不相容职务相互分离,强化工程建设全过程

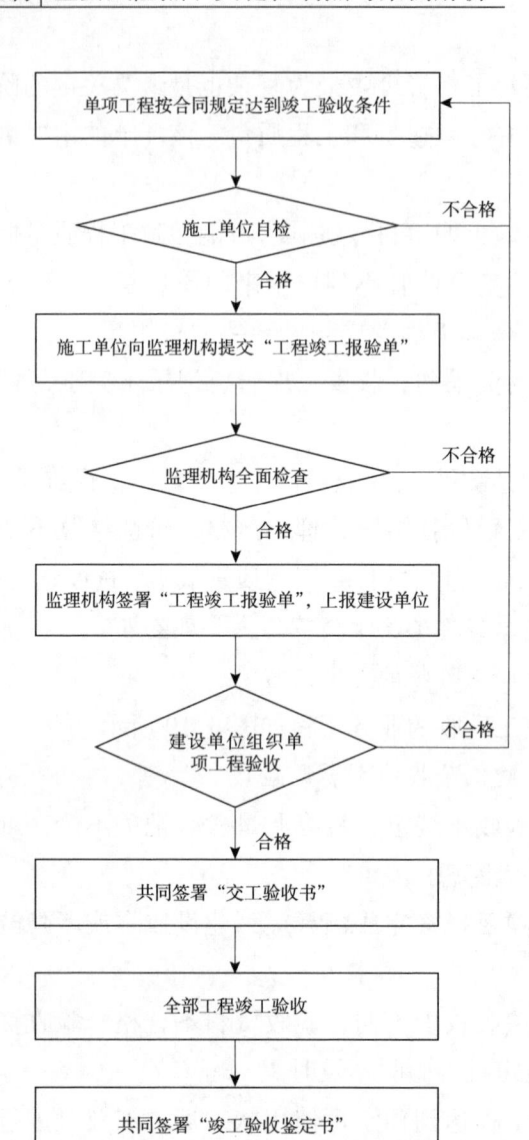

```
┌─────────────────────────────┐
│ 单项工程按合同规定达到竣工验收条件 │◄──────┐
└──────────────┬──────────────┘       │
               ▼                      │
          ╱ 施工单位 ╲   不合格        │
          ╲  自检   ╱──────────────────┤
               │合格                   │
               ▼                      │
┌─────────────────────────────┐       │
│施工单位向监理机构提交"工程竣工报验单"│       │
└──────────────┬──────────────┘       │
               ▼                      │
         ╱ 监理机构  ╲  不合格          │
         ╲ 全面检查 ╱───────────────────┤
               │合格                   │
               ▼                      │
┌─────────────────────────────┐       │
│监理机构签署"工程竣工报验单",上报建设单位│   │
└──────────────┬──────────────┘       │
               ▼                      │
         ╱建设单位组织单╲  不合格        │
         ╲ 项工程验收  ╱────────────────┘
               │合格
               ▼
┌─────────────────────────────┐
│      共同签署"交工验收书"      │
└──────────────┬──────────────┘
               ▼
┌─────────────────────────────┐
│        全部工程竣工验收        │
└──────────────┬──────────────┘
               ▼
┌─────────────────────────────┐
│    共同签署"竣工验收鉴定书"    │
└──────────────┬──────────────┘
               ▼
┌─────────────────────────────┐
│        固定资产交付使用        │
└─────────────────────────────┘
```

图 6-19　在建工程竣工验收环节业务流程图

的监控，确保工程项目的质量、进度和资金安全。在建工程管理的关键控制点主要包括以下几个方面。

第六章 资产管理

（一）岗位分工与授权批准控制点

（1）企业应当建立在建工程业务的岗位责任制，明确相关部门和岗位的职责、权限，确保办理在建工程业务的不相容岗位相互分离、制约和监督。企业不得由同一部门或个人办理在建工程的全过程业务。

（2）企业应当根据在建工程项目的特点，配备合格的人员办理在建工程业务。办理在建工程业务的人员应当具备良好的职业道德和业务素质。

（3）企业应当建立在建工程业务的授权批准制度，明确授权批准的方式、程序和相关控制措施，规定审批人的权限、责任以及经办人的职责范围和工作要求。严禁未经授权的机构或人员办理在建工程业务。

（4）审批人应当根据在建工程业务授权批准制度的规定，在授权范围内进行审批，不得超越审批权限。经办人应当在职责范围内，按照审批人的批准意见办理在建工程业务。对于审批人超越授权范围审批的在建工程业务，经办人有权拒绝办理，并及时向审批人的上级授权部门报告。

（5）企业应当制定在建工程业务流程，明确在建工程的立项、设计与概预算、招标、建设、竣工验收等环节的控制要求，并设置相应的记录或凭证，如实记载各环节业务的开展情况，确保在建工程业务全过程得到有效控制。

（二）在建工程立项环节的关键控制点

在建工程立项环节的关键控制点包括以下几点：

（1）企业应当建立在建工程项目决策环节的控制制度，对项目建议书和可行性研究报告的编制、项目决策程序等作出明确规定，确保项目决策科学、合理。

（2）企业应当根据职责分工和审批权限对在建工程项目进行决策，决策过程应有完整的书面记录。重大的在建工程项目，应当报经董事会或者类似决策机构集体审议批准。严禁任何个人单独决策在建工程项目或者擅自改变集体决策意见。企业应当建立在建工程项目决策和实施责任制度，明确相关部门及人员的责任，定期或不定期地进行检查。

（3）企业应当在在建工程项目立项后、正式施工前，依法取得建设用地、城市规划、环境保护、安全、施工等方面的许可。

（三）在建工程设计与概预算环节的关键控制点

企业应加强对在建项目施工前各项准备工作的控制，特别是工程设计和概预算工作。这是极大地降低和有效防范在建工程潜在风险扩大和引发风险可能性的重要环节。该环节的关键控制点包括以下几点：

（1）企业应当建立相应的设计企业选择程序和标准，严格审查设计企业证书的等级，择优选取具有相应资质的设计企业，并签订合同。重大工程项目应采用招投标方式选取设计企业。

（2）企业应加强对在建工程项目设计过程的控制，组织相关部门及专业技术人员对设计方案进行分阶段审核，监督设计工作，确保设计方案的实用、经济、合理以及与经批准的可行性研究报告所确定的涉及范围的一致性。

（3）企业应当建立在建工程项目概预算环节的控制制度，对概预算的编制、审核等作出明确的规定；应当组织工程、技术、财会等部门的相关专业人员对编制的概预算进行审核，重点审查编制依据、项目内容、工程计量的计算、定额套用等是否真实、完整、准确。

（四）在建工程招标环节的关键控制点

通过招投标程序可以选择到优质优价的建设企业，可以确保工程质量，控制投资成本。因此，企业要加强招投标环节的控制。该环节的关键控制点包括以下几点：

（1）企业应当建立在建工程招投标管理办法，根据项目的性质和标的金额，明确招标范围和要求，规范招标程序，不得人为肢解工程项目，规避招标。企业应当采用招标形式确定设计企业和施工企业，遵循公开、公正、平等竞争的原则，发布招标公告。

（2）企业可以根据项目特点决定是否编制标底。需要编制标底的，可自行或委托具有相应资质的中介机构编制标底。财务部应当审核标底计价内容、计价依据的准确性和合理性，以及标底价格是否在经批准的投资限额内。标底一经审定应密封保存，直至开标时，所有接触过标底的人员均负有保密责任，不得泄露。一旦出现泄露，不仅要按规定追究有关责任人的法律责任，还要及时中止或延迟开标，待重新制定标底后再组织开标。

（3）企业应当组建评标小组负责评标。评标小组应由企业的代表和有关技术、经济方面的专家组成。评标小组应客观、公正地履行职务，遵守职业道德，对所提出的评审意见承担责任。评标小组应采用招标文件规定的评标标准和方法，对投标文件进行评审和比较，择优选择中标候选人。评标小组对评标过程应进行记录，评标结果应有充分的评标记录作为支撑。

（4）企业应当按照规定的权限和程序从中标候选人中确定中标人，及时向中标人发出中标通知书，在规定的期限内与中标人订立书面合同，明确双方的权利、义务和违约责任。

（五）在建工程建设环节的关键控制点

企业应当加强在建工程项目建设过程的监控，落实责任制，实行严格的概预算管理，严把质量关，确保在建工程项目达到设计要求。该环节的关键控制点包括以下几点：

（1）企业应当实行严格的在建工程监理制度。在建工程监理人员应当具备相应的资质和良好的职业操守，深入施工现场，做好在建工程进度和质量的监控，及时发现和纠正建设过程中的问题，客观公正地执行各项监理任务。未经工程监理人员签字，工程物资不得在工程上使用或者安装，不得进行下一道工序施工，不得拨付工程价款，不得进行竣工验收。

（2）企业应当建立在建工程进度价款支付环节的控制制度，对价款支付的条件、方式以及会计核算程序作出明确规定，准确掌握工程进度，根据合同约定，及时、正确地支付工程款。

（3）对于自行建造的在建工程项目，以及以包工不包料方式委托其他企业承担的在建工程项目，企业应当建立与工程物资采购、验收和付款相关的控制程序；由承包单位采购工程物资的，企业应当加强监督，确保工程物资采购符合设计标准和合同要求。严禁不合格工程物资投入工程项目建设。

（4）企业应严格控制项目变更，对于必要的项目变更应经过相关部门或中介机构（如在建工程监理、财务监理等）的审核。重大项目变更应比照项目决策和概预算控制的有关程序严格控制。因在建工程变更等原因造成价款支付方式及金额发生变动的，应当提供完整的书面文件和其他相关资料。企业会计人员应当对在建工程变更所涉及的价款支付进行审核。

（5）企业应当加强对在建工程项目资金筹集与运用、物资采购与使用、财产清理与变现等业务的会计核算，真实、完整地反映在建工程项目成本费用发生情况、资金流入流出情况及财产物资的增减变动情况。

（六）在建工程竣工验收环节的关键控制点

企业应当及时编制竣工决算，开展决算审计，组织专业人员进行竣工验收，重点关注项目投资额、概预算执行、资金管理、在建工程质量等内容。该环节的关键控制点包括以下几点：

（1）企业应当建立竣工决算环节的控制制度，对竣工清理、竣工决算、决算审计、竣工验收等作出明确规定，确保竣工决算真实、完整、及时。

（2）企业应依据国家法律、法规的规定及时组织审核竣工决算。重点审查决算依据是否完备，相关文件资料是否齐全，竣工清理是否完成，决算编制是否正确。

（3）企业应当建立竣工决算审计制度，及时组织竣工决算审计。未实施竣工决算审计的在建工程项目，原则上不得办理竣工验收手续。因生产经营急需组织竣工验收的，应同时组织竣工决算审计。

（4）企业应当及时组织设计、施工、监理等有关单位对在建工程项目进行竣工验收，确保在建工程质量符合设计要求。应对竣工验收进行审核，重点审查验收人员、验收范围、验收依据、验收程序等是否符合国家有关规定，并可聘请专业人士或中介机构帮助企业验收。验收合格的在建工程项目，应当及时编制财产清单，办理资产移交手续，并加强对资产的管理。

（5）企业应建立在建工程项目后评估制度，对完工在建工程项目的经济性与项目建议书和可行性研究报告提出的预期经济目标进行对比分析，作为绩效考核和责任追究的基本依据。

（七）在建工程核算的关键控制点

在建工程核算的关键控制点包括以下几点：

（1）在企业内部统一在建工程的会计政策和会计科目，明确在建工程相关会计凭证、会计账簿和财务报告的处理程序与方法，遵循会计制度规定的各条核算原则。

（2）财务部门会计人员应当认真审核在建工程相关手续，根据审核无误的有关单据，及时归集在建工程成本，并进行账务处理。

（3）财务部门根据相关业务部门提供的资料，至少每半年对在建工程进行减值分析，需计提减值准备的，及时进行账务处理，减值准备数额上报财务部会同有关部门审核，规定权限审批后，财务部门按批复数对在建工程价值进行调整。

（4）在建工程达到预定可使用状态后，财务部门应依据有关职能部门提供的手续，经主管领导审核后暂估入账。

五 案例分析

【案例 6-11】

盲目投资，预算不足[①]

某公司主要制造和销售各种无纺布及其深加工产品。1999年首次发行股票募集资金30 840万元，主要投资于无纺布生产线。但在2001年4月及2006年1月先后两次变更募资投向，将大量资金转作补充流动资金，原计划项目却多被暂缓建设。其中，无纺布生产线投资7 345万元，仅完成基础设施工程，就被暂缓并未产生效益。2003年6月，公司将此前剩余资金全部追加磷酸二氢钾项目，至2008年年底，该项目未完成，未产生经济效益。由于公司资金问题始终未得到解决，工程项目长时间停工，影响了企业的销售额。

案例解析 本案例中，该公司明显是盲目投资、预算不足惹的祸。企业应当建立在建工程项目决策环节的控制制度，对项目建议书和可行性研究报告的编制、项目决策程序等作出明确规定，确保项目决策科学、合理。该公司在固定资产构建前未对资金承载能力作出充分估计，对项目改造中的风险未作合理评估与应对。该公司进行固定资产投资的目标是提高生产能力及竞争力，但其在进行投资预算控制时对筹资风险控制不足，使公司陷入重重困境。

【案例 6-12】

内控不严，险酿大错[②]

2016年6月，某企业计划修建一座游泳馆，预算总造价305万元，其中装饰工程100余万元。同年年底，该企业与建筑公司签订有关基建

---

①② 刘永泽，池国华. 企业内部控制制度设计操作指南[M]. 大连：大连出版社，2011.

工程合同：只将土建部分分给建筑公司，装饰工程另行发包，而工程造价未将装饰工程部分剥离出来，仍按 305 万元包给建筑公司，这意味着该企业将白白送给建筑公司 100 余万元。幸亏审计部门及时发现了问题，否则该企业将产生重大损失。

案例解析　本案例中，该企业险酿大错的原因在于工程项目内控失效。企业应当建立在建工程业务的授权批准制度，明确授权批准的方式、程序和相关控制措施，规定审批人的权限、责任以及经办人的职责范围和工作要求。严禁未经授权的机构或人员办理在建工程业务。该企业建造合同的签订和审批职务未分离，审批人没有担负应有的审批监督职责。

【案例 6-13】

营私舞弊，偷鸡不成蚀把米[①]

某医院计划建造办公大楼，某建筑公司包工头郑某得知情况后，分别到另外四家建筑公司要求挂靠，参与投标。合作条件：①投标保证金由本公司支付；②编制标书由其中一家公司代劳，本公司支付劳务费，其他三家公司的标书由本公司编制；③中标后，全部或部分工程由本公司施工，挂靠单位收取工程造价 3%～5% 的管理费。上述四家公司违法出让资质证明为郑某搞串标活动提供条件。为了揽到该项目，郑某拉拢评标处副处长张某和办公室副主任陈某，张、陈两人不惜泄露招标中的保密事项，2018 年 1 月 22 日下午开始评标，评标委员会置该项目招标文件规定于不顾，把原安排 22 日下午评技术标、23 日上午评经济标两段评标内容集中在一个下午进行，致使评标委员会没有足够时间对标书进行认真细致的评审，一些标书明显存在违反招标文件规定的错误未能及时发现。同时，评标委员在评审中还把标底价 50% 以上的配套设备暂定价 3 998 万元剔除，使造价总体下浮变为部分下

---

① 刘永泽，池国华.企业内部控制制度设计操作指南[M].大连：大连出版社，2011.

浮,影响了评标结果的合理性。评标结束,中标单位为某市总公司。由于郑某挂靠的四家公司均未中标,郑某鼓动四家公司向有关部门投诉,设法改变评标结果,因不断发生投诉,有关单位未发中标通知书,随后省纪委、省监察厅同省建设厅组成联合调查组,对该项目中标违纪违法行为展开调查,研究决定,取消该项目招投标结果,违纪违法人员被严肃处理。

案例解析 该案例中存在严重的制度缺失和控制缺陷。

(1)包工头郑某串标,施工单位出让资质等行为都是典型的工程项目招投标舞弊行为,评标委员会应对投标人的资格进行审查,确定合格的投标人才能更好地体现公平公正原则,提高评标质量和效果。

(2)评标委员被操纵或影响,营私舞弊,从而不能发挥应有的作用,评标小组应采用招标文件规定的标准和方法进行评标,评标过程应进行记录,评标结果应有充分的评标记录作为支撑。

(3)标底保密制度未能得到有效执行,标底一经审定应密封保存至开标时,所有接触过标底的人员均负有保密责任,一旦泄露,应按规定追究有关责任人的法律责任。

【案例6-14】

管理混乱,质量堪忧[①]

2015年5月,某公司开工建设职工活动中心,2016年6月完工,原定总投资3 500万元,决算金额3 950万元。据查,该工程由公司工会提出申请,由工会有关人员进行可行性研究,经公司董事会审批同意并授权工会主席张某具体负责项目的实施和工程款的支付审批。之后,张某私自决定将工程交由某个体施工队承建,在即将完工时,施工队负责人向张某提出职工活动中心应有配套建设设施,建议增建保龄球馆,

---

① 刘永泽,池国华. 企业内部控制制度设计操作指南[M]. 大连:大连出版社,2011.

张某认为这一建议可取,指示工会人员提出项目变更申请,经其签字批准后实施。工程完工后,工会有关人员办理了竣工验收手续,由财务部门将交付使用资产登记入账,职工活动中心交付使用后,发现保龄球道在内的许多工程设施存在严重质量问题。

案例解析 该公司内部控制存在如下薄弱环节:
(1)项目的可行性研究存在缺陷,不应仅有工会人员进行可行性研究。在可行性研究过程中,公司应当组织多种技术、经济、管理和市场分析人员一起完成。

(2)董事会授权工会主席全权负责工程实施和工程款支付的审批,属于授权批准不当。工会主席私自决定施工单位,表明该公司授权批准程序存在缺陷。公司应当建立在建工程业务的授权批准制度和实行集体决策,不得由同一部门或个人办理在建工程的全过程业务,任何个人不得超越审批权限,不得单独决策或擅自更改集体决策意见,各过程有完整的书面记录,实行责任追究制度,明确相关部门及人员的责任,定期或不定期地进行检查。

(3)工程变更追加预算应经过董事会批准,不能仅由工会主席一人签字批准,公司不得通过设计变更扩大建设规模、增加建设内容、提高建设标准。对于确需变更的项目,公司应按规定程序和权限经过相关部门或中介机构的审核,重大项目的变更应比照项目决策和概预算控制的有关程序,加以严格控制,因变更等原因造成的价款支付方式及金额发生变动的,应提供完整的书面文件和其他相关资料。

(4)竣工验收控制不严,公司不应仅由工会人员进行竣工验收,而应会同监理单位、设计单位对施工单位报送的竣工资料的真实性、完整性进行审查,并依据设计与合同的要求组织竣工预验收。

第七章

资金活动管理

资金活动是指企业筹资、投资和资金营运等活动的总称，资金决定着企业的竞争能力和可持续发展能力，企业资金活动中可能存在的风险包括：筹资决策不当风险、投资决策失误风险、资金调度不合理风险、资金活动管控不严风险等。本章所指资金活动管理的内容比较广泛，包括投资活动管理、筹资活动管理、衍生金融工具管理、资金管理、担保管理等5个子流程。

第一节 投资活动管理的内部控制

一 投资活动概述

（一）投资活动的含义

企业投资活动是指企业投入财力以期望在未来获取收益的一种行为，是筹资活动的延续，也是筹资的重要目的之一。

（二）投资活动的意义

（1）投资活动作为企业一种盈利活动，是发展生产的必要手段，对于筹资成本补偿和企业利润创造，具有举足轻重的意义。

（2）投资牺牲或放弃了现在可用于消费的价值，但可以在未来的某个时期获得总价值超出原有价值的经济活动，是企业达到预期财务目标的基本前提。

（3）所有资金投资在同一个领域是比较冒险的做法，对于资金管理要有一定的风险分散意识,投资活动通过甄选,将不同类别的投资产品设计出来,是降低企业资金管理风险的重要方法。

(三)投资活动的基本原则

(1)认真进行市场调查,及时捕捉投资机会。

(2)建立科学的投资决策程序,认真进行投资项目的可行性分析。

(3)及时足额地筹集资金,保证投资项目的资金供应。

(4)认真分析风险和收益的关系,适当控制企业的投资风险。

(四)投资活动的业务流程

投资活动业务整体流程一般包括拟订投资方案、投资方案可行性论证、投资方案决策、投资计划编制与审批、投资计划实施、投资项目的到期处置等环节,如图7-1所示。

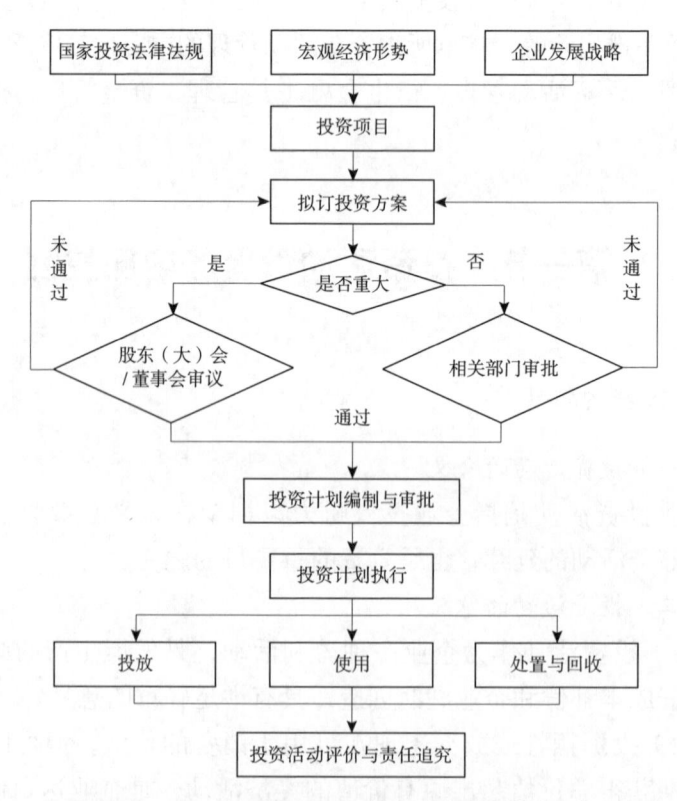

图7-1 投资活动业务整体流程图[①]

---

① 资料来源:财政部2010年度对企业内部控制应用指引的系列解释。

第七章 资金活动管理

二 投资活动管理的内部控制目标

投资活动管理的内部控制目标主要包括以下几点：

（1）根据企业发展战略、宏观经济环境、市场状况等，合理安排资金投放结构，科学确定投资项目，选择投资项目应突出主业，谨慎从事股票投资或衍生金融产品等高风险投资。

（2）进行投资方案可行性论证，对投资项目进行严格的可行性研究与分析，重点对投资目标、规模、方式、资金来源、风险与收益等作出客观评价，从投资活动的技术可行性、市场容量与前景等多方面进行论证。

（3）按照规定的权限和程序对投资项目进行决策审批，要通过分级审批，集体决策来进行，决策者应与方案制定者适当分离，投资方案需要经过有关管理部门审批的，应当履行相应的报批程序，重大投资项目，应当报经董事会或股东（大）会批准，选择批准最优投资方案。

（4）根据审批通过的投资方案，制订切实可行的具体投资计划，作为项目投资的控制依据，与被投资方签订投资合同或协议，明确出资的时间、金额、投资具体内容、项目进度、质量标准与要求等，并按程序报经有关部门批准。

（5）保证投资活动按计划合法、有序、有效进行。企业指定专门机构或人员对投资项目进行跟踪管理，及时收集被投资方经审计的财务报告等相关资料，定期组织投资效益分析，关注被投资方的财务状况、经营成果、现金流量以及投资合同履行情况，发现异常情况的，应当及时报告并妥善处理。在项目实施中，还必须根据各种条件，准确地对投资的价值进行评估，根据投资项目的公允价值进行会计记录。如果发生投资减值，应及时提取减值准备。

（6）保证投资资产的处理符合企业的利益，对投资收回、转让、核销等决策和审批程序作出明确规定。重视投资到期本金的回收；转让投资应当由相关机构或人员合理确定转让价格，报授权批准部门批准，必要时可委托具有相应资质的专门机构进行评估；核销投资应当取得不能收回投资的法律文书和相关证明文件。

三 投资活动管理的主要风险点

（1）投资项目或对被投资企业未经科学、严密的评估和论证或没有经过专业机构的独立评估，可能因为决策失误而导致重大损失。

（2）投资行为违反国家法律、法规，可能遭受外部处罚、经济损失和信誉损失。

（3）追加投资行为不规范或没有经过严格审批，可能给企业造成经济损失和信誉损失。

（4）投资业务未经适当审批或超越授权审批，可能产生重大差错或舞弊、欺诈行为，从而导致损失。

（5）投资的收回不按规定权限和程序进行审批或投资收回协议签订不合理，就可能导致企业资金和资产的流失与浪费。

（6）投资核销没有经过充分调研或没有经过严格审批，可能导致企业资产虚增或资产流失，造成资金和资产浪费。

（7）资产减值的确定和审批不合理、不规范，可能导致企业资产虚增或资产流失，造成资金和资产浪费与损失。

（8）资产减值的会计处理不规范或没有经过严格审批，可能导致资产账目混乱，增加管理成本或因资产减值会计披露不当而造成企业外部投资者的决策失误。

四 投资活动管理的关键控制点

1. 投资方案的拟订

（1）进行投资方案的战略性评估，包括是否与企业发展战略相符合。

（2）投资规模、方向和时机是否适当。

（3）对投资方案进行技术、市场、财务可行性研究，深入分析项目的技术可行性与先进性、市场容量与前景，以及项目预计现金流量、风险与报酬，比较或评价不同项目的可行性。

2. 投资方案可行性论证

（1）明确审批人对投资业务的授权批准方式、权限、程序和责任，不得越权。

（2）审批中应实行集体决策审议或者联签制度。

（3）与有关被投资方签署投资协议。

3. 投资计划编制

（1）核查企业当前的资金及正常生产经营预算对资金的需求量，积极筹措投资项目所需资金。

（2）制订详细的投资计划，并根据授权审批制度报有关部门审批。

4. 投资方案实施

（1）根据投资计划进度，严格分期、按进度适时投放资金，严格控制资金流量和时间。

（2）以投资计划为依据，按照职务分离制度和授权审批制度，各环节和各责任人正确履行审批监督责任，对项目实施过程进行监督和控制，防止各种舞弊行为，保证项目建设的质量和进度要求。

（3）做好严密的会计记录，发挥会计控制的作用。

（4）做好跟踪分析工作，及时评价投资的进展，将分析和评价的结果反馈给决策层，以便及时调整投资策略或制定投资退出策略。

5. 投资后的跟踪

（1）指定专人跟踪投资项目或企业的运营情况，索取会计报告、运营分析等数据，关注投产后的相关问题及提出解决方案。定期分析项目或企业运营情况，专门形成分析制度，将企业运行情况上报决策层。

（2）要定期评估投资的成效，确定投资资产的价值，对资产减值情况进行评估，并决定信息披露的内容和方式。

6. 投资资产处置控制

（1）投资资产的处置应该通过专业中介机构，选择相应的资产评估方法，客观评估投资价值，同时确定处置策略。

（2）投资资产的处置必须经过董事会的授权批准。

五 案例分析

【案例 7-1】

基于"中国平安"投资"富通"失败的案例分析[①]

一、案例简介

2007年11月29日，中国平安保险（集团）股份有限公司（以下简称"中国平安"）以18.1亿欧元购入荷兰富通集团（以下简称"富通"）4.18%的股权，经过几次增资，截至2008年6月30日，中国平安持有富通1.21亿股，总投资成本为238.74亿元人民币。然而，2008年5月，富通公布，由于信贷市场的动荡，其净收入下跌至8.08亿欧元，较去年相比下跌31%，其中，银行业务利润下跌20%，保险业务利润下跌38%。同时，受美国次贷危机和全球金融风暴的影响，富通遭遇巨大流动性压力。2008年9月29日，比利时、荷兰及卢森堡政府联合出资112亿欧元，持有富通下属富通银行在三地共49%的股权。紧接着，荷兰政府、比利时政府和法国巴黎银行未经富通股东的投票同意，擅自出售了富通旗下的部分业务，富通股价下跌33%。随后，通过一系列交易，富通被解体为一家国际保险公司。由于巨额投资亏损，2008年，中国平安对富通股权投资计提了227.9亿元人民币的减值准备，以致净利润由2007年的155.81亿元人民币降至8.73亿元人民币。中国平安海外股权投资损失惨重。

二、中国平安投资富通动机分析

1. 寻找长期的稳定收益，优化资本结构

中国平安有300亿元左右的老保单，保单年限长达几十年，平均利息率高达7%左右，老保单作为长期负债侵蚀着公司整体资产收益。目前，中国保险市场进入成熟期，每年新增保费相对市场发展初期有较大下滑，使公司现金流放缓，如果保险公司长期资产的收益没有保证，便无异于一场灾难。所以，中国平安必须寻找一种能为公司带来稳定收益的长期投资。但这并不容易，因为国内保险资金的使用范围受到国家相关部门

[①] 訾达,陈文兵.股权投资风险管理对策:基于"中国平安"投资"富通"失败的案例分析[J].中国农村金融，2010（12）.

的限制，中国平安一开始仅能投资储蓄和国债，虽然在2007年保险资金的权益投资放宽到总资产的20%，但单一投资方式和资本结构造成资产与负债匹配处于不均衡状态。显然，目前的中国金融市场还不能满足中国平安对长期稳定投资收益的要求。恰好富通似乎能够满足中国平安的投资要求。过去17年中，富通平均分红率超过6.5%，如果这样的分红率能够持续，就能实现中国平安寻求稳定长期收益、优化资本结构的投资目标。从这一角度来看，富通好像是中国平安海外投资的理想对象。

2. 投资成本极具吸引力

中国平安锁定富通作为投资目标近一年时间里，富通股价已经从最高的40欧元下行到25欧元左右，放在中国平安面前的是一个1.1倍净资产、5倍市盈率的公司。而当时国内的银行股对应的数据分别是3～5倍和20倍左右，即便在中国香港市场，银行股的净资产和市盈率也在1.5倍和10倍以上。毫无疑问，从基本技术数据来看，中国平安投资富通应该是个理性的选择。

3. 欲借富通综合金融平台增强自身竞争力

中国平安和富通拥有广阔的合作领域，中国平安有意通过该投资快速建立全球资产管理及QDII（合格境内机构投资者）的业务平台，利用双方极具竞争力的分销网络，将业务延伸到全球各主要金融市场。2007年10月，由苏格兰皇家银行、西班牙国际银行和富通组成的财团以700多亿欧元的价格成功收购荷兰银行。其中，富通出资200多亿欧元，获得了荷兰银行资产管理业务，而荷兰银行资产管理业务是荷兰银行最优质的业务，这同样是中国平安急需配置的短板。

可以看出，中国平安在投资前进行了一番可行性分析，投资目标明确。中国平安在报表中披露：投资富通是本公司探索海外投资所作出的理性投资决策，但百年一遇的全球性金融风暴冲击，导致平安出现巨额投资损失。

中国平安的投资失败真的完全是由外部因素造成的吗？

三、中国平安投资失败主观原因分析

1. 中国平安低估了富通内部巨大的财务风险

2007年10月，苏格兰皇家银行与富通银行、西班牙国际银行组成的财团宣布以710亿欧元收购荷兰银行，但前提是富通必须掏出240亿

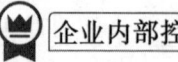

欧元的现金——相当于其2007年利润的6倍。可以看出，富通的这次收购行为完全超过了其承载能力。富通为了实现这次不理性的收购大肆举债并发行股票来筹集资金，这使富通内部产生了巨大的财务风险，对其资产流动性产生巨大不利影响。投资者开始怀疑富通承载荷兰银行的能力，股票随之加速下跌。中国平安只看重富通收购荷兰银行的有利一面，没有看到不利的一面，这是导致平安投资失败的主要原因。

2. 中国平安低估了金融危机所造成的系统性风险

中国平安和富通双方签署的谅解备忘录中披露：富通投资管理公司2006年年底有约2 300万欧元的债务抵押债券和贷款抵押债券风险敞口，这些次级贷款衍生债券如果发生损失，由富通银行单方面承担。2008年3月，富通银行在次贷相关资产的损失已经在欧洲银行中位列前十位。虽然金融危机是在中国平安投资富通后发生的，但中国平安显然低估了次级债对富通造成的巨大不利影响，没有提前采取措施，导致中国平安的投资出现巨额亏损。

3. 风险应急机制缺失

危机爆发以后，富通身处金融风暴中心，已经有明显的迹象表明其会出现亏损，中国平安却迟迟不采取行动，反而在富通为应对金融危机带来的资金短缺而进行83亿欧元股票的增发时，继续增持富通750万股股票。中国平安在财务报告中披露解释，是为了避免股权稀释，结果却越陷越深。

总结以上三点原因，主要是由于中国平安忽视或者低估了相关风险可能对投资造成的不利影响，在投资之前未对已有风险进行充分考虑，在投资过程中对新增风险也没有采取迅速有效的防范措施。

案例解析 中国平安作为中国金融企业的佼佼者，从事如此大笔的投资，肯定是慎之又慎的，但发生这么大的损失也是让人大跌眼镜的。在投资的内部控制上，其中既有值得肯定的地方，也有值得商榷的地方。

一、事前控制

中国平安在投资前进行了深入的分析，针对企业自身的保单收入与支出、中国宏观保险市场的情况等方面加以探讨，从分析来看富通是中国平安投资的理想对象。并且在当时看来投资成本也是极具吸引力的，这说明中国平安投资富通是有战略方面的考虑的，这是值得肯定的地方。企业在决定投资目标之前，必须进行尽职调查，目的在于提前预测可能使投资企业在投资收购目标企业后出现的糟糕情况。一旦发现目标企业存在重大隐匿风险，要及时改变投资策略，甚至终止投资。中国平安投资失败的主要原因可以归结为财务尽职调查的失败，对目标公司隐藏的巨大财务风险视而不见。另外，管理层过于热衷交易，可能会导致只关注收购有利的一面而忽视可能遇到风险的不利一面。这是值得商榷的地方。

二、事中控制

经济环境中的各种因素瞬息万变，即便企业在投资前尽可能想到一切可能遇到的困难，做好了风险防范，仍然有很多无法掌控的因素会对投资产生重大影响，比如，宏观经济、政策、法律、消费者、供应商、目标公司员工、销售渠道等，这就需要企业建立良好的风险应急机制。在这方面，中国平安做得较差。

一是中国平安对金融危机的认识不够深刻，可能仅把此次金融危机当成短暂的、局部的金融事件，把富通的财务困境理解为难得的投资机遇。这说明其对宏观形势的把握不力和风险防范意识的淡漠。

二是当金融危机来临、已有明显证据表明富通的盈利能力以及股票价格大幅下降时，中国平安仍没有采取任何应急措施，反而继续提高对富通的持股比例。这说明公司没有设计或者启动止损机制，致使损失越来越大，企业越陷越深。

三、投资方自身风险控制

投资方在投资前要控制好自身风险，强化自身对投资风险的抵御能力，这可以使企业在投资失败时，不至于过于被动，甚至给自身带来毁灭性的打击。中国平安正是因为在保持主营业务较快增长的同时，采取数次股权融资的方式获取到资金，才抵御住此次投资失败给公司带来的打击。这一点是中国平安能够渡过难关的很重要措施，是该公司做得较好的地方。

【案例 7-2】

基于中国铁建沙特轻轨项目的案例分析[①]

本文从中国铁建在沙特的麦加萨法至穆戈达莎轻轨项目（以下简称麦加轻轨项目）的巨亏事件入手，对内部控制在对外投资中的作用加以分析，以便为其他企业的内部控制建设提供切实可行的建议。

一、事件回顾

2010年10月26日，中国铁建发布的临时公告称其在沙特的麦加轻轨项目因实际工程数量增加等原因，预计将面临41.53亿元的巨亏。受此影响，中国铁建在A股和H股二级市场上的股票价格出现巨幅下跌。

2010年11月1日，中国铁建公司网站发布了关于2010年12月28日召开2010年度第一次临时股东大会的通知，将审议包括更换执行董事，中期利润分配以及H股募集资金用途改变等在内的三项议案。这是中国铁建为应对二级市场的波动和此项巨额亏损所进行的补救措施。中国铁建的此次巨亏是继2009年中国铝业对外投资亏损500亿元之后，中国大型国有企业对外投资又一次重大损失。

通过分析，沙特轻轨项目出现巨亏的原因可以归纳为：项目签约时只有概念设计，而在项目实施过程中，实际工程数量比签约时预计工程数量大幅度增加；业主大量指令性变更导致项目工作量和成本投入大幅增加，计划工期出现阶段性延误；人民币升值增大亏损；该项目社会影响重大且受到两国政府高度关注，为确保工期进度，投入了大量人力、物力和财力，确保了项目主体工程按期完工，满足了业主有关开通运营的要求，但增加了巨额成本。

从内部控制角度看麦加轻轨项目，企业内部控制的建设与其管理理念、企业文化环境等方面密不可分。好的内部控制制度需要有更好的实施来加以保证。中国铁建内部控制制度是健全的，但从出现的巨亏结果来看，其内部控制制度的有效性存在不足，主要体现在以下几个方面：

内部控制在风险评估、预警方面没有发挥应有的作用。通过查阅其

[①] 侯云洪，冯雷. 企业内部控制在对外投资中的作用：基于中国铁建沙特轻轨项目的案例分析［J］. 中国审计，2011（7）.

年报中关于沙特轻轨项目的介绍发现：在中国铁建2009年度的报告中，公司对于该项目只确认了2.94亿元的亏损，甚至到了2010年6月30日的半年度报告当中也才确认了2.54亿元，而到了2010年9月30日，这一数字达到41.53亿元。由此可见，公司内部控制对于该项目的风险预警是失败的，这也恰恰说明企业内部控制的失败和风险评估的失灵。

对海外工程投资的风险识别不够充分。国有企业在对外项目投资中考虑的未必完全是经济利润，在目标不明确的情况下内部控制失灵、决策草率、失误频出是对外投资的通病。即使内部控制无法避免所有的对外投资风险，那么企业在决策时也应该有良好的内部控制以降低风险并符合股东利益，因此对于投资者而言，要将可期的风险纳入投资考虑。对外工程投资需要面临很多的风险，其中包括投资所在地的政治、经济、法律、环境等风险。在沙特轻轨项目中，中国铁建对于投资项目所在地的风险控制是失败的。当地政府负责的拆迁进度缓慢导致了工期的减慢；其虽为总承包商，但是有许多分包事宜都由业主掌握，这就造成了企业难以控制整个项目风险的局面，也说明了其作为总承包商对于当地的法律、经济、技术、文化、环境等方面的风险缺乏识别能力。

风险失控是造成沙特轻轨项目亏损的根本原因。从2003年起，中国铁建就开始拓展海外工程市场，到2006年其海外业务范围已经遍及欧、美、亚、非各大洲。其中，2006年、2007年、2008年三年共签订海外合同1 769亿元，分别占年度合同额的20.7%、31.6%、10%。

然而，在其迅速扩张的过程中风险也在逐年上升。根据2010年10月28日公布的2010年三季度报告，报告期内，中国铁建集团新签合同额2 260.459亿元，较2009年同期增长70.92%，1~9月份累计新签合同额达5 394.714亿元，同比增长38.47%。扩张导致了其风险的迅速增长，风险的增长反过来又影响了企业进一步的发展。其中，1~9月份新签海外合同额157.496亿元，占到总合同额的2.9%，跟2009年同期相比，明显减少71.81%。另外，投资风险将是海外合同减少的一个原因，在诸多风险之中，国际项目承包风险也是本次麦加项目亏损的重要原因。

未能建立起有效的对外投资激励奖惩机制。中国铁建沙特轻轨项目采用的是"EPC+O&M"总承包模式，这种模式是源于国际咨询工程师联合会（FIDIC）项下一种模式，一般先由业主提出项目要求，承包方

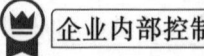

作出报价,后续则由承包方全部负责,性质上属于交钥匙合同。按照国际惯例,合同签订后业主要预付一部分工程款,后续则是按照工程进度进一步付款,如果在后续工程中业主提出工程量增加或遇到不可抗力,则工程的价款将随之发生变化。但是中国铁建在面临众多不利因素的条件下,仍然开足马力,继续进行施工,并未就合同的实质变更与业主展开富有成效的谈判。这些都与中国铁建责任意识淡薄是密不可分的。对于如此巨大的亏损项目,给投资者造成了巨大损失,中国铁建却没有公布任何的惩戒结果。在现代市场经济环境下,企业应当为其股东的利益最大化而开展经营活动,管理层应当始终把风险管理摆在重要的位置加以考虑。

二、警示及建议

沙特轻轨项目给大型国有企业实施"走出去"战略敲响了警钟。企业在进行对外直接投资时不仅应当建立严格的内部控制制度,更应在内部控制的执行和保证其有效性方面加以严格控制。

把内部控制与企业文化建设相结合。内部控制在企业当中发挥着重要的作用,设计、执行、监督内部控制等环节都要与良好的企业文化相匹配。企业管理层应在日常的工作中树立良好的企业文化示范作用,即在处理违规事件当中所表现出来的态度。这种态度会直接影响下层管理者及员工对于内部控制制度在执行时所持有的态度。良好的企业文化有助于企业内部控制有效性的增强。那些出现巨额亏损或者有问题的公司往往与其不健康的企业文化密切相关。只有将内部控制置于一个良好的企业文化来执行,它才能够发挥其最大的作用。

建立风险管理应急机制。现代市场经济环境下,企业所面临的市场环境不确定性越来越强。在这种情况下,企业应当把内部控制看作现代企业管理中的重要组成部分,在内部控制当中运用风险管理的理念。在突发事件情境下,有效的风险管理反馈机制应能充分利用一切可能的力量,迅速控制危机的发展,使损失降低到最低程度。风险管理在设计和执行时要面向决策层、职能管理层、执行管理层、操作层,为每个层次的内部控制工作服务,以实现内部控制的有效性,为企业的战略目标和经营目标的实现提供合理保证。

加强信息沟通。企业应当加强信息沟通在内部控制中的地位,建立良好的信息沟通与披露平台。信息沟通的好坏直接决定着企业能否收集到及时、有效的相关信息，能否实现信息在企业各层次、各部门之间迅速地传递和交流，能否率先在已有信息基础上进行各方面的创新以占领市场。建立有效的信息沟通机制应当成为企业内部控制的重中之重，它能够帮助企业及时识别各方面存在的风险以针对问题展开有效的应对措施。同时，信息沟通还与企业诚实地披露公司的经营信息有关，它能够有助于在广大投资者和消费大众中树立良好的企业形象，为企业赢得荣誉，赢得市场。

建立完善的内部控制奖惩机制，将风险落实到具体责任人。进行对外直接投资的企业应在其内部控制环节对授权批准做好相应的制度审计。形成"谁审批，谁负责"的文化氛围，集体决议应当由相关人员在决策意见书上签字，以便明确责任。保证权力与责任的对等关系，防止越权审批、形式化审批。形成问责文化，加大对问题企业管理层的处理力度。明确相关人员的责任，加强问责，规范公司的法人治理结构，保证权力不被滥用，合理保证企业目标按照预定计划实现。

案例解析　除了案例中已经总结的意见，我们认为企业还应考虑以下几点：

（1）在企业内部控制环境的建设上，要加强企业文化的培养。一是要塑造诚实守信的氛围。在中国铁建2009年度的报告中，公司对于该项目只确认了2.94亿元的亏损，甚至到了2010年6月30日的半年度报告当中也才确认了2.54亿元，而到了2010年9月30日这一数字达到41.53亿元。这说明公司在掩盖问题，而掩盖是无助于问题解决的。二是要注重成本效益原则。企业注重信誉是对的，但应该要向业主交涉的，还是要明确提出，争取自己的正当权益。不能不顾成本地干下去，企业不是慈善机构。

（2）要强化投资方案的可行性研究。仅作概算是不够的，一定要对项目的全面风险及可能的报酬加以评判，制定不同的行动方案，在确保项目收益的原则下进行，而不能盲目行动。

（3）要建立止损机制。发现重大问题和分歧，要深入分析，当局面出现不可逆转的趋势时，要及时启动止损机制，避免越陷越深。

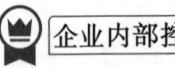

第二节　筹资活动管理的内部控制

一　筹资活动概述

（一）筹资活动的含义

企业筹资活动是指企业根据其生产经营、对外投资和调整资本结构的需要，通过筹资渠道和资金市场，运用筹资方式，经济有效地为企业筹集所需的资金的财务行为。

（二）筹资活动的意义

（1）筹资活动是企业资金活动的起点，也是企业整个经营活动的基础。通过筹资活动，企业取得投资和日常生产经营活动所需的资金，从而使企业投资、生产经营活动能够顺利地进行。

（2）满足其资本结构调整需要。当企业负债经营决策正确，能够合理保证企业达到最佳资本结构时，这部分资金就可以为企业创造出高于负债成本的超额利润，促进实现企业价值的最大化。

（三）筹资活动管理的原则

在筹资活动过程中须考虑筹资成本、筹资风险、投资项目及其收益能力、资本结构及其弹性等经济性因素，以及筹资的顺利程度、资金使用的约束程度、筹资的社会效应、筹资对企业控制权的影响等非经济性因素。因此，企业筹资活动应遵循如下原则：

（1）规模适度、结构合理、成本节约。

（2）时机得当、依法筹措。

（四）筹资活动管理的业务流程

通常情况下，筹资活动管理的整体业务流程一般包括提出筹资方案、筹资方案审批、筹资计划编制与执行、筹资活动实施、筹资活动监督、筹资活动评价与责任追究等环节，如图7-2所示。

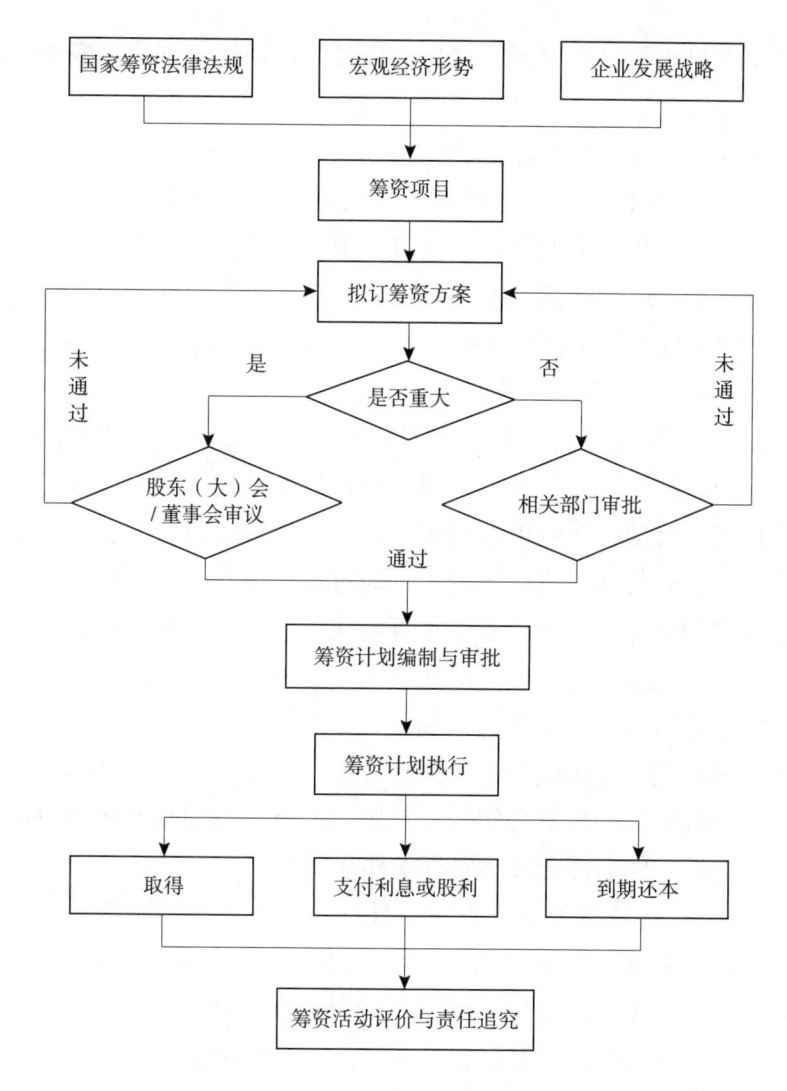

图 7-2　筹资活动业务整体流程图

二 筹资活动管理的内部控制目标

（1）保证筹资方案符合企业整体发展战略，项目可行。财务部门与其他生产经营相关业务部门沟通协调，根据企业经营战略、预算情况与资金现状等因素，提出筹资方案，筹资方案应包括筹资金额、筹资形式、利率、筹资期限、资金用途等内容。

企业组织相关专家对筹资项目进行可行性论证，评估筹资方案是否符合企业整体发展战略，分析筹资方案是否还有降低筹资成本的空间以及更好的筹资方式，对筹资方案面临的风险作出全面评估。

（2）在企业内部按照分级授权审批的原则进行审批，审批人员与筹资方案编制人员应适当分离。在审批中，应贯彻集体决策的原则，实行集体决策审批或者联签制度。筹资方案需经有关管理部门批准的，应当履行相应的报批程序，重大筹资方案，应当提交股东（大）会审议，选择批准最优筹资方案。

（3）制订切实可行的具体筹资计划，科学规划筹资活动，保证筹资活动正确、合法、有效进行。通过银行借款方式筹资的，应当与有关金融机构进行洽谈，明确借款规模、利率、期限、担保、还款安排、相关的权利和义务与违约责任等内容；通过发行债券方式筹资的，应当合理选择债券种类，如普通债券还是可转换债券等，并对还本付息方案作出系统安排，确保按期、足额偿还到期本金和利息。通过发行股票方式筹资的，应当依照《中华人民共和国证券法》等有关法律、法规和证券监管部门的规定，优化企业组织架构，进行业务整合，并选择具备相应资质的中介机构，如证券公司、会计师事务所、律师事务所等协助企业做好相关工作，确保符合股票发行条件和要求。

（4）按规定进行筹资后评价，评估执行及效果与方案的一致性，对存在违规现象的，严格追究其责任。加强筹资活动的检查监督，严格按照筹资方案确定的用途使用资金，确保款项的收支、股息和利息的支付、股票和债券的保管等符合有关规定，维护筹资信用。

三 筹资活动管理的主要风险点

（1）筹资活动违反国家法律、法规，可能遭受外部处罚、经济损失和信誉损失或资金冗余及债务结构不合理可能造成筹资成本过高。

（2）债务过高、资金安排不当、不能按期偿债、资金管理不当等，就会造成资金流失或因筹资记录不真实而使得账实不符、筹资成本信息不真实。

（3）筹资分析报告未经适当审批或超越授权审批，可能产生重大差错或舞弊、欺诈行为而使企业遭受损失。

（4）筹资授权未以授权书为准，而是逐级授权、口头通知，可能产生重大差错或舞弊、欺诈行为，从而使企业遭受损失。

（5）筹资计划没有依据上期预算的完成情况编制，可能导致筹资决策失误，进而造成企业负债过多，增加财务风险。

（6）筹资没有考虑筹资成本和风险评估等因素，可能产生重大差错、舞弊或欺诈行为，从而使企业遭受损失。

（7）筹资方案的选择没有考虑企业的经营需要，筹资结构安排就会不合理，筹资收益会少于筹资成本，可能造成企业到期无法偿还的利息。

（8）筹资活动的效益未与筹资人员的绩效挂钩，则会导致筹资决策责任追究时无法落实到具体的部门及人员。

四 筹资活动管理的关键控制点

1. 筹资方案提出

（1）进行筹资方案的战略性评估，包括是否与企业发展战略相符合，筹资规模是否适当。

（2）进行筹资方案的经济性评估，如筹资成本是否最低，资本结构是否恰当，筹资成本与资金收益是否匹配。

（3）进行筹资方案的风险性评估，如筹资方案面临哪些风险，风险大小是否适当、可控，是否与收益匹配。

2. 筹资方案审批

（1）根据分级授权审批制度，按照规定程序严格审批经过可行性论证的筹资方案。

（2）审批中应实行集体审议或联签制度，保证决策的科学性。

3. 筹资计划制订

（1）根据筹资方案，结合当时经济金融形势和企业能力，分析不同筹资方式的资金成本，正确选择筹资方式和不同方式的筹资数量，财务部门或资金管理部门制订具体筹资计划。

（2）根据授权审批制度报有关部门批准。

4.筹资活动的实施

（1）是否按筹资计划进行筹资。

（2）签订筹资协议，明确权利和义务。

（3）按照岗位分离与授权审批制度，各环节和各责任人正确履行审批监督责任，实施严密的筹资程序控制和岗位分离控制。

（4）做好严密的筹资记录，发挥会计控制的作用。

5.筹资活动评价与责任追究

（1）促成各部门严格按照确定的用途使用资金。

（2）监督检查，督促各环节严密保管好未发行的股票、债券。

（3）监督检查，督促正确计提、支付利息。

（4）加强债务偿还和股利支付环节的监督管理。

（5）评价筹资活动过程，评估筹资活动效果，反思成效与不足，追究违规人员责任。

五 案例分析

【案例7-3】

基于A公司适度运用供应商融资及其风险控制的案例分析[1]

一、引言

供应商融资，不仅是一种融资方式，还是一种直接增加财务收益的商业模式。然而高收益必然伴随着高风险，运用供应商融资的企业，也存在潜在的财务风险，其中最突出的是供应商挤兑风险。因此，在不断运用供应商融资的同时如何有效地降低风险，同时达到供应链条上的共赢，就成为企业最为关注的问题。

本文拟通过结合A公司的供应商融资案例，对A公司横向比较过程中如何运用供应商融资进行分析，并提出控制风险的改进措施。

---

[1] 许明丰.适度运用供应商融资及其风险控制浅议：基于A公司的案例分析[J].财经界，2010（5）.

二、A公司基本情况

A公司属国家大型一类制造企业、国家重点高新技术企业，建于中华人民共和国成立前，是国内历史最悠久的内燃机厂。在60多年的创业历程中，A公司曾创造过多项国内第一，如诞生了国内第一台"无钢柴油机"；研制成功了国内第一台"风冷柴油机""无人值守电站"；浇铸出国内第一根"球墨铸铁曲轴"。2001年起，A公司开始了第三次创业，确立了实现"三化（生产现代化、管理数字化、经营国际化）"、圆好"三梦（品牌梦、赶超梦、走向国际梦）"的宏伟目标。2002年A公司创下了单系列柴油机销量第一的佳绩，继2007年产销突破20万台大关后，2008年实现25万台、2009年实现37万台，创造了新的纪录，这标志着A公司真正踏上了规模经营的新平台。A公司的主要经营业绩和财务数据见表7-1。

表7-1 A公司的主要经营业绩和财务数据

金额单位：亿元

年份	2009	2008	2007	2006	2005	2004	2003
总资产	40	43	36	38	39	38	32
所有者权益	18	14	11	9	8	7	7
主营收入	95	75	72	47	41	62	47
主营成本	84	65	64	42	36	55	42
净利润	4	3	2	1	1	2	2
净资产收益率	25%	24%	18%	12%	12%	26%	46%
有息负债率	0	10%	10%	23%	22%	20%	21%
营运资本	8	8	7	2	5	3	1
净现金需求	3	-2	-2	-3	-4	-6	-5

在内燃机行业面临原材料价格持续上涨、竞争白热化等不利因素的影响下，A公司的销量和净利润始终保持着稳步、健康的增长。其中，

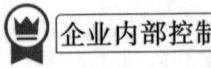

2009年较2003年同期相比,主营收入增长了2倍多,净利润增长了近2倍。A公司7年来的有息负债率在逐步降低,2009年更是达到前所未有的低度0,可见A公司的融资在2008年后几乎回避了融资成本高、财务约束较强的有息负债融资,以"应付账款和应付票据"的供应商融资为主导,这也使得A公司的财务费用大大降低。

三、A公司的财务特征

现金周期短、营运资本少、净现金需求低、财务费用为负是企业运用供应商融资方式的四大特征。A公司近7年来的现金周期如表7-2所示。

表7-2 A公司的现金周期　　　　　　　　　　　　　单位:天

年 份	2009	2008	2007	2006	2005	2004	2003
应收账款周转天数	30	34	26	22	18	11	11
存货周转天数	43	55	52	96	101	57	63
应付账款周转天数	71	98	98	145	181	112	113
现金周期	2	—9	—20	—27	—62	—44	—39

从表7-2数据可以看出,A公司的现金周期、营运资本、净现金需求处于较低水平,是典型的供应商融资需求的运用者。成功的融资方式在给A公司带来较好的业绩表现——净资产收益率保持稳步、快速增长的同时,也带来了相应的风险。

四、A公司案例分析

1. 加快流动资产周转是风险控制的有效防线

现金周期短是供应商融资的特点之一。现金周期短,表明企业运用供应商融资时间长。从A公司近7年的现金周期表来看,追求较短的现金周期有两个方面:一是降低应收账款、存货的周转天数;二是延长应付账款的支付时间。一个硬币是有两面的。在运用供应商融资的同时伴随着财务风险,即延时支付应付账款会增加企业的流动负债,使得短期偿债风险加大。如果能加快应收账款、存货的周转,就会大大减轻A公司流动资金的占用,使得现金供应增加,能够应对延时支付供应商货款存在的潜在风险。

从 A 公司的现金周转指标来看，A 公司运用供应商融资的能力在 2005 年达到高峰，为 62 天，说明 A 公司应收账款、存货资金的占用不仅完全由供应商解决，还无偿占用了供应商的流动资金，最长达 62 天。

2. 适度的现金存款是企业资产安全运营的保障

运用供应商融资的第二道安全防线就是要有一定的现金存款。现金存款最能直接反映企业应付账款的偿还能力，如果拥有充足的现金存款，企业就可以有效防范供应商的挤兑风险。表 7-3 是 A 公司的货币资金、应收账款、存货占流动资产的比重。

表 7-3　A 公司的货币资金、应收账款、存货占流动资产的比重

年　　份	2009	2008	2007	2006	2005	2004	2003
货币资金占流动资产比重	3%	2%	2%	3%	4%	3%	4%
应收账款占流动资产比重	30%	19%	24%	11%	9%	6%	10%
存货占流动资产比重	26%	34%	24%	38%	40%	32%	40%

从 A 公司的流动资产占用情况来看，货币资金占用平均保持在 3%，而应收账款和存货两项资金的占用平均达到 48%，最高达到 56%。较低的现金持有水平也远远低于同行业的水平，高流动负债却持有较低水平的现金，无疑增加了 A 公司的营运资金风险。尤其是在后金融危机时代，"现金为王"的理念，仍被每个实体企业奉为圣旨，A 公司必须在以后资金回笼的控制中，确保现金回笼比例的上升，降低商业承兑汇票的回笼比例，才能有效防范营运资金的风险。

3. 确保正向的经营现金流

正向的经营现金流是一个企业持续健康、和谐、稳定发展的保证，尤其是致力于运用供应商融资的企业。表 7-4 反映了 A 公司近 5 年的经营现金流量情况。

表 7-4　A 公司近 5 年的经营现金流量

年　　份	2009	2008	2007	2006	2005
经营活动产生的现金流量净额（亿元）	4	3	5	4	2

（续表）

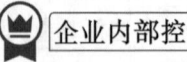

年　　份	2009	2008	2007	2006	2005
经营净现金流增长率	36%	−44%	26%	77%	−38%
经营性现金流量对流动负债的比率	17%	9%	20%	14%	9%

A公司的经营现金净流量从近5年来看，始终保持正数，但增长幅度不大，这主要是因为A公司产品销量由2005年的11万台上升到2009年的37万台，增幅达236%，但产品结构的调整在很大程度上制约了A公司经营现金净流量的增长幅度。从经营性现金流增长率及经营性现金流量对流动负债的比率来看，A公司的增长率波动幅度较大，但造血功能尚可，有一定的支付风险能力。

综上所述，A公司在适度运用供应商融资方式时，优先考虑的是风险控制，而确保流动资产周转率、持有一定的现金存款、正向的经营现金流量是控制供应商融资风险的三大基本措施，除此之外，A公司还必须做好以下几个方面。

1. 不断提高公司产销率

坚持以销定产，准确把握产品市场动态，加强市场形势预测，科学合理组织生产，适时调整产品结构，有效缓解公司库存压力。要主动配合国家相关政策，充分发挥现有的营销网络优势，拓展国际国内营销区域，消除营销盲点，努力扩大区域销售份额，不断提高产品市场占有率。

2. 强化合同订单管理，提高预收账款比例，减少预付账款金额

要严格执行审批发货制度，加强货款回收管理，落实催收责任，提高应收款的周转速度。强化应收账款和预付账款风险预警预报，密切关注配套单位的生产经营状况，适时调整销售策略和方式，严格控制因赊销带来的坏账风险。

3. 积极调整产品结构

在传统产品的基础上，加大对新产品的研发、生产和销售力度。以L项目和M项目的上马为依托，为开拓高端动力市场打下坚实的基础。

4. 在低端市场转变竞争策略

改变以往在低端市场以低价取胜的竞争战略，逐步转变为技术创新、

以质取胜的路线。为了取得技术优势，A公司必须加大技术创新的力度，投入更多的资金用于科研和团队建设，从而提高公司低端产品的竞争力和获利能力，牢牢控制在低端市场的话语权。

5.严格控制成本费用

进一步优化业务和管理流程，推行全面预算管理，强化各项预算定额和费用标准约束力。树立过紧日子的思想，强化精细管理，推进挖潜增效，降低企业成本费用水平。重点加强对原辅材料的采购管理，大力倡导节俭意识，尽可能地减少非生产性支出，努力降低各项费用。

案例解析 筹资是公司财务最关键的工作之一，供应商融资成本应该是所有融资方式中最低的。从实现效果来看，A公司的融资是成功的。从内部控制的角度来看，A公司在外部环境不利的情况下，对筹资方案进行了战略性评估，供应商融资规模足以保障企业生产经营的需要，并且筹资成本是最低的。A公司在考虑风险控制的基础上，确保流动资产周转率，保留一定的现金存量预备不时之需，应该达到了筹资的目的。同时也要看到，A公司的现金周期从负变正，供应商融资的空间在变小，A公司单纯依赖供应商融资的风险在加大。从2003年到2009年的数据可以看出，A公司的应收账款周转天数保持在高位，存货周转天数明显缩短，但同时应付账款周转天数缩短更为明显，致使A公司现金周期从负变正，A公司将不得不依赖其他的筹资方式来补充现金流量。

【案例7-4】

反思八菱科技之殇[①]

2011年6月7日，八菱科技发布公告称，由于提供有效申报的询价对象共计19家，无法达到《证券发行与承销管理办法》（以下简称《办法》）第三十二条中规定的20家提供有效报价询价对象的最低标准，经发行人和保荐机构协商决定中止发行。八菱科技成为自新股发行改革以

---

① 刘国.反思八菱科技之殇[J].首席财务官，2010（7）.

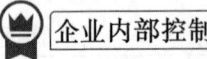

来A股首家中止发行的公司。八菱科技原本拟登陆深交所中小板募集资金2.98亿元，用于扩充生产线。

从理论上说，八菱科技中止发行并不意味着发行失败。根据《办法》第三十二条的规定，"中止发行后，在核准文件有效期内，经向中国证监会备案，可重新启动发行"。然而在短短的6个月有效期内，八菱科技能否处理完相关的问题并走完相应的程序，的确有很大的难度和不确定性。

八菱科技中止发行的境况并非偶然现象，近期发行的万安科技也曾经历过类似的惊险一刻：到询价截止日期，仅有24家询价对象参与万安科技报价，比《办法》第三十二条中规定的20家仅多出4家，发行最终涉险过关。与此同时，万安科技最终仅募集36 410万元，与招股意向书披露的拟募集40 157万元相比，少募集3 747万元，发行市盈率为17.93倍，是今年以来发行市盈率最低的中小板公司。

19家和24家，仅仅5家的差别，最终的结果却是大相径庭，这反映的是新股发行制度和环境的变迁，所涉及的问题是广泛复杂而深远的。本文仅就八菱科技发行中止的原因展开分析，并讨论拟上市公司如何在新的市场环境下衡量发行的得失。

外部低迷

长期以来股市新股"三高"（高发行价、高市盈率、高超募资金）发行现象一直十分突出。这种现象的产生主要有两个方面的原因：一是传统的发行行政定价体制培养了大量的专门打新的投资者，而新股所特有的持股分散、波动幅度大等特征也吸引了大量二级市场的短线投资者，形成了一个事实上独立运行的新股投资体系；二是在市场化发行过程中，由于对承销商缺乏严格的制度约束，个别承销商可以操纵股票询价过程，要求询价机构提高新股报价，以实现其高价发行的愿望，询价机构为了分享新股筹码，也不得不提高发行报价迎合发行者的需要。这种新股定价模式背离了发行公司的基本面和股票应有的估值水平，导致新股定价扭曲，承销商所关心的更多是凭关系拿项目，然后努力发高价。

近期出现八菱科技发行中止和万安科技涉险过关的现象，其原因涉及诸多方面，既包括市场环境和发行制度等外部因素，也包括拟上市公司自身的一些因素。整个资本市场近一段时间以来一直表现不佳是事件发生的外部市场环境因素，受制于经济增长放缓预期和通货膨胀加剧等多重因素的压制，沪深大盘今年以来一直处在持续不断的阴跌过程中，中小企业板块指数更是从 7493 点一路下跌到 6 月 7 日附近的 5650 点，跌幅深达 25%，远超大盘同期跌幅。在这样的背景下，询价机构由于有 3 个月的禁售期，在市场整体下跌行情尚未趋缓的背景下，采取保守措施是自然的选择。

与此同时，新股发行的速度并没有丝毫的降低。据统计，从 2011 年年初到 4 月 21 日，在短短 66 个交易日里，沪深股市上市的新股已达 101 家，这意味着平均每两个交易日就有超过 3 只新股上市融资。需求减少和供给增加导致了 2011 年以来新股频现破发潮，新股不败的神话彻底破灭。截至 6 月 23 日，2011 年以来共上市了 151 只新股，其中首日即破发的有 63 家，首日破发率为 41.72%，上市以来盘内出现过破发的有 128 只，盘内破发率高达 84.76%，其中天瑞仪器、亚太科技、雷曼光电、大智慧等破发比例均超过 40%。打新不仅不再是过去行政定价机制下稳赚不赔的买卖，甚至逐渐演变成风险高、收益低的投资类型。

不过，市场的低迷并没有影响发行人和保荐机构的热情，根据主承销民生证券商投价报告的估值，八菱科技公司的合理估值为每股 33.5～40.2 元，价格中枢为每股 36.92 元。这比起市场券商研究机构给出的估值高出很多，海通证券建议询价区间仅为 14.77～18.47 元。

为什么是八菱和万安

市场低迷、捧场者少，摆在八菱科技面前的其实只有三条路：第一是大幅降价迎合询价机构要求；第二是动用一切关系，寻找捧场者；第三是中止发行。而八菱科技之所以最终走到第三条路上，除了整体环境和事情发展态势，还与其自身的特征有密切的关系。综合考量八菱科技和万安科技，可以发现它们具有的一些共同特征，正是这些特征导致了八菱科技的发行中止。

首先是八菱科技和万安科技所处的行业属于传统类型的行业，爆发性增长的空间有限。八菱科技和万安科技均属于汽车零配件行业，八菱科技主要生产散热器，万安科技主要生产汽车制动装置，均属于技术含量和产品附加值相对较低的部件，资金投入量大，行业竞争激烈。而且经历过10年爆发式的增长，2011年，我国汽车市场不可避免地面临放缓和回调的境况，因此募集资金投入项目的前景并不十分明朗，市场追捧力度不大。

其次是八菱科技和万安科技发行规模都比较小，募集的资金量少。万安科技募集资金数量仅仅为3.64亿元，仅高于极少数的创业板公司，而八菱科技计划募集资金仅为2.98亿元。募集资金规模小使得发行成本陡然提高，与动辄几千万的发行费用相比，2亿～3亿元的募集资本使人感觉代价不菲，仅就万安科技而言，其发行费用为3 494.6万元，占发行募集资金的9.6%，可以想象如果八菱科技发行成功，其发行费用占整个发行募集资金的比率一定会远远大于10%。而且这还仅仅只是披露的数字，在公司整个改制和上市过程中，所要付出的隐性成本更是难以估量，上市后的审计法律等维护费用也是一笔不小的数字，这一切都使上市门票的代价越发昂贵。

应该说，高昂的上市门票和并不高的募集资金让拟上市公司在面临询价机构的议价过程中，可以退让的余地越来越小，这也正是八菱科技发行失败的最根本原因。

最后是八菱科技和万安科技的股权结构也非常类似，都是在集体企业或地方国企逐步发展和改制的基础上发展形成的以某一个家庭或家族为核心，吸收企业原有职工入股所形成的股份制企业。两个公司都没有战略投资者，八菱科技有一个机构投资者江苏拓邦，万安科技则没有机构投资者。这样的股权结构在中小规模的上市公司中并不在少数，有利于公司内部更加有效地控制，还可以做到"肥水不流外人田"。虽然股东人数众多，但是公司的实质是特定范围内的"人合"公司，而不是股份公司所实质倡导的"资合"形式。这样的组织形式在遇到问题的时候，利益相关者和可以动用的社会资源极其有限，而保荐机构民生证券作为一个中小证券公司，比大型券商的号召力要小得多，发行困难时寻求机构来撑场面的难度就要大得多，因此在发行遇到困难时少有机构捧场就不难理解了。

融资成本分析

长期以来，众多公司对于上市趋之如鹜的原因在于，第一是可以获得一笔超募资金；第二是可以获得一个所谓的"壳资源"，最不济的时候，可以选择卖壳离开，也足以收回成本；第三是可以获得新的融资渠道，建立资本运作平台。然而，除了第三个方面，其余两个方面都发生了很大的变化。首先是超募资金的情况已经发生了很大变化，由于发行市盈率不断降低，之前那种动辄超募100%的情况已经非常罕见；其次，"壳资源"的价值，随着中国证监会2011年5月13日下发《关于修改上市公司重大资产重组与配套融资相关规定的决定（征求意见稿）》，借壳上市将执行首次公开发行趋同标准，既然标准是相似的，优质上市资源当然会选择首次公开发行。

与此同时，上市公司的发行成本大幅增加，其表现是发行费用大幅提高。发行制度改革前中小板上市公司发行费用一般都在1 000万～2 000万元，如报喜鸟募集资金总额与八菱科技相仿，为29 491.73万元，但是其发行费用仅为748万元。现在同样融资规模的发行费用已经接近4 000万元，是4年前的5倍左右，增幅可谓惊人。上市公司每年还需要支付包括审计、法律、资产评估、信息披露、董事会费、独立董事津贴等各项费用，同样代价不菲，而且在改制发行过程中所支出的隐性费用更是不可小视。

假设八菱科技比照万安科技的发行市盈率发行，即每股摊薄市盈率17.93，这样根据7 287万元的净利润和7 552万股的股本，可以算出募集的资金是3.27亿元，扣除4 000万元的发行费用，再假设每年日常维护费用为300万元左右，以7.5%的利率以年金折现，又是近4 000万元的支出，即便不考虑隐性支出，实际可支配的募集资金仅为2.45亿元，同时需要付出25%的股权。不仅如此，上市公司还必须公开披露信息，许多重大决策行为也要受到限制，对于像八菱科技这样的习惯于集中管理的企业，这也是需要面对的难题。抛开"壳资源"和资产运作平台等这些不可量化的因素，从单纯融资成本的角度分析八菱科技此次发行，只能说是差强人意。

从另外一个角度来看，八菱科技现有的货币资金为6 500万元，应收应付票据差额为7 500万元，可以支配的货币资金实际为1.4亿元，考虑到公司每年 5 500 万元左右的经营活动现金净流量以及必要的节约和银行信贷因素，八菱科技其实完全有能力依靠自身的力量完成所投项目，而且不需要稀释股权，同时保留有新发上市的机会。自筹资金的灵活性和弹性，显然远远高于股市融资，这对于建设周期较长、收益不确定性较高的拟建项目而言，无疑具有重要的意义。两种融资方式的优劣，应该是不言而喻的。

八菱科技的中止发行具有标志性的意义，它意味着随着新股发行数量的不断提高，以及新股破发的常态化，原有的新股投资体系资金流逐渐难以为继，发行双方的供需关系逐渐到达拐点，市场化约束机制作用越发明显。

八菱科技在今天应该只能算是一个个案，由此得出中国股市市场化发展取得重大进步的结论显然过于盲目和乐观。但这无疑是一个好的开端。这个案例最大的意义在于它开始向我们揭示股权融资原有的本来面目，这个原本十分清晰却在中国股市存在近 20 年的时间里被深深掩埋的财务命题，即股权融资和债权融资、自筹资金一样，都是企业常见的融资方式，各有所长，不存在孰优孰劣，要根据企业的情况灵活运用。

案例解析 八菱科技成为自新股发行改革以来 A 股首家中止发行公司，从筹资管理内部控制角度来看，有其相当的必然性。

（1）从筹资方式的选择来看，八菱科技选择了股权融资。股权融资、债权融资和自筹资金都是企业常见的融资方式，各有长短，要根据企业的情况灵活运用。从该公司会计报表来看，公司完全有能力依靠自身的能力完成所投项目，而且不需要稀释股权，即可以用自筹资金解决项目所需。对于融资规模小、建设周期较长、收益不确定性较高的拟建项目而言，选择股权融资是不划算的。这说明该公司之前对于融资方式的选择没有经过缜密的调研和论证。

（2）从筹资时机来看，该公司选择了近期比较低迷的时机发行，这显然也不是最佳选择。整个资本市场近一段时间以来一直表现不佳，沪深大盘今年以来一直处在持续不断地阴跌过程中。而与此相对应的是，主承销商民生证券却热情不减，给出比市场券商研究机构高出很多的估值，以致没有找到符合要求的 20 家有效申报的询价对象。这说明该公司在筹资方案的风险性评估环节，显然高估了市场的风险承受能力，没有正确地评估公司的价值。

（3）从融资成本来看，该公司的此次发行如果成功，也不是一次划算的融资。该公司计划募集资金 2.98 亿元，募集资金规模明显偏小。如果发行成功，其发行费用占整个发行募集资金的比率一定会远远大于 10%。而这还仅仅是披露的数字，在改制过程中该公司付出的隐性成本更是难以估量。上市后的审计、法律、信息披露、登记、结算等维护费用也是一笔不小的数字。由此可以看出，该公司对于筹资方案的经济性评估、筹资计划的制订环节也缺少深入的分析和论证。

该案例告诉我们，筹资活动要结合企业的实际和宏观形势，不能人云亦云，不能赶时髦。企业内部控制各相关部门，要切实发挥各自作用，保证筹资管理活动的成功。

第三节　衍生金融工具管理的内部控制

一　衍生金融工具概述

（一）衍生金融工具的含义

衍生金融工具是指建立在基础产品或基础变量之上其价格决定于后者变动的派生金融产品。这里所说的基础产品是一个相对的概念，不仅包括现货金融产品（如债券、股票、银行定期存款单等），也包括衍生金融工具。作为衍生金融工具的基础变量则包括利率、各类价格指数甚至天气（温度）指数。

（二）衍生金融工具的意义

（1）规避通货膨胀风险、利率风险和汇率风险成为金融交易的一项重要需求，衍生工具能有效地转移投资者某些不愿承担的风险给愿意承担者。

（2）衍生金融工具的一个重要的作用是价格发现，衍生金融工具的交易集中了各行各业的市场参与者，带来了成千上万种关于衍生工具基础资产的供求信息和市场预期，所形成的衍生金融工具的价格反映了人们对利率、汇率、股指期货等价格走势变化和收益的预测及对目前供求状况的综合看法。

（3）衍生金融工具的价格发现作用可以降低信息不对称性，有利于提高信息透明度。衍生金融工具市场参与者尽可能地收集来自各方面的信息，使这些信息迅速地体现在衍生金融工具的价格波动上，因而衍生金融工具的价格形成也有利于提高信息透明度。

（三）衍生金融工具的基本特征

（1）跨期交易，套期保值和投机套利共存，衍生金融工具的交易过程是在现在完成，而交割却要在将来某一时刻才能履行或完成。

（2）杠杆效应，衍生金融工具的产生以合约为基础。合约双方的权利和义务在签订合约之日起便基本确定，不需要或只需要少量佣金或保证金便能控制大量的资源。

（3）衍生金融工具的收益具有较高的不确定性和风险性。衍生金融工具所产生的收益，来自标的物价值的变动，即约定价格与实际价格的差额，将随着未来利率、证券价格、商品价格、汇率或相应的指数变动而变动。一旦实际的变动趋势与交易者预测的相一致，即可获得丰厚的收益；但是，一旦预测有误，就可能使投资者遭受严重损失。

（四）衍生金融工具业务整体流程

通常情况下，衍生金融工具交易业务整体流程包括提出衍生金融工具交易方案、交易方案论证、交易方案审批、衍生金融工具交易计划编制与执行、投资衍生金融工具活动的监督、投资衍生金融工具活动的评价与责任追究等环节，如图7-3所示。

二 衍生金融工具的内部控制目标

（1）所购买的衍生金融工具能符合企业的投资目的和方向，能够保证企业投资目的的实现，确保目的和方向符合企业的战略要求。

（2）衍生金融工具的购买经过慎重的可行性分析程序，企业对衍生产品有足够的了解。

（3）企业对衍生产品的选择、购买、持有及处理有明确的授权审批程序，明确相应的权利和责任。

（4）衍生金融工具的风险在企业风险容许的范围内，企业有足够的措施以规避、分担、降低风险，或者直接承受。

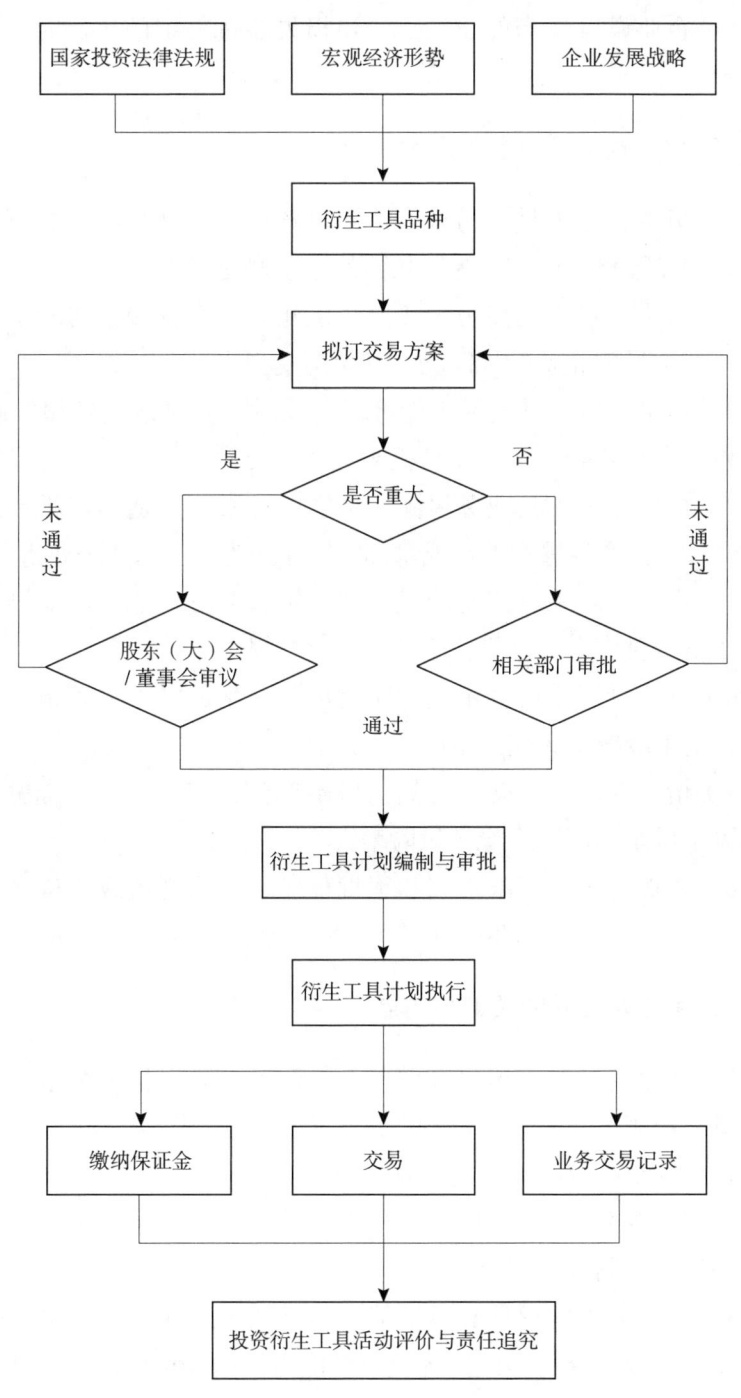

图 7-3 衍生金融工具业务整体流程图

(5)企业设置适当的止损点,当损失超过一定的比例时,能及时平仓处理。

三 衍生金融工具的主要风险点

(1)衍生金融工具交易未经适当审核或超越授权审批,可能会产生重大差错或舞弊、欺诈行为,从而使企业遭受损失。

(2)衍生金融工具交易未按照规定建立持仓预警报告和交易止损机制,可能会导致企业的风险增加甚至遭受损失。

(3)衍生金融工具交易未能准确、及时、有序地记录和传递交易指令,可能会导致企业丧失交易机会或发生交易损失。

(4)衍生金融工具业务风险评估实施方案不能适当审批或超越授权审批,可能会产生重大差错或舞弊、欺诈行为,从而使企业遭受损失。

(5)衍生金融工具交易的风险评估不够充分可靠,可能导致领导决策层作出错误决定,进而使企业发生意外损失。

(6)风险管理委员会不能及时就风险评估的结果向董事会报告,可能导致衍生金融工具交易不能顺利开展。

(7)衍生金融工具交易筹划监督不充分,使企业衍生金融工具交易筹划方案质量不高,会导致风险增大。

(8)职责分工、权限范围和审批程序不明确规范或机构设置和人员配备不合理,会导致衍生金融工具交易不能适当审核或超越授权审批。

四 衍生金融工具的关键控制点

(1)企业的战略与衍生金融工具的匹配,确定衍生金融工具的性能、数量、金额等与企业目的相匹配。当衍生金融工具不能实现企业战略或与企业战略有偏离时,能及时纠偏。

(2)建立报告制度,对金融衍生产品品种、数量、金额、持有期间、偏差评估机制等均应及时报告。

(3)企业风险的评估和承受能力的确认。企业要形成对风险的承受、规避、分担、降低等的措施及承受能力。结合衍生产品的特性,评估衍生产品的风险,确定企业的对策。

第七章 资金活动管理

（4）建立严格的授权审批制度。对于不同类型的衍生产品，制定相应的授权审批制度，明确不同岗位人员的权责，以及紧急时期的特殊报告制度。

（5）建立明确的不相容职务分离制度。衍生产品的选择、决策、交易、出售、评估、资金的划转等不相容岗位要相应分设，不能让一人做完业务的全过程。

（6）建立业务的止损制度。根据不同产品的风险特性，设置相应的止损点，当达到止损点时要果断、及时进行平仓，以减少企业损失。

（7）交易记录环节要全面、及时、完整。买入、卖出、市场公允价值的变动、资金的转入和转出等要详细记录，确保每一次交易均有记录，保证交易的可追溯性，不能有遗漏的记录等。

五 案例分析

【案例7-5】

金融衍生产品运用的案例分析及启示[①]

在历次全球性金融危机或重大的金融丑闻中，无不闪现着衍生产品的身影。无论是最近引发全球经济衰退的次贷危机，还是使服务于英国皇家且具有几百年悠久历史的老牌银行——巴林银行轰然倒闭的里森事件，衍生产品几乎都被指责为罪魁祸首。事实上，有一种观点认为，本次次贷危机本身的原因也可被解释为滥用衍生产品。因为金融机构打赌的也是一种衍生产品即房地产市场的看涨期权。金融机构认为即使房地产按揭人偿付不起按揭贷款，只要房地产价格一直上涨，按揭贷款总能偿付。而以按揭贷款资产作为基础资产的各种衍生产品都不会发生问题。

那么，衍生产品在现实世界中到底是怎么运用的？运用的结果又怎样呢？有两个非财务性公司（非财务性公司的案例具有更广泛的意义）

---

① 钱泳.金融衍生产品运用的案例分析及启示[J].中国货币市场，2011（4）.

运用衍生产品的实际案例为我们提供了生动的写照。

一、衍生金融工具运用的正反实例

20世纪90年代宝洁—信孚利率互换是一个不当使用衍生产品的典型案例。由于会计处理的原因，宝洁选择场外市场交易进行宝洁—信孚利率互换。互换共有两笔：一笔为美元利率互换（以下简称宝—信美元互换），另一笔为德国马克利率互换（以下简称宝—信德国马克互换）。前一笔互换可以简化为一笔普通利率互换和一个对美国利率的投机性赌注。该笔普通利率互换与标准的利率互换有细微区别，互换的浮动利率与商业票据利率关联而不是与伦敦同业拆借利率关联，且商业票据利率采用每日平均利率而不是某一特定时间点的利率，同时，该笔互换的本金是被替代的，是即将到期的互换本金的2倍。当然，该笔普通利率互换所增加的杠杆，其最终实际损失仍较为有限，为910万美元。导致严重亏损的还是附加的、对美国利率走向的投机性赌注。在该笔普通利率互换中，宝洁要支付浮动利率，而在投机性赌注中，宝洁认为美国利率会下降或不会大幅上升。该投机性赌注对宝洁公司相当于一笔履约价格为零、标的资产价格为利差，每年期权费为0.75%的空头看涨期权。该期权在美国利率下降时的收益以期权费为限，而在利率上升时的损失则无上限。经过自1993年11月起的半年时间内的数次加息后，美国5年期国债利率（CMT）从5.02%上升至6.71%，30年美国国债价格（P）从102.58美元下降至86.84美元。利率的大幅上升使利差迅速增加造成其26.75%的巨额损失，按年计算达到5 350万美元。好在1994年1月其期权费重新商定为0.88%，且于3月29日对冲敞口以锁定利差，从而使宝洁公司在投机性赌注中的损失额控制在1.058亿美元。宝—信德国马克互换也是宝洁公司盲目自信的案例。在美国利率出现不利变动时，宝洁仍坚持认为德国马克利率会下降，于1994年2月投下一个以德国马克计价的高成本赌注。在该互换中，宝洁公司实质获得1%（后略有变化）的固定利率收入，而支付一个有条件的浮动利率。有条件是指，当第一年德国马克利率在4.05%～6.01%（后上调至6.10%）时，宝洁公司实质支付的浮动利率为零，而在此区间以外，则为与4.5%之差的10倍（盲目自信导致错误杠杆化）。因此，当马克利率高于4.5%时，宝洁公司需付出；当马克利率低于4.5%时，宝洁公司有收入。在互换生效后2周，利率就发生不利变动，随后利率突破上述区间，其间虽然信孚公司提醒应提早以较低损失结清，但宝洁公司又拖延了40天，致使损失超过6 000万美元。

另外，也有非财务性公司成功运用衍生产品、正确运作其财务策略的案例。1991年，罗氏控股（Roche Holding）运用牛市价差权证就是一个典型。罗氏控股本来可以按8.65%借入普通10年期美元资金。为了降低融资成本，罗氏控股选择发行10亿美元混合证券（牛市价差证券），该混合证券由一笔10年期的债券和一组3年期权证构成。债券年息票率只有3.5%，牛市价差权证则根据股价给予投资者更多的附加价值。权证给予投资者在股价较低（等于或低于70瑞士法郎）时的看跌期权，从而为投资者提供1.9%的保本收益。权证也给予发行人看涨期权，在股价较高（高于100瑞士法郎）时从投资人手中买入权证从而使投资人有最高14.7%的回报。当股价处于中间水平（在70～100瑞士法郎）时，回报在两者之间（如股价在90瑞士法郎时，回报为9%）。此外，混合证券的收益还取决于瑞士法郎的汇率变化，当瑞士法郎升值时，投资人的回报也增加。3年后罗氏控股实际股价上升至125瑞士法郎，罗氏控股行使权证，使投资人获得最高7.3亿瑞士法郎的收益。而期间瑞士法郎汇率也上升了1.04%，使投资人进一步受益。另外，罗氏控股则以3.5%的年度息票率进行融资，既降低了融资成本，也为公司获得了收购所需要的资金。

关于衍生产品，人们耳熟能详的是衍生产品的灾难性后果，如德国金属公司、美国长期资本管理公司（Long-Term Capital Management）和英国的巴林银行（Barings）等案例。但现实生活中，正如上述两个案例所显示的，衍生金融工具既会造成灾难性的后果，也能为企业实施战略发挥突出的作用（罗氏公司案例）。

因此，我们不能因为衍生工具曾经带来恶果而因噎废食，反而应当认真思考怎样正确运用衍生金融工具。

二、运用衍生金融工具的必要性

首先，衍生金融工具是企业提高财务管理能力的重要工具。企业财务部门的具体职责主要包括：账户管理、基本结算、资金收付、流动性管理、票据管理、投资管理、融资管理、风险管理和渠道服务。以西门子公司为例，其财务公司(西门子金融服务公司SFS)主要负责：账户集中、

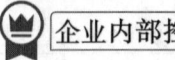

结算和支付集中；建立资金池；集团全球风险管理（包括利率管理、汇率管理、流动性管理）；建立相关信息系统（集团全球数据中心）。

　　危机使企业更加注重财务管理，更加关注企业财务部门的作为，更加注重财务管理在企业稳健经营与发展壮大中的作用。在后危机时期，财务管理出现了新的发展趋势：一是从强调企业资金集中管理，延展到资金、结算、投融资、风险的全方位集中管理；二是从逐步明确和规范资金管理职责到设置独立的资金管理部门，甚至财务公司；三是从追求资金管理的透明、安全、效益，转向实现制度、流程、平台的统筹规划与企业经营的密切耦合；四是随着信息、网络技术的深入应用，通过专业资金管理系统和电子银行服务满足高效、便捷、个性化的资金管理需求；五是不仅关注企业自身的财务管理，而且更加关注上下游企业，即从供应链角度，从整个产业甚至全球化的视野综合考虑。

　　由于衍生工具在企业风险管理、融资管理、流动性管理中发挥着重要作用，因此在金融全球化背景下，面对危机后企业财务管理的新形势，企业财务管理部门迫切需要提高衍生工具运用能力，不断提高财务管理职能。

　　其次，在经济一体化和金融全球化的大背景下，企业应顺应中国利率市场化和人民币国际化的趋势，掌握全球化背景下风险管理的基本技能。中国金融环境正在酝酿着深刻的变化。一方面，人民币将进一步国际化。据报道，中国银行已经面向美国客户开放人民币交易，企业和个人投资者可以通过其在中国银行美国分行的账户买卖人民币，此举被外界认为是中国在探索人民币交易业务中的重要一步。在2010年7月之前，受资本管制影响，人民币业务在很大程度上仅限于在中国境内进行。随着中国经济实力的迅速增长，为进一步发挥人民币在国际金融市场上的作用，中国通过在中国香港开放人民币业务开启了放松资本管制的探索。2010年7月，中国首次开放人民币离岸交易。央行近期表示，将扩大人民币在跨境贸易和投资中的使用，稳步拓宽人民币流出和回流渠道，推动汇率风险管理工具创新。另一方面，利率也逐步向市场化迈进。如存贷款利率从不能浮动到逐步扩大浮动范围，直到目前的对存款设定上限、对贷款设定下限，由金融机构根据客户的风险和收益状况灵活把握。尤其是外币存贷款利率，从放开外币贷款利率，到大额外币存款利率由金融机构与客户协商确定,再到仅对部分币种小额存款利率实行上限管理。虽然零售市场(即银行对企业/个人市场)中的存款利率上限与贷款利率下限仍处于管制中,但批发市场(即银行间市场)利率体系中的大部分利率已基本实现市场化。2006年,央行发布《中国人民银行关于开展人民币利率互换交易试点有关事宜的通知》,决定正式开展人民币利率互换交易试点;2007年,Shibor正式投入运行;2010年,全国银行间市场贷款转让交易系统启动,以上基础建设为金融机构资产配置和利率风险管理创造了条件。

然而,国内企业总体风险管理意识依然不强。目前国内企业的经营环境较为稳定,虽然人民币汇率的灵活性在不断增强,但长期看汇率仍处于平稳运行状态;存贷款利差亦相对稳定。企业在分析业务时仍习惯于区分人民币业务和外币业务。未来随着人民币国际化步伐的加快和利率市场化改革的深化,企业(包括金融机构)经营环境的不确定性将增强。因此,未雨绸缪,掌握并正确运用衍生工具,对于防范市场风险而言是非常必要的。

三、正确运用衍生金融工具的几点启示

1. 明确衍生产品运用的基本原则及目标

一般情况下,运用衍生金融工具的目的应该是避险而不是投机。对衍生金融工具的运用要有专业团队作支撑,以确保风险可控及多层次避险预案保障。应关注与企业经营相关的衍生产品标的价格(如货币、利率、大宗商品等)的变动趋势。要善于进行衍生产品标的的机会管理,根据标的未来趋势变化适时调整衍生产品策略。在宝洁—信孚利率互换的案例中,宝洁公司最初实施利率互换的目的是对冲即将到期的一笔资金敞口,但在实际执行中,宝洁公司又在这一普通利率互换之外增加了一个利率走向的赌注,以至于最后失控。其失利的原因,一方面是判断失误,未能看准利率趋势;另一方面则是盲目自信,不但错误增加杠杆,而且变本加厉地投机德国马克利率,最终导致巨额亏损。

2. 要从公司战略层面进行衍生产品策略的设计

在罗氏控股衍生产品案例中,该公司制定了由司库部门作为利润中心来提高营利能力的战略,并为此制定具体的财务策略。司库部门不再被动地反映营运部门敞口,而是主动管理债务,积极进行投资,

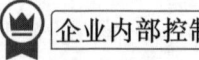

支持经营和收购。正是有了公司战略的支持，司库部门才可以从融资和投资角度，运用混合证券，抓住资本市场的机会，通过发挥衍生产品功能来创造效益。

3. 要加强内控制度建设

内控制度的缺位和执行不到位是衍生产品投资管理中的重大隐患。以巴林银行倒闭案为例，由于机构前后台缺乏基本的职责分工，里森进行了一系列不合规的操作，包括隐瞒账户的存在、伪造报表、虚报利润、假冒客户、编造交易和会计分录。内控制度的形同虚设，使交易权限等风险控制手段丧失实际意义。

4. 注重流动性管理

由于衍生产品自身的特点，在运用衍生产品时要十分注重流动性管理。很多衍生产品本身的流动性可能不足。很多衍生产品的设计，源于对已有敞口的对冲。要设计出符合投资者需求又能完全对冲原有敞口的衍生产品很难。现实中不乏衍生产品流动性不足的案例。在20世纪90年代，德国金属公司衍生产品案例中，一方面，该公司为某些特定能源衍生产品合约提供流动性而成为创新者；另一方面，由于公司在特定合约中的市场占比过大，因此自身又成为这些合约流动性不足的原因。此外，衍生产品交易保证金设置过高也会造成企业流动性不足。在21世纪初，Amaranth Advisors LLC天然气衍生产品案例中，由于要满足巨额的保证金要求，该公司屡次错失市场中的有利交易机会；同样由于这一原因，该公司最终因巨额天然气期货合约敞口头寸以及竞争对手的落井下石，爆发财务危机而倒闭。

5. 注意防范模型风险

衍生产品价格，如期货、期权等价格可以从模型中推导而来。但类似Black-Scholes的期权定价模型都具有一系列的前提假设，如价格行为服从对数正态分布、不存在无风险套利机会、交易无摩擦等，甚至风险管理中常用的VaR（在险价值）模型也是基于历史数据等假设。而一旦发生危机等突发事件，这些模型所依赖的前提假设就都发生了变化，因此机械地套用这些模型用于衍生产品的决策和风险管理是片面的。

总之，衍生产品作为避险工具而生，也会因成为投机工具而遭诟病，关键是看其运用目的与方式。从衍生产品运用的实际案例中，我们可以吸取弥足珍贵的经验和教训。

【案例 7-6】

衍生金融工具与金融危机——基于风险偏好的案例分析[①]

2008年9月15日，雷曼兄弟宣告破产，这标志着次贷危机带来的金融风暴席卷全球。纵观金融危机史，无论是1995年墨西哥金融危机，还是1997年亚洲金融危机，以及随后的俄罗斯、巴西等国的金融风暴，都发生在国际金融市场的边缘区域，而本次美国金融危机是近年来罕见的、发生在国际金融市场核心并冲击世界的全球性金融危机。它也不同于1987年10月19日"黑色星期一"的股市崩盘和1998年长期资本管理公司的溃败，它是由次贷市场引发的金融市场的系统性危机。也正因为它的特殊性，本次危机引发业界学者对金融危机的产生原因、应对策略等相关问题进行探讨。那么，金融衍生品在金融危机中到底扮演了什么角色？面对这场给全球经济都带来巨大灾难的金融海啸，我们如何摆脱劫难从而走向"理性繁荣"呢？本文将提出自己的观点。

近年来，国内外学者对金融危机的研究逐渐增多。从他们的研究成果来看，其观点可以归为两类：一种观点认为，金融危机的产生主要是金融机构违规操作、滥用金融创新工具及政府监管不力等综合因素导致的，金融衍生品只不过是金融危机的替罪羊；另一种观点则是把金融危机的爆发和深化归因于金融衍生品市场的发展。

笔者认为，以上研究均未从金融衍生品的作用原理角度分析和阐述金融危机和金融衍生品之间的关系。本文将从两组基于风险偏好的投资案例分析入手，着重揭示金融衍生品和金融危机之间的内在联系，并提出解决当前这场金融危机的对策。

一、经济全球化与金融衍生品市场发展

随着世界经济全球化日益增强，国际分工进一步深化，产业链在世界范围内重新组合，金融资本也在全球范围内获得了最佳回报机会。汇

[①] 门明,张秋莉.金融衍生工具与金融危机：基于风险偏好的案例分析[J].石河子大学学报,2009（5）.

率、利率和商品价格的无常变化不仅会影响公司和投资者的收益，还可能影响金融机构和企业的生存。在过去的30多年里，世界各国公司所面临的金融风险普遍增多。现代公司仅仅拥有先进的生产技术、廉价的劳动力和精干的促销队伍是远远不够的，金融风险和产品价格的波动甚至能使声誉良好的公司在竞争中惨败。金融机构仅仅满足于中间业务和投资理财已不足以抵御来自国际金融市场的金融风暴；投资人也无法依赖专业投资机构搭金融市场繁荣的便车。同时，金融监管部门也必须改革原有的监管模式，加深对金融创新的理解，监管创新要与金融创新同步推进。

面对风云变幻的国际金融形势，金融市场对日益增加的价格波动作出了积极的反应。30多年来，金融机构推出了许多旨在管理金融风险的金融工具和投资策略。金融市场所创造出来的工具有期权、期货、远期合约和互换等。虽然市场上的外汇远期合约已经存在近百年，但是直到20世纪70年代布雷顿森林体系解体后，这种金融工具才发挥出真正的作用。为适应人们对远期市场的需求，金融市场创造出一系列金融风险管理工具。例如，1972年5月，芝加哥商品交易所的国际货币市场开始从事英镑、加元、马克、日元和法郎的期货交易。货币互换是第二个出现的金融风险管理工具。

虽然在互换出现之前，投资者采用过背对背贷款和平行贷款等金融工具，但是，人们一般认为1981年8月世界银行与IBM公司的互换是有史以来的第一笔互换交易。互换合同产生后，期权合同也接踵而至。1982年12月，费城交易所首次进行了英镑期权交易。此后，费城交易所和芝加哥商品交易所开展了加元、马克、日元和法郎的期权交易。

20世纪70年代，随着利率的不确定性增加，金融机构开始不愿意签订长期贷款合同。这一矛盾导致了许多金融机构从固定利率贷款转向了浮动利率贷款。浮动利率贷款能够使银行管理其利率风险暴露。但是，这种风险管理方法是把风险转嫁到借方身上，因此金融市场又对新型的风险管理工具产生了强烈需求。新的风险管理工具很快就出现了，如可售回债券、可转换债券、国债期货。20世纪80年代后，又出现了可展期债券、远期利率合约、欧洲美元期货、债券期权和债券期货、利率上限和利率下限、利率互换和差异互换等利率风险管理工具。

实际上，金融工具既可以单独使用，也可以组合起来建造一个更为复杂的金融风险管理系统。一方面，现存的金融工具可以将金融风险转移给更愿意承担风险的第三方。例如，出口商可以采用外汇期货将外汇风险转移给一家外汇风险管理公司，从而就不必担心外汇价格的涨落，能专心从事进出口业务了。另一方面，金融市场可以将金融工具与债券发行结合起来，使金融价格风险与公司筹资所固有的风险相分离。例如，将互换与债券发行结合起来，发行债券的公司就可以将利率风险与传统的信用风险分离开来。

二、衍生金融工具与金融危机

（一）风险偏好与投资策略

对于风险偏好的差异是不同投资主体进行衍生金融工具交易的基础。风险厌恶者会采用套期保值策略，这样会减少其风险，但也要付出相应成本。投资者采用这种策略的本意是要规避风险，但有时也会出现预料不到的风险，不但原定的风险管理目标无法实现，反而遭受更大的财务损失。与套期保值者正相反，金融市场上的投机者是风险喜好者，他们心甘情愿地承担更大的风险来提供保值供给，目的是要获取超出市场平均回报水平的收益。下面，我们将通过两组案例来阐述套期保值和投机策略，以便更清楚地理解衍生金融工具和金融危机之间的联系。

（二）投资策略与金融危机之案例分析

1. 套期保值策略与金融危机

案例一：1987年"黑色星期一"。具体而言，1987年10月19日，纽约股票暴跌并引发了一场全球性灾难，世界股票价格全面崩溃。股票持有者顷刻之间损失了约1万亿美元。在这场金融灾难中，投资者购买的投资组合保险（portfolio insurance）出现问题是其主要原因之一。所谓投资组合保险，可以采用两种形式：一种是静态的套期保值交易——买入保护性看跌期权（protective put），即在买入股票的同时，买入看跌期权。保护性看跌期权就是对股票保险，当股价下跌时就卖掉股票，从而使在股票上的损失可由于看跌期权的执行而减轻。另一种是动态套期保值策略——买入股票同时卖出期货合约或买入股票同时买入短期政府债券。对于前者，由于现货和期货市场价格有相同的运动趋势，投资者必然在一个市场获利，而在另一个市场亏损，从而起资产保值的作用；对于后者，股票投资具有

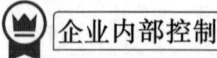

高风险、高收益的特点，而短期政府债券的低风险特性可平抑组合风险并可局部弥补由于股价下跌造成的损失，从而使组合具有保值作用。

造成这场金融危机的原因，大家公认的结论是计算机惹的祸。的确，计算机交易的普及使华尔街变懒了。经理们在输入许多止损单（stop loss order）后就去"打高尔夫"了。投资组合保险的操作方式将股价快速往下推，结果在股市的恐慌性抛售发生后，不断有预先设定的机构止损单被启动。并且，投资组合保险依靠的是几乎没有限制的资金流动性，当每个人都想卖出时，这样的投资策略是不可行的，由此引发了一场震撼世界的股市浩劫。

案例二：长期资本管理公司。作为一家由华尔街久负盛名的投资战略大师Myron Scholes（1997年，芝加哥大学教授Myron Scholes与麻省理工学院教授Fisher Black因在期权定价方面的巨大贡献而获得了该年度的诺贝尔经济学奖）管理的金融公司，长期资本管理公司拥有着非常先进的投资分析系统。1998年，这家公司的投资模型显示，市场的波动率将下降，应该卖出一项债券的卖方期权（又称为做空一项金融工具）。如果市场目前的波动率高，说明市场根据目前的信息对将来可能出现不确定性事件的判断比较高。而长期资本管理公司基于其计算机模型的推算判断市场的波动率将会下降，采用了一种风险比较大的做法，即向其他判断风险波动率将会上升的投资人出售卖方期权，以承担风险的办法来获得期权价格的收益。但出乎意料的是，几个月之后俄罗斯政府财政破产拒付到期国债，大约40亿美元仿佛瞬间沉入谷底，长期资本管理公司也就此破产。

2. 投机策略与金融危机

案例一：巴林银行（Barings Bank）倒闭案。1995年2月26日，巴林期货新加坡分公司（BFS）期货经理尼克·里森（Nick Leeson）投资日经225股指期货失利，导致巴林银行遭受巨额损失，合计损失达14亿美元，最终无力继续经营而宣布破产。里森认为日本股市将上扬，采用了反转跨式套利策略（"跨式套利"是指同时买进执行价格和到期时间都相同的一个看涨期权和一个看跌期权；"反转跨式期权策略"又称卖空straddle，其收益曲线是倒V字形，卖出到期时间和执行价格都相同的一个看涨期权和一个看跌期权），即：①允许其他投资人在日经指数跌破18000点时，仍以18000点的价格向巴林银行出售其所持有的指数投资（卖出一个看跌期权）；②允许其他投资人在日经指数涨过20500点时，仍以20500点的价格从巴林银行手中收购指数投资（卖出一个看涨期权）。在这样的头寸安排下，如果日经指数在期权的结算到期日落在18000点和20500点之间，巴林银行就赚取了其出售两项期权所带来的收益。而一旦日经指数跌破两个保本点，即小于18000点或大于20500点，巴林银行要承担巨大损失。但是结果传来日本阪神大地震的利空消息，日经指数下跌，巴林银行损失惨重，最终倒闭。

案例二：中航油巨额亏损事件。2004年11月29日，因为在石油期权交易中累计亏损约8.94亿新元（合5.5亿美元或45亿元人民币），中国航空油料（新加坡）股份有限公司（简称"CAO"）向新加坡交易所申请停牌，向新加坡高等法院申请破产保护，并暂停了首席执行官陈久霖的职位。据报道，陈久霖在此交易中采用的是空头看涨期权策略。从事空头看涨期权交易的投资者预测未来基础资产价格会发生变化。当基础资产价格下降时，空头看涨期权的持有者会获利，但获利数额有限，最大值为期初卖出期权时的期权费；若基础资产价格上升，那么空头看涨期权的持有者就会面临亏损，并且亏损额是没有限度的。由此可见，空头看涨期权持有者的风险是无限的，中航油所采用的空头看涨期权交易策略其实是一个风险很大的投资策略。中航油判断未来石油价格会呈现熊市，但不幸石油价格上升，于是亏损就在所难免。

案例三：加利福尼亚橙县（Orange County）事件。1994年，加利福尼亚橙县前财务部部长Robert L.Citron为了提高资产收益，采用了一个高风险、高波动性的交易策略。他坚信利率会保持低势或者下降，可不幸的是，1994年联邦多次上调利率近300个基点，因而Citron的投资组合价值大跌，造成约16.9亿美元的损失。下面我们来分析一下Citron投资失败的过程。首先，Citron运用逆回购（"逆回购"是指证券持有者将证券卖给投资者，并承诺未来一段时间按固定价格购回，从而筹集资金，实际是将证券作为抵押来借款）方式筹集资金，通过高杠杆效应将资金扩大——从76亿美元增加到206亿美元。然后，他将大部分借入资金投资到高利率敏感性的金融衍生品上，截至1994年11月，Citron在衍生品及其他形式的结构性票据上至少投资了83亿美元。根据久期

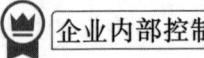

（"久期"常被应用于投资分析，用来衡量债券价格变动对利率变化的敏感度，即利率变动1个百分点所引起的价格变动的百分点）计算，利率每上升1个百分点，其投资的衍生品价值就会下降8.5个百分点。结果，联邦上调了利率近300个基点，于是他的损失就可想而知了。

三、资产证券化与金融风暴

1977年，美国投资银行家刘易斯·瑞尼尔（Lewis Ranier）首次使用了资产证券化一词，随后"资产证券化"在金融界逐渐流行起来。有着"证券化之父"之称的弗兰克·法博齐（Frank Fabozzi）对资产证券化的定义是：资产证券化是把缺乏流动性但具有未来现金流量的资产汇集起来，通过结构性重组，将其转变为可以在金融市场上出售和流通的证券，并据以融通资金的过程。

本次全球金融风暴源于美国的次贷危机。美国次贷危机，又叫美国房地产市场上的次级抵押贷款危机。所谓次级抵押贷款，是相对于优质抵押贷款而言的。一般来说，按揭贷款人没有或缺乏足够的收入及还款能力证明，或其他负债较重，即资信条件较"次"，这类房地产的按揭贷款被称为"次级抵押贷款"。美国的住房抵押贷款市场经历了三个发展阶段，目前属于证券化发展阶段。

资产证券化作为一种金融创新工具，将银行已发放出去的贷款标准化，以打包后的贷款抵押资产作为标的物发行债券，向投资者出售。资产所有人通过这种方式将特定资产对应的风险和收益转移出去，由购买这些证券的投资者承担资产对应的风险和收益，从而实现了风险向金融市场的转移和分散。事实也正是如此，次级抵押贷款机构为了转移风险，将证券化后的资产抵押债券ABS出售给投资银行，然后投资银行又据此发行了大量债务抵押担保证券（collateralized debt obligation，CDO）。CDO是一种新兴的投资组合，包括ABS、MBS、垃圾债券、新兴市场债券、银行贷款等固定收益资产，以抵押债务信用为基础，基于各种资产证券化技术，对债券、贷款等资产进行结构重组，重新分割投资回报和风险。其他国家投资机构在美国担保的债务高风险资本中也占有相当大的比例，由于国外投资机构不允许直接投资低于投资级的资产支持证券，故转向投资担保债务证券，从而间接进入了美国次级抵押贷款市场。次贷危机爆发后，美元大幅贬值，对美国信用产生怀疑的人们争相抛售美元资产，衍生金融工具的杠杆作用反向扩大了危机，进而引发了金融风暴。

四、结论与思考

1. 关于衍生金融工具与金融危机

从前面的案例分析中我们可以看出，尽管每一次金融危机都在一定程度上与衍生金融工具具有某种联系，但是每一次危机的引发原因和爆发形式均不相同。由此不难看出，人们在使用衍生金融工具时，要么采用简单的投机策略（如巴林银行、中航油和加州橘县），寄希望于市场会出现对自己有利的局势，这无异于赌博。一旦市场出现对自己不利的局面，巨额损失就在所难免。要么采用复杂的套期保值策略（如组合保险，长期资本管理公司），虽然衍生金融工具的使用消除了一部分风险，却带来了新的风险。所以，当人们面对复杂的金融形势而采用某种策略时，对风险的含义的认识是不够深刻和全面的，也不能够正确使用风险管理策略。一旦市场出现了异常情况，在巨大的资金压力下，往往慌不择路，匆忙平仓，使潜在风险变成了现实损失。风险总是在意想不到的时间和地方发生，这就是我们在经济全球化新形势下所面对的巨大挑战。

2. 关于风险的传递与市场的边界

此次金融风暴原因有很多，投资银行和次级贷款经纪人的贪婪、评级机构的欺骗、贷款人的无知和欲望均在其中起了推波助澜的作用。市场风险从贷款人、经纪人、商业银行、投资银行和保险公司手中逐级传递，形成了一个完整的"食物链"。每传递一次，次级贷款的风险都被重新分拆、打包和销售，这样就抹去了金融风险的原有特征。最后，"资产证券化"使得原本应当充当金融风险最终接力手的对冲基金玩了一个漂亮的"金蝉脱壳"，将金融风险甩给了那些不明真相的投资者。

3. 关于分业经营与混业经营

美国1929—1933年的大萧条给人们带来了深重的灾难。人们从中吸取的一个教训就是，一定要严格监管金融行业。只能允许银行业、保险业、证券业"各行其道"。所以，从1933年至1999年的60多年中，美国实行了《格拉斯·斯蒂格尔法》（Glass-Steagall Act）。这

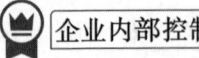

一大萧条后最重要法案的基本思想就是分业经营、分业监管。然而，1999年，美国国会通过了"金融服务现代化法案"（Financial Services Modernization Act），允许银行业混业经营，其理由是提高资本市场效率，让资本这种重要的生产要素得以在更大的范围内进行配置。那么问题是：如果"格拉斯·斯蒂格尔法"没有终止，会不会发生次贷危机？答案不得而知。

4. 关于金融创新与监管

衍生金融工具一度被认为是为了管理金融风险而发明的创新工具。然而，残酷的现实却一次又一次地向人们展示了不恰当地运用衍生工具所产生的可怕后果。运用高度复杂的数量分析和管理工具，并不意味着风险得到了控制。我们必须对这些数理化的模型保持良好的判断。金融机构的风险控制失灵也会带来非常严重的后果。如果风险控制和资本要求等监管手段都没有跟上去，就会产生很大的问题，所以我们必须能够对对冲基金进行监管。在市场发展的过程中，政府监管缺位是不行的，应该找到一个平衡点即金融创新和监管"适度"配合。

5. 关于金融风险的哲学思考

这次金融危机实际上也意味着里根定下的自由金融主义模式已走到了尽头。观察美国经济发展的历史，我们发现它一直处在自由发展的模式中。1978年，美国立宪会议规定美国的州和州之间不允许贸易壁垒；在经济发展模式上，美国也比欧洲更加自由。资本主义一直信奉的"利润最大化"带来的结果就是经济周期更加频繁，每次经济危机带来的灾难更加沉重，它的繁衍也更加迅猛。我们不禁要问这样一个问题：如何才能找到通向"理性繁荣"之门？对此，美联储前主席格林斯潘也百思不得其解，只能含糊其词地说："如何保持当前的财富效应，将决定超常规扩张能否减速到一个可持续的速度，而不至于影响经济的稳定。"在此我们不妨大胆设想，既然我们沿着西方的逻辑找不到问题的答案，何妨在我们古老的东方求解，中国的中庸之道不正是当前这种过于极端的资本主义危机的解决之道吗？老子曰："多闻数穷，不若守于中。"凡事还是不要过于极端，金融市场创新当然也不例外。

第四节　资金管理的内部控制

一　资金管理概述

（一）资金的含义

资金是指一个企业维持日常经营所需的货币量。其来源有股东投入、债权人借款、企业积累等多种途径。

（二）资金管理的意义

（1）资金是企业资产中最具有活力的组成部分，企业的生存与发展在很大程度上，甚至从根本上是维系于资金的运转情况的。

（2）资金周转是企业整体资产周转的依托，没有资金的良好运转，企业的生存与发展是不可能的。

（3）资金管理的过程就是在资金的流动性与收益性之间进行权衡选择的过程。通过资金管理，现金收支不但在数量上，而且在时间上相互衔接，对于保证企业经营活动的现金需要，降低企业闲置的现金数量，提高资金收益率具有重要意义。

（三）资金管理的原则

（1）资金管理的首要任务是保证合理的资金需求。

（2）采取得力措施，缩短营业周期，加速变现过程，加快资金周转，从而提高资金使用效率。

（3）节约资金使用成本：一方面，要挖掘资金潜力，盘活全部资金，精打细算地使用资金；另一方面，积极拓展融资渠道，合理配置资源，筹措低成本资金，服务于生产经营。

（4）合理安排流动资产和流动负债的比例关系，保持流动资产结构与流动负债结构的适配性，保证企业有足够的短期偿债能力。

（四）资金管理的业务流程

企业资金管理流程，从资金流入企业形成货币资金开始，到通过销售收回货币资金、成本补偿确定利润、部分资金流出企业为止，形成资金营运的一个完整循环。制造业、流通业资金营运流程，如图 7-4 所示。

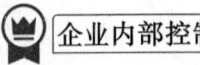

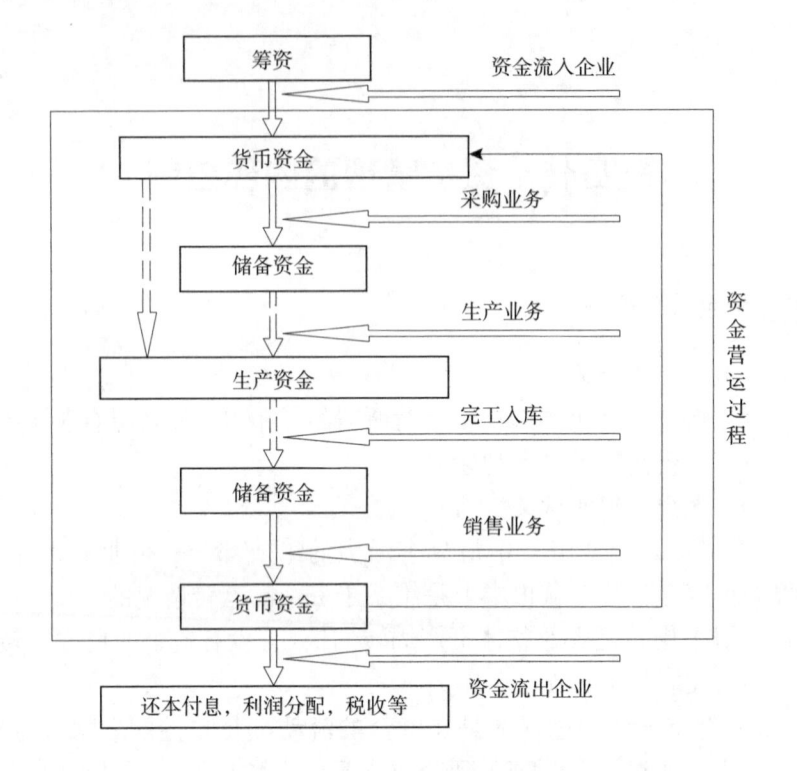

```
                    筹资
                     ↓     ← 资金流入企业
    ┌────────────────────────────────┐
    │    货币资金    ◄────           │
    │       ↓         采购业务        │  资
    │    储备资金    ◄────           │  金
    │       ↓         生产业务        │  营
    │    生产资金    ◄────           │  运
    │       ↓         完工入库        │  过
    │    储备资金    ◄────           │  程
    │       ↓         销售业务        │
    │    货币资金    ◄────           │
    └────────────────────────────────┘
                     ↓     → 资金流出企业
         还本付息，利润分配，税收等
```

图 7-4　资金管理流程图

二　资金管理的内部控制目标

（1）资金的收付以业务发生为基础，不得凭空付款或收款。所有收款或者付款需求，都由真实的业务所引起。

（2）资金支付涉及企业经济利益流出，严格履行授权分级审批制度。不同责任人在自己授权范围内，审核业务的真实性和金额的准确性，以及申请人提交票据或者证明的合法性，严格监督资金支付，超出支付权限的一律不予办理。

（3）财务部门收到经过企业授权部门审批签字的相关凭证或证明后，再次复核业务的真实性和金额的准确性，以及相关票据的齐备性，相关手续的合法性和完整性，并签字认可。

（4）确保按照不相容岗位分离原则设计相应的岗位设置。

（5）资金的收支要依法办理，业务行为要符合法律的要求。

第七章 资金活动管理

三 资金管理的主要风险点

（1）资金使用违反国家法律、法规，企业可能会遭受外部处罚、经济损失和信誉损失。

（2）资金未经适当审批或超越授权审批，可能会产生重大差错或舞弊、欺诈行为，从而使企业遭受损失。

（3）资金记录不准确、不完整，可能会造成账实不符或导致财务报表信息失真。

（4）有关单据遗失、变造、伪造、非法使用等，可能会导致资产损失、法律诉讼或信用损失。

（5）职责分工不明确、机构设置和人员配备不合理，可能会导致资产损失、法律诉讼或信用损失。

（6）不按相关规定进行银行账户的核对，可能会导致相关账目核对程序混乱。

（7）银行账户的开立不符合国家有关法律法规要求，可能会导致企业受到处罚及资金损失。

四 资金管理的关键控制点

1. 审批

把收支审批作为关键点，是为了控制资金的流入和流出，审批权限的合理划分是资金活动顺利开展的前提条件。审批活动的关键控制点包括以下几点：

（1）制定资金的限制接近措施，经办人员进行业务活动时应该得到授权审批，任何未经授权的人员不得办理资金收支业务。

（2）使用资金的部门应提出用款申请，记载性质、用途、金额、时间等事项。

（3）经办人员在原始凭证上签章；经办部门负责人、主管经理和财务部门负责人审批并签章。根据权限划分，需要上报更高级别领导审批的，上报相应领导审批。

（4）资金的收取，要经相应的部门同意，并明确表示资金的性质、来源、用途等，财务人员方可办理收取手续。

2. 复核

复核是减少错误和舞弊的重要措施。根据企业内部层级的隶属关系可以划分为纵向复核和横向复核这两种类型。前者是指上级主管对下级活动的复核；后者是指平级或无上下级关系人员的相互核对，如财务系统内部的核对。复核的关键控制点包括以下几点：

（1）会计主管审查原始凭证反映的收支业务是否真实合法，经审核通过并签字盖章后才能填制原始凭证。

（2）凭证上的主管、审核、出纳和制单等印章是否齐全。财务经理要审核票据的真实性、合法性，是否符合企业的规章制度，同时要兼顾业务发生的真实性。出纳人员要审核审批程序的完整性、票据的合法性等方面，不符合要求的一律不予付款。

（3）重要业务或金额较大的业务，应该由不同的人员进行两次复核，或者建立双签制度。

3. 收付

资金的收付导致资金流入和流出，反映着资金的来龙去脉。收付的关键控制点包括以下几点：

（1）出纳人员按照审核后的原始凭证收、付款，并对已完成收付的凭证加盖戳记，并登记日记账。

（2）出纳人员要及时核对银行账户信息，特别是大额的资金收付，一定要实时核对是否到账、划出等，并和付款方、收款方及时沟通，确保第一时间掌握资金动向。

（3）主管会计人员及时准确地记录在相关账簿中，定期与出纳人员的日记账核对。

4. 记账

资金的凭证和账簿是反映企业资金流入和流出的信息源，如果记账环节出现管理漏洞，很容易导致整个会计信息处理结果失真。记账的关键控制点包括以下几点：

（1）出纳人员严格根据资金收付凭证登记日记账，会计人员根据相关凭证登记有关明细分类账；登账时要准确登记金额、时间、摘要等内容。特别是摘要，一定要简明扼要，明晰表达业务性质。

（2）主管会计根据凭证汇总表登记总分类账，及时与相关明细账核对。

（3）银行对账单的核对，要由出纳人员以外的人员对账。最好是会计主管人员亲自进行，对于未达账项要切实查清原因，并不断跟踪进展，避免长期未达账项的出现。

5. 对账

对账是账簿记录系统的最后一个环节，也是报表生成前的最后一个环节，对保证会计信息的真实性起着重要作用。对账的关键控制点包括以下几点：

（1）账证核对，将账簿同相关会计凭证进行核对，保证账簿记录是来自正确的会计凭证。

（2）账账核对，将明细账和总账相核对，保证数据一致。

（3）账表核对，将总账和会计报表相核对，保证会计报表数据与总账的一致性。同时，会计报表之间也要加以核对，保证勾稽关系的正确。

（4）账实核对，要定期将实物和明细账相核对，定期进行财产清查和债权债务的对账等工作。特别是对于现金、银行存款、商业票据等，要不定期进行抽查，避免舞弊等现象的发生。

6. 银行账户管理

银行账户是企业资金结算的平台，管理不善容易出现较大的风险。银行账户管理的关键控制点包括以下几点：

（1）银行账户的开立、使用和撤销必须有授权。

（2）限制接近原则的使用，只能是获得授权的人员进行银行账户的操作。

（3）严格按照《支付结算办法》等国家有关规定，加强银行账户的管理，办理存款、取款和结算。不得出租或出借账户。

（4）所有业务必须进入企业指定的账户，不得另立账户或不入账户，不得开设账外账。

7. 票据与印章管理

印章是明确责任、表明业务执行及完成情况的标记。狭义的票据仅指以支付金钱为目的的有价证券。两者的结合形成款项支付的法定凭据。

其关键控制点包括以下几点：

（1）限制接近原则的使用，只有获得授权的人员才能接触票据和印章。

（2）印章的保管要贯彻不相容职务分离的原则，严禁将办理资金支付业务的相关印章和票据集中于一人保管，印章要与空白票据分管，财务专用章要与企业法人章分管。

（3）对于空白票据和作废票据同样要保存好，并按序号登记，保证票据的全面性。

（4）不定期抽查票据与印章的管理，保证规定的执行到位。

（5）要落实回避原则，财务负责人的近亲属不得掌管印章和票据等。

五 案例分析

【案例 7-7】

JW 公司资金的集中管理剖析[①]

JW 公司成立于 1995 年 8 月 15 日，是一家上市公司。它拥有 20 多家子、分公司，建有完善的产品开发、工艺技术、生产制造、市场营销、经营管理体系，是一个跨地域经营、唯一拥有棉纺成套设备生产能力的企业集团。

公司在集团管控的各方面都摸索形成了一套管理体系，其中资金集中管理是一个重要分支。下面本文就将对 JW 公司的集中财务管理实践进行剖析，为其他企业集团的财务管理提供借鉴。

一、JW 公司资金集中管理概况

JW 公司资金的筹集与管理采用集权式，全资子公司、控股子公司可以在银行独立开户，但其融资和大额资金使用必须通过集团财务部，从而使集团内各企业的资金运作置于集团的有效监控之下。

如果下属企业需要资金，它不能直接从银行或其他金融机构取得贷款，而必须向集团公司财务部提出贷款申请，经审批后，由结算中心发

---

① 韩宝新.JW 公司资金的集中管理剖析［J］.财经界，2010（18）.

放贷款给所需企业或JW公司作为唯一的融资主体获得授信额度后,再分配给子公司使用。对外筹资的主要渠道:一是从银行或其他金融机构取得贷款;二是通过发行股票或债券筹资。

二、JW公司资金集中管理的原则和方法

在集中的融资管理体系中,JW公司将成为JW公司范围唯一的融资决策主体,各子公司可以作为间接融资的实施主体。这样,公司下属企业的银行信贷权(间接融资和对外担保)均将收归JW公司统一管理。如此可以有效地控制JW公司整体风险,降低财务成本和费用,加强对JW公司下属公司的管理。

因此,JW公司每年根据全年的整体融资计划,与主办银行洽谈年度综合授信额度。在协议额度下的各种短期融资产品,如流动资金贷款、保函、信用证、票据贴现等可由企业根据自身需要搭配使用而无须再行审批。在具体操作时,主办银行将根据JW公司的总体信用状况及其短期授信需求量,为其核定一个总体授信额度,在经过行内信贷管理部门的批准后与JW公司签订总体授信额度协议。然后,公司根据各公司的年度融资计划以及资信情况,确定各公司的授信额度。这就是所谓的"二级额度"。由于内部贷款的存在,一级额度(即主办银行向JW公司提供的综合授信额度)并不一定等于,而且往往大于二级额度之和。

JW公司目前的资金管理采取收支两条线管理办法。按集团企业实际需要,结合集团管理要求,测定各分、子公司的日常最低资金储备作为限额。对于各企业收到的货款或融资款,但凡超出限额的,一律上划集团财务部,作为各分、子公司在集团财务部的资金上存款。但凡低于资金限额的情况出现,由各分、子公司提出申请,集团财务部及时划拨补足。集团财务部对集中的资金进行投资、内部调剂或归还贷款等,同时对各分、子公司按银行活期存款利率计算其资金利息。

三、网络技术在JW公司资金集中管理中的应用

JW公司已于2004年以现代网络技术全面实施资金集中管理,其主要手段如下。

1.网上资金结算集中管理系统

网上资金结算集中管理系统是以JW公司资金管理部门和结算中心分别作为管理主体和运营主体,通过网络信息技术手段,借助商业银行

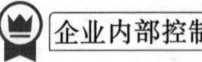

网上银行系统和遍布全国的营业网点为结算资金的载体，建立的覆盖整个集团及成员企业的信息化管理系统。

结算中心是JW公司对成员企业实施资金集中管理的业务主体。集团资金管理部门依托结算中心统一办理并监督集团及成员企业之间因互供产品、劳务、各项税费、存贷款本息等发生的内部结算业务，以及对外的款项收付等外部结算业务，并接受集团资金管理部门的业务指令实现对成员企业的资金预算管理和债务集中管理。结算中心是JW公司资金结算的运营主体，是结算各项业务的具体实施者。

JW公司成员企业均在公司结算中心开设结算账户，并开设与集团结算中心结算账户对应的商业银行的网上银行账户。作为成员企业与外部单位进行结算的资金门户，由成员企业授权结算中心行使对账户的使用权，用于网上支付的用户名和密码归结算中心保管和使用。成员企业不得直接使用此账户办理提取现金以外的任何其他业务。成员企业网上银行账户产生的对外结算的业务凭证归成员企业保管，作为结算中心提交给成员企业的同笔业务凭证的附件。结算中心提交给成员企业的业务凭证是企业作为银行存款账的原始凭证。结算中心对成员企业的网上银行账户实施零余额管理或资金限额管理。

结算中心在商业银行开设网上银行账户，是结算中心对成员企业网上银行账户资金归集和下拨的实际执行账户，也用于结算中心对内对外办理各项非结算中心业务的资金结算。

结算中心针对集团成员企业的资金集中管理，建立相对于结算中心的独立的账务核算体系，结算中心作为运营主体，以代理收付的业务方式具体实施结算的各项业务。

集团及成员企业之间的内部结算业务，直接通过成员企业在结算中心的账户之间的转账实现。一般情况下不涉及对应的商业银行的网上银行账户。

成员企业支付款项时，通过企业内部网或国际互联网向结算中心下达电子支付指令，并通过录入、复核、批准的程序经安全认证和电子签名后生效。生效后的支付指令由结算中心的计算机系统自动执行。在执行时，收款人同为成员企业的，结算中心作账户间的转账处理；收款人为JW公司以外的单位的，结算中心通过与网上银行的接口将指令自动转发给网上银行，网上银行执行结算中心的指令，在瞬间完成资金从结算中心网上银行账户划拨到成员企业的网上银行账户，并从成员企业的网上银行账户将资金转账给相应的收款人。

成员企业的网上银行账户收到 JW 公司以外的企业的款项后，结算中心通过与网上银行的接口提交的收款信息，自动将收入计入成员企业在结算中心开设的网上银行账户，并在当日完成网上银行账户收入资金的归集。

2. 网上银行

网上银行是指以因特网为媒介，以客户发出的电子指令为依据，为客户提供金融服务的电子银行。目前，国内各大商业银行均已开通网上银行业务，并以集团企业作为其推广网上银行业务的目标客户。在集团总部及其分支机构在同一商业银行开立存款账户的前提下，网上银行可以帮助集团总部通过电子命令查询分支机构账户和（或）从分支机构账户转出资金。

网上银行往往采用特殊的加密技术，并且不断地维护动态升级的过程。因此，网上银行的安全性是可以保证的。但是，部分银行在部分地区的系统还不是非常稳定，可能存在某些时间段内资金调动不是非常通畅的情况。

3. 网上结算

改变手工填写纸制凭证送交银行的传统结算模式，采用网上提交更安全高效的电子支付指令。不出办公室即可以完成同城转账和异地汇款等大部分日常结算工作。网上结算均能提供基本收付功能，JW 公司可以对授权账户进行收付管理，包括网上结算指令的提交、批准、查询以及批量支付指令的提交、批准和查询，分别完成财务人员单笔或批量提交电子收款或付款指令，财务主管根据事权划分原则对指令进行批准或拒绝，查询每笔指令处理状态等操作，从而完成网上转账或汇款的全部流程。一般通过网上银行可向全国范围内任何一家银行开户的收款人汇款和划拨资金。

JW 公司充分利用大集团客户和大资金吞吐的有利条件，在确定主办银行和维护关系时，争取到"一揽子"服务的优惠条款。除了网上银

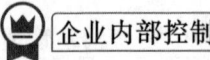

行服务和综合授信额度,还包括存贷利率、中间业务服务费率、服务水准等各项优惠的服务条款。

JW公司在资金集中管理体系中按照规范化、授权分责、监督制约、安全谨慎的原则制定了详细的内部控制制度,除了在软硬件设置上要确保网上资金结算的安全性,还在结算中心内部依据网上资金结算的业务特点,补充设置了安全介质负责人、资料整理人、资料审核人、开通执行人、预算审批、银行头寸控制、对外支付控制、指令授权、账务处理、票据管理、系统员、筹资、内部信贷等工作岗位,并确定相应的岗位责任制。

案例解析 JW公司资金的筹集与管理采用集权式,从而使集团内各企业的资金运作置于集团的有效监控之下。这是一种行之有效的方法,特别是在大型集团公司,不仅有其存在的基础,而且具有不可替代的积极作用。随着电子技术的成熟度和安全性能的提高,大型集团公司会越来越要求加强对资金的集权式管理,而且实现的可能性也越来越容易达到。

从案例来看,该公司建立了资金集中管理的详细内部控制制度,严格执行了不相容岗位分离的制度,银行账户的管理控制都有非常明确的要求,对非操作人员规定了限制接近的要求,同时利用软件和硬件的设置保证网上资金结算的安全。应该讲,该公司的资金集中管理取得了较好的效果,既实现了公司资金的统筹管理,减少了资金的闲置,又利用大集团客户和大资金吞吐的有利条件,争取到"一揽子"服务的优惠条款,同时减少了公司因为资金的分散管理而带来的经营风险和管理者的道德风险。

在此,提醒企业在运用网上银行的时候,要特别关注授权审批控制的实施。在手工操作时代,授权审批控制要靠有权审批人的签字或盖章来确认,这是具有唯一性的、不能被模仿的行为,安全性可以通过出纳人员核对签字或盖章来加以复核保证。在电子时代,授权审批控制要靠电子指令来实现,只要知晓用户名和密码,谁都可以进行相应的操作。这就要求有权审批人要严格保密,不能泄露自己的资料,更不能为简化审批,把口令告诉其他人代替自己进行操作,使授权审批控制成为摆设。

【案例 7-8】

解决 A 公司资金流动性的案例分析[①]

一、引言

在漫长的经济史上不乏这样的案例：企业的创始人非常富有想象力，创造了非常有价值的新产品，但因为没有处理好财务问题而面临困境，最终使企业因此解体。很多企业倒闭并不是因为它们无法提供优质的产品或服务，而是因为企业的管理层没有对组织的资金流动性给予足够的关注。本文对 A 公司解决资金短缺问题的方案进行了优缺点分析，并提出从长远发展看 A 公司优化资金流动性应采取的战略。

二、A 公司背景介绍

A 公司属国家大型一类制造企业，国家重点高新技术企业，是我国重要汽车内燃机生产企业。20 世纪 80 年代中后期，A 公司和当时许多国有企业一样，机制和思想意识还远没有从计划经济条件下转换过来。受当时经济形势变化和经济政策调整的影响，企业开始走下坡路。这种状况在其 1992 年加入某大型集团，成为某大型集团的专业化分厂后才有所改观，公司领导带领员工对企业进行了大刀阔斧的改革，通过走"高起点、大批量、专业化"的道路，使企业规模迅速扩张，在激烈的市场竞争中立稳了脚跟。

三、案例分析

2008 年始于美国的金融危机波及全球，导致全球经济衰退，对我国也产生了重要的影响。我国的汽车企业出现了资金短缺现象，特别是一些严重依赖金融机构获得贷款的企业。最直接的结果就是我国汽车企业的应收款项增加，从而进一步影响国内生产企业资金链的稳定。

A 公司自 2008 年 10 月份深刻地感受到金融危机带来的影响，2008 年 1～10 月份，A 公司产销量保持较高的水平，由于经营形势良好，资金回笼率都超过 95%。但进入 11 月份，随着整个汽车行业的低迷，A 公司的产销量急剧下滑，资金回笼率降到了 80% 以下，A 公司面临的支付压

[①] 魏丽艳. 解决 A 公司资金流动性的案例分析 [J]. 中国外资, 2010 (1).

力前所未有。由于当时对2009年的整体宏观经济的状况估计尚不明朗，汽车行业能否有所起色无法预料，而 A 公司通过销售取得的资金流入取决于上游企业的回款，针对这种情况，在资金周转上 A 公司采取了一系列措施。除节流外，最重要的措施有两条：一是以应付票据支付货款；二是供应商以在 A 公司应收债权质押取得借款。

A 公司资金流出最大部分为支付供应商货款，支出比例高达85%以上。A 公司的供应商大多数与 A 公司合作多年，通过多年的磨合，与 A 公司建立了稳定的良好关系，为 A 公司的发展作出了不可磨灭的贡献。为了 A 公司的长远发展和保持 A 公司对供应商的优势，在确保 A 公司能正常生产经营的条件下，A 公司作出了尽可能足额支付供应商的货款的决策，支付方式为应付票据。

A 公司的资金支付压力始于2008年9月、10月份，因此从9月份开始应付票据余额持续上升，至12月份达到峰值7.32亿元，对供应商的付款基本能够满足其运营周转。我国"4万亿"的经济刺激决策作出后，2009年汽车行业的复苏态势立马体现，A 公司从1月份开始产销两旺，资金的回笼率逐步上升，逐渐缓解了资金紧张的态势，因此应付票据余额从1月份开始逐步下降，至7月底全部清零。

供应商以在 A 公司应收债权质押取得借款。根据汽车行业商业模式特点，A 公司货款回笼的85%为银行承兑汇票，因此 A 公司付给供应商的货款基本为银行承兑汇票，这样就给一些中小供应商带来了一些问题。

（1）银行承兑汇票不能支付工资和税金。

（2）中小企业受规模和资质的影响，银行承兑汇票贴现成本不但高于大企业，而且高于短期借款成本。

针对上述两个问题，A 公司对在本地区的中小供应商采取了供应商以在 A 公司应收债权质押取得借款（发票融资业务）的措施，一方面支持其发展，另一方面提高其对 A 公司的忠诚度。通过这种方式，A 公司为供应商解决了流动资金的问题。从2009年下半年开始，该种业务逐渐减少，原因是经济形势的好转使得这种中小企业的流动性充足。

以上两个措施都是通过金融机构解决流动性问题，其优缺点如下：

优点：容易实施，见效快，不涉及组织机构重大变革，有利于保持队伍、人心稳定。

缺点：①短期效应，相当于将付款时间推迟6个月，因为应付票据最长期限为6个月。6个月之后还需A公司归还资金，如果届时资金流入不足，仍无法解决流动性问题。②风险性，虽然短期解决了流动性问题，但风险还蕴含于企业，企业最终承担资金偿付义务，只不过对象由供应商转为金融机构。③采取以上的决策措施，是基于未来宏观经济形势变好和行业复苏条件下的，需要领导人下决心和有较强的魄力。如果宏观经济形势和行业情况朝相反的方向发展，对企业的打击是致命的。④影响企业获利的不利因素没有消除，只是在流动性上有所改观，从根本上说是卯吃寅粮。受制于客户经营情况和行业发展情况，抗风险能力差。

四、A公司优化资金流动性的深入思考

2009年1~11月，A公司产销量收入达到历史新高，但是与行业内最优秀的两家企业比较，无论是流动性还是获利水平，存在的差距都非常大。例如，和优秀企业2比较，应收账款和应付账款在绝对数相当的情况下，优秀企业2的应收票据存量是A公司的7倍，销售收入和回笼额是A公司的2.5倍，见表7-5。

表7-5　A公司与行业内最优秀2家企业对比情况表

2009年1月至11月　　　　　　单位：亿元

序号	指标名称	A公司	优秀企业1	优秀企业2
1	产品销售收入	82	472	209
2	应收账款	19	51	20
3	应收票据	2	61	14
4	应付账款	17	87	18
5	资金回笼	86	511	207
6	成本费用总计	79	421	198

A公司目前的商业与经营模式是多年来形成的，近年来虽然发生一些

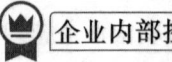

变化，但从根本上来说，还是基于原来的模式。A公司与优秀企业形成差距的原因是多方面的。如果A公司想赶上或者缩小与2家优秀企业的差距，必须进行深刻的变革。变革的方法，我们认为应集中于以下几个方面：

（1）战略管理。一个企业的战略十分重要，是做大做强，还是苟且偷安，这需要领导者进行深思熟虑。制定一个正确的发展战略对企业十分重要，如果发展战略错误，会造成南辕北辙，形成不可挽回的损失。战略的制定分为短期战略和长期战略。短期战略基于现有资源进行优化，有益于企业实现短期目标；长期战略会对企业产生深刻影响，需要高层管理者对组织深刻变革。相当于对游戏规则重新修订，涉及资源利益的重新分配、人事制度的改革、原有受益者的利益损害以及产生其他不可预料的结果。

（2）人力资源管理。人是企业最重要的因素，企业最终目标的实现都要靠人来实施。目前为知识经济时代，如何把先进的管理理念和工具应用于企业是企业应该考虑的问题。企业应使人尽其才，同时建立优胜劣汰机制，使管理组织保持新陈代谢、吐故纳新。

（3）信息化管理。目前企业规模越来越大，必须做好沟通工作，以前通过电话、电邮、开会的模式并不能完全解决沟通问题。应用高效能的ERP管理系统，是解决的方案之一，优点为：以数据和信息为依据，对企业经营运作进行监控，能够实时控制和预先控制，从而规避以前"出事后救火"的处理方式。但是所应用的ERP系统性能必须有所保证，必须高效便捷，否则造成的损失无法估量。

（4）成本管理。目前A公司的成本管理还不够精细，造成对部门和产品的盈利能力的衡量缺少科学依据，对项目投入和产出的计算精确化程度不高。解决的方案为应用先进管理会计思想，引进经济增加值、作业成本法等指标或管理方式，寻找科学的成本驱动计量方法，使对成本的管理具有科学性和针对性，最终为产品的盈利服务。

（5）供应链管理。供应链的管理包括制造、库存、采购、运输、提前期5个重要方面，这5个方面必须融合成一个整体、互相配合。

达成目标如下：

制造：通过高利用率降低成本。

库存：最小化库存以降低成本。

提前期：缩短，但不能以增加成本为代价。

运输：考虑时间效率，选择恰当的运输工具。

采购：根据成本和质量选择。

五、结论

企业往往会面对这种情况，在资金紧张时，手忙脚乱，捉襟见肘；在资金充裕时，盲目使用，没有规划性。这说明企业还没有对资金以及供应链等进行科学优化，这种管理模式把风险暴露于外。企业的经营取决于外部因素，抗风险能力差。

我们认为，提高资金流动性必须建立在科学管理的基础上，将公司业务目标化、管理成本标准化、针对薄弱环节和重点环节进行修正和改善、在投融资上具有主动性、在投融资的工具选择上具有科学性才能优化资金流动性。以上5个方面的完善才是解决资金流动性的根本方法，这样才能提高企业自身的免疫力，把命运牢牢地掌握在自己手中。

第五节　担保管理的内部控制

一　担保管理概述

（一）担保的含义

担保是指为了担保债权实现而采取的法律措施。从我国担保法的内容来看，债的担保是指以当事人的一定财产为基础的、能够用于督促债务人履行债务、保障债权实现的方法。担保法上的担保又称债权担保、债的担保、债务担保，是一个总括的概念，内涵丰富，外延极广。在我国的立法上并未对此下一个明确的定义。

（二）担保管理的意义

债权的担保能促进资金融通和商品流通，保障债权的实现，对促进资金融通起了不容忽视的积极作用。一方面是债的担保制度的存在，使拥有货币的人可以放心大胆地贷放资金而又有所保障；另一方面是无钱或缺钱的人在借入一定资金后，原则上并不因为设立担保就使他失去对其物的用益权或处分权。因此，通过设立债权担保，债务人不但如愿取得贷款，而且仍旧可以处分或用益担保物。尤其是在物的担保中，债务人既达到了贷款的目的，又使其特定担保物的作用得到充分发挥，即物的价值和使用价值都起了应有的作用。

（三）担保管理的原则

担保活动从本质上看是一种民事活动，因此进行担保活动时，必须以民法基本原则为依据。担保管理应当遵循以下原则：

（1）平等原则。在担保活动中一切当事人法律地位平等，任何一方不得把自己的意志强加给对方。

（2）自愿原则。担保活动的当事人享有自主的决策权；法律对违背自愿要求的担保合同不予保护。

（3）公平原则。各个担保主体之间的权利与义务应互相对等；担保主体在取得自身权力和利益的同时，应承担相应的义务和责任。

（4）诚实信用原则。担保主体在担保活动中应以诚实信用为准则，处理好与当事人之间的利益关系和与社会的利益关系。

（四）担保管理的业务流程

企业办理担保业务，一般包括受理申请、调查评估、审批、签订担保合同、日常监控、会计控制、代为清偿和权利追索等流程，如图7-5所示。

二 担保管理的内部控制目标

（1）健全企业担保政策和相关管理制度，严格对担保申请人提出的担保申请进行评价和审核。

（2）深入、全面调查和评估担保申请人的资信，全面、科学对担保项目的风险进行评估，避免企业担保决策失误或遭受欺诈，消除担保业务隐患。

（3）健全授权审批制度，规范对担保业务的审批；严禁审批过程不严格或者越权审批。

（4）担保合同内容严谨，无重大疏漏并有效防范欺诈；担保合同履行情况保持监控，对被担保人的异常情况及时、妥善处理。

（5）担保业务记录全面，按监管要求对担保业务进行会计处理、信息披露充分。

（6）担保责任明确，并且责任在企业可以承受的范围内。

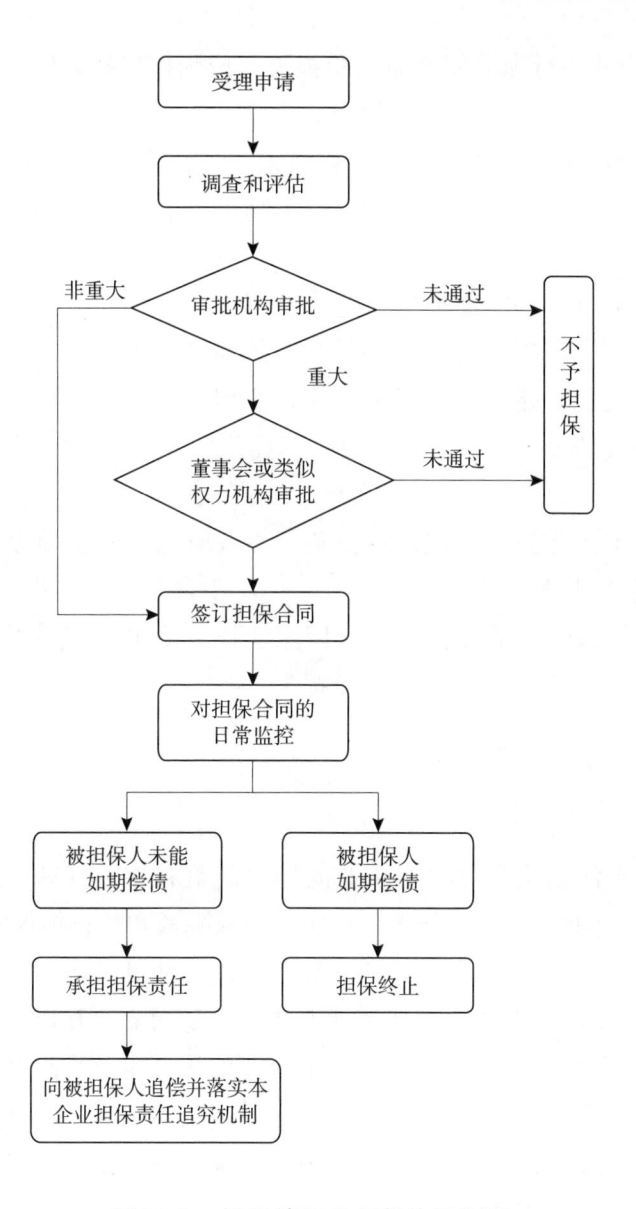

图 7-5 担保管理业务整体流程图

三 担保管理的主要风险点

（1）审查担保业务是否符合国家有关法律法规的规定及本企业发展战略和经营需要，可能导致担保业务不具有可行性，风险过高。

（2）担保业务未经适当审批或超越授权审批，可能会产生重大差错、舞弊或欺诈行为而使企业遭受损失，或因担保执行监控不当而导致企业经营效率低下或资产遭受损失。

（3）担保评估不适当，可能因诉讼、代偿等而遭受损失。

（4）风险评估报告的参考价值不高，可能会导致决策层作出错误的决定。

（5）不能及时发现被担保企业经营中存在的问题，尤其是财务方面的问题，可能会导致企业承担不必要的代偿责任。

（6）企业不能及时了解被担保企业担保项目的执行、资金使用情况、贷款的归还情况、财务运行及风险情况，可能会导致企业担保风险增加。

（7）担保业务信息记录不完整、不及时，可能会导致担保业务会计报表、信息失真。

（8）担保信息的披露不符合国家法律、法规的相关规定，企业可能遭受外部处罚、经济损失和信誉损失。

四 担保管理的关键控制点

1. 受理申请环节

（1）依法制定和完善本企业的担保政策和相关管理制度，明确担保的对象、范围、方式、条件、程序、担保限额和禁止担保的事项。

（2）严格按照担保政策和相关管理制度对担保申请人提出的担保申请进行审核。与本企业存在密切业务关系从而需要互保的企业、与本企业有潜在重要业务关系的企业、本企业的子公司及具有控制关系的其他企业等，可以考虑提供担保；担保申请人实力较强、经营良好、恪守信用，可以考虑接受申请；担保申请人申请资料完备、情况翔实，可予受理；反之，可不予受理。

2. 对担保申请人进行资信调查和风险评估环节

（1）委派具备胜任能力的专业人员开展调查和评估。

（2）调查评估人员与担保业务审批人员应当分离，担保申请人为企业关联方的，与关联方存在经济利益或近亲属关系的有关人员不得参与调查评估。

（3）企业可以自行对担保申请人进行资信调查和风险评估，也可以委托中介机构承担这一工作，同时应加强对中介机构工作情况的监控。

（4）在调查和评估中，重点关注以下事项：①凡与国家法律、法规和本企业担保政策相抵触的业务，一律不得提供担保。②担保申请人的资信状况，包括基本情况、资产质量、财务状况、经营情况、信用程度和行业前景等。③担保申请人用于担保和第三方担保的资产状况及其权利归属。④企业要求担保申请人提供反担保的，对与反担保有关的资产状况进行评估。⑤涉及对境外企业提供担保的，应特别关注担保申请人所在国家和地区的政治、经济、法律等因素，并评估外汇政策、汇率变动等可能对担保业务造成的影响。

（5）对担保项目经营前景和盈利能力进行合理预测。

（6）划定不予担保的"红线"，并结合调查评估情况作出判断。把《企业内部控制应用指引第12号——担保业务》明确规定五类不予担保的情形作为办理担保业务的"高压线"，严格遵守、不得突破。

（7）规范评估报告的形式和内容，全面反映调查评估情况，为担保决策提供第一手资料，并妥善保管评估报告，作为日后追究有关人员担保责任的重要依据。

3. 审批环节

（1）建立和完善担保授权审批制度，明确授权批准的方式、权限、程序、责任和相关控制措施，规定各层级人员应当在授权范围内进行审批，不得超越权限审批。

（2）根据《公司法》等国家法律、法规，结合企业章程和有关管理制度，明确重大担保业务的判断标准、审批权限和程序，建立和完善重大担保业务的集体决策审批制度。

（3）认真审查对担保申请人的调查评估报告，在充分了解掌握有关情况的基础上，权衡比较本企业净资产状况、担保限额与担保申请人提出的担保金额，确保将担保金额控制在企业设定的担保限额之内。

（4）被担保人要求变更担保事项的，从严办理担保变更，重新履行调查评估程序，根据新的调查评估报告重新履行审批手续。

4. 签订担保合同环节

（1）合同订立应在经办人员的职责范围内，按照审批人员的批准意见拟订合同条款，严格按照经审核批准的担保业务订立担保合同。

（2）认真审核合同条款，确保担保合同条款内容完整、表述严谨准确、相关手续齐备。

（3）实行担保合同会审联签。除担保业务经办部门之外，鼓励和倡导企业法律部门、财会部门、内审部门等参与担保合同会审联签，增强担保合同的合法性、规范性、完备性，有效避免权利和义务约定、合同文本表述等方面的疏漏。

（4）在担保合同签订过程中，加强对有关身份证明和印章的管理。

（5）规范担保合同记录、传递和保管，确保担保合同运转轨迹清晰完整、有案可查。

5. 日常监控环节

（1）指定专人定期监测被担保人的经营情况和财务状况，对被担保人进行跟踪和监督，了解担保项目的执行、资金的使用、贷款的归还、财务运行及风险等情况，促进担保合同有效履行。

（2）企业有关部门和人员在实施日常监控过程中一旦发现被担保人存在经营困难、债务沉重，或者违反担保合同的其他情况，按照《企业内部控制应用指引第17号——内部信息传递》的要求，在第一时间向企业有关管理人员作出报告，及时采取有针对性的应对措施。

6. 会计控制环节

（1）健全担保业务经办部门与财会部门的信息沟通机制，促进担保信息及时有效沟通。

（2）建立担保事项台账，详细记录担保对象、金额、期限、用于抵押和质押的物品或权利以及其他有关事项；同时，及时足额收取担保费用，维护企业担保权益。

（3）严格按照国家统一的会计准则制度进行担保会计处理，发现被担保人出现财务状况恶化、资不抵债、破产清算等情形，应当合理确认预计负债和损失。属于上市公司的，还应当区别不同情况依法予以公告。

（4）切实加强对反担保财产的管理，妥善保管被担保人用于反担保的权利凭证，定期核实财产的存续状况和价值，发现问题及时处理，确保反担保财产安全完整。

（5）夯实担保合同基础管理，妥善保管担保合同、与担保合同相关的主合同、反担保函或反担保合同，以及抵押、质押的权利凭证和有关原始资料，做到担保业务档案完整无缺。当担保合同到期时，企业要全面清查用于担保的财产、权利凭证，按照合同约定及时终止担保关系。

7. 代为清偿和权利追索环节

（1）强化法治意识和责任观念，在被担保人确实无力偿付债务或无力履行相关合同义务时，自觉按照担保合同承担代偿义务，维护企业诚实守信的市场形象。

（2）运用法律武器向被担保人追索赔偿权利。在此过程中，企业担保业务经办部门、财会部门、法律部门等应当通力合作，做到在司法程序中举证有力；同时，依法处置被担保人的反担保财产，尽力减少企业的经济损失。

（3）启动担保业务后的评估工作，严格落实担保业务责任追究制度，对在担保中出现重大决策失误、未履行集体审批程序或不按规定管理担保业务的部门及人员，严格追究其行政责任和经济责任，并深入开展总结分析，举一反三，不断完善担保业务内控制度。

五 案例分析

【案例 7-9】

S 集团公司为天津 SD 公司借款担保损失案例分析[①]

一、案例始末

1. 担保的过程

1990 年，S 集团公司北京经营部和其他三家股东合资设立天津 SD 再生资源有限公司（以下简称 SD 公司），占股比例 10%。1992 年，SD 公司分别向中国银行天津市分行（以下简称天津中行）和中国建设银行天津市分行和平支行（以下简称天津建行和平支行）各借款 100 万美元，

---

① 彭爱云. S 集团公司为天津 SD 公司借款担保损失案例分析［J］. 科技资讯，2008（36）.

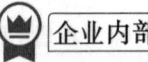

合计200万美元。S集团公司总经理在担保合同上签字，为SD公司中行借款100万美元及建行借款50万美元提供了负连带责任的全额担保。1993年5月，又继续为SD公司贷款延期提供担保。

2. 担保损失的形成

1998年3月，因SD公司不能按时归还100万美元借款本息，天津中行向法院提起诉讼；1998年6月底，经天津市第二中级人民法院一审判决，由S集团公司负连带给付责任。S集团公司对判决不服，向天津市高级人民法院提出上诉；1998年11月，天津市高级人民法院判决："在强制执行原审被告SD公司财产后仍不足清偿的债务范围内，由S集团公司承担赔偿责任。"

1999年4月，天津市第二中级人民法院就此案作出执行裁定，并来深圳查封了S集团公司有关房产，S集团公司在此情况下为天津SD公司归还借款本息，支付现金1 320万元人民币。

另外，因天津SD公司不能按时全部归还50万美元借款本息，1996年10月，天津建行和平支行向法院提起诉讼，经天津市高级人民法院复审，1997年10月，判令S集团公司为SD公司的27万美元借款余额的本息承担连带给付责任。后经做工作，法院裁定中止执行，但因申请人已申请查封S集团公司所持有的某上市公司法人股，故法院随时可以恢复执行。最近，S集团公司又收到天津中院的执行通知，恢复执行27万美元的连带给付责任，S集团公司又面临新的偿债压力。

综上所述，S集团公司为天津SD公司提供借款担保已造成损失1 320万元人民币，还有27万美元借款本息即将成为实际损失。

3. S集团公司采取的措施

（1）多次派人调查天津SD公司情况。1996年，天津建行提起诉讼后，S集团公司多次派人到天津了解SD公司资产和负债情况，同法院协调解决问题，力争减少集团的损失，并派员对北京经营部和SD公司进行查账。

（2）举报天津SD有关违法责任人，争取挽回损失。S集团公司在查账过程中，发现自SD公司成立时起，有多位高级管理人员利用职权，自批自用、自批他用，以借款等名目，大肆侵占、挪用SD公司资金，将公司资产转入个人账户，非法占为己有，其行为已涉嫌构成侵占公司资产、挪用资金罪，为此，于1999年11月向天津市公安局举报并申请立案，争取挽回损失。

（3）及时向上级公司和市领导汇报。为SD公司提供贷款担保引起纠纷诉讼案发生以后，S集团公司及时向上级公司作了详细汇报。在法院提出公开拍卖房产情势十分紧急时，书面向市领导呈送了紧急报告，事件的处理得到了领导的具体指示和关心。

二、担保损失原因分析

本案例中担保损失的形成，既有外部原因，也有S集团公司当时在担保管理上的原因。主要原因有以下几点：

（1）被担保人存在不良图谋。查账资料显示，SD公司取得借款后，没有用于SD公司的经营和投资；案发后，发现SD公司基本没有实物资产，只有大量的无据可查的预付款项和应收款项。他们以虚假注资的方式成立天津SD公司，然后骗取S集团公司的担保向银行借款，从而将损失转嫁给了S集团公司。

（2）对担保责任和担保风险认识不够，作出"草率"担保。S集团公司为SD公司提供的担保属于连带责任保证，并明确约定担保期限为天津SD公司全部归还所有欠款为止。对风险如此大的担保，S集团公司事前既没有对对方的财务状况和资信情况进行充分了解，也没有进行有效的担保风险评估，更没有详细审核合同有关条款而草率签订担保合同，因此从签订担保合同时起，S集团公司就掉入了对方的陷阱，承担了巨大的担保风险。

（3）缺乏科学有效的担保评估、审核、跟踪管理制度。S集团公司对SD公司经营及财务情况不了解，就为其提供150万美元的巨额担保，没有材料说明为什么要提供担保，也没有见到相关的担保审批资料，更没有评估过担保的风险。

担保风险从担保合同签字生效就存在，要控制担保风险，不但要事前认真审核、谨慎承诺，在担保事项成立后还要加强事中管理，充分了解被担保单位的经营、财务、人事变动情况，采取相应措施，尽量降低和规避担保风险。本案例中，S集团公司对借款的使用情况一无所知，如果能在担保跟踪管理过程中及时了解这些情况，相信必然会及时采取措施，减少担保损失。

三、吸取教训，加强担保管理，规避和控制担保风险

担保损失发生后，S集团公司及时总结和吸取了教训，已经在逐步完善担保管理制度，将担保的审批权限上升到了董事会，把住控制担保风险的第一关。以下几点是S集团公司今后担保管理的重点：

（1）不给没有产权关系的单位及任何个人提供担保。

（2）管好公章，防止有人违反审批制度提供担保。

（3）完善担保审批和管理制度，严格按制度办事。

1. 担保审批

严格规定担保的审批权限和审批程序，尽量只提供一般保证的担保，要求被担保方以担保、质押、抵押等方式提供反担保和支付担保费，担保合同的审核必须有律师出具相关法律意见。

2. 风险评估

对大额担保事前要科学评估担保的风险程度。确定被担保方不存在不良意图；严格审查被担保方的资信情况，评估被担保方的投资项目盈利能力、项目风险，被担保方是否有能力按期偿还银行贷款的本息等；了解其资金安排计划和使用进度，并通过制度化和程序化使风险评估工作落到实处。

3. 担保跟踪管理

担保事项发生后，及时在财务部门登记在册，并派专人负责跟踪管理，及时向集团领导汇报。被担保方财务状况恶化、领导层异常变动、担保资金没有按计划正常使用、投资项目效益不如预期、被担保方不按期如实履约还债等异常情况一旦出现，要及时采取措施，控制担保风险的发生，降低担保的风险。

被担保方清偿担保债务后，及时办理解除担保手续。万一担保风险发生，及时向被担保人追索债权。

【案例 7-10】

沧州化工担保困境与股权定价之惑案例分析[①]

沧州化工（600722）是河北省规模最大、工艺最先进的氯碱工业原料基地，曾连续10年保持了省利税超千万元大户和市第一利税大户的荣誉。公司还是国内第二大聚氯乙烯（PVC）树脂生产基地，被列为全国512家重点企业之一。但由于大股东沧化集团陷入担保泥潭，引发沧州化工股权拍卖和资产评估风波，"河北担保圈"问题也浮出水面。与此相关的核心问题是：资产评估结论是否合理？担保困境对股权定价的影响如何？股权定价的基准如何选择？担保困境如何避免？

一、资产评估的合理性问题

1. 案情聚焦

2003年8月，沧化集团为广州阳江稀土厂2 200万元的华夏银行广州分行贷款提供信用担保，阳江稀土厂的控股股东广州富达以其持有的9 664 763股深赛格股票作为抵押。2005年8月，华夏银行广州分行向广州中院提出诉讼，要求主债务人阳江稀土厂承担还款义务，广州福达与沧化集团承担保证责任。广州中院的判决结果为：被告阳江市稀土厂向原告华夏银行清偿本金2 200万元及利息；被告广州福达、沧化集团对上述债务承担连带清偿责任；原告对广州福达提供的质押股权享有优先受偿权。2006年10月，中喜会计师事务所受广州中院委托进行资产评估，提交《关于广东省广州市中级人民法院冻结河北沧州化工实业集团有限公司持有的沧州化学工业股份有限公司国家股的资产评估报告书》，认定评估范围内的1 200万股国家股在评估基准日2006年6月30日的评估价值为780万元，评估价格为每股0.65元。2006年12月，河北诚信拍卖公司以每股0.75元的价格，将沧化集团1 200万股国有股拍卖给了广州帆华投资有限公司。但中喜会计师事务所在2006年7月提交的《关于河北省高级人民法院冻结河北沧州化工实业集团有限公司持有的沧州化学工业股份有限公司2 700万股国家股的资产评估报告》中，列出了具体的评估估算过程，认定评估范围内的2 700万股国家股

[①] 刘华. 沧州化工担保困境与股权定价之惑案例分析[J]. 财务与会计，2007（5）.

在评估基准日2006年3月31日的评估总价值为3 996万元，评估价格为每股1.70元（考虑股权分置改革因素的每股价格为1.48元）。与10月提交的《资产评估报告书》相比，缩水幅度超过50%，而且没有提供具体评定估算过程。在前后相差3个月的时间里，同一家会计师事务所给出显著不同的评估价格，资产评估的合理性成为争论的焦点。

2. 对评估价格合理性的争辩

中喜会计师事务所坚称评估过程合法合规，沧州化工国有股权的第二次评估价较低有理有据：一是两次评估的基准日不同，第一次评估以2006年3月沧州化工的财务状况为依据，而第二次评估则以2006年6月的财务状况为依据。其间沧州化工经营状况不断恶化，甚至出现部分停产，报表数据显示企业业绩急速下滑，媒体还揭露出沧州化工陷入"河北担保圈"的情况，股权存在折价因素。二是在接受广州中院委托时，沧州化工股改停滞，甚至因此面临退市风险，故而选择了以净资产为估值依据。评估师综合分析认为，应进一步向下修正评估结果。事务所的负责人还称，详细的评定估算过程附在另一份评估说明里，事务所留有底稿作审核、备案，这也符合有关评估规则的规定。

沧州化工则强调，中喜会计师事务所为公司进行第二次评估时，公司股改中所遇到的问题在省、市政府和公司第二大股东河北省建设投资公司的支持下已经得到了解决，所剩的只是再与其他各方重新签订协议和执行报批，并非公司股改停滞。第二次评估基准日为2006年6月30日，报告提交日为2006年10月26日，但沧州化工通过自查披露对外担保日为2006年10月31日，是在中喜提交评估报告之后，担保影响评估结果之说不成立。而且，第二次1 200万股国有股权被拍卖所依据的评估报告未列示计算过程，公司未收到评估说明。针对12月8日的拍卖结果，沧化集团已经向广州中院发出传真，对拍卖结果表示异议，认为拍卖程序存在瑕疵，应该取消拍卖结果。沧化集团董事长周振德向最高人民法院提交的题为《全国人大代表关于广州市中级人民法院违法采用查封冻结手段严重侵害沧化集团利益的报告》的申诉材料中称，围绕广州中院对沧化集团相关资产的轮候冻结，该集团已多次向广州中院提出异议。沧州市国有资产管理委员会和河北省国有资产管理委员会分别发函和通知对评估报告提出意见，认定评估报告严重损害国有权益，有可能造成国有资产流失。另外，按照财政部《关于冻结、拍卖上市公司国有股和社会法人股若干问题的规定》，中介机构在对冻结股权进行评估后，应将评估结果报国资部门备案，而在沧州化工1 200万股国有股被拍卖前后，中喜会计师事务所并未履行这一程序。最终，河北省国资委通过沧州化工了解到评估结果，并在拍卖进行前向该机构发出了异议函，认为此次拍卖评估在程序、规则上存在问题，但拍卖仍然神秘进行。

3. 质疑资产评估结论

沧州化工2005年年度会计报表被河北华安会计师事务所出具了带强调事项段的无保留意见审计报告。强调事项段内容显示，沧州沧骅化学工业有限公司（沧州化工的子公司）年产40万吨PVC项目工程、沧州沧骅化学品储运有限公司（沧州化工的子公司）化学品码头及灌区工程等非经营性占用过多挤占了沧州化工的流动资金，导致沧州化工经营资金周转困难，存在过度依赖短期借款筹资、经营亏损急剧增加等情况。如上述问题得不到解决，将对沧州化工的持续经营能力构成影响。据上证所查实，沧州化工于2004—2006年为宝硕股份、东盛科技等公司累计担保发生额共计243 498万元，但上述担保事项既未履行相关的决策程序，也未在临时报告及以前期间定期报告中予以披露，直至2006年第三季度报告中才予以披露。可见，即使中喜的评估师选择以净资产为评估依据，由于两次评估期间公司处于停牌状态，没有重大股权转让和破产清算，持续经营问题一直存在，并没有发生财务突变，沧州化工国有股权评估价值出现重大差异是有悖常理的。再退一步讲，即便新获悉沧州化工有巨额违规担保而低估每股价值，在具体的评估报告中也应该将评定估算过程详细地公布出来，提供重大差异的解释说明，而不能笼统地得出评估结论。

惊人的历史巧合也让第二次资产评估结论的公正性存疑。2002年2月，深圳市赛格集团持有的深赛格国有法人股129 968 232股按每股人民币1.65元的价格抵偿给光大银行广州分行。

2002年7月，广州福达通过竞拍取得上述深赛格股权，转让价为每股1.155元。本来赛格集团对广州福达的进入持排斥态度，但在广东高院的强制执行下完成过户。眼下深赛格的遭遇正在沧州化工身上重演：

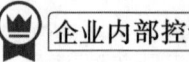

不变的是拍卖，不变的是国有股，不变的是在广东执行，只不过光大银行广州分行变成了华夏银行广州分行，深赛格变成了沧州化工，广州福达变成其疑似关联方——广州帆华投资。1999年12月至2001年4月，阳江稀土厂的控股股东广州福达在华夏银行广州分行办理过28笔总金额2.26亿元的无真实贸易背景的商业承兑汇票以及21笔总金额8 000万元的无真实贸易背景的贴现，被查出后受到了经济处罚，华夏银行广州分行为什么还要"义无反顾"地为阳江稀土厂提供贷款？此外，沧化集团认为，对于诉讼及执行标的额2 200万元，主债务人阳江稀土厂自身尚有价值6 400万元土地使用权可供执行，以其9 664 763股深赛格的股票抵押物也可以清偿其债务，作为保证人的沧化集团根本无需承担责任。

二、担保困境对股权定价的影响

1. 河北担保圈的形成

2003年6月，沧州化工成立子公司沧州沧骅，开始建设40万吨PVC项目。最初规划耗资约20亿元，其中4亿元由自有资金解决，其余16亿元由银行贷款解决。由于宏观调控收紧银根等原因，40万吨PVC项目的后续贷款支持未到位，导致资金链断裂。在银行资金无法落实的情况下，沧州化工除挤出自有资金不断投入项目建设外，将目光投向了连环担保。恰好宝硕股份（600155）及东盛科技（600771）也紧缺资金，有通过融资扩大生产的需要，三方负责人之间相互又比较熟悉，遂形成河北担保圈中"铁三角"的局面。2006年10月以来公告曝光的资料显示：沧州化工对外担保余额为22.26亿元，其中未披露担保余额为20.37亿元，为东盛科技提供担保8.41亿元，为宝硕股份提供担保7.13亿元；宝硕维普资讯股份对外担保总额为18.07亿元，其中16.79亿元未履行信息披露义务，为沧州化工提供担保7.7亿元，为东盛科技提供担保5.97亿元；东盛科技对外担保总额为11亿元，其中为宝硕股份提供担保3.62亿元，为沧州化工提供担保4.4亿元。

2. 担保困境对股权定价的消极影响

2007年3月，沧州化工多次针对担保困境发布公告，这对股权定价造成消极影响。

（1）由于宝硕股份近期已经宣布破产，公司对其担保所产生的或有负债将计提损失，2006年度业绩预告亏损，将被实施退市风险警示的特别处理。

（2）因宝硕股份 4 100 万元承兑汇票逾期纠纷一案，公司为其提供了担保，锦州中院对公司持有的北京华夏新达软件股份有限公司 2 800 万元的股权和沧州沧井化工有限公司 4 300 万元的股权将于近期实施拍卖。沧州化工目前主导产品 PVC 的设计生产能力为 29 万吨／年，而沧州化工担负着 23 万吨的生产任务，一旦沧州化工股权被拍卖，生产的完整性将受到彻底破坏，生产经营能力将受到重大影响。华夏新达是一家高科技公司，市场盈利前景较好，一旦股权被拍卖，将对沧州化工的多元化发展产生重大影响。

（3）因公司股权一直被冻结和轮候冻结，购买协议的先决条件均未达到，曾于 2005 年 12 月 13 日签署协议受让公司股权的中国香港富新资源有限公司决定终止有关收购沧州化工已发行股份的收购协议（沧化集团拟转让股权占上市公司总股本的 12%，每股转让价格为 2.47 元）。沧州化工有强大的 PVC 生产能力和颇具前景的在建项目，也有老厂区搬迁可能带来的土地增值收益的预期，但中国香港富新资源的退出表明，重组方最为焦心的是 22.26 亿元的或有负债。因为互保的企业负有同等偿还义务，担保圈中单个企业自身的努力，很可能向债权人发出信号——向我开炮！

3. 重组机会对股权价值的提升

我国资本市场的历史上，还没有上市公司破产的先例，郑百文、猴王股份、东北电、济南轻骑、ST 宁窖、吉林纸业、圣方科技、ST 中华、ST 重实等被申请破产的 9 家上市公司最后都得到重整。尽管 2007 年 1 月保定市中级人民法院宣告先后受理债权人申请宝硕集团和宝硕股份破产的案件，但考虑到新修订的《企业破产法》不仅是企业死亡法、淘汰法，也是企业恢复生机法和拯救法（规定债务人或管理人应当自法院裁定债务人重整之日起 6 个月内提交重整计划草案），这将给已被申请破产的宝硕集团和宝硕股份获得新生的空间，从而极大地减轻对沧州化工股权定价的消极影响。"河北担保圈"已引起河北省各级政府的高度重视，有望推出"一揽子"解决方案。沧州化工也表示，将与被担保方积极联系沟通，对到期和即将到期的担保督促其尽快还款；对未到期不能解除的担保，将考虑采取与被担保方和贷款银行协商，通过以债务人资产

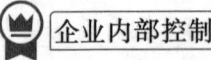

作抵押的方式解除公司担保责任或与对方签署反担保协议以降低担保风险。如果能摆脱连环担保的阴影，作为河北省规模最大、工艺最先进的氯碱工业原料基地，国内第二大PVC树脂生产基地，沧州化工的重组价值则会极大地提升公司的股权定价。

三、启示与反思

1. 股权定价的基准

2003年，国资委下发的《企业国有产权转让暂行办法》规定，转让价格的基准是资产评估价格。但评估机构在评估中往往遵照委托方的授意，粗评漏评现象严重，或只进行有形财产评估，不评估或低估土地使用权价值、资源价值和商誉等无形资产。如此表面严格实则极不规范的资产评估操作，缺乏全面性、科学性和公正性，极易导致国有资产流失。沧州化工案例中，中喜会计师事务所做的两次资产评估，特别是第二次资产评估就涉嫌严重低估。2006年，国资委和财政部发布《关于企业国有产权转让有关事项的通知》，强调国有产权转让应不断提高进场交易比例，严格控制场外协议转让。但我国的产权交易市场发育并不完善，一个完全自由竞争的产权交易市场并不存在，股权定价仍存在偶然性。

在全流通的背景下，二级市场股价已经成为评判上市公司股权价值的基准。统计资料表明，无论是资产评估价格还是产权交易所的公开竞价结果都与二级市场股价相差不少，形成国有资产的流失。国资委正在征求意见的《上市公司国有股权转让暂行办法》中最为核心的元素，就是以市价为基准形成国有控股上市公司的股权转让价格，充分利用证券市场对股权真实价值的发现功能。2007年2月，同方股份以5.60元/股向清华控股有限公司出让所持诚志股份的16.62%股份，转让价格就是根据公告前5个交易日股票收盘价均价确定的。从市价基准的角度看，沧州化工股价历史最低为1.80元，近期摸高至5.26元，中喜会计师事务所对沧州化工股权所做的两次资产评估均存在低估问题，尤其是第二次资产评估存在严重低估问题。市价基准不仅操作成本低，偶然性和随意性小，在本案中还可以清晰地向市场传递河北担保圈问题及沧州化工重组的预期信息，理应成为全流通背景下国有股权转让定价的首选。

2. 如何避免担保困境

要避免类似沧州化工的担保困境，国有上市公司须按照2004年8月财政部发布的《内部会计控制规范——担保（试行）》的要求，加强对担保业务的内部控制。

（1）对担保业务应建立严格的岗位责任制，确保担保业务的评估、审批与执行等不相容岗位相互分离、制约和监督。

（2）对担保业务建立授权批准制度，明确授权批准的方式、程序和相关控制措施，规定审批人的权限、责任以及经办人的职责范围和工作要求。

（3）建立担保业务责任追究制度，对在担保中出现重大决策失误、未履行集体审批程序和不按规定执行担保业务的部门及人员追究相应的责任。

（4）对符合单位担保政策的申请担保人，可自行或委托中介机构对其资产质量、偿债能力、财务信用及申请担保事项的合法性进行评估，形成书面评估报告；要求申请担保人提供反担保的，还应对与反担保有关的资产进行评估。根据评估报告以及法律顾问或专家的意见，对担保业务进行集体审批。

（5）建立担保业务执行情况的监测报告制度，加强对被担保人财务风险和担保事项实施情况的监测，发现异常情况的应及时采取有效措施化解风险。

（6）建立对担保业务内部控制的监督检查制度，定期或不定期地监督检查担保业务相关岗位及人员的设置情况、担保业务授权批准制度的执行情况、担保业务的审批情况、担保业务监测报告制度的落实情况和担保合同到期是否及时办理终结手续。

同时还应注意到，沧州化工之所以陷入担保困境，也有地方政府的责任。正是沧州化工40万吨PVC项目建设的后续贷款支持未到位，才导致其资金链断裂；同时，由于宝硕集团在地方政府的授意下对11家中小国企进行承债式重组，这才有了沧州化工后来的遭遇。"解铃还需系铃人"，河北担保圈问题需要"一揽子"解决方案，而这离不开地方政府的协助和统筹安排，否则企业间的博弈最终只会将担保圈的化解拖入僵局。

第八章

信息系统管理

当今时代，信息已经成为创造竞争优势和控制风险的重要资源，而信息系统是对信息资源的有序组合，又是开发信息资源以支持企业目标的重要手段，在企业中的地位和作用空前提高。在这种形势下，信息系统风险成为企业经营风险的重要组成部分，其风险控制也随之提升到企业战略的高度。本章在信息系统风险的层次分析的基础上，借鉴当前最佳实践和企业实践经验，介绍信息系统的控制目标和主要风险点以及各项业务流程和关键控制点。

第一节 信息系统概述

一、信息系统的含义及功能

（一）信息系统的定义

信息系统是由计算机硬件、软件、数据通信装置、规章制度和有关人员等组成的人造系统，通过及时、正确地收集、加工、存储、传递和提供信息，系统性管理与企业活动有关的信息，以支持企业的变革与发展以及各级管理决策与各项业务活动。

（二）信息系统的功能

1.信息处理功能

信息处理功能是信息系统最基本的功能，涉及数据的采集、输入、加工、存储、传输和输出。通过合理分析企业信息管理的需求，信息系统可以全面系统地组织企业信息并通过相应的技术手段加工、保存并输出企业的信息，为有效地应用这些企业信息奠定数据基础。

2. 事务处理功能

信息系统直接支持业务职能的具体实现，协助企业完成最基本的、每日例行的业务处理活动，帮助管理人员完成一些烦琐的重复性劳动，使他们将更多的精力投入真正的管理工作之中。事务处理功能存在于企业的各个业务运作中，如日常生产运作、工资核算、销售订单处理、原材料出库、费用支出报销等。

3. 计划控制功能

利用信息系统合理安排企业中各部门的计划，向不同层次的管理人员提供相应的计划报告，并对计划的执行情况进行检测、检查，比较执行差异，并分析原因，辅助管理人员及时运用各种方法。与事务处理功能相比，计划控制功能擅长对综合性数据进行处理，而不是每时每日的实时信息处理；与预测决策功能相比，计划控制功能重点是简单算术运算，而不以模型化分析为重点。

4. 预测决策功能

通过运用数学、数理统计或模拟等模型化方式，对内部和外部数据进行处理，力图挖掘信息内在的规律和特征，对未来的发展作出估计，及时推导出有关问题的最优解决方案，并以易于理解和使用的多媒体方式提供给决策者，辅助管理人员进行决策。典型的决策支持系统有销售分析与预测、定价决策分析等。

二 信息系统的主要业务流程

（一）信息系统设计开发流程

1. 系统规划与准备

根据企业的整体目标和发展战略，明确企业总体信息需求，确定信息系统的发展战略，制订信息系统建设总计划，其中包括确定拟建系统的总体目标、功能、大致规模和粗略估计所需资源，并根据需求的轻、重、缓、急程度及资源和环境的约束，把系统建设内容分解成若干开发项目，以分期分批地进行系统开发。主要工作包括IT战略规划、IT技术规划、投资管理、质量管理、项目管理、人力资源管理等。

2. 系统设计与实施

这一阶段的主要工作是根据系统规划阶段确定的拟建系统总体方案和开发项目的安排，分期分批进行系统设计。信息系统开发是企业信息活动的重要基础，直接决定着企业的信息技术水平。首先进行需求分析，调查信息系统应具备的属性和功能，并将其用适当的形式表达出来；然后根据信息系统需求，对系统架构、内容、模块、界面和数据等进行定义和实施。主要工作包括需求分析、应用系统设计、基础设施获取、运行准备、测试与发布等。

（二）信息系统运行维护流程

1. 系统运行管理

信息系统交付使用开始，开发工作即告结束，运行工作随即开始。信息系统的运行管理就是控制信息系统的运行，记录其运行状态，保证系统正常运行，并进行必要的修改与扩充，以便及时、准确地向企业提供必要的信息，以满足业务工作和管理决策的需要，其主要工作内容包括日常运行管理（如数据记录与加工、设备管理、安全管理等）、运行情况的记录以及对系统的运行情况进行检查和评价。

2. 系统维护管理

为保证信息系统正常而可靠地运行，并使系统不断得到改善和提高，对应用系统、数据、代码和硬件的维护管理，可以分为纠错性维护、适应性维护、完善性维护和预防性维护。纠错性维护是指对系统进行定期的或不定期的检修，更新易损部件、排除故障、消除隐患等工作；适应性维护是指由于管理或技术环境发生变化，系统中某些部分已不能满足需求，对这些部分进行适当调整的维护工作；完善性维护是指用户对系统提出了某些新的信息需求，因而在原有系统的基础上进行适当的修改，完善系统的功能；预防性维护是对预防系统可能发生的变化或受到的冲突而采取的维护措施。

一般来说，信息系统运行维护是系统生命周期中历时最久的阶段，也是信息系统实现其功能、发挥效益的阶段，科学的组织与管理是系统正常运行、充分发挥其效益的必要条件，而及时、完善的系统维护是系统正常运行的基本保证。据统计，有些信息系统在运行和维护阶段的开支占整个系统成本的三分之二左右，而这一阶段需用的专业技术人员占信息系统专业技术人员的 50%～70%。主要工作包括运行管理、事件管理、问题管理、配置管理、连续性管理、可用性管理和能力管理等。

（三）信息系统安全管理流程

信息系统安全管理即针对当前企业面临的病毒泛滥、黑客入侵、恶意软件、信息失控等复杂环境制定相应的防御措施，保护企业信息和信息系统不被未经授权地访问、使用、泄露、中断、修改和破坏，为企业信息和信息系统提供保密性、完整性、真实性、可用性和不可否认性服务。

安全管理手段分为技术类手段和管理类手段两大类，技术类手段和管理类手段是确保信息系统安全不可分割的两个部分。技术类手段与信息系统提供的技术安全机制有关，主要通过在信息系统中部署软硬件并正确地配置其安全功能来实现，从物理安全、网络安全、应用安全和数据安全几个层面提出；管理类手段与信息系统中各种角色参与的活动有关，主要通过控制各种角色的活动，从政策、制度、规范、流程以及记录等方面作出规定来实现，从安全管理制度、安全管理机构和人员安全管理等几个方面提出。

（四）信息系统岗位职责实践流程

信息系统建设与运营是一个长期持续的过程，需要一个专门的机构负责，并能够不断地完善该职责，以适应企业发展的需要。信息部门作为企业的一个职能部门，需要清楚了解自己的角色定位，才能明白自己拥有的权利和担负的职责，进而有效地执行任务。信息部门并不产生直接利润或收益，但通过信息化的手段提高其他部门的效益，降低运行成本，同样为企业创造了价值，也就体现了自身的价值所在。

信息部门的组织结构有分散型、集中型和联盟型三种代表性的模式。在分散模式中，各信息机构分散于下属企业或事业部中，没有统一的中央管理部门或只有名义上的中央管理部门，独立决策与管理；在集中模式中，存在统一的中央管理部门，对各下属企业或事业部的信息部门进行强有力的管理，从资金、人员等各方面进行统筹管理；在联盟模式中，中央管理部门在业务和行政上均拥有相当大的权力，直接管理部门下级机构，同时还存在一些下级机构不由中央管理部门负责而由下属企业或事业部负责的情况。

三 信息系统的主要风险类别

信息系统与企业营运的联系变得既深又广，信息系统风险也随之成

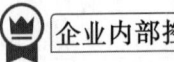

为突出的整体营运风险因素，广泛存在于企业中，而且是有层次分布的，不同层次风险的表现形式不同。风险就是结果的不确定性，是对预期目标的偏差，因而对不同层次目标的偏差形成了不同层次的信息系统风险：业务目标风险、信息系统风险和过程（活动）风险。分析业务目标风险和信息系统风险是为了明确信息系统建设运维过程中的工作重心，过程（活动）风险分析则有利于实现风险控制的可操作性，制定出具体的内部控制措施。信息系统风险层次分析如图8-1所示。

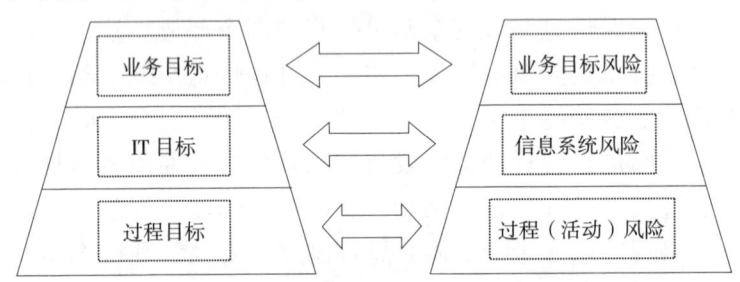

图8-1 信息系统风险层次分析图

（一）业务目标风险

信息系统的作用就是帮助企业降低成本、改进产品和服务以及提高决策水平等业务需求，故信息系统最大的风险是无法满足这些业务需求，业务目标实现具有不确定性。业务目标风险主要分为三大类风险：战略风险、业务风险和客户风险。

（1）战略风险是指因信息系统设计与运行缺陷，可能无法满足战略层面的需求，如无法达到改进企业治理和透明度、无法为战略决策提供可靠和有用的信息以及管理产品和业务创新等。

（2）业务风险是指因信息系统设计与运行缺陷，可能无法满足业务层面的需求，如无法对业务需求变更提供灵活快捷的响应、无法改善和维护业务流程以及降低流程成本等。

（3）客户风险是指因信息系统设计与运行缺陷，可能导致客户流失甚至市场份额下降，如无法改善客户倾向和服务、无法提供有竞争力的产品和服务。

（二）信息系统风险

信息系统风险则是信息系统的特有风险，是对业务风险在信息系统领域的转化，主要表现为信息系统设计与运行方面的缺陷。信息系统风险主要分为安全性风险、效能风险、效率风险和合规性风险。

（1）安全性风险是指因外部攻击、不当使用，可能导致未经授权者变更、存取或使用信息的风险，以及信息或应用程序因系统故障或天灾而无法存取的风险。有时为了强调后一种风险，而将其单独列示为持续性风险。

（2）效能风险是指因系统架构不良、网络拥塞、容量不足等原因，应用程序或人员（甚或IT整体）效能不足而降低企业生产力或价值的风险。

（3）效率风险是指因为投资超预算、规划不合理等原因，信息系统投入与产出不协调，无法通过优化（生产率最高且符合经济效益）资源使用来提供信息的风险。

（4）合规性风险是指信息处理不符合法规、信息系统或业务政策要求的风险。

以上风险排列顺序并未暗示四个风险的优先次序，每个组织都有自己的独特信息系统风险概况，而这些元素的优先顺序排定正是建立在企业战略、治理要求及运营需求的基础上的。

（三）过程（活动）风险

信息系统风险的源头在于信息系统设计开发与运行维护过程中存在的风险，所以欲控制信息系统风险，必须进一步分析信息系统设计开发与运行维护过程中存在的风险，即过程（活动）风险。过程（活动）风险就分布于信息系统设计开发与运行维护过程及其具体活动中，每个阶段、每个具体活动特点不同，其过程（活动）风险也不相同，在后面的章节中，这些风险将与具体控制目标一起详细介绍。

第二节　信息系统开发的内部控制

一　信息系统开发的内部控制目标

（1）制定科学的信息系统战略规划，以便有效地指导信息系统建设工作，有效整合信息系统的各种功能，保证信息系统能够满足现在和将来的业务需求。

（2）通过信息系统投资和投资组合的有效决策，以及合理的信息系统预算，保证与信息系统战略的一致性，并持续地改进成本有效性，提高对业务收益率的贡献。

（3）及时并按质量标准完成信息系统开发与验收工作，灵活响应管理与业务需求，将信息系统与业务流程有效集成。

（4）制定并执行科学的信息系统实施方案，保证初始数据的准确完整、知识转移的充分有效，使信息系统顺利地转交给使用部门。

（5）保证符合国家和监管部门有关信息系统开发的法律、法规要求。

二 信息系统开发的主要风险点

（1）缺乏信息系统规划与方案，或规划与方案不合理，可能无法有效地指导信息系统建设工作，易造成信息孤岛，无法满足现在和将来的业务需求。

（2）信息系统投资决策和预算管理失误，可能造成信息系统投资超支或浪费，降低对业务收益率的贡献，甚至无法有效支持信息系统的战略规划。

（3）信息系统开发工作组织定位不合理、职责设置不明确、流程与政策不明晰，可能造成工作盲区或重复，影响信息系统的开发效率与效果。

（4）缺乏有胜任能力和工作热情的信息系统人员，无法为信息系统开发工作提供人力资源保障，可能影响信息系统开发工作的顺利开展。

（5）缺乏有效的信息系统质量管理、风险管理、绩效测评等体系，项目群或项目管理水平不足，可能造成无法在约定的时间、预算和质量内完成项目的交付。

（6）业务功能和控制需求调研不充分，可能无法把业务功能和控制需求转化成有效的解决方案以及系统功能，造成信息系统不能满足业务要求。

（7）信息系统设计流程或方法不当，可能造成无法及时并以合理成本提供应用软件，甚至造成信息系统存在较多的设计缺陷。

（8）信息系统基础设施不完整或达不到标准要求，可能无法为应用系统提供与既定信息系统架构和技术标准相一致的合适平台。

（9）信息系统测试不充分或不科学，或缺乏有效的验收工作，可能无法保证新开发的或变更的系统上线后不会出现大的问题。

（10）操作手册不详细、用户培训等知识转移和数据初始化工作不到位，可能影响信息系统运行维护工作的正常进行。

三 信息系统开发的关键控制点

（一）制定和实施战略规划

信息系统战略规划帮助关键利益相关者更好地理解信息系统的机遇及其限制，该战略规划应评估当前绩效、识别信息系统能力和人力资源的需求，明确必需的投资规模、优先级，并通过战术计划实施。信息技术部门牵头负责制定和实施信息系统战略规划。

首先，调研企业业务战略规划和企业对信息系统的战略需求，从业务贡献、功能性、稳定性、复杂性、成本等分析评估当前信息系统的能力，了解相关技术的最新发展趋势，分析信息系统与战略需求存在的差距，及时将调研、评估和分析等工作成果与相关部门沟通和向企业领导汇报。调研分析过程中，需求部门必须提供有效的配合，才能保证信息系统战略规划与企业战略需求保持高度的一致性。然后，协调业务和信息系统各方意见，与有关的利益相关方共同编制战略规划，并通过企业的审批手续。同时，建立信息系统战略规划和业务战略规划的双向协调机制，及时修订信息系统战略规划，保证与企业战略需求保持动态的一致。信息系统战略规划应指明信息系统目标如何协助达成企业的战略目标，包括但不限于以下内容：

（1）确定信息系统的远景与目标。

（2）设定信息系统的整体架构，如技术架构、信息架构等。

（3）建立信息系统的中长期计划，如3年、5年等规划。

（4）对投资、人员、时间等进行分析，并制订实施计划。

信息系统战略制定与实施流程如图8-2所示。

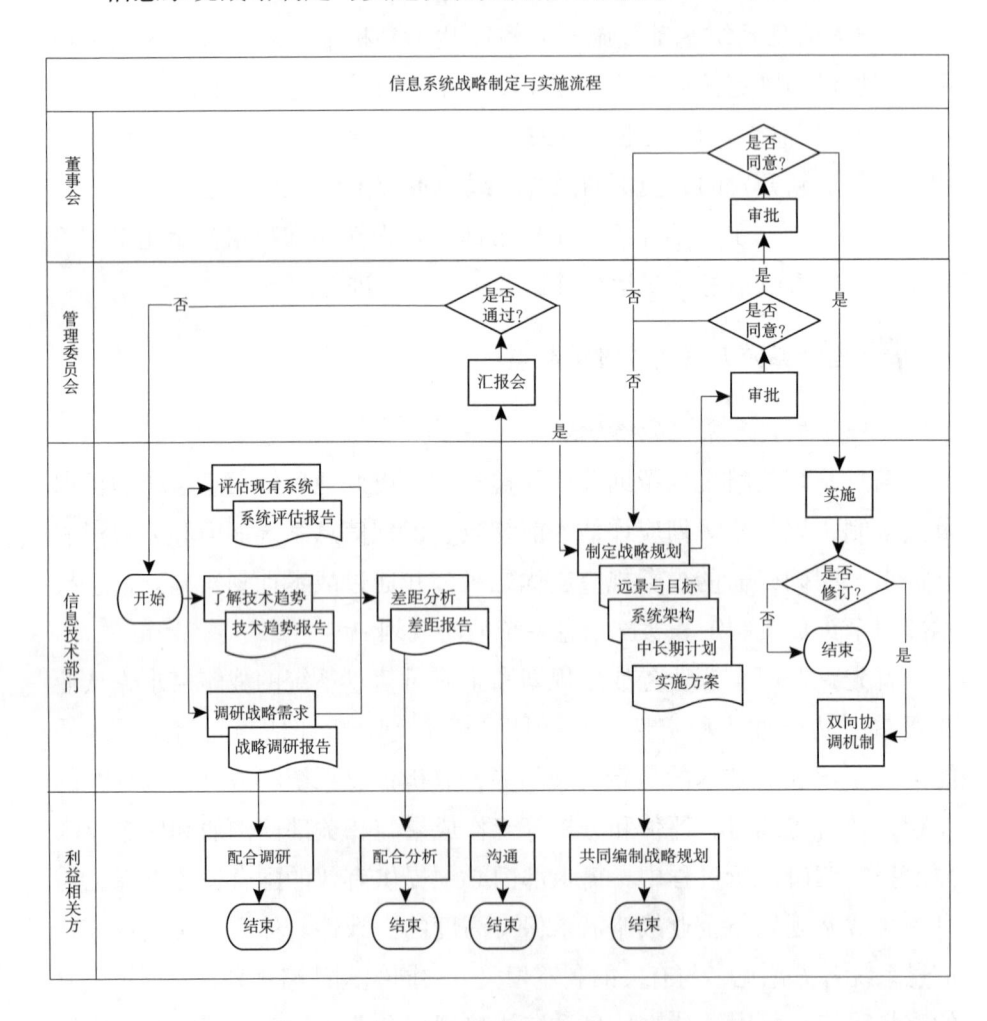

图8-2 信息系统战略制定与实施流程图

（二）系统开发组织工作

1. 建立财务管理规范

财务部门负责牵头建立和实施财务管理规范，并和利益相关方协商，以识别和控制在信息系统战略规划和战术计划中的总成本和收益，评价和管理财务价值、未交付所需能力的风险以及未实现预期收益的风险,建立和维护管理信息系统投资项目群的财务管理框架。在财务框架中,应确认投资优先级,以确认强制性、支持性和自主性的投资;应清晰分配和监控实现收益和控制成本的责任;该流程既要支持编制和实施整个信息系统预算,又要能够根据项目内信息系统组件的具体情况,支持编制和实施单个项目群的预算。

2. 搭建开发组织

在董事会层面建立信息系统战略委员会,建立由高级管理层、业务管理层和信息系统管理层组成的信息系统管理委员会;人事部门负责招聘、培训并激励开发人员,建立支持业务需要的信息系统开发团队,并实施角色和职责的分离,减少单个成员危及关键流程安全的可能性,还要建立定期检查开发组织的流程,以调整人员配备需求,满足预期目标业务和适应环境变化。

3. 定义工作流程

管理委员会授权相关责任部门定义信息系统战略规划和项目计划的执行流程,应包括开发流程、流程结构与相互关系、所有权、成熟度、绩效测评;应整合面向信息系统的各个流程、企业优化组合管理流程、业务流程和业务变更流程;应整合在质量管理体系(QMS)和内部控制框架之中。所有职能都应有适当的流程、管理政策,并将组织职责整合到决策和执行等工作流程中。

4. 建立项目管理体系

为了管理信息系统项目,企业需要建立项目管理体系。这个体系应确保项目之间的优先级和相互协调,应包括:主计划、资源分配、交付物的定义、用户的核准、交付方式、质量保证、正式的测试计划以及实施后的评审。其中主要表现形式为项目计划,由信息技术部门负责制定和完善。项目计划制订和执行流程如图 8-3 所示。

项目计划包括协调多项目之间的活动和相互依赖关系,管理所有项目对期望成果的贡献,解决资源需求和冲突,确保单个项目与项目群的目标保持一致。该计划定义了项目管理的范围、边界以及在每个项目中采用的方法,应集成到项目群管理流程之中。具体内容包括:项目管理方法、项目范围说明书、项目启动、项目计划、项目资源、项目风险管理、项目质量计划、项目变更控制、项目绩效测评、报告和监控、项目关闭。信息技术部门制订项目或项目群计划,并上报管理委员会审批,并以此作为控制和评价项目的标准。在项目计划实施过程中,信息技术部门应定期编写并上报进展报告,管理委员会将进展报告与项目计划进行对比,开展目标考核工作;若实际进展与计划偏差较大,就需要修订项目计划并完成审批程序。监督部门应以被批准的项目计划为基础制订监督计划,全程跟进项目计划制订和执行过程,开展阶段性检查和临时性检查,并及时向董事汇报和与管理委员会沟通。

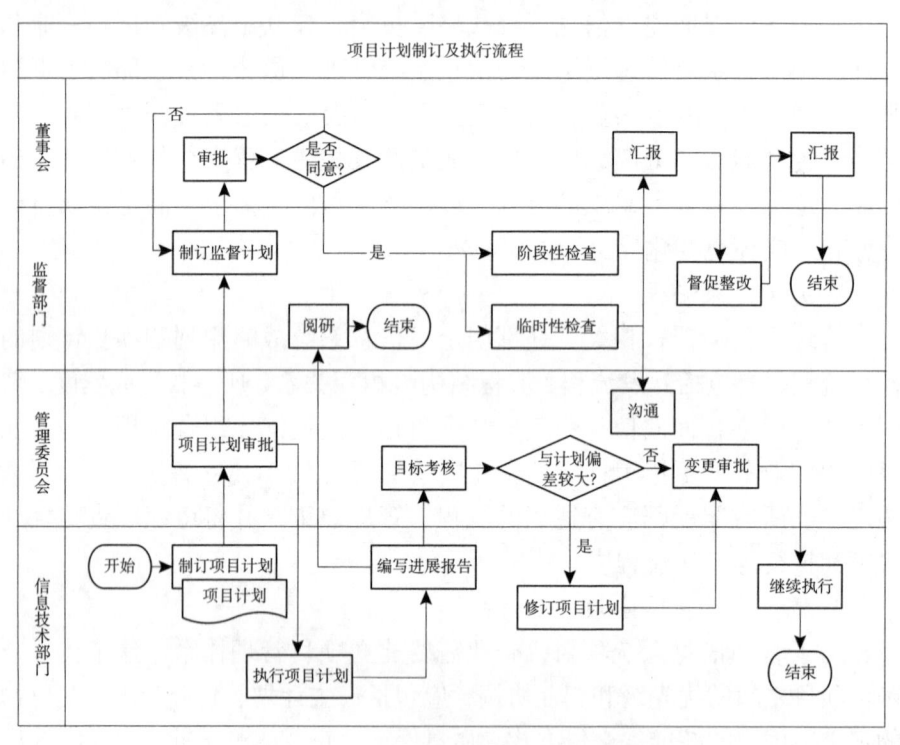

图 8-3 项目计划制订及执行流程

(三)功能需求识别

为了确保有效地满足业务需求,在获取和研发新的信息系统或功能之前,需进行需求分析、识别、划分优先等级、详细说明并批准业务功能及技术需求,涵盖了达到预期成果所需的全部因素。此项工作需由信息技术部门和需求部门共同完成或成立专门项目组负责。信息系统功能需求识别流程如图 8-4 所示。

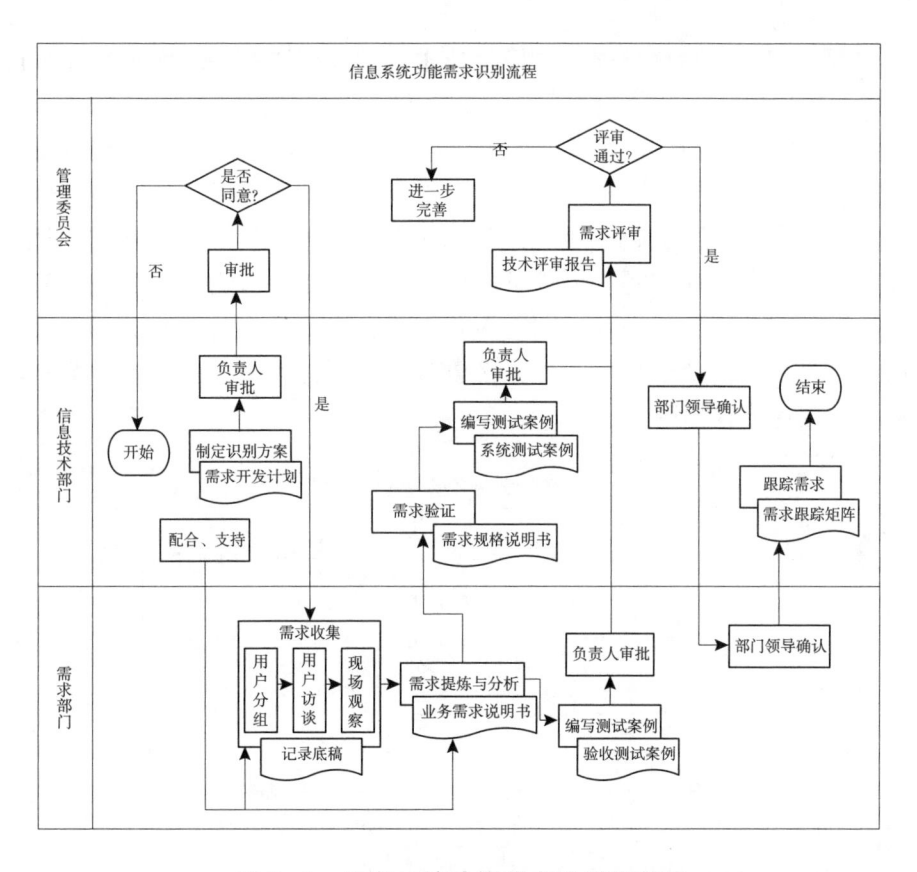

图 8-4 信息系统功能需求识别流程图

首先，信息技术部门制定需求识别方案，并配合需求部门开展需求识别、提炼和分析等工作；需求部门依据识别方案开展需求收集，将可能使用产品的用户分成不同组别，在每组用户中选择数位能真正代表他们需求的代表进行需求调研，了解和观察用户执行业务的过程。其次，需求部门进行提炼和分析收集到的需求，并确定需求的优先顺序，将它们编成需求文档，包括业务需求说明书；需求部门还需编写验收测试案例。再次，信息技术部门验证需求是完整的、一致的、明确的，确定是否所有的需求和软件需求规格说明书达到要求，解决利益相关者之间对需求的不同意见和矛盾，解决需求和可用资源之间的矛盾；信息部门还需编写系统测试案例。最后，将需求信息上报管理委员会评审，形成技术评审报告，抄送相关部门领导确认需求真实性与完整性，最终确定需

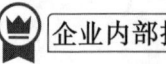

求内容。在需求转化过程中，信息技术部门还需跟踪需求实现情况，形成需求跟踪矩阵，并及时将其向有关人员沟通、汇报。

完成需求识别后，不可避免地会发生需求变更。当发生需求变更时，由需求部门提出需求变更申请，经本部门负责人审批同意后，报信息技术部门审核。信息技术部门评估变更的影响，分析潜在影响和成本变化，并与用户沟通以确定哪些需求可以变更。如果变更影响较大或需求部门与技术部门无法达成一致，则需报管理委员会审批。需求变更实施后，信息技术部门需变更相关文档，必要时修订项目实施方案。信息系统功能需求变更流程如图 8-5 所示。

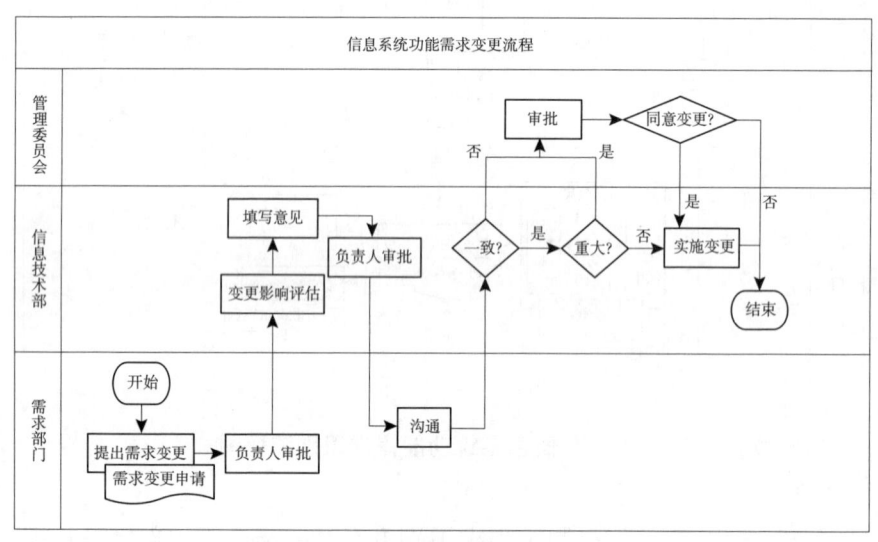

图 8-5 信息系统功能需求变更流程图

（四）解决方案设计

设计解决方案的主要任务是在各种技术和实施方法中权衡利弊、精心设计、合理使用资源，设计出新系统的详细设计方案，主要内容包括系统总体架构设计、功能模块设计、数据库设计、输入输出设计、处理流程及硬件选择。该项工作是由信息技术部门或下设的专门项目组负责。信息系统解决方案设计流程如图 8-6 所示。

（1）信息技术部门制订系统设计计划并报负责人审批，对系统设计工作进行全面部署。

（2）进行概要设计，开发系统流程图和实体关系图模型，确定应用系统的设计方法、过程步骤,确定数据文件或数据库文件设计,描述输入输出要求,形成概要设计说明书。

(3)根据概要设计进行详细设计,细化开发方案和系统功能要求,形成详细设计说明书。概要设计和详细设计都需要经管理委员会及各需求部门评审通过方可执行。详细设计完成后,就可以把设计方案交给系统开发人员进行编程了。

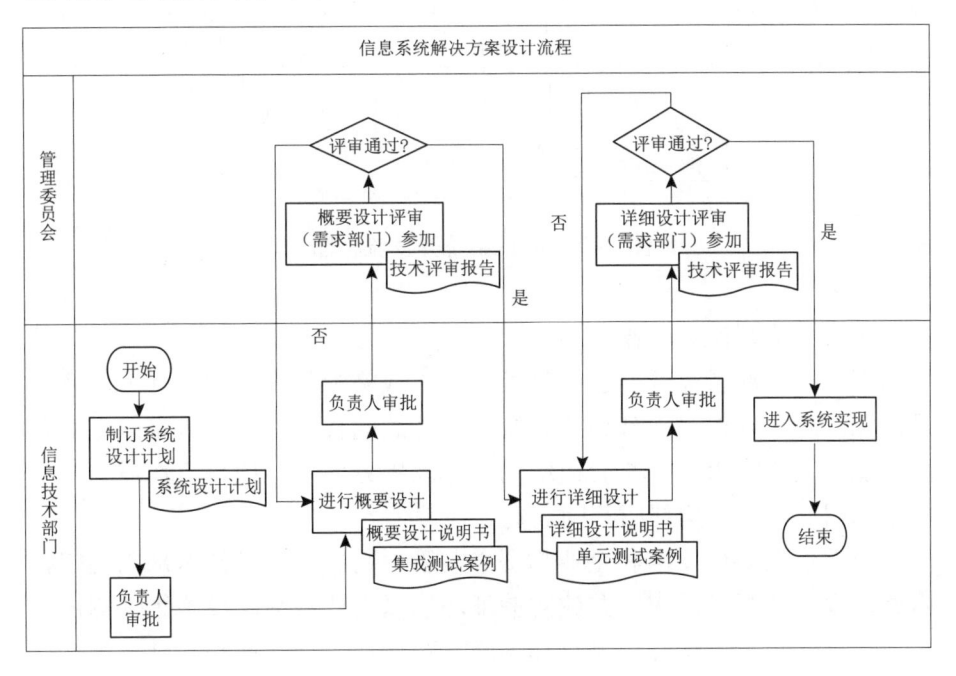

图 8-6 信息系统解决方案设计流程图

(五)应用系统开发

信息系统必须按照业务需求予以开发、跟踪并记录每一个需求(包括所有被拒绝的需求)的状态,并严格遵循设计说明书、开发及文档标准。在适当的位置,利用自动控制手段来执行业务控制和应用控制,落实应用安全和可用性的需求,响应已识别的风险。该项工作由信息技术部门或下设的专门项目组负责。应用系统开发流程如图 8-7 所示。

在开发过程中,开发人员需制订系统实现计划并报负责人审批,然后搭建开发测试环境,开展编码工作。在编码过程中,需进行单元测试和集成测试等质量保证措施,以检测并修订编程等类型的错误,达到需求所定义的、企业质量策略和程序所要求的软件质量标准。在开发后期，编写用户操作手册和安装维护手册。

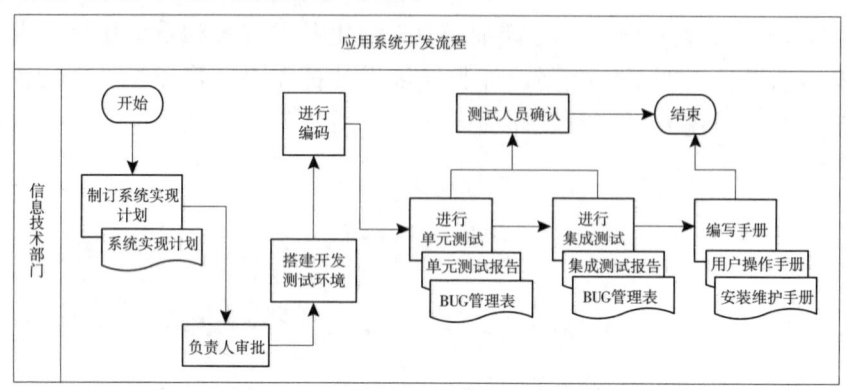

图 8-7　应用系统开发流程图

（六）基础设施配备

基础设施配备需要与已经批准的技术战略和开发及测试环境的有关规定相一致，确保为业务应用系统提供持续的技术支持，满足既定的业务功能及技术需求，并符合组织的技术发展方向。此项目工作需要信息技术部门与物资采购部门共同负责。

根据信息系统要求和企业物资采购管理制度，信息技术部门制定技术基础设施的配备需求，并建立验证环境以支持对基础设施组件测试及集成测试，物资采购部门制订和实施采购计划。在硬件和基础设施软件的配置、集成和维护过程中，执行内部控制、安全和审计措施，如招投标采购制度、供应商管理制度等，以保护资源并确保其可用性和完整性，明确定义配置敏感基础设施组件的职责，让开发和集成基础设施组件的人员理解这些职责，并且监控和评估他们的工作情况。

（七）运维前期保障

编制相关文件和手册，并提供培训，使新系统的知识具备可用性，以确保应用系统和基础设施的正确使用和操作。该项工作由信息技术部门或下设的专门项目组负责。

信息技术部门制订并实施"传、帮、带"的知识传授计划，以透明方式培训新人、传授知识、移交责任，培训范围包括业务管理者、系统使用者和维护者。向业务管理层转移知识，以确保他们掌握应用系统和数据的所有权,并对服务的交付与质量、内部控制、应用系统的管理行使职责。向系统使用者转移知识,以确保他们在支持业务流程的过程中能够有效地和有效率地使用应用系统。向运营维护人员转移知识,以确保他们能够根据服务水平要求,有效地且有效率地交付、支持和维护应用系统及相关的基础设施。

（八）信息系统测试

信息系统测试工作将信息系统的软硬件及外部支持设备、数据和人员等元素结合在一起,对计算机系统进行一系列的组装测试和确认测试,一般包括恢复测试、安全测试、压力测试和性能测试,然后将测试结果与预期结果进行对比说明,分析解决测试中发现的系统问题。该项工作由信息技术部门或下设的专门项目组负责。信息系统测试流程如图8-8所示。

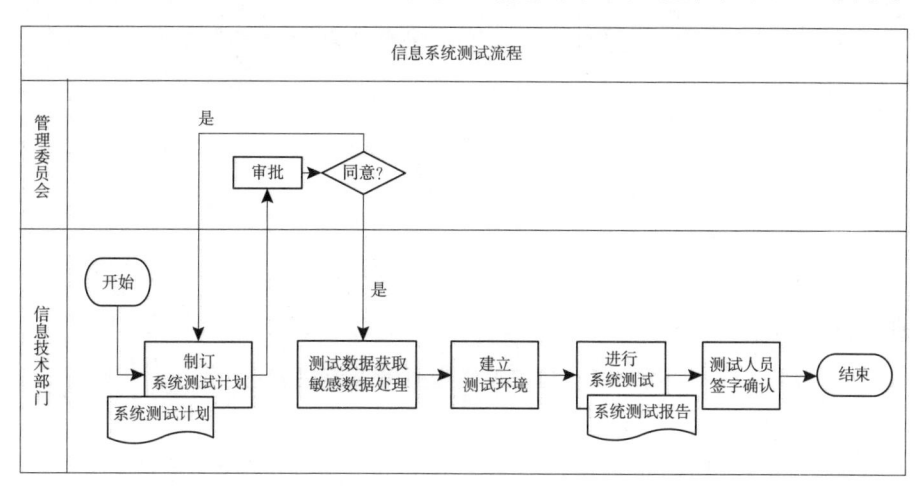

图 8-8 信息系统测试流程图

信息技术部门制订基于已定义的任务、职责和输入输出等标准的系统测试计划,对测试过程所使用的资源与方法进行描述,包括涉及的人员和信息设施,并确保该计划被相关部门正式批准。然后,建立测试环境,实施信息系统测试,形成测试报告并经测试人员签字确认。在测试过程中如果发现测试方法有错误或不规范,就需要将测试计划重新加以设计和实施,直至顺利完成测试,达到所需要的结果。

（九）变更管理

所有变更（包括紧急维护和补丁,以及与生产环境相关的基础设施和应用系统的变更）均以正式的、可控制的方式进行管理；变更实施前（包括对程序、流程、系统和服务参数变更）均获记录、评估和授权；变更实施后，按既定的计划审核变更的结果，确保变更对生产环境的稳定性和完整性造成负面影响的风险降至最低。该项工作由信息技术部门或下设的专门项目组负责。信息系统变更管理流程如图8-9所示。

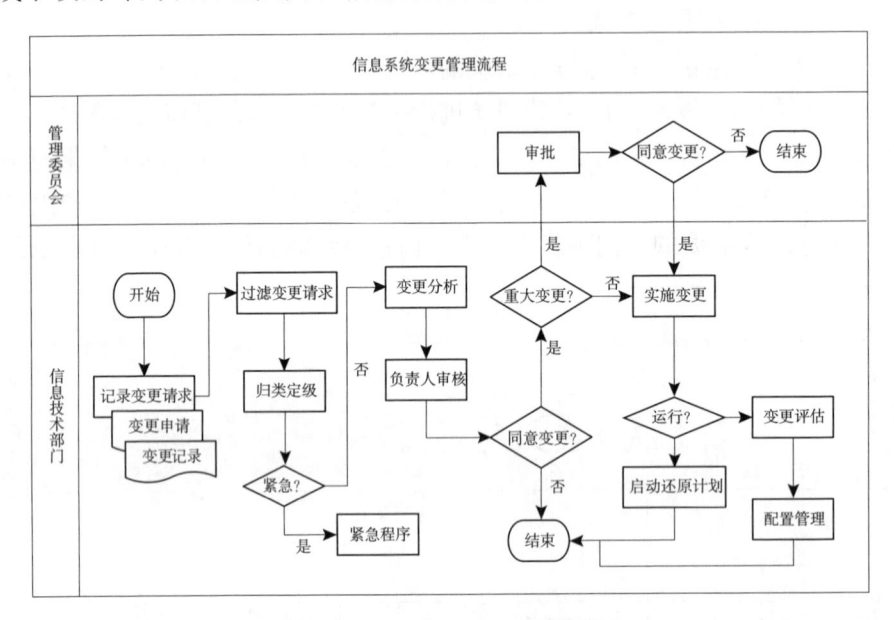

图8-9　信息系统变更管理流程图

有关部门提出变更请求后，信息技术部门进行记录、过滤和归类定级，并组织专业团队进行分析，形成处理意见。涉及重大变更或处理意见影响大，信息技术部门需将变更申请和处理意见上报管理委员会审批，并根据审批意见执行。实施变更后，信息技术部门还需跟踪评估变更运行情况，启动配置管理程序，及时修改配置项属性数据。若运行效果不佳，则启动还原计划，将变更影响降低到最小。另外，建立一个非常规的变更流程，用于处理紧急变更的提出、测试、记录、评估和授权。

（十）信息系统实施

当开发与测试人员完成必需的测试，准备交付信息系统时，进入验收上线阶段，相应地还要进行实施后的评审，确保运营系统达到与预期一致的结果。该项工作由信息技术部门牵头负责。

首先，信息技术部门制订验收上线计划并上报管理委员会审批，然后开展组件验收，同时系统运行部门进行功能验收；然后，信息技术部门汇总测试结果形成验收报告，经信息技术部门和系统运行部门签字确认后报管理委员会审批。测试完成后，实施上线方案，控制系统转换到生产环境的迁移，将系统运行的初始数据成功地转换并导入信息系统中，形成上线报告。如有必要，新、旧系统应并行运行一段时间，并且比较运行情况和结果。管理委员会组织有关部门进行实施后的评估工作，并将上线和评估情况上报董事会。信息系统验收上线流程如图8-10所示。

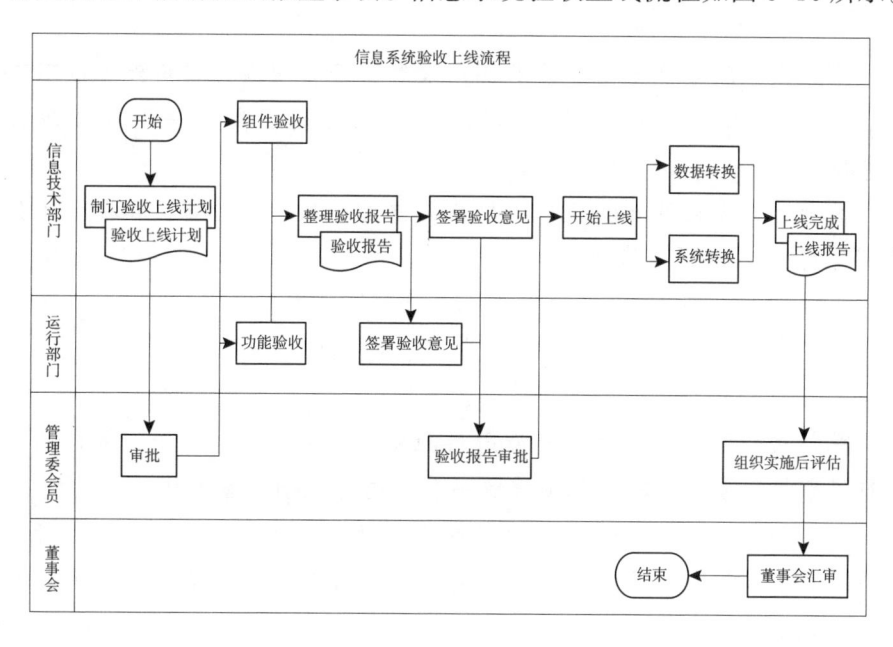

图 8-10 信息系统验收上线流程图

四 案例分析

【案例 8-1】

×××公司信息系统开发管理制度

第一节 总 则

第一条 为规范×××公司的自有软件研发和管理工作，特制定本制度。

第二条 本制度适用于公司总部软件研发与管理，分公司参照执行。

第三条 本制度中软件开发指新系统开发和现有系统重大改造。

第四条 软件开发遵循项目管理和软件工程的基本原则。项目管理涉及立项管理、项目计划和监控、配置管理、软件质量保证、合作开发管理和结项管理。软件工程涉及需求管理、系统设计、系统实现、系统测试、验收测试、试运行、系统验收和系统上线。

第五条 除特别指定，本制度中项目组包括业务组、IT组和合作开发商。

第六条 总分公司信息技术部内设置项目管理办公室角色（以下简称itPMO，itPMO具体定义请参见多项目管理制度），统一协调管理各信息技术组。

第七条 各软件开发项目组应严格遵循本制度所附流程和模板，如作调整需上报itPMO审批。

第二节 立项管理

第八条 信息技术部参与公司层面立项，主要工作包括：进行技术可行性分析、参与编写《立项建议书》、进行前期筹备工作。

第九条 信息技术部配合业务部门进行可行性分析，出具《可行性分析报告》，可行性分析报告中须包含：业务可行性分析、技术可行性分析、成本效益分析。

第十条 信息技术部配合业务部门进行立项申请，出具《立项建议书》，《立项建议书》中应明确项目的范围和边界。

第十一条 牵头业务部门将立项建议书上交公司管理层进行立项审批，以保证系统项目与公司整体策略相一致。

第十二条 立项申请得到公司管理层批准后，成立项目组，公司管理层委派项目经理监督项目的进度和负责项目管理工作，信息技术部委派负责人负责IT组的管理和工作。项目组人员的选择是通过考虑项目对业务及技术要求而调配，项目组人员应有足够的业务和IT技术方面的专业知识来胜任项目各方面的工作。

第三节 需 求 管 理

第十三条 项目组需制订《需求开发计划》，并提交项目经理对计划可行性进行审批。

第十四条 业务组对用户需求进行汇总整理，出具《业务需求说明书》，并确保《业务需求说明书》中包含了所有的业务需求。

第十五条 IT组在获得《业务需求说明书》后，提出技术需求和解决方案，并对系统进行定义，出具《需求规格说明书》和《系统测试案例》。《需求规格说明书》需详细列出业务对系统的要求（界面，输入，输出，管理功能，安全需求，运作模式等）。

第十六条 业务组制定《验收测试案例》，作为验收测试的依据。该测试案例对第三方保密。

第十七条 项目经理组织相关业务、技术人员对《需求规格说明书》和测试案例进行评审，出具评审报告。通过评审的《需求规格说明书》和测试案例需提交业务部门和信息技术部负责人签字确认。

第十八条 项目经理指定专人负责需求跟踪，确保项目各阶段工作成果同需求的一致性。

第十九条 业务需求发生变更时，业务组应出具《需求变更申请》，并报告业务组负责人审批。

第二十条 IT组对变更影响进行评估，结果记录在《需求变更申请》上，并经过IT组负责人审批。若需求变更涉及项目计划变更，执行项目计划变更流程。

第二十一条 项目组应对需求变更影响的文档及时更新。

第二十二条 对于合作开发的项目，IT组是合作开发商获得需求的唯一渠道。

第四节 项目计划和监控

第二十三条 软件开发采用项目形式进行管理。项目经理负责整个项目的计划、组织、领导和控制。IT组负责人配合项目经理并负责IT组的管理工作。

第二十四条 IT组负责人配合项目经理与项目关系人进行有效沟通，在项目目标、项目计划和工作方法上达成一致。

第二十五条 需求分析过程中，项目经理组织制定详细的《项目计划》[包括：综合管理、范围（需求）管理、时间管理、成本管理、人力资源管理、沟通管理、风险管理、采购（合作开发）管理、质量管理、配置管理]，并提交业务部门和信息技术部负责人审批。

第二十六条 在项目的各个阶段，业务组和IT组负责人需配合项目经理制订阶段性项目计划。

第二十七条 业务组和IT组负责人需配合项目经理对项目计划执行情况进行监控，确保项目按计划完成。IT组负责人按照项目计划规定的报告频度定期填写《项目状态周报告》，上报项目经理和itPMO。

第二十八条 项目进展同项目计划偏差较大时，应申请变更项目计划，项目经理填写《项目计划变更控制报告》，并提交业务部门和信息技术部负责人批准后执行。

第二十九条 IT组负责人负责软件开发过程中的风险识别与管理，重大风险应及时上报项目经理和itPMO。

第五节　系统设计

第三十条 系统设计应分为概要设计和详细设计，系统设计要遵循完备性、一致性、扩展性、可靠性、安全性、可维护性等原则。

第三十一条 项目组需制订《系统设计计划》，并提交项目经理对计划可行性进行审批。

第三十二条 在系统设计阶段中，用户应充分参与，确保系统设计能满足系统需求。

第三十三条 项目组进行概要设计，出具《概要设计说明书》和《集成测试案例》。itPMO组织相关人员对概要设计和集成测试案例进行评审，出具《技术评审报告》。业务组和IT组负责人应参加此评审并对评审意见签字确认。

第三十四条 项目组进行详细设计，出具《详细设计说明书》和《单元测试案例》。《详细设计说明书》中，需要定义系统输入输出说明和接口设计说明（现存的接口定义应根据新程序需求而更新），并根据系统运行情况的记录，对应用系统进行优化设计。

第三十五条 itPMO组织相关业务、技术人员对详细设计和单元测试案例进行评审，出具《技术评审报告》。业务组和IT组负责人应参加此评审并对评审意见签字确认。

第三十六条 概要设计评审和详细设计评审均以《需求规格说明书》为依据，确保系统设计满足全部需求。

第三十七条 对已确认通过的系统设计进行修改需获得业务部门和信息技术部负责人的审批后方可进行。

第六节 系统实现

第三十八条 系统实现包括程序编码、单元测试和集成测试。

第三十九条 项目组需根据详细设计说明书制订《系统实现计划》，并提交项目经理对计划可行性进行审批。

第四十条 项目组保证开发、测试和生产环境的独立，为各环境建立访问权限控制机制，并明确项目成员的职责分工。对生产环境、测试环境与开发环境在物理或逻辑方面应该做到隔离；如果环境的分隔是通过逻辑形式实现的，应由专门人员定期检查网络设置。

第四十一条 项目组进行单元测试和集成测试，出具《单元测试报告》《集成测试报告》和《BUG管理表》，测试人员签字确认测试结果。

第四十二条 项目组完成《用户操作手册》和《安装维护手册》，凡涉及应用系统的变更，应对两个手册及时更新。

第七节 系统测试与验收测试

第四十三条 项目组需制订《系统测试计划》和《验收测试计划》，并提交项目经理对计划可行性进行审批。

第四十四条 《系统测试计划》和《验收测试计划》需定义测试标准，并明确各种测试的测试步骤和需要的系统设置要求。

第四十五条 项目组应向数据拥有部门申请获取测试用业务数据的

使用权限，测试用数据要足够模拟生产环境中的实际数据。对获取的数据应进行严格的访问控制，确保只有相关项目人员才能访问和使用。对已评定为敏感信息的数据（如客户的银行信息）进行敏感性处理和保护。

第四十六条 IT组或合作开发商建立测试环境进行系统测试，出具《系统测试报告》，测试人员签字确认测试结果。

第四十七条 系统测试通过后，IT组配合业务组建立验收测试环境，业务组根据验收测试用例进行验收测试，出具《验收测试报告》。业务部门和信息技术部负责人应在《验收测试报告》上签字确认。

第四十八条 验收测试通过后，项目组应组织完善《用户操作手册》和《安装维护手册》的编写，并分别提交业务部门和信息技术部相关人员评审。

第八节 试 运 行

第四十九条 项目组需制订《试运行计划》，上报公司管理层审批。

第五十条 项目组联合试运行单位进行相关部署工作。项目组准备培训资料，根据《试运行计划》对相关用户和信息技术人员进行培训。用户培训的完成度应为实施后评估的指标之一。

第五十一条 项目组应确保《试运行计划》中包含问题应对机制，明确问题沟通渠道和职责分工，并对可能发生的重大问题制定应急预案。

第五十二条 项目组根据《试运行计划》进行系统转换和数据转换。系统转换前，需对各受影响的系统环境作检查，确保运行环境能满足新应用系统的需要。系统转换时要求对原系统中的重要参数、设置等系统运行需要的信息作详细记录，此记录作为新系统上线的要求。系统参数、设置的转换工作作为系统上线的验收的评估指标之一。项目组需对数据转换的完整性和准确性作出检查，出具《数据转换记录》。系统转换和数据转换由试运行单位业务部门和信息技术部共同监督并进行验收。

第五十三条 系统转换和数据转换验收通过后，正式启动试运行。在试运行过程中，试运行单位信息技术部应对系统运行情况（系统资源使用，反应速度等）作记录。必要时，项目组应根据系统运行情况对应用系统进行优化。

第五十四条 试运行达到《试运行计划》规定的终止条件时，项目组编写《试运行报告》。此报告应由项目组和试运行单位签字确认，并提交公司管理层审阅。

第五十五条 公司管理层审阅试运行结果，决定试运行结束或延期。

第五十六条 项目组应根据测试标准和试运行结果，制定实施后评估标准。

第九节 系统验收

第五十七条 系统验收分为功能验收和软件验收，分别由业务组和IT组负责。

第五十八条 项目组应根据验收情况整理生成《系统验收报告》提交业务部门和信息技术部负责人审阅，业务部门和信息技术部负责人根据系统测试、试运行的综合情况签署验收意见，项目组根据验收意见决定是否开展上线工作。

第十节 系统上线

第五十九条 系统上线应遵循稳妥、可控、安全的原则。

第六十条 项目组制订《总体上线计划》，《总体上线计划》应综合考虑资源和系统现状等情况，还应充分考虑上线可能给当前系统带来的影响，并取得系统运行部门的意见。《总体上线计划》经业务部门及信息技术部管理层进行审批后，报公司管理层进行审批并下发各上线单位。各上线单位根据《总体上线计划》制订各自的《上线计划》，该计划得到上线单位管理层审批后，提交项目组备案。

第六十一条 项目组制订实施后评估计划（包括评估标准、时间安排等）并下发各上线单位。

第六十二条 项目组根据《总体上线计划》做好相关部署、培训工作，并建立总体的问题应对机制。各上线单位根据各自的《上线计划》建立同项目组有效衔接的问题应对机制，制定详细上线应急预案，并做好各自的部署、培训、系统转换、数据转换等工作。具体规定参见试运行一节。

第六十三条 上线单位在上线初期须加强日常运行状态监控，出现问题时应及时处理，对重大问题应启动紧急预案。

第六十四条 上线单位管理层可根据上线情况对上线计划进行调整。调整后的上线计划应及时提交项目组备案。

第六十五条 各上线单位在上线完成后，编写《系统上线报告》，经上线单位管理层审批通过后，上报项目组。

第六十六条 项目组及时汇总各上线单位上线报告，报公司管理层审批。

第六十七条 系统上线完成后，各上线单位根据《实施后评估计划》对系统进行评估，并做好详细的《评估记录》。各单位编写《实施后评估报告》，上报总部IT运行部门，由其整理后上报公司管理层作为项目整体实施后评估的依据。

第十一节 结项管理

第六十八条 系统上线完成后，项目组提出结项申请，出具《项目总结报告》，上报公司管理层审批。

第六十九条 公司管理层批准结项后，业务组和IT组分别整理项目管理文档和工作成果，并提交各自部门统一管理。

第七十条 系统结项后，由项目组交由相关运行部门进行维护支持工作。

第十二节 配置管理

第七十一条 信息技术部制定统一的配置管理规范，各项目组共同遵循。

第七十二条 软件开发过程中各项目管理文档和工作成果均作为配置项进行管理，其中包括：需求文档、设计文档、代码、测试用例、测试数据、数据转换记录以及项目相关文档。

第七十三条 项目经理指定项目组成员担当配置管理员，负责配置管理工作。

第七十四条 配置管理员应根据配置管理规范制订《配置管理计划》，并提交项目经理审批。

第七十五条 配置管理员负责配置库管理、维护，做好配置库的备份工作。

第七十六条 项目组应严格执行配置基线的变更流程，评估变更风险及影响，撰写《配置项变更控制报告》。

第七十七条 配置管理员按照《配置管理计划》规定的审计频度进行配置审计，撰写《配置审计报告》。

第十三节 软件质量保证

第七十八条 软件质量保证遵循全员负责、以用户需求为导向、持续改进的原则。

第七十九条 itPMO 指定项目组成员担当软件质量保证员，负责质量保证工作。软件质量保证员向 itPMO 负责。

第八十条 软件质量保证员制订详细的《质量保证计划》并提交项目经理审批。

第八十一条 对于项目中的质量问题，软件质量保证员应及时提交 IT 组负责人。IT 组负责人在《质量保证计划》中约定的时间未处理时，软件质量保证员应上报 itPMO。

第八十二条 软件质量保证员根据《质量保证计划》规定的报告频度撰写《质量管理报告》提交 IT 组负责人、项目经理和 itPMO 审阅。

第十四节 合作开发管理

第八十三条 合作开发应本着公开、公正、公平的原则。

第八十四条 合作开发商招标参见采购制度。合作商资质认定参见第三方管理制度。

第八十五条 IT 组应同合作开发商明确项目变更的范围和处理方式，重点关注需求和设计变更。

第八十六条 合作开发商应遵循我方软件开发管理制度。

第八十七条　IT组负责监控合作开发商的项目管理及软件开发活动。合作开发商应按计划定期向我方IT组报告进展状态，并提交阶段性成果文档。发生重大问题时，合作开发商需及时向IT组汇报。

第八十八条　IT组负责人派专人监控合作开发商的质量保证过程。

第八十九条　IT组负责人要求合作开发商做好技术转移工作，保证我方人员掌握核心技术。

第九十条　项目组同合作开发商商定验收的标准和方法。

第九十一条　以上各要求需要在开发合同中明确。

第十五节　附　　则

第九十二条　本制度由公司总部信息技术部负责解释和修订。

第九十三条　本制度自发布之日起开始执行。

案例解析　该制度以信息系统开发的全过程为依托，提出了开发立项、需求管理、项目计划和监控、系统设计、系统实现、系统测试与验收测试、试运行、系统验收、系统测试、结项管理等10个主要控制点，并对贯穿系统开发全过程的配置管理、质量保证以及合作开发管理等作了着重说明，每一个控制点又包括具体的控制要求。这样既体现了信息系统开发的一般控制要求，又体现了公司对配置管理等特殊控制的要求。

在具体控制活动中，明确控制活动输入输出，并形成标准化文件，如《可行性分析报告》《业务需求说明书》《需求变更申请》《单元测试报告》等，然后将各控制活动串联起来形成一个控制流程，并在控制流程中融入相关责任方的权利与义务。这样可以使开发活动与控制活动有效地结合，既保证开发工作有序进行，又保证控制措施更具有操作性。

第三节　信息系统运营维护的内部控制

一　信息系统运营维护的内部控制目标

（1）保证信息系统正常、可靠、安全地运行，充分发挥信息系统的作用。

（2）不断完善系统，延长系统的生命周期，增强系统的生命力。

（3）保证符合国家和监管部门有关信息系统运行维护的法律、法规的要求。

二 信息系统运营维护的主要风险点

（1）信息系统响应时间和停机时间过长，其性能和容量无法满足业务需求，可能影响企业生产经营活动的效率，降低企业竞争力。

（2）信息从灾难中恢复时间过长，或者无法恢复，使信息系统服务中断，可能影响企业生产经营活动的正常运行。

（3）信息系统安全管理技术与制度不健全，可能将信息资产的脆弱性暴露在危险境地，给企业带来无法挽回的损失。

（4）运行维护遇到的事件、问题无法在规定时间内得到有效解决，影响信息系统的有效运行，可使企业相关业务无法正常开展。

（5）缺乏一个准确而全面的配置库，无法确保硬件和软件配置信息的完整性，可能导致信息系统维护工作无序、低效。

三 信息系统运营维护的关键控制点

（一）运营管理的关键控制点

运营管理主要是运营部门的职责，包括利用操作规程来有效管理信息的有效性输入、敏感输出信息的保护、基础设施的性能监控以及确保硬件的预防性维护。

制定、实施和维护信息系统运营流程，确保全体运营人员熟悉与其相关的运营任务；制定和实施对信息系统基础设施和相关事件进行监控的流程，确保运营日志中记载了充分的按时间发生顺序排列的信息，以便运营以及与运营活动相关的时间顺序能够重建、审查和测试；建立适当的物理安全设施、会计核算和库存管理手段对信息系统敏感资产进行管理，例如，专用表格、流通票据、特别目的的打印机和安全令牌；制定和实施确保基础设施得到及时维护的流程，减少硬件失效或性能下降的频率和影响。

（二）事件管理的关键控制点

为及时有效地响应信息系统用户的查询和问题，需要一个精心设计和有效执行事件管理的流程。这个流程包括设定服务台的功能，用来登记、处理事件升级、进行趋势和根本原因分析，以及提供解决方案，如图 8-11 所示。该项工作主要由信息技术部门下设的服务台及其支持部门负责。

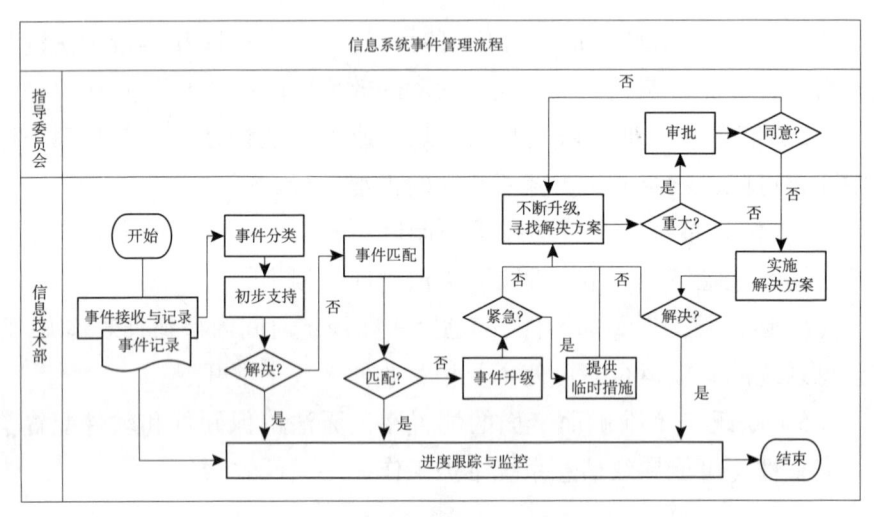

图 8-11 信息系统事件管理流程图

信息技术部门接收和记录呼叫、服务请求和信息需求等事件，按照事件类型和优先级进行分类，提供初步技术服务支持和进行事件匹配。如果事件不能解决，按照事件升级程序适当地逐步升级，寻找解决方案。当发生不能立即解决的紧急事件时，应该提供合适的临时解决方法。确定事件解决方案后，依据审批权限进行报批后实施，事件或解决方案对信息系统影响重大，则需上报管理委员会审批。

确保事件处理一直处于监控之中，记录了事件处理的步骤，包括未解决的事件（已知错误和临时解决方法），为其他管理团队提供信息，并且在需要的地方传递给适当的管理团队，实现与问题管理和容量管理等流程一起紧密工作。

（三）问题管理的关键控制点

有效的问题管理需要识别和分类问题，分析问题根本原因并解决问

第八章 信息系统管理

题，制定改进建议以及维护问题记录和审阅纠正操作状态，从而改进服务水平，减少成本和改进客户方便性和满意度，如图 8-12 所示。该工作由信息技术部门负责。

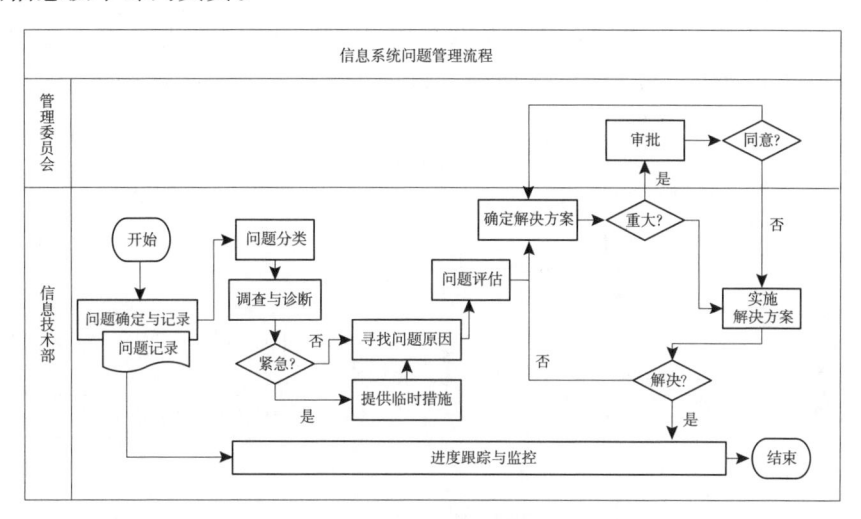

图 8-12 信息系统问题管理流程图

信息技术部门有团队执行流程来识别、记录和分类存在的问题，确定种类、影响、紧急程度和优先级，然后将问题正确地分类到相关的组或者域（举例，硬件、软件、支持软件）进行调查和诊断，查找根本原因。其次，进行问题评估，分析原因和影响，识别可以接受的解决方案。确定解决方案后，依据审批权限进行报批后实施，问题或解决方案对信息系统影响重大，则需上报管理委员会审批。在影响变得紧急的情况下，问题管理应该升级该问题，可能将它提交给一个适当的委员会来提高问题的优先级或者执行一个适当的紧急处理。在证实成功排除已知错误后，或者在与业务部门对如何处理问题达成一致后，引入适当的程序来关闭问题记录。

在整个解决流程中，部门负责人应获得问题和错误处理进程的定期报告，应该监控问题和已知错误对用户服务的持续影响，确保问题管理系统提供了足够的审计追踪工具，以跟踪、分析和确定所有下述报告问题：所有关联的配置项、未解决的问题和事件、已知的和可疑的错误、问题趋势跟踪。

（四）配置管理的关键控制点

一个准确和全面的配置库包括硬件和软件完整的配置信息，有利于促进更高的系统可用性、生产问题最小化和更快地解决问题。配置管理包括收集初始配置信息、建立基线、验证和审计配置信息，并在需要的时候更新配置库，如图8-13所示。该项工作由信息技术部门负责。

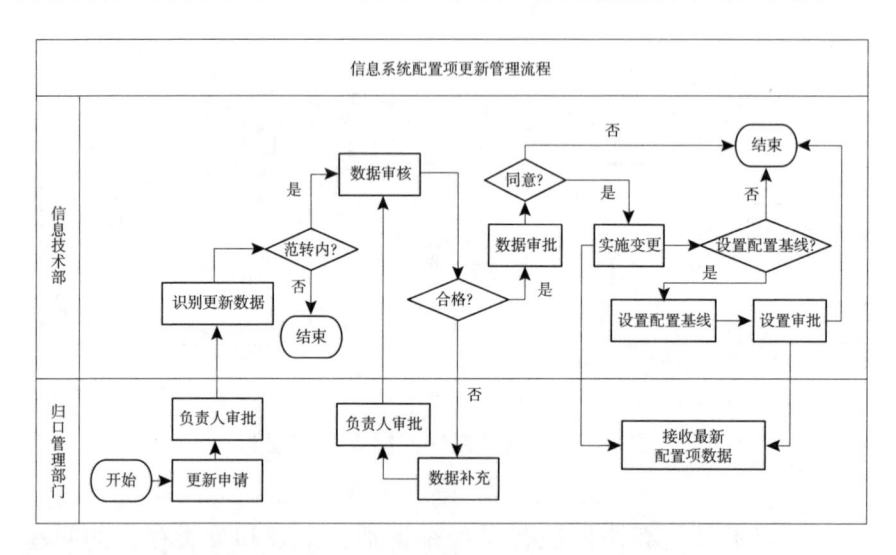

图8-13　信息系统配置项更新管理流程图

信息技术部门建立一个支持工具和中心配置库，以便包含配置项中的所有硬件和软件的相关信息，包括基础设施组件及其相互关系、所有人或负责人及可用的文档等方面的信息，包括配置项在其生命周期内所处的状态（如开发中、测试中、库存中、使用中及停止使用）及相关历史信息。建立配置程序以支持对配置库的所有改变的管理和记录，保证配置数据处于不断更新中，保证只有经过授权和确认的配置项才能记录和保存在数据库中。首先，运维等归口管理部门提出变更申请，经本部门负责人审批后上报信息技术部门。信息技术部门识别申请更新的数据，确定是否需要纳入配置管理的控制范围，并审核配置项属性的详细程度（包括深度和广度）（有标准），包括配置项之间的关系，是否符合配置库管理系统的要求。之后报部门负责人审批，确保只有经过批准并包括在产品目录中以后才能被记录；实施变更，并根据需求设置配置基线，作为开发和测试新配置的起点，作为新配置存在问题时的备用配置。

同时，将这些程序与变更管理、事件管理和问题管理程序集成，以监控和记录所有的资产和资产的变更；定期检查配置数据以便检验和确认当前和历史配置的完整性。参照软件使用政策定期检查已安装的软件，以识别私自安装的、没有许可证的或者任何超出当前许可协议的软件的事例，并将上述监控中发现的问题及时报告、应对并纠正错误和偏差。

（五）性能和容量管理的关键控制点

性能和容量管理是基于工作负载、储存需求和例外需求来预测未来需求，必须有一个定期检查当前IT资源的性能和容量的流程，为支持业务需求的信息资源持续可用提供保证。性能和容量管理由信息技术部门负责。

信息技术部门持续地监控基础设施组件满足需求的能力，如CPU利用率、磁盘利用率、网络利用率以及软件许可证的数量等，对由监控得到的监控数据进行分析，分析预计未来增加以及潜在瓶颈；定期进行信息系统资源的性能和容量预测，识别工作负载趋势和需求变化，为可能的重新部署识别出额外的容量。考虑正常的工作负载、突发事件、存储需求和IT资源的生命周期等因素，信息技术部门提供所需的容量和性能，做好如下安排：区分任务优先级、容错机制、资源分配实践，维持和调整当前的IT性能，处理诸如恢复能力、紧急事件、当前和计划工作负荷、存储计划和资源获得等问题，把由于容量不足和性能退化引起服务中断的风险降低到最低程度，如图8-14所示。

根据能力监控和需求变化情况，信息技术部门定期组织能力分析，适时提出能力变动申请，并履行适当的审批手续。根据申请批复情况进行应用选择，考察运行新的或改进的服务所需要的资源；在考虑监控信息和预测数据的基础上，采用合适的模拟工具，预测基础设施的运行情况，确保合理成本的容量和性能能够有效完成的工作负载。综合以上工作成果，制订和实施能力计划。能力计划描述了当前和未来对信息系统基础设施能力的需求、信息系统服务需求以及过期组件的替换和技术方面的最新发展，应包括性能预测、升级点、基础设施升级（资本、运营、人员）的预计成本等方面的信息。

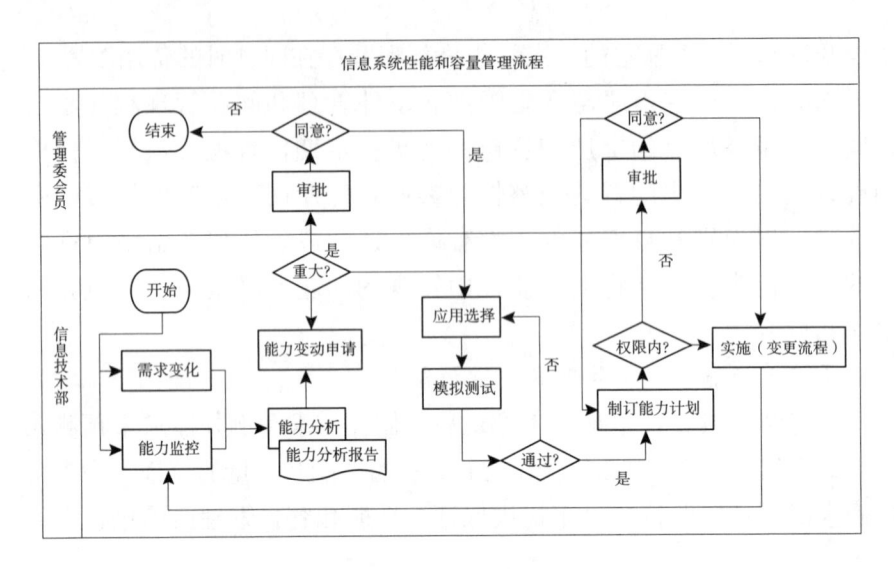

图 8-14　信息系统性能和容量管理流程图

（六）连续性管理的关键控制点

为了提供持续性的信息系统服务，需要开发、维护和测试信息系统持续性计划，提供定期的持续性计划的培训，从而最大限度地减少主要服务中断的可能性和对关键业务功能和流程的影响。该项工作由信息技术部门负责。

信息技术部门建立了一个信息系统持续性框架，使用一致的流程支持企业级的业务持续性管理。框架的目标应当是辅助决定基础设施所需的恢复力和推动灾难恢复与信息系统应急计划的制订。框架应当说明持续性管理的组织结构，包括内外部服务提供者以及他们的管理者和客户的角色、任务和职责，以及计划流程。该流程建立规则和结构来记录、测试和执行灾难恢复和信息系统应急计划。计划还应当包括关键资源的识别、关键影响因素的说明、关键资源可用性的监控和报告、替代的处理以及备份和恢复原则。

基于框架建立信息系统持续性计划，旨在降低关键业务功能和流程中断带来的影响。计划应当根据潜在业务影响的风险理解，明确所有信息系统关键服务对破坏承受能力、替代的处理和恢复能力的需求。它们还应当包括使用指南、角色和职责、程序、沟通流程和测试方法。定义和管理了分发策略,确保计划被适当和安全地分发,对于合适的经授权的团体来说,计划随时随地都是可用的。

把注意力集中在信息系统持续性计划所指定的最为关键的项目上,在恢复情形下建立恢复能力和优先级。避免恢复次要项目对注意力的分散,确保响应和恢复与业务需求的优先排序一致,成本保持在可接受的水平并与法规和合同要求一致。考虑不同等级的承受能力、响应和恢复需求(例如,1~4个小时,4~24个小时,超过24个小时)以及关键业务的运营周期。

维护信息系统持续性计划,鼓励信息系统管理层定义和执行变更控制程序,确保信息系统持续性计划保持最新版本并持续地反映实际的业务需求,如清晰、及时地传达程序和职责的变更信息;向所有相关方提供定期的培训会议,培训内容是关于假设事件或灾难发生时的程序和他们的角色和职责;通过应急测试结果来检验和提升培训。

定期测试信息系统持续性计划,确保信息系统能有效恢复,发现计划的缺陷,保持计划的相关性。这需要细致地准备文档资料、测试结果报告,以及根据测试结果实施相应的行动计划,并将单一应用的测试恢复的范围与端对端测试的集成测试方案和集成供应商测试一起考虑。

四 案例分析

【案例 8-2】

×××公司IT系统运营保障管理办法

1. 总则

为提高公司信息技术服务质量,保证维护服务及时响应并达到要求,确保业务流程正常运行,特制定本办法。

2. 适用范围

本办法制定了针对计算机应用软件系统(以下简称应用系统)、网络、终端用户的服务办法及对第三方服务的监管规定,适用于公司层面IT系统(在公司层面运行的各类应用系统、网络系统和终端设备)的运营维护管理。

各二级公司应针对本公司内部的IT系统参照本办法制定相应的管理制度，并进行实施和管理。

3. 职责

3.1 技术发展部负责本办法的制定和修订，并负责对本办法的执行情况开展定期或不定期的监督检查和指导工作。

3.2 具体承担维护公司层面某个应用系统的单位，应按照本办法对本单位所负责的应用系统实施管理。

3.3 技术中心城域网管理部门负责公司城域网（骨干网）核心设备、汇聚层设备、公司邮件系统等的维护；终端用户管理部门负责公司层面终端用户的管理。

3.4 各二级公司负责各自局域网和终端用户的管理。

3.5 应用系统维护人员负责对自主开发的应用系统提供技术支持。

3.6 应用系统管理员负责应用系统用户及权限的分配。

3.7 数据库管理人员负责执行对数据库的操作。

3.8 网络管理人员和服务器操作系统管理人员负责提供网络及服务器服务。

3.9 终端用户管理人员负责终端设备和环境的管理。

3.10 应用系统维护部门的负责人负责应用系统维护过程中的人员协调工作。

4. 管理内容和要求

4.1 IT系统运营维护的范围。

根据公司现状，IT系统运营维护应包括以下四个项目的服务：

1）为自主开发的应用系统提供技术支持；

2）商品软件、合作开发软件和定制开发软件的服务保障；

3）网络及服务器的维护；

4）终端用户及设备的管理。

4.2 IT系统运营维护的前提。

1）应用系统在进入服务之前，应保证按照《应用系统开发管理办法》和《应用系统上线管理办法》的规定，完成任务书的要求并成功实施；

2）网络、服务器等已部署完毕。

4.3 服务内容。

按照4.1的分类，每个项目应包括但不限于以下所列的服务内容。

第八章 信息系统管理

4.3.1 自主开发的应用系统。

1）为用户提供应用系统的帮助文件或操作手册；

2）开立或撤销应用系统账号，更改用户权限；

3）对应用系统进行正确和优化的配置，保证系统正常运行；

4）对应用系统本身的故障（BUG），应提供及时的修正；

5）解答用户在使用过程中遇到的问题；

6）根据业务需要，提供程序更改及通过审批的数据维护服务；

7）当相关的应用系统提出接口需求时，应用系统维护部门应予以支持；

8）对用户反映的性能和易用性问题，应用系统维护部门应分析解决；

9）对于服务器等引起的应用中断，应用系统维护部门应提供解决方案。

4.3.2 商品软件、合作开发软件和定制开发软件。

购买商品软件、与公司外单位合作开发软件或对商品软件进行定制开发时，应在签订的协议中包括服务条款，条款应明确规定该软件的维护方式和期限，以确保用户的请求能够得到及时响应。

4.3.3 网络和服务器服务。

1）对公司网络核心设备进行维护及故障排查，保证网络的稳定运行；

2）保证公司网络的安全，防止非法入侵和攻击；

3）部署防病毒产品，确保应用系统的高效、稳定运行；

4）受理用户的 VPN 接入申请；

5）受理用户访问 Internet 或特殊端口的申请；

6）保证公司邮件系统的正常运行，解答用户在使用过程中提出的问题；

7）根据公司的统一安排，分配网络资源；

8）保证服务器的正常运行，定期巡检；

9）定期给服务器打已知的补丁及进行系统整理。

4.3.4 终端用户和设备的管理。

1）提供对台式机、笔记本电脑和打印机等的维修服务和进行配置管理；

2）为终端用户安装工作用软件；

3）指导用户清除计算机病毒、下载安装操作系统补丁程序。

4.4 服务方式。

根据具体情况，各类服务的提供部门可采用以下的服务方式，服务方式应明确告知用户，对与工作无关的问题维护人员有权予以拒绝。

1）热线支持：应向用户公开技术服务支持电话，接受用户咨询；

2）邮件服务：设立专门的邮箱，用户可以将问题提交到该邮箱；

3）远程软件维护：在用户接受的情况下，可以通过远程控制系统帮助用户进行故障排除或软件操作指导；

4）现场服务：对于远程技术支持无法排除故障的用户，可以根据情况安排工程师到现场进行故障处理；

5）Web 支持：有条件的部门可以通过论坛进行在线提问，并汇总问题库，供用户查询。

4.5 响应时间。

应根据故障分级不同，努力争取在下述相应的规定时间内解决问题：

1）对于一般性的咨询问题，应当时予以解答；

2）由于应用系统原因造成的系统无法运行，维护部门应与用户协商，确定解决时间，及时提供解决方案或替代方法；

3）由于网络设备故障造成网络中断，故障解决时间一般在 4 个小时之内；

4）由于服务器原因造成的应用系统无法正常运行，应立即替换备机；

5）VPN 接入、Internet 访问和公司邮件系统的账户开设等，应在申请批准后的 1 个工作日内完成；

6）由于应用系统性能受损而对用户有影响，维护部门必须提出相应的解决方案，经论证后，进行修改；

7）由于应用系统的文字资料或页面需要修改，而不影响业务的正常运行时，可在未来的应用系统升级中予以解决。

4.6 维护人员。

应用系统维护部门负责应用系统的运行维护，城域网管理部门负责网络、VPN 接入、公司层面 Internet 访问和邮件系统的管理，终端用户管理部门负责终端用户和设备的管理。为保证服务质量，维护部门应明确责任，指定专门的技术人员负责相关的维护工作。维护人员应具有高度的责任感，熟悉所从事的工作，对用户提出的问题认真解答，对于无法及时解决的问题，应报告部门负责人，负责人应调动资源，协调关系，保证问题的顺利解决。

IT系统维护人员分工如下：

1）应用系统维护人员负责与用户沟通，回答用户的咨询，解决用户在使用应用系统过程中遇到的问题，并对未及时解决的问题进行分析，提出解决方案，提交部门负责人；

2）应用系统管理员负责根据账户审批表，开立、撤销应用系统账户或更改用户权限；

3）数据库管理人员负责根据审批通过的应用系统数据变更申请审批单，修改数据；负责建立数据库用户并分配使用权限；

4）网络管理人员负责监控公司网络核心设备、汇聚层设备的运行状况，解决网络故障，开立Internet访问权限、建立/撤销VPN用户及对公司邮件系统进行管理等；

5）终端用户管理人员负责终端用户及设备的管理，负责帮助或指导用户给终端设备打操作系统补丁，并与网络管理人员共同负责网络病毒的防治；

6）维护部门负责人负责协调各类维护人员，共同保障IT系统的正常运行。

4.7 服务工作流程。

4.7.1 公司层面自主开发的应用系统服务流程。

4.7.1.1 服务的提出。

用户通过电脑、电话、书面文件向相关的应用系统维护部门提出服务请求，但在下列几种情况下，必须先填写申请单，履行相关的审批手续后，再提交到该应用系统的维护部门。

1）申请数据维护时，应由申请人填写应用系统数据变更申请审批单；

2）申请程序更改时，应由申请人填写应用系统程序变更申请审批单；

3）申请数据接口时，应由申请人填写应用系统数据接口申请审批单；

4）申请数据导出时，应由申请人填写应用系统数据导出申请审批单。

4.7.1.2 服务的接收与处理。

1）应用系统维护部门接受请求；

2）对于咨询性问题：应用系统维护人员应当场予以解答，并记入应用系统咨询问题处理表，转 4.7.1.3；对于未能及时处理的问题，应用系统维护人员应进行登记，填写应用系统待处理问题记录表，对问题进行分析，提交部门负责人审核通过后，进行后续处理；

3）应用系统维护人员对通过审核的审批单进行处理，并在接到申请后的 3 个工作日内告知申请人审批通过后的具体处理时间：

a. 对于新增或修改功能的需求，按应用系统变更管理办法处理；

b. 对于数据接口需求，若需要以程序的形式实现，按《应用系统变更管理办法》处理；若需要在数据库中进行设置，应符合《操作系统、数据库、应用系统账号及口令管理规定》的要求；

c. 对于数据更改需求，应严格执行，严禁私自、单独对正式使用的数据进行直接操作；

d. 对于数据导出需求，在审批通过后，应按用户要求的形式提供；

e. 对于性能和程序易用性需求，应用系统维护部门应制定解决方案，若需要调整程序，按《应用系统变更管理办法》处理；若需要进行其他的配置调整，应经过部门负责人签字同意后实施；

f. 对于应用系统中存在的 BUG，应用系统维护部门应按《应用系统变更管理办法》立即处理。

4.7.1.3 服务请求的反馈。

应用系统维护人员在对用户请求处理完成后，应及时通知用户，并在相应的申请表或记录表中填写意见。

4.7.1.4 服务的管理。

1）应用系统维护部门的负责人应定期审查应用系统待处理问题记录表，确保用户提出的问题得到及时解决；

2）应用系统维护部门应不定期组织维护人员整理完善问题库，以便用户能够得到更好的技术支持。

4.7.2 网络故障处理流程。

网络故障包括网络中断、网络运行异常缓慢、无法访问 Internet 网络、公司邮件服务无法响应等需要紧急处理的异常情况。

4.7.2.1 服务的提出。

用户发现网络异常情况后，应立即通过电话通知网络管理部门：公司机关的用户应通知技术中心城域网管理部门；其他人员应通知所在二级公司网络管理部门。

4.7.2.2 服务的响应。

1）二级公司应首先判断各自局域网及所租用城域网线路是否正常，公司机关局域网由技术中心城域网管理部门负责检查。若城域网线路中断，应尽快通知线路服务提供商；若局域网设备、线路、配置等出现故障或由于病毒引起网络中断，应立即修复；网络恢复正常后，转 4.7.2.3；

2）若二级公司局域网和城域网线路正常，二级公司网络管理部门应及时通知技术中心城域网管理部门；

3）技术中心城域网管理部门应立即安排网络管理人员进行问题排查，对于重大问题，部门负责人应及时向分管领导汇报；

4）城域网网络管理人员应及时判断故障原因，无法解决时，应尽快联系设备或服务提供商，对于超出服务期的，部门负责人应协助联系人员处理；对于大面积的病毒发作，网络管理人员应立即排查，二级公司及终端用户管理人员予以协助，迅速切断病毒的传播途径，对传播病毒的机器隔离清除，必要时对其系统重新安装；

5）城域网网络管理人员与二级公司网络管理人员保持必要的沟通，确保网络故障的排除。

4.7.2.3 服务的反馈。

故障排除后，服务申请接收部门应通知用户，并填写网络故障处理情况登记表。

4.7.3 终端用户及设备的服务流程。

4.7.3.1 服务的提出。

用户通过电话、书面文件向所属终端用户管理部门提出相关服务需求或终端用户管理部门巡检时发现问题。

4.7.3.2 服务的响应。

1）终端用户管理部门负责安排终端用户管理人员提供服务；

2）对于硬件故障，首先确定故障原因，对于人为损坏、安装非工作用软件造成的损坏，终端用户管理部门不负责维修；对于增加硬件配置可能需要采购的需求，进行资产采购后处理。需要更换配件的应做好配件更换的资产登记，填写配件更换登记表，替换下的配件应有专人管理以备检查；

3）对于软件安装服务，终端用户管理人员应按照规范的步骤操作，确保所使用的安装介质是无毒的，方可使用。终端用户管理人员有权拒绝安装非工作用软件；

4）终端用户管理人员应指导用户使用杀毒软件，帮助或指导用户下载安装操作系统补丁，确保终端设备环境的安全。

4.7.3.3 服务的反馈。

服务完成后，终端用户管理人员应填写终端用户服务登记表，经用户签字后交终端用户管理部门保存。

4.7.4 网络资源的分配流程。

二级公司或公司本部需要申请公司城域网地址等网络资源时，首先由相应的网络管理部门填写网络资源申请审批表，经分管领导批准后，报技术发展部；技术发展部审批通过后，由技术中心城域网管理部门网络管理人员统一分配，然后通知申请部门。

4.7.5 VPN接入工作流程参见《VPN账号管理规定》执行。

4.7.6 Internet访问工作流程参见《局域网用户访问Internet网络管理规定》执行。

4.7.7 病毒防范管理流程参见《计算机病毒防范管理办法》执行。

4.7.8 应用系统账户管理流程参见《操作系统、数据库、应用系统账号及口令管理规定》执行。

4.8 服务及设备保障。

为确保核心网络、服务器和应用系统能够稳定、高效运行，除了维护部门应提供规范的服务，公司和二级公司还应制定服务和设备保障措施，加强对第三方（包括服务提供商、设备供应商、软件提供商等）服务的监管，并根据IT运营风险的控制需求以及现有冗余设备情况，对硬件设备和网络服务定期进行服务需求分析，根据分析报告制定服务／维护协议。

4.8.1 服务及设备保障措施。

根据公司的 IT 系统现状，应提供如下保障措施：

1）与城域网线路服务提供商签订协议，确保通信线路的质量；

2）购买网络设备时应与供应商签订满足需要的服务/维护协议，包括定期巡检和网络故障的及时排除等；

3）运行关键业务的服务器应有备机，或能从供应商处及时借用服务器维持应用系统等运行并保证数据安全；

4）公司网络的核心设备应采用双机模式，以提高网络的安全性和可靠性；

5）购买的商品软件、合作开发软件、定制开发软件及关键设备在协议签订的服务期结束后，应续签/定制服务协议，否则应及时制定相应的服务办法，保证业务流程能够正常运行，并在系统出现故障时能够得到及时的服务。

4.8.2 对第三方服务的评估与监督。

对于经过第三方实施的服务，技术发展部应从以下几方面加强监督管理：

1）技术发展部应建立应用系统、网络及硬件设备维护服务登记制度。公司内协议的签订部门在协议签订后应及时到技术发展部备案，向技术发展部提交服务协议复印件；

2）第三方应及时向公司内协议的签订部门提交日常运行故障和故障处理情况报告，公司内协议的签订部门应定期对第三方的服务水平进行评估，并向技术发展部提交评估报告；

3）技术发展部汇总对第三方服务的评估报告，作为考核依据，纳入服务商管理体系。

5. 附则

5.1 本办法自 2007 年 10 月 1 日起试行。

5.2 本办法由技术发展部负责解释。

案例解析 运营保障管理办法中，明确应用系统维护人员、数据库管理人员等运维人员的分工与职责，为信息系统运维搭建一个组织架构。

同时，界定了运营维护的前提与范围、服务内容、服务方式、响应时间，建立了服务工作流程。

服务工作流程包括公司层面自主开发的应用系统服务流程、网络故障处理流程、终端用户及设备服务流程、网络资源分配流程、VPN接入工作流程、Internet访问工作流程、病毒防范管理流程、应用系统账户管理流程。各流程主要控制点包括服务提出、服务接收、服务反馈、服务管理等。

另外，提出了服务和设备保障措施、第三方服务的评估与监督，着重体现公司的个性化要求与控制标准。

第四节　信息系统岗位职责的内部控制

一　信息系统岗位职责的内部控制目标

（1）建立明晰的、灵活的、响应及时的信息系统组织架构，并为每一个岗位准确定义职责，为信息系统工作提供有效的组织保证。

（2）信息系统部门和最终用户部门应有充分的职责分离，包括部门之间及各部门内部，以提高在日常工作中及时发现信息系统错误的可能性。

二　信息系统岗位职责的主要风险点

（1）信息系统部门的组织模式不合理，如权力集中度与分散度不平衡，可能无法有效调动各方面积极性，及时响应信息系统运行需求。

（2）信息系统组织层级过多，汇报关系过于复杂，可能导致各层管理者之间沟通不畅，影响信息系统建设与维护效率。

（3）信息系统组织内部角色和职责定义不清，存在重叠或空白，可能造成推诿扯皮现象，影响信息系统团队的合作。

（4）信息系统部门和最终用户部门未实现充分的职责分离，可能无法及时发现工作中发生的错误与舞弊问题。

三 信息系统岗位职责的关键控制点

（一）信息系统岗位职责的总体要求

信息系统岗位职责不仅涉及信息技术部门，还有企业高层团队以及相关财务、人事等支持部门的职责与定位。信息系统岗位职责总体关系如图 8-15 所示。

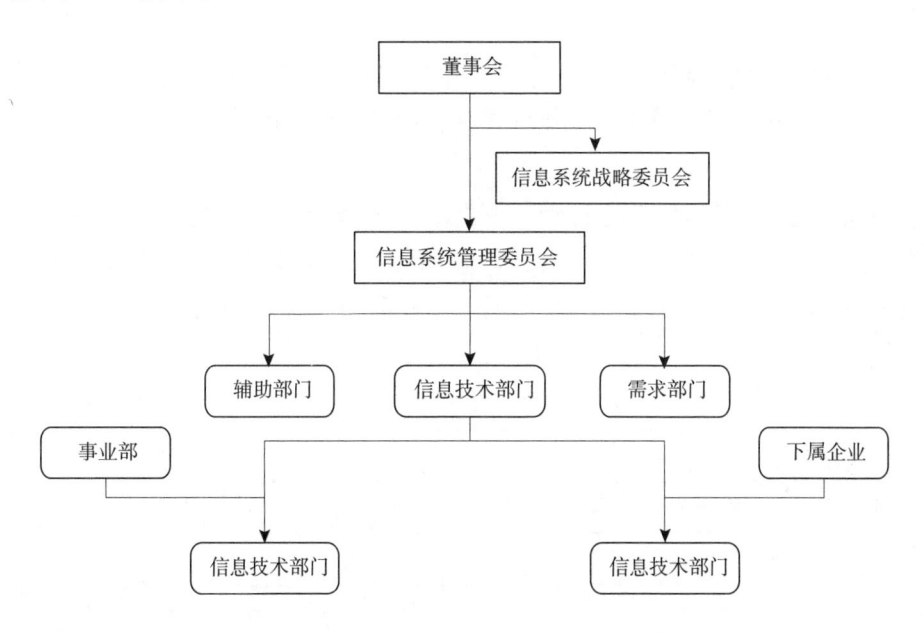

图 8-15 信息系统岗位职责总体关系图

1. 信息系统战略委员会

信息系统战略委员会由董事会成员和外部专家组成，负责在信息系统战略目标、预算以及业务匹配等方面提供建议，对信息系统战略管理进行指导，确保信息技术成为董事会会议日程的常规内容之一，并通过结构化的方式得到处理。信息系统战略委员会不承担董事会的治理义务，不能作出最终决策，也不能参与企业的日常管理，只是作为提议者向董事会和管理层提供信息系统建议。

2. 信息系统管理委员会

信息系统管理委员会是由企业各部门主管和相关人员组成的高层管

理团队，他们定期沟通交流，就以下问题作出决策：

（1）根据实施情况复查信息系统战略，保证信息系统与企业方面的一致性。

（2）根据信息系统整体战略规划和需求管理原则，管理项目组合，划分项目优先级。

（3）审查预算提议，控制和批准信息系统部门权限以外的资本支出。

（4）审查所有业务部门与所有外包商的合作。

（5）进行项目实施后评价和信息系统绩效评价。

3. 信息技术部门

信息技术部门包括运行管理职能、技术支持职能、应用系统开发职能、质量与安全管理职责、数据管理和用户服务等六大职能，每个职能下又分设不同的岗位以分解并实现工作任务与目标。如图8-16所示。

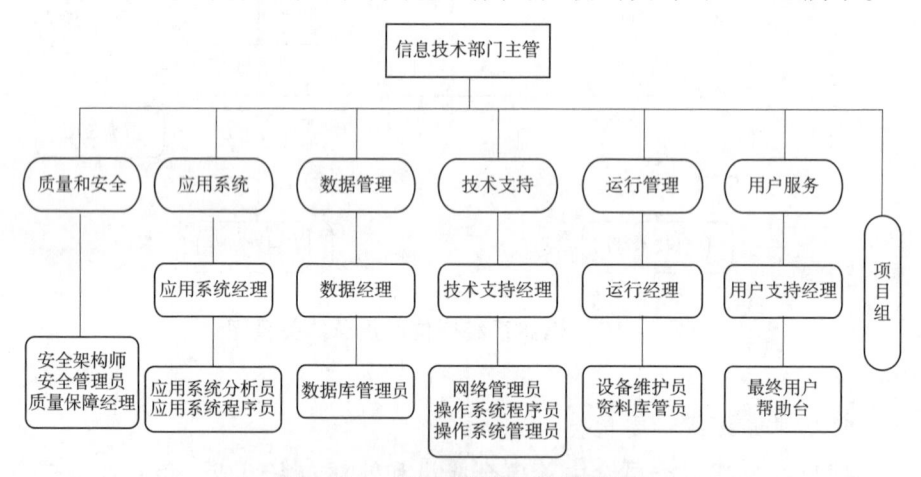

图8-16 信息技术部门职责图

（1）运行管理。运行经理负责计算机操作人员的管理，包括准确有效地运行信息处理设施所需的所有员工，如设备维护员和资料库管员。①设备维护员负责对信息处理设施中的计算机和其他设备进行日常操作与管理；②资料库管理员负责登记、发布、接收和保管所有的程序和数据文件。

（2）技术支持。技术支持经理负责对维护系统软件的系统管理员、系统程序员和网络管理员的工作进行管理。①系统管理员负责维护主要的计算机系统，典型职责包括：增加和配置新的工作站、设置用户账号、安装系统级软件、执行病毒保护程序、分配海量存储空间。②网络管理员负责管理网络基础设施中的关键组成部分，如路由器、防火墙、远程访问等。③系统程序员负责维护系统软件，操作系统软件。该职位可能被赋予无限制地访问整个系统的权限。

（3）应用系统开发。应用系统经理负责实施新系统和维护现有系统的分析员和程序员。①应用系统分析员在系统开发的初始阶段参与工作，了解用户的需求、开发需求和功能定义，制定高级设计文档；②应用系统程序员负责开发新系统和维护生产中使用的系统。

（4）质量和安全管理。安全管理员的职责通常包括：①维护对数据和其他信息系统资料的访问规则；②在分配和维护授权用户 ID 和口令时，保护其安全性和保密性；③监测违反安全规定的行为并采取纠正行动；④定期审查和评估安全政策并向管理层提出必要的修改意见；⑤计划并推动面向所有员工的安全知识宣讲活动并进行监督；⑥测试安全架构，评价安全的健全性，发现可能的威胁。安全架构师负责评价安全技术，设计物理防护边界、访问控制、用户身份识别等安全措施，并建立安全政策和安全需求。质量保障经理负责在所有的信息技术领域协调和推动质量管理活动。

（5）数据管理。数据经理负责数据资产管理和大型信息系统环境下的数据结构设计。数据库管理员负责定义和维护企业数据库系统的数据结构，主要职责包括：①确定面向计算机的物理数据定义；②调整物理数据定义，以优化性能；③选择和使用数据库优化工具；④测试和评估程序员的操作和优化工具的使用；⑤回答程序员的咨询，培训程序员数据库结构方面的知识；⑥实施数据库定义控制、访问控制、更新控制和并发控制；⑦监测数据库的使用、收集运行统计数据和调整数据库；⑧定义和启动备份和恢复程序。

（6）用户服务。用户支持经理负责联系信息系统部门和最终用户。①最终用户负责与业务应用系统的具体操作，是产品和服务的最终使用者。②最终用户帮助台负责帮助用户使用应用系统和改善软件及信息处理设施，主要活动有：替用户采购硬件和软件等；帮助用户解决硬件和软件困难；培训用户使用硬件、软件和数据库；回答用户的问询；监督技术开发和通知用户与其有关的进展；确定与生产系统有关的问题来源并启动更正行动；通知用户可能影响其硬件、软件升级安装的控制的硬件、软件或数据库问题；启动提高效率的变更。

（二）信息系统岗位的职责分离

信息系统岗位的职责分离如表 8-1 所示。

表 8-1　信息系统岗位的职责分离表

项目	控制组	系统分析员	应用程序员	帮助台和支持经理	最终用户	数据录入员	计算机操作员	数据库管理员	网络管理员	系统管理员	安全管理员	系统程序员	质量保证人员
控制组		×	×	×		×	×	×	×		×		
系统分析员	×			×	×						×		×
应用程序员	×	×		×	×	×	×	×	×	×		×	×
帮助台和支持经理	×	×	×								×		
最终用户			×	×			×	×			×		×
数据录入员	×	×	×				×						
计算机操作员	×		×		×	×		×		×			
数据库管理员	×		×	×		×	×						
网络管理员	×		×										
系统管理员	×		×				×				×		
安全管理员		×	×										
系统程序员	×		×	×	×				×	×			×
质量保证人员			×								×		

注：× 表示职能合并可能会产生潜在的控制风险。

表 8-1 中的职责分离并不是一个行业标准，在使用时不要绝对化。各企业的规模大小及人员配备情况不同，职责分离程度也不同。

（三）补偿控制

由于资源限制等原因，企业可合并部分分离职责，但同时必须建立补偿控制来减轻因缺乏职责分离而造成的风险，补偿性措施包括但不限于以下内容。

1. 审计踪迹

审计踪迹是所有设计优良的系统的基本组成部分，它通过提供追踪线索来帮助信息技术部门、用户部门和审计师跟踪信息处理的来龙去脉。

2. 核对

在绝大多数情况下，核对是用户的责任。同时，应用程序可以通过控制总计和平衡表来完成有限的核对工作。这种验证提高了信息系统成功运行的置信度。

3. 监督性审核和独立性审核

可以通过现场观察和问询来执行监督性审核和独立性审核，可以在一定程度上防止因缺乏职责分离造成的错误与舞弊问题。

4. 例外报告

对于在核对、审核及日常运行中发现的特殊事项，应及时形成例外报告并上报有关主管领导。例外报告需及时处理，且留有处理痕迹。

第五节　信息系统安全管理的内部控制

一　信息系统安全管理的内部控制目标

通过信息系统安全管理工作，不断发现、修复系统安全漏洞，预防、发现、制止利用或者针对系统进行的不法活动，预防、处置各种安全事件和事故，提高系统安全系数，确保计算机信息系统安全可用。

二　信息系统安全管理的主要风险点

（1）信息系统硬件和软件存在内在缺陷，可能直接造成信息系统故障，还会为恶意攻击提供机会，降低系统安全性能。

（2）信息系统硬件和软件受到人为恶意攻击，可能导致运行效率下降甚至异常或中断，破坏数据的有效性和完整性，也可能导致敏感数据的泄露、滥用。

（3）信息系统使用与维护管理不当，可能导致系统安全性能下降甚至系统异常、停车的事件，使信息系统运营效率低。

（4）自然灾害，如雷电、鼠害、火灾、水灾、地震、停电、违章施工等，可能对信息系统安全构成现实威胁。

三 信息系统安全管理的关键控制点

（一）信息系统的制度与组织管理

（1）授权专门的部门或人员负责制定由总体方针、安全策略、管理制度、操作规程等构成的全面的信息安全管理制度体系，说明机构安全工作的总体目标、范围、原则和安全框架等。

（2）应组织相关人员对制定的安全管理制度进行论证和审定；通过正式、有效的方式发布；应定期或不定期地对安全管理制度体系的合理性和适用性进行检查和审定，对存在不足或需要改进的安全管理制度进行修订。

（3）应设立信息安全管理工作的职能部门，设立系统管理员、网络管理员、安全管理员等岗位，并定义各个工作岗位的职责、分工和技能要求。

（4）应定期对各个岗位的人员进行安全技能和安全认知的考核；应对关键岗位的人员进行全面、严格的安全审查和技能考核；应对各类人员进行安全意识教育、岗位技能培训和相关安全技术培训。

（二）信息系统建设中的安全管理

（1）制定和审核安全设计方案。首先，信息技术部门统一考虑总体安全策略和总体规划，制定安全技术框架、安全管理策略和详细设计方案；其次，管理委员会组织相关部门和有关安全技术专家对总体安全策略、安全技术框架等文件的合理性和正确性进行论证和审定，并且经过批准后实施。

（2）制定和实施软件开发管理制度。通过一系列管理制度，明确开发过程的控制方法和人员行为准则，确保开发环境与实际运行环境物理分开，开发人员和测试人员分离，测试数据和测试结果受到控制，对程序资源库的修改、更新、发布进行授权和批准。

（3）软件开发过程中，要求开发人员参照指定的代码编写安全规范来编写代码，形成软件设计的相关文档和使用指南；软件完成开发后，检测软件质量，检测软件包中可能存在的恶意代码和后门，要求开发单位提供软件的源代码、相关设计文档和使用指南。

（4）制定产品采购和使用管理制度。信息技术部门负责产品的采购，预先对产品进行选型测试，确定产品的候选范围，并确保安全产品的采购和使用符合国家的有关规定。

（5）制定详细的工程实施方案和管理制度，明确说明实施过程、控制方法、行为准则，以控制实施过程，并且在实施过程中，信息技术部门全程跟进工程实施管理。

（6）根据设计方案或合同要求等制定测试验收方案，由信息技术部负责组织企业有关部门人员参与系统验收工作，在测试验收过程中应详细记录测试验收结果，并形成测试验收报告。必要时委托第三方测试单位对系统进行安全性测试，并出具安全性测试报告。

（三）信息系统运营中安全管理

1. 环境控制

（1）机房和办公场地应选择在具有防震、防风、防雷击和防雨等能力的建筑内，但应避免设在建筑物的高层或地下室，以及用水设备的下层或隔壁；采取措施防止水蒸气结露和地下积水转移与渗透，不得穿过机房屋顶和在活动地板下安装水管。

（2）机房应设置火灾自动消防系统，能够自动检测火情、自动报警，并自动灭火；应设置温、湿度自动调节设施，使机房温、湿度的变化在设备运行所允许的范围之内。

（3）在机房供电线路上配置稳压器和过电压防护设备，建立备用供电系统，提供短期的备用电力供应，至少满足主要设备在断电情况下的正常运行要求。

（4）应采用接地方式防止外界电磁干扰和设备寄生耦合干扰；应

对关键设备和磁介质实施电磁屏蔽，电源线和通信线缆应隔离铺设，避免互相干扰；采用防静电地板，主要设备应采用必要的接地防静电措施。

（5）在机房门口设置门禁系统和监控报警系统，并配备机房安全管理人员，控制、鉴别和记录进入机房的人员，进入机房的来访人员应经过申请和审批流程，并限制和监控其活动范围。

2. 访问控制

（1）身份鉴别信息应具有不易被冒用的特点，口令应有复杂度要求并定期更换；应提供用户身份标志唯一和鉴别信息复杂度检查功能，保证应用系统中不存在重复用户身份标志，身份鉴别信息不易被冒用。

（2）应启用访问控制功能，依据安全策略控制用户对信息资源的访问，严格控制用户对有敏感标记的重要信息资源的访问；授予不同账户为完成各自承担任务所需的最小权限，并实现管理用户的权限分离。

（3）对登录信息系统的用户进行身份鉴别，重要管理员终端登录限制应通过设定终端接入方式、网络地址范围等条件，主要系统组件应对同一用户选择两种或两种以上组合的鉴别技术来进行身份鉴别。

（4）根据安全策略设置登录失败处理功能，可采取结束会话、限制非法登录次数和当网络登录连接超时自动退出等措施；应及时删除多余的、过期的账户，及时终止离岗员工的所有访问权限。

3. 数据控制

（1）应保证存储用户鉴别信息、系统内的文件、目录和数据库记录等资源的空间，被释放或再分配给其他用户前得到完全清除，无论这些信息是存放在硬盘上还是在内存中。

（2）在通信双方建立连接之前，应利用密码技术进行会话初始化验证，并对通信过程中的整个报文或会话过程进行加密，防止鉴别信息在网络传输过程中被窃听，保证通信过程中数据的完整性和保密性。

（3）应在收到请求的情况下为数据原发者或接收者提供数据原发证据和接收证据的功能，并结合电子签章等技术手段，提高数据的抗抵赖性。

（4）应能够检测到系统管理数据、鉴别信息和重要业务数据在传输和存储过程中完整性受到破坏，并在检测到完整性错误时采取必要的恢复措施。

4. 设备控制

（1）编制并保存与信息系统相关的资产清单，建立资产安全管理制度，规定信息系统资产管理的责任人员或责任部门，并规范资产管理和使用的行为。

（2）应建立介质安全管理制度，对介质的存放环境、使用、维护和销毁等方面作出规定；确保介质存放在安全的环境中，对各类介质进行控制和保护，并实行存储环境专人管理；对介质在物理传输过程中的人员选择、打包、交付等情况进行控制；对存储介质的使用过程、送出维修以及销毁等进行严格的管理。

（3）对带出工作环境的存储介质进行内容加密和监控管理，对送出维修或销毁的介质应首先清除介质中的敏感数据，对保密性较高的存储介质未经批准不得自行销毁；应对重要介质中的数据和软件采取加密存储，并根据所承载数据和软件的重要程度对介质进行分类和标志管理。

（4）应建立基于申报、审批和专人负责的设备安全管理制度，对信息系统的各种软硬件设备的选型、采购、发放和领用等过程进行规范化管理。

（5）应建立配套设施、软硬件维护方面的管理制度，对其维护进行有效的管理，包括明确维护人员的责任、涉外维修和服务的审批、维修过程的监督控制等。

（6）应对终端计算机、工作站、便携机、系统和网络等设备的操作和使用进行规范化管理，按操作规程实现主要设备（包括备份和冗余设备）的启动/停止、加电/断电等操作。

5. 入侵防范

（1）充分利用技术手段监视端口扫描、强力攻击、木马后门攻击、拒绝服务攻击、缓冲区溢出攻击、IP碎片攻击和网络蠕虫攻击等的入侵攻击，记录攻击源IP、攻击类型、攻击目的、攻击时间，在发生严重入侵事件时应提供报警。

（2）采取安装防恶意代码软件等有效措施检测和清除恶意代码，并定期维护恶意代码库的升级和检测系统的更新，对主机防病毒产品、防病毒网关和邮件防病毒网关上截获的危险病毒或恶意代码进行及时分析处理，并形成书面的报表和总结汇报。

（3）操作系统应遵循最小安装的原则，仅安装需要的组件和应用程序，并应定期对网络系统进行漏洞扫描，对发现的网络系统安全漏洞进行及时的修补。

（4）应提高所有用户的防病毒意识，及时告知防病毒软件版本，在读取移动存储设备上的数据以及网络上接收的文件或邮件之前，先进行病毒检查，对外来计算机或存储设备接入网络系统之前也应进行病毒检查。

6. 安全审计

（1）应对网络系统中的网络设备运行状况、网络流量、用户行为等进行日志记录，并保护审计进程，避免受到未预期的中断；保护审计记录，避免受到未预期的删除、修改或覆盖等。

（2）审计范围应覆盖到服务器和重要客户端上的每个操作系统用户和数据库用户。审计记录应包括：事件的日期和时间、用户、事件类型、事件是否成功及其他与审计相关的信息。

（3）提供对审计记录数据进行统计、查询、分析及生成审计报表的功能，并指定专人负责运行日志的日常维护、报警信息分析和处理工作，以便及时发现异常行为。

7. 安全事件处置

（1）应制定安全事件报告和处置管理制度，明确安全事件的类型，规定安全事件的现场处理、事件报告和后期恢复的管理职责，任何情况下用户均不应尝试验证弱点。

（2）应制定安全事件报告和响应处理程序，确定事件的报告流程、响应和处置的范围、程度，以及处理方法等，分析和鉴定事件产生的原因，搜集证据，记录处理过程，总结经验教训，制定防止再次发生的补救措施。

（3）应在统一的应急预案框架下制定不同事件的应急预案，应急预案框架应包括启动应急预案的条件、应急处理流程、系统恢复流程、事后教育和培训等内容。

第九章

人力资源管理

  人力资源管理是企业管理中最具综合性的部分，人既是企业最大的资产，也可能是企业最大的负担。即便是内部控制本身，也是靠人来落实的，内部控制实质上就是对人的控制。因此，人力资源管理的内部控制是企业内部控制中很重要的一环，会对企业的运营产生重大的影响。本章拟就人力资源管理的概况，人力资源规划的内部控制，员工招聘与离职的内部控制，人才测评与绩效考核的内部控制，员工薪酬、员工激励及期权激励的内部控制，员工培训与劳动关系的内部控制等进行介绍，以期对人力资源管理的内部控制有一个全面的了解。

第一节　人力资源管理概述

一　人力资源的定义及其对企业生存和发展的意义

  "我们的员工是我们最重要的资产。"许多组织都用此话或类似的语言来表达员工在组织成功中所起的重要作用。这些组织还认识到，所有的管理者必须介入某些人力资源管理活动中，即便是在设立了专门的人力资源管理部门的大型组织中也是这样。从宏观角度来看，人力资源是指能够推动特定社会系统发展进步并达成其目标的该系统的人们的能力的总和。从微观角度来看，人力资源是指特定社会组织所拥有的能推动其持续发展、达成其组织目标的成员能力的总和。

  企业要从事经济活动以实现其既定的目的，就必须使用各种资源作为投入。通常认为这些基本资源可以分五类，即人、财、物、信息与时间。

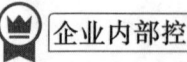

这五类资源就其根本性质而言，还可以进一步分为人与物两大类。一定的生产力条件下，在人与物这一对因素中，只有人的因素才是决定性的，正如毛泽东所说"世间一切事物中，人是第一个可宝贵的"。

现代企业的生存是一种竞争性生存，人力资源自然对企业竞争力起着重要作用，如人力资源是企业获取并保持成本优势的控制因素、人力资源是企业获取和保持产品差别优势的决定性因素、人力资源是制约企业管理效率的关键因素、人力资源是企业在知识经济时代立于不败之地的宝贵财富，等等。

二 企业人力资源管理的内涵及企业人力资源管理过程

企业人力资源管理是企业管理的一个重要组成部分，概括地说，企业人力资源管理是为了实现企业战略目标，通过一整套科学有效的方法，对企业全体人员进行的管理。其核心在于协调人与事的关系，处理人与人的矛盾，充分发挥人的潜能，使人尽其才、事得其人、人事相宜，以实现企业的经营目标。

企业人力资源管理系统由人力资源管理系统的环境、人力资源管理流程和人力资源管理绩效三部分构成，如图9-1所示。

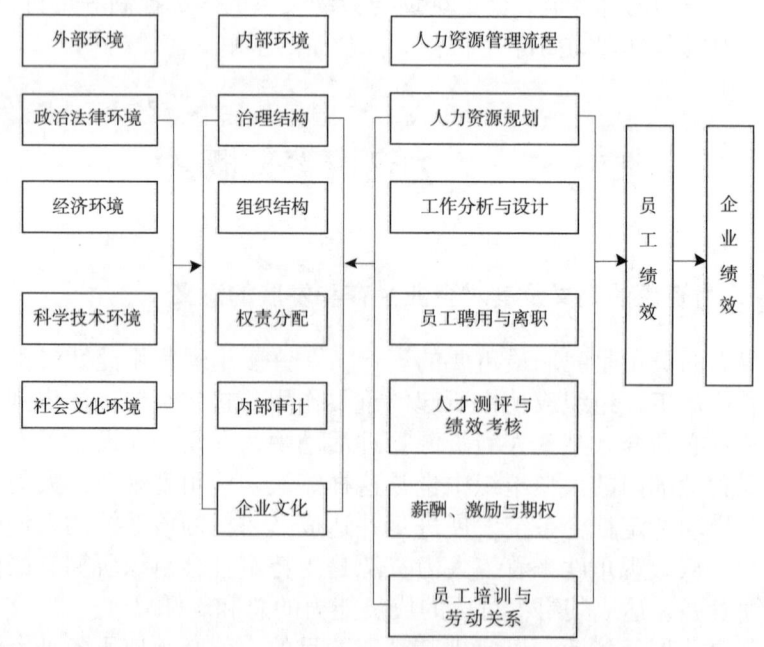

图9-1 企业人力资源管理系统构成图

第九章 人力资源管理

三 人力资源内部控制与企业人力资源管理的关系

《企业内部控制基本规范》从企业总体层面界定了内部控制的意义。企业生产经营活动是由人来推动的，从某种意义上来说，内部控制实质上就是对人的控制。从企业总体层面上来看，内部控制制度是由人来制定的，也是靠人来实施的。内部控制效果的好坏，直接取决于内部控制制度制定者与执行者的诚信度、职业道德水准和专业胜任能力。同时，人力资源内部控制与企业人力资源管理也有着密切的联系，企业人力资源内部控制是实现企业人力资源管理目标的保证，应当与企业人力资源管理过程相整合。

企业人力资源是企业的关键资源，加强人力资源管理对实现企业的战略目标具有重要意义。企业要加强人力资源管理，首先，就应该制定一套符合企业战略目标的人力资源政策，确保人力资源政策的执行。要形成好的人力资源政策与实务，就应当有良好的人力资源政策制定与执行的内部控制体系。其次，要制定和执行科学合理的人力资源政策并确保这些政策的实施，企业应当将人力资源内部控制与人力资源管理过程整合起来，使人力资源内部控制贯穿于人力资源管理全过程，才能保证人力资源管理合理有效地进行。

四 人力资源政策及其内部控制

人力资源政策是指企业为确保人力资源管理目标的实现而采取的基本方针、策略、制度、措施和方法的总称，包括人力资源的总政策和具体政策。为了实现经营战略，企业必须拥有一批有较高诚信度和道德水平、职业道德素质和专业胜任能力的员工，这就要求企业要进行科学合理的人力资源管理，并制定和实施人力资源内部控制。

人力资源政策的目标是为企业可持续发展提供人力资源方面的支持，而人力资源内部控制的目标则是为人力资源政策目标的实现提供合理保证。根据《企业内部控制基本规范》，企业建立和实施有效的内部控制应当包括内部环境、风险评估、控制活动、信息与沟通和内部监督管理5个要素，人力资源内部控制也应该包括这5个要素。

第二节 人力资源规划的内部控制

人力资源规划（human resource planning，HRP）是一项系统的战略工程，是人力资源管理工作的起点，也是人力资源管理工作的"纲领"。它以企业发展战略为指导，以全面核查现有人力资源、分析企业内外部条件为基础，以预测组织对人员的未来供需为切入点，内容包括晋升规划、补充规划、培训开发规划、人员调配规划、工资规划等，基本涵盖了人力资源的各项管理工作，人力资源规划还通过人力资源政策的制定对人力资源管理活动产生持续和重要的影响。

一 人力资源规划的含义

人力资源规划是指企业的人力资源部门和相关业务部门根据企业的发展战略、目标以及企业内外部环境的变化，科学地制定必要的人力资源政策和措施，使企业人力资源供需平衡，保证企业长期持续的发展和员工个人利益的实现。

人力资源规划有广义与狭义之分。广义的人力资源规划是企业所有各类人力资源规划的总称。狭义的人力资源规划是企业从战略规划和发展目标出发，根据其内、外部环境的变化，预测企业未来发展对人力资源的需求，以及为满足这种需要所提供人力资源的活动过程。从时限上来看，人力资源规划可以分成长期（5年以上）、短期（1年及以内）及介于两者的中期计划。它的主要作用可以分为以下5点：①满足企业总体战略发展的要求；②促进企业人力资源管理的开展；③协调人力资源管理的各项计划；④提高企业人力资源的利用效率；⑤使组织和个人发展目标相一致。

与任何企业管理活动一样，人力资源规划需要依赖一定组织架构和人员支持，根植于具体的企业文化，受到环境和资源的约束。任何一个方面的缺陷都可能导致人力资源规划的不科学，使目标的达成受到影响。

二 人力资源规划的工作流程与具体方法

设计和执行人力资源规划内部控制的前提是对人力资源的流程与方法进行深入探讨，这是识别和应对风险不可或缺的步骤。人力资源规划工作流程如图 9-2 所示。人力资源规划作为企业人力资源管理的一项基础性活动，它的核心部分主要包括：人力资源需求预测、人力资源供给预测和供需平衡三项工作。

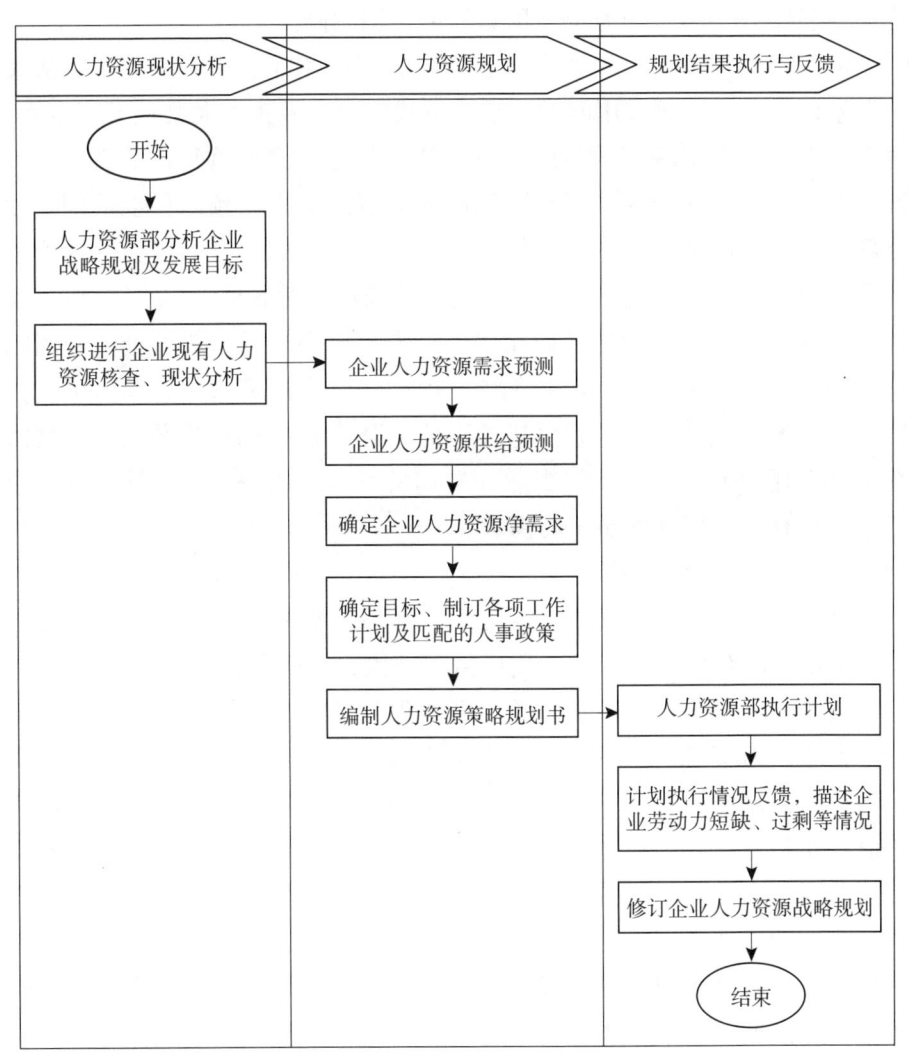

图 9-2　人力资源规划工作流程图

（一）人力资源需求预测

人力资源需求预测就是估算组织未来需要的员工数量和能力组合，它是企业编制人力资源规划的核心和前提，其直接依据是企业发展规划和年度预算。企业人力资源需求预测中还需要注意需求与净需求的区别。需求通常是指毛需求，即企业用人总的数量，而净需求是指需求与企业自身供给的差，是需要企业招聘和配置的人数。

企业人力资源的预测受不确定因素的影响比较大，人才预测具体方法多种多样，总体可分为定性预测和定量预测两大类。

定性预测主要有经验预测法、描述法和德尔菲法。其中德尔菲法又叫专家评估法，一般采用问卷调查的方式，听取专家（尤其是人事专家）对企业未来人力资源需求量的分析评估，并通过多次重复，最终达成一致意见。这种方法既可用于企业整体人力资源需求量预测，也可用来预测部门人力资源需求，它的目标是通过综合专家们各自的意见来预测某一领域的发展状况，适合于对人力需求的长期趋势预测。

定量预测法主要包括转换比率法、人员比率法、趋势外推法、回归分析法、经济计量模型法、灰色预测模型法、生产模型法、马尔可夫分析法、定员定额分析法、计算机模拟法。其中转换比率法和数学模型法都是以现存的或者过去的组织业务量和员工之间的关系为基数，都适合于预测具有共同特征的员工的需求。

（二）人力资源供给预测

企业确定了人力资源的需求之后，接着需要考虑的问题，即企业是否拥有足够的合格人员，由此而产生内部供给和外部供给。

企业未来内部人力资源供给一般来说是企业人力资源供给的主要部分。企业人力资源需求的满足，应优先考虑内部人力资源供给，主要有人力资源信息库、管理人员阶梯模型、马尔可夫模型三种方法。人力资源信息库是通过计算机建立的、记录企业每个员工技能和表现的功能模拟信息库，主要包括技能清单和管理才能清单，是大多数企业组织信息系统的管理工作重点；对于管理人员供给的预测，最简单而又有效的方法就是设计管理人员的接替模型；马尔可夫模型是分析组织人员流动的典型矩阵模型，它的基本思想是通过发现组织人事变动的规律，推测组织在未来的人员供给情况。

第九章 人力资源管理

（三）人力资源供需平衡

在对企业人力资源的供给与需求情况进行深入的预测分析之后，需要根据两个方面的预测结果，进行全面的综合平衡。企业人力资源供求关系有三种情况：人力资源供求平衡；人力资源供大于求，结果是导致组织内部人浮于事，内耗严重，生产或工作效率低下；人力资源供小于求，企业设置闲置，固定资产利用率低，也是一种浪费。由此可见，实现人力资源供需平衡是企业人力资源规划的重要目的。

三 人力资源规划的内部控制目标

人力资源规划是人力资源管理的一个主要方面，是企业人力资源战略形成的出发点，是为了确保组织实现目标的重要途径。人力资源规划作为人力资源政策制定和执行的重要工作之一，其目标主要体现在以下几个方面：

（1）增强企业的环境适应能力，使企业获取实现企业战略所需的人力资源。企业在发展的不同阶段必然具有不同的人力资源需求，而人力资源的供给并不是任何时候都能够达到企业要求的。

（2）实现企业内部人力资源的合理配置，优化企业内部人员结构，实现人尽其才，提高企业的效益。

（3）满足企业成员的需求，调动员工的积极性和创造性。

（4）形成科学完备的人力资源政策，为企业的人力资源工作提供指导，为形成良好的内部控制环境提供支持和保证。

为达到人力资源规划的控制目标，人力资源规划要与企业战略相匹配，与企业所处的发展阶段和宏观经济环境相协调，也要与企业的行业特征、发展战略、企业文化、人力资源管理系统等内部环境相协调。

1. 企业的行业特征

企业所处的行业特征在很大程度上决定着企业的管理模式，也影响着人力资源管理工作。企业的行业属性不同，企业的产品组合结构、生产的自动化程度、产品的销售方式等内部也不同，则企业对所需要的人力资源数量和质量的要求也不同。

2. 企业的发展战略

企业在确定发展战略目标时，就要制定相应的措施来保证企业发展目标的实现。比如，企业生产规模的扩大、产品结构的调整或升级、采用新生产工艺等，会造成企业人力资源结构的调整。因此，在制定企业人员规划时要着重考虑企业的发展战略，以保证企业人力资源符合企业战略目标的要求。

3. 企业文化

企业文化对企业的发展有着重要的影响，好的、适合的企业文化，能增强企业的凝聚力，增强员工的进取精神，稳定企业的员工队伍，企业面临的人力资源方面的不确定性因素就会少一些，有利于人员规划的制定。

4. 企业人力资源管理系统

企业人力资源管理系统既包括企业拥有的人力资源的数量、质量和结构等特征，也包括人力资源战略、培训制度、薪酬激励制度、员工职业生涯规划等功能模块，这些都对人员规划有着重要的影响。

四 人力资源规划的主要风险点

人力资源规划对企业的影响是非常广泛的，它是有关企业人力资源的整体规划和政策程序的设计，因此与人力资源规划相关的风险是需要认真分析和应对的。人力资源规划各环节存在的风险点主要包括以下几点：

（1）在人力资源规划过程中，人力资源需求信息、供给信息和其他信息不准确、不相关等可能会导致人力资源规划不科学、不合理的可能性。比如，在人力资源规划过程中，因理论依据的选择、领导传达的信息和价值出现偏差，人力资源政策会走偏，出现背离。

（2）人力资源规划工作的相关岗位设计不合理，相关岗位人员胜任能力不足、道德低下等导致企业人力资源规划不科学、不合理的可能性。如在人力资源规划过程中，人力资源部门的负责人与业务部门的负责人之间分工不明确、责任不清晰，从而导致人力资源规划过程中出现不和谐的现象，并有可能进一步导致人力资源政策不合理。

（3）在人力资源规划过程中，对外部环境的扫描和评估程序或方法不当，会导致评估出现偏差。人力资源规划过程在很大程度上是企业在人力资源工作方面对外部环境变化的积极应对。

（4）人力资源规划过程中，对需求与供给的预测不准确，会导致后续的人力资源配备计划、人力资源培训计划出现较大偏差的可能性。

（5）人力资源规划的变更缺乏合理的授权、批准和监督程序，会导致人力资源规划变更不合理，人力资源规划缺乏约束力的可能性。

（6）人力资源规划缺乏领导的重视、企业各部门的参与，会导致人力资源规划无法实施或实施困难的可能性。

（7）由于沟通机制不健全等原因，人力资源规划形成的各种政策、方针和工作计划无法有效地向有关人员传递的可能性。

人力资源规划过程中的风险评估主要包括两个方面，即评估风险发生可能性以及其影响程度。人力资源规划相关负责部门要建立常用的风险识别、评估工具，以便有效地识别风险、评估风险，将风险降至可接受的程度，如表9-1和表9-2所示。

表9-1 风险记录单

目录	风险项目	影响范围	发生可能性	风险值	风险规避	执行人	日期	检查人
风险1								
风险2								

表9-2 风险控制表

风险项目	控制措施
风险1	控制措施1 控制措施2 ……
风险2	控制措施1 控制措施2 ……
风险3	控制措施1 控制措施2 ……

五 人力资源规划的关键控制点

针对人力资源规划的上述风险，人力资源规划相关的关键控制点如下。

（一）授权审批控制

在授权审批控制方面，人力资源规划的关键控制点主要包括以下内容：

（1）在人力资源规划工作中，对于各部门提交的人力资源需求与供给信息必须经过各部门主管人员审核签字，并明确其相关责任。

（2）人力资源规划过程中使用的战略规划数据、组织结构数据、财务规划数据及各部门年度规划数据等信息必须经过各部门主管人员审核签字后才能使用。

（3）企业应成立专门的人力资源供需平衡决策小组、委员会或由总经理、总经理授权人、部门负责企业人力资源供需平衡工作。

（4）在人力资源规划过程中，人力资源部门应指定专人负责在相关数据的基数上对企业人力资源需求和供给趋势进行分析，形成分析报告，报告在提交企业总经理或相关的决策小组、委员会讨论并批准后，方为有效。

（5）人力资源规划过程中的供需平衡决策要在总经理或相关的委员会会议讨论通过并经全体成员签字同意后，方可作为进行下一步人力资源规划的依据。

（6）人力资源部门根据经批准的供需平衡决策信息，组织相关人员汇总信息，拟写人力资源规划草案，并组织相关人员召开专项会议审核草案。

（7）人力资源部门根据专项会议通过的草案，安排专人负责企业年度人力资源规划的编制和汇总，形成企业年度人力资源规划报告，规划报告经各职能部门负责人审定签字后，交由企业人力资源部门负责人审核通过，报请总经理批准生效。

（8）企业人力资源部门负责组织实施年度人力资源规划报告的有关内容，并在企业内部做好沟通与传达工作，保障全体员工知晓企业人力资源规划的相关内容，保证人力资源规划实施的顺利进行。

第九章 人力资源管理

（二）不相容职务分离控制

根据不相容职务分离的原则，人力资源规划的关键控制点主要包括以下内容：

（1）为保证决策使用信息的真实性、相关性，在人力资源规划过程中决策使用信息的收集、鉴证和使用须职务相分离。

（2）人力资源需求计划的提出、审批、执行与监督须实行职务相分离。

（3）人力资源规划相关文件的保管、使用和审批须实行职务相分离。

（4）人力资源规划方案修订建议的提出、审批须实行职务相分离。

（三）接触控制

涉及人力资源的政策、信息、材料等是企业重要的机密，应该有专门的控制。此方面的关键控制点包括以下主要内容：

（1）人力资源规划的相关会议及会议决定，需要指定专人负责记录和整理，经过与会人员签字后存档。

（2）企业人力资源部门应该将年度人力资源规划书作为重要机密文件存档，严格控制借阅，并将年度人力资源规划书的管理纳入企业有关商业机密和经营管理重要文件的管理制定。

（3）编制人力资源规划书过程中使用和生成的各种报告，应作为企业的机密文件存档，未经企业人力资源负责人批准，任何人不得调用。

（4）若企业人力资源部门采用人力资源管理信息系统，企业人力资源部门负责人应根据以上所述权限，设定各相关人员对各种文件的使用权限，不得越权接近和使用。

（四）反馈检查的控制

对人力资源规划的制定和实施进行跟踪、反馈、检查和审核是企业人力资源工作的重要内容，在此方面的关键控制点包括以下主要内容：

（1）企业内部审计部门应采用定期或不定期的方式，对人力资源规划的制定过程和实施情况进行审计和评价，并形成书面的审计报告。审计报告应提交企业审计委员会或类似的机构。

（2）企业人力资源部门应根据内部审计报告提出的缺陷进行分析，提出处理方案。处理方案应提交总经理审批，同时抄送内部审计部门，内部审计部门认为必要时可以采取跟踪审计等措施。

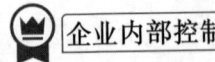

六 案例分析

【案例 9-1】

A集团某年度人力资源管理计划

A集团成立于1990年，主要生产电冰箱。由于产品质量好，价格比较低廉，加上管理得力，通联电冰箱很快成为国内电冰箱的主流产品。随着业务的发展，A集团1997年开始走多元化经营之道，到2002年，先后开发出的主要新产品有洗衣机、微波炉等。

为了集团人力资源的优化发展，公司总裁和人力资源部制订了某年度人力资源管理计划。

一、职务设置与人员配置计划

根据公司某年发展计划和经营目标，人力资源部协同各部门制定了公司某年的职务设置与人员配置。在某年，公司将划分为8个部门，其中行政副总负责行政部和人力资源部，财务总监负责财务部，营销总监负责销售一部、销售二部和产品部，技术总监负责开发一部和开发二部。具体职务设置与人员配置如下。

1. 决策层（5人）

总经理1名、行政副总1名、财务总监1名、营销总监1名、技术总监1名。

2. 行政部（8人）

行政部经理1名、行政助理2名、行政文员2名、司机2名、接线员1名。

3. 财务部（4人）

财务部经理1名、会计1名、出纳1名、财务文员1名。

4. 人力资源部（4人）

人力资源部经理1名、薪酬专员1名、招聘专员1名、培训专员1名。

5. 销售一部（19人）

销售一部经理1名、销售组长3名、销售代表12名、销售助理3名。

6. 销售二部（13人）

销售二部经理1名、销售组长2名、销售代表8名、销售助理2名。

7. 开发一部（19人）

开发一部经理1名、开发组长3名、开发工程师12名、技术助理3名。

8. 开发二部（19人）

开发二部经理1名、开发组长3名、开发工程师12名、技术助理3名。

9. 产品部（5人）

产品部经理1名、营销策划1名、公共关系2名、产品助理1名。

二、人员招聘计划

1. 招聘需求

根据某年职务设置与人员配置计划，公司管理层人员数量应为96人，到目前为止公司只有83人，还需要补充13人，具体职务和数量如下：

开发组长2名、开发工程师7名、销售代表4名。

2. 招聘方式

开发组长：社会招聘和学校招聘。

开发工程师：学校招聘。

销售代表：社会招聘。

3. 招聘策略

学校招聘主要通过参加应届毕业生洽谈会、在学校举办招聘讲座、发布招聘广告、网上招聘等四种形式。

社会招聘主要通过参加人才交流会、刊登招聘广告、网上招聘等三种形式。

招聘人事政策：

（1）本科生：

1）待遇：转正后待遇2 000元/月，其中基本工资1 500元/月、住房补助200元/月、社会保障金300元/月左右（养老保险、失业保险、医疗保险等）。试用期基本工资1 000元/月，满半月有住房补助；

2）考上研究生后协议书自动解除；

3）试用期3个月；

4）签订3年劳动合同。

（2）研究生：

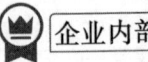

1）待遇：转正后待遇 5 000 元／月，其中基本工资 4 500 元／月、住房补助 200 元／月、社会保险金 300 元／月左右（养老保险、失业保险、医疗保险等）。试用期基本工资 3 000 元／月，满半月有住房补助；

2）考上博士后协议书自动解除；

3）试用期 3 个月；

4）公司资助员工攻读在职博士；

5）签订不定期劳动合同，员工来去自由；

6）成为公司骨干员工后，可享有公司股份。

4. 风险预测

（1）某年本市应届毕业生就业政策有所变动，可能会增大本科生的招聘难度，但由于公司待遇较高并且属于高新技术企业，可以基本回避该风险。另外，由于优秀的本科生考研的比例很大，所以在招聘时，应该留有候选人员。

（2）由于计算机专业研究生愿意留在本市的较少，所以研究生招聘将非常困难。如果研究生招聘比较困难，应重点通过社会招聘来填补"开发组长"空缺。

三、选择方式调整计划

以前年度开发人员选择实行了面试和笔试相结合的考查办法，取得了较理想的结果。

在某年首先要完善非开发人员的选择程序，并且加强非智力因素的考查。另外，在招聘集中期，可以采用"合议制面试"，即总经理、主管副总、部门经理共同参与面试，以增强面试效果。

四、绩效考评政策调整计划

以前年度已经开始对公司员工进行了绩效考评，每位员工都有了考评记录。另外，对开发部进行了标准化的定量考评。在今年，绩效考评政策将作以下调整。

（1）建立考评沟通制度，由直接上级在每月考评结束时进行考评沟通。

（2）建立总经理季度书面评语制度，让员工及时了解公司对他的评价，并感受到公司对员工的关心。

（3）在开发部试行"标准量度平均分布考核方法"，使开发人员更加明确自己在开发团队中的位置。

（4）加强考评培训，减少考评误差，增强考评的可靠性和有效性。

五、培训政策调整计划

公司培训分为岗前培训、管理培训、岗位培训三部分。岗前培训在1994年已经开始进行，管理培训和技能培训从某年开始由人力资源部负责。在今年，培训政策将作以下调整。

（1）加强岗前培训。

（2）管理培训与公司专职管理人员合作开展，不聘请外面的专业培训人员。该培训分成管理层和员工两个部分，重点对公司现有的管理模式、管理思路进行培训。

（3）技术培训根据相关人员申请进行。采取公司内训和聘请培训教师两种方式进行。

六、人力资源预算

1. 招聘费用预算

（1）招聘讲座费用：计划召开本科生招聘讲座和研究生招聘讲座各4次，每次费用300元，预算2 400元。

（2）交流会费用：参加交流会4次，每次平均400元，共计1 600元。

（3）宣传材料费：2 000元。

（4）报纸广告费：6 000元。

2. 培训费用

上年实际培训费用35 000元，按20%递增，预计当年培训费用约为42 000元。

3. 社会保障金

上年社会保障金共交纳×元，按20%递增，预计当年社会保障金总额为×元。

案例解析 本案例以年度人力资源计划形式体现人力资源规划政策，从内部控制5个要素来看，存在以下问题：

（1）缺乏人力资源计划制订和修改程序。

（2）风险评估工作有待进一步完善，虽然计划中提到了"风险预测"，但是没有针对风险制定的应对程序和措施。

（3）控制活动相对合理。该公司人力资源计划的控制活动比较科学。但是从制订的计划方案来看，其缺乏严谨的控制活动，比如缺乏对一些相关人员的职责分工、方案的授权批准等。

（4）信息与沟通机制有待进一步完善。在案例中没有明确提到工作岗位职责说明书、职务描述及详细的员工培训计划，如果该公司有这些信息，要做好记录与保存。而且该公司在发布人力资源计划信息时，要确保信息的及时性，在收集各类信息时，也要及时获取新信息，并在公司内部做好传达。

（5）缺乏监督程序。从方案来看，该公司没有提出对流程的监督，也没有明确内部审计职能的监督，这将会导致人力资源计划的某些问题和弊端得不到更正，加大政策制定和执行过程中的风险。

第三节　员工招聘与离职的内部控制

一　员工招聘的内部控制

（一）员工招聘的含义和业务流程

员工招聘是指组织根据人力资源管理规划和工作分析的要求，从组织内部和外部吸收人力资源的过程。员工招聘主要包括员工招募、甄选和聘用等内容。员工招聘在人力资源管理工作中具有重要的意义。招聘工作直接关系着企业人力资源的形成，有效的招聘工作不仅可以提高员工素质、改善人员结构，也可以为组织注入新的管理思想，为组织增添新的活力，甚至可能给企业带来技术、管理上的重大革新。招聘是企业整个人力资源管理活动的基础，有效的招聘工作能为以后的培训、考评、工资福利、劳动关系等管理活动打好基础。因此，员工招聘是人力资源管理的基础性工作。

员工招聘的流程通常如图9-3所示。

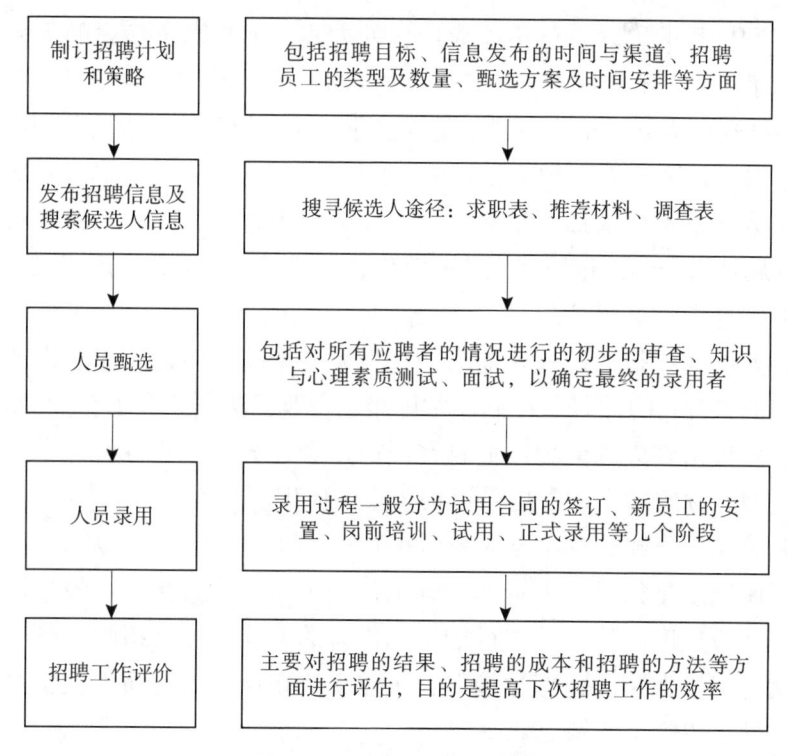

```
┌─────────────┐      ┌──────────────────────────────┐
│ 制订招聘计划 │─────▶│ 包括招聘目标、信息发布的时间与渠道、招聘 │
│   和策略    │      │ 员工的类型及数量、甄选方案及时间安排等方面 │
└─────────────┘      └──────────────────────────────┘
       │
       ▼
┌─────────────┐      ┌──────────────────────────────┐
│发布招聘信息及│─────▶│ 搜寻候选人途径：求职表、推荐材料、调查表 │
│搜索候选人信息│      └──────────────────────────────┘
└─────────────┘
       │
       ▼
┌─────────────┐      ┌──────────────────────────────┐
│   人员甄选   │─────▶│ 包括对所有应聘者的情况进行的初步的审查、知识 │
│             │      │ 与心理素质测试、面试，以确定最终的录用者 │
└─────────────┘      └──────────────────────────────┘
       │
       ▼
┌─────────────┐      ┌──────────────────────────────┐
│   人员录用   │─────▶│ 录用过程一般分为试用合同的签订、新员工的安 │
│             │      │ 置、岗前培训、试用、正式录用等几个阶段  │
└─────────────┘      └──────────────────────────────┘
       │
       ▼
┌─────────────┐      ┌──────────────────────────────┐
│ 招聘工作评价 │─────▶│ 主要对招聘的结果、招聘的成本和招聘的方法等方 │
│             │      │ 面进行评估，目的是提高下次招聘工作的效率 │
└─────────────┘      └──────────────────────────────┘
```

图 9-3　员工招聘流程图

（二）员工招聘的主要风险点

企业有可能无法招聘到合乎其发展目标的员工，造成在物质、资金、时间上的浪费。招聘带来损失的这种不确定性，就是招聘风险。为了营造好的人力资源内部控制环境，在员工聘用政策的制定和执行过程中，必须意识到各种可能存在的风险。

1. 招聘成本的回报风险

一般情况下，人员招聘费用较高，如果招聘的人员不符合企业的实际需求，不仅会造成招聘成本无法回收，从长时间来看，还会给企业带来其他的一些负面效应。另外，如果企业出现招聘条件与岗位的实际要求脱节，比如企业拔高应聘条件、忽视岗位实际需求，不仅会加大企业本身的招聘成本，还会造成人才资源的浪费。

2. 招聘渠道不恰当的风险

企业招聘基本是通过内部招聘与外部招聘两种渠道。招聘企业急需的或特别优秀的人才，就不能靠广告的方式。因为真正优秀的人才一般都会忠于职位，不会特别关注广告中的职位，也不会轻易到招聘会去找工作。即使这些人要跳槽，一般都是通过业界朋友的引荐、猎头公司的推荐或竞争对手直接挖角的方式来实现。还有部分单位通过公开高薪招聘的方式引进人才，不仅增加了很多费用，还会因为薪酬、福利、新老员工差异等问题加重企业大量原有人才的流失，"招来了女婿，气走了儿子"。

3. 应聘者的道德风险

企业的效益是通过人才能力的发挥来实现的，但是人才能力的发挥是无形的，对它的监督和控制非常困难，企业无法判断为了企业的利益，人才会发挥出多大的能力。而且在当前这个社会，一些持有假学历、假证书、假职称的"人才"更是道德风险的体现。

4. 招聘工作缺乏效率与效果的风险

招聘速度是衡量人力资源管理工作的一个重要指标，对投递简历的应聘者反应速度越快，就越可能招到优秀的人才。如果招聘工作组织不当，就可能导致招聘速度过慢，让企业无法在规定的时间内获得所需的员工，导致招聘工作缺乏效率。

人力资源招聘风险来自很多方面，有信息不对称的原因，也有招聘者的品质和动机的问题，还有在人员甄选时使用的测评工作与技术的局限性，这些因素都可能引起人力资源招聘风险。

（三）员工招聘的关键控制点

人力资源招聘风险是企业经营发展中无法避免的问题。为了形成良好的控制环境，规避风险，员工招聘应遵循一定的原则，制定相应的政策与程序。只要健全企业的招聘管理，完善招聘流程，注意人才选拔过程中的每一个细节，就会将招聘风险降至最低，甚至为零。其关键控制点包括如下几个方面。

1. 人力资源招聘计划的制订

科学合理的招聘计划是招聘工作有效进行的关键。招聘计划是基于工作设计、人力资源规划和工作分析的基础上而制订的。在制订招聘计划时，要结合企业定岗定编方案、企业发展规划、人才需求、职责分析、专业要求、需求的紧迫程度、企业的成本效益原则等方面，合理确定招聘人数、招聘人员的素质要求、招聘方式等，确保招聘工作的顺利进行。

2. 招聘渠道的选择

员工招聘各种渠道的特点、使用范围、优缺点各不相同，企业应针对招聘对象选择合理恰当的招聘渠道。员工招聘主要有内部招聘和外部招聘两种方式，在招聘前，企业要明确是以内部招聘为主，还是以外部招聘为主。两者各有优劣势，如表9-3所示。

表9-3 内部招聘和外部招聘的优缺点

招聘方式	优点	缺点
内部招聘	（1）员工熟悉企业 （2）招聘和训练成本较低 （3）提高现职员工士气和工作意愿 （4）企业了解员工 （5）保持企业内部的稳定性	（1）引起员工为晋升而产生矛盾 （2）员工来源狭窄 （3）未获晋升者可能会士气低落 （4）容易形成企业内部人员的板块结构
外部招聘	（1）引入新观念和方法 （2）员工在企业新上任，凡事可从头开始 （3）引入企业没有的知识和技术	（1）人才获取成本高 （2）新聘员工需要适应企业环境 （3）降低现职员工的士气和投入感 （4）新旧员工之间相互适应期限延长

内部招聘是指从企业内部获得企业所需要的各种人才。企业本身是一个人才的蓄水池，由于工作和岗位的原因，很多人才的优点未能被发现，因此，企业现有员工是招聘的一个重要来源，甚至成为部分企业的主要来源。内部招聘主要有档案法、内部公告、主管推荐、职业生涯开发系统等方法。外部招聘主要来源于企业外部巨大的劳动力和人才市场。其招聘渠道主要有广告招聘、人员推荐、校园招聘、职业介绍机构介绍、招聘会、网络招聘等。

上述各种招聘方式各有优势和局限，企业在具体实施时，应依据工作的类型、紧迫程度、地理区域限制及招聘成本等作综合权衡，选择合适的招聘方式。

3. 人员的甄选

甄选就是判断哪些候选人与空缺职位的要求相匹配，并在此基础上作出聘用决策。企业在招聘员工时所采用的甄选方式主要有两大类，即面试法和测评法。其通常需要进行的程序有以下几点：

（1）筛选材料。

（2）初次面试。

（3）实施各种测验。

（4）职业倾向测验。

（5）上级主管面试。

（6）应聘材料及相关证件核实、背景调查。

（7）相关部门提出录用建议。

（8）健康检查。

（9）录用，进入试用期。

人员的甄选基本都应通过笔试、面试、心理测试、无领导小组讨论等方法对应聘者的知识、能力、个性等因素进行评价、判断，看其是否能胜任工作。

在运用各种测评方法对候选人的任职资格和对工作的胜任程度进行测量和评价后，下一步就是做好新员工录用工作。在作出录用决策过程中，要注意不要将录用标准设置得太高，要根据岗位要求有所侧重，而且确定初步录用的人选名单要多于实际录用的人数。

二 员工离职的内部控制

（一）员工离职的含义和业务流程

员工离职是雇员和雇主之间结束雇佣关系，员工离开原企业的行为。员工离职是员工流动的一种重要方式，员工流动对企业人力资源的合理配置具有重要作用，但过高的员工离职率会影响企业的持续发展。员工离职的流程如图9-4所示。

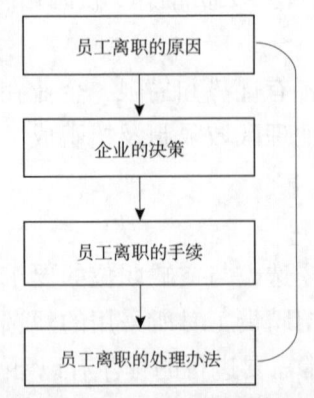

```
┌─────────────────┐
│  员工离职的原因  │
└────────┬────────┘
         ↓
┌─────────────────┐
│   企业的决策     │
└────────┬────────┘
         ↓
┌─────────────────┐
│  员工离职的手续  │
└────────┬────────┘
         ↓
┌─────────────────┐
│ 员工离职的处理办法│
└─────────────────┘
```

图9-4　员工离职的流程图

员工离职又有广义与狭义之分，从广义上来看，员工离职分为两类，即自愿性离职和非自愿性离职，如表9-4所示。

表9-4 员工离职的性质

离职性质	离职类型	说明
自愿离职	员工辞职	雇员主动离开原企业
	退休	是对符合法定退休条件的雇员的一种福利待遇，在正常环境下其数量和比例具有可预期性，其发生对于企业更新人员年龄结构具有正面价值
非自愿离职	辞退员工	企业辞退员工往往是对行为严重违反企业规定或者无法达到工作岗位要求的员工的惩罚，这部分离职由于其惩罚性，在离职整体中只占极少部分
	集体性裁员	发生在企业经营出现严重困难，只能通过裁员降低成本的情况下，是一种偶发行为，一般在离职分析中不予考虑

狭义上员工离职又可以分为正常辞退、违纪辞退、除名、辞职、劳动关系自然终止、退休等6种。离职员工也是企业的人力资源，要善于利用这笔资源。

企业需要真正关注的是对员工辞职的管理。辞职也可以分为两种情况：一种是企业认为不符合企业文化或企业内竞争的要求，在企业内部绩效评定中被列入淘汰行列的员工，企业往往通过较低的加薪、缓慢的升迁等制度或方式暗示员工主动辞职，从而规避给付员工经济赔偿金。另一种才是真正意义上的企业内部人才流失，即那些有利于企业运营和成长，是属于企业留用人才范围中的那部分员工的离职。

一般来说，员工离职的主要原因有三个：①外部因素，如社会价值观、经济、法律、交通以及求才市场竞争者因素；②组织内部因素，如薪资福利不佳、不满上司领导风格、缺乏升迁发展机会、工作负荷过重压力大、不受重视无法发挥才能等；③个人因素，如家庭因素、人格特质、职业属性以及个人成就动机因素。

离职的利弊分析如下：

（1）益处。其他性质的离职，如竞争淘汰、退休和辞退等，虽然会在短期内构成一部分离职重置成本，但从长期来看，能够促进企业优化人员年龄结构、知识结构和个性结构，从而推动企业长期的营业利润增长。因而，对应不同性质的离职，必须区别对待，进而得到合适的管理结论。

（2）弊端。离职带来的人才流失对于企业的运营具有直接的负面影响。企业为了填补员工离职造成的岗位空缺，不得不重新发布招募广告、筛选候选人、录用安置新员工，安排对新员工上岗前的培训。这些费用都构成离职重置成本。离职重置成本往往还包括员工离职前三心二意给工作造成的生产率损失，离职发生到新员工上岗前岗位空缺的效率损失，为培训新员工以及新员工和其他员工工作磨合损失的生产率，员工离职造成的组织知识结构不完整对生产率的影响，以及员工离职在职员中造成的人心动荡的效率损失，等等。人才流失无论从短期还是从长期来看都对企业经营没有任何益处，人才流失造成的离职重置成本会侵蚀企业营业利润，造成企业营业利润下降。

（二）员工离职的主要风险点

有专业机构预计，2010年度中国全行业的员工离职率可能达到15%，个别行业会攀升到40%。因此，员工离职风险的管控，成为众多人力资源从业者的重要工作目标之一。

针对员工为什么选择离职，已经有了相当多的数据分析，不仅包含职业发展，以及由此带来的薪酬变化等这些能够实际评估的原因，还存在一些隐性因素，例如，与直线经理的关系、企业文化等因素。在相关机构，都能找到非常详尽的数据分析。但是，不同类型的员工离职对企业的影响是不同的，为了营造良好的人力资源内部控制环境，在员工离职政策的制定和执行过程中，要注意可能会存在以下风险。

1. 关键技术或商业秘密泄露

企业中掌握关键技术的人才跳槽，会将企业的关键技术带走，或者离职员工手上掌握着企业的商业秘密，如果帮助竞争对手，将对企业的业务造成冲击。

2. 客户流失

与企业客户直接打交道的销售人员，尤其是销售经理，掌握客户的第一手资料,与客户保持良好的交往,甚至与客户的关系非常密切。这些员工离开企业时,经常会带走一批或大部分客户,甚至将客户带给竞争对手,使企业失去客户和市场。

3. 岗位空缺

员工主动离职直接的后果就是岗位空缺,关键岗位的空缺会使企业无法正常运转,高层管理人员离职后的空位成本会更高。

4. 集体跳槽

集体跳槽的情况自20世纪90年代以来就在我国屡见不鲜。企业中关键人才往往在员工中具有较大的影响力和感召力,甚至有一批忠实的追随者。因此,经常发生的情况是,某位关键人物如总经理或部门经理的离开会带走一批员工,结果可能会使企业瘫痪。

5. 人心动摇

企业一旦发生员工离职,特别是关键岗位员工或管理人员离职,势必对未离职的员工产生负面影响,某些影响力大的员工离职事件会造成群体心理动荡,减弱组织的向心力、凝聚力,动摇员工对企业发展的信心。

(三)员工离职的关键控制点

虽然恰当的人力资源管理可以增强人们对组织内部的心理预期和产生良好态度,但是,人们对外部的心理预期远远大于对内部的预期时,许多人仍可能会选择离开。这时,企业的留人措施能否真正留得住人才,更多地取决于人才市场的供需状况,以及企业之间的相互作用。面对越来越活跃的离职行为,企业管理者所持有的态度愈加成熟和客观。一方面,人们已经普遍认识到人才流动是社会和企业人力资源配置的重要形式,它可以调整人才构成比例、优化群体结构、保持人力资源队伍的活力;另一方面,对于造成企业人才流失的离职,可以有针对性地采取一些管理策略,将流失风险限制在可接受的范围内,避免风险事故发生或将风险事故发生的概率降至最低。以下针对员工离职给企业可能带来的风险,提出员工主动离职的关键控制点。

(1)建立研发与技术团队,让关键技术或商业秘密为企业所有,而不是个人所有。在可能的情况下不要过分依赖某一个或少数几个技术人员或工程师。如果是多人共同发明的技术,申请专利时应将参加人员的名字都尽可能多地写上去,使专利权为大家所拥有。

(2) 对关键人才签订"竞业禁止"协定。竞业禁止也称竞业限制。它的主要内容是指企业的职工（尤其是高级职工）在其任职期间不得兼职于竞争企业或兼营竞争性业务，在其离职后的特定时期或地区内也不得从业于竞争企业或进行竞争性营业活动。竞业禁止制度的一个重要目的就是保护雇主或企业的商业秘密不被雇员所侵犯，人才的异常流动常常会带来企业的阵痛，因此未雨绸缪，利用法律手段尽量降低此类风险就显得尤为重要。

(3) 实施干部储备制度，平时注意培养有潜力的管理岗位接班人。减少和防止员工主动离职给企业带来的伤害和员工短缺成本。可以在业绩评价体系中增加一项"人才备用"指标，检测如果此人离开，他的工作将由何人接替，如果没有合适人选，说明这样的管理者其实是不称职的，这就要求管理者在一些关键会议、重要的交际场合等带着一些比较有潜质的下属参加，让下属充分掌握相关信息和资源，培养他的独立工作能力，这样可以保证管理岗位后继有人。

(4) 做好离职面谈。就离职事件与员工进行积极的沟通，了解其离开企业的原因，以利于企业在工作中改进和提高。同时，也鼓励未离职的员工努力工作，让他们对前景充满信心。创建好的企业沟通关系和良好的人员关系，创造一种保持发展及激情的内部环境。

三 案例分析

【案例 9-2】

上海通用汽车（SGM）的"九大门槛"

上海通用汽车有限公司（SGM）是上海汽车工业（集团）总公司和美国通用汽车公司合资建立的轿车生产企业，是迄今为止我国最大的中美合资企业之一。SGM 的目标是成为国内领先、国际上具有竞争力的汽车公司。同时，SGM 的发展远景和目标定位也注定其对员工素质的高要求：不仅要具备优良的技能和管理能力，还要具备出众的自我激励、自我学习能力、适应能力、沟通能力和团队合作精神。

为了招到符合要求的员工，SGM 制定了近乎苛刻的录用程序。

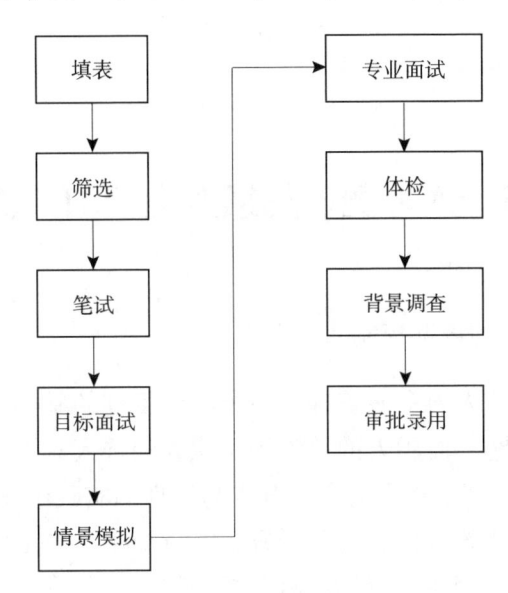

SGM 对应聘者设立了九大关口，如图 9-5 所示。

```
填表  ──────►  专业面试
  │              │
  ▼              ▼
筛选            体检
  │              │
  ▼              ▼
笔试          背景调查
  │              │
  ▼              ▼
目标面试       审批录用
  │
  ▼
情景模拟 ──────┘
```

图 9-5　上海通用汽车有限公司的录用程序图

　　SGM 的整个评估活动完全按标准化、程序化的模式进行。每个程序和环节都有标准化的运作规范和科学化的选拔方法，其中笔试主要测试应聘者的专业知识、相关知识、特殊能力和倾向。目标面试则由受过国际专业咨询机构培训的评估人员与应聘者进行面对面的问答式讨论，验证其登记表中已有的信息，并进一步获取信息，其中专业面试则由用人部门完成。情景模拟是根据应聘者可能担任的职务，编制一套与该职务实际情况相仿的测试项目，将被测试者安排在模拟的、逼真的工作环境中，要求被试者处理可能出现的各种问题，用多种方法来测试其心理素质、潜在能力的一系列方法。例如，通过无领导的两小组合作完成练习，观察应聘管理岗位的应聘者的领导能力、领导欲望、组织能力、主动性、说服能力、口头表达能力、自信程度、沟通能力、人际交往能力等。SGM 还把情景模拟推广到了对技术工人的选拔上，如通过齿轮的装配练习，来评估应聘者的动作灵巧性、质量意识、操作的条理性和行为习惯。在实际操作过程中，观察应聘者的各种行为能力，孰优孰劣，泾渭分明。

案例解析 SGM的招聘流程非常规范、全面。从笔试到面试，面试又分为目标面试和专业面试，再加上背景调查，应该讲可以全面地发现一个人的各项能力和潜质。

第四节 人才测评与绩效考核的内部控制

一、人才测评的内部控制

在现代社会，人力资源管理是整个组织管理的基础。人力资源管理的核心是用人问题，而用人的关键则是识人和选人。人才测评作为人力资源管理的前沿技术，在人力资源开发与管理的实践中日益被企业重视，在招聘、培训、绩效考核、人员晋升、人员配备、员工职业生涯规划等领域发挥着重要的作用，有力地促进了公正、公平、平等、竞争、择优用人机制的形成，有助于形成良好的控制环境。

（一）人才测评的含义和业务流程

人才测评（personal appraisement）是指通过一系列科学的手段和方法对人的基本素质及其绩效进行测量和评定的活动。人才测评的具体对象不是抽象的人，而是作为个体存在的人的内在素质及其表现出的绩效。人才测评的方法包含在概念自身中，即人才测量和人才评价。人才测评的主要工作是通过各种方法对被试者加以了解，从而为企业组织的人力资源管理决策提供参考和依据。其类型主要有选拔性测评、开发性测评、诊断性测评、考核性测评4种方式。

人才测评概念在许多场合广泛使用，也经常见诸报纸、杂志，可以说在人事工作领域到了言必称"测评"的程度。而当前的人事工作在很多管理环节都不同程度地借鉴、引用人才测评技术，小到小型企业录用新员工，大到机关录用干部、公务员竞争上岗、人员招聘考核等方面都在利用测评技术。

企业对人才进行测评，必须经过准备、实施、数据调整和处理，以及测评结果的分析，最后得到一定的结论等一系列的工作，任何阶段的工作质量均影响着测评的效果。人才测评的流程见图9-6。

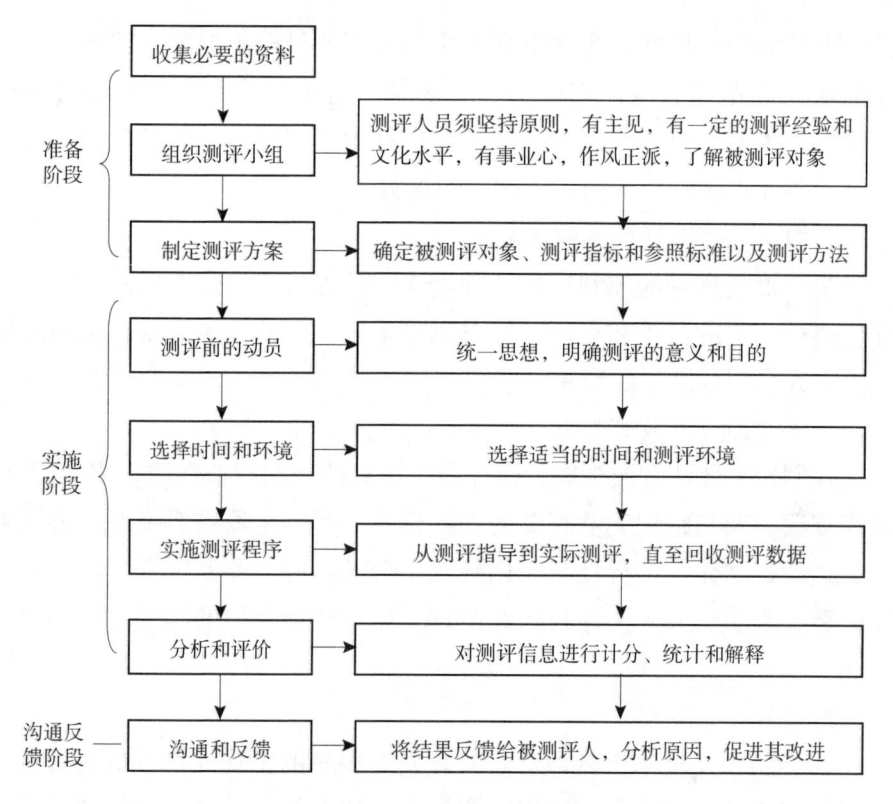

```
准备阶段 ┤ 收集必要的资料
         │ 组织测评小组 → 测评人员须坚持原则，有主见，有一定的测评经验和文化水平，有事业心，作风正派，了解被测评对象
         │ 制定测评方案 → 确定被测评对象、测评指标和参照标准以及测评方法

实施阶段 ┤ 测评前的动员 → 统一思想，明确测评的意义和目的
         │ 选择时间和环境 → 选择适当的时间和测评环境
         │ 实施测评程序 → 从测评指导到实际测评，直至回收测评数据
         │ 分析和评价 → 对测评信息进行计分、统计和解释

沟通反馈阶段 ┤ 沟通和反馈 → 将结果反馈给被测评人，分析原因，促进其改进
```

图 9-6 人才测评的流程图

（二）人才测评的控制目标

人才测评简单说来，就是对人才某些特质的测量加评价。所以，控制目标有两个方面：一个方面，就是要做到对某种特质的准确定量描述，做到科学、客观、标准。另一个方面，就是要做到按一定的社会标准对测量对象进行正确的评判，使企业能够正确全面地把握被测评对象的特质，如这种特质是否适合企业、个人的发展，是需要加以发扬光大，还是要逐步改变。

（三）人才测评的主要风险点

人才测评风险主要是指其测评没有达到预期目标，包括人才测评政策风险和人才测评执行风险。其中，人才测评政策风险主要包括缺乏系统的测评政策、测评目的不明确以及测评工作和方法不恰当。测评工作和方法不恰当又包括测评工作适用范围和功能与测评目标不符、测评工具超出预期测评目标、测评指标不全导致测评目标不能完全实现及测试题的格式和用词、测评程序不当，等等。对于人才测评执行中存在的风险，主要基于以下几点：未能进行良好的组织动员、测评时间和环境不当、测评程序安排不当、考评人的偏见等。

（四）人才测评的关键控制点

为了形成良好的控制环境，规避人才测评可能发生的风险，人才测评应遵循一定的政策和程序，针对风险采取相应的控制措施，从而降低风险对人事测评结果的影响。

1. 人才测评的政策控制

在制定人才测评政策时，要综合考虑到所处的行业性质、技术特点、组织规模以及与组织利益相关的一些信息。其制定原则要确保：公正客观、科学标准化、可行性与实用性相结合的原则，要制定系统的人才测评政策；要明确人才测评目的和测评对象，选择合适的测评工具和测评方法。

2. 测评小组的组织

由于测评人员对被测评对象的评判有很多的主观因素，或者说艺术的成分多于技术的成分。所以，测评人员要有相应的经验和技能，能坚持原则，同时要了解被测评对象，特别要刻意消除测评过程中的偏见，不能让先入为主的印象、一见钟情的晕轮效应等干扰判断。应该讲对测评人员的要求是相当高的。

3. 测评方案的制订

测评方案用于确定测评对象、测评指标、参照标准以及测评方法，是测评的基本依据。测评方案的正确与否，直接决定测评结果的正确与否。

4. 测评前的动员

测评要求测评人员要积极主动、认真对待测评，同时要求被测评对象要积极主动配合、认真慎重地对待测评，否则很可能出现双方不能有效配合，对测评内容不理解等现象，会造成测评结果出现极大偏差。所以在实际执行测评前，一定要对测评人员和被测评对象加以动员和培训，让大家充分理解测评的目标和用意。

二 绩效考核的内部控制

（一）绩效考核的含义和业务流程

绩效考核是一项系统工程，涉及企业的发展规划、战略目标体系及其目标责任体系、指标评价体系、评价标准、评价内容及评价方法等，其核心是促进企业管理水准的提高和综合实力的增强，实质是使员工个人的能力得以提升，并确保人尽其才，使人力资源的作用发挥到极致。它是收集、分析、传递有关个人在工作岗位上的工作行为、表现和工作结果等方面信息的过程，是检测产品结果和顾客需求的满意程度。目前，国内许多企业实行的绩效考核，其实只是绩效管理中的一个环节。完整的绩效管理应当是一个循环流程，包括绩效目标制定、绩效辅导、绩效考核和绩效激励等内容。两者最大的不同在于，绩效考核是在年底对过去绩效情况的回顾，甚至有些企业到了年底才匆忙制定了考核的标准、条款和权重，"针对的是点"；而绩效管理则是向前看，侧重过程，通常需要一年时间完成整个流程。

绩效考核的应用重点在薪酬和绩效的结合上。薪酬与绩效在人力资源管理中，是两个密不可分的环节。在设定薪酬时，一般是将薪酬分解为固定工资和绩效工资，绩效工资正是通过绩效予以体现，而对员工进行绩效考核也必须表现在薪酬上，否则绩效和薪酬都失去了激励的作用。

绩效考核的工作流程主要包括制订绩效计划、选择考核工具、绩效实施与管理、绩效考核、绩效反馈等工作，是一个循环的工作过程，各自的主要工作事项如图9-7所示。

（二）绩效考核的控制目标

通过指标的选择、目标的设置，发现企业或个人在绩效上的差距和优势，找出背后的原因，提出改进的措施，结合晋升、培训等激励措施，惩罚不符合企业期望的行为，引导员工的行为符合企业的期望，提高企业的经营效率，实现企业的战略目标。

（三）绩效考核的主要风险点

绩效考核风险主要是指绩效考核没有达到预期目标的可能性，包括绩效考核政策风险和绩效考核执行风险。其中绩效考核政策风险主要包括缺乏系统的绩效考核政策、考核计划不当和考核方法不当而引起的诸

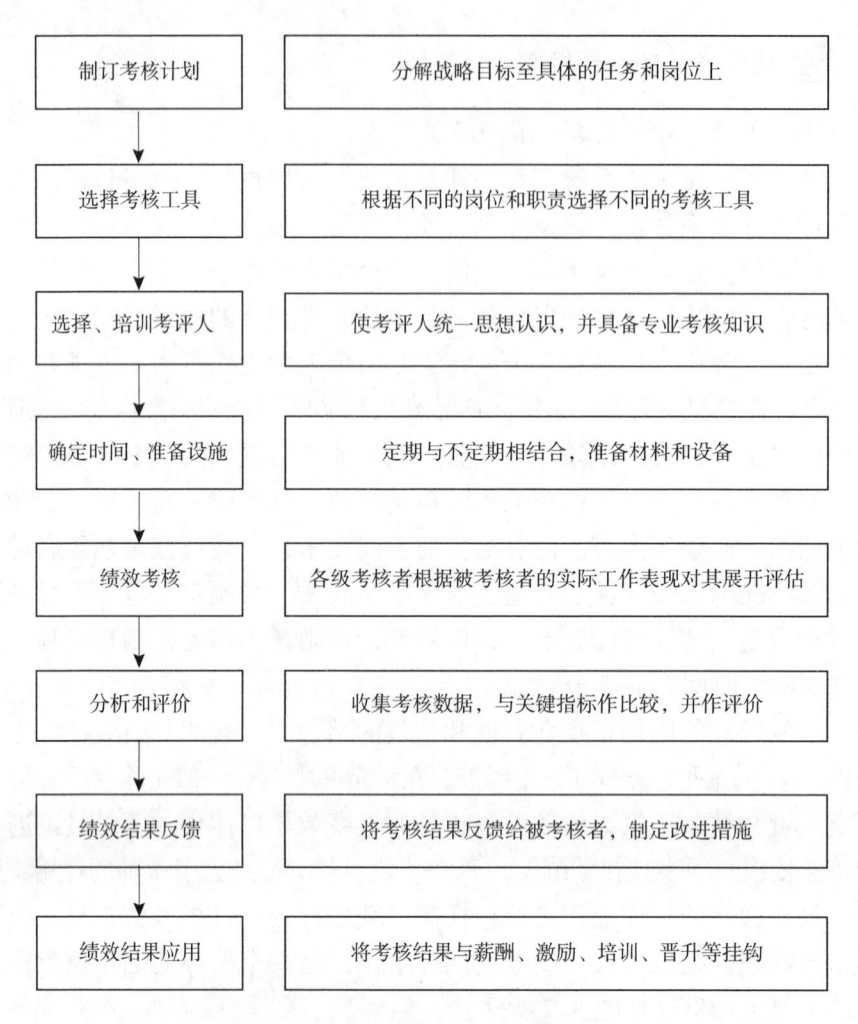

```
制订考核计划        →  分解战略目标至具体的任务和岗位上
    ↓
选择考核工具        →  根据不同的岗位和职责选择不同的考核工具
    ↓
选择、培训考评人    →  使考评人统一思想认识,并具备专业考核知识
    ↓
确定时间、准备设施  →  定期与不定期相结合,准备材料和设备
    ↓
绩效考核            →  各级考核者根据被考核者的实际工作表现对其展开评估
    ↓
分析和评价          →  收集考核数据,与关键指标作比较,并作评价
    ↓
绩效结果反馈        →  将考核结果反馈给被考核者,制定改进措施
    ↓
绩效结果应用        →  将考核结果与薪酬、激励、培训、晋升等挂钩
```

图 9-7 绩效考核的工作流程图

多风险。绩效考核执行风险主要针对考核者的胜任能力不足、考核时间和设施不当、考核评估评价系统不健全、考评信息不对称以及绩效考核结果应用不当而引起的风险。

本节将重点介绍由于绩效考核政策不系统和绩效考核执行不当而引起的 5 种风险。

1. 战略调整积重难返

绩效考评给战略实施带来了一定的风险,然而在战略调整的时候,

第九章 人力资源管理

绩效考评会带来更长期的风险。

有一些企业在初创时的投资阶段，以开拓市场、扩大市场占有率为主导战略，一定程度上采用订单最大化的标准考评绩效。随着企业的发展，必须调整战略，如以销售利润率为主要考评标准，但实施下来，不仅销售利润率没有提高，订单反而也急剧萎缩。调查结果显示，原来业绩很好的营销人员根本无法完成新的战略目标。经过仔细分析我们会发现，企业从上到下的经营行为由于考评的内在机制和长期的强化功能带来的经营行为习惯难以改变，营销人员习惯抓订单而不习惯抓利润。这时为实施早期战略而有效的考评，就会给战略调整留下风险。

由此可见，持续地考评使个人和组织的行为被强化和固化，形成习惯。在战略调整时，要改变习惯，不仅需要相当长的时间，而且有时无法改变。这就要求在建立考评体系时，许多要素都必须根据未来的战略转移进行取舍，而不能仅仅根据当时战略实施的需要。

2. 优秀人才的流失

如果用一个夸张的表述：现在绝大多数的组织利用现有的考评体系都不可能留住爱因斯坦。为什么？不可否认，一个组织中优秀的人才只占全体员工的20%，这是被麦肯锡管理咨询公司总结的"二八法则"所证明的。优秀人才的特征就是他的观念比常人超前、他的技能比别人多或强、他的效率比大多数人高、他的目标甚至比组织要远大，他的欲望在多数团队里无法满足。这时所谓公正的考评有可能适合多数人，但是对他则是一种伤害。因为所有考评的评价方式不外乎三种：独裁式——某个上级全权决定；指标式（也称科学计算式）——一系列多数人能达到的指标，进行统计计算，给出总分；投票式——同事、客户、专家、公众等进行评价和打分。而这三种方式常常都不能正确地评价优秀的人才。所以，考评容易使优秀人才离开组织。

3. 分工、合作混乱

绩效考评体系内最让管理者两难的业务是职能、责任的划分和相互关联绩效指标的确定。现代化大生产的基础是分工合作。在统一的考评体系中，岗位说明书要求严格的分工界限，避免职能和责任的混淆。而关键绩效指标在团队中又必须相容。例如，在报社，广告部和编辑部之间由于这个原因，就常常导致分工和合作混乱的风险。广告部全面负责

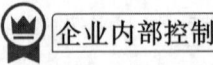

广告的收入，编辑部全面负责版面。但是广告是登在报纸上的，广告部提供客户的样本必须符合报纸版面的要求；编辑部组稿时，在自认为符合版面要求的情况下，又必须满足广告部的需要。在设置考评指标过程中，开始两个部门分别设置广告收入和版面读者满意度指标时，两个部门争版面、相互不顾对方的需要，广告收入是广告部的职责，编辑部不管，经常撤掉广告，造成广告业主的不满。后来为了协调工作，这两个指标双方都有一定的分值，让这两个指标与两个部门相关联，这时又出现了编辑部也和广告客户联系起来，使报社出现多窗口对外。由此造成职能、责任的混乱。

由于绩效考评导致的这种混乱是经常发生的，因此组织在确定实施考评的每个要素时，都必须考虑这个风险。

4. 效率下降

任何一套绩效考评体系都不可能将员工的所有能力、所有行为、所有的成果都纳入进去，因此组织对考评的范围、考评的标准、考评的信息来源都有一个取舍过程。有一些组织设置多项指标，每项2～3分，常常从年初考评到春节都出不了结果，使得发放工资延迟，拖延到新一年的工作计划推出后。还有一些企业在经常的工作过程中，需要员工做非常复杂的记录和填写大量的表格，以作为考评的依据，免得过了较长的时间失去绩效证据。实践中常常出现重考评、轻业务改进的现象。结果考评不仅没有提高效率，反而降低了效率。

5. 与法律、道德相冲突

在中国的一些企业由于考评产生的法律风险，最常见的是组织"劳动合同"的违约。有的劳动合同期限是3～5年甚至更长，而考评是一年修改一次，有的考评方式和结构化的考评工具直接与劳动合同发生冲突，如"末位淘汰制"常常不符合劳动合同的条款。考评中打分的"积极性、主动性等"软性指标在劳动合同中无法作为辞退职工的法律依据。还有的情况是装备的差异和个人能力的差异难以辨析的时候，对个人绩效的考评所带来的法律风险。

考评的道德风险在组织中更加常见。较大的风险有如下几个方面：

（1）直接上司考评有埋没人才的风险，几乎没有顶头上司愿意提拔直接部下超过自己的。

（2）个人的恩怨、偏见、价值观都会使考评扭曲。

（3）指标完成不了，堤内损失堤外补，利用手中的资源做其他的业务。

（4）考评的一些独立标准引发内部不正当竞争，协调陷入困境，相互拆台。

（5）大量的考评只注重结果而忽视过程，这就带来了"不择手段"的风险。

（四）绩效考核的关键控制点

绩效考核有很多风险，和投资一样这些风险随着绩效考评的收益而产生，由绩效考评的本质特征所决定。绩效考核引起的风险虽然无法消除但是可以降低。为了在企业中形成良好的控制环境，规避绩效考核可能发生的风险，绩效考核应遵循一定的政策和程序，针对风险采取相应的控制措施，绩效考核的控制活动主要包括对绩效考核政策的控制和对绩效考核执行过程的控制。其关键控制点如下。

1.绩效考核目标的选择

这包括考核指标、目标值（参考标准值）等。不同的考核指标引导企业向不同的方向前进。因此，考核指标要结合企业的战略，要有利于企业战略的实现。同时，指标数量要少，不能太多，太多则员工难以执行。目标值的选择要适合企业的现状，要体现循序渐进的原则，要是通过努力都能达到的。

2.考核工具的选择

考核工具是实现考核目的的重要手段，不同的考核工具代表不同的考核方向。考核工具一定要适合企业目前的发展状态，是企业可以控制的。

3.选择和培训考评人

考评人是实施考核方案的最主要责任者，考核的成败系于一身。首先，要求考评人要有正确的认识。考评人要充分明白企业考核的目的和意义，对绩效考核工作要有充分的热情。其次，要求考评人要能公正处事，坚持原则，不徇私情，不存偏见。再次，要求考评人要具有充分的绩效考核的知识，对企业、行业、竞争状况等都要有较为全面的了解。

4.绩效考核结果的分析和评价

通过挖掘绩效考核数字背后的原因，找到影响和制约绩效考核结果的根本因素，并通过相应分析，作出完整而深刻的评价，是绩效考核的

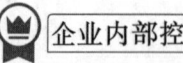

重要目标之一，也是绩效考核的难点之一。

5. 绩效考核结果的反馈

将绩效考核结果反馈给被考核人，尤其是面对面的绩效面谈，是考评人和被考核人直接主管的很重要的工作。只有让被考核人了解原因，认可结果，主动思考和行动，绩效考核才能真正起激励的作用。

6. 绩效考核结果的运用

将考核结果与薪酬、激励、培训、晋升等挂钩，是运用的关键之处。但如何运用，怎么挂钩，是控制的关键之处和难点所在。只有考核，没有运用，等于没有考核，甚至不如没有考核，没有考核至少不会劳民伤财。

三 案例分析

【案例9-3】

朗讯：评估每一天

朗讯公司的业绩评估系统是一个闭环反馈系统，这个系统有一个形象的模型就是一个3×3的矩阵，员工在工作业绩的最后评定，会通过这个矩阵形象地表达出来，就像一个矩阵形的"跳竹竿"游戏，如果跳不好就会被夹脚出局。朗讯公司的员工每年都有一次"跳竹竿"，但是评估过程从目标制定之日起就已经开始了，可以说是做到评估每一天。

每年年初，员工都要和自己的主管一起制定这一年的目标，包括员工的业务目标、行为目标和发展目标。在业务目标里，一个员工要描述未来一年里的职责是什么，具体要干什么；如果你是一名主管，还要制定对下属的帮助目标。制定业务目标时，员工可以通过客户、团队成员和主管的意见，来让自己的业务目标尽可能和朗讯的战略目标紧密结合。制定发展目标时，从员工的职责描述、业务目标和主管那里来定义员工必需的技能和知识，评估当前具备的技能和知识。在主管的协助下，将这三大目标制定完毕，员工和主管双方在目标表上签字，员工和主管各保留一份，在将来的一年中员工随时可以以此参照自己的行为。

在制定了目标后的一年里，员工在执行目标时会有来自反馈、指导和认可三个方面的互动影响，每位员工都有义务通过这三种方式履行自己的目标的日常行为。这样，朗讯将员工的评估，通过这些方式，细化到每天的工作中，每个员工都非常重视这些互动反馈的信息，因为业绩评估中反馈是一项重要的依据。

在朗讯公司，对于有培养员工职责的主管来说，他还必须执行好指导职责，每个主管都要记录自己工作的执行情况，这些是其年终评估的一项。这个职责包括：指出对员工行为的看法；简化员工工作的指标；与员工协商一致；指出员工能够实现的效率；及时对员工提出反馈信息。

认可是一种正向的反馈，通过这种机制可以让员工分享新的思想，也能鼓励不同的观点、共享信息，减少官僚作风，为作出重大决策打下良好的基础。

朗讯公司的评估过程非常严谨和细致，目的是使这个评估尽可能地公平，尽可能反映每一位员工和主管在过去一年里的作为。评估工作围绕三个方面进行；第一是当前的业务结果，这是针对当初的业务目标进行的，通过比较每位员工自己设定的目标和完成的目标，以决定工作效果如何；第二是朗讯公司的文化行为模式；第三是员工在发展自己的知识和技能方面做得如何。

案例解析 朗讯公司的绩效考核体系在业内被称赞，其按业绩确定报酬，公司每年都要进行非常周密的绩效考核。从内部控制的角度来看，朗讯公司的绩效考核体系也非常优秀。

（1）绩效考核风险和风险控制执行较好。朗讯绩效考核体系非常严谨周全，但仍然存在一些风险，如考核计划不当、考核工具不当、考核时间不当、考核执行过程中的信息不对称等都会使绩效考核出现风险。但是朗讯公司在进行风险控制时也有很多措施，如对绩效考核计划控制，朗讯公司"员工可以通过客户、团队成员和主管的意见，来让自己的业务目标尽可能与朗讯的战略目标紧密结合。主管也要制订指导员工和发展员工的计划，培养和强化团队的责任感"等。其他的风险控制措施在案例中也有所体现。

（2）绩效考核的信息与沟通执行较好。在案例中提到，"每年年初，员工都要和自己的主管一起制定这一年的目标"，且"员工和主管双方在目标表上签字，员工和主管各保留一份，在将来的一年中员工随时可以以此参照自己的行为"。这些都是绩效考核信息与沟通的表现。

从很多资料显示来看，朗讯公司的绩效考核工作得到很多专家的认

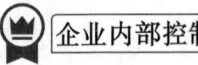

同，特别是他们的员工全程参与的透明式评估得到众多专家的肯定。但是，朗讯公司的评估体系只是它整个人力资源管理体系中的一个环节，各个环节的环环相扣才是保证朗讯人力资源管理的科学性和先进性，以及绩效考核正常运转的根本保障。

第五节　员工薪酬、员工激励及期权激励的内部控制

一　员工薪酬的内部控制

（一）薪酬的含义和业务流程

薪酬是报酬的一部分，是员工作为雇佣关系中的一方所得到的各种货币收入，以及各种具体的服务和福利之和。

薪酬可分为直接薪酬和间接薪酬，直接薪酬包括基本薪酬和可变薪酬，间接薪酬即福利和服务。制定健全合理的薪酬政策要确保以下原则。

1. 战略导向原则

战略导向原则是指将企业的薪酬体系构建与企业发展战略有机地结合起来，使企业的薪酬体系或薪酬计划成为实现企业发展战略的重要杠杆。

2. 竞争性原则

竞争性原则主要是指在社会上和人才市场中，企业的薪酬水平要有吸引力，才足以战胜其他企业，招到所需人才。

3. 激励性原则

激励性原则主要是指要在内部各类、各级职务的薪酬水平上，适当拉开差距，真正体现按贡献分配的原则。

4. 经济性原则

提高企业的薪酬水平，固然可提高其竞争性与激励性，但同时不可避免地导致人力成本的上升，所以薪酬制度不能不受经济性的制约。

5. 公平性原则

薪酬的公平性分外部公平性、内部公平性和个人公平性。

6. 团队性原则

在协作性的企业中，基于团队的奖励对组织提升绩效具有十分重要的作用，人们已经意识到只有团队协作，自己才能获益。因此，企业有必要建立团队奖励计划。

7. 合法性原则

我国目前有关各类员工权益保护的正式法律和法规已经越来越多，如对妇女、童工、残疾人的特殊保护。随着我们法制的日趋完备，这类法律必然日益增多，这些法律、法规是企业在制定薪酬政策时必须遵守的。

制定健全合理的工资政策与制度，是企业人力资源管理中的一项重大决策与基本建设，这就要有一套完整而正规的程序来保证其质量。薪酬政策的设计流程如图 9-8 所示。

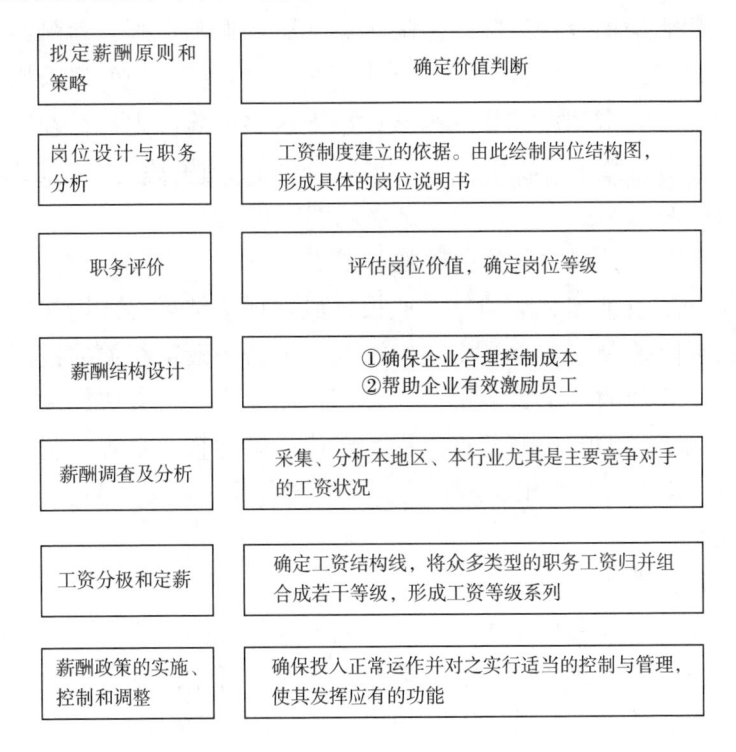

拟定薪酬原则和策略	确定价值判断
岗位设计与职务分析	工资制度建立的依据。由此绘制岗位结构图，形成具体的岗位说明书
职务评价	评估岗位价值，确定岗位等级
薪酬结构设计	①确保企业合理控制成本 ②帮助企业有效激励员工
薪酬调查及分析	采集、分析本地区、本行业尤其是主要竞争对手的工资状况
工资分极和定薪	确定工资结构线，将众多类型的职务工资归并组合成若干等级，形成工资等级系列
薪酬政策的实施、控制和调整	确保投入正常运作并对之实行适当的控制与管理，使其发挥应有的功能

图 9-8　薪酬政策设计流程图

（二）员工薪酬政策的内部控制目标

薪酬政策控制是企业员工薪酬政策实施内部控制的基础，好的薪酬

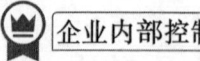

政策，能够反映员工的工作绩效，促进劳动者工作数量和质量的提高，保护和激励员工的劳动积极性，吸引并留住好的员工，确保执行企业政策和程序的人员具有正直品行和胜任能力。员工薪酬政策的控制目标是：以企业可以承受的、具有竞争优势的薪酬标准，吸引和留住人才，建立适当的公平性，激励各层次人员努力提高对企业的贡献水平，合理保证企业经营管理合法合规，提高经营效率、增强经营效果、促进企业实现发展战略。

（三）员工薪酬政策的主要风险点

风险评估是企业及时识别、系统分析经营活动中与实现内部控制目标相关的风险，并合理确定风险应对策略。与员工薪酬政策相关的有：战略研究风险、岗位分析风险、岗位评价风险、薪酬调查风险、薪酬定位风险、薪酬结构设计风险、薪酬体系实施和调整风险、薪酬政策执行的道德风险等。一般而言，影响企业薪酬政策目标实现的风险因素主要包括外部环境因素和内部管理因素，以上这些风险因素均存在于薪酬政策的制定和执行整个过程中。为了营造良好的人力资源内部控制环境，在薪酬政策的制定和执行过程中，必须识别这些风险。

（四）员工薪酬政策的关键控制点

员工薪酬政策控制活动是企业根据风险评估结果，采用相应的控制措施，将风险控制在可承受度之内。与员工薪酬政策相关的控制主要包括制定科学合理的员工薪酬策略、合理运用岗位分析方法、建立岗位评价机制、制定科学的薪酬调查流程、定位准确的企业薪酬、制定科学的薪酬结构、建立企业员工薪酬管理风险预警体系、建立风险责任机制等。其关键控制点如下。

1. 外部公平性的设定

企业要想在吸引和留住人才方面取得竞争优势，其薪酬最起码要保持外部的公平性，即和社会上的类似企业保持可比性或一致性。企业要有社会薪酬水平调查机制，根据企业的承受能力和企业的薪酬定位目标，通过和社会水平的对比，形成自己的薪酬结构。企业要建立薪酬总水平的控制目标，可以让薪酬水平和企业利润、收入等保持一定的比例关系。

2. 内部公平性的建立

内部公平比外部公平让员工的感受更明显，企业要力求薪酬设计的内部公平性。关键控制点包括职务分析、评估岗位价值等方面。通过职务分析，做好岗位的设计和职责的分配。评估不同岗位的价值，是内部公平性的关键和最难点。企业要运用专门的技术，建立岗位价值的评估模型，让不同的岗位有相对的可比性。

3. 收入的差距与岗位价值评估的对应

薪酬制度的目的之一就是激励员工，激发斗志，鼓励员工通过技能、知识、意愿等的提高而提高薪酬水平。收入的差距要反映岗位价值的评估结果，体现薪酬制度的激励性。

4. 遵守相应的法律、法规的要求

现代社会关于劳动者的权益保护的法律、法规越来越多，对劳动者的保护也越来越全面。企业必须严格遵守相应的规定，对员工的社保、劳动保护、医疗、失业、生育、工伤、住房公积金、加班等方面的权利给予相应的支持。同时，企业确实要转变观念，那种靠压榨劳动者、获取廉价劳动力的时代已经一去不复返了。

5. 薪酬增长机制的控制

为保证劳动者有体面、有尊严地生活，企业有义务保证劳动者的实际工资水平保持上涨。这实际上是国家（收税）、股东（分红）、员工（薪酬）三者关系的平衡。企业可以按两个"不高于"的原则实施内部控制，即企业工资总额增长幅度不高于本企业经济效益增长幅度，职工平均工资增长幅度不高于本企业劳动生产率增长幅度的原则。同时，工资的增长幅度原则上也不宜低于 CPI 的增长幅度。

6. 薪酬计算的关键控制点

薪酬的计算分为两种类型：计时工资制和计件工资制。

计时工资制是按照工作时间发放薪酬的方式，包括基本工资、绩效工资和年度奖励及福利等。基本工资的关键控制点：一是工资标准的确定，二是实际工作时间的确定。必须严格地按照编制定员和业务技术标准，为实行计时工资制的每个职工确定岗位、职务或者评定技术（业务）等级，建立健全考勤制度，对职工的实际工作时间进行严格的监督与统计。同时，还应对职工的技术（业务）水平进行考核，根据考核结果，在支付计时工资时做到奖优罚劣、奖勤罚懒，以更好地体现按劳分配原则。绩效工资和年度奖励要按企业的制度规定，进行考核和核算，以体现全面的贡献。实际工作时间的确定则要求建立考勤制度，对于工时进行计量。

计件工资制是按照生产的合格产品的数量或完成的一定作业量，根据一定的计件单价计算劳动报酬的一种工资形式。它的关键控制点由工作物等级、劳动定额和计件单价所组成。工作物等级是根据某种工作物的技术复杂程度、劳动繁重程度、责任大小和不同的生产设备状况划分的等级。它按照技术等级标准的要求，规定从事该工作的工人所应达到的技术等级。它是确定劳动定额水平、计算计件单价和合理安排劳动力的科学依据。工作物等级确定以后，一般不宜变动。但是在工人技术等级标准作了修订，生产设备、工艺操作和技术条件起了变化的时候，有关的工作物等级也应该进行调整。劳动定额，分产量定额和工时定额。产量定额就是在单位时间内应该生产的合格产品的数量。工时定额就是在一定条件下，完成某一产品所必须消耗的劳动时间。劳动定额是考核和衡量工人生产效率的尺度，也是合理组织劳动和计算劳动报酬的依据，是实行计件工资的关键。计件单价就是完成某种产品的单位产量的工资支付标准。

同时，企业要加强企业基础管理工作，建立健全各项规章制度。在生产组织方面要完善材料的保管、发放、运输制度；在劳动组织方面，要完善编制定员制度；在管理制度方面，要完善劳动定额管理制度、原材料的消耗定额管理制度和收发保存制度，各种原始记录和统计制度，质量检验制度，设备保养与检查制度，以及安全操作规程、工艺规程的管理等。在生产条件和技术、设备水平发生重大变化时，要及时修订各项定额标准，建立定期检查和修订定额的制度。

二 员工激励的内部控制

（一）激励的含义、原则和设计流程

激励在管理学的一般教科书中，通常是和动机连在一起的。所谓激励，便是激发人的行为动机，就是激发士气、鼓舞干劲，也就是人们常说的调动积极性。激励对管理，特别是人力资源管理的重要性自不待言。人力资源管理的基本目的有4个，即吸引、保留、激励与开发企业的人力资源，其中激励显然是核心。对一个企业来说，能激发起员工的干劲，就必能吸引并保留住他们，而开发本身即重要的激励手段。

激励的设计原则主要基于以下几点。

1. 目标结合原则

在激励机制中，设置目标是一个关键环节。目标设置必须同时体现组织目标和员工需要的要求。

2. 物质激励和精神激励相结合的原则

物质激励是基础，精神激励是根本。在两者结合的基础上，逐步过渡到以精神激励为主。

3. 引导性原则

外部激励措施只有转化为被激励者的自觉意愿，才能取得激励效果。因此，引导性原则是激励过程的内在要求。

4. 合理性原则

激励的合理性原则包括两层含义：其一，激励的措施要适度，要根据所实现目标本身的价值大小确定适当的激励量；其二，奖惩要公平。

5. 明确性原则

激励的明确性原则应包括三层含义：其一，明确。激励的目的是需要做什么和必须要怎么做。其二，公开。特别是在分配奖金等大量员工关注的问题时，更为重要。其三，直观。实施物质奖励和精神奖励时都需要直观地表达出它们的指标、奖励和惩罚的方式。直观性与激励影响的心理效应成正比。

6. 时效性原则

要把握激励的时机，"雪中送炭"和"雨后送伞"的效果是不一样的。激励越及时，越有利于将人们的激情推向高潮，使其创造力连续有效地发挥出来。

7. 正激励与负激励相结合的原则

所谓正激励就是对员工的符合组织目标的期望行为进行奖励。所谓负激励就是对员工违背组织目的的非期望行为进行惩罚。正负激励都是必需而有效的，不仅作用于当事人，还会间接地影响周围其他人。

8. 按需激励原则

激励的起点是满足员工的需要，但员工的需要因人而异、因时而异，并且只有满足最迫切需要（主导需要）的措施，其效价才高，其激励强度才大。因此，领导者必须深入进行调查研究，不断了解员工需要层次和需要结构的变化趋势，有针对性地采取激励措施，才能收到实效。

激励的设计流程如图9-9所示。

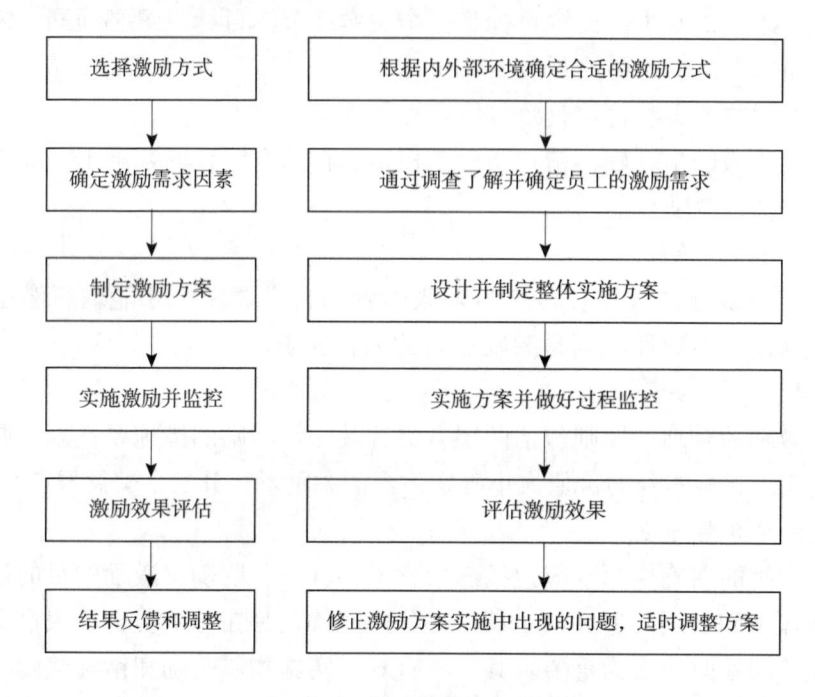

选择激励方式	根据内外部环境确定合适的激励方式
确定激励需求因素	通过调查了解并确定员工的激励需求
制定激励方案	设计并制定整体实施方案
实施激励并监控	实施方案并做好过程监控
激励效果评估	评估激励效果
结果反馈和调整	修正激励方案实施中出现的问题，适时调整方案

图9-9 激励设计流程图

（二）员工激励政策的控制目标

企业是否有能力保留一定数量既有能力又有责任心的员工，在很大程度上取决于其激励政策。激励政策的控制目标就是可以吸引优秀的人才到企业来，开发员工的潜在能力，促进在职员工充分地发挥其才能和智慧，留住优秀人才，造就良性的竞争环境，提高经营效率，增强经营效果，促进企业实现发展战略。

（三）员工激励政策的主要风险点

激励政策的风险评估是企业确认和分析与其目标实现相关的激励政策风险的过程，是确定如何管理激励政策风险的基础。对于激励政策的风险主要表现在政策制定风险与政策执行风险两个方面。一般而言，企业激励的风险因素主要包括外部环境因素和内部管理因素，这些风险因素存在于激励政策的制定和执行的全过程。为了营造良好的人力资源内部控制环境,在激励政策的制定与执行过程中必须识别这些风险。

(四)员工激励政策的关键控制点

1. 设定激励的目标

激励的最终目的在于实现企业的战略,激励目标要服从、服务于企业战略的要求。所设置的目标要有助于引导和鼓励员工的行为,使之符合企业的战略要求和组织目标。同时,由于人的注意力是有限的,设定的激励目标一般不宜超过三个或五个。超过则会使注意力分散,反而会有损于组织目标的实现。

2. 激励需求的调查

激励是要按需激励的,不能采用"一刀切"的激励方式。调查员工的需求,是激励活动的起点。企业要选择专业人员、设计专门的调查方案,深入了解员工的需求,分析哪些是真正的需求,哪些是表面的虚假的需求,哪些是最迫切的需求,哪些是无关紧要的需求。

3. 激励方式的选择

激励方案的落脚点就是选择激励方式,是选择正激励还是选择负激励,是选择物质激励还是选择精神激励,物质激励是发现金还是发商品或者给予培训机会。不同的激励方式,其效果是大不一样的。企业要结合激励需求的调查,选择最适合的激励方式。好的方式可以事半功倍,不好的方式会事倍功半。

4. 激励时机的选择

有的企业注重结果的控制,有的企业关注过程的控制,有的企业则两者兼有。那么在激励活动中,要使控制活动达到应有的目标,就必须对激励的时机作出恰当的选择。是在结果出来后及时给予一次性激励,还是在过程中分阶段地予以激励,还是年底统一作出激励,这都是激励控制所必须关注的。

5. 确定激励的力度

激励的力度不是越大越好,要结合被激励事项的性质而定,要结合实现目标的大小而定。同时,还要考虑成本效益性原则,能节约成本还是要尽量节约成本。

6. 评估激励的效果

激励实施之后,一定要及时评估激励所起的效果。总结激励方案中

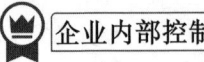

的各项内容是否满足要求,激励是否达到了引领趋向战略目标的目的。

7. 激励结果的反馈

激励结果要及时同被激励对象沟通、反馈,明确告知其激励的依据、目的和程序,让其理解激励的动因,从而产生激励所期望的行为。同时要倾听其对激励方案的意见和建议,修正方案中的问题,适时调整方案。

三 期权激励的内部控制

（一）期权激励的含义和业务流程

期权激励是股权激励的一种典型模式,是指上市公司授予激励对象在未来一定期限内以预先确定的价格和条件购买本公司一定数量股份的权利。激励对象可以其获授的股票期权在规定的期间内以预先确定的价格和条件购买上市公司一定数量的股份,也可以放弃该种权利。在公司中进行的有关股票期权计划的尝试,能够更好地激励经营者、降低代理成本、改善治理结构。

期权激励的授予对象主要是公司的高级管理人员,这些员工在公司中的作用是举足轻重的,他们掌握着公司的日常决策和经营,因此是激励的重点;另外,技术骨干也是激励的主要对象。比如,授予高管一定数量的股票期权,高管可以在某事先约定的价格购买公司股票。显然,当公司股票价格高于授予期权所指定的价格时,高管行使期权购买股票,可以通过在指定价格购买,以市场价格卖出,从而获利。由此,高管都会有动力提高公司内在价值,从而提高公司股价,并可以从中获得收益。

实施股票期权主要涵盖七大步骤:

（1）划分资产,确立持股比例。

（2）员工意向调查（文件）可行性研究报告。

（3）设计持股结构（文件）。

（4）设计交易结构。

（5）制定股权管理办法（文件）。

（6）验资划款、股份转移。

（7）重新工商注册登记。

（二）期权激励的控制目标

期权激励是一种长期激励,目标在于使管理层利益和股东利益保持一致性，减少代理成本。可以在很大程度上缓解企业目前面临的成长极限问题，调整企业内部结构，释放组织潜能，从而突破管理瓶颈，完成企业的二次创业。实施期权激励还有助于解决企业用人难、留人难的问题，以股权吸引和挽留经理人才，推动企业长期发展。

期权激励的内部控制制度，其目标在于合理保证期权方案合法合规、激励资金来源适当、财务报告披露信息真实完整，提高管理层的积极性，提高经营效率，增强经营效果，促进企业实现发展战略。

（三）期权激励的主要风险点

1. 道德风险

道德风险主要为"内部人控制"风险，我国上市公司"内部人控制"现象严重，所以当董事会制订激励计划、条件时，相当于自己制定激励自己的方案。

2. 激励不足风险

如果上市公司经理人员对公司生产经营的控制权低，他们对公司成长的关心势必就少，激励就达不到期望值。

3. 经营风险

不管是以权益结算还是以现金结算的股份支付，如果将其计入成本或费用，必然会影响公司的当期损益，影响公司当年的每股收益，从而影响该股票在二级市场上的表现。

4. 利润操作风险

考核指标是实施激励的条件，年净资产收益率是激励方案中最常使用的业绩考核指标。但净利润中可能包含非经常性损益和少数股东收益的影响，无法准确反映经理人员的经营水平，并且对净利润指标的人为操纵也增大了激励的风险。

（四）期权激励的关键控制点

在运用期权激励的思路上，要遵循增量激励，激励与约束结合，风险与收益对称，公司、股东、管理层利益一致，规范、审慎、渐进的原则。在风险控制手段上，发挥股东控制，董事会控制，监事会控制，激励对象控制，制度控制，市场控制，社会公众监督的各自作用。在期权激励内部控制实践中，应把握好以下几个关键控制点。

1. 激励对象的确定

激励对象可以包括上市公司的董事、高级管理人员、核心技术人员

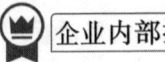

或者核心业务人员，以及公司认为应当激励的对公司经营业绩和未来发展有直接影响的其他员工，但不应当包括独立董事和监事。在境内工作的外籍员工任职上市公司董事、高级管理人员、核心技术人员或者核心业务人员的，可以成为激励对象。

单独或合计持有上市公司5%以上股份的股东或实际控制人及其配偶、父母、子女，不得成为激励对象。下列人员也不得成为激励对象：①最近12个月内被证券交易所认定为不适当人选；②最近12个月内被中国证监会及其派出机构认定为不适当人选；③最近12个月内因重大违法违规行为被中国证监会及其派出机构行政处罚或者采取市场禁入措施；④具有《公司法》规定的不得担任公司董事、高级管理人员情形的；⑤法律、法规规定不得参与上市公司股权激励的；⑥中国证监会认定的其他情形。

2. 期权激励拟授出的权益数量

期权激励的数量是被激励对象最关心的内容之一，数量不足则激励效果不明显。数量过大，则会对以后年度的损益产生较大的负面影响。鉴于国家对这些方面都有明确的规定，要严格依照法律法规的规定进行操作。若分次授出的，每次拟授出的权益数量、涉及的标的股票数量及占股权激励计划涉及的标的股票总额的百分比、占上市公司股本总额的百分比；设置预留权益的，拟预留权益的数量、涉及标的股票数量及占股权激励计划的标的股票总额的百分比等都要加以关注。

3. 每一个授予对象的数量及占比

激励对象为董事、高级管理人员的，其各自可获授的权益数量、占期权激励计划拟授予权益总量的百分比，其他激励对象（各自或按适当分类）的姓名、职务、可获授的权益数量及占期权激励计划拟授出权益总量的百分比都是内部控制的关键点，用于保证期权激励的内部公平性，把好事办好。以免贫富不均，致使怨声载道，反而有损激励意义。

4. 相应日期的选择

期权激励计划的有效期，限制性股票的授予日、限售期和解除限售安排，股票期权的授权日、可行权日、行权有效期和行权安排，这些都会对激励效果产生直接影响，如果操作不当会引发法律风险，或内幕操作等。同时，也要关注各日期是自然形成的实际的日期，避免倒签日期现象的发生。所以，要遵照相应的规定，如期权授权日与获授股票期权首次可以行权日之间的间隔不得少于1年。股票期权的有效期从授权日计算不得超过10年。

5. 股票期权的行权价格或行权价格的确定方法

行权价格直接决定着授予对象将来获益的多少，也决定着公司损益的影响数字。设定过低的行权价格，不利于授予对象努力工作，提升公司效益，有对授予对象利润输送之嫌。设定过高的行权价格，当授予对象预期很难达到行权条件时，就会放弃行权，失去了设计期权激励计划的意义。所以，行权价格不应低于下列价格较高者：①股权激励计划草案摘要公布前1个交易日的公司标的股票收盘价；②股权激励计划草案摘要公布前30个交易日内的公司标的股票平均收盘价。

6. 行权条件的设计

行权条件主要关注完善股权激励业绩考核体系，科学设置业绩指标和水平。应建立完善的业绩考核体系和考核办法，考核指标要体现综合性，主要业绩考核指标应包含反映股东回报和公司价值创造等综合性指标，如净资产收益率（ROE）、经济增加值（EVA）、每股收益（EPS）等；反映公司盈利能力和市场价值等成长性指标，如净利润增长率、主营业务收入增长率、公司总市值增长率等；反映企业收益质量的指标，如主营业务利润占利润总额比重、现金营运指数等。

上市公司激励对象行使权利时的业绩目标水平，应结合上市公司所处行业特点和自身战略发展定位，在授予时业绩水平的基础上有所提高，并不得低于公司同行业平均业绩水平和企业自己近几年的业绩水平。

7. 确定适用的法律及合法性的控制

合法性是期权激励方案的前提，股权激励计划要依据《中华人民共和国公司法》《中华人民共和国证券法》、中国证监会《上市公司股权激励管理办法》和《公司章程》以及其他相关法律、法规和规范性文件的有关规定制定。如果是国有控股上市公司，还要遵守国资管理相关办法和《关于规范国有控股上市公司实施股权激励制度有关问题的通知》（国资发〔2008〕171号）的规定。

四 案例分析

【案例 9-4】

股权激励的方式[①]

南方公司是一家国有控股的 A 股上市公司，主要从事网络通信产品的研究、设计、生产、销售，并提供相关的后续服务。2009 年 1 月 1 日，为巩固公司核心团队，增强公司凝聚力和可持续发展能力，使公司员工分享公司发展成果，南方公司决定实施股权激励计划。为此，该公司管理层就股权激励计划专门开会进行研究，甲、乙、丙、丁在会上分别作了发言。主要内容如下：

甲：公司作为上市公司，不存在证券监管部门规定的不得实行股权激励计划的情形。同时，公司作为国有控股的境内上市公司实施股权激励，也符合国有资产管理部门和财政部门的规定。国内同行业已有实施股权激励的先例且效果很好。因此，公司具备实施股权激励计划的条件。

乙：公司上市只有 3 年时间，目前处于发展扩张期，适合采用限制性股票激励方式；激励对象应当包括董事（含独立董事）、监事、总经理、副总经理、财务总监等高级管理人员，不需包括掌握核心技术的业务骨干；在激励计划中应当规定激励对象获授股票的业绩条件和禁售期限。

丙：公司属于高风险高回报的高科技企业，留住人才应当是实施股权激励的主要目的，适合采用股票期权激励方式；股票期权的授予价格不应当低于下列价格的较高者：①股权激励计划草案摘要公布前 1 个交易日的公司标的股票收盘价；②股权激励计划草案摘要公布前 30 个交易日内的公司标的股票平均收盘价。

丁：股权激励的方式主要有股票期权、限制性股票、股票增值权、虚拟股票、业绩股票等方式，公司应当针对不同的股权激励方式，分别作为权益结算的股份支付和现金结算的股份支付进行会计处理。股票期权、限制性股票、虚拟股票应当作为权益结算的股份支付进行会计处理；股票增值权、业绩股票应当作为现金结算的股份支付进行会计处理。

---

① 财政部会计资格评价中心．高级会计实务［D］．北京：经济科学出版社，2016．

案例解析　假定不考虑其他有关因素。根据上述资料，逐项判断南方公司管理层甲、乙、丙、丁发言中的观点是否存在不当之处。

（1）甲的发言不存在不当之处。

（2）乙的发言存在不当之处。

不当之处一：采用限制性股票激励方式。理由：南方公司处于扩张期适合采用股票期权激励方式。

不当之处二：激励对象包括独立董事和监事。理由：独立董事作为中小股东利益的代表，其职责在于监督管理层规范经营；国有控股上市公司的监事暂不纳入激励对象。

不当之处三：激励对象不包括掌握核心技术的业务骨干。理由：南方公司属于高风险、高回报的高科技企业，掌握核心技术的业务骨干在南方公司的发展过程中起着关键作用。

（3）丙的发言不存在不当之处。

（4）丁的发言存在不当之处。

不当之处：虚拟股票作为权益结算的股份支付进行会计处理。理由：采用虚拟股票激励方式，激励对象可以根据被授予虚拟股票的数量参与公司分红并享受股价升值收益。

第六节　员工培训与劳动关系的内部控制

一　员工培训的内部控制

（一）员工培训的含义和业务流程

员工的培训与发展是人力资源开发的一个重要内容。员工培训是指一定组织为开展业务和培育人才的需要，采用各种方式对员工进行有目的、有计划的培养和训练的管理活动，其目标是使员工不断地更新知识，开拓技能，改进员工的动机、态度和行为，使员工能适应新的要求，更好地胜任现职工作或担负更高级别的职务，从而促进组织效率的提高和组织目标的实现。从员工个人来看，培训和发展可以帮助员工充分发挥和利用其人力资源潜能，最大限度地实现其自身价值，提高工作满意度，增强对企业的组织归属感和责任感。从企业来看，对员工的培训和发展

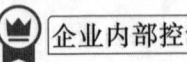

是企业应尽的责任，有效的培训可以减少事故，降低成本，提高工作效率和经济效益，从而增强企业的市场竞争力。

员工培训可以分为外训和企业内训两种途径。外训是让员工到企业外面参与一些相关的讲师开办的公开培训课程；内训是企业邀请相关讲师到企业进行调研，有针对性地对企业员工进行培训，这是全面的内部培训，一般不对外公开。

员工培训按内容来划分，可以分为员工技能培训和员工素质培训两种。员工技能培训是企业针对岗位的需求，对员工进行的岗位能力培训；员工素质培训是企业针对员工素质方面的要求，主要有心理素质、个人工作态度、工作习惯等的素质培训。

员工培训的成本无论从费用、时间与精力上来说都是不低的，所以必须精心设计与组织。要有效地做好这一工作，应把它视为一项系统工程，即采用一种系统的方法，使培训活动能符合企业的目标，让其中的每一个环节都能实现员工个人及其工作和企业本身三方面的优化。员工培训流程如图9-10所示。

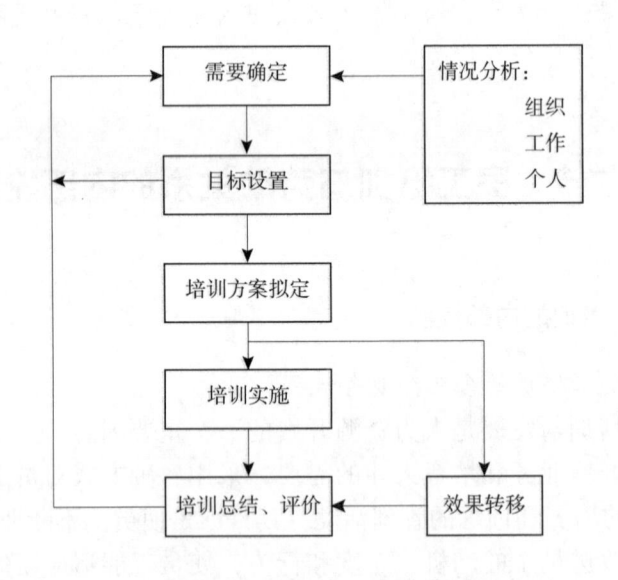

图9-10 员工培训流程图

（1）确定培训需要。确认工作行为或绩效差异的存在；培训需要分析；确认培训是否为最好的方法。

（2）培训目标的设置。设置培训目标将为培训计划提供明确的方向和依循的架构。有了目标，才能确定培训对象、内容、时间、教师、方法等具体内容，并可在培训之后，对照此目标进行效果评估。培训目标主要分为几大类：技能培养、传授知识、转变态度、工作表现、绩效目标。

（3）培训方案的拟订，就是将培训目标具体化与操作化。培训方案主要包括：培训目标、培训项目、培训对象、培训机构和培训讲师、培训内容、培训教材和参考书、培训方式、培训设施、培训后勤保障、培训地点和时间、培训效果评估方案、培训的费用预算，等等。

（4）培训活动的实施。这主要包括培训的准备工作与培训的实施和控制。

（5）效果转移。这是培训和发展的结果有效地转移到实际工作上，企业必须考虑企业总体目标、政策、组织结构、工作流程、方法、企业文化与培训所传授的理念相一致，并创造效果转移的条件，以帮助企业达到预期的目标。

（6）培训总结与评价。它是评估企业培训和发展的成果，主要包括对参与者、培训目标达成情况及培训效果的评估。

（二）员工培训的内部控制目标

员工培训的内部控制目标是通过内部控制的实施，确定培训的需求，设置恰当的培训目标，通过培训方案的实施，使员工不断地更新知识，开拓技能，改进员工的动机、态度和行为，使员工能适应新的要求，更好地胜任现职工作或担负更高级别的职务，从而提高经营效率，增强经营效果，促进企业实现发展战略。

（三）员工培训的主要风险点

企业通过员工培训，不仅是要满足企业发展对具有胜任能力的员工的需要，也可以促进企业经营业绩的提高，确保员工培训有关信息的真实可靠，确保员工培训遵守法律、法规的要求，确保企业人力资源的安全，促进企业文化建设。为了营造一个良好的员工培训环境，保证培训政策的制定与执行能够实现企业与员工培训的目标，企业要关注由于培训政策不适当导致培训效果低下及由于培训政策执行不到位而产生的风险。比如，在培训政策执行过程中，如果培训目的不明确将会导致企业培训无效果，培训对象不清晰、培训方法不当将会导致企业培训效果低下等。

（四）员工培训的关键控制点

员工培训要遵循层次性、针对性、系统性及科学性的原则。为了保证员工培训效果，企业要对培训中各类风险进行控制，主要包括员工培训的政策控制和员工培训实施过程的控制。其关键控制点如下。

1. 培训需求的确定

不同的人员有不同的培训需求，企业需要针对不同的需求开展有针对性的培训，这样才会有好的效果。在调研需求方面，需要人力资源专业人员和各业务主管人员共同配合，深入各单位，对培训需求加以摸底、排查、引导、整理，发现真正的培训需求。

2. 培训内容的选择

针对调研出的培训需求，需要人力资源部门和各业务主管人员选择、确定有效的培训内容。重点关注培训的内容是否能解决培训的需求，因为现代社会信息量大，雷同的信息太多，需要认真地加以选择。

3. 培训方式的选择

不同的培训方式，其成本开支是不一样的，同时培训的效果也不一样。一般来讲，外部培训的代价较高，而内部培训的代价较低。外部培训因为封闭性较好，一般培训效果也较好。内部培训因为在企业内部，参训人员容易受到干扰，一般效果不如外训。是选择外训还是内训，要求企业根据培训的对象、内容、经济性等方面加以比较分析。

4. 培训效果的评估

为了对培训有一个全面、正确的了解，以利于进一步的提高，从内部控制来看，培训效果的评估是一个关键的环节。通过培训效果的评估，可以发现企业在需求调研、内容选择、方式确定等方面是否达到预期目的。通过知识转移的评估，可以评价企业培训的实际效果，进行成本效益分析。一般而言，企业会重培训的形式而轻培训的内容，重培训的开展而轻培训效果的评估，这是我们应该力求避免的。

二 劳动关系的内部控制

（一）劳动关系的含义

广义地讲，劳动关系是指劳动者与用人单位（包括各类企业、个体工商户、事业单位等）在实现劳动过程中建立的社会经济关系。狭义地讲，劳动关系是指用人单位招用劳动者为其成员，劳动者在用人单位的管理下提供有报酬的劳动而产生的权利和义务关系。

劳动关系由主体、内容、客体三个要素构成。其主体包括劳动者、劳动者的组织（工会、职代会等）和用人单位；内容是指主体双方依法享有的权利和承担的义务；客体是指主体的劳动权利和劳动义务共同指向的事物，如劳动时间、劳动报酬、安全卫生、劳动纪律、福利保险、教育培训、劳动环境等。

我国《劳动法》中所规范的劳动关系，主要包括以下三个法律特征：

（1）劳动关系是在现实劳动过程中所发生的关系，与劳动者有着直接的联系。

（2）劳动关系的双方当事人，一方是劳动者，另一方是提供生产资料的劳动者所在单位。

（3）劳动关系的一方劳动者，要成为另一方所在单位的成员，要遵守单位内部的劳动规则和有关制度。

（二）劳动关系管理的内部控制目标

劳动关系管理的内部控制目标是确保良好的劳动关系得以维持，确保与劳动关系相关的信息真实可靠，确保劳动关系管理遵循法律和法规，确保企业劳动保护措施完善，保障员工人身安全，促进企业目标的实现。

（三）劳动关系管理的主要风险点

企业在进行劳动关系管理过程中，可能会存在诸多风险，主要包括以下几点：

（1）劳动合同文本的不规范而引致的风险。如由于企业对国家法律、法规理解不透而产生文本违反相关规定或产生歧义等风险。

（2）劳动合同的签订不规范而引致的风险。如劳动合同新签过程中，员工到岗后故意不签订劳动合同的风险，劳动合同签订后未给员工一份引致的法律风险，到岗后未告知员工录用条件从而导致试用期无法考核的风险等。劳动合同续签过程，劳动合同到期未及时续签，从而产生事实劳动关系的风险等。

（3）用工形式方面的不正确而引致的风险。如什么样的岗位应该采用劳务派遣形式用工，什么情形下采用非全日制用工等。如果不恰当地将劳动合同短期化，或将劳务关系弄成劳动关系都会给企业带来相应的风险。同时，对于非全日制用工未签劳动合同，与非正规劳务派遣公司订立劳务派遣合同，都会存在相应的法律风险。

（4）企业规章制度不完善而引致的风险。如没有劳动规章制度，或者劳动规章制度内容违法，特殊工时制度未经审批，不办理社保或住房公积金，工资发放没有记录，人力资源部门档案管理丢失或查询不到等都会给企业引致相应的行政、经济和法律责任。

（四）劳动关系管理的关键控制点

1. 劳动合同的签订

劳动合同是劳动者与用工单位之间确立劳动关系，明确双方权利和义务的协议。首先，当出现劳动纠纷时，应当严格按照劳动合同解决纠纷，维护企业和员工的合法权益。其次，为了保护企业拥有的商业秘密、知识产权等核心信息的安全，企业可以通过签订劳动合同对掌握核心信息的员工进行约束，保护企业的合法权益。

2. 劳动保护的设置

劳动保护是国家和单位为保护劳动者在劳动生产过程中的安全和健康所采取的立法、组织和技术措施的总称。其目的是为劳动者创造安全、卫生、舒适的劳动工作条件，消除和预防劳动生产过程中可能发生的伤亡、职业病和急性职业中毒，保障劳动者以健康的劳动力参加社会生产，促进劳动生产率的提高。

3. 人力资源档案管理

人力资源档案作为存储个人信息的载体，真实记录着个人的历史，是个人情况的真实反映，对员工个人来说非常重要。企业应建立健全人力资源信息管理制度，包括专人管理人力资源档案、按照有关要求保管档案等，保证企业人力资源信息的真实、完整、安全。

4. 相关法律的遵守

劳动关系管理是处理企业与员工之间的关系的工作，劳动关系是最微妙的关系。处理不好，对员工和企业都是极具破坏性的。国家在这方面有很多法律和规章制度，作为企业应该加强在这方面的学习，模范遵守相关劳动法律、法规，以保证企业的正常运营。

三 案例分析

【案例9-5】

某公司员工培训管理制度

一、总　　则

第一条　目的。

为了对员工进行有组织、有计划的培训，以达到公司与员工共同发展的目的，根据公司人力资源管理基本政策，特制定本制度。

第二条 原则和政策。

（1）公司培训按照"经济、实用、高效"的原则，采取人员分层化、方法多样化、内容丰富化的培训政策。

（2）员工的专业化培训和脱产外出培训坚持"机会均等、公平竞争"的原则，员工通过突出的业绩和工作表现获得激励性培训和发展机会。

第三条 适用范围。

本制度适用于公司所有正式员工。

二、培训内容和形式

第四条 培训内容。

培训内容包括知识培训、技能培训和态度培训。

（1）知识培训。不断实施员工本专业和相关专业新知识的培训，使员工具备完成本职工作所必需的基本知识和迎接挑战所需的新知识。

让员工了解公司经营管理的情况，如公司的规章制度、发展战略、企业文化、基本政策等，使员工掌握企业的共同语言和行为规范。

（2）技能培训。不断实施在岗员工岗位职责、操作规程和专业技能培训，使其在充分掌握理论的基础上，能自由地应用、发挥、提高。

（3）态度培训。不断实施心理学、人际关系学、社会学、价值观及政治觉悟的培训，建立公司与员工之间的相互信任关系，满足员工自我实现的需要。

第五条 培训形式。

培训形式分为员工自我培训、员工内部培训、员工外派培训和员工交流论坛。

1. 员工的自我培训

员工的自我培训是最基本的培训方式。公司鼓励员工根据自身的愿望和条件，利用业余时间通过自学积极提高自身素质和业务能力。

公司会尽力提供员工自我培训的相关设施，如场地、联网电脑等。

原则上对员工自我培训发生的费用，公司不予报销。

2. 员工内部培训

员工的内部培训是最直接的方式，主要包括：

（1）新员工培训。

（2）岗位技能培训。

（3）转岗培训。根据工作需要，公司员工调换工作岗位时，按新岗位要求对其实施岗位技能培训。

（4）部门内部培训。部门内部培训由各部门根据实际工作需要，对员工进行小规模、灵活实用的培训，由各部门组织，定期向人力资源部汇报培训情况。

（5）继续教育培训。公司可根据需要组织专家进行培训。

3. 员工外派培训

员工外派培训是公司具有投资性的培训方式。公司针对员工工作需要，会安排员工暂时离开工作岗位，在公司以外进行培训。员工个人希望在公司以外进行培训（进修），需填写员工外派培训申请表，并附培训通知或招生简章。员工外派培训由人力资源部审查，总经理批准后方可报名。外派培训人员的工资待遇、费用报销由人力资源部决定。

4. 员工交流论坛

员工交流论坛是员工从经验交流中获得启发的培训方式。公司在内部局域网上设立员工交流论坛。

三、被培训者的权利和义务

第六条 被培训者的权利。

（1）在不影响本职工作的情况下，员工有权利要求参加公司内部举办的各类培训。

（2）经过批准进行培训的员工有权利享受公司为受训员工提供的各项待遇。

第七条 被培训者的义务。

（1）培训员工在受训期间一律不得无故迟到或不到。对无故迟到和不到的员工，按本公司考勤制度处理。

（2）培训结束后，员工有义务把所学的知识运用到日常工作中去。

（3）外部培训结束一星期内，员工应将其学习资料整理成册，交由人力资源部保管,并将其所学教给公司其他员工。

（4）员工自我培训一般只能利用业余时间,如需占用工作时间的,在人力资源部备案后,需凭培训有效证明,经所在部门负责人批准后,作相应处理。

（5）具备下列条件之一的,受训员工必须与公司签订培训合同：①外部脱产培训时间在3个月以上。②公司支付培训费用3 000元以上的。

四、培训的组织和管理

第八条　人力资源部负责培训活动的计划、实施和控制。基本程序如下：

（1）培训需求分析。

（2）设立培训目标。

（3）计划培训项目。

（4）培训实施和评价。

第九条　其他各部门负责协助人力资源部进行培训的实施、评价,同时也要组织部门内部的培训。

第十条　建立培训档案。

（1）建立公司的培训工作档案,包括培训范围、培训方式、培训教师、培训人数、培训时间、学习情况等。

（2）建立员工培训档案,将员工接受培训的具体情况和培训结果详细记录备案,包括培训时间、培训地点、培训内容、培训目的、培训效果自我评价、培训者对被培训者的评语等。

五、培训计划的制定

第十一条　培训计划的制定。

人力资源部根据规定时间发放员工培训需求调查表,部门负责人结合本部门的实际情况,将其汇总,并于规定时间内报人力资源部。人力资源部结合员工自我申报、人事考核、人事档案等信息,制订本公司的年度培训计划。

根据年度培训计划制定实施方案。实施方案包括培训的具体负责人、培训对象、确定培训的目标和内容、选择适当的培训方法、选择学员和老师、制定培训计划表、培训经费的预算等。实施方案经总经理批准后，以公司文件下发到各部门。

  第十二条 部门内部组织的、不在公司年度培训计划内的培训应由所在部门填写部门计划外培训申请表，经总经理批准后，报人力资源部备案，在人力资源部的指导下由部门组织实施。

  第十三条 对于临时提出参加各类外部培训或进修的员工，均要经过所在部门负责人同意，填报员工外派培训申请表，经总经理批准后，报人力资源部备案。

六、培训实施

  第十四条 培训实施过程原则上依据人力资源部制订的年度培训计划进行，如果需要调整，应向人力资源部提出申请，上报总经理批准。

  第十五条 员工内部培训期间人力资源部监督学员出勤情况，并以此为依据对学员进行考核。

  第十六条 人力资源部负责对培训过程进行记录，保存过程资料，如电子文档、录音、录像、幻灯片等。培训结束后以此为依据建立公司培训档案。

七、培训评估

  第十七条 人力资源部负责组织培训结束后的评估工作，以判断培训是否达到预期效果。

  第十八条 培训结束后的评估要结合培训人员的表现，作出总鉴定。可要求被培训者写出培训小结，总结在思想、知识、技能方面的进步。与培训成绩一起放进人事档案。

  第十九条 培训评估包括测验式评估、演练式评估等多种定量和定性评估形式。

八、培训费用

  第二十条 公司每年投入一定比例的经费用于培训，培训经费专款专用，可根据公司实际情况调整相应数额。

第二十一条 外派培训人员的工资待遇、费用报销由总经理决定。对于公司予以报销的费用，原则上先由培训员工本人支付，等获得合格证书后，方可回公司报销。培训人员发生的交通费、食宿费按公司报销规定报销。

第二十二条 员工内部培训费用全部由公司承担。

九、附　则

第二十三条 本制度的拟订或修改由人力资源部负责，报公司领导层批准后执行。

第二十四条 本制度由人力资源部负责解释。

案例解析　此制度对培训范围及形式、培训实施、培训保障等进行了详细的规定，但对于员工培训内部控制很少涉及，我们认为其作为企业的培训制度应从以下几方面进行完善：

（1）考虑员工培训的风险。员工培训的风险应在制度中明确提出，使参与培训的机构和人员熟悉培训风险，这样才可以有效地应对这些风险。

（2）未采取相应的控制活动和监督管理。首先，由于该企业未考虑到员工培训存在的风险，也就不会采取相应的控制活动。虽然该制度也规定了"培训评估"，但是缺少针对性。因此，对于培训费用要进行控制，纳入预算管理，接受内部审计。其次，该制度未考虑对员工培训的内部控制，也就没有考虑对控制进行监督，根据前面的分析，对控制进行监督也是必要的。

（3）进行必要的信息与沟通。在培训中进行必要的信息与沟通可以增强培训的效果。虽然该制度在"培训实施"部分有提到"对培训过程进行记录，保存过程资料，如电子文档、录音、录像、幻灯片等"，但是在"培训评估"中没有对其进行过程进行记录，让企业无法进行后期的分析和评价。

第十章

财务报告编制与披露

财务报告是反映企业财务状况和经营成果的书面文件,包括资产负债表、利润表、现金流量表、所有者权益变动表、附表及会计报表附注和财务情况说明书。本章所指财务报告编制与披露的内容比较广泛,包括财务关账与报告的规定、一般会计处理及期末关账、特殊事项或交易的处理、报表编制和信息披露和会计档案管理等子流程。另外,本章还会介绍预算管理和税务管理的内部控制目标、主要风险点和关键控制点。

第一节　财务报告编制与披露的内部控制

一 财务报告编制与披露概述

（一）财务报告的含义

财务报告是企业对外提供的反映企业在某一特定日期的财务状况和某一会计期间的经营成果、现金流量等会计信息的文件。

根据财务报告的定义,其具有以下几层含义:

（1）财务报告应当是对外报告,其服务对象主要是投资者、债权人等外部使用者,那些专门为了内部管理需要的、特定目的的报告不属于财务报告的范畴。

（2）财务报告应当综合反映企业的经营状况,包括某一时点的财务状况和某一时期的经营成果与现金流量等信息,以勾画出企业整体和全貌。

（3）财务报告必须形成一个系统的文件，不应是零星的或者不完整的信息。

财务报告是企业进行会计确认与计量的最终结果体现，使用者主要是通过财务报告来了解企业当前的财务状况、经营成果和现金流量等情况，从而预测未来的发展趋势。因此，财务报告是向投资者等财务报告使用者提供决策有用信息的媒介和渠道，是沟通投资者、债权人等使用者与企业管理层之间信息的桥梁和纽带。

（二）财务报告的构成

财务报告包括财务报表和其他应当在财务报告中披露的相关信息和资料。其中，财务报表由报表本身及其附注两部分构成。附注是财务报表的有机组成部分，而报表至少应当包括资产负债表、利润表和现金流量表等报表。

（1）资产负债表，是反映企业在某一特定日期的财务状况的会计报表。企业编制资产负债表的目的是通过如实反映企业的资产、负债和所有者权益金额及其结构情况，从而有助于使用者评价企业资产的质量以及短期偿债能力、长期偿债能力、利润分配能力等。

（2）利润表，是反映企业在一定会计期间的经营成果的会计报表。企业编制利润表的目的是通过如实反映企业实现的收入、发生的费用以及应当计入当期利润的利得和损失等金额及其结构情况，从而有助于使用者分析评价企业的盈利能力及其构成与质量。

（3）现金流量表，是反映企业在一定会计期间的现金和现金等价物流入和流出的会计报表。企业编制现金流量表的目的是通过如实反映企业各项活动的现金流入、流出情况，从而有助于使用者评价企业的现金流和资金周转情况。

（4）附注，是对在会计报表中列示项目所作的进一步说明，以及对未能在这些报表中列示项目的说明等。企业编制附注的目的是通过对财务报表本身作补充说明，以更加全面、系统地反映企业财务状况、经营成果和现金流量的全貌，从而有助于向使用者提供更为有用的决策信息，帮助其作出更加科学合理的决策。

财务报表是财务报告的核心内容，但除了财务报表，财务报告还应当包括其他相关信息，具体可以根据有关法律、法规的规定和外部使用者的信息需求而定。例如，企业可以在财务报告中披露其承担的社会责任、对社会的贡献、可持续发展能力等信息，这些信息对于使用者的决策也是相关的，尽管属于非财务信息，无法包括在财务报表中，但是如果有规定或者使用者有需求，企业应当在财务报告中予以披露，有时企业也可以自愿在财务报告中披露相关信息。

二 一般会计处理及期末关账

一般会计处理及期末关账主要包括会计分录的记录与复核，会计系统控制，总账与明细账的对账和会计临时账户的监控等。

（一）一般会计处理及期末关账的内部控制目标

（1）会计分录被独立地复核、验证、审批，并被记录在适当的会计期间。

（2）定期核对各明细账与总账，处理发现的差异，并记录在总账对应的会计期间。

（3）所有系统和手工的临时账户应得到识别和监控。临时账户中的金额在适当的会计期间应转入合适的总账科目中。

（4）用于生成会计报表的试算平衡表是根据总分类账生成的。所有试算平衡表的科目适当并一致地进行批处理，进而用来编制当期的财务报表。按照企业的关账程序，在适当的会计期间准确地进行所有要求的分析。在期末财务关账流程中，识别并记录必要的调整和相关的会计分录。

（二）一般会计处理及期末关账的主要风险点

（1）未制定统一的会计核算办法，导致会计处理不一致或不满足新企业会计准则的要求。

（2）原始单据和会计记账凭证审核不够充分，导致记账凭证与原始单据不匹配。

（3）人为调节损益，导致财务报告信息失真。

（4）交易记录没有完整、准确地计入对应的会计期间。

（三）一般会计处理及期末关账的关键控制要点

1. 记账凭证的审核

财务人员按照职责分工审核原始单据，根据审核无误的原始单据编制记账凭证，并由独立于制单人的财务人员在系统中复核记账凭证，确保凭证编制得准确无误。只有在系统内经过审核的记账凭证才能过入总账生成财务报表。

2. 业务接口对应关系的配置和审核

由于业务新增、变更等原因，业务接口的对应关系需要变化时，经财务部门与相关的业务部门讨论确定以后，向信息技术部门提出书面申请，由信息技术部门（如有需要，由信息技术部门联系软件公司开发人员）进行对应关系的配置，配置完成后由相应的人员进行检查并留下相应的检查记录。

3. 借贷平衡的控制

企业使用的财务系统设定过账的会计分录必须是借贷双方总数平衡的。借贷不平时系统自动提示借贷不平，不能进行保存。

4. 凭证一经复核不能修改的系统自动控制

企业使用的财务系统设定凭证一经审核不能进行任何修改。

5. 凭证的过账

财务部门人员每月结账前负责在财务系统对所有已审核凭证进行过账，保证所有明细账与总账核对一致，包括总账模块与各子模块的核对一致。

6. 关账后的财务数据调整

关账以后财务系统拒绝任何对已关闭会计期间的操作，如果出现必须在本期进行调整的数据需要重新打开账期时，由相关人员提出书面申请，经过财务部门负责人审批后，由财务部门指定责任人员进行反结账操作，再由申请人员进行调整后，财务部门指定责任人员及时关闭账期。

7. 总账科目的变更和审核

总账科目变更后，相关责任人员提出书面的总账科目和报表的勾稽关系的申请，经过财务部门负责人审批后由经过授权的人员进行正确设置并经独立第三人审核确认。

8. 临时账户的管理

如因核算的需要，财务部门在财务系统中设置了临时账户后，每月月末关账前，会计人员复核所有过渡性临时科目，确保所有余额均已归集到相应的一级科目，余额为零。

9. 保证财务报表的准确性

财务部门会计人员在月度关账时在财务系统中进行月度结账，系统对所有凭证检查无误后,自动生成财务报表核算会计检查生成报表的准确性,确保资产负债表、利润表、现金流量表或股东权益变动表以及相关附表的表内、表间数据准确无误,勾稽关系对应一致。凡财务报表涉及期初数、上期同期数,必须保证各项目数据与上期报表中的期末数、同期数相互衔接。

10. 与财务报表相关的系统自动控制

企业财务报表由财务系统通过报表取账公式自动生成,不允许手工改表。在月度关账时,系统自动进行检查,如本月仍有未审核、未过账的凭证,系统自动提示未通过工作检查,不可以结账,直至全部凭证审核、记账后,即时自动生成财务报表,始终保持与总账金额的一致(特殊情况除外,比如调整年初数)。

(四)案例分析

【案例10-1】

某公司会计业务管理制度

1. 一般会计业务包括下列各项:
(1)原始凭证的核签。
(2)记账凭证的编制。
(3)会计簿记的登记。
(4)会计报告的编制、分析与解释。
(5)会计用于企业管理各种事项的办理。
(6)内部的审核。
(7)会计档案的整理保管。
(8)其他依照法令及习惯应进行办理的会计事项。

2. 会计业务的处理程序,应依公司的规定,根据合法的原始凭证,造具记账凭证;根据合法的记账凭证,登记会计账簿;根据符合规定的会计簿记,编制会计报告。

3. 原始凭证关系现金、票据、证券业务的,非经会计部部长盖章,不得执行。

第十章 财务报告编制与披露

4. 主管会计人员于核对账目时，对于现金、票据、证券及其他各项财物应随时派员盘点。关于财物的核对与盘点事项，每年最少应办理一次。

5. 会计业务的处理发生错误时，应于发现错误时随时加以更正。

6. 会计人员执行其职务时，须使用本名，不得用别名或别号。

7. 凡是以证明会计事项发生及其经过的文书单据均为原始凭证。原始凭证以法令规定须具备某种条件的，应依其规定。

8. 原始凭证应先详细审核，如有下列情况，当视为不合法：

（1）法令明定为不当的支出。

（2）书据数字计算错误。

（3）收支数字与规定及事实经过不符。

（4）与公司有关规定不符。

9. 原始凭证的审核。

（1）支出凭证的审核。

A. 支付款项应取得受款人的统一发票，但金额较小或情况特殊时取得受款人的收据亦可。

B. 对于取得的发票和收据应盖有受款人的印章，并记明下列各项：

a. 该公司或商号名称、地址；

b. 货品名称、规格及数量或费用性质；

c. 单价及总价；

d. 交易日期。

C. 对于公司内部支出的原始凭证，应依公司有关规定办理。

D. 购进材料的原始凭证，应附材料入库单和发票。

E. 购进物料及其他消耗品的原始凭证，均应附物料入库单和发票。

F. 购进固定资产的原始凭证，应附固定资产验收单、固定资产请购报告、入库单、发票。

G. 刊登广告费及印刷费发票或收据均应有样本或样张。

H. 员工出差旅费应按照公司"差旅费报销规定"支付，并填写"出差报告单"，并附有关单据报销。

I. 支出凭证单据上的实付金额应用大写数字书写，不得涂改或挖补。

J. 非中文的凭证单据应由经办人将内容摘要译成中文，一并附送。

K. 各部门的费用开支受部门费用预算限制的，依各预算的规定办理。

L. 各项支出凭证应由经办部门主管或经办人签章，会计人员审核及会计部部长核准始为有效。

（2）收入凭证的审核。

A. 各项收入无论属于营业收入或营业外收入均应取得足资证明收入的凭证。

B. 主营业务的销售应以公司有关规定价格为其审核的依据。

C. 凡属出售资产的收入，应以合同或其他有关书据为其审核的依据。

D. 各项产品销售及其他资产出售，所开的统一发票，应记明下列事项。

a. 销售（或出售）日期；

b. 客户名称或地址；

c. 销售产品或其他资产名称、数量；

d. 单据或总价；

e. 公司名称、地址及印章；

f. 其他事项。

E. 收入凭证有下列情况之一，当视为不合格。

a. 收入计算及条件与规定不合；

b. 收入与事实经过不符；

c. 书据数字计算错误；

d. 形式未具或手续不全；

e. 其他与法令规章不合的情况。

10. 不生效力或不合法的原始凭证不得为造具记账凭证或登账的根据。

11. 记账凭证的编制，除了整理结算、结账等事项，确无原始凭证的，应根据原始凭证处理。

12. 记账凭证内所记载的会计事项及金额，应与原始凭证内所表示的会计事项及金额相符。原始凭证的金额不以分位为止的，应将分位以下的小数四舍五入记入记账凭证。

13. 记账凭证有下列情况的，视为不合法的凭证，应予更正：

（1）记账凭证根据不合法的原始凭证编制。

（2）未依规定程序编制。

（3）记载内容与原始凭证不符。

（4）依照规定，应经各级人员签章，而未经其签名盖章的。

（5）有记载缮写计算错误，而未按照规定更正的。

（6）其他与法令、公司规章不合的情况。

14. 现金、证券、票据及财物的增减、保管、转移，应随时根据合法的原始凭证，编制记账凭证，但有关生产成本已随时根据合法原始凭证直接记入明细分类账者，按期分类汇总编制记账凭证。

15. 总账会计须及时审核记账凭证。

16. 月末，根据审核过的记账凭证过入总账，生成会计报表。

17. 年终，打印各种账簿并装订成册。各种账簿的首页应列启用单，标明公司名称、年度、账簿名称、册次页数、启用日期，并由负责人及会计部部长盖章。各种账簿的末页，应列经管人员一览表，填明记账人员的姓名、职别、经管日期。凡经管账簿人员遇有职务调整时，须将各项账簿由原经管人员与接管人员于上述账簿"经管人员一览表"内书明交接年月日并盖章证明。

18. 会计报告应依公司所订的期限编送。

19. 各种会计报告，均应留存底稿。

20. 会计报告未经公司的核准，不得随意给予任何机关团体或个人。

会计报告表达方式应尽量使非会计人员易于了解，会计报告规格应大小一致，以便装订。

21. 记账凭证应按月编号，并按时间顺序装订成册，另加封面、详记日期、起讫号码、记账凭证张数。

22. 下列原始凭证应分别装订保管，只是应于记账凭证注明其保管处所及档案编号，或其他便于查阅的事项。

（1）各种合同及重要资产凭证应编号独立专卷。

（2）应留待将来使用的现金、票据、证券等凭证。

（3）将来应转送其他机构或应退还的文件书据。

（4）其他不能依会计科目装订成册的凭证。

23. 公司及所属机构的会计报告及已记载完毕的会计账簿等档案，均应分年编号，妥善保管。

案例解析 该公司的会计业务管理制度对原始凭证核签、记账凭证编制、会计簿记登记、内部的审核以及会计档案的整理保管等各项会计核算业务的关键控制要点都作出了明确的规定。

三 财务关账与报告

财务关账与报告的规定流程主要包括建立财务报表编制制度，财务关账流程，会计政策的制定与更新，会计科目变更和会计估计、会计政策变更等。

（一）财务关账与报告的内控控制目标

（1）财务关账及报告流程已经被很好地建立和记录，包括识别、更新内部及外部财务报告的要求和期限；分析的方法、格式及频率；部门及子企业报告的内容。

（2）管理层定义、归档、沟通和定期审核财务报表编制流程和财务关账的角色和职责。建立和记录财务部门就影响财务关账与报告流程的事件和交易进行沟通的流程和政策，并定期监督对沟通流程和政策的执行情况。

（3）识别所有适用于企业的会计准则，企业所应用的会计政策应当反映了监管机构所发布的最新的相关指导意见。会计政策应当适当归档并有效地传递至相关人员以使会计政策在不同业务实体和会计期间内的应用保持一致性。

（4）任何个人的财务报告与关账行为，无论在现有政策中是否进行了规定，均应经过适当的授权和记录。

（5）所有会计科目的设置都是真实有效的，符合企业的政策，并且所有会计科目的变动都被准确、及时地处理。

（6）需要应用会计估计、选择及应用会计政策的判断进行处理的业务，均应经过适当的授权和记录。

（二）财务关账与报告的主要风险点

（1）未及时上报会计事项变化情况，影响财务关账。

（2）未及时更新会计政策的变化，影响财务报告的质量。

（3）未及时更新会计科目，影响正常的会计核算和财务关账工作。

（三）财务关账与报告的关键控制要点

1. 财务决算

每年总公司组织开展年度决算工作布置会议，总公司各级单位财务人员代表参加。会议部署年度决算工作,明确决算工作流程、时间、格式、审核要求、报告要求等。

2. 财务关账管理

企业建立财务关账管理流程,使用统一格式的月度关账检查表以保证结账流程及当期会计核算的完整性。月度关账检查表包含月度结账所需注意的全部事项,所有会计人员在每月关账前对负责的会计核算工作进行检查,由关账检查执行人复核后,在关账检查表上签字确认并经财务部门负责人审核。

3. 会计政策的制定和更新

企业制定适当的会计政策和流程,并与财务报告编制部门的适当人员进行沟通。企业应确保会计政策的及时更新,当有相关知识的人监测影响企业的权威指引和规章制度变化时,应据此定期适当地调整企业会计政策和程序。

4. 财务系统权限变更管理

因工作需要或岗位变动,需要对财务系统账号的权限进行增加、删除、变更时,由业务人员提出书面的权限变更申请,经财务部门负责人审批后,由信息系统管理部门对该用户账号的权限进行调整。

5. 会计科目设置与变更管理

企业应建立明确的制度规范会计科目的设置与变更相关流程。需要在财务系统中增、删、改会计科目时,由会计科目相关人员填写会计科目变更审批表进行申请,经过财务部门负责人审批后,由财务部门制定的专门人员执行维护,并由申请人员进行复核确认。

6. 重大重要信息内部报告管理

企业制定关于会计政策、会计估计变更和差错更正等重要信息内部报告的管理办法,明确会计政策、会计估计变更和前期差错更正的内容和处理方法。

四 特殊事项和交易的处理

特殊事项和交易包括(但不仅限于):资产/权益的购买、销售、置换、赠予;债务重组;共同投资;担保;提供资金(包括以现金或实物形式）；代管、托管（受托经营）；专利/专有技术的许可、研究与开发项目的转移/转让等。特殊事项和交易的处理包括非常规交易的记账，关联方交易的记录、复核与对账等。

（一）特殊事项和交易处理的内部控制目标

（1）按照公平公正的定价原则和交易方式实现交易，避免利润转移。

（2）关联交易符合批准程序，符合披露程序。

（3）关联交易合同（协议）符合合同法等国家法律、法规和企业内部规章制度。

（4）建立对各非常规事项/交易/余额的适当的会计处理方式，包括需要应用会计估计、选择及应用会计政策的判断等。

（5）定期进行所有重要科目的对账，并经过独立复核。及时处理发现的例外事项，并记录在总账。

（6）所有关联方的事项和交易应得到识别和授权，并在适当的会计期间进行会计处理和披露，保证关联交易数据真实、准确和完整。

（二）特殊事项和交易处理的主要风险点

（1）交易本身不符合企业的整体发展战略，与企业经营方针有冲突。

（2）尽职调查未能完整、详尽、适度地揭示其既有和/或可能存在的重大瑕疵、风险，造成特殊事项和交易的目的不能实现。

（3）交易标的物性质发生重大变化和/或交易环境发生重大变化，导致交易不能进行，不能实现交易目的。

（4）对交易标的物的价值高估或低估，导致企业遭受经济损失（包括交易的评估和审计基础数据不准确、方法不正确、结论不正确等）。

（5）未及时催收交易对价，资金不能及时回笼；未及时办理资产交接、所有权（股权）转移登记手续及保险，可能承担标的物毁损风险。

（6）财务报表中与关联交易有关的信息不准确，包括：①关联方识别错误，少计或多计，导致统计核算出现偏差、财务核算失真、对外披露不准确；②提前入账或未及时入账，导致关联交易数据失真。

（7）关联方识别错误，导致未按关联交易程序处理（包括但不限于价格的确定、内部董事会和股东大会的批准、对外信息披露等)。

(8) 不符合企业总体发展战略,违反定价原则导致董事会中非关联董事、股东大会中非关联股东不予批准。

(9) 未履行或不当履行股份公司内部批准程序,交易违法。

(10) 应予披露的关联交易未予披露或未充分、及时地披露,导致监管机构谴责、停牌和下市的惩戒。

(11) 客观上造成利润转移,导致股东对股份公司和董事、监事、总裁、财务总监和董秘等高级管理人员的诉讼。

(12) 关联交易合同(协议)不符合合同法等国家法律法规和股份公司内部规章制度的要求,造成损失。

(三) 特殊事项和交易处理的关键控制要点

1. 及时识别和更新关联方

企业有关部门及时更新并编制企业产(股)权结构,及时识别和更新关联方关系。

2. 明确特殊事项管理政策

总公司每年下发财务决算会议材料,明确对于特殊事项的相关政策,如资产负债表日后事项等。

3. 关联方对账

企业每年与关联方对所有关联交易进行对账,并由对账双方签字确认。对于属于调账内容的对账差异双方在关账前进行调整。对于历史原因形成的无法调账的对账差异应签订协议调整一致。

4. 关联方名录的制定和更新

财务部门会计人员编制关联方名录和关联交易统计表,对所有关联方事项和交易进行识别,并经适当的合格人员进行独立复核,确认无误后进行签字。当关联方范围发生变化时,会计人员更新关联方名录和关联交易统计表,并经过财务部门负责人审核后签字确认。

5. 关联交易管理办法的制定

企业制定了关联交易管理的办法,明确关联方范围、关联交易的事项清单、关联交易的定价原则和结算原理,及特殊关联方交易的审批流程。

(四)案例分析

【案例 10-2】

关联交易业务流程

某公司的关联交易业务流程如表 10-1 所示。

表 10-1 关联交易业务流程

控制点	监督检查方法
1. 界定关联方定义	
2. 确认公司的关联方和关联交易范围	
2.1 公司法律事务部门组织外部律师编制并定期(按季或半年)更新股份公司和省公司关联方清单,关联方清单应涵盖公司所有关联方	2.1 查阅并询问公司关联方清单是否涵盖所有关联方
2.2 关联方清单应由公司管理层审阅	2.2 检查关联方清单是否由管理层签字确认
2.3 法律事务部门组织确定关联交易范围	2.3 询问法律事务部门如何确定关联交易的范围
3. 确认关联交易的项目及额度	
3.1 持续性关联交易的关联交易表格,经股份公司相关部门负责人、省市子公司的总经理或分管副总经理审核签字确认,逐级汇总后上报股份公司	3.1 检查持续性关联交易的关联交易表格,是否由股份公司相关部门负责人、省市子公司总经理或分管副总经理审核并逐级汇总到股份公司
4. 申请关联交易项目和豁免额度	
4.1 向中国香港的联交所申请时,股份公司总部管理层审核并签字确认本公司申报的关联交易项目及额度	4.1 向中国香港的联交所申请时,检查股份公司总部管理层是否审核并签字确认本公司申报的关联交易项目及额度
4.2 预算委员会批准下达省市子公司关联交易年度预算	4.2 检查预算委员会批准下达的省市子公司关联交易年度预算
5. 确定关联交易价格和签订关联交易合同	
5.1 业务部门应确定各项关联交易项目的总额在年度关联交易预算范围内	5.1 询问各项关联交易项目的总额是否在年度关联交易预算范围内
5.2 关联交易价格应当按照规定原则确定,如存在较大差异时,业务部门应当提供合理解释	5.2 检查关联交易价格是否按照规定原则确定,如存在较大差异时,是否有合理解释

（续表）

控制点	监督检查方法
5.3 如省市子公司或地市分公司关联交易项目或额度超过年度预算范围，业务部门根据权限报上级相关部门审批	5.3 检查超过年度预算范围的关联交易是否经上级相关部门审批
5.4 当股份公司发现新的关联交易项目或预计关联交易将超过联交所豁免额度时，应按规定及时通知外部律师	5.4 检查新发生的或超过豁免额度的关联交易，是否及时通知外部律师
5.5 财务部门、法律事务部门及相关业务部门负责人审核关联交易合同（或协议）并根据权限由相关负责人签字确认	5.5 检查关联交易合同（或协议）是否经财务部门、法律事务部门及相关业务部门审核并由相关负责人签字确认
5.6 正式签订关联交易合同（或协议）后，应在合同上明显标示关联交易字样	5.6 抽查是否存在内容为关联交易的合同而无相关明显标示
6. 结算关联交易、汇总并上报关联交易信息	
6.1 财务部门进行账务处理，应当备注关联交易，并定期（按月或按季）汇总关联交易的余额和发生额，将发生额提供给各业务部门	6.1 观察财务部门是否备注关联交易，检查是否定期（按月或按季）汇总关联交易的余额和发生额，并将发生额提供给各业务部门
6.2 财务部门与关联方进行书面对账，并保留对方盖章确认的对账单	6.2 检查是否有财务部门与关联方盖章确认的对账单
6.3 财务部门根据股份公司要求定期填报关联交易会计表，经部门负责人审核签字确认后上报	6.3 检查关联交易会计报表是否经部门负责人审核后签字确认
7. 披露关联方关系和交易信息	
7.1 披露信息由董事会办公室、财务部门、法律事务部门、公司管理层和独立董事审核，报公司董事会核准后披露	7.1 检查披露信息是否由董事会办公室、财务部门、法律事务部门、公司管理层和独立董事审核，并经公司董事会核准后披露

案例解析 该公司的关联交易业务流程表很清晰地展示了关联交易的关键控制要点以及相关的自评估方式和方法。

五 财务报表编制和信息披露

财务报表编制和信息披露流程主要包括子公司财务报表的审核，合并报表的抵销分录的编制，合并财务报表的审核，对外信息披露和财务报告分析等。

（一）财务报表编制和信息披露的内部控制目标

（1）从下属单位收到的报表应能准确地反映每个下属单位的基本财务状况。

（2）所有的子公司及其他公司被确认及适当地包含在合并程序中。

（3）所有企业内部交易和结算在适当的会计期间得到识别、核对，并在合并中适当抵销。

（4）管理层应与审计委员会或者董事会讨论关于会计准则和财务报表编制及披露中的重大事项（例如，主要的估计和判断，重大的例外事项和交易，关键会计政策的选择和适用，以及异常波动的一些领域）。

（5）基于合适的假设、方法以及编制的相关信息，每一财务决算的披露应得到独立的复核和确认，并符合公认的会计准则和企业的会计披露政策。所有必要的财务决算披露报告和相关分析应得到准备和独立复核，并确保财务部门接收到这些信息。

（6）管理层、董事会批准完成的财务报表及相关的披露事项，发布给公众及在管理机构存档。

（7）企业应当建立财务报告分析制度，明确分析方法和指标体系等内容，分析企业的经营管理状况和存在的问题。

（二）财务报表编制与披露的主要风险点

（1）财务报告没有严格按照企业会计准则和企业会计核算办法进行编制，导致财务报告信息失真。

（2）财务报告编制前期准备工作不够充分，导致结账前没能及时发现会计差错。

（3）报表编制要求不够明确或培训不到位或报表格式不完全统一，导致并表困难。

（4）纳入合并报表范围不够准确，调整事项/合并调整事项不够完整，导致企业财务报告信息不真实/不完整。

（5）关联方界定不够准确或披露不充分，导致财务报告信息不真实。

（6）对财务报告没有进行充分审核，导致无法保证财务报告的真实性/完整性/准确性/时效性。

（7）财务报告超越授权审批，导致发生差错/舞弊/欺诈。

（8）财务报告披露程序不够恰当，导致企业遭到相关机构的处罚。

（9）虚假记载或误导性陈述没有被及时识别，导致企业遭到相关机构的处罚。

（10）上市公司重大事项（经营方针重大改变或发生重大损失等）披露不够及时，导致公司遭到相关机构的处罚。

（11）重大事项向主管部门报告不够及时，导致企业遭到相关机构的批评或处罚。

（三）财务报表编制和信息披露的关键控制要点

1. 对下属公司财务报表的复核

财务部门会计人员对下属公司每月填制上报的财务报表进行整体复核，审核内容包括：报送时间、数据填制情况等方面，同时确保报送的报表经过下属公司恰当管理层的审批。对于汇总审核过程中所发现的异常情况，会计人员联系相应的下属公司财务部门予以调查处理。

2. 合并报表范围的确定和审核

财务部门会计人员负责编制和维护合并报表单位清单，列示应纳入合并和汇总范围的企业内各分、子公司。当股权结构发生变化，合并报表单位范围需要发生变化时，会计人员提请财务部门负责人对纳入合并范围进行判断和识别。获得财务部门负责人批准后，会计人员更新合并报表单位清单，纳入合并程序。财务部门负责人审核合并报表准确性的同时需检查合并报表单位范围的准确性。

3. 内部往来抵销分录的编制和复核

财务部门会计人员根据核对一致的内部往来明细编制合并报表内部往来抵销分录，由财务部门独立人员进行复核。

4. 年度财务报告的审议

总会计师、总经理办公会对年度财务报告进行审议，对近期会计制度变化、有关财务报告的重要假设、调整、重大非经常性事项以及审计过程中发现的问题进行讨论和表决，经总经理办公会决议后的财务报告才能予以披露。

5. 信息披露管理办法的制定

企业制定信息披露管理办法，规定企业信息披露分为定期报告和临

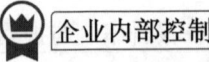

时报告两种类型。定期报告（年度报告、半年度报告和季度报告）格式和内容需按中国证监会《公开发行股票信息披露的内容与格式准则》的要求以及中国证监会和深圳证券交易所的其他规定与要求编制。临时报告的格式应当严格遵照深圳证券交易所《上市公司主要临时公告格式指引》的有关标准格式要求。

6. 信息披露前的审查程序

企业制定信息披露管理办法，规定企业信息披露前的审查程序。提供信息的部门负责人核对相关信息资料，相关部门负责人进行合规性审查，并根据提供的相关信息资料编制信息披露公告，报告总经理办公会审批后签发。

7. 财务分析

财务部门每季度进行财务分析，其分析内容包括：主要指标完成情况、营业收入分析、主营业务收入分析、毛利率分析、利润总额分析、净利润分析、销售费用分析、管理费用分析、应收账款分析。分析项目包括实际完成指标、预计完成指标、去年同期完成指标、同比增长额、同比增长率、完成任务率及应收账款周转率、存货周转率等。财务分析结果形成财务分析报告，作为企业生产经营分析会议的基础资料。

（四）案例分析

【案例10-3】

财务报表编制业务流程

某公司财务报表编制业务流程如表10-2所示。

表10-2 财务报表编制业务流程

控制点	监督检查方法
（一）编制个别会计报表	
1. 确定个别会计报表编报日程	
1.1 股份公司财务部门负责人签字确定会计报表编报的工作日程表	1.1 检查股份公司财务部门负责人是否对工作日程表签字确认

第十章 财务报告编制与披露

（续表）

控制点	监督检查方法
1.2 省市子公司财务部门负责人确定会计报表编报的工作日程表	1.2 检查省市子公司财务部门负责人是否对工作日程表签字确认
2. 制定个别会计报表的编报要求	
2.1 股份公司财务部门制定统一的会计报表编报方法和会计报表格式，并经部门负责人审批签字后及时下发	2.1 检查股份公司财务部门是否制定统一的会计报表编报方法和会计报表格式，并经财务部门负责人审阅签字
3. 对账	
3.1 内部往来款项的对账	
3.1.1 股份公司财务部门定期向省市子公司下发内部往来款项对账单，省市子公司核实无误后盖章确认	3.1.1 检查股份公司财务部门下发的内部往来款项对账单，省市子公司是否盖章确认
3.1.2 省市子公司财务部门定期向地市分公司下发内部往来款项对账单，地市分公司核实无误后盖章确认	3.1.2 检查省市子公司财务部门下发的内部往来款项对账单，地市分公司是否盖章确认
3.1.3 省市子公司/地市分公司之间的往来款项应该定期对账，并盖章确认对账单	3.1.3 检查省市子公司/地市分公司之间的往来款项对账单是否盖章确认
3.2 外部应收应付款项的对账。	
3.2.1 各单位财务部门定期对外部应收应付款项进行书面对账，并保留对方盖章确认的对账单或其他证明性文件	3.2.1 检查各单位是否定期书面对账并保留对方盖章确认的对账单或其他证明性文件
4. 编制和审核个别会计报表	
4.1 财务部门按规定的编报日程及编报要求由专人及时编制报表，经由复核人员复核后，交部门经理审核	4.1 询问会计报表是否经财务部门复核人员复核，并经部门经理审核
5. 上报和考核个别会计报表	
5.1 报表上报前经本单位财务部门负责人、法定代表人审核确认	5.1 检查报表上报前是否经本单位财务部门负责人、法定代表人审核确认
5.2 财务部门在收到下一级单位的上报报表后，审核报表数据的准确性和完整性	5.2 询问财务部门相关人员是否审核下一级单位的上报报表

（续表）

控制点	监督检查方法
5.3 如有异常变动应要求相关单位提供书面合理解释或及时调整报表	5.3 检查相关单位对异常变动提供的书面合理解释或及时调整情况
5.4 各单位财务部门负责督促并考核下一级单位编报会计报表的工作进度和质量	5.4 检查各单位财务部门对下一级单位会计报表的考核记录和结果
6. 分析个别会计报表	
6.1 财务部门会同相关部门对会计报表进行分析性复核，出具分析结果书面报告报公司管理层审阅	6.1 检查是否对会计报表进行分析性复核，并出具分析结果书面报告
（二）编制合并会计报表	
1. 制定统一的会计政策和会计核算办法	
1.1 股份公司应当统一母公司和子公司所采用的会计政策	1.1 采用询问、分析性复核等方法确认母子公司是否采用统一的会计政策
1.2 股份公司制定统一的会计核算办法	1.2 检查股份公司是否制定统一的会计核算办法
1.3 对有重大影响事项制定的会计核算办法报送股份公司董事会审批并执行	1.3 检查制定的会计核算办法是否报送股份公司董事会审批后执行
2. 确定合并会计报表编报日程	
2.1 股份公司董事会办公室和财务部门负责人共同签字确定合并会计报表编报的工作日程表，公司管理层审阅工作日程表	2.1 检查董事会办公室和财务部门负责人是否对工作日程表签字确认，股份公司管理层是否对工作日程表进行审阅
2.2 省市子公司财务部门负责人确定合并报表编报的工作日程表	2.2 检查省市子公司财务部门负责人是否对本公司合并报表编报的工作日程表签字确认
3. 确定合并范围、合并编报方法	
3.1 确定合并范围	
3.1.1 省市子公司财务部门负责人审批和上报合并范围文件	3.1.1 检查省市子公司财务部门负责人是否审批上报合并范围文件
3.1.2 股份公司财务部门负责人审批省市子公司上报的合并范围文件，并纳入合并清单	3.1.2 检查股份公司财务部门负责人是否对省市子公司上报的合并范围进行审批后纳入合并清单

(续表)

控制点	监督检查方法
3.2 制定合并编报方法，股份公司财务部门制定统一的合并报表编报方法和会计报表格式，并经部门负责人审批签字后及时下发	3.2 检查股份公司财务部门是否制定统一的合并报表编报方法和会计报表格式，并经财务部门负责人审阅签字
4. 进行内部交易对账	
4.1 合并报表成员单位的财务部门之间定期就内部交易进行书面对账，并保留对方盖章确认的对账单	4.1 检查各单位是否有定期的书面对账记录并保留对方盖章确认的对账单
4.2 对账如出现差异，应由相关业务部门配合查找原因并进行必要的调整	4.2 检查差异，是否及时查找原因并进行必要调整
5. 审核子公司的会计报表	
5.1 母公司财务部门在收到子公司的上报报表后，审核上报报表数据以及内部往来记录的准确性和完整性	5.1 询问财务部门相关人员是否审核子公司的上报报表
5.2 如有异常变动应要求相关子公司提供书面合理解释或及时调整报表	5.2 检查相关子公司对异常变动提供的书面合理解释或及时调整情况
5.3 各单位财务部门负责督促并考核下一级单位编报会计报表的工作进度及质量	5.3 检查各单位财务部门对下一级单位会计报表的考核记录和结果
6. 编制抵销分录	
6.1 母公司财务部门对子公司的会计报表审核无误后，应按抵销范围对内部交易和往来编制抵销分录，并由复核人员复核	6.1 检查母公司财务部门的内部抵销分录编制是否准确，并由复核人员复核
7. 编制及复核合并会计报表	
7.1 财务部门应建立复核制度，复核人员对工作底稿进行复核	7.1 询问财务部门是否由复核人员对工作底稿进行复核
7.2 财务部门应保存相关合并工作底稿等支持性文件记录	7.2 检查财务部门是否保存相关合并工作底稿等支持性文件记录
8. 上报合并会计报表	
8.1 报表经财务总监（经理）和公司法定代表人签字确认并加盖公司公章后逐级上报	8.1 检查报表上报前经财务总监（经理）和公司法定代表人签字确认

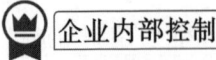

（续表）

控制点	监督检查方法
9. 进行合并会计报表披露前的分析性复核	
9.1 董事会办公室会同相关部门对合并报表进行分析性复核，并出具分析结果书面报告	9.1 检查是否对合并报表进行分析性复核，并出具分析结果书面报告
9.2 分析结果书面报告经董事会办公室负责人签字确认后报公司管理层审阅后进行披露	9.2 检查分析结果书面报告是否经董事会办公室负责人审阅并进行披露

案例解析　该公司的财务报表编制业务流程表很清晰地展示了财务报表编制的关键控制要点以及相关的自评估方式和方法。

六　会计档案管理

会计档案是指记录和反映经济业务事项的重要历史资料和证据，一般包括会计凭证、会计账簿、财务会计报告以及其他会计资料。会计档案对于总结经济工作，指导生产经营管理和事业管理，查验经济问题，防止贪污舞弊，研究经济发展的方针和战略都具有重要作用。

会计档案管理子流程包括会计档案的立卷、归档、保管、查阅和销毁等。

（一）会计档案管理的内部控制目标

（1）会计档案管理分工明晰，职责明确；档案保管和使用记录完整明晰，会计档案装订符合保存要求，信息完整。

（2）会计档案的销毁符合国家规定，销毁记录完整。

（二）会计档案管理的主要风险点

（1）未按照有关规定要求保管档案，容易造成档案的损坏或丢失。

（2）未按有关查阅规定，私自查阅、外借等，导致会计档案文件丢失。

（三）会计档案管理的关键控制点

1. 会计档案管理

企业财务部门制定了关于会计档案的管理办法，明确财务部门有专门人员负责档案管理，建立会计档案的立卷、归档、保管、查阅和销毁等管理制度，保证会计档案妥善保管、有序存放、方便查阅、严防毁损、散失和泄密。

财务部门每年形成的会计档案，由财务部门按照归档要求，负责整理立卷，装订成册，编制会计档案保管清册。规定会计档案的保管期限（永久保存和定期保存两类）。

2. 会计档案销毁

财务部门制定了关于会计档案的管理办法，规定会计档案保管期满需要销毁时，由会计档案管理人员提出销毁意见，经财务部门负责人和分管领导批准后执行。由会计档案管理人员编制会计档案销毁清册，销毁时由财务部门有关人员参加，并在销毁单上签名或盖章。

（四）案例分析

【案例 10-4】

某公司的会计档案管理制度

1. 会计档案的范围

会计档案的范围一般是指会计凭证、会计账簿、会计报表以及其他会计核算资料等四个部分。

（1）会计凭证。会计凭证是记录经济业务，明确经济责任的书面证明。它包括自制原始凭证、外来原始凭证、原始凭证汇总表、记账凭证、银行存款（借款）对账单、银行存款余额调节表等。

（2）会计账簿。会计账簿由一定格式、相互联结的账页组成，是以会计凭证为依据，全面、连续、系统地记录各项经济业务的簿籍。它包括按科目设置的总分类账、各类明细分类账、现金日记账、银行存款日记账以及辅助账簿等。

（3）会计报表。会计报表是反映公司会计财务状况和经营成果的总结性书面文件，主要有财务指标快报，月、季度会计报表、年度会计报表，包括资产负债表、损益表、财务情况说明书等。

（4）其他会计核算资料。其他会计核算资料属于经济业务范畴，与会计核算、会计监督紧密相关的，由会计部门负责办理的有关数据资料。如：经济合同、财务数据统计资料、财务清查汇总资料、核定资金

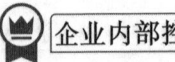

定额的数据资料、会计档案移交清册、会计档案保管清册、会计档案销毁清册等。存储在计算机存储器和网络上的会计数据、程序文件及其他会计核算资料均应视同会计档案一并管理。

2. 会计档案的装订

会计档案的装订主要包括会计凭证、会计账簿、会计报表及其他文字的装订。

（1）会计凭证的装订。一般每月装订一次，装订好的凭证按年分月妥善保管归档。

（2）会计账簿的装订。各种会计账簿年度结账后，应按时整理立卷。

（3）会计报表的装订。会计报表编制完成及时报送后，留存的报表按月装订成册谨防丢失。

3. 会计档案的保管

（1）会计档案的移交手续。会计部门在将会计档案移交公司档案部门时，应按下列程序进行：

A. 开列清册，填写交接清单；

B. 在账簿使用日期栏填写移交日期；

C. 交接人员按移交清册和交接清单项目核查无误后签章。

（2）会计档案的借阅。

A. 会计档案为公司提供利用，原则上不得借出，有特殊需要必须经公司领导批准。

B. 外部借阅会计档案时，应持有关单位正式介绍信，经总经理或财务总监批准后，方可办理借阅手续；公司内部人员借阅会计档案时，应经会计部部长批准后，办理借阅手续。借阅人应认真填写档案代阅登记簿，将借阅人姓名、单位、日期、数量、内容、归期等情况登记清楚。

C. 借出的会计档案，会计档案管理人员要按期如数收回，并办理注销借阅手续。

（3）会计档案的保管期限。各种会计档案的保管期限，按其特点可分为永久性和定期性两类。凡是在立档单位会计核算中形成的，记述和反映会计核算的，对工作总结、查考和研究经济活动具有长远利用价值的会计档案，应永久保存。定期保管期限分为10年和30年两种。会计档案的保管期限,从会计年度终了后的第一天算起,如2001年度终了日为12月31日,保管期限按2002年1月1日开始计算。

为了全面反映会计档案情况,立档部门应设置会计档案备查表(表10-3)及时记载会计档案的保存数、借阅数和归档数,做到心中有数、不出差错。

4.会计档案的销毁

(1)会计档案保管期满需要销毁时,由档案部门提出销毁意见,会同有关部门共同鉴定、严格审查,编造会计档案销毁清册。

(2)会计档案要销毁时,报财务总监批准后销毁。

(3)会计档案保管期满,但其中未了结的债权债务的原始凭证,应单独抽出,另行立卷,由档案部门保管到结清债权债务时为止。

表10-3 会计档案备查表

单位盖章:

项目	总计数	凭证档案	账簿档案	会计报表档案	其他会计资料档案
年初数					
本年增加数					
本年减少数					
本年年终数					

借阅档案情况	复制档案情况		归还档案情况
	自用	外调	

填报单位负责人:　　　　　　　　　　　　　填表人:

（4）销毁档案前，应按会计档案销毁清册所列的项目逐一清查核对；销毁会计档案时应由档案部门和会计部门共同派员监销；会计档案销毁后经办人在"销毁清册"上签章，注明"已销毁"字样和销毁日期，以示负责，同时将监销情况写出书面报告，该报告一式两份，一份报财务总监，一份入档案备查。会计档案销毁审批表和会计档案销毁清册的参考格式见表10-4、表10-5。

表10-4　会计档案销毁审批表

销毁会计档案意见	账簿卷（册）数	凭证卷（册）数	备注
鉴定单位领导小组负责人（签名）			年　月　日
主管负责人批示（签名）			年　月　日
监销人（签名）			年　月　日

表10-5　会计档案销毁清册

类别	案卷号	案卷题名	起止日期	页数	保管期限	已保管期限	备注

案例解析　该会计档案管理制度基本上包括会计档案管理和会计档案销毁的关键控制点，能有效地控制会计档案管理工作所面临的主要风险点。

第二节 预算管理的内部控制

一 全面预算管理概述

（一）全面预算管理的含义

预算是一种系统的方法，用来分配企业的财务、实物及人力等资源，以实现企业既定的战略目标。企业可以通过预算来监控战略目标的实施进度，有助于控制开支，并预测企业的现金流量与利润。

全面预算反映的是企业未来某一特定期间（一般不超过一年或一个经营周期的全部生产、经营活动的财务计划），它以实现企业的目标利润（企业一定期间内利润的预计额，是企业奋斗的目标，根据目标利润制定作业指标，如销售量、生产量、成本、资金筹集额等）为目的，以销售预测为起点，进而对生产、成本及现金收支等进行预测，并编制预计损益表、预计现金流量表和预计资产负债表，反映企业在未来期间的财务状况和经营成果。

预算管理子流程包括预算政策、预算编制流程、预算审批、预算分解、预算执行监督、预算调整和预算考核等。

（二）全面预算管理的作用

常言道，凡事预则立，不预则废。全面预算管理已经成为现代化企业不可或缺的重要管理模式。它通过业务、资金、信息、人才的整合，明确适度的分权授权，战略驱动的业绩评价等，来实现企业的资源合理配置并真实地反映企业的实际需要，进而对作业协同、战略贯彻、经营现状与价值增长等方面的最终决策提供支持。

1. 提升战略管理能力

首先，战略目标通过全面预算加以固化与量化，预算的执行与企业战略目标的实现成为同一过程；对预算的有效监控，将确保最大限度地实现企业战略目标。其次，通过预算监控可以发现未能预知的机遇和挑战，这些信息通过预算汇报体系反映到决策机构，可以帮助企业动态地调整战略规划，提升企业战略管理的应变能力。

2. 有效的监控与考核

首先，预算的编制过程向集团企业和子公司双方提供了设定合理业绩指标的全面信息，同时预算执行结果是业绩考核的重要依据。其次，将预算与执行情况进行对比和分析，为经营者提供了有效的监控手段。

3. 高效使用企业资源

首先，预算计划过程和预算指标数据直接体现了（集团公司）各子公司和各部门使用资源的效率以及对各种资源的需求，因此是调度与分配企业资源的起点。其次，通过全面预算的编制和平衡，企业可以对有限的资源进行最佳的安排使用，避免资源浪费和低效使用。

4. 有效管理经营风险

首先，全面预算可以初步揭示企业下一年度的经营情况，使可能的问题提前暴露。其次，参照预算结果，企业高级管理层可以发现潜在的风险所在，并预先采取相应的防范措施，从而达到规避与化解风险的目的。

5. 收入提升与成本节约

首先，全面预算管理和考核、奖惩制度共同作用，可以激励并约束相关主体追求尽量高的收入增长和尽量低的成本费用。其次，编制全面预算过程中相关人员要对企业环境变化作出理性分析，从而保证企业的收入增长和成本节约计划切实可行。最后，预算执行的监控过程关注收入和成本这两个关键指标的实现和变化趋势，这迫使预算执行主体对市场变化和成本节约造成的影响作出迅速有效的反应，提升企业的应变能力。

二 预算管理的内部控制目标

（1）建立预算政策和流程，符合企业经营方向和战略规划制定的要求，并有足够详细和切实可行，确保预算编制有章可循。有效地传递至相关人员以使政策在不同部门和会计期间内的应用保持一致性。

（2）预算工作职责分工应当明确，机构设置和人员配备应当科学合理。

（3）预算编制人员切实理解和掌握预算编制要求，预算编制符合企业的战略规划和年度目标，选用的方法科学合理，所有的有关部门和信息包括在预算编制范围内，适应管理层分析决策的要求。

（4）预算正确编制，已编制的财务预算涵盖企业的全部财务预算经营管理活动，与企业经营规模及业务复杂程度相一致。并已经过管理层审批，且预算信息保存具有保密性。

（5）预算应落实到各部门、各环节和各岗位，保证预算得到严格执行。预算的执行和执行中的差异得到有效的分析和控制。

（6）建立预算执行报告制度，确保预算执行得到有效监控。明确预算执行监督检查办法，及时发现、纠正在执行过程中出现的错报漏报，并向管理层报告检查发现的预算执行中的问题的反馈结果。

（7）预算调整应符合企业发展战略和现实生产经营状况，并得到相应管理层的批准。调整后的预算信息应及时在相关文件中更新。

三 预算管理的主要风险点

（1）未明确预算管理思路和手段，导致编制全面预算的框架和范围不清晰。

（2）预算编制基础不够准确，导致预算脱离实际。

（3）对当期形势判断出现误差，假设不够合理，导致预算编制不准确。

（4）预算编制没有合理考虑资源的配置，导致预算缺乏可操作性。

（5）预算刚性约束力不够强，导致预算执行效果不佳。

（6）预算没有及时合理分解或落实到各单位/部门/人员，导致预算执行不力。

（7）预算没有根据经营环境变化及时进行调整，导致预算与实际执行情况偏差较大。

（8）预算执行没有得到有效监控，导致无法及时了解预算执行情况。

（9）对超预算支出没有进行有效审核或审核不够及时，导致不必要的开支。

（10）预算考核机制不够健全，或没有得到有效实施，导致预算执行结果不理想。

四 预算管理的关键控制点

1. 预算管理政策的制定

企业应制定预算管理政策，明确预算编制过程中的部门职责、编制原则、编制要求、编制程序、预算执行的监督和预算调整程序，确保预算编制依据合理、程序适当、方法科学。该制度以企业正式文件的形式下发，作为企业的标准由下属公司遵照执行。

2. 明确预算工作职责分工

企业应建立预算管理体系，明确预算管理体系中的决策机构、预算管理部门及各预算执行单位在全面预算管理体系中的机构设置、人员配置和职责权限。

3. 明确预算编制要求

企业应制定预算管理政策，明确预算编制以经营方针为依据、围绕经营目标和利润目标编制。

预算编制需要围绕企业战略发展规划，根据国家宏观经济形势及政策走向，正确分析判断市场形势，结合企业实际生产状况，综合考虑影响预算年度的财务收支和经营成果的各种因素。

4. 明确预算审核流程

企业应制定预算管理政策，明确预算审核流程。企业全面预算获经恰当管理层批准后，应当以文件形式下达执行。

5. 预算执行情况的监控

企业应制定对预算执行情况的监控程序，明确预算指标分解方式、预算执行审批权限和要求、预算执行情况报告等，落实预算执行责任制，确保将预算指标层层分解，从横向和纵向落实到内部各部门、各环节和各岗位。

6. 预算执行情况的分析

企业应制定预算管理政策，明确定期召开财务预算执行情况分析会议，各预算执行部门汇报财务预算的执行情况，分析研究财务预算执行中存在的问题，纠正财务预算的执行偏差，研究解决问题的方案措施并加以落实。对于财务预算执行中发生的新情况、新问题及出现偏差较大的重大项目，查找原因，提出改进经营管理的措施和建议。

7. 预算调整

企业应制定预算管理政策，明确预算调整的前提和程序。预算调整方案经归口职能部门审核后交财务部门负责人审核，经过恰当管理层批准后方可实施。

8. 预算执行情况的考核

企业应建立预算执行考核制度,对所有预算执行单位和个人进行考核,考核结果与奖惩制度相挂钩。预算管理部门定期组织预算执行情况考核,将各预算执行单位负责人签字上报的预算执行报告和已掌握的动态监控信息进行核对,确认各预算执行单位完成预算的真实性。

五 案例分析

【案例 10-5】

预算管理与财务分析流程

某公司预算管理与财务分析流程如表 10-6 所示。

表 10-6　预算管理与财务分析流程

控制点	监督检查方法
1. 制定预算和效绩指标	
1.1 全面预算管理的组织机构	
1.2 股份公司制定预算目标	
1.2.1 股份公司财务部门负责提出下一年预算编制指导思想、业绩期望目标,由预算管理委员会审批同意,形成股份公司正式文件下发省市子公司	1.2.1 检查预算管理委员会的审批文件,与下发省市子公司的文件核对
1.3 省市子公司制定预算目标	
1.3.1 省市子公司预算管理委员会对预算目标进行审批后下发地市分公司和省市子公司所属部门	1.3.1 检查预算管理委员会的审批文件,与下发地市分公司和省市子公司所属部门的文件核对
1.4 地市分公司编制预算	
1.4.1 各部门预算草案必须经各部门负责人审批	1.4.1 检查各部门预算草案是否经过各部门负责人审批
1.4.2 汇总形成的地市分公司预算草案需经预算管理委员会审批同意后上报省市子公司	1.4.2 检查地市分公司预算草案是否经过预算管理委员会审批

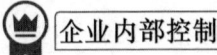

（续表）

控制点	监督检查方法
1.5 省市子公司所属部门编制下年度预算	
1.5.1 省市子公司各相关业务部门负责人审批本部门下年度预算	1.5.1 检查省市子公司业务部门负责人对本部门下年度预算的审批意见及签字
1.5.2 预算管理委员会审批各部门下年度预算	1.5.2 检查预算管理委员会对各部门下年度预算的审批意见及签字
1.6 省市子公司编制预算	
1.6.1 省市子公司财务部门和相关部门审核地市分公司下年度预算是否合理	1.6.1 询问财务部门和相关部门责任人判断地市分公司下年度预算合理性的依据
1.6.2 财务部门和相关部门审核省市子公司的详细预算	1.6.2 检查财务部门和相关部门负责人对省市子公司的详细预算审核和签字确认并询问其判断下年度预算合理性的依据
1.6.3 由预算管理委员会进行预算预审会并召开预算质询会，对省市子公司的详细预算进行预审	1.6.3 检查预算预审会、预算质询会会议记录；查看省市子公司下年度预算是否根据预算质询会结果作合理调整
1.7 股份公司所属部门编制下年度预算	
1.7.1 股份公司各部门负责人审批本部门下年度预算	1.7.1 检查股份公司业务部门负责人对本部门下年度预算的审批意见及签字并询问其判断下年度预算合理性的依据
1.7.2 预算管理委员会审批各部门下年度预算	1.7.2 检查预算管理委员会审批人员对各部门下年度预算的审批意见及签字
1.8 制定股份公司预算	
1.8.1 预算管理委员会召开预算预审会和预算质询会	1.8.1 检查预算预审会、预算质询会会议记录
1.8.2 研发预算管理委员会审批研发预算	1.8.2 检查研发预算管理委员会审批签字
1.9 确定省市子公司预算	
1.9.1 股份公司各相关部门核对修改后的各省市预算，并留档	1.9.1 检查各省市和股份公司修改后的预算与预算预审会、预算质询会会议记录的结果是否相符。检查财务部门和相关部门档案资料
1.9.2 预算管理委员会和董事会审批全面预算，并以正式文件下发	1.9.2 检查全面预算文件是否与经预算管理委员会和董事会审批签字后的预算相符

第十章 财务报告编制与披露

（续表）

控制点	监督检查方法
1.10 确定地市分公司预算	
1.10.1 地市分公司预算管理委员会审批修改后的预算	1.10.1 检查各地市修改后上报的预算是否与经预算管理委员会审批后的预算相符
1.10.2 省市子公司、地市分公司财务部门和各相关部门将预算相关文件资料整理留档	1.10.2 检查省市子公司、地市分公司财务部门预算文件归档情况
1.11 预算控制和调整预算	
1.11.1 预算控制	
1.11.1.1 对各项业务进行事前控制，即在各项业务发生前或确定时相关业务部门负责人应负责考虑是否在预算范围内，财务人员也应参与	1.11.1.1 询问相关责任人事前控制的程序和注意事项
1.11.1.2 对各项业务进行事中控制，即在各业务部门填写付款申请单时应与预算进行比较，各业务部门负责人负责控制实际支出在预算范围内。财务部门审批付款申请单时，应与分配给该业务部门的预算进行比较，防止超过预算的支出发生，如有超过预算（包括超过分项预算）的情况，须由该业务部门上报预算管理委员会或其授权领导审批	1.11.1.2 检查付款申请单上不同权限的签字，询问相关责任人审批付款申请单进行事中控制的程序和注意事项
1.11.1.3 对各项业务进行事后控制，即各业务部门及财务部门定期对预算执行情况进行比较分析以及考核	1.11.1.3 检查各业务部门及财务部门定期对预算执行情况进行比较分析的相关文件及业绩考核程序
1.11.2 调整因素	
1.11.3 地市分公司调整预算	
1.11.3.1 申请调整预算及效绩指标须经地市分公司预算管理委员会批准后上报省市子公司	1.11.3.1 检查申请调整当年预算及效绩指标的目标值是否有正确审批签字
1.11.4 省市子公司调整预算	
1.11.4.1 省市子公司预算管理委员会审批调整地市分公司预算	1.11.4.1 检查调整的预算和效绩指标是否经预算管理委员会审批
1.11.4.2 需调整省市子公司预算和效绩考核目标值的经省市子公司预算管理委员会审批后上报股份公司	1.11.4.2 检查申请调整当年预算及效绩指标目标值是否有正确审批签字

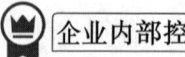

（续表）

控制点	监督检查方法
1.11.5 股份公司调整预算	
1.11.5.1 股份公司每年8月召开预算调整质询会，对各省市子公司预算调整报告进行质询，形成预算调整方案，经股份公司预算管理委员会审批后下达省市子公司	1.11.5.1 检查预算调整方案的核对、预算调整质询会会议记录及预算调整文件
1.12 预算内机动资金的使用	
2. 绩效考核	
2.1 股份公司制定绩效考核办法并下达目标值	
2.1.1 股份公司财务部门牵头，与各业务考核主管部门制定绩效考核办法报股份公司管理层审批	2.1.1 检查股份公司制定绩效考核办法是否有股份公司管理层的审批
2.1.2 股份公司财务部门和其他业务考核主管部门计算确定绩效考核指标的目标值，经总经理办公会审批后以正式文件下发	2.1.2 检查股份公司绩效考核指标的目标值是否有相应的审批
2.2 省市子公司制定绩效考核办法并下达目标值	
2.2.1 省市子公司制定本公司的绩效考核办法并确定绩效考核指标的目标值，报省市子公司总经理办公会审批后以文件正式下发	2.2.1 审阅该正式文件，与总经理办公会审批结果核对
2.3 调整绩效考核指标	
2.3.1 省市子公司的绩效考核指标调整申请应报股份公司总经理办公会审批后，以正式文件下发	2.3.1 检查绩效考核指标调整申请是否有相应的审批
2.4 绩效指标的考核	
2.4.1 上报考核所需的各项数据资料	
2.4.1.1 各业务考核主管部门根据职责对各省市子公司的相关考核指标进行考核评分，由部门负责人审批	2.4.1.1 询问各业务考核主管部门评分过程，检查部门负责人对考核评分的审批
2.4.2 汇总考核结果并上报	
2.4.2.1 考核结果由股份公司董事会审批	2.4.2.1 检查考核结果是否经股份公司董事会审批

（续表）

控制点	监督检查方法
2.4.2.2 所有考核资料由负责考核的部门整理存档	2.4.2.2 检查考核资料的存档情况
3. 财务分析	
3.1 上报财务分析报告	
3.1.1 地市分公司编制及上报财务分析报告	
3.1.1.1 地市分公司财务分析报告经财务负责人及公司主管领导批准后上报省市子公司	3.1.1.1 检查地市分公司上报的财务分析报告是否有适当的审批及签字
3.1.2 省市子公司编制及上报财务分析报告	
3.1.2.1 省市子公司财务分析报告经财务部门负责人及公司主管领导批准后上报股份公司	3.1.2.1 检查省市子公司上报的财务分析报告是否有适当的审批及签字
3.1.3 股份公司编制汇总财务分析报告	
3.1.3.1 财务分析报告应报财务部门负责人和总经理办公会审阅	3.1.3.1 检查股份公司财务分析报告是否有适当的审批及签字
3.2 财务分析方法	
3.3 专项分析和专题分析	

案例解析 该公司的财务预算与财务分析流程表很清晰地展示了财务预算与财务分析环节的关键控制要点以及相关的自评估方式和方法。

第三节 税务管理的内部控制

一 税务管理概述

（一）企业税务管理的含义

企业税务管理是企业对其涉税业务和纳税事务所实施的研究和分析、计划和筹划、处理和监控、协调和沟通、预测和报告的全过程管理行为。

（二）企业税务管理的内容

企业税务管理的内容主要有两个方面：一是企业涉税活动管理；二是企业纳税实务管理。从企业生产经营活动与税务的联系来看，其内容大致可作如下划分：

（1）税务信息管理：包括企业外部和内部的税务信息收集、整理、传输、保管，以及分析、研究、教育与培训等。

（2）税务计划管理：包括企业税收筹划、企业重要经营活动、重大项目的税负测算、企业纳税方案的选择和优化、企业年度纳税计划的制订、企业税负成本的分析与控制等。

（3）涉税业务的税务管理：包括企业经营税务管理、企业投资税务管理、企业营销税务管理、企业筹资税务管理、企业技术开发税务管理、商务合同税务管理、企业税务会计管理、企业薪酬福利税务管理等。

（4）纳税实务管理：包括企业税务登记、纳税申报、税款缴纳、发票管理、税收减免申报、出口退税、税收抵免、延期纳税申报等。

（5）税务行政管理：包括企业税务证照保管、税务检查应对、税务行政复议申请与跟踪、税务行政诉讼、税务行政赔偿申请和办理、税务司法诉讼、税务公关、税务咨询等。

（三）加强企业税务管理的重要性

（1）加强企业税务管理有助于降低企业税收成本，实现企业财务目标。税收是企业一项重要的成本支出，并且是一种高风险和高弹性的成本。同时，它也是可以控制和管理的，并且需要控制和管理。在我国，税收费用占企业利润的比重也很高。企业可以通过加强税务管理，运用多种税务管理方法，降低企业税收成本，提高效益，这也是企业税务管理最本质、最核心的作用。

（2）加强企业税务管理有助于提高企业财务管理水平。企业税务管理是企业财务管理的重要组成部分，而加强企业税务管理的前提就是加强对企业税务管理人员的培训，提高人员业务素质。税务管理人员素质的提高和业务处理能力的增强，提高了企业的税务管理水平，也提高了企业的财务管理水平。

（3）加强企业税务管理有助于企业资源合理配置，提升企业竞争力。通过加强企业税务管理，企业可以迅速掌握、正确理解国家的各项税收政策，进行合理的投资、筹资和技术改造，进而优化资源的合理配置，提升企业竞争力。

（4）加强企业税务管理有助于降低企业涉税风险。企业涉税风险主要有税款负担风险、税收违法风险、信誉与政策损失风险。这些风险的发生，不仅会导致企业税收成本的增加，更重要的是会威胁企业的声誉和生存发展。通过企业税务管理，对涉税业务所涉及的各种税务问题和后果进行谋划、分析、评估、处理等组织及协调，能够有效降低企业涉税风险。

税务管理流程一般包括税务政策和程序，增值税计算、申报和记账，所得税计算、申报和记账，递延所得税调整与审核等。

二 税务管理的内部控制目标

（1）纳税申报手续完备，税金缴纳及时、准确。
（2）应交税费准备金被正确计算和记录，相关的税务影响被识别。
（3）准确编制纳税申报表。税务支付被适当批准。
（4）符合国家各项税收法律、法规的规定。

三 税务管理的主要风险点

（1）税务政策把握不够准确，导致税收筹划方案错误或未能合理避税。
（2）在税务筹划方案中没有考虑税务政策的新变化或考虑得不够周全，导致没有及时调整税务筹划方案。
（3）出现应纳税额计算错误，导致多缴或少缴。
（4）申报及缴纳税金不满足期限规定，导致企业违反税务法规。
（5）漏缴税款，遭到相关机构的处罚。
（6）代扣代缴相关税款没有严格遵循相关规定，企业违反税务法规，导致遭到相关机构的处罚。
（7）汇算清缴不够及时，企业违反税务法规，导致遭到相关机构的处罚。

四 税务管理的关键控制点

1. 制定税务政策和程序

企业财务部门应制定税务政策和程序，明确应交税费的计算方法；负责纳税计算的会计人员应具备相关财税的知识并熟知重要事项产生的税务影响。

2. 税金的计算和申报

财务部门会计人员负责所得税、增值税等税项的计算，填写纳税申报表，并得到财务部门负责人和恰当管理层的审核。财务部门会计人员依据相关文档编制应交税费凭证，由独立会计核算人员对记账凭证进行复核。

3. 递延所得税的计算

企业每年及时对递延所得税进行计算和调整，并得到财务负责人和恰当管理层的审核。财务部门会计人员依据相关文档编制递延所得税调整凭证，由独立会计核算人员对记账凭证进行复核。

4. 税金的缴纳

企业依据税务机关开具的税收缴款书缴纳税金。缴款后财务部门会计人员根据税收缴款书编制所得税和增值税等税项缴纳的记账凭证，由独立会计核算人员对记账凭证进行复核。

五 案例分析

【案例10-6】

某公司的税务管理制度

一、总　　则

第一条　为进一步加强公司的税务管理工作，及时申报和缴纳各项税款，特制定本制度。

第二条　公司将严格依据《中华人民共和国税收征收管理法》的有关规定，认真执行相关的税法。

二、税务登记

第三条 公司应当自领取营业执照之日起 30 日内，向当地主管税务机关申请办理税务登记。如设立跨地区的非独立核算的分支机构，也应自设立之日起 30 日内向所在地主管税务机关申请办理注册税务登记。

第四条 公司办理开业税务登记后，如发生变更公司名称、改变所有制形式、隶属关系和经营地址，改变生产经营方式、范围、应纳税项目等，发生改组、分设、合并、联营、迁移、歇业、停业、经营到期清算等，应及时向税务机关申报，并办理变更税务登记或重新进行税务登记或注销税务登记手续。

第五条 公司应主动接受主管税务机关对税务登记证的定期检验，在主管税务机关规定的期限内持有关证件到主管税务机关办理验证或换证手续。

第六条 公司应当按照国务院财政、税务主管部门的规定设置账簿，根据合法、有效的凭证记账，进行核算，依照国务院或者财政、税务主管部门有关税收的规定正确计缴各项税款。

第七条 公司应当自领取税务登记证件之日起 15 日内，将其财务、会计制度或者财会、会计处理办法报送税务机关备案。

三、纳税申报

第八条 公司应当定期就计算缴纳税款的有关事项向主管税务机关提出书面纳税申报。办理纳税申报时，应当如实填写纳税申报表，并根据不同情况报送相关资料。

第九条 公司如为扣缴义务人时，应当办理代扣代缴、代收代缴税款报告，如实填写代扣代缴、代收代缴税款报告书，并报送代扣代缴、代收代缴税款的合法凭证以及主管税务机关规定的其他有关证件、资料。

第十条 公司应当在税务机关核定的纳税申报期限内及代扣代缴、代收代缴税款的期限内到主管税务机关办理纳税申报。如确有困难，需要延期的，应当在核定的期限内向税务机关提出书面延期申报，经税务机关核准，在核准的期限内办理。如因不可抗力不能按期办理纳税申报的，可以延期办理，但应在不可抗力情形消除后立即向税务机关报告。

公司应按法律、法规规定的期限缴纳或解缴税款。

四、发票管理

第十一条 公司应当指定财务部门专人向税务机关领购发票。申请领购发票时，应当提供经办人身份证明、税务登记证，以及财务印章或者发票专用章的印模，经主管税务机关审核后，领取发票领购簿。然后，凭发票领购簿上核准的种类、数量以及购买发票方式，向主管税务机关领购发票。

第十二条 公司不得转借、转让、代开发票；不得倒买倒卖发票。

第十三条 公司应当建立发票使用登记制度，并定期向主管税务机关报告发票使用情况；应当按照税务机关的规定存放和保管发票，不得损毁。已开具的发票存根联和发票登记簿应当保存5年。

第十四条 财务部门应当定期对其购买和其他部门领用的发票进行检查。对其他部门领用的发票应当严格控制，用完后及时收回并办理领用注销手续。

五、税务检查

第十五条 公司应当主动配合主管税务机关对公司发票及发票使用情况的依法检查，如实反映情况，提供有关资料，不得拒绝、隐瞒。

第十六条 公司应当主动配合主管税务机关对其履行纳税义务和扣缴义务的情况进行依法检查。如实反映情况，提供有关资料，不得拒绝、隐瞒。

六、附　则

第十七条 本制度由财务部门编制，解释权、修改权归财务部门。

案例解析 该公司的税务管理制度详细规定了税务登记、纳税申报、发票管理与税务检查等各环节的合规性要求。

【案例 10-7】

集团公司税务内控体系的建设与实践——以兖矿集团为例[①]

税务内控体系作为全面内部控制建设的一部分，旨在通过内控制度的有效实施，防范税务风险，创造税务价值。本文主要分析在税务内控体系建设过程中，集团公司是如何理解税收风险并有效实施内部控制的。

一 企业发展需要建立税务内控

作为集煤炭洗选销售、煤化工、机械制造等贸易于一体的企业集团，兖矿集团不断发展壮大的产业、迅速增长的营业收入所涉及的税收政策及调整变化越来越复杂。从税金核算到税务筹划，从全员纳税意识到征纳税主体联系，涉税风险无处不在。有效防范税务风险，建立全面覆盖、具体化、可操作性的税务内控制度，已成为集团公司高效治理的必然要求。

二 税务内控应关注的风险

税务内控体系建设，应首先考虑到税务管理中存在的风险，包括：税务管理制度不健全，可能导致流程操作性不强、执行力不足。未设立税务管理机构和岗位，岗位的职责和权限不明确，可能导致税务管理效率低下、责任不明。税收政策运用不当，税务核算不准确，多缴或少缴税款，可能导致税收成本增加或补税、罚款、加收滞纳金、刑罚处罚等损失。未按照规定的期限办理纳税申报、缴纳税款，可能损害公司信誉，导致滞纳金等经济损失。审查不严格，收取不合法或无效发票，发票保管不善丢失，未及时认证发票过期，可能导致公司合法权益受到侵害、经济利益受到损失。虚开、非法代开等未按《发票管理办法》规定开具发票，或未妥善保存发票，可能导致没收所得、罚款、刑罚处罚及声誉损害。未合理利用税收优惠政策进行筹划，可

[①] 刘慧,卞东,王东.集团公司税务内控体系的建设与实践:以兖矿集团为例[J].会计师，2012（5）.

能导致税收利益损失、税收成本增加，影响税后利润最大化的实现。未定期进行税务自查或无正当理由对抗税务机关的各项检查，可能导致税务风险的增加、税收处罚等。

三 内控体系的建设与实践

（一）税务管理制度及组织

企业应当从自身经营情况出发，建立税务管理组织，制定涉税规章制度，实现风险控制。

建立统一管理、分级核算、属地缴纳、各负其责的税务管理体制。集团公司财务部门是税务内控管理的组织、领导机构，负责组织和指导各单位正确办理涉税业务、合法进行税务筹划、定期进行纳税风险评估等工作。各所属单位财务部门是税务内控管理的归口部门，负责建立健全税务管理人员岗位、职责，明确税务核算、审核岗位等不相容职务的恰当分离、监督，具体实施本单位涉税工作。公司跨地区单位按照税收属地原则，分别向当地主管税务机关申报缴纳各项税款。

兖矿集团结合税务风险特征，将税务内控制度细化到各个业务环节流程。兖矿集团建立的规章制度包括税收管理办法、发票管理办法、税收业务清单、税款核算、纳税申报、税务检查调整、税收信息更新与沟通等制度。各项制度明确各环节的职责权限，岗位人员按照规定的权限和程序办理税收业务，降低了风险。

（二）税金核算的内部控制

规范相关业务所涉税金的计算，严格审核制度，保存好涉税资料。

税金核算的内部控制在明确按月、季度或年度缴纳的各税种的基础上，收集涉及各个税种的计算资料，确保每项税金的计算都有详尽的资料清单。根据收集齐全的税金资料，按期编制税金计算依据基础表，并作为原始凭证保管。

兖矿集团内部控制实行税金计算复核制度，包括对税金计算基础表及对预制凭证的复核。复核人员在税金计算表和预制凭证中签章确认，确保税金的计算正确，税金计算表、预制凭证金额与记账凭证金额一致。同时内控要求对复核无误的预制会计凭证记账，确保税金计算基础表或相关原始附件的完整齐全，并将记账凭证打印输出、归档整理。每个季度或每半年定期地对计提税金进行全面复核检查，并进行同比分析，及时发现并改正税金核算错误，确保税金的正确核算。

（三）纳税申报缴纳的内部控制

纳税申报内部控制首先应明确申报主体，并确保及时准确地申报缴纳税金。纳税主体通过网上申报系统向各主管税务机关申报缴纳税金，应确保网上申报系统用户名、密码由专人管理。

兖矿集团纳税申报内部控制实行复核制度。复核填制好的各税种纳税申报表，确保申报税额与 ERP 系统内账面实现的税额一致，确定未遗漏申报等进行正式申报。公司各单位根据申报税额，经审批后支付税款，并及时到税务机关取得税款完税凭证。妥善保存完税凭证等附件。纳税申报资料的打印并由专人保管，于年度终了分类归档。

（四）发票管理的内部控制

发票内控制度的重点是建立完善发票收取及开具的事前、事中和事后各环节的监督。

在收取发票时，严格审查发票的内容、印章等信息，确保收取的发票合法有效，并及时认证。如丢失收取的发票，及时采取补救措施，避免公司经济损失。公司对领用发放发票进行登记，正确开具发票并妥善保管。向税务机关领购发票，建立发票登记簿。需核销的发票，确保及时登记核销。

对外签订合同、协议或者进行承诺时，遵守公司发票管理制度。

兖矿集团建立了有效的税务控制系统接触性控制，确保税控系统只有经授权的税务岗位人员进行登录，税控系统的 IC 卡应当由税务岗位人员单独保管。公司由专人对开具发票进行复核，确保开票正确并由业务人员或客户签字领取开具的发票，避免责任纠纷。

（五）税收优惠筹划

及时办理各项税收优惠、减免的报批、备案手续，充分利用税收优惠政策，降低税收成本，实现利润最大化。

兖矿集团兴隆庄煤矿充分利用煤矸石进行砖加工，享受资源综合利用增值税及所得税税收优惠。福兴公司安置残疾人符合税收优惠政策条件，享受限额即征即退增值税和所得税加计扣除。集团公司积极运用科技开发费用、安全环保节能投入企业所得税加计扣除等税收优惠政策，进行合理纳税筹划，创造了税务价值，给企业带来利润。

（六）税收业务调整

公司内控应建立定期税务自查，形成自查报告。对于税务机关的各项税务检查、纳税评估检查结论以及发票协查结论，将需要调整的税务事项整理形成调整清单，复核税收业务调整清单后进行账务处理。同时将税务检查结论、企业税务自查报告整理归档，妥善保管，未经授权，任何人不能接触企业自查、税务检查结论。

以上是本文结合兖矿集团内控探索的税务内控体系构建及实践方法。在内控制度的实践过程中，内控体系将不断地得到完善和发展，为建立科学高效的国际化运营管控模式提供保障。

主要参考文献

[1] 安鸿章.企业人力资源管理师[M].北京：中国劳动社会保障出版社，2007.

[2] Jan Van Bon.基于ITIL的IT服务管理基础篇[M].章斌，译.北京：清华大学出版社，2007.

[3] 曹亚克，王博，白晓鸽.最新人力资源规划、招聘及测评实务[M].北京：中国纺织出版社，2004.

[4] 常茂松.我国出口合同内部控制案例研究[J].商业会计，2011（1）.

[5] 陈维政，余凯成，程文文.人力资源管理[M].北京：高等教育出版社，2009.

[6] 陈志斌，何忠莲.内部控制执行机制分析框架构建[J].会计研究，2007（10）.

[7] 范晓东.业务外包管理在钢铁企业的创新与实践[J].冶金经济与管理，2011（1）.

[8] 傅胜，池国华.企业内部控制规范指引操作案例点评[M].北京：北京大学出版社，2011.

[9] 甘仞初.信息系统分析与设计[M].北京：高等教育出版社，2003.

[10] 韩宝新.JW公司资金的集中管理剖析[J].财经界（学术版），2010（9）.

[11] 何永福，杨国安.人力资源战略管理[M].台北：台北三民书局，1995.

［12］侯云洪，冯雪. 企业内部控制在对外投资中的作用：基于中国铁建沙特轻轨项目的案例研究［J］. 中国审计，2011（7）.

［13］胡月星. 现代领导人才测评［M］. 北京：国家行政学院出版社，2004.

［14］李敏. 如何监控销售环节与发票管理：内控案例分析与警示之九［J］. 上海注册会计师，2010（6）.

［15］李三喜，徐荣才. 全面解析企业内部控制：基本规范、配套指引、案例分析［M］. 北京：中国市场出版社，2010.

［16］李三喜，任金萍. 三泰公司任期经营责任审计案例及分析［J］. 中国内部审计，2011（4）.

［17］刘大卫. 绩效考核［M］. 北京：中国科学文化音像出版社，2011.

［18］刘国. 反思八菱科技之殇［J］. 首席财务官，2010（7）.

［19］刘华. 沧州化工担保困境与股权定价之惑［J］. 财务与会计，2007（10）.

［20］刘永泽，池国华. 企业内部控制制度设计操作指南［M］. 大连：大连出版社，2011.

［21］卢加元. 信息系统风险管理［M］. 北京：清华大华出版社，2011.

［22］COSO，方红星. 企业风险管理：应用技术［M］. 王宏，译. 大连：东北财经大学出版社，2005.

［23］COSO，方红星. 企业风险管理：整合框架［M］. 王宏，译. 大连：东北财经大学出版社，2005.

［24］门明，张秋莉. 衍生金融工具与金融危机基于风险偏好的案例分析［J］. 石河子大学学报（哲学社会科学版），2009（5）.

［25］潘琰，郑仙萍. 论内部控制理论之构建：关于内部控制基本假设的探讨［J］. 会计研究，2008（2）.

［26］彭爱云. 加强担保管理，规避、控制担保风险：S集团公司为天津SD公司借款担保损失案案例分析［J］. 科技资讯，2008（36）.

［27］企业内部控制配套指引编写组．企业内部控制配套指引［M］．上海：立信会计出版社，2010．

［28］钱泳．金融衍生产品运用的案例分析及启示［J］．中国货币市场，2011（4）．

［29］乔治·米尔科维奇，等．薪酬管理［M］．董克用，等译．北京：中国人民大学出版，2005．

［30］冉斌．人是最重要的：员工招聘六步法［M］．北京：中国经济出版社，2004．

［31］赛门铁克公司．IT风险管理报告：第二期［R］．库比蒂诺：赛门铁克公司，2008．

［32］赛门铁克公司．IT风险管理研究报告：第一期［R］．库比蒂诺：赛门铁克公司，2007．

［33］覃正，郝晓玲，方一丹．IT操作风险管理理论与实务［M］．北京：清华大学出版社，2009．

［34］王保平．企业内部控制操作实务与案例分析［M］．北京：中国财政经济出版社，2010．

［35］王少华，姚望春．员工培训实务［M］．北京：机械工业出版社，2008．

［36］王仰富，刘继承．中国企业的IT治理之道［M］．北京：清华大学出版社，2010．

［37］魏丽艳．解决A公司资金流动性的案例分析［J］．中国外资（下半月），2010（2）．

［38］吴晖．企业人力资源管理制度编写实务［M］．北京：中国劳动社会保障出版社，2007．

［39］奚清卉，赵团结．汽车4S店内部控制要点探析［J］．决策与信息，2009（7）．

［40］徐国涛．营运现金流的风险识别与控制［J］．商情，2008（13）．

［41］徐玉德．企业内部控制设计与实务［M］．北京：经济科学出版社，2009．

［42］许国才.企业内部控制流程手册［M］.北京：人民邮电出版社，2010.

［43］许明丰.适度运用供应商融资及其风险控制浅议：基于A公司的案例分析［J］.财经界，2010（3）.

［44］于增彪，王竞达，瞿卫菁.企业内部控制评价体系的构建：基于亚新科工业技术有限公司的案例研究［J］.审计研究，2007（3）.

［45］袁卫孝.企业销售与收款的内部控制［J］.中国经贸，2009（2）.

［46］张爱清.销售过程的内部会计控制制度操作设计［J］.会计之友，2007（4）.

［47］赵保卿.内部会计控制制度设计：审计与内部控制系列［M］.上海：复旦大学出版社，2005.

［48］赵团结.浅论应收票据内部控制的要点［J］.中国总会计师，2011（2）.

［49］赵团结.ERP环境下存货的内部控制要点［J］.国际商务财会，2011（2）.

［50］中国注册会计师协会.2011年度注册会计师全国统一考试辅导教材审计［M］.北京：经济科学出版社，2011.

［51］朱锦余.合同管理流程及其主要风险分析与控制研究［J］.会计之友，2009（5）.

［52］朱荣恩.内部控制案例［M］.上海：复旦大学出版社，2006.

［53］訾达，陈文兵.股权投资风险管理对策：基于"中国平安"投资"富通"失败的案例分析［J］.中国农村金融，2010（12）.